මහමෙව්නාවේ බෝධිඥාන ත්‍රිපිටක ග්‍රන්ථ මාලා 09

සූත්‍ර පිටකයට අයත්

ආශ්චර්යවත් ශ්‍රී සද්ධර්මය

සංයුත්ත නිකායේ

(තුන්වන කොටස)

ඛන්ධක වර්ගය

පරිවර්තනය

පූජ්‍ය කිරිබත්ගොඩ ඤාණානන්ද ස්වාමීන් වහන්සේ

ප්‍රකාශනය

මහාමේඝ ප්‍රකාශකයෝ

වඩුවාව, යටිගල්ඔළුව, පොල්ගහවෙල.

දුර : 037 2053300, 076 8255703

ඊ-මේල් : mahameghapublishers@gmail.com

ශ්‍රී. බු.ව. 2549 ව්‍යවහාර වර්ෂ : 2005

මහමෙව්නාවේ බෝධිඥාන ත්‍රිපිටක ග්‍රන්ථ මාලා 09

සූත්‍ර පිටකයට අයත් ආශ්චර්යවත් ශ්‍රී සද්ධර්මය

සංයුත්ත නිකායේ තුන්වන කොටස

ඛන්ධක වර්ගය

පරිවර්තනය : පූජ්‍ය කිරිබත්ගොඩ ඤාණානන්ද ස්වාමීන් වහන්සේ

© සියලුම හිමිකම් ඇවිරිණි.

ISBN : 978-955-687-015-2

ප්‍රථම මුද්‍රණය : ශ්‍රී බුද්ධ වර්ෂ 2549/ ව්‍යවහාරික වර්ෂ 2005

- පරිගණක අකුරු සැකසුම සහ ප්‍රකාශනය -

මහාමේඝ ප්‍රකාශකයෝ

වඩුවාව, යටිගල්ඔළුව, පොල්ගහවෙල.

දුර : (+94) 37 20 53 300, (+94) 76 82 55 703

ඊ-මේල් : mahameghapublishers@gmail.com

Mahamevnawa Bodhiñāna Tripitaka Series, Volume 09

The Wonderful Dhamma in the Suttantapitaka

SAMYUTTA NIKĀYA

(THE GROUPED DISCOURES OF THE TATHĀGATA SAMMĀSAMBUDDHA)

Part 03
KANDAKAVAGGA

Translated
By

VEN. KIRIBATHGODA ÑĀNĀNANDA BHIKKHU

PUBLISHED BY:

Mahamegha Publishers
Waduwawa, Yatigal-oluwa, Polgahawela, Sri Lanka.
Tel : (+94) 37 20 53 300, (+94) 76 82 55 703

e-mail : mahameghapublishers@gmail.com

B. E. 2549   C.E. 2005

"ධම්මෝ හි වාසෙට්ඨා, සෙට්ඨෝ ජනේතස්මිං
දිට්ඨේ චේව ධම්මේ, අභිසම්පරායේච."

වාසෙට්ඨයෙනි, මෙලොවෙහි ත්, පරලොවෙහි ත් සත්වයන් අතර
ධර්මය ම ශ්‍රේෂ්ඨ වෙයි !

- අපගේ ශාස්තෘන් වහන්සේ

5

පටුන

සංයුත්ත නිකායේ බන්ධක වර්ගය

1. බන්ධ සංයුත්තය

1. පළමු පණ්ණාසකය

1. නකුලපිතු වර්ගය

1.1.1.1.   **නකුලපිතු සූත්‍රය**   47
නකුලපිතු ගෘහපතිතුමාට වදාළ දෙසුම

1.1.1.2.   **දේවදහ සූත්‍රය**   54
දේවදහ නගරයේදී වදාළ දෙසුම

1.1.1.3.   **හාලිද්දිකානි සූත්‍රය**   59
හාලිද්දිකානි ගෘහපතියාට වදාළ දෙසුම

1.1.1.4.   **දුතිය හාලිද්දිකානි සූත්‍රය**   65
හාලිද්දිකානි ගෘහපතියාට වදාළ දෙවෙනි දෙසුම

1.1.1.5.   **සමාධි භාවනා සූත්‍රය**   66
චිත්ත සමාධිය දියුණු කිරීම ගැන වදාළ දෙසුම

1.1.1.6.   **පටිසල්ලාන සූත්‍රය**   69
භාවනාවෙහි යෙදී සිටීම ගැන වදාළ දෙසුම

1.1.1.7.   **පඨම උපාදානපරිතස්සනා සූත්‍රය**   72
බැඳීයාම නිසා දුක් තැති ගැනීම් ඇතිවීම ගැන වදාළ පළමු දෙසුම

1.1.1.8.   **දුතිය උපාදානපරිතස්සනා සූත්‍රය**   76
බැඳීයාම නිසා දුක් තැති ගැනීම් ඇතිවීම ගැන වදාළ දෙවෙනි දෙසුම

1.1.1.9.   **පඨම අතීතානාගත සූත්‍රය**   77
අතීත අනාගත පිළිබඳව වදාළ පළමු දෙසුම

1.1.1.10. **දුතිය අතීතානාගත සූත්‍රය** 78
අතීත අනාගත පිළිබඳව වදාළ දෙවෙනි දෙසුම
1.1.1.11. **තතිය අතීතානාගත සූත්‍රය** 79
අතීත අනාගත පිළිබඳව වදාළ තුන්වෙනි දෙසුම

පළමුවෙනි නකුලපිතු වර්ගය නිමා විය.

2. අනිච්ච වර්ගය

1.1.2.1. **අනිච්ච සූත්‍රය** 80
අනිත්‍ය පිළිබඳව වදාළ දෙසුම
1.1.2.2. **දුක්ඛ සූත්‍රය** 80
දුක ගැන වදාළ දෙසුම
1.1.2.3. **අනත්ත සූත්‍රය** 81
අනාත්මය (තමාගේ වසඟයෙහි පැවැත්විය නොහැකි දේ) ගැන වදාළ දෙසුම
1.1.2.4. **යදනිච්ච සූත්‍රය** 81
'යමක් අනිත්‍ය නම්' යනුවෙන් වදාළ දෙසුම
1.1.2.5. **යංදුක්ඛ සූත්‍රය** 82
'යමක් දුක නම්' යනුවෙන් වදාළ දෙසුම
1.1.2.6. **යදනත්ත සූත්‍රය** 83
'යමක් අනාත්ම නම්' යනුවෙන් වදාළ දෙසුම
1.1.2.7. **පඨම හේතු සූත්‍රය** 84
හේතු පිළිබඳව වදාළ පළමු දෙසුම
1.1.2.8. **දුතිය හේතු සූත්‍රය** 84
හේතු පිළිබඳව වදාළ දෙවෙනි දෙසුම
1.1.2.9. **තතිය හේතු සූත්‍රය** 85
හේතු පිළිබඳව වදාළ තෙවෙනි දෙසුම
1.1.2.10. **ආනන්ද සූත්‍රය** 86
ආනන්ද තෙරුන්ට වදාළ දෙසුම

දෙවෙනි අනිච්ච වර්ගය නිමා විය.

8

3. භාර වර්ගය

1.1.3.1. භාර සූත්‍රය 88
බර ගැන වදාළ දෙසුම
1.1.3.2. පරිඤ්ඤා සූත්‍රය 89
පිරිසිඳ දැකීම ගැන වදාළ දෙසුම
1.1.3.3. අභිජාන සූත්‍රය 90
ගැඹුරින් අවබෝධ කිරීම ගැන වදාළ දෙසුම
1.1.3.4. ඡන්දරාග සූත්‍රය 90
ඡන්දරාගය ගැන වදාළ දෙසුම
1.1.3.5. පඨම අස්සාද සූත්‍රය 91
ආශ්වාදය ගැන වදාළ පළමු දෙසුම
1.1.3.6. දුතිය අස්සාද සූත්‍රය 93
ආශ්වාදය ගැන වදාළ දෙවෙනි දෙසුම
1.1.3.7. තතිය අස්සාද සූත්‍රය 94
ආශ්වාදය ගැන වදාළ තෙවෙනි දෙසුම
1.1.3.8. අභිනන්දන සූත්‍රය 96
සතුටින් පිළිගැනීම ගැන වදාළ දෙසුම
1.1.3.9. උප්පාද සූත්‍රය 97
හටගැනීම ගැන වදාළ දෙසුම
1.1.3.10. අඝමූල සූත්‍රය 98
දුකේ මුල ගැන වදාළ දෙසුම
1.1.3.11. පභංගු සූත්‍රය 98
වහා බිඳෙන සුළු දෙය ගැන වදාළ දෙසුම

තුන්වෙනි භාර වර්ගය නිමා විය.

4. න තුම්හාක වර්ගය

1.1.4.1. පඨම න තුම්හාක සූත්‍රය 100
'ඔබේ නොවේ' යන කරුණ ගැන වදාළ පළමු දෙසුම
1.1.4.2. දුතිය න තුම්හාක සූත්‍රය 101
'ඔබේ නොවේ' යන කරුණ ගැන වදාළ දෙවෙනි දෙසුම
1.1.4.3. පඨම භික්ඛු සූත්‍රය 102
භික්ෂුවකට වදාළ පළමු දෙසුම
1.1.4.4. දුතිය භික්ඛු සූත්‍රය 104
භික්ෂුවකට වදාළ දෙවෙනි දෙසුම

9

1.1.4.5. පඨම ආනන්ද සූත්‍රය 106
ආනන්ද තෙරුන්ට වදාළ පළමු දෙසුම
1.1.4.6. දුතිය ආනන්ද සූත්‍රය 108
ආනන්ද තෙරුන්ට වදාළ දෙවෙනි දෙසුම
1.1.4.7. පඨම අනුධම්ම සූත්‍රය 110
ධර්මානුකූල වූ දෙය ගැන වදාළ පළමු දෙසුම
1.1.4.8. දුතිය අනුධම්ම සූත්‍රය 111
ධර්මානුකූල වූ දෙය ගැන වදාළ දෙවෙනි දෙසුම
1.1.4.9. තතිය අනුධම්ම සූත්‍රය 112
ධර්මානුකූල වූ දෙය ගැන තෙවෙනි වදාළ දෙසුම
1.1.4.10. චතුත්ථ අනුධම්ම සූත්‍රය 113
ධර්මානුකූල වූ දෙය ගැන සිව්වෙනි වදාළ දෙසුම

හතරවෙනි න තුම්හාක වර්ගය නිමා විය.

5. අත්තදීප වර්ගය

1.1.5.1. අත්තදීප සූත්‍රය 114
තමාව පිහිට කරගැනීම ගැන වදාළ දෙසුම
1.1.5.2. පටිපදා සූත්‍රය 117
ප්‍රතිපදාව ගැන වදාළ දෙසුම
1.1.5.3. පඨම අනිච්චතා සූත්‍රය 119
අනිත්‍යතාව ගැන වදාළ පළමු දෙසුම
1.1.5.4. දුතිය අනිච්චතා සූත්‍රය 120
අනිත්‍යතාව ගැන වදාළ දෙවෙනි දෙසුම
1.1.5.5. සමනුපස්සනා සූත්‍රය 121
විමසා බැලීම ගැන වදාළ දෙසුම
1.1.5.6. ඛන්ධ සූත්‍රය 123
ස්කන්ධයන් ගැන වදාළ දෙසුම
1.1.5.7. පඨම සෝණ සූත්‍රය 124
සෝණ හට වදාළ පළමු දෙසුම
1.1.5.8. දුතිය සෝණ සූත්‍රය 126
සෝණ හට වදාළ දෙවෙනි දෙසුම
1.1.5.9. පඨම නන්දික්ඛය සූත්‍රය 128
ඇල්ම ක්ෂය වීම ගැන වදාළ පළමු දෙසුම

10

1.1.5.10. දුතිය නන්දික්ඛය සූත්‍රය 128
ඇල්ම ක්ෂය වීම ගැන වදාළ දෙවෙනි දෙසුම

පස්වෙනි අත්තදීප වර්ගය නිමා විය.

පළමු පණ්ණාසකය නිමා විය.

2. මජ්ඣිම පණ්ණාසකය

1. උපය වර්ගය

1.2.1.1. උපය සූත්‍රය 130
බැසගෙන තිබීම (උපය) ගැන වදාළ දෙසුම
1.2.1.2. බීජ සූත්‍රය 131
බීජයක් උපමා කොට වදාළ දෙසුම
1.2.1.3. උදාන සූත්‍රය 134
උදානයක් මුල්කොට වදාළ දෙසුම
1.2.1.4. උපාදාන පරිවත්ත සූත්‍රය 140
උපාදානස්කන්ධයන් සතර පිළිවෙලකින් අවබෝධ කිරීම ගැන වදාළ දෙසුම
1.2.1.5. සත්තට්ඨාන සූත්‍රය 144
සත් තැනක අවබෝධය ගැන වදාළ දෙසුම
1.2.1.6. සම්බුද්ධ සූත්‍රය 149
සම්බුද්ධත්වය ගැන වදාළ දෙසුම
1.2.1.7. පඤ්චවග්ගිය සූත්‍රය 151
පස්වග භික්ෂූන්ට අනාත්මය ගැන වදාළ දෙසුම
1.2.1.8. මහාලි සූත්‍රය 154
මහාලි ලිච්ඡවී හට වදාළ දෙසුම
1.2.1.9. ආදිත්ත සූත්‍රය 156
ගිනි ඇවිලී තිබීම ගැන වදාළ දෙසුම
1.2.1.10. නිරුත්තිපථ සූත්‍රය 157
වචනවල අරුත් පැවසීමේ මග ගැන වදාළ දෙසුම

පළමුවෙනි උපය වර්ගය නිමා විය.

2. අරහත්ත වර්ගය

1.2.2.1. **උපාදිය සූත්‍රය** 160
බැඳී යෑම ගැන වදාළ දෙසුම

1.2.2.2. **මඤ්ඤමාන සූත්‍රය** 162
මමත්වයෙන් සිතීම ගැන වදාළ දෙසුම

1.2.2.3. **අභිනන්දන සූත්‍රය** 163
සතුටින් පිළිගැනීම ගැන වදාළ දෙසුම

1.2.2.4. **අනිච්ච සූත්‍රය** 165
අනිත්‍ය ගැන වදාළ දෙසුම

1.2.2.5. **දුක්ඛ සූත්‍රය** 166
දුක ගැන වදාළ දෙසුම

1.2.2.6. **අනත්ත සූත්‍රය** 167
අනාත්මය ගැන වදාළ දෙසුම

1.2.2.7. **අනත්තනීය සූත්‍රය** 169
අනාත්මයට අයිති දේ ගැන වදාළ දෙසුම

1.2.2.8. **රජනීය සූත්‍රය** 170
කෙලෙස් හටගන්නා දෙය ගැන වදාළ දෙසුම

1.2.2.9. **රාධ සූත්‍රය** 172
රාධ භික්ෂුවට වදාළ දෙසුම

1.2.2.10. **සුරාධ සූත්‍රය** 173
සුරාධ භික්ෂුවට වදාළ දෙසුම

දෙවෙනි අරහත්ත වර්ගය නිමා විය.

3. ඛජ්ජනීය වර්ගය

1.2.3.1. **අස්සාද සූත්‍රය** 175
ආශ්වාදය ගැන වදාළ දෙසුම

1.2.3.2. **පඨම සමුදය සූත්‍රය** 176
හටගැනීම ගැන වදාළ පළමු දෙසුම

1.2.3.3. **දුතිය සමුදය සූත්‍රය** 176
හටගැනීම ගැන වදාළ දෙවෙනි දෙසුම

1.2.3.4. **පඨම අරහන්ත සූත්‍රය** 177
රහතන් වහන්සේ ගැන වදාළ පළමු දෙසුම

1.2.3.5. **දුතිය අරහන්ත සූත්‍රය** 179
රහතන් වහන්සේ ගැන වදාළ දෙවෙනි දෙසුම
1.2.3.6. **සීහෝපම සූත්‍රය** 180
සිංහයා උපමා කොට වදාළ දෙසුම
1.2.3.7. **ඛජ්ජනීය සූත්‍රය** 182
කා දැමීම ගැන වදාළ දෙසුම
1.2.3.8. **පිණ්ඩෝල්‍ය සූත්‍රය** 188
පිඩු සිඟා යාම ගැන වදාළ දෙසුම
1.2.3.9. **පාරිලෙය්‍යක සූත්‍රය** 193
පාරිලෙය්‍යක වනයේදී වදාළ දෙසුම
1.2.3.10. **පුණ්ණමා සූත්‍රය** 200
පුන් සඳ ඇති දා වදාළ දෙසුම

තුන්වෙනි ඛජ්ජනීය වර්ගය නිමා විය.

4. ථේර වර්ගය

1.2.4.1. **ආනන්ද සූත්‍රය** 208
අනඳ හිමියන්ට වදාළ දෙසුම
1.2.4.2. **තිස්ස සූත්‍රය** 210
තිස්ස තෙරුන්ට වදාළ දෙසුම
1.2.4.3. **යමක සූත්‍රය** 215
යමක තෙරුන්ට වදාළ දෙසුම
1.2.4.4. **අනුරාධ සූත්‍රය** 225
අනුරාධ තෙරුන්ට වදාළ දෙසුම
1.2.4.5. **වක්කලී සූත්‍රය** 230
වක්කලී තෙරුන්ට වදාළ දෙසුම
1.2.4.6. **අස්සජි සූත්‍රය** 237
අස්සජි තෙරුන්ට වදාළ දෙසුම
1.2.4.7. **ඛේමක සූත්‍රය** 241
ඛේමක තෙරුන්ට වදාළ දෙසුම
1.2.4.8. **ඡන්න සූත්‍රය** 248
ඡන්න තෙරුන්ට වදාළ දෙසුම
1.2.4.9. **පඨම රාහුල සූත්‍රය** 252
රාහුල තෙරුන්ට වදාළ පළමු දෙසුම

1.2.4.10. දුතිය රාහුල සූත්‍රය 253
රාහුල තෙරුන්ට වදාළ දෙවෙනි දෙසුම

හතරවෙනි ථේර වර්ගය නිමා විය.

5. පුප්ඵ වර්ගය

1.2.5.1. නදී සූත්‍රය 255
නදිය ගැන වදාළ දෙසුම
1.2.5.2. පුප්ඵ සූත්‍රය 257
පියුමක් උපමා කොට වදාළ දෙසුම
1.2.5.3. ඵේණපිණ්ඩූපම සූත්‍රය 260
පෙණ පිඬක් උපමා කොට වදාළ දෙසුම
1.2.5.4. ගෝමය පිණ්ඩූපම සූත්‍රය 264
ගොම පිඬක් උපමා කොට වදාළ දෙසුම
1.2.5.5. නඛසිඛෝපම සූත්‍රය 268
නිය සිල මතට ගත් පස් බිඳක් උපමා කොට වදාළ දෙසුම
1.2.5.6. සුද්ධික සූත්‍රය 270
සුද්ධික තෙරුන්ට වදාළ දෙසුම
1.2.5.7. ගද්දූලබද්ධ සූත්‍රය 271
දම්වැලෙන් ගැට ගැසූ සුනඛයා ගැන වදාළ දෙසුම
1.2.5.8. දුතිය ගද්දූලබද්ධ සූත්‍රය 274
දම්වැලෙන් ගැට ගැසූ සුනඛයා ගැන වදාළ දෙවෙනි දෙසුම
1.2.5.9. වාසිජටෝපම සූත්‍රය 276
වෑ මිට උපමා කොට වදාළ දෙසුම
1.2.5.10. අනිච්චසඤ්ඤා සූත්‍රය 280
අනිත්‍ය සඤ්ඤාව වැඩීම ගැන වදාළ දෙසුම

පස් වෙනි පුප්ඵ වර්ගය නිමා විය.

මජ්ඣිම පණ්ණාසකය නිමා විය.

3. උපරි පණ්ණාසකය

1. අන්ත වර්ගය

1.3.1.1.	අන්ත සූත්‍රය	283
	අන්තය ගැන වදාළ දෙසුම	
1.3.1.2.	දුක්ඛ සූත්‍රය	284
	දුක ගැන වදාළ දෙසුම	
1.3.1.3.	සක්කාය සූත්‍රය	285
	සක්කාය ගැන වදාළ දෙසුම	
1.3.1.4.	පරිඤ්ඤෙය්‍ය සූත්‍රය	287
	පිරිසිඳ දත යුතු දේ ගැන වදාළ දෙසුම	
1.3.1.5.	සමණ සූත්‍රය	288
	ශ්‍රමණයා ගැන වදාළ දෙසුම	
1.3.1.6.	දුතිය සමණ සූත්‍රය	289
	ශ්‍රමණයා ගැන වදාළ දෙවෙනි දෙසුම	
1.3.1.7.	සෝතාපන්න සූත්‍රය	289
	සෝවාන් වීම ගැන වදාළ දෙසුම	
1.3.1.8.	අරහන්ත සූත්‍රය	290
	රහතන් වහන්සේ ගැන වදාළ දෙසුම	
1.3.1.9.	පඨම ඡන්දරාග සූත්‍රය	291
	ඡන්දරාගය ගැන වදාළ පළමු දෙසුම	
1.3.1.10.	දුතිය ඡන්දරාග සූත්‍රය	292
	ඡන්දරාගය ගැන වදාළ දෙවෙනි දෙසුම	

පළමුවෙනි අන්ත වර්ගය නිමා විය.

2. ධම්මකථික වර්ගය

1.3.2.1.	අවිජ්ජා සූත්‍රය	293
	අවිද්‍යාව ගැන වදාළ දෙසුම	
1.3.2.2.	විජ්ජා සූත්‍රය	294
	විද්‍යාව ගැන වදාළ දෙසුම	
1.3.2.3.	පඨම ධම්මකථික සූත්‍රය	294
	ධර්ම කථිකයා ගැන වදාළ පළමු දෙසුම	

1.3.2.4.	දුතිය ධම්මකථික සූත්‍රය	296
	ධර්ම කථිකයා ගැන වදාල දෙවෙනි දෙසුම	
1.3.2.5.	බන්ධන සූත්‍රය	297
	බන්ධනය ගැන වදාල දෙසුම	
1.3.2.6.	පඨම පරිපුච්ඡිත සූත්‍රය	299
	ප්‍රශ්න විචාරීම ගැන වදාල පළමු දෙසුම	
1.3.2.7.	දුතිය පරිපුච්ඡිත සූත්‍රය	300
	ප්‍රශ්න විචාරීම ගැන වදාල දෙවෙනි දෙසුම	
1.3.2.8.	සඤ්ඤොජනීය සූත්‍රය	301
	බන්ධනය ඇති කරවන දේ ගැන වදාල දෙසුම	
1.3.2.9.	උපාදානිය සූත්‍රය	302
	බැදීම ඇති කරවන දේ ගැන වදාල දෙසුම	
1.3.2.10.	සීල සූත්‍රය	302
	සීලය ගැන වදාල දෙසුම	
1.3.2.11.	සුතවන්ත සූත්‍රය	304
	බණ අසා දනගත් හික්ෂුව ගැන වදාල දෙසුම	
1.3.2.12.	පඨම කප්ප සූත්‍රය	306
	කප්ප හික්ෂුවට වදාල පළමු දෙසුම	
1.3.2.13.	දුතිය කප්ප සූත්‍රය	307
	කප්ප හික්ෂුවට වදාල දෙවෙනි දෙසුම	

දෙවෙනි ධම්මකථික වර්ගය නිමා විය.

3. අවිජ්ජා වර්ගය

1.3.3.1.	පඨම සමුදයධම්ම සූත්‍රය	309
	හටගැනීම ගැන වදාල පළමු දෙසුම	
1.3.3.2.	දුතිය සමුදයධම්ම සූත්‍රය	311
	හටගැනීම ගැන වදාල දෙවෙනි දෙසුම	
1.3.3.3.	තතිය සමුදයධම්ම සූත්‍රය	312
	හටගැනීම ගැන වදාල තෙවෙනි දෙසුම	
1.3.3.4.	පඨම අස්සාද සූත්‍රය	313
	ආශ්වාදය ගැන වදාල පළමු දෙසුම	
1.3.3.5.	දුතිය අස්සාද සූත්‍රය	314
	ආශ්වාදය ගැන වදාල දෙවෙනි දෙසුම	

1.3.3.6.	පඨම සමුදය සූත්‍රය	314
	හටගැනීම ගැන වදාළ පළමු දෙසුම	
1.3.3.7.	දුතිය සමුදය සූත්‍රය	315
	හටගැනීම ගැන වදාළ දෙවෙනි දෙසුම	
1.3.3.8.	කොට්ඨිත සූත්‍රය	316
	කොට්ඨිත තෙරුන් වදාළ දෙසුම	
1.3.3.9.	දුතිය කොට්ඨිත සූත්‍රය	317
	කොට්ඨිත තෙරුන් වදාළ දෙවෙනි දෙසුම	
1.3.3.10.	තතිය කොට්ඨිත සූත්‍රය	318
	කොට්ඨිත තෙරුන් වදාළ තුන්වෙනි දෙසුම	

තුන්වෙනි අවිජ්ජා වර්ගය නිමා විය.

4. කුක්කුළ වර්ගය

1.3.4.1.	කුක්කුළ සූත්‍රය	320
	ඇවිලගත් උණු අළු ගැන වදාළ දෙසුම	
1.3.4.2.	පඨම අනිච්ච සූත්‍රය	320
	අනිත්‍යය ගැන වදාළ පළමු දෙසුම	
1.3.4.3.	දුතිය අනිච්ච සූත්‍රය	321
	අනිත්‍යය ගැන වදාළ දෙවෙනි දෙසුම	
1.3.4.4.	තතිය අනිච්ච සූත්‍රය	322
	අනිත්‍යය ගැන වදාළ තෙවෙනි දෙසුම	
1.3.4.5.	පඨම දුක්ඛ සූත්‍රය	322
	දුක ගැන වදාළ පළමු දෙසුම	
1.3.4.6.	දුතිය දුක්ඛ සූත්‍රය	323
	දුක ගැන වදාළ දෙවෙනි දෙසුම	
1.3.4.7.	තතිය දුක්ඛ සූත්‍රය	323
	දුක ගැන වදාළ තෙවෙනි දෙසුම	
1.3.4.8.	අනත්ත සූත්‍රය	324
	අනාත්මය ගැන වදාළ දෙසුම	
1.3.4.9.	දුතිය අනත්ත සූත්‍රය	325
	අනාත්මය ගැන වදාළ දෙවෙනි දෙසුම	
1.3.4.10.	තතිය අනත්ත සූත්‍රය	325
	අනාත්මය ගැන වදාළ තුන්වෙනි දෙසුම	
1.3.4.11.	නිබ්බිදාබහුල සූත්‍රය	326
	බොහෝ සේ කළකිරීම ගැන වදාළ දෙසුම	

1.3.4.12. අනිච්චානුපස්සනා සූත්‍රය 327
අනිත්‍යය නුවණින් දැකීම ගැන වදාළ දෙසුම
1.3.4.13. දුක්ඛානුපස්සී සූත්‍රය 328
දුක නුවණින් දැකීම ගැන වදාළ දෙසුම
1.3.4.14. අනත්තානුපස්සනා සූත්‍රය 329
අනාත්මය නුවණින් දැකීම ගැන වදාළ දෙසුම

හතරවෙනි කුක්කුළ වර්ගය නිමා විය.

5. දිට්ඨි වර්ගය

1.3.5.1. අජ්ඣත්ත සූත්‍රය 330
තමා පිළිබඳව වදාළ දෙසුම
1.3.5.2. ඒතං මම සූත්‍රය 331
'මෙය මාගේ ය' යන කරුණ ගැන වදාළ දෙසුම
1.3.5.3. සෝ අත්තා සූත්‍රය 332
'එයයි ආත්මය' යන කරුණ ගැන වදාළ දෙසුම
1.3.5.4. නෝ ච මේ සියා සූත්‍රය 334
'මට නොවන්නේ ය' යන කරුණ ගැන වදාළ දෙසුම
1.3.5.5. මිච්ඡාදිට්ඨි සූත්‍රය 335
මිථ්‍යා දෘෂ්ටිය ගැන වදාළ දෙසුම
1.3.5.6. සක්කායදිට්ඨි සූත්‍රය 336
සක්කාය දිට්ඨිය ගැන වදාළ දෙසුම
1.3.5.7. අත්තානුදිට්ඨි සූත්‍රය 338
ආත්මීය හැඟීමෙන් යුතු දෘෂ්ටිය ගැන වදාළ දෙසුම
1.3.5.8. පඨම අභිනිවේස සූත්‍රය 339
බැසගැනීම ගැන වදාළ පළමු දෙසුම
1.3.5.9. දුතිය අභිනිවේස සූත්‍රය 340
බැසගැනීම ගැන වදාළ දෙවෙනි දෙසුම
1.3.5.10. ආනන්ද සූත්‍රය 342
ආනන්ද තෙරුන්ට වදාළ දෙසුම

පස්වෙනි දිට්ඨි වර්ගය නිමා විය.

උපරි පණ්ණාසකය නිමා විය.

ඛන්ධ සංයුත්තය නිමා විය.

2. රාධ සංයුත්තය

1. පඨම මාර වර්ගය

2.1.1.	මාර සූතුය	345
	මාරයා ගැන වදාළ දෙසුම	
2.1.2.	සත්ත සූතුය	347
	සත්වයා ගැන වදාළ දෙසුම	
2.1.3.	භවනෙත්ති සූතුය	348
	භව රැහැන වදාළ දෙසුම	
2.1.4.	පරිඤ්ඤෙය්‍ය සූතුය	349
	පිරිසිඳ දැකිය යුතු දේ ගැන වදාළ දෙසුම	
2.1.5.	සමණ සූතුය	350
	ශුමණයා ගැන වදාළ දෙසුම	
2.1.6.	දුතිය සමණ සූතුය	351
	ශුමණයා ගැන වදාළ දෙවෙනි දෙසුම	
2.1.7.	සෝතාපන්න සූතුය	352
	සෝවාන් ශුාවකයා ගැන වදාළ දෙසුම	
2.1.8.	අරහන්ත සූතුය	352
	රහතන් වහන්සේ ගැන වදාළ දෙසුම	
2.1.9.	ඡන්දරාග සූතුය	353
	ඡන්දරාගය ගැන වදාළ දෙසුම	
2.1.10.	දුතිය ඡන්දරාග සූතුය	354
	ඡන්දරාගය ගැන වදාළ දෙවෙනි දෙසුම	

පළමුවෙනි පඨම මාර වර්ගය නිමා විය.

2. දුතිය මාර වර්ගය

2.2.1.	මාර සූතුය	356
	මාරයා ගැන වදාළ දෙසුම	
2.2.2.	මාරධම්ම සූතුය	357
	මාරයාට අයත් දේ ගැන වදාළ දෙසුම	
2.2.3.	අනිච්ච සූතුය	358
	අනිත්‍යය ගැන වදාළ දෙසුම	

2.2.4. **අනිච්චධම්ම සූත්‍රය** 358
අනිත්‍යයට අයත් දේ ගැන වදාළ දෙසුම
2.2.5. **දුක්ඛ සූත්‍රය** 359
දුක ගැන වදාළ දෙසුම
2.2.6. **දුක්ඛධම්ම සූත්‍රය** 359
දුකට අයත් දේ ගැන වදාළ දෙසුම
2.2.7. **අනත්ත සූත්‍රය** 360
අනාත්ම දේ ගැන වදාළ දෙසුම
2.2.8. **අනත්තධම්ම සූත්‍රය** 360
අනාත්මයට අයත් දේ ගැන වදාළ දෙසුම
2.2.9. **ඛයධම්ම සූත්‍රය** 361
ගෙවී යන ස්වභාවයට අයත් දේ ගැන වදාළ දෙසුම
2.2.10. **වයධම්ම සූත්‍රය** 362
නැසී යන ස්වභාවයට අයත් දේ ගැන වදාළ දෙසුම
2.2.11. **සමුදයධම්ම සූත්‍රය** 362
හටගන්නා ස්වභාවයට අයත් දේ ගැන වදාළ දෙසුම
2.2.12. **නිරෝධධම්ම සූත්‍රය** 363
නිරුද්ධවන ස්වභාවයට අයත් දේ ගැන වදාළ දෙසුම

දෙවෙනි දුතිය මාර වර්ගය නිමා විය.

3. ආයාචන වර්ගය

2.3.1. **මාර සූත්‍රය** 364
මාරයා ගැන වදාළ දෙසුම
2.3.2. **මාරධම්ම සූත්‍රය** 365
මාරයාට අයත් දේ ගැන වදාළ දෙසුම
2.3.3. **අනිච්ච සූත්‍රය** 365
අනිත්‍යය ගැන වදාළ දෙසුම
2.3.4. **අනිච්චධම්ම සූත්‍රය** 366
අනිත්‍යයට අයත් දේ ගැන වදාළ දෙසුම
2.3.5. **දුක්ඛ සූත්‍රය** 367
දුක ගැන වදාළ දෙසුම
2.3.6. **දුක්ඛධම්ම සූත්‍රය** 368
දුකට අයත් දේ ගැන වදාළ දෙසුම

2.3.7. **අනත්ත සූත්‍රය** 369
අනාත්ම දේ ගැන වදාළ දෙසුම
2.3.8. **අනත්තධම්ම සූත්‍රය** 369
අනාත්මයට අයත් දේ ගැන වදාළ දෙසුම
2.3.9. **ඛයධම්ම සූත්‍රය** 370
ගෙවී යන ස්වභාවයට අයත් දේ ගැන වදාළ දෙසුම
2.3.10. **වයධම්ම සූත්‍රය** 371
නැසී යන ස්වභාවයට අයත් දේ ගැන වදාළ දෙසුම
2.3.11. **සමුදයධම්ම සූත්‍රය** 372
හටගන්නා ස්වභාවයට අයත් දේ ගැන වදාළ දෙසුම
2.3.12. **නිරෝධධම්ම සූත්‍රය** 373
නිරුද්ධවන ස්වභාවයට අයත් දේ ගැන වදාළ දෙසුම

තුන්වෙනි ආයාචන වර්ගය නිමා විය.

4. උපනිසින්න වර්ගය

2.4.1. **මාර සූත්‍රය** 374
මාරයා ගැන වදාළ දෙසුම
2.4.2. **මාරධම්ම සූත්‍රය** 375
මාරයාට අයත් දේ ගැන වදාළ දෙසුම
2.4.3. **අනිච්ච සූත්‍රය** 375
අනිත්‍යය ගැන වදාළ දෙසුම
2.4.4. **අනිච්චධම්ම සූත්‍රය** 376
අනිත්‍යයට අයත් දේ ගැන වදාළ දෙසුම
2.4.5. **දුක්ඛ සූත්‍රය** 376
දුක ගැන වදාළ දෙසුම
2.4.6. **දුක්ඛධම්ම සූත්‍රය** 376
දුකට අයත් දේ ගැන වදාළ දෙසුම
2.4.7. **අනත්ත සූත්‍රය** 377
අනාත්ම දේ ගැන වදාළ දෙසුම
2.4.8. **අනත්තධම්ම සූත්‍රය** 377
අනාත්මයට අයත් දේ ගැන වදාළ දෙසුම
2.4.9. **ඛයධම්ම සූත්‍රය** 378
ගෙවී යන ස්වභාවයට අයත් දේ ගැන වදාළ දෙසුම
2.4.10. **වයධම්ම සූත්‍රය** 378
නැසී යන ස්වභාවයට අයත් දේ ගැන වදාළ දෙසුම

2.4.11.	සමුදයධම්ම සූත්‍රය	378
	හටගන්නා ස්වභාවයට අයත් දේ ගැන වදාළ දෙසුම	
2.4.12.	නිරෝධධම්ම සූත්‍රය	379
	නිරුද්ධවන ස්වභාවයට අයත් දේ ගැන වදාළ දෙසුම	

හතරවෙනි උපනිසින්න වර්ගය නිමා විය.
රාධ සංයුත්තය නිමා විය.

3. දිට්ඨි සංයුත්තය

1. සෝතාපත්ති වර්ගය

3.1.1.	වාත සූත්‍රය	380
	සුළඟ ගැන වදාළ දෙසුම	
3.1.2.	ඒතං මම සූත්‍රය	381
	'මේක මගේ' යන්න ගැන වදාළ දෙසුම	
3.1.3.	සෝ අත්තා සූත්‍රය	384
	'ආත්මය එයයි' යන්න ගැන වදාළ දෙසුම	
3.1.4.	නෝ ච මේ සියා සූත්‍රය	386
	'මා හට නොවන්නේ ය' යන්න ගැන වදාළ දෙසුම	
3.1.5.	නත්ථිදින්න සූත්‍රය	388
	'දීමෙහි විපාක නැත' යන්න ගැන වදාළ දෙසුම	
3.1.6.	කරතෝ සූත්‍රය	391
	'කරන කෙනාට' යන්න ගැන වදාළ දෙසුම	
3.1.7.	හේතු සූත්‍රය	393
	'හේතු නැත' යන්න ගැන වදාළ දෙසුම	
3.1.8.	මහා දිට්ඨි සූත්‍රය	395
	මහා දෘෂ්ටිය ගැන වදාළ දෙසුම	
3.1.9.	සස්සත ලෝක සූත්‍රය	401
	ශාශ්වත ලෝකය ගැන වදාළ දෙසුම	
3.1.10.	අසස්සත ලෝක සූත්‍රය	402
	අශාශ්වත ලෝකය ගැන වදාළ දෙසුම	
3.1.11.	අන්තවා සූත්‍රය	403
	'ලෝකය කෙළවර සහිතයි' යන්න ගැන වදාළ දෙසුම	

3.1.12. **අනන්තවා සූත්‍රය** 405
'ලෝකය කෙළවර රහිතයි' යන්න ගැන වදාළ දෙසුම
3.1.13. **තං ජීවං තං සරීරං සූත්‍රය** 406
'එයමයි ජීවය, එයමයි ශරීරයත්' යන්න ගැන වදාළ දෙසුම
3.1.14. **අඤ්ඤං ජීවං අඤ්ඤං සරීරං සූත්‍රය** 407
'ජීවය අනෙකකි, ශරීරය අනෙකකි' යන්න ගැන වදාළ දෙසුම
3.1.15. **හෝති තථාගත සූත්‍රය** 408
'රහතන් වහන්සේ මරණින් මතු සිටිති' යන්න ගැන වදාළ දෙසුම
3.1.16. **න හෝති තථාගත සූත්‍රය** 409
'රහතන් වහන්සේ මරණින් මතු නොසිටිති' යන්න ගැන වදාළ දෙසුම
3.1.17. **හෝති ච න ච හෝති තථාගත සූත්‍රය** 411
'රහතන් වහන්සේ මරණින් මතු සිටිති, නොසිටිති' යන්න ගැන වදාළ දෙසුම
3.1.18. **නේව හෝති න න හෝති තථාගත සූත්‍රය** 412
'රහතන් වහන්සේ මරණින් මතු නොසිටිති, නොම නොසිටිති' යන්න ගැන වදාළ දෙසුම

පළමුවෙනි සෝතාපත්ති වර්ගය නිමා විය.

2. ගමන වර්ගය

3.2.1. **වාත සූත්‍රය** 414
සුළඟ ගැන වදාළ දෙසුම
3.2.2. **ඒතං මම සූත්‍රය** 415
'මේක මගේ' යන්න ගැන වදාළ දෙසුම
3.2.3. **සෝ අත්තා සූත්‍රය** 416
'ආත්මය එයයි' යන්න ගැන වදාළ දෙසුම
3.2.4. **නෝ ච මේ සියා සූත්‍රය** 416
'මා හට නොවන්නේ ය' යන්න ගැන වදාළ දෙසුම
3.2.5. **නත්ථිදින්න සූත්‍රය** 417
'දීමෙහි විපාක නැත' යන්න ගැන වදාළ දෙසුම
3.2.6. **කරතෝ සූත්‍රය** 417
'කරන කෙනාට' යන්න ගැන වදාළ දෙසුම
3.2.7. **නත්ථි හේතු සූත්‍රය** 418
'හේතු නැත' යන්න ගැන වදාළ දෙසුම

3.2.8.   මහා දිට්ඨි සූත්‍රය   418
            මහා දෘෂ්ටිය ගැන වදාළ දෙසුම

3.2.9.   සස්සත ලෝක සූත්‍රය   418
            ශාස්වත ලෝකය ගැන වදාළ දෙසුම

3.2.10.   අසස්සත ලෝක සූත්‍රය   419
            අශාස්වත ලෝකය ගැන වදාළ දෙසුම

3.2.11.   අන්තවා සූත්‍රය   419
            'ලෝකය කෙළවර සහිතයි' යන්න ගැන වදාළ දෙසුම

3.2.12.   අනන්තවා සූත්‍රය   420
            'ලෝකය කෙළවර රහිතයි' යන්න ගැන වදාළ දෙසුම

3.2.13.   තං ජීවං තං සරීරං සූත්‍රය   420
            'එයමයි ජීවය, එයමයි ශරීරයත්' යන්න ගැන වදාළ දෙසුම

3.2.14.   අඤ්ඤං ජීවං අඤ්ඤං සරීරං සූත්‍රය   420
            'ජීවය අනෙකකි, ශරීරය අනෙකකි' යන්න ගැන වදාළ දෙසුම

3.2.15.   හෝති තථාගත සූත්‍රය   421
            'රහතන් වහන්සේ මරණින් මතු සිටිති' යන්න ගැන වදාළ දෙසුම

3.2.16.   න හෝති තථාගත සූත්‍රය   421
            'රහතන් වහන්සේ මරණින් මතු නොසිටිති' යන්න ගැන
            වදාළ දෙසුම

3.2.17.   හෝති ච න ච හෝති තථාගත සූත්‍රය   422
            'රහතන් වහන්සේ මරණින් මතු සිටිති, නොසිටිති' යන්න ගැන
            වදාළ දෙසුම

3.2.18.   නේව හෝති න න හෝති තථාගත සූත්‍රය   422
            'රහතන් වහන්සේ මරණින් මතු නොසිටිති, නොම නොසිටිති'
            යන්න ගැන වදාළ දෙසුම

3.2.19.   රූපී අත්තා සූත්‍රය   423
            රූපමය ආත්මය ගැන වදාළ දෙසුම

3.2.20.   අරූපී අත්තා සූත්‍රය   424
            අරූපමය ආත්මය ගැන වදාළ දෙසුම

3.2.21.   රූපී ච අරූපී ච අත්තා සූත්‍රය   424
            රූපමය වුත් අරූපමය වුත් ආත්මය ගැන වදාළ දෙසුම

3.2.22.   නේව රූපී නාරූපී අත්තා සූත්‍රය   425
            රූපමය නොවුත්, අරූපමය නොවුත් ආත්මය ගැන වදාළ දෙසුම

3.2.23.   ඒකන්තසුබීඅත්තා සූත්‍රය   425
            ඒකාන්ත සුවපත් වූ ආත්මය ගැන වදාළ දෙසුම

3.2.24.	ඒකන්තදුක්ඛීඅත්තා සූත්‍රය	426
	ඒකාන්ත දුක් වූ ආත්මය ගැන වදාළ දෙසුම	
3.2.25.	සුඛදුක්ඛීඅත්තා සූත්‍රය	426
	සැපදුක් සහිත ආත්මය ගැන වදාළ දෙසුම	
3.2.26.	අදුක්ඛමසුඛී අත්තා සූත්‍රය	426
	සැපදුක් රහිත ආත්මය ගැන වදාළ දෙසුම	

දෙවෙනි ගමන වර්ගය නිමා විය.

3. තුන්වෙනි ගමන වර්ගය

3.3.1.-25	වාත සූත්‍රය	428
	සුළඟ ගැන වදාළ දෙසුම	
3.3.26.	අදුක්ඛමසුඛී අත්තා සූත්‍රය	429
	සැපදුක් රහිත ආත්මය ගැන වදාළ දෙසුම	

තුන්වෙනි ගමන වර්ගය නිමා විය.

4. හතරවෙනි ගමන වර්ගය

3.4.1.-25	වාත සූත්‍රය	431
	සුළඟ ගැන වදාළ දෙසුම	
3.4.26.	අදුක්ඛමසුඛී අත්තා සූත්‍රය	432
	සැපදුක් රහිත ආත්මය ගැන වදාළ දෙසුම	

හතරවෙනි ගමන වර්ගය නිමා විය.
දිට්ඨි සංයුත්තය නිමා විය.

4. ඔක්කන්ති සංයුත්තය

1. චක්ඛු වර්ගය

4.1.1.	චක්ඛු සූත්‍රය	435
	ඇස ගැන වදාළ දෙසුම	
4.1.2.	රූප සූත්‍රය	436
	රූප ගැන වදාළ දෙසුම	

4.1.3. **විඤ්ඤාණ සූත්‍රය** 437
විඤ්ඤාණය ගැන වදාළ දෙසුම
4.1.4. **ඵස්ස සූත්‍රය** 438
ස්පර්ශය ගැන වදාළ දෙසුම
4.1.5. **වේදනා සූත්‍රය** 438
විඳීම් ගැන වදාළ දෙසුම
4.1.6. **සඤ්ඤා සූත්‍රය** 439
සඤ්ඤා ගැන වදාළ දෙසුම
4.1.7. **චේතනා සූත්‍රය** 439
චේතනා ගැන වදාළ දෙසුම
4.1.8. **තණ්හා සූත්‍රය** 440
තණ්හා ගැන වදාළ දෙසුම
4.1.9. **ධාතු සූත්‍රය** 440
ධාතු ගැන වදාළ දෙසුම
4.1.10. **ඛන්ධ සූත්‍රය** 441
ස්කන්ධ ගැන වදාළ දෙසුම

පළමුවෙනි චක්ඛු වර්ගය නිමා විය.

ඔක්ඛන්ති සංයුත්තය නිමා විය.

5. උප්පාද සංයුත්තය

1. උප්පාද වර්ගය

5.1.1. **චක්ඛු සූත්‍රය** 443
ඇස ගැන වදාළ දෙසුම
5.1.2. **රූප සූත්‍රය** 444
රූප ගැන වදාළ දෙසුම
5.1.3. **විඤ්ඤාණ සූත්‍රය** 444
විඤ්ඤාණය ගැන වදාළ දෙසුම
5.1.4. **ඵස්ස සූත්‍රය** 445
ස්පර්ශය ගැන වදාළ දෙසුම
5.1.5. **වේදනා සූත්‍රය** 445
විඳීම් ගැන වදාළ දෙසුම

5.1.6. සඤ්ඤා සූත්‍රය 446
සඤ්ඤා ගැන වදාළ දෙසුම
5.1.7. චේතනා සූත්‍රය 446
චේතනා ගැන වදාළ දෙසුම
5.1.8. තණ්හා සූත්‍රය 447
තණ්හා ගැන වදාළ දෙසුම
5.1.9. ධාතු සූත්‍රය 447
ධාතු ගැන වදාළ දෙසුම
5.1.10. ඛන්ධ සූත්‍රය 448
ස්කන්ධ ගැන වදාළ දෙසුම

පළමුවෙනි උප්පාද වර්ගය නිමා විය.

උප්පාද සංයුත්තය නිමා විය.

6. කිලේස සංයුත්තය

1. කිලේස වර්ගය

6.1.1. චක්ඛු සූත්‍රය 450
ඇස ගැන වදාළ දෙසුම
6.1.2. රූප සූත්‍රය 451
රූප ගැන වදාළ දෙසුම
6.1.3. විඤ්ඤාණ සූත්‍රය 451
විඤ්ඤාණය ගැන වදාළ දෙසුම
6.1.4. ඵස්ස සූත්‍රය 452
ස්පර්ශය ගැන වදාළ දෙසුම
6.1.5. වේදනා සූත්‍රය 453
විඳීම් ගැන වදාළ දෙසුම
6.1.6. සඤ්ඤා සූත්‍රය 453
සඤ්ඤා ගැන වදාළ දෙසුම
6.1.7. චේතනා සූත්‍රය 454
චේතනා ගැන වදාළ දෙසුම
6.1.8. තණ්හා සූත්‍රය 455
තණ්හා ගැන වදාළ දෙසුම

6.1.9. ධාතු සූත්‍රය 455
ධාතු ගැන වදාළ දෙසුම
6.1.10. ඛන්ධ සූත්‍රය 456
ස්කන්ධ ගැන වදාළ දෙසුම

පළමුවෙනි කිලේස වර්ගය නිමා විය.

කිලේස සංයුත්තය නිමා විය.

7. සාරිපුත්ත සංයුත්තය

1. සාරිපුත්ත වර්ගය

7.1.1. විවේකජ සූත්‍රය 458
'විවේකයෙන් හටගත්' යන්න ගැන වදාළ දෙසුම
7.1.2. අවිතක්ක සූත්‍රය 459
'විතර්ක රහිත' යන්න ගැන වදාළ දෙසුම
7.1.3. පීති සූත්‍රය 460
ප්‍රීතිය ගැන වදාළ දෙසුම
7.1.4. උපෙක්ඛා සූත්‍රය 460
උපේක්ෂාව ගැන වදාළ දෙසුම
7.1.5. ආකාසානඤ්චායතන සූත්‍රය 461
අකාසානඤ්චායතනය ගැන වදාළ දෙසුම
7.1.6. විඤ්ඤාණඤ්චායතන සූත්‍රය 461
විඤ්ඤාණඤ්චායතනය ගැන වදාළ දෙසුම
7.1.7. ආකිඤ්චඤ්ඤායතන සූත්‍රය 462
ආකිඤ්චඤ්ඤායතනය ගැන වදාළ දෙසුම
7.1.8. නේවසඤ්ඤානාසඤ්ඤායතන සූත්‍රය 462
නේවසඤ්ඤානාසඤ්ඤායතනය ගැන වදාළ දෙසුම
7.1.9. නිරෝධසමාපත්ති සූත්‍රය 463
නිරෝධ සමාපත්තිය ගැන වදාළ දෙසුම
7.1.10. සුචිමුඛී සූත්‍රය 464
සුචිමුඛී තාපසිය අරහයා වදාළ දෙසුම

පළමුවෙනි සාරිපුත්ත වර්ගය නිමා විය.

සාරිපුත්ත සංයුත්තය නිමා විය.

8. නාග සංයුත්තය

1. නාග වර්ගය

8.1.1. **සුද්ධික සූත්‍රය** 467
සුද්ධික ගැන වදාළ දෙසුම
8.1.2. **පණීතතර සූත්‍රය** 467
වඩාත් උසස් යන කරුණ ගැන වදාළ දෙසුම
8.1.3. **උපෝසථ සූත්‍රය** 468
උපෝසථ සිල් රැකීම ගැන වදාළ දෙසුම
8.1.4. **දුතිය උපෝසථ සූත්‍රය** 469
උපෝසථ සිල් රැකීම ගැන වදාළ දෙවෙනි දෙසුම
8.1.5. **තතිය උපෝසථ සූත්‍රය** 469
උපෝසථ සිල් රැකීම ගැන වදාළ තෙවෙනි දෙසුම
8.1.6. **චතුත්ථ උපෝසථ සූත්‍රය** 470
උපෝසථ සිල් රැකීම ගැන වදාළ සිව්වෙනි දෙසුම
8.1.7. **සුත සූත්‍රය** 471
'අසා තිබෙනවා' යන්න ගැන වදාළ දෙසුම
8.1.8. **දුතිය සුත සූත්‍රය** 472
'අසා තිබෙනවා' යන්න ගැන වදාළ දෙවෙනි දෙසුම
8.1.9. **තතිය සුත සූත්‍රය** 472
'අසා තිබෙනවා' යන්න ගැන වදාළ තෙවෙනි දෙසුම
8.1.10. **චතුත්ථ සුත සූත්‍රය** 473
'අසා තිබෙනවා' යන්න ගැන වදාළ සිව්වෙනි දෙසුම
8.1.11. **අන්නදායක අණ්ඩජ සූත්‍රය** 473
ආහාර දෙන අයගේ අණ්ඩජ උපත ගැන වදාළ දෙසුම
8.1.12. **පානදායක අණ්ඩජ සූත්‍රය** 474
පානය කරන ජාති දෙන අයගේ අණ්ඩජ උපත ගැන වදාළ දෙසුම
8.1.13. **වත්ථදායක අණ්ඩජ සූත්‍රය** 474
වස්ත්‍ර දෙන අයගේ අණ්ඩජ උපත ගැන වදාළ දෙසුම
8.1.14. **යානදායක අණ්ඩජ සූත්‍රය** 475
පාවහන් දෙන අයගේ අණ්ඩජ උපත ගැන වදාළ දෙසුම
8.1.15. **මාලාදායක අණ්ඩජ සූත්‍රය** 475
මල් දෙන අයගේ අණ්ඩජ උපත ගැන වදාළ දෙසුම

8.1.16.   ගන්ධදායක අණ්ඩජ සූත්‍රය   475
සුවඳ දෙන අයගේ අණ්ඩජ උපත ගැන වදාළ දෙසුම

8.1.17.   විලේපනදායක අණ්ඩජ සූත්‍රය   476
විලවුන් දෙන අයගේ අණ්ඩජ උපත ගැන වදාළ දෙසුම

8.1.18.   සෙය්‍යදායක අණ්ඩජ සූත්‍රය   476
සේනාසන දෙන අයගේ අණ්ඩජ උපත ගැන වදාළ දෙසුම

8.1.19.   ආවසථදායක අණ්ඩජ සූත්‍රය   476
ආවාස දෙන අයගේ අණ්ඩජ උපත ගැන වදාළ දෙසුම

8.1.20.   පදීපෙය්‍යදායක අණ්ඩජ සූත්‍රය   477
පහන් දල්වන උපකරණ දෙන අයගේ අණ්ඩජ උපත ගැන
වදාළ දෙසුම

8.1.21.-40 අන්නදායකාදී ජලාබුජ සංසේදජ සූත්‍ර   477
ආහාර දන් දීම් ආදියෙන් ලබන ජලාබුජ සංසේදජ උපත් ගැන
වදාළ දෙසුම්

8.1.41.   අන්නදායක ඕපපාතික සූත්‍රය   478
ආහාර දන් දී ලබන ඕපපාතික උපත ගැන වදාළ දෙසුම

8.1.42.   පානදායක ඕපපාතික සූත්‍රය   478
පානය කරන ජාති දන් දී ලබන ඕපපාතික උපත ගැන
වදාළ දෙසුම

8.1.43.   වත්ථදායක ඕපපාතික සූත්‍රය   479
වස්ත්‍ර දන් දී ලබන ඕපපාතික උපත ගැන වදාළ දෙසුම

8.1.44.   යානදායක ඕපපාතික සූත්‍රය   479
පාවහන් දන් දී ලබන ඕපපාතික උපත ගැන වදාළ දෙසුම

8.1.45.   මාලාදායක ඕපපාතික සූත්‍රය   479
මල් දන් දී ලබන ඕපපාතික උපත ගැන වදාළ දෙසුම

8.1.46.   ගන්ධදායක ඕපපාතික සූත්‍රය   480
සුවඳ දන් දී ලබන ඕපපාතික උපත ගැන වදාළ දෙසුම

8.1.47.   විලේපනදායක ඕපපාතික සූත්‍රය   480
විලවුන් දන් දී ලබන ඕපපාතික උපත ගැන වදාළ දෙසුම

8.1.48.   සෙය්‍යදායක ඕපපාතික සූත්‍රය   480
සේනාසන දන් දී ලබන ඕපපාතික උපත ගැන වදාළ දෙසුම

8.1.49.   ආවසථදායක ඕපපාතික සූත්‍රය   481
ආවාස දන් දී ලබන ඕපපාතික උපත ගැන වදාළ දෙසුම

8.1.50. **පදීපෙය්‍යදායක ඕපපාතික සූත්‍රය** 481
පහන් දන් දී ලබන ඕපපාතික උපත ගැන වදාළ දෙසුම

පළමුවෙනි නාග වර්ගය නිමා විය.

නාග සංයුත්තය නිමා විය.

9. සුපණ්ණ සංයුත්තය

1. සුපණ්ණ වර්ගය

9.1.1. **සුද්ධික සූත්‍රය** 483
සුද්ධික ගැන වදාළ දෙසුම

9.1.2. **හරන්ති සූත්‍රය** 483
'අරගෙන යති' යන්න ගැන වදාළ දෙසුම

9.1.3. **ද්වයකාරී සූත්‍රය** 484
දෙවිදිහකට කටයුතු කරන අය ගැන වදාළ දෙසුම

9.1.4.-6 **දුතිය, තතිය, චතුත්ථ ද්වයකාරී සූත්‍ර** 485
දෙවිදිහකට කටයුතු කරන අය ගැන වදාළ දෙවෙනි, තුන්වෙනි, හතරවෙනි දෙසුම්

9.1.7. **අන්නදායක අණ්ඩජ සූත්‍රය** 486
ආහාර දෙන අයගේ අණ්ඩජ උපත ගැන වදාළ දෙසුම

9.1.8. **පානදායක අණ්ඩජ සූත්‍රය** 486
පානය කරන ජාති දෙන අයගේ අණ්ඩජ උපත ගැන වදාළ දෙසුම

9.1.9. **වත්ථදායක අණ්ඩජ සූත්‍රය** 487
වස්ත්‍ර දෙන අයගේ අණ්ඩජ උපත ගැන වදාළ දෙසුම

9.1.10. **යානදායක අණ්ඩජ සූත්‍රය** 487
පාවහන් දෙන අයගේ අණ්ඩජ උපත ගැන වදාළ දෙසුම

9.1.11. **මාලාදායක අණ්ඩජ සූත්‍රය** 487
මල් දෙන අයගේ අණ්ඩජ උපත ගැන වදාළ දෙසුම

9.1.12. **ගන්ධදායක අණ්ඩජ සූත්‍රය** 488
සුවඳ දෙන අයගේ අණ්ඩජ උපත ගැන වදාළ දෙසුම

9.1.13. **විලේපනදායක අණ්ඩජ සූත්‍රය** 488
විලවුන් දෙන අයගේ අණ්ඩජ උපත ගැන වදාළ දෙසුම

9.1.14. **සෙය්‍යදායක අණ්ඩජ සූත්‍රය** 489
සේනාසන දෙන අයගේ අණ්ඩජ උපත ගැන වදාළ දෙසුම

9.1.15. **ආවසථදායක අණ්ඩජ සූත්‍රය** 489
ආවාස දෙන අයගේ අණ්ඩජ උපත ගැන වදාළ දෙසුම
9.1.16. **පදීපෙය්‍යදායක අණ්ඩජ සූත්‍රය** 489
පහන් දල්වන උපකරණ දෙන අයගේ අණ්ඩජ උපත ගැන වදාළ දෙසුම
9.1.17.-36 **අන්නදායකාදී ජලාබුජ සංසේදජ සූත්‍ර** 490
ආහාර දන් දීම් ආදියෙන් ලබන ජලාබුජ සංසේදජ උපත් ගැන වදාළ දෙසුම්
9.1.37. **අන්නදායක ඕපපාතික සූත්‍රය** 490
ආහාර දන් දී ලබන ඕපපාතික උපත ගැන වදාළ දෙසුම
9.1.38. **පානදායක ඕපපාතික සූත්‍රය** 491
පානය කරන ජාති දන් දී ලබන ඕපපාතික උපත ගැන වදාළ දෙසුම
9.1.39. **වත්ථදායක ඕපපාතික සූත්‍රය** 491
වස්ත්‍ර දන් දී ලබන ඕපපාතික උපත ගැන වදාළ දෙසුම
9.1.40. **යානදායක ඕපපාතික සූත්‍රය** 492
පාවහන් දන් දී ලබන ඕපපාතික උපත ගැන වදාළ දෙසුම
9.1.41. **මාලාදායක ඕපපාතික සූත්‍රය** 492
මල් දන් දී ලබන ඕපපාතික උපත ගැන වදාළ දෙසුම
9.1.42. **ගන්ධදායක ඕපපාතික සූත්‍රය** 492
සුවඳ දන් දී ලබන ඕපපාතික උපත ගැන වදාළ දෙසුම
9.1.43. **විලේපනදායක ඕපපාතික සූත්‍රය** 493
විලවුන් දන් දී ලබන ඕපපාතික උපත ගැන වදාළ දෙසුම
9.1.44. **සෙය්‍යදායක ඕපපාතික සූත්‍රය** 493
සේනාසන දන් දී ලබන ඕපපාතික උපත ගැන වදාළ දෙසුම
9.1.45. **ආවසථදායක ඕපපාතික සූත්‍රය** 493
ආවාස දන් දී ලබන ඕපපාතික උපත ගැන වදාළ දෙසුම
9.1.46. **පදීපෙය්‍යදායක ඕපපාතික සූත්‍රය** 494
පහන් දන් දී ලබන ඕපපාතික උපත ගැන වදාළ දෙසුම

පළමුවෙනි සුපණ්ණ වර්ගය නිමා විය.

සුපණ්ණ සංයුත්තය නිමා විය.

10. ගන්ධබ්බකාය සංයුත්තය

1. ගන්ධබ්බ වර්ගය

10.1.1. සුද්ධික සූත්‍රය 495
සුද්ධික ගැන වදාළ දෙසුම
10.1.2. සුචරිත සූත්‍රය 496
සුචරිතය ගැන වදාළ දෙසුම
10.1.3. මූලගන්ධ සූත්‍රය 496
මල් සුවඳ ගැන වදාළ දෙසුම
10.1.4.-12 සාරගන්ධාදී සූත්‍ර 497
අරටු සුවඳ ආදිය ගැන වදාළ දෙසුම්
10.1.13.-22 අන්නදානාදී මූලගන්ධ සූත්‍ර 498
ආහාර දන් දීම් ආදියෙන් ලබන මුල් සුවඳට අරක් ගත් දෙවියන් ගැන වදාළ දෙසුම්
10.1.23.-122 අන්නදානාදී සාරගන්ධාදී සූත්‍ර 499
ආහාර දන් දීම් ආදියෙන් ලබන, අරටු සුවඳට අරක් ගත් දෙවියන් ගැන වදාළ දෙසුම්

පළමුවෙනි ගන්ධබ්බ වර්ගය නිමා විය.

ගන්ධබ්බකාය සංයුත්තය නිමා විය.

11. වලාහක සංයුත්තය

1. වලාහක වර්ගය

11.1.1. සුද්ධික සූත්‍රය 501
සුද්ධික ගැන වදාළ දෙසුම
11.1.2. සුචරිත සූත්‍රය 501
සුචරිතය ගැන වදාළ දෙසුම
11.1.3.-12 අන්නදායකාදී සීතවලාහක සූත්‍ර 502
ආහාර දන්දීම් ආදියෙන් ලබන සීතවලාහක ආදී උපත් ගැන වදාළ දෙසුම්
11.1.13.-52 අන්නදානාදී උණ්හවලාහකාදී සූත්‍ර 503
ආහාර දන් දීම් ආදියෙන් ලබන උණුසුම් වලාහක ආදී උපත් ගැන වදාළ දෙසුම්

11.1.53.	**සීතවලාහක සූත්‍රය**	504
	සීත වලාහක දෙවියන් ගැන වදාළ දෙසුම	
11.1.54.	**උණ්හවලාහක සූත්‍රය**	505
	උණුසුම් වලාහක දෙවියන් ගැන වදාළ දෙසුම	
11.1.55.	**අබ්භවලාහක සූත්‍රය**	505
	අනියම් ලෙස ඇතිවෙන වලාහක දෙවියන් ගැන වදාළ දෙසුම	
11.1.56.	**වාතවලාහක සූත්‍රය**	506
	සුළඟ සහිත වලාහක දෙවියන් ගැන වදාළ දෙසුම	
11.1.57.	**වස්සවලාහක සූත්‍රය**	506
	වැස්ස වලාහක දෙවියන් ගැන වදාළ දෙසුම	

පළමුවෙනි වලාහක වර්ගය නිමා විය.
වලාහක සංයුත්තය නිමා විය.

12. වච්ඡගොත්ත සංයුත්තය

1. වච්ඡගොත්ත වර්ගය

12.1.1.	**රූප අඤ්ඤාණ සූත්‍රය**	508
	රූපය අවබෝධ නොවීම ගැන වදාළ දෙසුම	
12.1.2.	**වේදනා අඤ්ඤාණ සූත්‍රය**	509
	විඳීම අවබෝධ නොවීම ගැන වදාළ දෙසුම	
12.1.3.	**සඤ්ඤා අඤ්ඤාණ සූත්‍රය**	510
	සඤ්ඤාව අවබෝධ නොවීම ගැන වදාළ දෙසුම	
12.1.4.	**සංබාර අඤ්ඤාණ සූත්‍රය**	510
	සංස්කාර අවබෝධ නොවීම ගැන වදාළ දෙසුම	
12.1.5.	**විඤ්ඤාණ අඤ්ඤාණ සූත්‍රය**	511
	විඤ්ඤාණය අවබෝධ නොවීම ගැන වදාළ දෙසුම	
12.1.6.	**රූප අදස්සන සූත්‍රය**	512
	රූපය නුවණින් නොදැකීම ගැන වදාළ දෙසුම	
12.1.7.	**වේදනා අදස්සන සූත්‍රය**	513
	විඳීම නුවණින් නොදැකීම ගැන වදාළ දෙසුම	
12.1.8.	**සඤ්ඤා අදස්සන සූත්‍රය**	513
	සඤ්ඤාව නුවණින් නොදැකීම ගැන වදාළ දෙසුම	

12.1.9.	සංඛාර අදස්සන සූත්‍රය	513
	සංස්කාර නුවණින් නොදැකීම ගැන වදාළ දෙසුම	
12.1.10.	විඤ්ඤාණ අදස්සන සූත්‍රය	514
	විඤ්ඤාණය නුවණින් නොදැකීම ගැන වදාළ දෙසුම	
12.1.11.	රූප අනභිසමය සූත්‍රය	514
	රූපය නුවණින් නොදැකීම ගැන වදාළ දෙසුම	
12.1.12.	වේදනා අනභිසමය සූත්‍රය	515
	විඳීම නුවණින් නොදැකීම ගැන වදාළ දෙසුම	
12.1.13.	සඤ්ඤා අනභිසමය සූත්‍රය	515
	සඤ්ඤාව නුවණින් නොදැකීම ගැන වදාළ දෙසුම	
12.1.14.	සංඛාර අනභිසමය සූත්‍රය	516
	සංස්කාර නුවණින් නොදැකීම ගැන වදාළ දෙසුම	
12.1.15.	විඤ්ඤාණ අනභිසමය සූත්‍රය	516
	විඤ්ඤාණය නුවණින් නොදැකීම ගැන වදාළ දෙසුම	
12.1.16.	රූප අනනුබෝධ සූත්‍රය	516
	රූපය පිළිබඳව ඇති අනවබෝධය ගැන වදාළ දෙසුම	
12.1.17.	වේදනා අනනුබෝධ සූත්‍රය	517
	විඳීම පිළිබඳව ඇති අනවබෝධය ගැන වදාළ දෙසුම	
12.1.18.	සඤ්ඤා අනනුබෝධ සූත්‍රය	517
	සඤ්ඤාව පිළිබඳව ඇති අනවබෝධය ගැන වදාළ දෙසුම	
12.1.19.	සංඛාර අනනුබෝධ සූත්‍රය	518
	සංස්කාර පිළිබඳව ඇති අනවබෝධය ගැන වදාළ දෙසුම	
12.1.20.	විඤ්ඤාණ අනනුබෝධ සූත්‍රය	518
	විඤ්ඤාණය පිළිබඳව ඇති අනවබෝධය ගැන වදාළ දෙසුම	
12.1.21.	රූප අප්පටිවේධ සූත්‍රය	518
	රූපය ප්‍රතිවේධ නොවීම ගැන වදාළ දෙසුම	
12.1.22.	වේදනා අප්පටිවේධ සූත්‍රය	519
	විඳීම ප්‍රතිවේධ නොවීම ගැන වදාළ දෙසුම	
12.1.23.	සඤ්ඤා අප්පටිවේධ සූත්‍රය	519
	සඤ්ඤාව ප්‍රතිවේධ නොවීම ගැන වදාළ දෙසුම	
12.1.24.	සංඛාර අප්පටිවේධ සූත්‍රය	519
	සංස්කාර ප්‍රතිවේධ නොවීම ගැන වදාළ දෙසුම	
12.1.25.	විඤ්ඤාණ අප්පටිවේධ සූත්‍රය	520
	විඤ්ඤාණය ප්‍රතිවේධ නොවීම ගැන වදාළ දෙසුම	

12.1.26.-29 රූපාදී අසල්ලක්බණ සුත්‍ර   520
රූපාදිය ගැන නුවණින් නොසැලකීම අරභයා වදාල දෙසුම්

12.1.30. විඤ්ඤාණ අසල්ලක්බණ සුත්‍රය   520
විඤ්ඤාණය ගැන නුවණින් නොසැලකීම අරභයා
වදාල දෙසුම

12.1.31.-34 රූපාදී අනුපලක්බණ සුත්‍ර   521
රූපාදිය ගැන යලි යලිත් නුවණින් නොසැලකීම අරභයා
වදාල දෙසුම්

12.1.35. විඤ්ඤාණ අනුපලක්බණ සුත්‍රය   521
විඤ්ඤාණය ගැන යලි යලිත් නුවණින් නොසැලකීම අරභයා
වදාල දෙසුම

12.1.36.-40 රූපාදී අපච්චුපලක්බණ සුත්‍ර   522
රූපාදියෙහි ඇති ස්වභාවය නුවණින් නොබැලීම අරභයා
වදාල දෙසුම්

12.1.41.-45 රූපාදී අසම්පෙක්බණ ලක්බණ සුත්‍ර   522
රූපාදියෙහි ඇති ස්වභාවය නුවණින් මනාකොට නොබැලීම
අරභයා වදාල දෙසුම්

12.1.46.-50 රූපාදී අපච්චුපෙක්බණ සුත්‍ර   522
රූපාදියෙහි ඇති ස්වභාවය නුවණින් පුන පුනා නොබැලීම
අරභයා වදාල දෙසුම්

12.1.51. රූප අපච්චවක්බකම්ම සුත්‍රය   523
රූපයෙහි ඇති ස්වභාවය නුවණින් ප්‍රත්‍යවෙක්ෂා නොකිරීම
අරභයා වදාල දෙසුම

12.1.52. වේදනා අපච්චවක්බකම්ම සුත්‍රය   523
විදීමෙහි ඇති ස්වභාවය නුවණින් ප්‍රත්‍යවෙක්ෂා නොකිරීම
අරභයා වදාල දෙසුම

12.1.53. සඤ්ඤා අපච්චවක්බකම්ම සුත්‍රය   524
සඤ්ඤාවෙහි ඇති ස්වභාවය නුවණින් ප්‍රත්‍යවෙක්ෂා නොකිරීම
අරභයා වදාල දෙසුම

12.1.54. සංඛාර අපච්චවක්බකම්ම සුත්‍රය   524
සංස්කාරයන්හි ඇති ස්වභාවය නුවණින් ප්‍රත්‍යවෙක්ෂා නොකිරීම
අරභයා වදාල දෙසුම

12.1.55. විඤ්ඤාණ අපච්චවක්බකම්ම සුත්‍රය   525
විඤ්ඤාණයෙහි ඇති ස්වභාවය නුවණින් ප්‍රත්‍යවෙක්ෂා
නොකිරීම අරභයා වදාල දෙසුම

පළමුවෙනි වච්ඡගොත්ත වර්ගය නිමා විය.
වච්ඡගොත්ත සංයුත්තය නිමා විය.

13. ඣාන සංයුත්තය

1. ඣාන වර්ගය

13.1.1.	**සමාපත්තිකුසල සූත්‍රය**	526
	සමාපත්තියෙහි දක්ෂතාවය ගැන වදාළ දෙසුම	
13.1.2.	**ඨීතිකුසල සූත්‍රය**	527
	සමාධිය පවත්වාගැනීමෙහි දක්ෂකම ගැන වදාළ දෙසුම	
13.1.3.	**වුට්ඨාන කුසල සූත්‍රය**	528
	සමාධියෙන් නැගීසිටීමේ කුසලතාවය ගැන වදාළ දෙසුම	
13.1.4.	**කල්ලිත කුසල සූත්‍රය**	529
	ධ්‍යානාංග වෙන්කොට බැලීමේ දක්ෂකම ගැන වදාළ දෙසුම	
13.1.5.	**ආරම්මණ කුසල සූත්‍රය**	530
	භාවනා අරමුණ පැවැත්වීමෙහි දක්ෂකම ගැන වදාළ දෙසුම	
13.1.6.	**ගෝචර කුසල සූත්‍රය**	531
	භාවනා අරමුණට සමාධිය යොමු කරගැනීමේ දක්ෂතාව ගැන වදාළ දෙසුම	
13.1.7.	**අභිනීහාර කුසල සූත්‍රය**	532
	භාවනා අරමුණට සමාධිය මැනැවින් යොමු කරගැනීමේ දක්ෂකම ගැන වදාළ දෙසුම	
13.1.8.	**සක්කච්චකාරීසූත්‍රය**	533
	ඉතා ක්‍රමවත් ලෙස භාවනා වැඩීම ගැන වදාළ දෙසුම	
13.1.9.	**සාතච්චකාරී සූත්‍රය**	534
	නිතර නිතර භාවනා වැඩීම ගැන වදාළ දෙසුම	
13.1.10.	**සප්පායකාරී සූත්‍රය**	534
	සමාධියට උදව් ලබන දේ කිරීම ගැන වදාළ දෙසුම	
13.1.11.	**සමාපත්තිඨීතිකුසල සූත්‍රය**	535
	සමාපත්තිය පවත්වාගැනීමෙහි දක්ෂවීම ගැන වදාළ දෙසුම	
13.1.12.	**සමාපත්තිවුට්ඨාන කුසල සූත්‍රය**	536
	සමවතින් නැගීසිටීමේ කුසලතාවය ගැන වදාළ දෙසුම	
13.1.13.	**සමාපත්තිකල්ලිත කුසල සූත්‍රය**	537

සමවත හැසිරවීමෙහි දක්ෂකම ගැන වදාළ දෙසුම

13.1.14. **සමාපත්තිආරම්මණ කුසල සූතුය** 538
සමවත තුළ භාවනා අරමුණ පැවැත්වීමෙහි දක්ෂකම ගැන
වදාළ දෙසුම

13.1.15. **සමාපත්තිගෝචර කුසල සූතුය** 539
සමවත තුළ භාවනා අරමුණට සමාධිය යොමු කරගැනීමේ
දක්ෂතාව ගැන වදාළ දෙසුම

13.1.16. **සමාපත්තිඅභිනීහාර කුසල සූතුය** 539
භාවනා අරමුණට සමවත මැනැවින් යොමු කරගැනීමේ
දක්ෂකම ගැන වදාළ දෙසුම

13.1.17. **සමාපත්ති සක්කච්චකාරීසූතුය** 540
සමවත තුළ ඉතා කුමවත් ලෙස භාවනා වැඩීම ගැන වදාළ දෙසුම

13.1.18. **සමාපත්ති සාතච්චකාරී සූතුය** 540
සමවත තුළ නිතර නිතර භාවනා වැඩීම ගැන වදාළ දෙසුම

13.1.19. **සමාපත්ති සප්පායකාරී සූතුය** 540
සමවතට උදව් ලබන දේ කිරීම ගැන වදාළ දෙසුම

13.1.20. **ඨිතිවුට්ඨාන සූතුය** 541
සමාධිය පවත්වා ගැනීමත්, නැගී සිටීමත් ගැන වදාළ දෙසුම

13.1.21. **ඨිතිකල්ලිත සූතුය** 542
සමාධිය පවත්වා ගැනීමත්, ධ්‍යානාංග වෙන් කොට බැලීමත්
ගැන වදාළ දෙසුම

13.1.22. **ඨිතිආරම්මණ සූතුය** 543
සමාධිය පවත්වා ගැනීමත්, භාවනා අරමුණ පැවැත්වීමත් ගැන
වදාළ දෙසුම

13.1.23. **ඨිතිගෝචර සූතුය** 543
සමාධිය පවත්වා ගැනීමත්, භාවනා අරමුණට යොමු වීමත් ගැන
වදාළ දෙසුම

13.1.24. **ඨිතිඅභිනීහාර කුසල සූතුය** 544
සමාධිය පවත්වා ගැනීමත්, භාවනා අරමුණට මැනැවින් යොමු
වීමත් ගැන වදාළ දෙසුම

13.1.25. **ඨිතිසක්කච්චකාරී සූතුය** 544
සමාධිය පවත්වා ගැනීමත්, ඉතා කුමාණුකූලව භාවනා කිරීමත්
ගැන වදාළ දෙසුම

13.1.26. **ඨිතිසාතච්චකාරී සූතුය** 545
සමාධිය පවත්වා ගැනීමත්, නිතර නිතර භාවනා කිරීමත් ගැන
වදාළ දෙසුම

13.1.27.　ඨිති සප්පායකාරී සූත්‍රය　　545
සමාධිය පවත්වා ගැනීමත්, භාවනාවට උදව් ලැබෙන දේ කිරීම
ගැනත් වදාළ දෙසුම

13.1.28.　වුට්ඨානකල්ලිත සූත්‍රය　　546
සමාධියෙන් නැගී සිටීමත්, ධ්‍යානාංග වෙන් කොට බැලීමත්
ගැන වදාළ දෙසුම

13.1.29.　වුට්ඨානාරම්මණ සූත්‍රය　　547
සමාධියෙන් නැගී සිටීමත්, සමාධිය තුළ භාවනා අරමුණ
පැවැත්වීමත් ගැන වදාළ දෙසුම

13.1.30.　වුට්ඨානගෝචර සූත්‍රය　　547
සමාධියෙන් නැගී සිටීමත්, සමාධිය තුළ භාවනා අරමුණට යොමු
වීමත් ගැන වදාළ දෙසුම

13.1.31.　වුට්ඨානඅභිනීහාර කුසල සූත්‍රය　　548
සමාධියෙන් නැගී සිටීමත්, සමාධිය තුළ භාවනා අරමුණට
මැනැවින් යොමු වීමත් ගැන වදාළ දෙසුම

13.1.32.　වුට්ඨාන සක්කච්චකාරී සූත්‍රය　　548
සමාධියෙන් නැගී සිටීමත්, සමාධිය තුළ ඉතා ක්‍රමාණුකූලව
භාවනා වැඩීමත් ගැන වදාළ දෙසුම

13.1.33.　වුට්ඨානසාතච්චකාරී සූත්‍රය　　549
සමාධියෙන් නැගී සිටීමත්, සමාධිය තුළ නිතර නිතර භාවනා
වැඩීමත් ගැන වදාළ දෙසුම

13.1.34.　වුට්ඨානසප්පායකාරී සූත්‍රය　　549
සමාධියෙන් නැගී සිටීමත්, සමාධිය තුළ භාවනාවට උදව්
ලැබෙන දේ කිරීම ගැනත් වදාළ දෙසුම

13.1.35.　කල්ලිතආරම්මණ සූත්‍රය　　550
ධ්‍යානාංග වෙන් කොට බැලීමත්, භාවනා අරමුණ පැවැත්වීමත්
ගැන වදාළ දෙසුම

13.1.36.　කල්ලිතගෝචර සූත්‍රය　　551
ධ්‍යානාංග වෙන් කොට බැලීමත්, භාවනා අරමුණට යොමු
කිරීමත් ගැන වදාළ දෙසුම

13.1.37.　කල්ලිතඅභිනීහාර කුසල සූත්‍රය　　551
ධ්‍යානාංග වෙන් කොට බැලීමත්, භාවනා අරමුණට මැනැවින්
යොමු කිරීමත් ගැන වදාළ දෙසුම

13.1.38.　කල්ලිතසක්කච්චකාරී සූත්‍රය　　552

ධ්‍යානාංග වෙන් කොට බැලීමත්, ඉතා ක්‍රමාණුකූලව භාවනා
කිරීමත් ගැන වදාළ දෙසුම

13.1.39.   **කල්ලිතසාතච්චකාරී සූත්‍රය**   552
ධ්‍යානාංග වෙන් කොට බැලීමත්, නිතර නිතර භාවනා කිරීමත්
ගැන වදාළ දෙසුම

13.1.40.   **කල්ලිතසප්පායකාරී සූත්‍රය**   552
ධ්‍යානාංග වෙන් කොට බැලීමත්, භාවනාවට උදව් ලැබෙන දේ
කිරීම ගැනත් වදාළ දෙසුම

13.1.41.   **ආරම්මණගෝචර සූත්‍රය**   553
භාවනා අරමුණ පැවැත්වීමටත්, භාවනා අරමුණට යොමු
කිරීමත් ගැන වදාළ දෙසුම

13.1.42.   **ආරම්මණඅභිනීහාර කුසල සූත්‍රය**   554
භාවනා අරමුණ පැවැත්වීමටත්, භාවනා අරමුණට මැනැවින්
යොමු කිරීමත් ගැන වදාළ දෙසුම

13.1.43.   **ආරම්මණසක්කච්චකාරී සූත්‍රය**   554
භාවනා අරමුණ පැවැත්වීමටත්, ඉතා ක්‍රමාණුකූලව භාවනා
කිරීමත් ගැන වදාළ දෙසුම

13.1.44.   **ආරම්මණසාතච්චකාරී සූත්‍රය**   555
භාවනා අරමුණ පැවැත්වීමටත්, නිතර නිතර භාවනා කිරීමත්
ගැන වදාළ දෙසුම

13.1.45.   **ආරම්මණසප්පායකාරී සූත්‍රය**   555
භාවනා අරමුණ පැවැත්වීමටත්, භාවනාවට උදව් ලැබෙන දේ
කිරීම ගැනත් වදාළ දෙසුම

13.1.46.   **ගෝචරඅභිනීහාර කුසල සූත්‍රය**   555
භාවනා අරමුණට යොමු කිරීමත්, භාවනා අරමුණට මැනැවින්
යොමු කිරීමත් ගැන වදාළ දෙසුම

13.1.47.   **ගෝචරසක්කච්චකාරී සූත්‍රය**   556
භාවනා අරමුණට යොමු කිරීමත්, ඉතා ක්‍රමාණුකූලව භාවනා
කිරීමත් ගැන වදාළ දෙසුම

13.1.48.   **ගෝචරසාතච්චකාරී සූත්‍රය**   556
භාවනා අරමුණට යොමු කිරීමත්, නිතර නිතර භාවනා කිරීමත්
ගැන වදාළ දෙසුම

13.1.49.   **ගෝචරසප්පායකාරී සූත්‍රය**   557
භාවනා අරමුණට යොමු කිරීමත්, භාවනාවට උදව් ලැබෙන දේ

කිරීම ගැනත් වදාළ දෙසුම
13.1.50. **අභිනීහාරසක්කච්චකාරී සූත්‍රය** 557
භාවනා අරමුණට මැනැවින් යොමු කිරීමත්, ඉතා ක්‍රමාණුකූලව භාවනා කිරීමත් ගැන වදාළ දෙසුම
13.1.51. **අභිනීහාරසාතච්චකාරී සූත්‍රය** 558
භාවනා අරමුණට මැනැවින් යොමු කිරීමත්, නිතර නිතර භාවනා කිරීමත් ගැන වදාළ දෙසුම
13.1.52. **අභිනීහාරසප්පායකාරී සූත්‍රය** 558
භාවනා අරමුණට මැනැවින් යොමු කිරීමත්, භාවනාවට උදව් ලැබෙන දේ කිරීම ගැනත් වදාළ දෙසුම
13.1.53. **සක්කච්චසාතච්චකාරී සූත්‍රය** 559
ඉතා ක්‍රමාණුකූලව භාවනා කිරීමත්, නිතර නිතර භාවනා කිරීමත් ගැන වදාළ දෙසුම
13.1.54. **සක්කච්චසප්පායකාරී සූත්‍රය** 559
ඉතා ක්‍රමාණුකූලව භාවනා කිරීමත්, භාවනාවට උදව් ලැබෙන දේ කිරීම ගැනත් වදාළ දෙසුම
13.1.55. **සාතච්චසප්පායකාරී සූත්‍රය** 560
නැවත නැවත භාවනා කිරීමත්, භාවනාවට උදව් ලැබෙන දේ කිරීම ගැනත් වදාළ දෙසුම

පළමුවෙනි ඣාන වර්ගය නිමා විය.

ඣාන සංයුත්තය නිමා විය.

සංයුත්ත නිකායේ ඛන්ධක වර්ගය නිමා විය.

දසබලසේලප්පභවා නිබ්බානමහාසමුද්දපරියන්තා
අට්ඨංග මග්ගසලිලා ජිනවචනනදී චිරං වහතූති

දසබලයන් වහන්සේ නමැති ශෛලමය පර්වතයෙන් පැන නැගී
අමා මහ නිවන නම් වූ මහා සාගරය අවසන් කොට ඇති
ආර්ය අෂ්ටාංගික මාර්ගය නම් වූ සිහිල් දිය දහරින් හෙබි
උතුම් ශ්‍රී මුඛ බුද්ධ වචන ගංගාව (ලෝ සතුන්ගේ සසර දුක් නිවාලමින්)
බොහෝ කල් ගලාබස්නා සේක්වා !

(සළායතන සංයුත්තය - උද්දාන ගාථා)

සූත්‍ර පිටකයට අයත්

සංයුත්ත නිකාය

තුන්වෙනි කොටස

ඛන්ධක වර්ගය

නමෝ තස්ස භගවතෝ අරහතෝ සම්මාසම්බුද්ධස්ස
ඒ භාග්‍යවත් අරහත් සම්මා සම්බුදුරජාණන් වහන්සේට නමස්කාර වේවා!

සූත්‍ර පිටකයට අයත්

සංයුත්ත නිකාය
ඛන්ධක වර්ගය

1. ඛන්ධ සංයුත්තය

1. මූලපණ්ණාසකය

1. නකුලපිතු වර්ගය

1.1.1.1.
නකුලපිතු සූත්‍රය
නකුලපිතු ගෘහපතිතුමාට වදාළ දෙසුම

01. මා හට අසන්නට ලැබුණේ මේ විදිහටයි. ඒ දිනවල භාග්‍යවතුන් වහන්සේ වැඩසිටියේ භග්ග ජනපදයෙහි සුංසුමාරගිරි නගරය අසල වූ භේසකලා නම් මුවන්ට අභය භූමියක් වූ වනාන්තරයක ය.

එදා නකුලපිතු ගෘහපතිතුමා භාග්‍යවතුන් වහන්සේ වැඩසිටි තැනට පැමිණුනා. පැමිණ භාග්‍යවතුන් වහන්සේට වන්දනා කොට එකත්පස්ව වාඩිවුණා. එකත්පස්ව වාඩිවුණ නකුලපිතු ගෘහපතිතුමා භාග්‍යවතුන් වහන්සේට මෙකරුණ පවසා සිටියා. "ස්වාමීනී, භාග්‍යවතුන් වහන්ස, මා දැන් දිරාගියපු කෙනෙක්. බොහෝම වයසක කෙනෙක්. මහළු වුණ කෙනෙක්. සෑහෙන්න වයසයි. ජීවිතයේ අවසාන භාගයට ඇවිල්ලයි ඉන්නේ. රෝගී ශරීරයක් ඇති කෙනෙක්. හැම තිස්සේම මොකක් හරි අසනීපයකින් ලෙඩවෙච්ච ගමන්මයි. ඉතින් ස්වාමීනී, මට සිතේ සතුට වඩවන උතුම් ස්වාමීන් වහන්සේලා නිතර දකින්නට ලැබෙන්නේ නෑ. ඒ නිසා ස්වාමීනී භාග්‍යවතුන් වහන්ස, මා හට අවවාද කරන සේක්වා! ස්වාමීනී භාග්‍යවතුන් වහන්ස, මා හට අනුශාසනා කරන සේක්වා! එය මට බොහෝ කාලයක් හිත සුව පිණිස පවතීවි."

"පින්වත් ගෘහපතිය, ඒක එහෙම ම තමයි. පින්වත් ගෘහපතිය, ඒක එහෙම ම තමයි. මේ කය කියන්නේ ලෙඩ දුක් හැදෙන දෙයක් නෙව. මේ කය සියුම් කටුවකින් වැසී තිබෙන බිත්තරයක් වගෙයි. ඉතින් පින්වත් ගෘහපතිය, එබඳු වූ මේ කය පරිහරණය කරමින් යම් කෙනෙක් මොහොතකට නමුත් නීරෝග බව ගැන උදම් අනයි නම්, ඒක අඥානකම විනා වෙන මොකක්ද? ඒ නිසා පින්වත් ගෘහපතිය, ඔබ හික්මිය යුත්තේ මෙන්න මේ විදිහටයි. මා හට අසනීපවලින් දුක් විඳින කයක් තියෙන කොට වුණත් සිත විතරක් ලෙඩ කර ගන්නේ නෑ කියලයි. පින්වත් ගෘහපතිය, ඔන්න ඔය විදිහටයි ඔබ හික්මෙන්නට ඕන."

එතකොට නකුලපිතු ගෘහපතිතුමා භාග්‍යවතුන් වහන්සේ වදාළ අවවාදය ඉතා සතුටින් පිළිගත්තා. අනුමෝදන් වුණා. තමා සිටි අසුනින් නැගිට භාග්‍යවතුන් වහන්සේට වන්දනා කළා. පැදකුණු කළා. ආයුෂ්මත් සාරිපුත්තයන් වහන්සේ ළඟට පැමිණුනා. පැමිණ ආයුෂ්මත් සාරිපුත්තයන් වහන්සේට වන්දනා කළා. එකත්පස්ව වාඩිවුණා. එවිට ආයුෂ්මත් සාරිපුත්තයන් වහන්සේ එකත්පස්ව වාඩි වී හුන් නකුලපිතු ගෘහපතිතුමාගෙන් මෙකරුණ අසා වදාළා. "හා! පින්වත් ගෘහපතිය, අද ඔබගේ ඉඳුරන් ඉතා ප්‍රසන්නයි. මුහුණෙහි පැහැය ඉතා පිරිසිදුයි. බබලනවා. අද නම් භාග්‍යවතුන් වහන්සේගෙන් උතුම් ධර්ම කථාවක් අසන්නට ලැබී තියෙන හැඩයි." "ස්වාමීනී, ඇත්තෙන්ම එහෙම නොලැබී තිබෙන්නේ කොහොමද? මා දැන් භාග්‍යවතුන් වහන්සේ වෙතින් ධර්ම කථාව නම් වූ අමෘතයෙන් අභිෂේක ලබලයි මේ ඉන්නේ." "පින්වත් ගෘහපතිය, ඔබ භාග්‍යවතුන් වහන්සේගෙන් ධර්ම කථාව නම් වූ අමෘතයෙන් අභිෂේක ලැබුවේ කොහොමද?"

"ස්වාමීනී, ඉතින් මා භාග්‍යවතුන් වහන්සේ වෙත පැමිණියා. පැමිණිලා

භාග්‍යවතුන් වහන්සේට වන්දනා කොට එකත්පස්ව වාඩිවුණා. ස්වාමීනී, එකත්පස්ව වාඩිවුණ මා භාග්‍යවතුන් වහන්සේට මෙකරුණ පවසා සිටියා. 'ස්වාමීනී, භාග්‍යවතුන් වහන්ස, මා දැන් දිරාගියපු කෙනෙක්. බොහෝම වයසක කෙනෙක්. මහළුවුණ කෙනෙක්. සෑහෙන්න වයසයි. ජීවිතයේ අවසාන භාගයට ඇවිල්ලයි ඉන්නේ. රෝගී ශරීරයක් ඇති කෙනෙක්. හැම තිස්සේම මොකක් හරි අසනීපයකින් ලෙඩවෙච්ච ගමන්මයි. ඉතින් ස්වාමීනී, මට සිතේ සතුට වඩවන උතුම් ස්වාමීන් වහන්සේලා නිතර දකින්නට ලැබෙන්නේ නෑ. ඒ නිසා ස්වාමීනී භාග්‍යවතුන් වහන්ස, මා හට අවවාද කරන සේක්වා! ස්වාමීනී භාග්‍යවතුන් වහන්ස, මා හට අනුශාසනා කරන සේක්වා! එය මට බොහෝ කාලයක් සිත සුව පිණිස පවතීවි' කියලා.

එතකොට ස්වාමීනී, මා ඔය විදිහට කිව්වාට පස්සේ, භාග්‍යවතුන් වහන්සේ මට මේ අවවාදය වදාළා. 'පින්වත් ගෘහපතිය, ඒක එහෙම ම තමයි. පින්වත් ගෘහපතිය, ඒක එහෙම ම තමයි. මේ කය කියන්නේ ලෙඩ දුක් හැදෙන දෙයක් නෙව. සියුම් කටුවකින් වැසී තිබෙන බිත්තරයක් වගෙයි. ඉතින් පින්වත් ගෘහපතිය, එබඳු වූ මේ කය පරිහරණය කරමින් යම් කෙනෙක් මොහොතකට නමුත් නිරෝග බව ගැන උදම් අනයි නම් ඒක අඥානකම විනා වෙන මොකක්ද? ඒ නිසා පින්වත් ගෘහපතිය, ඔබ හික්මිය යුත්තේ මෙන්න මේ විදිහටයි. මා හට අසනීපවලින් දුක් විඳින කයක් තියෙන කොට වුණත් සිත විතරක් ලෙඩ කර ගන්නෙ නෑ කියලයි. පින්වත් ගෘහපතිය, ඔන්න ඔය විදිහටයි ඔබ හික්මෙන්නට ඕන' කියලා. ස්වාමීනී, ඔන්න ඔය විදිහටයි භාග්‍යවතුන් වහන්සේගේ ධර්ම කථාව නම් වූ අමෘතයෙන් මං අභිෂේක ලැබුවේ."

"ඉතින් පින්වත් ගෘහපතිය, 'ස්වාමීනී භාග්‍යවතුන් වහන්ස, ශරීරයක් අසනීපවලින් පීඩා විඳින කොට සිතත් ඒ එක්කම ලෙඩ වෙන්නේ කොහොමද? යන කරුණත්, ශරීරයක් අසනීපවලින් පීඩා විඳින කොට ලෙඩ නොවන සිතක් ඇතිව ඉන්නේ කොහොමද?' යන කරුණත් ඊළඟට විමසන්නට ඔබට වැටහුණේ නැද්ද?" "අනේ ස්වාමීනී, ඔය පවසා වදාළ කරුණේ අර්ථය හොඳින් පැහැදිලි කරගන්නට අප කොතරම් දුර බැහැරක සිට වුණත් ආයුෂ්මත් සාරිපුත්තයන් වහන්සේ ළඟට එන්න කැමතියි. ඒ නිසා ආයුෂ්මත් සාරිපුත්තයන් වහන්සේටම ඔය පවසා වදාළ කරුණෙහි අර්ථය හොඳින් වැටහෙන සේක් නම් අගෙයි."

"එහෙම නම් පින්වත් ගෘහපතිය, සවන් යොමා අසාගෙන ඉන්න. හොඳින් නුවණින් මෙනෙහි කරන්න. මා කියා දෙන්නම්." "එසේය, ස්වාමීනී" කියලා නකුලපිතු ගෘහපතිතුමා ආයුෂ්මත් සාරිපුත්තයන් වහන්සේට පිළිතුරු දුන්නා. ආයුෂ්මත් සාරිපුත්තයන් වහන්සේ මෙම දෙසුම වදාළා.

"පින්වත් ගෘහපතිය, අසනීපවලින් පීඩා විඳින කයක් ඇති කෙනා ඒ එක්කම සිතිනුත් ලෙඩ වෙලා ඉන්නේ කොහොමද?

පින්වත් ගෘහපතිය, මේ ලෝකයේ අශ්‍රැතවත් පෘථග්ජනයෙක් ඉන්නවා. ඔහු ආර්යයන් වහන්සේලා නොදකින කෙනෙක්. ආර්ය ධර්මය තේරුම් ගන්නට අදක්ෂ කෙනෙක්. ආර්ය ධර්මයෙහි නොහික්මුණ කෙනෙක්. ඒ වගේම ඔහු සත්පුරුෂයන් වහන්සේලා නොදකින කෙනෙක්. සත්පුරුෂ ධර්මය තේරුම් ගන්නට අදක්ෂ කෙනෙක්. සත්පුරුෂ ධර්මයෙහි නොහික්මුණ කෙනෙක්. ඒ නිසා ඔහු (සතර මහා ධාතුන්ගෙන් හටගන්නා වූ) රූපය ආත්මයක් (තමාගේ වසඟයෙහි පැවැත්විය හැකි දෙයක්) වශයෙන් මුලාවෙන් දකිනවා. එක්කෝ ඔහු මුලාවෙන් දකින්නේ ආත්මය රූපයෙන් හැදිච්ච එකක් කියලයි. එහෙම නැත්නම් ඔහු මුලාවෙන් දකින්නේ ආත්මයක් තුළ තමයි රූපය තියෙන්නේ කියලා. එහෙමත් නැත්නම් ඔහු මුලාවෙන් දකින්නේ ආත්මය තියෙන්නේ රූපය තුළයි කියලා. 'මම තමයි රූපය, ඒ නිසා රූපය මගේ' කියලා ඒ රූපය සිතින් අල්ලාගෙන ඉන්නවා. 'මම තමයි රූපය, ඒ නිසා රූපය මගේ' කියලා ඒ රූපය සිතින් අල්ලාගෙන ඉන්න කොට ඔහු අල්ලාගත් ඒ රූපය ජරාමරණ ආදියෙන් වෙනස් වෙලා යනවා. වෙනත් ස්වභාවයකට පත්වෙනවා. එතකොට ඒ රූපය වෙනස් වෙලා යද්දී, වෙනත් ස්වභාවයකට පත් වෙද්දී ඔහු ශෝක වෙනවා. වැළපෙනවා. දුක් වෙනවා. දොම්නස් වෙනවා. සුසුම් හෙළනවා.

ඒ වගේම ඔහු (ස්පර්ශයෙන් හටගන්නා වූ) විඳීම ආත්මයක් (තමාගේ වසඟයෙහි පැවැත්විය හැකි දෙයක්) වශයෙන් මුලාවෙන් දකිනවා. එක්කෝ ඔහු මුලාවෙන් දකින්නේ ආත්මය විඳීමෙන් හැදිච්ච එකක් කියලයි. එහෙම නැත්නම් ඔහු මුලාවෙන් දකින්නේ ආත්මයක් තුළ තමයි විඳීම තියෙන්නේ කියලා. එහෙමත් නැත්නම් ඔහු මුලාවෙන් දකින්නේ ආත්මය තියෙන්නේ විඳීම තුළයි කියලා. 'මම තමයි විඳීම, ඒ නිසා විඳීම මගේ,' කියලා ඒ විඳීම සිතින් අල්ලාගෙන ඉන්නවා. 'මම තමයි විඳීම, ඒ නිසා විඳීම මගේ' කියලා ඒ විඳීම සිතින් අල්ලාගෙන ඉන්න කොට ඔහු අල්ලාගත් ඒ විඳීම ජරාමරණ ආදියෙන් වෙනස් වෙලා යනවා. වෙනත් ස්වභාවයකට පත් වෙනවා. එතකොට ඒ විඳීම වෙනස් වෙලා යද්දී, වෙනස් ස්වභාවයකට පත් වෙද්දී ඔහු ශෝක වෙනවා. වැළපෙනවා. දුක් වෙනවා. දොම්නස් වෙනවා. සුසුම් හෙළනවා.

ඒ වගේම ඔහු (ස්පර්ශයෙන් හටගන්නා වූ) සඤ්ඤාව ආත්මයක් (තමාගේ වසඟයෙහි පැවැත්විය හැකි දෙයක්) වශයෙන් මුලාවෙන් දකිනවා. එක්කෝ ඔහු මුලාවෙන් දකින්නේ ආත්මය සඤ්ඤාවෙන් හැදිච්ච එකක් කියලයි. එහෙම නැත්නම් ඔහු මුලාවෙන් දකින්නේ ආත්මයක් තුළ තමයි

සඤ්ඤාව තියෙන්නේ කියලා. එහෙමත් නැත්නම් ඔහු මුලාවෙන් දකින්නේ ආත්මය තියෙන්නේ සඤ්ඤාව තුළයි කියලා. 'මම තමයි සඤ්ඤාව, ඒ නිසා සඤ්ඤාව මගේ,' කියලා ඒ සඤ්ඤාව සිතින් අල්ලාගෙන ඉන්නවා. 'මම තමයි සඤ්ඤාව, ඒ නිසා සඤ්ඤාව මගේ' කියලා ඒ සඤ්ඤාව සිතින් අල්ලාගෙන ඉන්න කොට ඔහු අල්ලාගත් ඒ සඤ්ඤාව ජරාමරණ ආදියෙන් වෙනස් වෙලා යනවා. වෙනත් ස්වභාවයකට පත් වෙනවා. එතකොට ඒ සඤ්ඤාව වෙනස් වෙලා යද්දී, වෙනස් ස්වභාවයකට පත් වෙද්දී ඔහු ශෝක වෙනවා. වැළපෙනවා. දුක් වෙනවා. දොම්නස් වෙනවා. සුසුම් හෙළනවා.

ඒ වගේම ඔහු (ස්පර්ශයෙන් හටගන්නා වූ) සංස්කාර ආත්මයක් (තමාගේ වසඟයෙහි පැවැත්විය හැකි දෙයක්) වශයෙන් මුලාවෙන් දකිනවා. එක්කෝ ඔහු මුලාවෙන් දකින්නේ ආත්මය සංස්කාරවලින් හැදිච්ච එකක් කියලයි. එහෙම නැත්නම් ඔහු මුලාවෙන් දකින්නේ ආත්මයක් තුළ තමයි සංස්කාර තියෙන්නේ කියලා. එහෙමත් නැත්නම් ඔහු මුලාවෙන් දකින්නේ ආත්මය තියෙන්නේ සංස්කාර තුළයි කියලා. 'මම තමයි සංස්කාර, ඒ නිසා සංස්කාර මගේ,' කියලා ඒ සංස්කාර සිතින් අල්ලාගෙන ඉන්නවා. 'මම තමයි සංස්කාර, ඒ නිසා සංස්කාර මගේ,' කියලා ඒ සංස්කාර සිතින් අල්ලාගෙන ඉන්න කොට ඔහු අල්ලාගත් ඒ සංස්කාර ජරාමරණ ආදියෙන් වෙනස් වෙලා යනවා. වෙනත් ස්වභාවයකට පත් වෙනවා. එතකොට ඒ සංස්කාර වෙනස් වෙලා යද්දී, වෙනස් ස්වභාවයකට පත් වෙද්දී ඔහු ශෝක වෙනවා. වැළපෙනවා. දුක් වෙනවා. දොම්නස් වෙනවා. සුසුම් හෙළනවා.

ඒ වගේම ඔහු (නාමරූපයෙන් හටගන්නා වූ) විඤ්ඤාණය ආත්මයක් (තමාගේ වසඟයෙහි පැවැත්විය හැකි දෙයක්) වශයෙන් මුලාවෙන් දකිනවා. එක්කෝ ඔහු මුලාවෙන් දකින්නේ ආත්මය විඤ්ඤාණයෙන් හැදිච්ච එකක් කියලයි. එහෙම නැත්නම් ඔහු මුලාවෙන් දකින්නේ ආත්මයක් තුළ තමයි විඤ්ඤාණය තියෙන්නේ කියලා. එහෙමත් නැත්නම් ඔහු මුලාවෙන් දකින්නේ ආත්මය තියෙන්නේ විඤ්ඤාණය තුළයි කියලා. 'මම තමයි විඤ්ඤාණය, ඒ නිසා විඤ්ඤාණය මගේ,' කියල ඒ විඤ්ඤාණය සිතින් අල්ලාගෙන ඉන්නවා. 'මම තමයි විඤ්ඤාණය, ඒ නිසා විඤ්ඤාණය මගේ,' කියල ඒ විඤ්ඤාණය සිතින් අල්ලාගෙන ඉන්න කොට ඔහු අල්ලාගත් ඒ විඤ්ඤාණය ජරාමරණ ආදියෙන් වෙනස් වෙලා යනවා. වෙනත් ස්වභාවයකට පත් වෙනවා. එතකොට ඒ විඤ්ඤාණය වෙනස් වෙලා යද්දී, වෙනස් ස්වභාවයකට පත් වෙද්දී ඔහු ශෝක වෙනවා. වැළපෙනවා. දුක් වෙනවා. දොම්නස් වෙනවා. සුසුම් හෙළනවා.

පින්වත් ගෘහපතිය, ඔය විදිහට තමයි අසනීපවලින් පීඩා විඳින කයක්

ඇති කෙනා ඒ එක්කම සිතිනුත් ලෙඩ වෙලා ඉන්නේ.

ඉතින් පින්වත් ගෘහපතිය, අසනීපවලින් පීඩා විඳින කයක් තිබුණත් ඒ විදිහට පීඩා නොවිඳින සිතක් ඇතුව ඉන්නේ කොහොමද?

පින්වත් ගෘහපතිය, මෙහිලා ශ්‍රැතවත් ආර්ය ශ්‍රාවකයෙක් ඉන්නවා. ඔහු ආර්යයන් වහන්සේලා දකින කෙනෙක්. ආර්ය ධර්මය තේරුම් ගන්න දක්ෂ කෙනෙක්. ආර්ය ධර්මයෙහි හික්මුණ කෙනෙක්. ඒ වගේම ඔහු සත්පුරුෂයන් වහන්සේලා දකින කෙනෙක්, සත්පුරුෂ ධර්මය තේරුම් ගන්න දක්ෂ කෙනෙක්. සත්පුරුෂ ධර්මයෙහි හික්මුණ කෙනෙක්. ඒ නිසා ඔහු (සතර මහා ධාතූන්ගෙන් හටගන්නා වූ) රූපය ආත්මයක් (තමාගේ වසඟයෙහි පැවැත්විය හැකි දෙයක්) වශයෙන් මුලාවෙන් දකින්නේ නෑ. ඒ වගේම ඒ ආත්මය රූපයෙන් හැදිච්ච එකක් කියලත් මුලාවෙන් දකින්නේ නෑ. ඒ වගේම ආත්මයක් තුළ තමයි රූපය තියෙන්නේ කියලත් මුලාවෙන් දකින්නේ නෑ. ඒ වගේම ඔහු ආත්මය තියෙන්නේ රූපය තුළයි කියලත් මුලාවෙන් දකින්නේ නෑ. 'මම තමයි රූපය, ඒ නිසා රූපය මගේ,' කියලා ඒ රූපය සිතින් අල්ලාගෙන ඉන්නෙත් නෑ. එතකොට 'මම තමයි රූපය, ඒ නිසා රූපය මගේ,' කියලා ඒ රූපය සිතින් අල්ලා නොගෙන ඉන්න කොටත්, ඔහු අල්ලා නොගත් ඒ රූපය ජරාමරණ ආදියෙන් වෙනස් වෙලා යනවා. වෙනත් ස්වභාවයකට පත් වෙනවා. ඉතින් ඒ රූපය වෙනස් වෙලා යද්දී, වෙනස් ස්වභාවයකට පත්වෙද්දී ඔහු ශෝක වෙන්නේ නෑ. වැළපෙන්නේ නෑ. දුක් වෙන්නේ නෑ. දොම්නස් වෙන්නේ නෑ. සුසුම් හෙළන්නේ නෑ.

ඒ වගේම ඔහු (ස්පර්ශයෙන් හටගන්නා වූ) විඳීම ආත්මයක් (තමාගේ වසඟයෙහි පැවැත්විය හැකි දෙයක්) වශයෙන් මුලාවෙන් දකින්නේ නෑ. ඒ වගේම ඒ ආත්මය විඳීමෙන් හැදිච්ච එකක් කියලත් මුලාවෙන් දකින්නේ නෑ. ඒ වගේම ආත්මයක් තුළ තමයි විඳීම තියෙන්නේ කියලත් මුලාවෙන් දකින්නේ නෑ. ඒ වගේම ඔහු ආත්මය තියෙන්නේ විඳීම තුළයි කියලත් මුලාවෙන් දකින්නේ නෑ. 'මම තමයි විඳීම, ඒ නිසා විඳීම මගේ,' කියලා ඒ විඳීම සිතින් අල්ලාගෙන ඉන්නෙත් නෑ. එතකොට 'මම තමයි විඳීම, ඒ නිසා විඳීම මගේ,' කියලා ඒ විඳීම සිතින් අල්ලා නොගෙන ඉන්න කොටත්, ඔහු අල්ලා නොගත් ඒ විඳීම ජරාමරණ ආදියෙන් වෙනස් වෙලා යනවා. වෙනත් ස්වභාවයකට පත් වෙනවා. ඉතින් ඒ විඳීම වෙනස් වෙලා යද්දී, වෙනස් ස්වභාවයකට පත් වෙද්දී ඔහු ශෝක වෙන්නේ නෑ. වැළපෙන්නේ නෑ. දුක් වෙන්නේ නෑ. දොම්නස් වෙන්නේ නෑ. සුසුම් හෙළන්නේ නෑ.

ඒ වගේම ඔහු (ස්පර්ශයෙන් හටගන්නා වූ) සඤ්ඤාව ආත්මයක් (තමාගේ වසඟයෙහි පැවැත්විය හැකි දෙයක්) වශයෙන් මුලාවෙන් දකින්නේ නෑ. ඒ වගේම ඒ ආත්මය සඤ්ඤාවෙන් හැදිච්ච එකක් කියලත් මුලාවෙන් දකින්නේ නෑ. ඒ වගේම ආත්මයක් තුළ තමයි සඤ්ඤාව තියෙන්නේ කියලත් මුලාවෙන් දකින්නේ නෑ. ඒ වගේම ඔහු ආත්මය තියෙන්නේ සඤ්ඤාව තුළයි කියලත් මුලාවෙන් දකින්නේ නෑ. 'මම තමයි සඤ්ඤාව, ඒ නිසා සඤ්ඤාව මගේ,' කියල ඒ සඤ්ඤාව සිතින් අල්ලාගෙන ඉන්නෙත් නෑ. එතකොට 'මම තමයි සඤ්ඤාව, ඒ නිසා සඤ්ඤාව මගේ,' කියල ඒ සඤ්ඤාව සිතින් අල්ලා නොගෙන ඉන්න කොටත්, ඔහු අල්ලා නොගත් ඒ සඤ්ඤාව ජරාමරණ ආදියෙන් වෙනස් වෙලා යනවා. වෙනත් ස්වභාවයකට පත් වෙනවා. ඉතින් ඒ සඤ්ඤාව වෙනස් වෙලා යද්දී, වෙනස් ස්වභාවයකට පත්වෙද්දී ඔහු ශෝක වෙන්නේ නෑ. වැළපෙන්නේ නෑ. දුක් වෙන්නේ නෑ. දොම්නස් වෙන්නේ නෑ. සුසුම් හෙළන්නේ නෑ.

ඒ වගේම ඔහු (ස්පර්ශයෙන් හටගන්නා වූ) සංස්කාර ආත්මයක් (තමාගේ වසඟයෙහි පැවැත්විය හැකි දෙයක්) වශයෙන් මුලාවෙන් දකින්නේ නෑ. ඒ වගේම ඒ ආත්මය සංස්කාරවලින් හැදිච්ච එකක් කියලත් මුලාවෙන් දකින්නේ නෑ. ඒ වගේම ආත්මයක් තුළ තමයි සංස්කාර තියෙන්නේ කියලත් මුලාවෙන් දකින්නේ නෑ. ඒ වගේම ඔහු ආත්මය තියෙන්නේ සංස්කාර තුළයි කියලත් මුලාවෙන් දකින්නේ නෑ. 'මම තමයි සංස්කාර, ඒ නිසා සංස්කාර මගේ,' කියල ඒ සංස්කාර සිතින් අල්ලා ගෙන ඉන්නෙත් නෑ. එතකොට 'මම තමයි සංස්කාර, ඒ නිසා සංස්කාර මගේ,' කියල ඒ සංස්කාර සිතින් අල්ලා නොගෙන ඉන්න කොටත්, ඔහු අල්ලා නොගත් ඒ සංස්කාර ජරාමරණ ආදියෙන් වෙනස් වෙලා යනවා. වෙනත් ස්වභාවයකට පත් වෙනවා. ඉතින් ඒ සංස්කාර වෙනස් වෙලා යද්දී, වෙනස් ස්වභාවයකට පත්වෙද්දී ඔහු ශෝක වෙන්නේ නෑ. වැළපෙන්නේ නෑ. දුක් වෙන්නේ නෑ. දොම්නස් වෙන්නේ නෑ. සුසුම් හෙළන්නේ නෑ.

ඒ වගේම ඔහු (නාමරූපයෙන් හටගන්නා වූ) විඤ්ඤාණය ආත්මයක් (තමාගේ වසඟයෙහි පැවැත්විය හැකි දෙයක්) වශයෙන් මුලාවෙන් දකින්නේ නෑ. ඒ වගේම ඒ ආත්මය විඤ්ඤාණයෙන් හැදිච්ච එකක් කියලත් මුලාවෙන් දකින්නේ නෑ. ඒ වගේම ආත්මයක් තුළ තමයි විඤ්ඤාණය තියෙන්නේ කියලත් මුලාවෙන් දකින්නේ නෑ. ඒ වගේම ඔහු ආත්මය තියෙන්නේ විඤ්ඤාණය තුළයි කියලත් මුලාවෙන් දකින්නේ නෑ. 'මම තමයි විඤ්ඤාණය, ඒ නිසා විඤ්ඤාණය මගේ,' කියල ඒ විඤ්ඤාණය සිතින් අල්ලාගෙන ඉන්නෙත් නෑ. එතකොට 'මම තමයි විඤ්ඤාණය, ඒ නිසා විඤ්ඤාණය මගේ,' කියල ඒ විඤ්ඤාණය සිතින් අල්ලා නොගෙන ඉන්න කොටත්, ඔහු අල්ලා නොගත් ඒ

විඤ්ඤාණය ජරාමරණ ආදියෙන් වෙනස් වෙලා යනවා. වෙනත් ස්වභාවයකට පත් වෙනවා. ඉතින් ඒ විඤ්ඤාණය වෙනස් වෙලා යද්දී, වෙනස් ස්වභාවයකට පත් වෙද්දී ඔහු ශෝක වෙන්නේ නෑ. වැළපෙන්නේ නෑ. දුක් වෙන්නේ නෑ. දොම්නස් වෙන්නේ නෑ. සුසුම් හෙළන්නේ නෑ.

පින්වත් ගෘහපතිය, ඔන්න ඔය ආකාරයටයි අසනීපවලින් පීඩා විඳින කයක් තිබුණත් ඒ විදිහට පීඩා නොවිඳින සිතක් ඇතුව ඉන්නේ."

ආයුෂ්මත් සාරිපුත්තයන් වහන්සේ මෙය වදාළා. නකුලපිතු ගෘහපති තුමා වඩාත් සතුටට පත්වුණා. ආයුෂ්මත් සාරිපුත්තයන් වහන්සේ වදාළ දෙසුම සතුටින් පිළිගත්තා.

සාදු! සාදු!! සාදු!!!

නකුලපිතු සූත්‍රය නිමා විය.

1.1.1.2.
දේවදහ සූත්‍රය
දේවදහ නගරයේදී වදාළ දෙසුම

02. මා හට අසන්නට ලැබුණේ මේ විදිහටයි. ඒ දිනවල භාග්‍යවතුන් වහන්සේ වැඩසිටියේ ශාක්‍ය ජනපදයේ දෙව්දහ නුවර නම් වූ ශාක්‍යයන්ගේ කුඩා නගරයේ.

එදා බටහිර දිශාවේ ජනපදවලට චාරිකාවේ වඩිනු කැමැති බොහෝ භික්ෂූන් වහන්සේලා භාග්‍යවතුන් වහන්සේ වෙත වැඩම කළා. වැඩම කරලා භාග්‍යවතුන් වහන්සේට සාදරයෙන් වන්දනා කළා. එකත්පස්ව වාඩිවුණා. එකත්පස්ව වාඩිවුණ ඒ භික්ෂූන් වහන්සේලා භාග්‍යවතුන් වහන්සේට මෙකරුණ පවසා සිටියා. "ස්වාමීනී භාග්‍යවතුන් වහන්ස, අප බටහිර දිශාවේ ජනපදවල චාරිකාවේ වඩින්නට කැමැතියි. බටහිර දිශාවේ ජනපදවල දිගටම වාසය කරන්නත් කැමැතියි."

"පින්වත් මහණෙනි, ඔබ සාරිපුත්තයන්ව මුණගැසී ඔය කරුණ පැවසුවේ නැද්ද?" "ස්වාමීනී භාග්‍යවතුන් වහන්ස, අපට ආයුෂ්මත් සාරිපුත්තයන් වහන්සේව මුණගැසී මෙකරුණ පවසන්නට බැරිවුණා." "එසේ නම් පින්වත්

මහණෙනි, සාරිපුත්තයන් මුණගැසී ඔය කරුණ පවසන්න. පින්වත් මහණෙනි, සාරිපුත්තයන් මහා නුවණැති කෙනෙක්. සබ්‍රහ්මචාරී භික්ෂූන් වහන්සේලාට අනුග්‍රහ කරන කෙනෙක්." "එසේය ස්වාමීනී" කියලා ඒ භික්ෂූන් වහන්සේලා භාග්‍යවතුන් වහන්සේට පිළිතුරු දුන්නා.

ඒ වෙලාවේ දී ආයුෂ්මත් සාරිපුත්තයන් වහන්සේ භාග්‍යවතුන් වහන්සේට නුදුරින් එක්තරා තුවර ගස් පිරි වනගොමුවක් සෙවණේ වැඩසිටියා. ඉතින් අර භික්ෂූන් වහන්සේලා භාග්‍යවතුන් වහන්සේ වදාළ කරුණ සතුටින් අනුමෝදන්ව සතුටින් පිළිගෙන අසුනෙන් නැගිට භාග්‍යවතුන් වහන්සේට සාදරයෙන් වන්දනා කළා. ප්‍රදක්ෂිණා කළා. ආයුෂ්මත් සාරිපුත්තයන් වහන්සේ ළඟට වැඩම කළා. වැඩම කරලා ආයුෂ්මත් සාරිපුත්තයන් වහන්සේ සමඟ සතුටුවිය යුතු පිළිසඳර කතාබහේ යෙදිලා එකත්පස්ව වාඩිවුණා. එකත්පස්ව වාඩිවුණ ඒ භික්ෂූන් වහන්සේලා ආයුෂ්මත් සාරිපුත්තයන් වහන්සේට මෙකරුණ පවසා සිටියා.

"ප්‍රිය ආයුෂ්මත් සාරිපුත්තයන් වහන්ස, අපි බටහිර දිශාවේ ජනපදවලට චාරිකාවේ වඩින්නට කැමතියි. ඒ වගේම බටහිර දිශාවේ ජනපදවල දිගටම වාසය කරන්නටත් කැමතියි. අපේ ගමන ගැන අපගේ ශාස්තෘන් වහන්සේවත් බැහැදකල පවසා සිටියා."

"ප්‍රිය ආයුෂ්මතුන් වහන්ස, ඔය නොයෙක් නොයෙක් රට රාජ්‍යවලට වැඩම කළ භික්ෂූන් වහන්සේලාගෙන් ප්‍රශ්න විමසන ක්ෂත්‍රිය පණ්ඩිතවරුත් ඉන්නවා. බ්‍රාහ්මණ පණ්ඩිතවරුත් ඉන්නවා. ගෘහපති පණ්ඩිතවරුත් ඉන්නවා. ශ්‍රමණ පණ්ඩිතවරුත් ඉන්නවා. ඉතින් ප්‍රිය ආයුෂ්මත්වරුනි, ඔය නුවණැති මිනිස්සු හොඳට විමසා බලා කරුණු දැනගන්නා අය. 'මේ ආයුෂ්මතුන් වහන්සේලාගේ ශාස්තෘන් වහන්සේ මොන විදිහේ මතයක් දරන කෙනෙක්ද? මොන විදිහේ මතයක් පවසන කෙනෙක්ද?' කියලා. අන්න ඒ වගේ තැනකදී බණ කියද්දී භාග්‍යවතුන් වහන්සේ වදාළ දෙයක් ම නේද කියන්න ඕන. භාග්‍යවතුන් වහන්සේට අභූත චෝදනා ඇති නොවන දෙයක් ම නේද කියන්න ඕන. ධර්මයට අනුකූල ලෙස ගැලපෙන දෙයක් ම නේද කියන්න ඕන. කවුරුහරි කෙනෙක් කරුණු සහිතව වාදකරමින් ගර්හාවට පත් කරන්නට බැරි දෙයක් ම නේද කියන්න ඕන. ඉතින් ඔය ආයුෂ්මතුන් වහන්සේලා ඊට නිසි ධර්මය හොඳින් අසා දැනගෙනද ඉන්නේ? හොඳින් ඉගෙන ගෙනද ඉන්නේ? හොඳින් මෙනෙහි කරලද ඉන්නේ? හොඳින් මතක තබාගෙනද ඉන්නේ? ප්‍රඥාවෙන් ඇති කරගත් අවබෝධයකින්ද ඉන්නේ?"

"ප්‍රිය ආයුෂ්මතුන් වහන්ස, අපි ඕනම දුරක සිට වුණත් ප්‍රිය ආයුෂ්මත්

සාරිපුත්තයන් වහන්සේ ළඟට ඔය පැවසූ කරුණෙහි අර්ථය තේරුම් ගැනීම පිණිස වඩින්නට කැමතියි. ඒ නිසා ඔය වදාළ කරුණෙහි අර්ථය ආයුෂ්මත් සාරිපුත්තයන් වහන්සේට ම වැටහෙන සේක් නම් ඉතාම හොඳයි."

"එසේ නම් ප්‍රිය ආයුෂ්මතුනි, හොඳින් සවන් යොමා ගන්න. හොඳින් නුවණින් සිහි කරන්න. මා කියා දෙන්නම්." "එසේය, ප්‍රිය ආයුෂ්මතුන් වහන්ස" කියල ඒ භික්ෂූන් වහන්සේලා ආයුෂ්මත් සාරිපුත්තයන් වහන්සේට පිළිතුරු දුන්නා. ආයුෂ්මත් සාරිපුත්තයන් වහන්සේ මෙම දෙසුම වදාළා.

ප්‍රිය ආයුෂ්මතුන් වහන්ස, ඔය නොයෙක් නොයෙක් රට රාජ්‍යවලට වැඩම කළ භික්ෂූන් වහන්සේලාගෙන් ප්‍රශ්න විමසන්නා වූ ක්ෂත්‍රිය පණ්ඩිතවරුත් ඉන්නවා. බ්‍රාහ්මණ පණ්ඩිතවරුත් ඉන්නවා. ගෘහපති පණ්ඩිවරුත් ඉන්නවා. ශ්‍රමණ පණ්ඩිතවරුත් ඉන්නවා. ප්‍රිය ආයුෂ්මත්වරුනි, ඔය නුවණැති මිනිස්සු 'ඔය ආයුෂ්මතුන් වහන්සේලාගේ ශාස්තෘන් වහන්සේ මෙන විදිහේ මතයක් දරණ කෙනෙක්ද? මොන විදිහේ මතයක් පවසන කෙනෙක්ද?' කියල හොඳින් කරුණු විමසනවා.

ප්‍රිය ආයුෂ්මත්වරුනි, ඔන්න ඔය විදිහට ඇහුවොත් පිළිතුරු දිය යුත්තේ මෙහෙමයි. 'එම්බා ආයුෂ්මත්නි, අපගේ ශාස්තෘන් වහන්සේ ඡන්දරාගය (කැමැත්තෙන් ඇලීම) දුරු කිරීම ගැනයි අපට වදාරන්නේ' කියලා.

එතකොට ප්‍රිය ආයුෂ්මත්වරුනි, ඔය විදිහට කරුණු පැවසූ විට ආයෙමත් ප්‍රශ්න කරන ක්ෂත්‍රිය පණ්ඩිතවරුත් ඉන්නවා. බ්‍රාහ්මණ පණ්ඩිතවරුත් ඉන්නවා. ගෘහපති පණ්ඩිතවරුත් ඉන්නවා. ශ්‍රමණ පණ්ඩිතවරුත් ඉන්නවා. ප්‍රිය ආයුෂ්මත්වරුනි, ඔය නුවණැති මිනිස්සු 'ආයුෂ්මතුන් වහන්සේලාගේ ශාස්තෘන් වහන්සේ වදාරන්නේ මොනවා ගැන ඇති ඡන්දරාගය දුරු කිරීමටද?' කියලා හොඳින් කරුණු විමසනවා.

ප්‍රිය ආයුෂ්මතුන් වහන්ස, ඔය විදිහට අහුවොත් පිළිතුරු දිය යුත්තේ මෙහෙමයි. 'එම්බා ආයුෂ්මත්නි, අපගේ ශාස්තෘන් වහන්සේ අපට වදාරන්නේ රූපය ගැන ඇති ඡන්දරාගය දුරු කිරීමටයි. වේදනාව ගැන ඇති ඡන්දරාගය දුරු කිරීමටයි. සඤ්ඤාව ගැන ඇති ඡන්දරාගය දුරු කිරීමටයි. සංස්කාර ගැන ඇති ඡන්දරාගය දුරු කිරීමටයි. විඤ්ඤාණය ගැන ඇති ඡන්දරාගය දුරු කිරීමටයි.'

එතකොට ප්‍රිය ආයුෂ්මත්වරුනි, ඔය විදිහට කිව්වහම ආයෙමත් ප්‍රශ්න කරන ක්ෂත්‍රිය පණ්ඩිතවරුත් ඉන්නවා. බ්‍රාහ්මණ පණ්ඩිතවරුත් ඉන්නවා. ගෘහපති පණ්ඩිතවරුත් ඉන්නවා. ශ්‍රමණ පණ්ඩිතවරුත් ඉන්නවා. ප්‍රිය

ආයුෂ්මත්වරුනි, ඔය නුවණැති මිනිස්සු 'ආයුෂ්මතුන් වහන්සේලාගේ ශාස්තෘන් වහන්සේ රූපය ගැන ඇති ඡන්දරාගය දුරු කිරීමට දහම් දෙසන්නේ, වේදනාව ගැන ඇති ඡන්දරාගය දුරු කිරීමට දහම් දෙසන්නේ, සඤ්ඤාව ගැන ඇති ඡන්දරාගය දුරු කිරීමට දහම් දෙසන්නේ, සංස්කාර ගැන ඇති ඡන්දරාගය දුරු කිරීමට දහම් දෙසන්නේ, විඤ්ඤාණය ගැන ඇති ඡන්දරාගය දුරු කිරීමට දහම් දෙසන්නේ මොන විදිහේ ආදීනව දැකලද?' කියලා හොඳින් කරුණු විමසනවා.

ප්‍රිය ආයුෂ්මතුන් වහන්ස, ඔය විදිහට ඇහුවොත් පිළිතුරු දිය යුත්තේ මෙහෙමයි. 'එම්බා ආයුෂ්මත්නි, (සතර මහා ධාතූන්ගෙන් හටගන්නා වූ) රූපය කෙරෙහි ඇති රාගය දුරු නොකළ, කැමැත්ත දුරු නොකළ, ප්‍රේමය දුරු නොකළ, පිපාසය දුරු නොකළ, දාහය දුරු නොකළ, තණ්හාව දුරු නොකළ කෙනෙකුට ඔහුගේ ඒ රූපය වෙනස් වෙලා යද්දී වෙනත් ස්වභාවයකට පත්වෙද්දී ඔහු තුළ සෝක වැළපීම්, දුක් දොම්නස්, සුසුම් හෙළීම් ඇති වෙනවා. වේදනාව කෙරෙහි ....(පෙ).... සඤ්ඤාව කෙරෙහි ....(පෙ).... සංස්කාර කෙරෙහි ඇති රාගය දුරු නොකළ, කැමැත්ත දුරු නොකළ, ප්‍රේමය දුරු නොකළ, පිපාසය දුරු නොකළ, දාහය දුරු නොකළ, තණ්හාව දුරු නොකළ කෙනෙකුට ඔහුගේ ඒ සංස්කාර වෙනස් වෙලා යද්දී, වෙනත් ස්වභාවයකට පත්වෙද්දී ඔහු තුළ සෝක වැළපීම්, දුක් දොම්නස්, සුසුම් හෙළීම් ඇති වෙනවා. ඒ වගේම විඤ්ඤාණය කෙරෙහි ඇති රාගය දුරු නොකළ, කැමැත්ත දුරු නොකළ, ප්‍රේමය දුරු නොකළ, පිපාසය දුරු නොකළ, දාහය දුරු නොකළ, තණ්හාව දුරු නොකළ කෙනෙකුට ඔහුගේ ඒ විඤ්ඤාණය වෙනස් වෙලා යද්දී වෙනත් ස්වභාවයකට පත්වෙද්දී ඔහු තුළ සෝක වැළපීම් දුක් දොම්නස්, සුසුම් හෙළීම් ඇති වෙනවා. ඉතින් එම්බා ආයුෂ්මත්නි, ඔන්න ඔය ආදීනවය දැකලයි අපගේ ශාස්තෘන් වහන්සේ රූපය ගැන ඇති ඡන්දරාගය දුරු කිරීම පිණිස දහම් දෙසන්නේ. වේදනාව ....(පෙ).... සඤ්ඤාව ....(පෙ).... සංස්කාර ....(පෙ).... විඤ්ඤාණය ගැන ඇති ඡන්දරාගය දුරු කිරීම පිණිස දහම් දෙසන්නේ.'

ඉතින් ප්‍රිය ආයුෂ්මතුනි, ඔය විදිහට කිච්චහම ආයෙමත් ප්‍රශ්න කරන ක්ෂත්‍රිය පණ්ඩිතවරුත් ඉන්නවා. බ්‍රාහ්මණ පණ්ඩිතවරුත් ඉන්නවා. ගෘහපති පණ්ඩිතවරුත් ඉන්නවා. ශ්‍රමණ පණ්ඩිතවරුත් ඉන්නවා. ප්‍රිය ආයුෂ්මත්වරුනි, ඔය නුවණැති මිනිස්සු 'ආයුෂ්මතුන් වහන්සේලාගේ ශාස්තෘන් වහන්සේ රූපය ගැන ඇති ඡන්දරාගය දුරු කිරීමට දහම් දෙසන්නේ, වේදනාව ගැන ඇති ඡන්දරාගය දුරු කිරීමට දහම් දෙසන්නේ, සඤ්ඤාව ගැන ඇති ඡන්දරාගය දුරු කිරීමට දහම් දෙසන්නේ, සංස්කාර ගැන ඇති ඡන්දරාගය දුරු කිරීමට දහම් දෙසන්නේ, විඤ්ඤාණය ගැන ඇති ඡන්දරාගය දුරු කිරීමට දහම් දෙසන්නේ

මොන විදිහේ ආනිශංස දැකලද?' කියලත් හොඳින් කරුණු විමසනවා.

ප්‍රිය ආයුෂ්මතුනි, ඔය විදිහට ඇහුවොත් පිළිතුරු දිය යුත්තේ මෙහෙමයි. 'එම්බා ආයුෂ්මත්නි, (සතර මහා ධාතූන් ගෙන් හටගත්තා වූ) රූපය කෙරෙහි ඇති රාගය දුරු කරපු, කැමැත්ත දුරු කරපු, ප්‍රේමය දුරු කරපු, පිපාසය දුරු කරපු, දාහය දුරු කරපු, තණ්හාව දුරු කරපු කෙනෙකුට ඔහුගේ ඒ රූපය වෙනස් වෙලා යද්දී වෙනත් ස්වභාවයකට පත්වෙද්දී ඔහු තුළ සෝක වැළපීම්, දුක් දොම්නස්, සුසුම් හෙළීම් ඇතිවෙන්නේ නෑ. වේදනාව කෙරෙහි ....(පෙ).... සඤ්ඤාව කෙරෙහි ....(පෙ).... සංස්කාර කෙරෙහි ඇති රාගය දුරු කරපු, කැමැත්ත දුරු කරපු, ප්‍රේමය දුරු කරපු, පිපාසය දුරු කරපු, දාහය දුරු කරපු, තණ්හාව දුරු කරපු කෙනෙකුට ඔහුගේ ඒ සංස්කාර වෙනස් වෙලා යද්දී වෙනත් ස්වභාවයකට පත්වෙද්දී ඔහු තුළ සෝක වැළපීම්, දුක් දොම්නස්, සුසුම් හෙළීම් ඇතිවෙන්නේ නෑ. විඤ්ඤාණය කෙරෙහි ඇති රාගය දුරු කරපු, කැමැත්ත දුරු කරපු, ප්‍රේමය දුරු කරපු, පිපාසය දුරු කරපු, දාහය දුරු කරපු, තණ්හාව දුරු කරපු කෙනෙකුට ඔහුගේ ඒ විඤ්ඤාණය වෙනස් වෙලා යද්දී වෙනත් ස්වභාවයකට පත්වෙද්දී ඔහු තුළ සෝක වැළපීම්, දුක් දොම්නස්, සුසුම් හෙළීම් ඇතිවෙන්නේ නෑ. ඉතින් එම්බා ආයුෂ්මත්නි, ඔන්න ඔය ආනිශංස දැකලයි අපගේ ශාස්තෘන් වහන්සේ රූපය ගැන ඇති ඡන්දරාගය දුරු කිරීම පිණිස දහම් දෙසන්නේ. වේදනාව ....(පෙ).... සඤ්ඤාව ....(පෙ).... සංස්කාර ....(පෙ).... විඤ්ඤාණය ගැන ඇති ඡන්දරාගය දුරු කිරීම පිණිස දහම් දෙසන්නේ.'

ප්‍රිය ආයුෂ්මත්වරුනි, පව් කරන කෙනෙකුට මේ ජීවිතය තුළදීම සැප සේ සිටින්නට පුළුවන් නම්, දුකක් නැතිව සිටින්නට පුළුවන් නම්, පීඩාවක් නැතිව සිටින්නට පුළුවන් නම්, දැවිල්ලක් නැතුව සිටින්නට පුළුවන් නම්, කය බිඳී මරණින් මතු සුගතියෙහි ඉපදීම කැමැතිවන්නටත් පුළුවන් නම්, භාග්‍යවතුන් වහන්සේ ඔය පාපී අකුසල් ප්‍රහාණය කිරීම වර්ණනා කරන්නේ නෑ. නමුත් පින්වත් ආයුෂ්මත්වරුනි, පව් කරන කෙනෙකුට මේ ජීවිතය තුළදී ම දුකසේ සිටින්නට වෙන නිසා, පීඩා සහිතව සිටින්නට වෙන නිසා, කරදර සහිතව සිටින්නට වෙන නිසා, දැවිලි සහිතව සිටින්නට වෙන නිසා, කය බිඳී මරණින් මතු දුගතියේ උපදින්නට කැමැති විය යුතු නිසා ම යි භාග්‍යවතුන් වහන්සේ මේ පාපී අකුසල් ප්‍රහාණය කිරීම ගැන වර්ණනා කොට වදාළේ.

ප්‍රිය ආයුෂ්මත්වරුනි, කුසල් කරන කෙනෙකුට මේ ජීවිතය තුළදී ම ජීවත් වෙන්නට සිදුවන්නේ දුක් සේ නම්, ජීවත් වෙන්නට සිදුවන්නේ පීඩා සහිතව නම්, ජීවත් වෙන්නට සිදුවන්නේ කරදර සහිතව නම්, ජීවත් වෙන්නට සිදුවන්නේ දැවිලි සහිතව නම්, කය බිඳී මරණින් මතු දුගතියෙහි උපදින්නට

කැමැති වීම නම් සිදුවන්නේ, භාග්‍යවතුන් වහන්සේ මේ කුසල් කිරීම ගැන වර්ණනා කරන්නේ නෑ. නමුත් පින්වත් ආයුෂ්මත්වරුනි, කුසල් දහම් උපදවා ගෙන වාසය කරන කොට සැප ලැබෙන නිසා ම යි, දුකක් නැතුව ජීවත් වෙන්නට පුළුවන් නිසා ම යි, පීඩා නැතුව ජීවත් වෙන්නට පුළුවන් නිසා ම යි, කරදර නැතුව ජීවත් වෙන්නට පුළුවන් නිසා ම යි. දැවිලි නැතුව ජීවත් වෙන්නට පුළුවන් නිසා ම යි කය බිඳී මරණින් මතු සුගතියෙහි උපත ලැබීම ගැන කැමැති වෙන්නට පුළුවන් නිසා ම යි භාග්‍යවතුන් වහන්සේ මේ කුසල් දහම් උපදවා ගෙන එයට පැමිණ වාසය කිරීම ගැන වර්ණනා කොට වදාළේ.

ආයුෂ්මත් සාරිපුත්තයන් වහන්සේ මෙම දෙසුම වදාළා. ඒ භික්ෂූන් වහන්සේලා වඩාත් සතුටු වුණා. ආයුෂ්මත් සාරිපුත්තයන් වහන්සේගේ දෙසුම මහත් සොම්නසින් යුතුව පිළිගත්තා.

සාදු! සාදු!! සාදු!!!

දේවදහ සූත්‍රය නිමා විය

1.1.1.3.
හාලිද්දිකානි සූත්‍රය
හාලිද්දිකානි ගෘහපතියාට වදාළ දෙසුම

03. මා හට අසන්නට ලැබුණේ මේ විදිහටයි. ඒ දිනවල ආයුෂ්මත් මහා කච්චානයන් වහන්සේ වැඩසිටියේ අවන්ති ජනපදයේ කුරරඝර නගරාසන්නයේ ප්‍රපාත නම් වූ පර්වතයේ. එදා හාලිද්දිකානි ගෘහපතිතුමා ආයුෂ්මත් මහා කච්චානයන් වහන්සේ වෙත පැමිණුනා. පැමිණිලා ආයුෂ්මත් මහා කච්චානයන් වහන්සේට සාදරයෙන් වන්දනා කරලා එකත්පස්ව වාඩිවුණා. එකත්පස්ව වාඩිවුණ හාලිද්දිකානි ගෘහපතිතුමා ආයුෂ්මත් මහා කච්චානයන් වහන්සේට මේ කරුණ සැලකළා. "ස්වාමීනී, අපගේ භාග්‍යවතුන් වහන්සේ විසින් (සුත්ත නිපාතයට අයත්) අට්ඨක වර්ගයෙහි මාගන්දිය ප්‍රශ්නයේදී මේ කරුණ වදාළ සේක් නෙව,

"ඕකං පහාය අනිකේතසාරී - ගාමේ අකුබ්බං මුනි සන්ථවානී
කාමේහි රිත්තෝ අපුරෙක්ඛරානෝ - කථං න විග්ගය්හ ජනේන කයිරා'ති"

'මුනිවරයා සිටින්නේ විඤ්ඤාණයේ පැවැත්මට ගොදුර නම් වූ ඕකය

අත්හැරල දමලයි. (මුනිවරයා) හැසිරෙන්නේ බාහිර ආයතන හයට ඇලීම නම් වූ නිකේතය (නිවස) අත්හැර දමලයි. ගමේ පිඬුසිඟා වඩින ඔහු ගම්වැසියන් සමඟ අමුතු බැඳීමක් නෑ. කාමයෙන් හිස් වූ සිතින් ඉන්නෙ. ලෝකයට අයිති කිසිවක් ඉදිරියෙහි තබාගෙන ගමන් කිරීමක් නෑ. ඉතින් එබඳු නිකෙලෙස් මුනිවරයෙක් ජනයා සමඟ කලකෝලාහලයට යන්නෙත් නෑ' කියලා.

ඉතින් ස්වාමීනී, භාග්‍යවතුන් වහන්සේ විසින් සංක්ෂේපයෙන් වදාළ ඔය දෙසුමෙහි අර්ථය විස්තර වශයෙන් තේරුම් ගන්නේ කොහොමද?"

"පින්වත් ගෘහපතිය, විඤ්ඤාණයේ පැවැත්මට ගොදුර වශයෙන් හෙවත් 'ඕකය' වශයෙන් තිබෙන්නේ රූප ධාතුවයි. ඔය රූප ධාතුව කෙරෙහි රාගයෙන් බැඳුණු විඤ්ඤාණයට 'ඕකසාරී' (ගොදුරෙහි හැසිරෙනවා) කියල කියනවා විඤ්ඤාණයේ පැවැත්මට ගොදුර වශයෙන් හෙවත් 'ඕකය' වශයෙන් තිබෙන්නේ වේදනා ධාතුවයි. ඔය වේදනා ධාතුව කෙරෙහි රාගයෙන් බැඳුණු විඤ්ඤාණයටත් 'ඕකසාරී' (ගොදුරෙහි හැසිරෙනවා) කියල කියනවා. විඤ්ඤාණයේ පැවැත්මට ගොදුර වශයෙන් හෙවත් 'ඕකය' වශයෙන් තිබෙන්නේ සඤ්ඤා ධාතුවයි. ඔය සඤ්ඤා ධාතුව කෙරෙහි රාගයෙන් බැඳුණු විඤ්ඤාණයටත් 'ඕකසාරී' (ගොදුරෙහි හැසිරෙනවා) කියලා කියනවා. විඤ්ඤාණයේ පැවැත්මට ගොදුර වශයෙන් හෙවත් 'ඕකය' වශයෙන් තිබෙන්නේ සංස්කාර ධාතුවයි. ඔය සංස්කාර ධාතුව කෙරෙහි රාගයෙන් බැඳුණු විඤ්ඤාණයටත් 'ඕකසාරී' (ගොදුරෙහි හැසිරෙනවා) කියල කියනවා. පින්වත් ගෘහපතිය, කෙනෙක් ඔය විදිහටයි 'ඕකසාරී' (ගොදුරෙහි හැසිරෙනවා) වන්නේ.

පින්වත් ගෘහපතිය, කෙනෙක් කොහොමද 'අනෝකසාරී' (ගොදුරෙහි නොහැසිරෙන්නේ) වන්නේ? පින්වත් ගෘහපතිය, රූප ධාතුව කෙරෙහි තිබෙන්නා වූ ඡන්දයක් ඇද්ද, යම් රාගයක් ඇද්ද, යම් සතුටක් ඇද්ද, යම් තණ්හාවක් ඇද්ද, යම් බැසගැනීමක්, ග්‍රහණය වීමක්, සිතින් අදිටන් කර ගැනීමක්, අභ්‍යන්තර වශයෙන් සිත පිහිටුවා ගැනීමක් ඇද්ද තථාගතයන් වහන්සේට (රහතන් වහන්සේට) ඒවා ප්‍රහීණ වෙලයි තියෙන්නෙ. මුලින්ම උදුරා දමලයි තියෙන්නෙ. මුදුන් කරටිය කැඩී ගිය තල් ගසක් වගේ කරලයි තියෙන්නෙ. අභාවයට පත් කරවලයි තියෙන්නෙ. යළි කවදාවත් නූපදනා ස්වාභාවයට පත්කරවලයි තියෙන්නෙ. එනිසාම තථාගතයන් වහන්සේට 'අනෝකසාරී' (ගොදුරෙහි නොහැසිරෙන්නා) කියල කියනවා. පින්වත් ගෘහපතිය, වේදනා ධාතුව කෙරෙහි ....(පෙ).... සඤ්ඤා ධාතුව කෙරෙහි ....(පෙ).... සංස්කාර ධාතුව කෙරෙහි තිබෙන්නා වූ යම් ඡන්දයක් ඇද්ද, යම් රාගයක් ඇද්ද, යම් සතුටක් ඇද්ද, යම් තණ්හාවක් ඇද්ද, යම් බැසගැනීමක්, ග්‍රහණය වීමක්, සිතින් අදිටන්

කර ගැනීමක්, අභ්‍යන්තර වශයෙන් සිත පිහිටුවා ගැනීමක් ඇද්ද තථාගතයන් වහන්සේට (රහතන් වහන්සේට) ඒවා ප්‍රහීණ වෙලයි තියෙන්නෙ. මුලින්ම උදුරා දමලයි තියෙන්නෙ. මුදුන් කරටිය කැඩී ගිය තල් ගසක් වගේ කරලයි තියෙන්නෙ. අභාවයට පත් කරවලයි තියෙන්නෙ. යළි කවදාවත් නූපදනා ස්වභාවයට පත්කරවලයි තියෙන්නෙ. එනිසාම තථාගතයන් වහන්සේට 'අනෝකසාරී' (ගොදුරෙහි නොහැසිරෙන්නා) කියල කියනවා. විඤ්ඤාණ ධාතුව කෙරෙහි තිබෙන්නා වූ යම් ඡන්දයක් ඇද්ද, යම් රාගයක් ඇද්ද, යම් සතුටක් ඇද්ද, යම් තණ්හාවක් ඇද්ද, යම් බැසගැනීමක්, ග්‍රහණය වීමක්, සිතින් අදිටන් කර ගැනීමක්, අභ්‍යන්තර වශයෙන් සිත පිහිටුවා ගැනීමක් ඇද්ද තථාගතයන් වහන්සේට (රහතන් වහන්සේට) ඒවා ප්‍රහීණ වෙලයි තියෙන්නෙ. මුලින්ම උදුරා දමලයි තියෙන්නෙ. මුදුන් කරටිය කැඩී ගිය තල් ගසක් වගේ කරලයි තියෙන්නෙ. අභාවයට පත් කරවලයි තියෙන්නෙ. යළි කවදාවත් නූපදනා ස්වභාවයට පත්කරවලයි තියෙන්නෙ. එනිසාම තථාගතයන් වහන්සේට 'අනෝකසාරී' (ගොදුරෙහි නොහැසිරෙන්නා) කියල කියනවා. පින්වත් ගෘහපතිය, කෙනෙක් ඔය විදිහටයි 'අනෝකසාරී' (ගොදුරෙහි නොහැසිරෙන්නේ) වන්නේ.

පින්වත් ගෘහපතිය, 'නිකේතසාරී' (නිවසෙහි හැසිරෙන කෙනෙක්) වෙන්නෙ කොහොමද? එයා කෙලෙස් පතුරුවලා, ඒකට ම බැඳිලා ඉන්නේ රූප අරමුණ නැමැති නිවස තුළයි. එතකොට තමයි 'නිකේතසාරී' (නිවසෙහි හැසිරෙන කෙනා) කියලා කියන්නෙ. ශබ්ද අරමුණ නැමැති ....(පෙ).... ගන්ධ අරමුණ නැමැති ....(පෙ).... රස අරමුණ නැමැති ....(පෙ).... පහස අරමුණ නැමැති ....(පෙ).... ඒ වගේම එයා කෙලෙස් පතුරුවලා, ඒකට ම බැඳිලා ඉන්නේ සිතට එන අරමුණු නැමැති නිවස තුළයි. එතකොට තමයි 'නිකේතසාරී' (නිවසෙහි හැසිරෙන කෙනා) කියලා කියන්නෙ. පින්වත් ගෘහපතිය, ඔය දෙයටයි 'නිකේතසාරී' කියලා කියන්නෙ.

පින්වත් ගෘහපතිය, 'අනිකේතසාරී' (නිවසෙහි නොහැසිරෙන කෙනෙක්) වෙන්නෙ කොහොමද? කෙලෙස් පතුරුවා ගෙන ඒකට බැඳිලා රූප අරමුණ නැමැති නිවස තුළ සිටීම තථාගතයන් වහන්සේට (රහතන් වහන්සේට) ප්‍රහාණය වෙලයි තියෙන්නෙ. මුලින්ම උදුරා දමලයි තියෙන්නෙ. මුදුන් කරටිය කැඩී ගිය තල් ගසක් වගේ කරලයි තියෙන්නෙ. අභාවයට පත් කරවලයි තියෙන්නෙ. යළි කවදාවත් නූපදනා ස්වාභාවයට පත්කරවලයි තියෙන්නෙ. එනිසා ම තථාගතයන් වහන්සේට 'අනිකේතසාරී' කියල කියනවා. ශබ්ද අරමුණට ....(පෙ).... ගන්ධ අරමුණට ....(පෙ).... රස අරමුණට ....(පෙ).... පහස අරමුණට ....(පෙ).... කෙලෙස් පතුරුවා ගෙන ඒකට බැඳිලා සිතට එන අරමුණ නැමැති

නිවස තුළ සිටීම තථාගතයන් වහන්සේට (රහතන් වහන්සේට) ප්‍රහාණය වෙලයි තියෙන්නෙ. මුලින්ම උදුරා දමලයි තියෙන්නෙ. මුදුන් කරටිය කැඩී ගිය තල් ගසක් වගේ කරලයි තියෙන්නෙ. අභාවයට පත් කරවලයි තියෙන්නෙ. යළි කවදාවත් නූපදනා ස්වභාවයට පත්කරවලයි තියෙන්නෙ. එනිසා ම තථාගතයන් වහන්සේට 'අනිකේතසාරී' කියල කියනවා. පින්වත් ගෘහපතිය, ඔය විදිහටයි 'අනිකේතසාරී' (නිවසෙහි නොහැසිරෙන කෙනෙක්) වෙන්නේ.

පින්වත් ගෘහපතිය, ගමේ දායකයින් සමග අමුතු බැඳීමක් ඇති කර ගැනීම කියල කියන්නෙ මොන වගේ දෙයක්ද? පින්වත් ගෘහපතිය, මෙහි ඇතැම් භික්ෂුවක් ගිහි උදවිය සමග (නෑදෑයින් මෙන්) සමීප ඇසුරක් පවත්වාගෙන යනවා. ඔවුන්ගේ සතුටේදී මේ භික්ෂුවත් සතුටු වෙනවා. ඔවුන්ගේ ශෝකයේදී මේ භික්ෂුවත් ශෝක වෙනවා. සතුටු වෙන දායක පවුල් මැද මේ භික්ෂුව සතුටු වෙනවා. දුක්වෙන දායක පවුල් මැද මෙයා දුක් වෙනවා. ඒ දායක පවුල්වල යම් යම් වැඩකටයුතු ඇතිවුණ කල්හි (මහණදම් පසෙකලා) ඒවාට මැදිහත් විය යුතු කෙනෙක් වෙනවා. පින්වත් ගෘහපතිය, ඔය ආකාරයටයි ගම කෙරෙහි බැඳීමක් ඇති කර ගන්නේ.

පින්වත් ගෘහපතිය, ගමේ දායකයින් සමග අමුතු බැඳීමක් ඇති නොකර ගැනීම කියල කියන්නෙ මොන වගේ දෙයක්ද? පින්වත් ගෘහපතිය, මෙහි ඇතැම් භික්ෂුවක් ගිහි උදවිය සමග (නෑදෑයින් මෙන්) සමීප ඇසුරක් පවත්වාගෙන යන්නේ නෑ. ඔවුන්ගේ සතුටේදී මේ භික්ෂුවත් සතුටු වෙන්නෙ නෑ. ඔවුන්ගේ ශෝකයේදී මේ භික්ෂුවත් ශෝක වෙන්නෙ නෑ. සතුටු වෙන දායක පවුල් මැද මෙයා සතුටු වෙන්නෙ නෑ. දුක් වෙන දායක පවුල් මැද මෙයා දුක් වෙන්නෙ නෑ. ඒ දායක පවුල්වල යම් යම් වැඩකටයුතු ඇතිවුණ කල්හි (මහණදම් පසෙක ලා) ඒවාට මැදිහත් විය යුතු කෙනෙක් වෙන්නෙ නෑ. පින්වත් ගෘහපතිය, ඔය ආකාරයටයි ගම කෙරෙහි බැඳීමක් ඇති නොකර ගෙන ඉන්නේ.

පින්වත් ගෘහපතිය, 'කාමයෙන් හිස් නොවී සිටීම' කියන්නෙ මොන වගේ දෙයක්ද? පින්වත් ගෘහපතිය, මෙහි ඇතැම් භික්ෂුවක් ඉන්නවා (රූප, ශබ්ද, ගන්ධ, රස, පහස යන) කාම අරමුණු කෙරෙහි ඇති රාගය දුරු කරල නෑ. ඡන්දය දුරු කරල නෑ. ප්‍රේමය දුරු කරල නෑ. පිපාසය දුරු කරල නෑ. දාහය දුරු කරල නෑ. තණ්හාව දුරු කරල නෑ. පින්වත් ගෘහපතිය, කාමයෙන් හිස් නොවී සිටීම කියන්නෙ ඔය දෙයටයි.

පින්වත් ගෘහපතිය, කාමයෙන් හිස් වී සිටීම කියන්නෙ මොන වගේ දෙයක්ද? පින්වත් ගෘහපතිය, මෙහි ඇතැම් භික්ෂුවක් ඉන්නවා (රූප, ශබ්ද,

ගන්ධ, රස, පහස යන) කාම අරමුණු කෙරෙහි තිබෙන රාගය දුරු කරලයි ඉන්නෙ. ඡන්දය දුරු කරලයි ඉන්නෙ. ප්‍රේමය දුරු කරලයි ඉන්නෙ. පිපාසය දුරු කරලයි ඉන්නෙ. දාහය දුරු කරලයි ඉන්නෙ. තණ්හාව දුරු කරලයි ඉන්නෙ. පින්වත් ගෘහපතිය, 'කාමයෙන් හිස් වී සිටීම' කියන්නෙ ඔය දෙයටයි.

පින්වත් ගෘහපතිය, 'ලෝකයට අයිති දේවල් ඉදිරියෙහි තබා ගෙන ඉන්නවා' කියන්නෙ මොන වගේ දෙයකටද? පින්වත් ගෘහපතිය, මෙහි ඇතැම් භික්ෂුවකට මෙවැනි අදහසක් ඇති වෙනවා. 'අනාගතයේ මට මේ විදිහේ රූපයක් ඇතුව ඉන්නට ඇත්නම්, අනාගතයේ මට මේ විදිහේ විඳීමක් ඇතුව ඉන්නට ඇත්නම්, අනාගතයේ මට මේ විදිහේ හඳුනා ගැනීමක් ඇතුව ඉන්නට ඇත්නම්, ආනාගතයේ මට මේ විදිහේ සංස්කාර ඇතුව ඉන්නට ඇත්නම්, අනාගතයේ මට මේ විදිහේ විඤ්ඤාණයක් ඇතුව ඉන්නට ඇත්නම්' කියලා. පින්වත් ගෘහපතිය, ඕකට කියන්නෙ 'ලෝකයට අයිති දේවල් ඉදිරියෙහි තබා ගෙන ඉන්නවා' කියලයි.

පින්වත් ගෘහපතිය, 'ලෝකයට අයිති දේවල් ඉදිරියෙහි නොතබා ගෙන ඉන්නවා' කියන්නෙ මොන වගේ දෙයකටද? පින්වත් ගෘහපතිය, මෙහි ඇතැම් භික්ෂුවකට මෙවැනි අදහස් ඇති වෙන්නෙ නෑ. 'අනාගතයේ මට මේ විදිහේ රූපයක් ඇතුව ඉන්නට ඇත්නම්, අනාගතයේ මට මේ විදිහේ විඳීමක් ඇතුව ඉන්නට ඇත්නම්, අනාගතයේ මට මේ විදිහේ හඳුනා ගැනීමක් ඇතුව ඉන්නට ඇත්නම්, අනාගතයේ මට මේ විදිහේ සංස්කාර ඇතුව ඉන්නට ඇත්නම්, අනාගතයේ මට මේ විදිහේ විඤ්ඤාණයක් ඇතුව ඉන්නට ඇත්නම්' කියලා. පින්වත් ගෘහපතිය, ඕකට කියන්නෙ 'ලෝකයට අයිති දේවල් ඉදිරියෙහි නොතබා ගෙන ඉන්නවා' කියලයි.

පින්වත් ගෘහපතිය, 'ජනයාත් සමග කලකෝලාහල ඇති කර ගෙන ඉන්නවා' කියන්නෙ මොන වගේ දෙයකටද? පින්වත් ගෘහපතිය, මෙහි ඇතැම් භික්ෂුවක් මේ විදිහේ කතාබහ ඇති කර ගන්නවා. 'නුඹ මේ ධර්ම විනය දන්නෙ නෑ. මං විතරයි මේ ධර්ම විනය දන්නෙ. ඇයි නුඹ මේ ධර්ම විනය දැනගත්තෙ නැත්තෙ. නුඹ යන්නේ වැරදි මාවතකයි. මං විතරයි හරි මාවතේ යන්නෙ. මුලින් ම කිය යුතු දේ තමයි නුඹ පසුව කිව්වෙ. පසුව කිව යුතු දේ තමයි නුඹ කලින් ම කිව්වෙ. යහපත් දේ තියෙන්නෙ මගේ වචනය තුළයි. නුඹේ වචනයේ යහපත් දෙයක් නෑ. නුඹ මෙතෙක් පුරුදු කරපු දේ (මේ වාදය නිසා) කණපිට පෙරලුණා. මං නුඹට වාදයෙන් අභියෝග කරනවා. වාදයෙන් මිදෙන්නට පුළුවන් ක්‍රමයක් සොයා ගෙන එකයි ඇත්තෙ. නුඹට නිග්‍රහ කරලයි තියෙන්නෙ, ඉදින් පුළුවන්කමක් තියෙයි නම් ගැලවියන්' කියලා. පින්වත් ගෘහපතිය, ඔය

විදිහටයි ජනයා සමග කලකෝලාහල කතාවල් ඇති කර ගන්නෙ.

පින්වත් ගෘහපතිය, ජනයාත් සමග කලකෝලහල ඇති නොකර ගෙන ඉන්නවා කියන්නෙ මොන වගේ දෙයකටද? පින්වත් ගෘහපතිය, මෙහි ඇතැම් භික්ෂුවක් මේ විදිහේ කතාබහ ඇති කර ගන්නෙ නෑ. 'නුඹ මේ ධර්ම විනය දන්නෙ නෑ. මං විතරයි මේ ධර්ම විනය දන්නෙ. ඇයි නුඹ මේ ධර්ම විනය දැනගත්තෙ නැත්තෙ. නුඹ යන්නේ වැරදි මාවතකයි. මං විතරයි හරි මාවතේ යන්නෙ. මුලින්ම කිය යුතු දේ තමයි නුඹ පසුව කිව්වෙ. පසුව කිව යුතු දේ තමයි නුඹ කලින්ම කිව්වෙ. යහපත් දේ තියෙන්නෙ මගේ වචනය තුළයි. නුඹේ වචනයේ යහපත් දෙයක් නෑ. නුඹ මෙතෙක් පුරුදු කරපු දේ (මේ වාදය නිසා) කණපිට පෙරලුණා. මං නුඹට වාදයෙන් අභියෝග කරනවා. වාදයෙන් මිදෙන්නට පුළුවන් ක්‍රමයක් සොයා ගෙන එකයි ඇත්තෙ. නුඹට නිග්‍රහ කරලයි තියෙන්නෙ, ඉඳින් පුළුවන්කමක් තියෙයි නම් ගැලවියන්' කියලා. පින්වත් ගෘහපතිය, ඔය විදිහටයි ජනයා සමග කලකෝලාහල කතාවල් ඇති නොකර ගන්නෙ.

පින්වත් ගෘහපතිය, භාග්‍යවතුන් වහන්සේ අට්ඨක වර්ගයෙහි මගන්දිය ප්‍රශ්නයෙහිලා,

"ඕකං පහාය අනිකේතසාරී - ගාමේ අකුබ්බං මුනි සන්ථවානී
කමේහි රිත්තෝ අපුරෙක්ඛරානෝ - කථං න විග්ගය්හ ජනේන කයිරා'ති"

'මුනිවරයා සිටින්නේ විඤ්ඤාණයේ පැවැත්මට ගොදුර නම් වූ ඕකය අත්හැරල දමලයි. (මුනිවරයා) හැසිරෙන්නේ බාහිර ආයතන හයට ඇලීම නම් වූ නිකේතය (නිවස) අත්හැර දමලයි. ගමේ පිඬුසිඟා වඩින ඔහු ගම්වැසියන් සමඟ අමුතු බැඳීමක් නෑ. කාමයෙන් හිස් වූ සිතින් ඉන්නෙ. ලෝකයට අයිති කිසිවක් ඉදිරියෙහි තබාගෙන ගමන් කිරීමක් නෑ. ඉතින් එබඳු නිකෙලෙස් මුනිවරයෙක් ජනයා සමඟ කලකෝලාහලයට යන්නෙත් නෑ' කියලා. යම් දහමක් වදාළ සේක් ද,

පින්වත් ගෘහපතිය, භාග්‍යවතුන් වහන්සේ විසින් සංක්ෂේපයෙන් වදාරණ ලද මෙම දෙසුමෙහි අර්ථය විස්තර වශයෙන් තේරුම් ගත යුත්තේ ඔන්න ඔය විදිහටයි.

සාදු! සාදු!! සාදු!!!

හාලිද්දිකානි සූත්‍රය නිමා විය.

1.1.1.4.
දුතිය හාලිද්දිකානි සූත්‍රය
හාලිද්දිකානි ගෘහපතියාට වදාළ දෙවෙනි දෙසුම

04. මා හට අසන්නට ලැබුණේ මේ විදිහටයි. ඒ දිනවල මහාකච්චානයන් වහන්සේ වැඩසිටියේ අවන්ති ජනපදයේ කුරරඝර නම් නගරය සමීපයෙහි ප්‍රපාත නම් වූ පර්වතයේ. එදා හලිද්දාකානි ගෘහපතිතුමා ආයුෂ්මත් මහා කච්චානයන් ළඟට පැමිණුනා. පැමිණිලා ආයුෂ්මත් මහා කච්චානයන් වහන්සේට සාදරයෙන් වන්දනා කොට එකත්පස්ව වාඩිවුණා. එකත්පස්ව වාඩිවුණ හාලිද්දිකානි ගෘහපතිතුමා ආයුෂ්මත් මහා කච්චානයන් වහන්සේගෙන් මෙකරුණ අසා සිටියා.

"පින්වත් ස්වාමීන් වහන්ස, අපගේ භාග්‍යවතුන් වහන්සේ විසින් (චූල තණ්හාසංඛය සූත්‍රයෙහි) ශක්‍ර ප්‍රශ්නයේදී මෙය වදාළා නේද 'තණ්හාව ගෙවා දමා තණ්හාවෙන් නිදහස් වුණ යම් ඒ ශ්‍රමණබ්‍රාහ්මණයන් ඉන්නවා නම්, ඔවුන් ඒකාන්තයෙන්ම පිහිටක් ලබාගෙනයි ඉන්නේ. ඒකාන්තයෙන් ම කෙලෙසුන්ගෙන් මිදිලා බිය රහිතවයි ඉන්නේ. ඒකාන්තයෙන් ම බ්‍රහ්මචාරී පිරිසක්. ඒකාන්තයෙන් ම භව ගමන නිමා කළ පිරිසක්. දෙව් මිනිසුන් අතර ඔවුන් ශ්‍රේෂ්ඨයි' කියල. ඉතින් පින්වත් ස්වාමීන් වහන්ස, අපගේ භාග්‍යවතුන් වහන්සේ විසින් කරුණු හකුළුවා වදාරන ලද ඔය දෙසුමෙහි අර්ථය විස්තර වශයෙන් දැනගත යුත්තේ කොයි ආකාරයෙන්ද?"

පින්වත් ගෘහපතිය, රූප ධාතුව පිළිබඳව කෙනෙකු තුළ යම් කැමැත්තක් ඇද්ද, යම් රාගයක් ඇද්ද, යම් ආශ්වාදයක් ඇද්ද, යම් තණ්හාවක් ඇද්ද, ඒ කෙරෙහි යම් බැසගැනීමක්, ග්‍රහණය වීමක්, සිතින් අදිටන් කරගෙන සිටීමක්, කෙලෙස් තුළ බැසගෙන එය චිත්තාභ්‍යන්තරයෙහි පවත්වාගෙන යෑමක් ඇද්ද, අන්න ඒ දේවල් ක්ෂය වෙලා ගිහින්, ඇල්ම දුරු වී ගිහින්, තණ්හාව නිරුද්ධ වී ගිහින්, ආසාව අත්හැරලා, ආසාව දුරින්ම දුරු කර දැමූ සිත මනා කොට ඒ කෙලෙසුන්ගෙන් නිදහස් වී ඇති වගයි ඔය කියැවෙන්නේ. ඒ වගේම පින්වත් ගෘහපතිය, වේදනා ධාතුව පිළිබඳව ....(පෙ).... සඤ්ඤා ධාතුව පිළිබඳව ....(පෙ).... සංස්කාර ධාතුව පිළිබඳව ....(පෙ).... විඤ්ඤාණ ධාතුව පිළිබඳව කෙනෙකු තුළ යම් කැමැත්තක් ඇද්ද, යම් රාගයක් ඇද්ද, යම් ආශ්වාදයක් ඇද්ද, යම් තණ්හාවක් ඇද්ද, ඒ කෙරෙහි යම් බැසගැනීමක්, ග්‍රහණය වීමක්, සිතින්

අදිටන් කරගෙන සිටීමක්, කෙලෙස් තුළ බැසගෙන එය චිත්තාභ්‍යන්තරයෙහි පවත්වාගෙන යෑමක් ඇද්ද, අන්න ඒ දේවල් ක්ෂය වෙලා ගිහින්, ඇල්ම දුරු වී ගිහින්, තණ්හාව නිරුද්ධ වී ගිහින්, ආසාව අත්හැරලා, ආසාව දුරින්ම දුරු කර දමූ සිත මනාකොට ඒ කෙලෙසුන්ගෙන් නිදහස් වී ඇති වගයි ඔය කියැවෙන්නේ.

පින්වත් ගෘහපතිය, අපගේ භාග්‍යවතුන් වහන්සේ විසින් ශක්‍ර ප්‍රශ්නයෙහිදී යම් කරුණක් මේ අයුරින් 'තණ්හාව ගෙවා දමා තණ්හාවෙන් නිදහස් වූ යම් ඒ ශ්‍රමණබ්‍රාහ්මණයන් වෙත් නම්, ඔවුන් ඒකාන්තයෙන් ම පිහිටක් ලබාගෙනයි ඉන්නේ. ඒකාන්තයෙන් ම කෙලෙසුන්ගෙන් මිදිලා බිය රහිතවයි ඉන්නේ. ඒකාන්තයෙන් ම බ්‍රහ්මචාරී පිරිසක්. ඒකාන්තයෙන්ම භව ගමන නිමාකළ පිරිසක්. දෙවි මිනිසුන් අතර ඔවුන් ශ්‍රේෂ්ඨයි' කියල වදාරණ ලද්දේ ද, පින්වත් ගෘහපතිය, අරුත් හකුළුවා වදාරණ ලද ඔය දෙසුමෙහි අර්ථය විස්තර වශයෙන් තේරුම් ගත යුත්තේ මේ ආකාරයටයි.

සාදු! සාදු!! සාදු!!!

දුතිය හාලිද්දිකානි සූත්‍රය නිමා විය.

1.1.1.5.
සමාධි භාවනා සූත්‍රය
චිත්ත සමාධිය දියුණු කිරීම ගැන වදාළ දෙසුම

05. මා හට අසන්නට ලැබුණේ මේ විදිහටයි. ඒ දිනවල භාග්‍යවතුන් වහන්සේ වැඩසිටියේ සැවැත් නුවර ජේතවනය නම් වූ අනේපිඬු සිටුතුමාගේ ආරාමයෙහිය. එදා භාග්‍යවතුන් වහන්සේ "පින්වත් මහණෙනි" කියා භික්ෂූන් වහන්සේලා අමතා වදාළා. ඒ භික්ෂූන් වහන්සේලා ද "පින්වතුන් වහන්ස" කියා භාග්‍යවතුන් වහන්සේට පිළිතුරු දුන්නා. ඒ මොහොතේදී භාග්‍යවතුන් වහන්සේ මෙම දෙසුම වදාළා.

පින්වත් මහණෙනි, චිත්ත සමාධිය දියුණු කරගන්න. පින්වත් මහණෙනි, චිත්ත සමාධිය ඇති භික්ෂුව යථාභූතය (යමක ඇති ස්වභාවය ඒ අයුරින්ම) අවබෝධ කරගන්නවා. කවර යථාභූතයක් ද අවබෝධ කරගන්නේ? රූපයෙහි හටගැනීමත් නැතිවීමත් ගැනයි, වේදනාවෙහි හටගැනීමත් නැතිවීමත් ගැනයි, සඤ්ඤාවෙහි හටගැනීමත් නැතිවීමත් ගැනයි, සංස්කාරවල හටගැනීමත්

නැතිවීමත් ගැනයි, විඤ්ඤාණයෙහි හටගැනීමත් නැතිවීමත් ගැනයි.

පින්වත් මහණෙනි, රූපයෙහි හටගැනීම යනු කුමක්ද? වේදනාවෙහි හටගැනීම යනු කුමක්ද? සඤ්ඤාවෙහි හටගැනීම යනු කුමක්ද? සංස්කාරවල හටගැනීම යනු කුමක්ද? විඤ්ඤාණයෙහි හටගැනීම යනු කුමක්ද?

පින්වත් මහණෙනි, මෙහිලා භික්ෂුව සතුටින් පිළිගන්නවා. එය අගය කරමින් කතා බහ කරනවා. එහි බැසගෙන ඉන්නවා. ඔහු සතුටින් පිළිගන්නේ, අගය කරමින් කතාබහ කරන්නේ, බැසගෙන ඉන්නේ කුමක් ගැනද? ඔහු සතුටින් පිළිගන්නේ, අගය කරමින් කතාබහ කරන්නේ, බැසගෙන ඉන්නේ රූපය ගැනයි. ඉතින් රූපය සතුටින් පිළිගනිද්දී, එය අගය කරමින් කතා බහ කරද්දී, එහි බැසගෙන සිටිද්දී, ඒ ගැන ආසාව උපදිනවා. රූපය ගැන යම් ආසාවක් ඇත්නම්, ඒකමයි බැඳීම. ඒ බැඳීයෑම නිසයි භවය (විපාක පිණිස කර්ම සකස්වීම) ඇතිවන්නේ. භවය නිසා ඉපදෙනවා. ඉපදීම නිසා ජරා මරණ සෝක වැලපීම් දුක් දොම්නස් සුසුම් හෙළීම් හටගන්නවා. ඔන්න ඔය ආකාරයටයි මුළුමහත් දුක් රැසේ ම හටගැනීම සිදුවන්නේ.

ඒ වගේම ඔහු සතුටින් පිළිගන්නේ, අගය කරමින් කතාබහ කරන්නේ, බැසගෙන සිටින්නේ වේදනාව ගැනයි. ඉතින් වේදනාව සතුටින් පිළිගනිද්දී, එය අගය කරමින් කතා බහ කරද්දී, එහි බැසගෙන සිටිද්දී, ඒ ගැන ආසාව ඇති වෙනවා. වේදනාව ගැන යම් ආසාවක් ඇත්නම්, ඒකමයි බැඳීම. ඒ බැඳී යෑම නිසයි ඔහු තුළ භවය (විපාක පිණිස කර්ම සකස්වීම) ඇතිවන්නේ. භවය නිසා ඉපදෙනවා. ඉපදීම නිසා ජරා මරණ සෝක වැළපීම් දුක් දොම්නස් සුසුම් හෙළීම් හටගන්නවා. ඔන්න ඔය ආකාරයටයි මුළුමහත් දුක් රැසේ ම හටගැනීම සිදුවන්නේ.

ඒ වගේම ඔහු සඤ්ඤාව ....(පෙ).... ඒ වගේම ඔහු සංස්කාරත් සතුටින් පිළිගන්නවා. අගය කරමින් කතාබහ කරනවා. ඒ තුළ බැසගෙන ඉන්නවා. ඉතින් සංස්කාර සතුටින් පිළිගනිද්දී, අගය කරමින් කතා බහ කරද්දී, එහි බැසගෙන සිටිද්දී, ඒ ගැන ආසාව ඇතිවෙනවා. සංස්කාර ගැන යම් ආසාවක් ඇත්නම්, ඒකමයි බැඳීම. ඒ බැඳීයෑම නිසයි ඔහු තුළ භවය (විපාක පිණිස කර්ම සකස්වීම) ඇතිවෙන්නේ, භවය නිසා ඉපදෙනවා. ඉපදීම නිසා ජරා මරණ සෝක වැළපීම් දුක් දොම්නස් සුසුම් හෙළීම් හටගන්නවා. ඔන්න ඔය ආකාරයටයි මුළුමහත් දුක් රැසේම හටගැනීම සිදුවන්නේ.

ඔහු විඤ්ඤාණයත් සතුටින් පිළිගන්නවා. අගය කරමින් කතාබහ කරනවා. එහි බැසගෙන ඉන්නවා. ඉතින් විඤ්ඤාණය සතුටින් පිළිගනිද්දී, එය

අගය කරමින් කතා බහ කරද්දී, එහි බැසගෙන සිටිද්දී, ඒ ගැන ආසාව ඇති වෙනවා. විඤ්ඤාණය ගැන යම් ආසාවක් ඇත්නම්, ඒකමයි බැඳීම. ඒ බැඳීයැම නිසයි ඔහු තුළ භවය (විපාක පිණිස කර්ම සකස්වීම) ඇතිවන්නේ. භවය නිසා ඉපදෙනවා. ඉපදීම නිසා ජරා මරණ සෝක වැළපීම් දුක් දොම්නස් සුසුම් හෙළීම් හටගන්නවා. ඔන්න ඔය ආකාරයටයි මුළුමහත් දුක් රැසේ ම හටගැනීම සිදුවන්නේ.

පින්වත් මහණෙනි, මේ තමයි රූපයෙහි හටගැනීම, මේ තමයි වේදනාවෙහි හටගැනීම, මේ තමයි සඤ්ඤාවෙහි හටගැනීම, මේ තමයි සංස්කාරවල හටගැනීම, මේ තමයි විඤ්ඤාණයෙහි හටගැනීම.

පින්වත් මහණෙනි, රූපයෙහි නැතිවීම යනු කුමක්ද? වේදනාවෙහි නැතිවීම යනු කුමක්ද? සඤ්ඤාවෙහි නැතිවීම යනු කුමක්ද? සංස්කාරවල නැතිවීම යනු කුමක්ද? විඤ්ඤාණයෙහි නැතිවීම යනු කුමක්ද?

පින්වත් මහණෙනි, මෙහිලා භික්ෂුව සතුටින් පිළිගන්නේ නෑ. එය අගය කරමින් කතා බහ කරන්නෙ නෑ. එහි බැසගෙන ඉන්නේ නෑ. ඔහු සතුටින් නොපිළිගන්නේ, අගය කරමින් කතාබහ නොකරන්නේ, නොබැසගෙන සිටින්නේ කුමක්ද? ඔහු රූපය සතුටින් පිළිගන්නේ නෑ. අගය කරමින් කතාබහ කරන්නේ නෑ. බැසගෙන සිටින්නේ නෑ. ඉතින් රූපය සතුටින් නොපිළිගනිද්දී, එය අගය කරමින් කතා බහ නොකරද්දී, එහි නොබැසගෙන සිටිද්දී, ඒ ගැන ආසාවක් තිබුණා නම් එය නිරුද්ධ වෙලා යනවා. ආසාව නිරුද්ධ වීමෙන් බැඳීම නිරුද්ධ වෙලා යනවා. බැඳීම නිරුද්ධ වීමෙන් ඔහු තුළ භවය (විපාක පිණිස කර්ම සකස්වීම) නිරුද්ධ වෙලා යනවා. භවය නිරුද්ධ වීමෙන් ඉපදීම නිරුද්ධ වෙලා යනවා. ඉපදීම නිරුද්ධ වීමෙන් ජරා මරණ ශෝක වැළපීම් දුක් දොම්නස් සුසුම් හෙළීම් නිරුද්ධ වෙලා යනවා. ඔන්න ඔය ආකාරයටයි මුළුමහත් දුක් රැසේම නිරුද්ධ වීම සිදුවන්නේ.

ඔහු වේදනාව සතුටින් පිළිගන්නේ නෑ. අගය කරමින් කතාබහ කරන්නේ නෑ. බැසගෙන සිටින්නේ නෑ. ඉතින් වේදනාව සතුටින් නොපිළිගනිද්දී, එය අගය කරමින් කතා බහ නොකරද්දී, එහි නොබැසගෙන සිටිද්දී, ඒ ගැන ආසාවක් තිබුණා නම් එය නිරුද්ධ වෙලා යනවා. ආසාව නිරුද්ධ වීමෙන් බැඳීම නිරුද්ධ වෙලා යනවා. බැඳීම නිරුද්ධ වීමෙන් ඔහු තුළ භවය (විපාක පිණිස කර්ම සකස්වීම) නිරුද්ධ වෙලා යනවා. භවය නිරුද්ධ වීමෙන් ඉපදීම නිරුද්ධ වෙලා යනවා. ඉපදීම නිරුද්ධ වීමෙන් ජරා මරණ ශෝක වැළපීම් දුක් දොම්නස් සුසුම් හෙළීම් නිරුද්ධ වෙලා යනවා. ඔන්න ඔය ආකාරයටයි මුළුමහත් දුක් රැසේම නිරුද්ධ වීම සිදුවන්නේ.

ඒ වගේම ඔහු සඤ්ඤාව ....(පෙ).... ඔහු සංස්කාරත් සතුටින් පිළිගන්නේ නෑ. අගය කරමින් කතාබහ කරන්නේ නෑ. බැසගෙන සිටින්නේ නෑ. ඉතින් සංස්කාර සතුටින් නොපිළිගනිද්දී, එය අගය කරමින් කතා බහ නොකරද්දී, එහි නොබැසගෙන සිටිද්දී, ඒ ගැන ආසාවක් තිබුණා නම් එය නිරුද්ධ වෙලා යනවා. ආසාව නිරුද්ධ වීමෙන් බැඳීම නිරුද්ධ වෙලා යනවා. බැඳීම නිරුද්ධ වීමෙන් ඔහු තුළ භවය (විපාක පිණිස කර්ම සකස්වීම) නිරුද්ධ වෙලා යනවා. භවය නිරුද්ධ වීමෙන් ඉපදීම නිරුද්ධ වෙලා යනවා. ඉපදීම නිරුද්ධ වීමෙන් ජරා මරණ ශෝක වැළපීම් දුක් දොම්නස් සුසුම් හෙළීම් නිරුද්ධ වෙලා යනවා. ඔන්න ඔය ආකාරයටයි මුළුමහත් දුක් රැසේ ම නිරුද්ධ වීම සිදුවන්නේ.

ඔහු සතුටින් නොපිළිගන්නේ අගය කරමින් කතාබහ නොකරන්නේ නොබැසගෙන සිටින්නේ විඤ්ඤාණය ගැනයි. ඉතින් විඤ්ඤාණය සතුටින් නොපිළිගනිද්දී, එය අගය කරමින් කතා බහ නොකරද්දී, එහි නොබැසගෙන සිටිද්දී, ඒ ගැන ආසාවක් තිබුණා නම් එය නිරුද්ධ වෙලා යනවා. ආසාව නිරුද්ධ වීමෙන් බැඳීම නිරුද්ධ වෙලා යනවා. බැඳීම නිරුද්ධ වීමෙන් ඔහු තුළ භවය (විපාක පිණිස කර්ම සකස්වීම) නිරුද්ධ වෙලා යනවා. භවය නිරුද්ධ වීමෙන් ඉපදීම නිරුද්ධ වෙලා යනවා. ඉපදීම නිරුද්ධ වීමෙන් ජරා මරණ ශෝක වැළපීම් දුක් දොම්නස් සුසුම් හෙළීම් නිරුද්ධ වෙලා යනවා. ඔන්න ඔය ආකාරයටයි මුළුමහත් දුක් රැසේම නිරුද්ධ වීම සිදුවන්නේ.

පින්වත් මහණෙනි, මේ තමයි රූපයෙහි නැතිවීම, මේ තමයි වේදනාවේ නැතිවීම, මේ තමයි සඤ්ඤාවෙහි නැතිවීම, මේ තමයි සංස්කාරවල නැතිවීම, මේ තමයි විඤ්ඤාණයෙහි නැතිවීම.

සාදු! සාදු!! සාදු!!!

සමාධි භාවනා සූත්‍රය නිමා විය.

1.1.1.6.
පටිසල්ලාන සූත්‍රය
භාවනාවෙහි යෙදී සිටීම ගැන වදාළ දෙසුම

06.   සැවැත් නුවර දී ය.

පින්වත් මහණෙනි, භාවනාවෙහි අප්‍රමාදීව යෙදෙන්න. පින්වත් මහණෙනි,

භාවනාවෙහි යෙදෙන භික්ෂුව යථාභූතය (යමක ඇති ස්වභාවයට ඒ අයුරින් ම) අවබෝධ කරගන්නවා. කවර යථාභූතයක් ද ඒ අයුරින් ම අවබෝධ කරගන්නේ? රූපයෙහි හටගැනීමත් නැතිවීමත් ගැනයි, වේදනාවෙහි හටගැනීමත් නැතිවීමත් ගැනයි, සඤ්ඤාවෙහි හටගැනීමත් නැතිවීමත් ගැනයි, සංස්කාරවල හටගැනීමත් නැතිවීමත් ගැනයි, විඤ්ඤාණයෙහි හටගැනීමත් නැතිවීමත් ගැනයි අවබෝධ කරගන්නේ.

පින්වත් මහණෙනි, රූපයෙහි හටගැනීම යනු කුමක්ද? වේදනාවෙහි හටගැනීම යනු කුමක්ද? සඤ්ඤාවෙහි හටගැනීම යනු කුමක්ද? සංස්කාරවල හටගැනීම යනු කුමක්ද? විඤ්ඤාණයෙහි හටගැනීම යනු කුමක්ද?

පින්වත් මහණෙනි, මෙහිලා භික්ෂුව සතුටින් පිළිගන්නවා. එය අගය කරමින් කතා බහ කරනවා. එහි බැසගෙන ඉන්නවා. ඔහු සතුටින් පිළිගන්නේ, අගය කරමින් කතාබහ කරන්නේ, බැසගෙන ඉන්නේ කුමක් ගැනද? ඔහු සතුටින් පිළිගන්නේ, අගය කරමින් කතාබහ කරන්නේ, බැසගෙන ඉන්නේ රූපය ගැනයි. ඉතින් රූපය සතුටින් පිළිගනිද්දී, එය අගය කරමින් කතා බහ කරද්දී, එහි බැසගෙන සිටිද්දී, ඒ ගැන ආසාව උපදිනවා. රූපය ගැන යම් ආසාවක් ඇත්නම්, ඒක ම යි බැඳීම. ඒ බැඳීයෑම නිසයි භවය (විපාක පිණිස කර්ම සකස්වීම) ඇතිවන්නේ. භවය නිසා ඉපදෙනවා. ඉපදීම නිසා ජරා මරණ සෝක වැළපීම් දුක් දොම්නස් සුසුම් හෙළීම් හටගන්නවා. ඔන්න ඔය ආකාරයටයි මුළුමහත් දුක් රැසේම හටගැනීම සිදුවන්නේ.

ඒ වගේම ඔහු විඳීමත් සතුටින් පිළිගන්නවා. ....(පෙ).... ඒ වගේම සඤ්ඤාවත් සතුටින් පිළිගන්නවා ....(පෙ).... සංස්කාරත් සතුටින් පිළිගන්නවා .....(පෙ).... විඤ්ඤාණයත් සතුටින් පිළිගන්නවා. අගය කරමින් කතාබහ කරනවා. එහි බැසගෙන ඉන්නවා. ඉතින් විඤ්ඤාණය සතුටින් පිළිගනිද්දී, එය අගය කරමින් කතා බහ කරද්දී, එහි බැසගෙන සිටිද්දී, ඒ ගැන ආසාව ඇති වෙනවා. විඤ්ඤාණය ගැන යම් ආසාවක් ඇත්නම්, ඒක ම යි බැඳීම. ඒ බැඳී යෑම නිසයි ඔහු තුළ භවය (විපාක පිණිස කර්ම සකස්වීම) ඇතිවන්නේ. භවය නිසා ඉපදෙනවා. ඉපදීම නිසා ජරා මරණ සෝක වැළපීම් දුක් දොම්නස් සුසුම් හෙළීම් හටගන්නවා. ඔන්න ඔය ආකාරයටයි මුළුමහත් දුක් රැසේම හටගැනීම සිදුවන්නේ.

පින්වත් මහණෙනි, මේ තමයි රූපයෙහි හටගැනීම, මේ තමයි වේදනාවෙහි හටගැනීම, මේ තමයි සඤ්ඤාවෙහි හටගැනීම, මේ තමයි සංස්කාරවල හටගැනීම, මේ තමයි විඤ්ඤාණයෙහි හටගැනීම.

පින්වත් මහණෙනි, රූපයෙහි නැතිවීම යනු කුමක්ද? වේදනාවෙහි නැතිවීම යනු කුමක්ද? සඤ්ඤාවෙහි නැතිවීම යනු කුමක්ද? සංස්කාරවල නැතිවීම යනු කුමක්ද? විඤ්ඤාණයෙහි නැතිවීම යනු කුමක්ද?

පින්වත් මහණෙනි, මෙහිලා භික්ෂුව සතුටින් පිළිගන්නේ නෑ. එය අගය කරමින් කතා බහ කරන්නෙ නෑ. එහි බැසගෙන ඉන්නේ නෑ. ඔහු සතුටින් නොපිළිගන්නේ, අගය කරමින් කතාබහ නොකරන්නේ, නොබැසගෙන සිටින්නේ කුමක්ද? ඔහු රූපය සතුටින් පිළිගන්නේ නෑ. අගය කරමින් කතාබහ කරන්නේ නෑ. බැසගෙන සිටින්නේ නෑ. ඉතින් රූපය සතුටින් නොපිළිගනිද්දී, එය අගය කරමින් කතා බහ නොකරද්දී, එහි නොබැසගෙන සිටිද්දී, ඒ ගැන ආසාවක් තිබුණා නම් එය නිරුද්ධ වෙලා යනවා. ආසාව නිරුද්ධ වීමෙන් බැඳීම නිරුද්ධ වෙලා යනවා. බැඳීම නිරුද්ධ වීමෙන් ඔහු තුළ භවය (විපාක පිණිස කර්ම සකස්වීම) නිරුද්ධ වෙලා යනවා. භවය නිරුද්ධ වීමෙන් ඉපදීම නිරුද්ධ වෙලා යනවා. ඉපදීම නිරුද්ධ වීමෙන් ජරා මරණ ශෝක වැළපීම් දුක් දොම්නස් සුසුම් හෙළීම් නිරුද්ධ වෙලා යනවා. ඔන්න ඔය ආකාරයටයි මුළුමහත් දුක් රැසේම නිරුද්ධ වීම සිදුවන්නේ.

ඔහු වේදනාව සතුටින් පිළිගන්නේ නෑ. ....(පෙ).... සඤ්ඤාව සතුටින් පිළිගන්නේ නෑ. ....(පෙ).... ඔහු සංස්කාර සතුටින් පිළිගන්නේ නෑ. ....(පෙ).... විඤ්ඤාණය සතුටින් පිළිගන්නේ නෑ. අගය කරමින් කතාබහ කරන්නේ නෑ. බැසගෙන සිටින්නේ නෑ. විඤ්ඤාණය සතුටින් නොපිළිගනිද්දී, එය අගය කරමින් කතා බහ නොකරද්දී, එහි නොබැසගෙන සිටිද්දී, ඒ ගැන ආසාවක් තිබුණා නම් එය නිරුද්ධ වෙලා යනවා. ආසාව නිරුද්ධ වීමෙන් බැඳීම නිරුද්ධ වෙලා යනවා. බැඳීම නිරුද්ධ වීමෙන් ඔහු තුළ භවය (විපාක පිණිස කර්ම සකස්වීම) නිරුද්ධ වෙලා යනවා. භවය නිරුද්ධ වීමෙන් ඉපදීම නිරුද්ධ වෙලා යනවා. ඉපදීම නිරුද්ධ වීමෙන් ජරා මරණ ශෝක වැළපීම් දුක් දොම්නස් සුසුම් හෙළීම් නිරුද්ධ වෙලා යනවා. ඔන්න ඔය ආකාරයටයි මුළුමහත් දුක් ර සේම නිරුද්ධ වීම සිදුවන්නේ.

පින්වත් මහණෙනි, මේ තමයි රූපයෙහි නැතිවීම, මේ තමයි වේදනාවේ නැතිවීම, මේ තමයි සඤ්ඤාවෙහි නැතිවීම, මේ තමයි සංස්කාරවල නැතිවීම, මේ තමයි විඤ්ඤාණයෙහි නැතිවීම.

සාදු! සාදු!! සාදු!!!

පටිසල්ලාන සූත්‍රය නිමා විය.

1.1.1.7.
පඨම උපාදාපරිතස්සනා සූත්‍රය
බැඳීයාම නිසා දුක් තැති ගැනීම් ඇති වීම ගැන පළමු වදාළ දෙසුම

07. සැවැත් නුවර දී ....

පින්වත් මහණෙනි, මා ඔබට බැඳීම නිසා දුක් තැතිගැනීම් ඇතිවීමත් නොබැඳීම නිසා දුක් තැති ගැනීම් නොමැතිවීමත් පවසන්නම්. එය හොඳින් අසා ගන්න. මනාකොට නුවණින් විමසන්න. මා කියා දෙන්නම්. "එසේය, ස්වාමීනී" කියා ඒ භික්ෂූන් වහන්සේලා භාග්‍යවතුන් වහන්සේට පිළිතුරු දුන්නා. ඒ මොහොතේදී භාග්‍යවතුන් වහන්සේ මේ දෙසුම වදාළා.

පින්වත් මහණෙනි, බැඳීයාමෙන් දුක් තැති ගැනීම් ඇතිවන්නේ කොහොමද?

පින්වත් මහණෙනි, මෙහිලා අශ්‍රැතවත් පෘථග්ජනයෙක් ඉන්නවා. ඔහු ආර්යයන් වහන්සේලා හඳුනන්නේ නෑ. ආර්ය ධර්මය තේරුම් ගන්න දක්ෂත් නෑ. ආර්ය ධර්මයෙහි හික්මිලත් නෑ. ඔහු සත්පුරුෂයන් වහන්සේලා හඳුනන්නේ නෑ. සත්පුරුෂ ධර්මය තේරුම් ගන්න දක්ෂත් නෑ. සත්පුරුෂ ධර්මයෙහි හික්මිලත් නෑ. ඒ නිසා ඔහු (සතර මහා ධාතූන්ගෙන් හටගන්නා වූ) රූපය ආත්මයක් (තමාගේ වසඟයෙහි පැවැත්විය හැකි දෙයක්) වශයෙන් මුලාවෙන් දකිනවා. එක්කෝ ඔහු මුලාවෙන් දකින්නේ ආත්මය රූපයෙන් හැදිච්ච එකක් කියලයි. එහෙම නැත්නම් ඔහු මුලාවෙන් දකින්නේ ආත්මයක් තුළ තමයි රූපය තියෙන්නේ කියලා. එහෙමත් නැත්නම් ඔහු මුලාවෙන් දකින්නේ ආත්මය තියෙන්නේ රූපය තුළයි කියලා. නමුත් ඔහුගේ ඒ රූපය විවිධ වෙනස්කම්වලට පත්වෙනවා. වෙනත් ස්වභාවයන්ට පත්වෙනවා. ඉතින් ඔහුගේ ඒ රූපය විවිධ වෙනස්වීම්වලට, වෙනත් ස්වභාවයනට පත්වෙද්දී ඔහුගේ විඤ්ඤාණය ද විවිධ වෙනස්වීම්වලට, වෙනත් ස්වභාවයනට පත්වෙන්නා වූ ඒ රූපයට අනුව පරිවර්තනය වෙනවා. එතකොට ඒ විවිධ වෙනස්වීම්වලට බඳුන්වන රූපයට අනුව පෙරළුන සිතින් හටගත් දුක් තැති ගැනීම්මයි ඔහුගේ සිත යටකරගෙන තියෙන්නේ. ඊට පස්සේ ඒ සිතට යටවෙලා තැති ගන්නවා. දුක් වෙනවා. අපේක්ෂාවෙන් ඉන්නවා. බැඳීම නිසයි දුකින් තැති ගන්නේ.

ඒ වගේම ඔහු (ස්පර්ශයෙන් හටගන්නා වූ) විඳීම ආත්මයක් (තමාගේ වසඟයෙහි පැවැත්විය හැකි දෙයක්) වශයෙන් මුලාවෙන් දකිනවා. එක්කෝ ඔහු මුලාවෙන් දකින්නේ ආත්මය විඳීමෙන් හැදිච්ච එකක් කියලයි. එහෙම නැත්නම් ඔහු මුලාවෙන් දකින්නේ ආත්මයක් තුළ තමයි විඳීම තියෙන්නේ කියලා. එහෙමත් නැත්නම් ඔහු මුලාවෙන් දකින්නේ ආත්මය තියෙන්නේ විඳීම තුළයි කියලා. නමුත් ඔහුගේ ඒ වේදනාව විවිධ වෙනස්වීම්වලට පත් වෙනවා. වෙනත් ස්වභාවයනට පත්වෙනවා. ඉතින් ඔහුගේ ඒ වේදනාව විවිධ වෙනස්වීම් වලට, වෙනත් ස්වභාවයනට පත්වෙනකොට ඔහුගේ විඤ්ඤාණය ද විවිධ වෙනස්වීම්වලට, වෙනත් ස්වභාවයනට පත්වෙන්නා වූ ඒ වේදනාවට අනුව පරිවර්තනය වෙනවා. එතකොට ඒ විවිධ වෙනස්වීම්වලට බඳුන්වන වේදනාවට අනුව පෙරලුන සිතින් හටගත් දුක් තැති ගැනීම්මයි ඔහුගේ සිත යටකරගෙන තියෙන්නේ. ඊට පස්සේ ඒ සිතට යටවෙලා තැති ගන්නවා. දුක් වෙනවා. අපේක්ෂාවෙන් ඉන්නවා. බැඳීම නිසයි දුකින් තැති ගන්නේ.

ඔහු සඤ්ඤාව ....(පෙ).... සංස්කාර ආත්මයක් (තමාගේ වසඟයෙහි පැවැත්විය හැකි දෙයක්) වශයෙන් මුලාවෙන් දකිනවා. එක්කෝ ඔහු මුලාවෙන් දකින්නේ ආත්මය සංස්කාරවලින් හැදිච්ච එකක් කියලයි. එහෙම නැත්නම් ඔහු මුලාවෙන් දකින්නේ ආත්මයක් තුළ තමයි සංස්කාර තියෙන්නේ කියලා. එහෙමත් නැත්නම් ඔහු මුලාවෙන් දකින්නේ ආත්මය තියෙන්නේ සංස්කාර තුළයි කියලා. නමුත් ඔහුගේ ඒ සංස්කාර විවිධ වෙනස්වීම්වලට පත් වෙනවා. වෙනත් ස්වභාවයනට පත්වෙනවා. ඉතින් ඔහුගේ ඒ සංස්කාර විවිධ වෙනස්වීම් වලට, වෙනත් ස්වභාවයනට පත්වෙනකොට ඔහුගේ විඤ්ඤාණය ද විවිධ වෙනස්වීම්වලට, වෙනත් ස්වභාවයනට පත්වෙන්නා වූ ඒ සංස්කාරවලට අනුව පරිවර්තනය වෙනවා. එතකොට ඒ විවිධ වෙනස්වීම්වලට බඳුන්වන සංස්කාරවලට අනුව පෙරලුන සිතින් හටගත් දුක් තැති ගැනීම්මයි ඔහුගේ සිත යටකරගෙන තියෙන්නේ. ඊට පස්සේ ඒ සිතට යටවෙලා තැති ගන්නවා. දුක් වෙනවා. අපේක්ෂාවෙන් ඉන්නවා. බැඳීම නිසයි දුකින් තැති ගන්නේ.

විඤ්ඤාණය ආත්මයක් (තමාගේ වසඟයෙහි පැවැත්විය හැකි දෙයක්) වශයෙන් මුලාවෙන් දකිනවා. එක්කෝ ඔහු මුලාවෙන් දකින්නේ ආත්මය විඤ්ඤාණයෙන් හැදිච්ච එකක් කියලයි. එහෙම නැත්නම් ඔහු මුලාවෙන් දකින්නේ ආත්මයක් තුළ තමයි විඤ්ඤාණය තියෙන්නේ කියලා. එහෙමත් නැත්නම් ඔහු මුලාවෙන් දකින්නේ ආත්මය තියෙන්නේ විඤ්ඤාණය තුළයි කියලා. නමුත් ඔහුගේ ඒ විඤ්ඤාණය විවිධ වෙනස්වීම්වලට පත්වෙනවා. වෙනත් ස්වභාවයනට පත්වෙනවා. ඉතින් ඔහුගේ ඒ විඤ්ඤාණය විවිධ

වෙනස්වීම්වලට, වෙනත් ස්වභාවයනට පත්වෙනකොට ඔහුගේ විඤ්ඤාණයද විවිධ වෙනස්වීම්වලට, වෙනත් ස්වභාවයනට පත්වෙන්නා වූ ඒ විඤ්ඤාණයට අනුව පරිවර්තනය වෙනවා. එතකොට ඒ විවිධ වෙනස්වීම්වලට බඳුන්වන විඤ්ඤාණයට අනුව පෙරලුන සිතින් හටගත් දුක් තැති ගැනීම්මයි ඔහුගේ සිත යටකරගෙන තියෙන්නේ. ඊට පස්සේ ඒ සිතට යටවෙලා තැති ගන්නවා. දුක් වෙනවා. අපේක්ෂාවෙන් ඉන්නවා. බැඳීම නිසයි දුකින් තැති ගන්නේ.

පින්වත් මහණෙනි, ඔන්න ඔය විදිහටයි බැඳීයාමෙන් දුක් තැති ගැනීම් ඇති වන්නේ.

පින්වත් මහණෙනි, නොබැඳීමෙන් දුක් තැතිගැනීම් නැතිවන්නේ කොහොමද?

පින්වත් මහණෙනි, මෙහිලා ශ්‍රැතවත් ආර්ය ශ්‍රාවකයෙක් ඉන්නවා. ඔහු ආර්යයන් වහන්සේලා හඳුනනවා. ආර්ය ධර්මය තේරුම් ගන්නට දක්ෂයි. ආර්ය ධර්මයෙහි හික්මිලා ඉන්නේ. ඔහු සත්පුරුෂයන් වහන්සේලා හඳුනනවා. සත්පුරුෂ ධර්මය තේරුම් ගන්නට දක්ෂයි. සත්පුරුෂ ධර්මයෙහි හික්මිලා ඉන්නේ. ඒ නිසා ඔහු (සතර මහා ධාතුන්ගෙන් හටගන්නා වූ) රූපය ආත්මයක් (තමාගේ වසඟයෙහි පැවැත්විය හැකි දෙයක්) වශයෙන් මුලාවෙන් දකින්නේ නෑ. ඒ වගේම ආත්මය රූපයෙන් හැදිච්ච එකක් කියලත් මුලාවෙන් දකින්නේ නෑ. ඒ වගේම ආත්මයක් තුළ තමයි රූපය තියෙන්නේ කියලත් මුලාවෙන් දකින්නේ නෑ. ඒ වගේම ඔහු ආත්මය තියෙන්නේ රූපය තුළයි කියලත් මුලාවෙන් දකින්නේ නෑ. ඔහුගේ ඒ රූපයත් විවිධ වෙනස්වීම්වලට පත්වෙනවා. වෙනත් ස්වභාවයනට පත්වෙනවා. ඉතින් ඔහුගේ ඒ රූපය විවිධ වෙනස්වීම්වලට, වෙනත් ස්වභාවයනට පත්වෙද්දී ඔහුගේ විඤ්ඤාණය විවිධ වෙනස්වීම්වලට, වෙනත් ස්වභාවයනට පත්වෙන්නා වූ ඒ රූපයට අනුව පරිවර්තනය වෙන්නේ නෑ. එම නිසා විවිධ වෙනස්වීම්වලට බඳුන්වන ඒ රූපයෙන් හටගන්නා දුක් තැති ගැනීම්වලින් ඔහුගේ සිත යටකරගෙන යන්නේ නෑ. ඉතින් එයට යට නොවූ සිතින් යුතු නිසා තැති ගන්නේ නෑ. දුකෙන් ඉන්නේ නෑ. අපේක්ෂා සහිත වෙන්නේ නෑ. බැඳීම් නැති නිසා දුකෙන් තැතිගන්නේ නෑ.

ඒ වගේම ඔහු (ස්පර්ශයෙන් හටගන්නා වූ) විඳීම ආත්මයක් (තමාගේ වසඟයෙහි පැවැත්විය හැකි දෙයක්) වශයෙන් මුලාවෙන් දකින්නේ නෑ. ඒ වගේම ආත්මය විඳීමෙන් හැදිච්ච එකක් කියලත් මුලාවෙන් දකින්නේ නෑ. ඒ වගේම ආත්මයක් තුළ තමයි විඳීම තියෙන්නේ කියලත් මුලාවෙන් දකින්නේ නෑ. ඒ වගේම ඔහු ආත්මය තියෙන්නේ විඳීම තුළයි කියලත් මුලාවෙන් දකින්නේ නෑ.

ඔහුගේ ඒ වේදනාවත් විවිධ වෙනස්වීම්වලට පත්වෙනවා. වෙනත් ස්වභාවයනට පත්වෙනවා. ඉතින් ඔහුගේ ඒ වේදනාව විවිධ වෙනස්වීම්වලට, වෙනත් ස්වභාවයනට පත්වෙද්දී ඔහුගේ විඤ්ඤාණය විවිධ වෙනස්වීම්වලට, වෙනත් ස්වභාවයනට පත්වෙන්නා වූ ඒ වේදනාවට අනුව පරිවර්තනය වෙන්නේ නෑ. එම නිසා විවිධ වෙනස්වීම්වලට බඳුන්වන ඒ විඳීමෙන් හටගන්නා දුක් තැති ගැනීම්වලින් ඔහුගේ සිත යටකරගෙන යන්නේ නෑ. ඉතින් එයට යට නොවූ සිතින් යුතු නිසා තැති ගන්නේ නෑ. දුකෙන් ඉන්නේ නෑ. අපේක්ෂා සහිත වෙන්නේ නෑ. බැඳීම් නැති නිසා දුකෙන් තැතිගන්නේ නෑ.

ඔහු සඤ්ඤාව ....(පෙ).... සංස්කාර ආත්මයක් (තමාගේ වසඟයෙහි පැවැත්විය හැකි දෙයක්) වශයෙන් මුලාවෙන් දකින්නේ නෑ. ඒ වගේම ආත්මය සංස්කාරවලින් හැදිච්ච එකක් කියලත් මුලාවෙන් දකින්නේ නෑ. ඒ වගේම ආත්මයක් තුළ තමයි සංස්කාර තියෙන්නේ කියලත් මුලාවෙන් දකින්නේ නෑ. ඒ වගේම ඔහු ආත්මය තියෙන්නේ සංස්කාර තුළයි කියලත් මුලාවෙන් දකින්නේ නෑ. ඔහුගේ ඒ සංස්කාර විවිධ වෙනස්වීම්වලට පත්වෙනවා. වෙනත් ස්වභාවයනට පත්වෙනවා. ඉතින් ඔහුගේ ඒ සංස්කාර විවිධ වෙනස්වීම්වලට, වෙනත් ස්වභාවයනට පත්වෙද්දී ඔහුගේ විඤ්ඤාණය විවිධ වෙනස්වීම්වලට, වෙනත් ස්වභාවයනට පත්වෙන්නා වූ ඒ සංස්කාරවලට අනුව පරිවර්තනය වෙන්නේ නෑ. එම නිසා විවිධ වෙනස්වීම්වලට බඳුන්වන ඒ සංස්කාර වලින් හටගන්නා දුක් තැති ගැනීම්වලින් ඔහුගේ සිත යටකරගෙන යන්නේ නෑ. ඉතින් එයට යට නොවූ සිතින් යුතු නිසා තැති ගන්නේ නෑ. දුකෙන් ඉන්නේ නෑ. අපේක්ෂා සහිත වෙන්නේ නෑ. බැඳීම් නැති නිසා දුකෙන් තැතිගන්නේ නෑ.

ඒ වගේම ඔහු (නාමරූපයෙන් හටගන්නා වූ) විඤ්ඤාණය ආත්මයක් (තමාගේ වසඟයෙහි පැවැත්විය හැකි දෙයක්) වශයෙන් මුලාවෙන් දකින්නේ නෑ. ඒ වගේම ආත්මය විඤ්ඤාණයෙන් හැදිච්ච එකක් කියලත් මුලාවෙන් දකින්නේ නෑ. ඒ වගේම ආත්මයක් තුළ තමයි විඤ්ඤාණය තියෙන්නේ කියලත් මුලාවෙන් දකින්නේ නෑ. ඒ වගේම ඔහු ආත්මය තියෙන්නේ විඤ්ඤාණය තුළයි කියලත් මුලාවෙන් දකින්නේ නෑ. ඔහුගේ ඒ විඤ්ඤාණය විවිධ වෙනස්වීම්වලට පත්වෙනවා. වෙනත් ස්වභාවයනට පත්වෙනවා. ඉතින් ඔහුගේ ඒ විඤ්ඤාණය විවිධ වෙනස්වීම්වලට, වෙනත් ස්වභාවයනට පත්වෙද්දී ඔහුගේ විඤ්ඤාණය විවිධ වෙනස්වීම්වලට, වෙනත් ස්වභාවයනට පත්වෙන්නා වූ ඒ විඤ්ඤාණයට අනුව පරිවර්තනය වෙන්නේ නෑ. එම නිසා විවිධ වෙනස්වීම්වලට බඳුන්වන ඒ විඤ්ඤාණයෙන් හටගන්නා දුක් තැති ගැනීම්වලින් ඔහුගේ සිත යටකරගෙන යන්නේ නෑ. ඉතින් එයට යට නොවූ සිතින් යුතු නිසා තැති ගන්නේ නෑ.

දුකෙන් ඉන්නේ නෑ. අපේක්ෂා සහිත වෙන්නේ නෑ. බැඳීම් නැති නිසා දුකෙන් තැතිගන්නේ නෑ.

පින්වත් මහණෙනි, ඔන්න ඔය විදිහටයි නොබැඳීමෙන් දුක් තැති ගැනීම් නැති වන්නේ.

සාදු! සාදු!! සාදු!!!

පඨම උපාදාපරිතස්සනා සූත්‍රය නිමා විය.

1.1.1.8.
දුතිය උපාදාපරිතස්සනා සූත්‍රය
බැඳීයාම නිසා දුක් තැති ගැනීම් ඇති වීම ගැන වදාළ දෙවැනි දෙසුම

08. සැවැත් නුවර දී ....

පින්වත් මහණෙනි, මා ඔබට බැඳීයාමෙන් දුක් තැතිගැනීම් ඇතිවීමත් නොබැඳීමෙන් දුක් තැති ගැනීම් නොමැතිවීමත් පවසන්නම්. එය හොඳින් අසා ගන්න. මනාකොට නුවණින් විමසන්න. මා කියා දෙන්නම්. "එසේය ස්වාමීනී" කියලා ඒ භික්ෂූන් වහන්සේලා භාග්‍යවතුන් වහන්සේට පිළිතුරු දුන්නා. ඒ මොහොතේදී භාග්‍යවතුන් වහන්සේ මේ දෙසුම වදාළා.

පින්වත් මහණෙනි, බැඳීයාමෙන් දුක් තැතිගැනීම් ඇතිවන්නේ කොහොමද?

පින්වත් මහණෙනි, මෙහි අශ්‍රැතවත් පෘථග්ජනයා රූපය ගැන මුලාවෙන් දකින්නේ 'මෙය මගේ ය, මෙය මම වෙමි, මෙය මාගේ වසඟයෙහි පවත්වාගත හැකි දෙයක් (මෙය මගේ ආත්මය)' වශයෙනුයි. එනමුදු ඔහුගේ ඒ රූපය විවිධ වෙනස්වීම්වලට බඳුන් වෙනවා. වෙනත් ස්වභාවයන්ට පත්වෙනවා. ඔහුගේ ඒ රූපය විවිධ වෙනස්වීම්වලට බඳුන් වීම නිසා වෙනත් ස්වභාවයකට පත්වීම නිසා ඔහු තුළ සෝක වැළපීම් දුක් දොම්නස් උපායාස ඇති වෙනවා. වේදනා පිළිබඳව ....(පෙ).... සඤ්ඤාව පිළිබඳව ....(පෙ).... සංස්කාර පිළිබඳව ....(පෙ).... විඤ්ඤාණය ගැන මුලාවෙන් දකින්නේ 'මෙය මාගේ ය. මෙය මම වෙමි, මෙය මාගේ වසඟයෙහි පවත්වාගත හැකි දෙයක් (මෙය මාගේ ආත්මය)' වශයෙනුයි. එනමුදු ඔහුගේ ඒ විඤ්ඤාණය විවිධ වෙනස්වීම්වලට බඳුන් වෙනවා. වෙනත්

ස්වභාවයකට පත්වෙනවා. එවිට ඔහුගේ ඒ විඤ්ඤාණය විවිධ වෙනස්වීම්වලට බඳුන් වීම නිසා වෙනත් ස්වභාවයකට පත්වීම නිසා ඔහු තුළ සෝක වැළපීම් දුක් දොම්නස් උපායාස ඇති වෙනවා. පින්වත් මහණෙනි, ඔය ආකාරයටයි බැඳීයාමෙන් දුක් තැති ගැනීම් ඇතිවන්නේ.

පින්වත් මහණෙනි, නොබැඳීමෙන් දුක් තැතිගැනීම් ඇති නොවන්නේ කොහොමද? පින්වත් මහණෙනි, මෙහි ශ්‍රැතවත් ආර්යශ්‍රාවකයා රූපය ගැන නුවණින් දකින්නේ 'මෙය මගේ නොවේ. මෙය මම නොවෙමි, මෙය මගේ වසඟයෙහි පවත්වාගත හැකි දෙයක් නොවේ (මෙය මාගේ ආත්මය නොවේ)' වශයෙනුයි. ඉතින් ඔහුගේ ඒ රූපයත් විවිධ වෙනස්වීම්වලට බඳුන් වෙනවා. වෙනත් ස්වභාවයකට පත්වෙනවා. නමුත් ඔහුගේ ඒ රූපය විවිධ වෙනස්වීම්වලට බඳුන්වීම හේතුවෙන් වෙනත් ස්වභාවයන්ට පත්වීම හේතුවෙන් ඔහු තුළ සෝක වැළපීම් දුක් දොම්නස් උපායාස හටගන්නෙ නෑ. වේදනාව ගැන ....(පෙ).... සඤ්ඤාව ගැන ....(පෙ).... සංස්කාර ගැන ....(පෙ).... විඤ්ඤාණය ගැන නුවණින් දකින්නේ 'මෙය මගේ නොවේ, මෙය මම නොවෙමි, මෙය මගේ වසඟයෙහි පවත්වාගත හැකි දෙයක් නොවේ (මෙය මාගේ ආත්මය නොවේ)' වශයෙනුයි. ඔහුගේ ඒ විඤ්ඤාණයත් විවිධ වෙනස්වීම්වලට බඳුන් වෙනවා. වෙනත් ස්වභාවයන්ට පත්වෙනවා. නමුත් ඔහුගේ ඒ විඤ්ඤාණය විවිධ වෙනස්වීම්වලට බඳුන් වීම හේතුවෙන් වෙනත් ස්වභාවයන්ට පත්වීම හේතුවෙන් ඔහු තුළ සෝක වැළපීම් දුක් දොම්නස් උපායාස හටගන්නේ නෑ. පින්වත් මහණෙනි, ඔය ආකාරයටයි නොබැඳීමෙන් දුක් තැති ගැනීම් ඇති නොවන්නේ.

සාදු! සාදු!! සාදු!!!

දුතිය උපාදාපරිතස්සනා සූත්‍රය නිමා විය.

1.1.1.9.
පඨම අතීතානාගත සූත්‍රය
අතීත අනාගත පිළිබඳව වදාළ පළමු දෙසුම

09. සැවැත් නුවර දී ....

පින්වත් මහණෙනි, අතීත වූත්, අනාගත වූත් රූපය අනිත්‍යයි. එනිසා මේ වර්තමාන රූපයේ අනිත්‍ය බව පිළිබඳව කවර කතාද? පින්වත් මහණෙනි,

ඔය විදිහට නුවණින් දකිනා ශ්‍රැතවත් ආර්ය ශ්‍රාවකයා අතීතයට ගිය රූපය කෙරෙහි අපේක්ෂා රහිත (මධ්‍යස්ථ) වෙනවා. අනාගත රූපය පිළිගන්නේ නෑ. වර්තමාන රූපය පිළිබඳව අවබෝධයෙන්ම කළකිරීම පිණිස, නොඇල්ම පිණිස, ඇල්ම නිරුද්ධ වීම පිණිස ප්‍රතිපදාවෙහි යෙදෙනවා.

අතීත වූත්, අනාගත වූත් වේදනාව ....(පෙ).... සඤ්ඤාව ....(පෙ).... සංස්කාර ....(පෙ).... අතීත වූත් අනාගත වූත් විඤ්ඤාණය අනිත්‍යයි. එනිසා මේ වර්තමාන විඤ්ඤාණයේ අනිත්‍ය බව පිළිබඳව කවර කතාද? පින්වත් මහණෙනි, ඔය විදිහට නුවණින් දකිනා ශ්‍රැතවත් ආර්ය ශ්‍රාවකයා අතීතයට ගිය විඤ්ඤාණය කෙරෙහි අපේක්ෂා රහිත (මධ්‍යස්ථ) වෙනවා. අනාගත විඤ්ඤාණය පිළිග න්නේ නෑ. වර්තමාන විඤ්ඤාණය පිළිබඳව අවබෝධයෙන්ම කළකිරීම පිණිස, නොඇල්ම පිණිස, ඇල්ම නිරුද්ධ වීම පිණිස ප්‍රතිපදාවෙහි යෙදෙනවා.

සාදු! සාදු!! සාදු!!!

පඨම අතීතානාගත සූත්‍රය නිමා විය.

1.1.1.10.
දුතිය අතීතානාගත සූත්‍රය
අතීත අනාගත පිළිබඳව වදාළ දෙවෙනි දෙසුම

10. සැවැත් නුවර දී ....

පින්වත් මහණෙනි, අතීත වූත්, අනාගත වූත් රූපය දුකයි. එනිසා මේ වර්තමාන රූපයේ දුක් බව පිළිබඳව කවර කතාද? පින්වත් මහණෙනි, ඔය විදිහට නුවණින් දකිනා ශ්‍රැතවත් ආර්ය ශ්‍රාවකයා අතීතයට ගිය රූපය කෙරෙහි අපේක්ෂා රහිත වෙනවා. අනාගත රූපය පිළිගන්නේ නෑ. වර්තමාන රූපය පිළිබඳව අවබෝධයෙන් ම කළකිරීම පිණිස, නොඇල්ම පිණිස, ඇල්ම නිරුද්ධ වීම පිණිස ප්‍රතිපදාවෙහි යෙදෙනවා.

අතීත වූත්, අනාගත වූත් වේදනාව ....(පෙ).... සඤ්ඤාව ....(පෙ).... සංස්කාර ....(පෙ).... අතීත වූත්, අනාගත වූත් විඤ්ඤාණය දුකයි. එනිසා මේ වර්තමාන විඤ්ඤාණයේ දුක් බව පිළිබඳව කවර කතාද? පින්වත් මහණෙනි, ඔය විදිහට නුවණින් දකිනා ශ්‍රැතවත් ආර්ය ශ්‍රාවකයා අතීතයට ගිය විඤ්ඤාණය කෙරෙහි අපේක්ෂා රහිත වෙනවා. අනාගත විඤ්ඤාණය පිළිගන්නේ නෑ. වර්තමාන විඤ්ඤාණය පිළිබඳව අවබෝධයෙන්ම කළකිරීම පිණිස, නොඇල්ම

පිණිස, ඇල්ම නිරුද්ධ වීම පිණිස ප්‍රතිපදාවෙහි යෙදෙනවා.

සාදු! සාදු!! සාදු!!!

දුතිය අතීතානාගත සූත්‍රය නිමා විය

1.1.1.11.
තතිය අතීතානාගත සූත්‍රය
අතීත අනාගත පිළිබඳව වදාළ තුන්වෙනි දෙසුම

11.   සැවැත් නුවර දී ....

පින්වත් මහණෙනි, අතීත වූත්, අනාගත වූත් රූපය අනාත්මයි. එනිසා මේ වර්තමාන රූපයේ අනාත්ම බව පිළිබඳව කවර කතාද? පින්වත් මහණෙනි, ඔය විදිහට නුවණින් දකිනා ශ්‍රැතවත් ආර්ය ශ්‍රාවකයා අතීතයට ගිය රූපය කෙරෙහි අපේක්ෂා රහිත වෙනවා. අනාගත රූපය පිළිගන්නේ නෑ. වර්තමාන රූපය පිළිබඳව අවබෝධයෙන් ම කළකිරීම පිණිස, නොඇල්ම පිණිස, ඇල්ම නිරුද්ධ වීම පිණිස ප්‍රතිපදාවෙහි යෙදෙනවා.

අතීත වූත්, අනාගත වූත් වේදනාව ....(පෙ).... සඤ්ඤාව ....(පෙ).... සංස්කාර ....(පෙ).... අතීත වූත්, අනාගත වූත් විඤ්ඤාණය අනාත්මයි. එනිසා මේ වර්තමාන විඤ්ඤාණයේ අනාත්ම බව පිළිබඳව කවර කතාද? පින්වත් මහණෙනි, ඔය විදිහට නුවණින් දකිනා ශ්‍රැතවත් ආර්ය ශ්‍රාවකයා අතීතයට ගිය විඤ්ඤාණය කෙරෙහි අපේක්ෂා රහිත වෙනවා. අනාගත විඤ්ඤාණය පිළිගන්නේ නෑ. වර්තමාන විඤ්ඤාණය පිළිබඳව අවබෝධයෙන් ම කළකිරීම පිණිස, නොඇල්ම පිණිස, ඇල්ම නිරුද්ධ වීම පිණිස ප්‍රතිපදාවෙහි යෙදෙනවා.

සාදු! සාදු!! සාදු!!!

තතිය අතීතානාගත සූත්‍රය නිමා විය.

පළමුවෙනි නකුලපිතු වර්ගය අවසන් විය.

●   එහි පිළිවෙල උද්දානයයි :

නකුලපිතු සූත්‍රය, දේවදහ සූත්‍රය, හාලිද්දිකානි සූත්‍ර දෙක, සමාධි භාවනා සූත්‍රය, පටිසල්ලාන සූත්‍රය, උපදාපරිතස්සනා සූත්‍ර දෙක, අතීත අනාගත සූත්‍ර තුන යන මෙයින් මේ වර්ගය සමන්විත වෙනවා.

2. අනිච්ච වර්ගය

1.1.2.1.
අනිච්ච සූත්‍රය
අනිත්‍ය පිළිබඳව වදාළ දෙසුම

12. සැවැත් නුවර දී ....

පින්වත් මහණෙනි, රූපය යනු අනිත්‍ය දෙයක්. වේදනාව කියන්නෙත් අනිත්‍ය දෙයක්. සඤ්ඤාව කියන්නෙත් අනිත්‍ය දෙයකටයි. සංස්කාරත් අනිත්‍යයි. විඤ්ඤාණය කියන්නෙත් අනිත්‍ය දෙයකටයි. පින්වත් මහණෙනි, ශ්‍රැතවත් ආර්ය ශ්‍රාවකයා ඔය විදිහට යථාර්ථය දකිද්දී රූපය ගැනත් අවබෝධයෙන්ම කළකිරෙනවා. වේදනාව ගැනත් අවබෝධයෙන්ම කළකිරෙනවා. සඤ්ඤාව ගැනත් අවබෝධයෙන්ම කළකිරෙනවා. සංස්කාර ගැනත් අවබෝධයෙන්ම කළකිරෙනවා. විඤ්ඤාණය ගැනත් අවබෝධයෙන්ම කලකිරෙනවා. කලකිරුණහම ඒ කෙරෙහි සිත ඇලෙන්නේ නෑ. නොඇලෙනකොට සිත එයින් නිදහස් වෙනවා. නිදහස් වුණාම නිදහස් වූ බවට ප්‍රත්‍යක්ෂ වූ අවබෝධය ඇති වෙනවා. 'ඉපදීම ක්ෂය වුණා. බඹසර වාසය සම්පූර්ණ කළා. කළයුතු නිවන් මග සම්පූර්ණ කළා. ඒ වෙනුවෙන් කළයුතු වෙන කිසිවක් නැති වගට' අවබෝධ කරගන්නවා.

සාදු! සාදු!! සාදු!!!

අනිච්ච සූත්‍රය නිමා විය.

1.1.2.2.
දුක්ඛ සූත්‍රය
දුක ගැන වදාළ දෙසුම

13. සැවැත් නුවර දී ....

පින්වත් මහණෙනි, රූපය යනු දුක් දෙයක්. වේදනාව කියන්නෙත් දුක්

දෙයක්. සඤ්ඤාව කියන්නෙත් දුක් දෙයකටයි. සංස්කාරත් දුකයි. විඤ්ඤාණය කියන්නෙත් දුක් දෙයකටයි. පින්වත් මහණෙනි, ශ්‍රැතවත් ආර්ය ශ්‍රාවකයා ඔය විදිහට යථාර්ථය දකිද්දී රූපය ....(පෙ).... ඒ වෙනුවෙන් කළ යුතු වෙන කිසිවක් නැති වගට අවබෝධ කරගන්නවා.

සාදු! සාදු!! සාදු!!!

දුක්ඛ සූත්‍රය නිමා විය

1.1.2.3.
අනත්ත සූත්‍රය
අනාත්මය (තමාට රිසි පරිදි පැවැත්විය නොහැකි දේ) ගැන වදාළ දෙසුම

14.   සැවැත් නුවර දී ....

පින්වත් මහණෙනි, රූපය යනු අනාත්ම දෙයක්. වේදනාව කියන්නෙත් අනාත්ම දෙයක්. සඤ්ඤාව කියන්නෙත් අනාත්ම දෙයකටයි. සංස්කාරත් අනාත්මයි. විඤ්ඤාණය කියන්නෙත් අනාත්ම දෙයකටයි. පින්වත් මහණෙනි, ශ්‍රැතවත් ආර්ය ශ්‍රාවකයා ඔය විදිහට යථාර්ථය දකිද්දී රූපය ....(පෙ).... ඒ වෙනුවෙන් කළ යුතු වෙන කිසිවක් නැති වගට අවබෝධ කරගන්නවා.

සාදු! සාදු!! සාදු!!!

අනත්ත සූත්‍රය නිමා විය.

1.1.2.4.
යදනිච්ච සූත්‍රය
'යමක් අනිත්‍ය නම්' යනුවෙන් වදාළ දෙසුම

15.   සැවැත් නුවර දී ....

පින්වත් මහණෙනි, රූපය කියන්නේ අනිත්‍ය දෙයක්. යමක් අනිත්‍ය නම්, ඒක දුකක්. යමක් දුක නම්, තමාට රිසි පරිදි පවත්වන්නට බැරි දෙයක්

(එය අනාත්ම දෙයක්). යමක් අනාත්ම නම්, ඒ දෙය 'මේක මගේ නොවේ, මේක මමත් නොවේ, මේක මගේ ආත්මයත් නොවේ' කියල ඔය ආකාරයෙන්ම දියුණු කරපු ප්‍රඥාවෙන් අවබෝධ කරන්නට ඕන.

වේදනාව කියන්නෙත් අනිත්‍ය දෙයක් ....(පෙ).... සඤ්ඤාව කියන්නෙත් අනිත්‍ය දෙයක් ....(පෙ).... සංස්කාර කියන්නෙත් අනිත්‍ය දෙයක්. විඤ්ඤාණය කියන්නේ අනිත්‍ය දෙයක්. යමක් අනිත්‍ය නම්, ඒක දුකක්. යමක් දුක නම්, තමාට රිසි පරිදි පවත්වන්නට බැරි දෙයක් (එය අනාත්ම දෙයක්). යමක් අනාත්ම නම්, ඒ දෙය 'මේක මගේ නොවේ, මේක මමත් නොවේ, මේක මගේ ආත්මයත් නොවේ' කියල ඔය ආකාරයෙන්ම දියුණු කරපු ප්‍රඥාවෙන් අවබෝධ කරන්නට ඕන.

පින්වත් මහණෙනි, ඔය විදිහට යථාර්ථය දකිනා ශ්‍රැතවත් ආර්ය ශ්‍රාවකයා රූපය කෙරෙහිත් අවබෝධයෙන්ම කළකිරෙනවා ....(පෙ).... ඒ වෙනුවෙන් කළ යුතු වෙන කිසිවක් නැති වගට අවබෝධ කරගන්නවා.

සාදු! සාදු!! සාදු!!!

යදනිච්ච සූත්‍රය නිමා විය.

1.1.2.5.
යංදුක්ඛ සූත්‍රය
'යමක් දුක නම්' යනුවෙන් වදාළ දෙසුම

16.   සැවැත් නුවර දී ....

පින්වත් මහණෙනි, රූපය කියන්නේ දුක් දෙයක්. යමක් දුක නම්, ඒක තමාට රිසි පරිදි පවත්වන්නට බැරි දෙයක් (එය අනාත්ම දෙයක්). යමක් අනාත්ම නම්, ඒ දෙය 'මේක මගේ නොවේ, මේක මමත් නොවේ, මේක මගේ ආත්මයත් නොවේ' කියල ඔය ආකාරයෙන්ම දියුණු කරපු ප්‍රඥාවෙන් අවබෝධ කරන්නට ඕන. වේදනාව කියන්නෙත් දුක් දෙයක් ....(පෙ).... සඤ්ඤාව කියන්නෙත් දුක් දෙයක් ....(පෙ).... සංස්කාර කියන්නෙත් දුක් දෙයක්. විඤ්ඤාණය කියන්නේ දුක් දෙයක්. යමක් දුක නම්, ඒක තමාට රිසි පරිදි පවත්වන්නට බැරි දෙයක් (එය අනාත්ම දෙයක්). යමක් අනාත්ම නම්, ඒ දෙය 'මේක මගේ නොවේ, මේක මමත් නොවේ, මේක මගේ ආත්මයත් නොවේ' කියල ඔය ආකාරයෙන්ම

දියුණු කරපු ප්‍රඥාවෙන් අවබෝධ කරන්නට ඕන.

පින්වත් මහණෙනි, ඔය විදිහට යථාර්ථය දකිනා ශ්‍රැතවත් ආර්‍ය ශ්‍රාවකයා ....(පෙ).... ඒ වෙනුවෙන් කළ යුතු වෙන කිසිවක් නැති වගට අවබෝධ කරගන්නවා.

සාදු! සාදු!! සාදු!!!

යංදුක්ඛ සූත්‍රය නිමා විය.

1.1.2.6.
යදනත්ත සූත්‍රය
"යමක් අනාත්ම නම්" යනුවෙන් වදාළ දෙසුම

17.   සැවැත් නුවර දී ....

පින්වත් මහණෙනි, රූපය කියන්නේ තමාට රිසි පරිදි පවත්වන්නට බැරි දෙයක් (එය අනාත්ම දෙයක්). යමක් අනාත්ම නම්, ඒ දෙය 'මේක මගේ නොවේ, මේක මමත් නොවේ, මේක මගේ ආත්මයත් නොවේ' කියල ඔය ආකාරයෙන්ම දියුණු කරපු ප්‍රඥාවෙන් අවබෝධ කරන්නට ඕන. වේදනාව කියන්නෙත් අනාත්ම දෙයක් ....(පෙ).... සඤ්ඤාව කියන්නෙත් අනාත්ම දෙයක් ....(පෙ).... සංස්කාර කියන්නෙත් අනාත්ම දෙයක්. විඤ්ඤාණය කියන්නේ තමාට රිසි පරිදි පවත්වන්නට බැරි දෙයක් (එය අනාත්ම දෙයක්). යමක් අනාත්ම නම්, ඒ දෙය 'මේක මගේ නොවේ, මේක මමත් නොවේ, මේක මගේ ආත්මයත් නොවේ' කියල ඔය ආකාරයෙන්ම දියුණු කරපු ප්‍රඥාවෙන් අවබෝධ කරන්නට ඕන.

පින්වත් මහණෙනි, ඔය විදිහට යථාර්ථය දකිනා ශ්‍රැතවත් ආර්‍ය ශ්‍රාවකයා. ....(පෙ).... ඒ වෙනුවෙන් කළ යුතු වෙන කිසිවක් නැති වගට අවබෝධ කරගන්නවා.

සාදු! සාදු!! සාදු!!!

යදනත්ත සූත්‍රය නිමා විය.

1.1.2.7.
පඨම හේතු සූත්‍රය
හේතු පිළිබඳ වදාළ පළමු දෙසුම

18. සැවැත් නුවර දී ....

පින්වත් මහණෙනි, රූපය කියන්නේ අනිත්‍ය දෙයක්. රූපයක ඉපදීමට හේතුවන්නා වූ ප්‍රත්‍ය වන්නා වූ යම් දෙයක් ඇත්නම් අන්න ඒ දෙයත් අනිත්‍යයි. පින්වත් මහණෙනි, අනිත්‍ය දෙයින් හටගත්තා වූ රූපය කොහොම නම් නිත්‍ය වන්නටද? වේදනාව කියන්නේ අනිත්‍ය දෙයක් ....(පෙ).... සඤ්ඤාව කියන්නෙත් අනිත්‍ය දෙයක් ....(පෙ).... සංස්කාර කියන්නෙත් අනිත්‍ය දෙයක් ....(පෙ).... විඤ්ඤාණය කියන්නේ අනිත්‍ය දෙයක්. විඤ්ඤාණයක ඉපදීමට හේතුවන්නා වූ ප්‍රත්‍ය වන්නා වූ යම් දෙයක් ඇත්නම් අන්න ඒ දෙයත් අනිත්‍යයි. පින්වත් මහණෙනි, අනිත්‍ය දෙයින් හටගත්තා වූ විඤ්ඤාණය කොහොම නම් නිත්‍ය වන්නටද?

පින්වත් මහණෙනි, ඔය විදිහට යථාර්ථය අවබෝධ කරගන්නා ශ්‍රැතවත් ආර්ය ශ්‍රාවකයා ....(පෙ).... ඒ වෙනුවෙන් කළ යුතු වෙන කිසිවක් නැති වගට අවබෝධ කරගන්නවා.

සාදු! සාදු!! සාදු!!!

පඨම හේතු සූත්‍රය නිමා විය.

1.1.2.8.
දුතිය හේතු සූත්‍රය
හේතු පිළිබඳ වදාළ දෙවෙනි දෙසුම

19. සැවැත් නුවර දී ....

පින්වත් මහණෙනි, රූපය කියන්නේ දුක් දෙයක්. රූපයක ඉපදීමට හේතුවන්නා වූ ප්‍රත්‍ය වන්නා වූ යම් දෙයක් ඇත්නම් අන්න ඒ දෙයත් දුකයි. පින්වත් මහණෙනි, දුක් දෙයින් හටගත්තා වූ රූපය කොහොම නම් සැපයක්

වන්නටද? වේදනාව කියන්නෙත් දුක් දෙයක් ....(පෙ).... සඤ්ඤාව කියන්නෙත් දුක් දෙයක් ....(පෙ).... සංස්කාර කියන්නෙත් දුක් දෙයක් ....(පෙ).... විඤ්ඤාණය කියන්නෙත් දුක් දෙයක්. විඤ්ඤාණයක ඉපදීමට හේතුවන්නා වූ ප්‍රත්‍ය වන්නා වූ යම් දෙයක් ඇත්නම් අන්න ඒ දෙයත් දුකයි. පින්වත් මහණෙනි, දුක් දෙයින් හටගත්තා වූ විඤ්ඤාණය කොහොම නම් සැපයක් වන්නටද?

පින්වත් මහණෙනි, ඔය විදිහට යථාර්ථය අවබෝධ කරගන්නා ශ්‍රැතවත් ආර්ය ශ්‍රාවකයා ....(පෙ).... ඒ වෙනුවෙන් කළ යුතු වෙන කිසිවක් නැති වගට අවබෝධ කරගන්නවා.

සාදු! සාදු!! සාදු!!!

දුතිය හේතු සූත්‍රය නිමා විය.

1.1.2.9.
තතිය හේතු සූත්‍රය
හේතු පිළිබඳ වදාළ තෙවෙනි දෙසුම

20.   සැවැත් නුවර දී ....

පින්වත් මහණෙනි, රූපය කියන්නේ අනාත්ම දෙයක්. රූපයක ඉපදීමට හේතුවන්නා වූ ප්‍රත්‍ය වන්නා වූ යම් දෙයක් ඇත්නම් අන්න ඒ දෙයත් අනාත්මයි. පින්වත් මහණෙනි, අනාත්ම දෙයින් හටගත්තා වූ රූපය කොහොම නම් ආත්මයක් වන්නටද? වේදනාව කියන්නෙත් අනාත්ම දෙයක් ....(පෙ).... සඤ්ඤාව කියන්නෙත් අනාත්ම දෙයක් ....(පෙ).... සංස්කාර කියන්නෙත් අනාත්ම දෙයක් ....(පෙ).... විඤ්ඤාණය කියන්නේ අනාත්ම දෙයක්. විඤ්ඤාණයක ඉපදීමට හේතුවන්නා වූ ප්‍රත්‍ය වන්නා වූ යම් දෙයක් ඇත්නම් අන්න ඒ දෙයත් අනාත්මයි. පින්වත් මහණෙනි, අනාත්ම දෙයින් හටගත්තා වූ විඤ්ඤාණය කොහොම නම් ආත්මයක් වන්නටද?

පින්වත් මහණෙනි, ශ්‍රැතවත් ආර්ය ශ්‍රාවකයා ඔය විදිහට යථාර්ථය දකිද්දී රූපය ගැනත් අවබෝධයෙන්ම කලකිරෙනවා. වේදනාව ගැනත් අවබෝධයෙන්ම කලකිරෙනවා. සඤ්ඤාව ගැනත් අවබෝධයෙන්ම කලකිරෙනවා. සංස්කාර ගැනත් අවබෝධයෙන්ම කලකිරෙනවා. විඤ්ඤාණය ගැනත් අවබෝධයෙන්ම කලකිරෙනවා. කලකිරුණහම ඒ කෙරෙහි සිත

ඇලෙන්නේ නෑ. නොඇලෙනකොට සිත එයින් නිදහස් වෙනවා. නිදහස් වුණාම නිදහස් වූ බවට ප්‍රත්‍යක්ෂ වූ අවබෝධය ඇති වෙනවා. 'ඉපදීම ක්ෂය වුණා. බඹසර වාසය සම්පූර්ණ කළා. කළයුතු නිවන් මඟ සම්පූර්ණ කළා. ඒ වෙනුවෙන් කළ යුතු වෙන කිසිවක නැති වගට' අවබෝධ කරගන්නවා.

සාදු! සාදු!! සාදු!!!

තතිය හේතු සූත්‍රය නිමා විය.

1.1.2.10.
ආනන්ද සූත්‍රය
ආනන්ද තෙරුන්ට වදාළ දෙසුම

21. සැවැත් නුවර දී ....

ඉතින් ආයුෂ්මත් ආනන්දයන් වහන්සේ භාග්‍යවතුන් වහන්සේ වෙත පැමිණුනා. පැමිණිලා භාග්‍යවතුන් වහන්සේට ආදරයෙන් වන්දනා කරලා එකත්පස්ව වාඩිවුණා. එකත්පස්ව වාඩිවුණ ආයුෂ්මත් ආනන්දයන් වහන්සේ භාග්‍යවතුන් වහන්සේට මෙකරුණ පවසා සිටියා.

"ස්වාමීනී, භාග්‍යවතුන් වහන්ස, 'නිරෝධය, නිරෝධය' කියල කියනවා. ඉතින් ස්වාමීනී, කවර දේවල්වල නිරෝධයකටද නිරෝධය කියල කියන්නේ?"

"පින්වත් ආනන්ද, රූපය කියල කියන්නේ අනිත්‍ය දෙයක්. සකස්වෙච්ච දෙයක්. හේතුඵල දහම තුළ හටගත් දෙයක්. ගෙවීයන ස්වභාවයට අයිති දෙයක්. නැසීයන ස්වභාවයට අයිති දෙයක්. නොඇලිය යුතු ස්වභාවයට අයිති දෙයක්. ඇල්ම නිරුද්ධ කළ යුතු ස්වභාවයට අයිති දෙයක්. අන්න ඒ රූපයේ නිරුද්ධ වීම හේතු කරගෙන 'නිරෝධය' කියල කියනවා. වේදනාව කියන්නෙත් අනිත්‍ය දෙයක් ....(පෙ).... අන්න ඒ වේදනාවේ නිරුද්ධ වීම හේතු කරගෙන 'නිරෝධය' කියල කියනවා. සඤ්ඤාව කියන්නෙත් අනිත්‍ය දෙයක් ....(පෙ).... අන්න ඒ සඤ්ඤාවේ නිරුද්ධ වීම හේතු කරගෙන 'නිරෝධය' කියල කියනවා. සංස්කාර කියන්නෙත් අනිත්‍ය දෙයක් ....(පෙ).... අන්න ඒ සංස්කාරවල නිරුද්ධ වීම හේතු කරගෙන 'නිරෝධය' කියල කියනවා. විඤ්ඤාණය කියල කියන්නෙ අනිත්‍ය දෙයක්. සකස්වෙච්ච දෙයක්. හේතුඵල දහම තුළ හටගත් දෙයක්. ගෙවීයන ස්වභාවයට අයිති දෙයක්. නැසීයන ස්වභාවයට අයිති දෙයක්. නොඇලිය යුතු

ස්වභාවයට අයිති දෙයක්. ඇල්ම නිරුද්ධ කළ යුතු ස්වභාවයට අයිති දෙයක්. අන්න ඒ විඤ්ඤාණයේ නිරුද්ධ වීම හේතු කරගෙන 'නිරෝධය' කියල කියනවා.

පින්වත් ආනන්ද, ඔන්න ඔය දේවල්වල නිරුද්ධ වීමට තමයි 'නිරෝධය' කියල කියන්නේ.

සාදු! සාදු!! සාදු!!!

ආනන්ද සූත්‍රය නිමා විය.

දෙවෙනි අනිච්ච වර්ගය අවසන් විය.

● එහි පිළිවෙල උද්දානයයි :

අනිච්ච සූත්‍රය, දුක්ඛ සූත්‍රය, අනත්ත සූත්‍රය, යදනිච්චාදී සූත්‍ර තුන, හේතු සූත්‍ර තුන, ආනන්ද සූත්‍රය යන දෙසුම්වලින් මේ වර්ගය සම්පූර්ණ වෙනවා.

3. භාර වර්ගය

1.1.3.1.
භාර සූත්‍රය
බර ගැන වදාළ දෙසුම

22. සැවැත් නුවර දී ....

පින්වත් මහණෙනි, ඔබට බර ගැනත්, බර කරගහන කෙනා ගැනත්, බරට බැඳීයාම ගැනත්, බර බැහැර කිරීම ගැනත් කියා දෙන්නයි යන්නේ. එය හොඳට අසන්නට ඕන ....(පෙ).... මෙම දෙසුම වදාළා.

පින්වත් මහණෙනි, බර කියන්නේ මොකක්ද? එයට කිව යුත්තේ පංච උපාදානස්කන්ධය කියලයි. ඒ කවර පහක්ද? රූප උපාදානස්කන්ධයයි. වේදනා උපාදානස්කන්ධයයි. සඤ්ඤා උපාදානස්කන්ධයයි. සංස්කාර උපාදානස්කන්ධයයි. විඤ්ඤාණ උපාදානස්කන්ධයයි. පින්වත් මහණෙනි, ඔන්න ඕකටයි බර කියල කියන්නේ.

පින්වත් මහණෙනි, බර කරගහගෙන යනවා කියන්නේ මොකක්ද? එයට කිව යුත්තේ පුද්ගලයා කියලයි. යම් යම් නම් ඇති, යම් යම් ගෝත්‍ර ඇති, යම් යම් ආයුෂ්මත් කෙනෙක් සිටිනවා ද මහණෙනි, ඔන්න ඔය කරුණටයි බර කරගහගෙන යනවා කියල කියන්නේ.

පින්වත් මහණෙනි, බර කෙරෙහි බැඳීයනවා කියන්නේ මොකක්ද? නැවත භවයක් සකස් කරදෙන ආශ්වාදනීය රාගයෙන් යුක්ත වූ ඒ ඒ තැන සතුටින් පිළිගන්න ස්වභාවයෙන් යුක්ත වූ යම් මේ තණ්හාවක් ඇද්ද එයයි. ඒ කියන්නේ කාමය පිළිබඳ තණ්හාවත්, භව තණ්හාවත්, විභව තණ්හාවත් කියන මෙයයි. පින්වත් මහණෙනි, ඔන්න ඕකට තමයි බර කෙරෙහි බැඳෙනවා කියල කියන්නේ.

පින්වත් මහණෙනි, බර බැහැරට දමනවා කියන්නේ මොකක්ද? ඒ (කාම තණ්හා, භව තණ්හා, විභව තණ්හා යන ත්‍රිවිධ) තණ්හාව ම ඉතිරි නැතිව නොඇල්මෙන් නිරුද්ධ වීමක් ඇද්ද, අත්හැර දැමීමක් ඇද්ද, දුරුකර දැමීමක්

ඇද්ද, තණ්හාවෙන් නිදහස් වීමක් ඇද්ද, ආලය රහිත බවට පත් වීමක් ඇද්ද, පින්වත් මහණෙනි, ඔන්න ඕකට තමයි බර බැහැරට දමනවා කියන්නේ.

භාග්‍යවතුන් වහන්සේ තමයි ඔය දෙසුම වදාළේ. මෙකරුණ වදාළ සුගත වූ ශාස්තෘන් වහන්සේ යළිත් මේ ගාථාවන් ද වදාළා.

1. ඒකාන්තයෙන් ම බර යනු පංච උපාදානස්කන්ධයයි. එමෙන්ම බර කරගහගන්නේ පුද්ගලයායි. මේ බරට බැඳීයාම තමයි ලෝකයෙහි තියෙන දුක. මේ බර බැහැර කිරීම තමයි සැපය වන්නේ.

2. මේ බරපතල බර බැහැරට විසි කරල, තවත් වෙන බරකට බැඳෙන්නේ නැතිව අවිද්‍යාව නමැති මුලුත් එක්කම තණ්හාව උදුරා දමල තණ්හා රහිතව සිටියාම පිරිනිවන් පාන්නට ලැබෙනවා.

සාදු! සාදු!! සාදු!!!

භාර සූත්‍රය නිමා විය.

1.1.3.2.
පරිඤ්ඤා සූත්‍රය
පිරිසිඳ දැකීම ගැන වදාළ දෙසුම

23. සැවැත් නුවර දී ....

පින්වත් මහණෙනි, මා දේශනා කරන්නට යන්නේ පිරිසිඳ දත යුතු ධර්මයන් ගැනත්, පිරිසිඳ දැකීම ගැනත් ය. එය සවන් යොමා අසන්න ....(පෙ)....

පින්වත් මහණෙනි, පිරිසිඳ දත යුතු දෙය යනු කුමක්ද? පින්වත් මහණෙනි, රූපය යනු පිරිසිඳ දත යුතු දෙයකි. විඳීම යනු පිරිසිඳ දත යුතු දෙයකි. සඤ්ඤාව යනු පිරිසිඳ දත යුතු දෙයකි. සංස්කාර යනු පිරිසිඳ දත යුතු දෙයකි. විඤ්ඤාණය යනු පිරිසිඳ දත යුතු දෙයකි. පින්වත් මහණෙනි, පිරිසිඳ දත යුතු දෙය කියා කියන්නේ මෙයටයි.

පින්වත් මහණෙනි, පිරිසිඳ ගැනීම යනු කුමක්ද? පින්වත් මහණෙනි, රාගයේ යම් ක්ෂය වීමක් ඇද්ද, ද්වේෂයේ යම් ක්ෂය වීමක් ඇද්ද, මෝහයේ යම් ක්ෂය වීමක් ඇද්ද, පින්වත් මහණෙනි, පිරිසිඳ දැනීම කියා කියන්නේ මෙයටයි.

සාදු! සාදු!! සාදු!!!

පරිඤ්ඤා සූත්‍රය නිමා විය

1.1.3.3.
අභිජාන සූත්‍රය
ගැඹුරින් අවබෝධ කිරීම ගැන වදාළ දෙසුම

24. සැවැත් නුවර දී ....

පින්වත් මහණෙනි, රූපය ගැඹුරින් අවබෝධ නොකොට, පිරිසිඳ අවබෝධ නොකොට, එහි ඇල්ම දුරු නොකොට, එහි ඇල්ම බැහැර නොකොට දුක් ක්ෂය කරදැමීම නම් විය හැකි දෙයක් නොවෙයි. විඳීම ගැඹුරින් අවබෝධ නොකොට ....(පෙ).... සඤ්ඤාව ගැඹුරින් අවබෝධ නොකොට ....(පෙ).... සංස්කාර ගැඹුරින් අවබෝධ නොකොට ....(පෙ).... විඤ්ඤාණය ගැඹුරින් අවබෝධ නොකොට, පිරිසිඳ අවබෝධ නොකොට, එහි ඇල්ම දුරු නොකොට, එහි අල්ම බැහැර නොකොට දුක් ක්ෂය කරදැමීම නම් විය හැකි දෙයක් නොවෙයි.

පින්වත් මහණෙනි, රූපය ගැඹුරින් අවබෝධ කොට, පිරිසිඳ අවබෝධ කොට, එහි ඇල්ම දුරු කොට, එහි ඇල්ම බැහැර කොට දුක් ක්ෂය කරදැමීම නම් විය හැකි දෙයක්. විඳීම ගැඹුරින් අවබෝධ කොට ....(පෙ).... සඤ්ඤාව ගැඹුරින් අවබෝධ කොට ....(පෙ).... සංස්කාර ගැඹුරින් අවබෝධ කොට ....(පෙ).... විඤ්ඤාණය ගැඹුරින් අවබෝධ කොට, පිරිසිඳ අවබෝධ කොට, එහි ඇල්ම දුරු කොට, එහි ඇල්ම බැහැර කොට දුක් ක්ෂය කරදැමීම නම් විය හැකි දෙයක්.

සාදු! සාදු!! සාදු!!!

අභිජාන සූත්‍රය නිමා විය

1.1.3.4.
ඡන්දරාග සූත්‍රය
ඡන්දරාගය ගැන වදාළ දෙසුම

25. සැවැත් නුවර දී ....

පින්වත් මහණෙනි, රූපය කෙරෙහි යම් ඡන්දරාගයක් තියෙනවා නම්,

අන්න එය අත්හැර දමන්න. ඒ විදිහටයි ඒ රූපය ප්‍රහාණය වෙලා, මුලින්ම සිඳිලා, කරටිය සිඳුණු තල් ගසක් වගේ වෙලා, අභාවයට පත් වෙලා, ආයෙ කවදාවත් හට නොගන්නා ස්වභාවයට පත්වෙලා යන්නේ.

විඳීම කෙරෙහි යම් ඡන්දරාගයක් තියෙනවා නම්, අන්න එය අත්හැර දමන්න. ඒ විදිහටයි ඒ විඳීම ප්‍රහාණය වෙලා, මුලින්ම සිඳිලා, කරටිය සිඳුණු තල් ගසක් වගේ වෙලා, අභාවයට පත් වෙලා, ආයෙ කවදාවත් හට නොග න්නා ස්වභාවයට පත් වෙලා යන්නෙ.

සඤ්ඤාව කෙරෙහි යම් ඡන්දරාගයක් තියෙනවා නම්, අන්න එය අත්හැර දමන්න ....(පෙ).... සංස්කාර කෙරෙහි යම් ඡන්දරාගයක් තියෙනවා නම් අන්න එය අත්හැර දමන්න. ඒ විදිහටයි ඒ සංස්කාර ප්‍රහාණය වෙලා, මුලින්ම සිඳිලා, කරටිය සිඳුණු තල් ගසක් වගේ වෙලා, අභාවයට පත් වෙලා, ආයෙ කවදාවත් හට නොගන්නා ස්වභාවයට පත් වෙලා යන්නේ.

විඤ්ඤාණය කෙරෙහි යම් ඡන්දරාගයක් තියෙනවා නම්, අන්න එය අත්හැර දමන්න. ඒ විදිහටයි ඒ විඤ්ඤාණය ප්‍රහාණය වෙලා, මුලින්ම සිඳිලා, කරටිය සිඳුණු තල් ගසක් වගේ වෙලා, අභාවයට පත් වෙලා, ආයෙ කවදාවත් හට නොගන්නා ස්වභාවයට පත් වෙලා යන්නේ.

සාදු! සාදු!! සාදු!!!

ඡන්දරාග සූත්‍රය නිමා විය

1.1.3.5.
පඨම අස්සාද සූත්‍රය
ආශ්වාදය ගැන වදාළ පළමු දෙසුම

26. සැවැත් නුවර දී ....

පින්වත් මහණෙනි, සම්බුද්ධත්වයට කලින්ම, සම්බුද්ධත්වයට පත් නොවී, (මේ ජීවිතයේදී ම) බෝධිසත්වයන් වහන්සේ හැටියට සිටියදී ම මා හට මේ අදහස ඇති වුණා.

රූපයෙහි තිබෙන ආශ්වාදය කුමක්ද? ආදීනවය කුමක්ද? නිදහස් වීම කුමක්ද? විඳීමෙහි තිබෙන ....(පෙ).... සඤ්ඤාවෙහි තිබෙන ....(පෙ)....

සංස්කාරවල තිබෙන ....(පෙ).... විඤ්ඤාණයෙහි තිබෙන ආශ්වාදය කුමක්ද? ආදීනවය කුමක්ද? නිදහස් වීම කුමක්ද?

පින්වත් මහණෙනි, එතකොට මට මේ කරුණ අවබෝධ වුණා. රූපය හේතු කරගෙන යම් සැපයක් සොම්නසක් උපදිනවා නම්, මේක තමයි රූපයෙහි ඇති ආශ්වාදය. යම් රූපයක් අනිත්‍ය නම්, දුක නම්, වෙනස් වන ධර්මතාවයට අයිති නම් මේක තමයි රූපයෙහි ඇති ආදීනවය. රූපය කෙරෙහි ඇති ඡන්දරාගයේ යම් දුරුකිරීමක් ඇද්ද, ඡන්දරාගය ප්‍රහාණය වීමක් ඇද්ද, මේක තමයි රූපයෙන් නිදහස් වීම.

විඳීම හේතු කරගෙන යම් ....(පෙ).... සඤ්ඤාව හේතු කරගෙන යම් ....(පෙ).... සංස්කාර හේතු කරගෙන යම් සැපයක් සොම්නසක් උපදිනවා නම්, මේක තමයි සංස්කාරවල ඇති ආශ්වාදය. යම් සංස්කාර අනිත්‍ය නම්, දුක නම්, වෙනස් වන ධර්මතාවයට අයිති නම් මේක තමයි සංස්කාරවල ඇති ආදීනවය. සංස්කාර කෙරෙහි ඇති ඡන්දරාගයේ යම් දුරුකිරීමක් ඇද්ද, ඡන්දරාගය ප්‍රහාණය වීමක් ඇද්ද, මේක තමයි සංස්කාරවලින් නිදහස් වීම.

විඤ්ඤාණය හේතු කර ගෙන යම් සැපයක් සොම්නසක් උපදිනවා නම්, මේක තමයි විඤ්ඤාණයෙහි ඇති ආශ්වාදය. යම් විඤ්ඤාණයක් අනිත්‍ය නම්, දුක නම්, වෙනස් වන ධර්මතාවයට අයිති නම් මේක තමයි විඤ්ඤාණයෙහි ඇති ආදීනවය. විඤ්ඤාණය කෙරෙහි ඇති ඡන්දරාගයේ යම් දුරුකිරීමක් ඇද්ද, ඡන්දරාගය ප්‍රහාණය වීමක් ඇද්ද, මේක තමයි විඤ්ඤාණයේ නිදහස් වීම.

පින්වත් මහණෙනි, මා යම්තාක් කලක් මේ පංච උපාදානස්කන්ධයන් පිළිබඳව ඔය ආකාරයට ආශ්වාදය ආශ්වාදය වශයෙනුත්, ආදීනවය ආදීනවය වශයෙනුත්, නිස්සරණය නිස්සරණය වශයෙනුත් ඒ වූ ස්වභාවයෙන්ම අවබෝධ කළේ නැද්ද, පින්වත් මහණෙනි, ඒ තාක්කල්ම මා දෙවියන් සහිත වූ, මරුන් සහිත වූ, බඹුන් සහිත වූ, ශ්‍රමණ බමුණන් සහිත වූ, මේ දෙව් මිනිස් ප්‍රජාවෙන් යුතු ලෝකයෙහි අනුත්තර වූ සම්මා සම්බුද්ධත්වය අවබෝධ කළ වගට ප්‍රතිඥා දුන්නේ නෑ.

පින්වත් මහණෙනි, මා යම් දිනෙක මේ පංච උපාදානස්කන්ධයන් පිළිබඳව ඔය ආකාරයට ආශ්වාදය ආශ්වාදය වශයෙනුත්, ආදීනවය ආදීනවය වශයෙනුත්, නිස්සරණය නිස්සරණය වශයෙනුත් ඒ වූ ස්වභාවයෙන්ම අවබෝධ කරගත්තා ද, පින්වත් මහණෙනි, එතකොටයි මා දෙවියන් සහිත වූ, මරුන් සහිත වූ, බඹුන් සහිත වූ, ශ්‍රමණ බමුණන් සහිත වූ, මේ දෙව් මිනිස් ප්‍රජාවෙන් යුතු ලෝකයෙහි අනුත්තර වූ සම්මා සම්බුද්ධත්වය අවබෝධ කළ වගට ප්‍රතිඥා

දුන්නේ. මා තුළ ඥානදර්ශනය පහළ වුණා. මගේ චිත්තවිමුක්තිය නොවෙනස් වන දෙයක්. මේක මාගේ අවසාන උපතයි. ආයෙත් නම් දැන් පුනර්භවයක් නෑ.

සාදු! සාදු!! සාදු!!!

පඨම අස්සාද සූත්‍රය නිමා විය.

1.1.3.6.
දුතිය අස්සාද සූත්‍රය
ආශ්වාදය ගැන වදාළ දෙවෙනි දෙසුම

27. සැවැත් නුවර දී ....

පින්වත් මහණෙනි, මා පරියේෂණ කරමින් ගියේ රූපයෙහි ඇති ආශ්වාදය පිළිබඳවයි. ඉතින් රූපයෙහි යම් ආශ්වාදයක් තියෙනවා නම්, එය මට අවබෝධ වුණා. රූපයේ ආශ්වාදය යම්තාක් ඇද්ද, මා එය මනාව දැක ගත්තේ ප්‍රඥාවෙනුයි. පින්වත් මහණෙනි, මා පරියේෂණ කරමින් ගියේ රූපයෙහි ඇති ආදීනවය පිළිබඳවයි. ඉතින් රූපයෙහි යම් ආදීනවයක් තියෙනවා නම්, එය මට අවබෝධ වුණා. රූපයෙහි ආදීනවය යම්තාක් ඇද්ද, මා එය මනාව දැකගත්තේ ප්‍රඥාවෙනුයි. පින්වත් මහණෙනි, මා පරියේෂණ කරමින් ගියේ රූපයෙහි ඇති නිස්සරණය පිළිබඳවයි. ඉතින් රූපයෙහි යම් නිස්සරණයක් තියෙනවා නම්, එය මට අවබෝධ වුණා. රූපයෙහි නිස්සරණය යම්තාක් ඇද්ද, මා එය මනාව දැකගත්තේ ප්‍රඥාවෙනුයි.

පින්වත් මහණෙනි, මා පරියේෂණ කරමින් ගියේ විඳීමෙහි ඇති ආශ්වාදය පිළිබඳවයි ....(පෙ).... පින්වත් මහණෙනි, මා පරියේෂණ කරමින් ගියේ සඤ්ඤාවෙහි ඇති ආශ්වාදය පිළිබඳවයි ....(පෙ).... පින්වත් මහණෙනි, මා පරියේෂණ කරමින් ගියේ සංස්කාරවල ඇති ආශ්වාදය පිළිබඳවයි ....(පෙ).... පින්වත් මහණෙනි, මා පරියේෂණ කරමින් ගියේ විඤ්ඤාණයෙහි ඇති ආශ්වාදය පිළිබඳවයි. ඉදින් විඤ්ඤාණයෙහි යම් ආශ්වාදයක් තියෙනවා නම්, එය මට අවබෝධ වුණා. විඤ්ඤාණයෙහි ආශ්වාදය යම්තාක් ඇද්ද, මා එය මනාව දැකගත්තේ ප්‍රඥාවෙනුයි. පින්වත් මහණෙනි, මා පරියේෂණ කරමින් ගියේ විඤ්ඤාණයෙහි ඇති ආදීනවය පිළිබඳවයි. ඉදින් විඤ්ඤාණයෙහි යම් ආදීනවයක් තියෙනවා නම්, එය මට අවබෝධ වුණා. විඤ්ඤාණයෙහි ආදීනවය යම්තාක් ඇද්ද, මා එය මනාව දැකගත්තේ ප්‍රඥාවෙනුයි. පින්වත් මහණෙනි,

මා පරියේෂණ කරමින් ගියේ විඤ්ඤාණයෙහි ඇති නිස්සරණය පිළිබඳවයි. ඉදින් විඤ්ඤාණයෙහි යම් නිස්සරණයක් තියෙනවා නම්, එය මට අවබෝධ වුණා. විඤ්ඤාණයෙහි නිස්සරණය යම්තාක් ඇද්ද, මා එය මනාව දකගත්තේ ප්‍රඥාවෙනුයි.

පින්වත් මහණෙනි, මා යම්තාක් කලක් මේ පංච උපාදානස්කන්ධයන් පිළිබඳව ඔය ආකාරයට ආශ්වාදය ආශ්වාදය වශයෙනුත්, ආදීනවය ආදීනවය වශයෙනුත්, නිස්සරණය නිස්සරණය වශයෙනුත් ඒ වූ ස්වභාවයෙන්ම අවබෝධ කළේ නැද්ද, පින්වත් මහණෙනි, ඒ තාක් කල්ම මා දෙවියන් සහිත වූ, මරුන් සහිත වූ, බඹුන් සහිත වූ, ශ්‍රමණ බමුණන් සහිත වූ, මේ දෙව් මිනිස් ප්‍රජාවෙන් යුතු ලෝකයෙහි අනුත්තර වූ සම්මා සම්බුද්ධත්වය අවබෝධ කළ වගට ප්‍රතිඥා දුන්නේ නෑ.

පින්වත් මහණෙනි, මා යම් දිනෙක මේ පංච උපාදානස්කන්ධයන් පිළිබඳව ඔය ආකාරයට ආශ්වාදය ආශ්වාදය වශයෙනුත්, ආදීනවය ආදීනවය වශයෙනුත්, නිස්සරණය නිස්සරණය වශයෙනුත් ඒ වූ ස්වභාවයෙන්ම අවබෝධ කරගත්තා ද, පින්වත් මහණෙනි, එතකොටයි මා දෙවියන් සහිත වූ, මරුන් සහිත වූ, බඹුන් සහිත වූ, ශ්‍රමණ බමුණන් සහිත වූ, මේ දෙව් මිනිස් ප්‍රජාවෙන් යුතු ලෝකයෙහි අනුත්තර වූ සම්මා සම්බුද්ධත්වය අවබෝධ කළ වගට ප්‍රතිඥා දුන්නේ. මා තුළ ඥානදර්ශනය පහළ වුණා. මගේ චිත්තවිමුක්තිය නොවෙනස් වන දෙයක්. මේක මාගේ අවසාන උපතයි. ආයෙත් නම් දැන් පුනර්භවයක් නෑ.

සාදු! සාදු!! සාදු!!!
දුතිය අස්සාද සූත්‍රය නිමා විය.

1.1.3.7.
තතිය අස්සාද සූත්‍රය
ආශ්වාදය ගැන වදාළ තෙවැනි දෙසුම

28.　　　සැවැත් නුවර දී ....

පින්වත් මහණෙනි, ඉදින් රූපයෙහි ආශ්වාදයක් නොතිබුණා නම්, සත්වයන් රූපය කෙරෙහි ඇල්මක් ඇති කරගන්නේ නෑ. පින්වත් මහණෙනි, යම් යම් කරුණු නිසා රූපයෙහි ආශ්වාදයක් තියෙනවා. සත්වයන් රූපය කෙරෙහි ඇලෙන්නේ ඒ නිසයි.

පින්වත් මහණෙනි, ඉදින් රූපයෙහි ආදීනවයක් නොතිබුණා නම්, සත්වයන් රූපය කෙරෙහි කලකිරීමක් ඇති කරගන්නේ නෑ. පින්වත් මහණෙනි, යම් යම් කරුණු නිසා රූපයෙහි ආදීනවයක් තියෙනවා. සත්වයන් රූපය කෙරෙහි කලකිරෙන්නේ ඒ නිසයි.

පින්වත් මහණෙනි, ඉදින් රූපයෙන් නිදහස් වීමක් නොතිබුණා නම්, සත්වයන් රූපයෙන් නිදහස් වන්නේ නෑ. පින්වත් මහණෙනි, යම් යම් කරුණු නිසා රූපයෙන් නිදහස් වීමක් තියෙනවා. සත්වයන් රූපයෙන් නිදහස් වන්නේ ඒ නිසයි.

පින්වත් මහණෙනි, ඉදින් විඳීමෙහි ආශ්වාදයක් නොතිබුණා නම් ....(පෙ).... පින්වත් මහණෙනි, ඉදින් සඤ්ඤාවෙහි ආශ්වාදයක් නොතිබුණා නම් ....(පෙ).... පින්වත් මහණෙනි, ඉදින් සංස්කාරවල ආශ්වාදයක් නොතිබුණා නම්, පින්වත් මහණෙනි, ඉදින් විඤ්ඤාණයෙහි ආශ්වාදයක් නොතිබුණා නම්, සත්වයන් විඤ්ඤාණය කෙරෙහි ඇල්මක් ඇති කරගන්නේ නෑ. පින්වත් මහණෙනි, යම් යම් කරුණු නිසා විඤ්ඤාණයෙහි ආශ්වාදයක් තියෙනවා. සත්වයන් විඤ්ඤාණය කෙරෙහි ඇලෙන්නේ ඒ නිසයි.

පින්වත් මහණෙනි, ඉදින් විඤ්ඤාණයෙහි ආදීනවයක් නොතිබුණා නම්, සත්වයන් විඤ්ඤාණය කෙරෙහි කලකිරීමක් ඇති කරගන්නේ නෑ. පින්වත් මහණෙනි, යම් යම් කරුණු නිසා විඤ්ඤාණයෙහි ආදීනවයක් තියෙනවා. සත්වයන් විඤ්ඤාණය කෙරෙහි කලකිරෙන්නේ ඒ නිසයි.

පින්වත් මහණෙනි, ඉදින් විඤ්ඤාණයෙන් නිදහස් වීමක් නොතිබුණා නම්, සත්වයන් විඤ්ඤාණයෙන් නිදහස් වන්නේ නෑ. පින්වත් මහණෙනි, යම් යම් කරුණු නිසා විඤ්ඤාණයෙන් නිදහස් වීමක් තියෙනවා. සත්වයන් විඤ්ඤාණයෙන් නිදහස් වෙන්නේ ඒ නිසයි.

පින්වත් මහණෙනි, සත්වයන් යම්තාක් කලක් මේ පංච උපාදානස්කන්ධයන් පිළිබඳව ඔය ආකාරයට ආශ්වාදය ආශ්වාදය වශයෙනුත්, ආදීනවය ආදීනවය වශයෙනුත්, නිස්සරණය නිස්සරණය වශයෙනුත් ඒ වූ ස්වභාවයෙන් ම අවබෝධ කළේ නැද්ද, පින්වත් මහණෙනි, ඒ තාක්කල්ම දෙවියන් සහිත වූ, මරුන් සහිත වූ, බඹුන් සහිත වූ, ශ්‍රමණ බමුණන් සහිත වූ, මේ දෙව් මිනිස් ප්‍රජාවෙන් යුතු ලෝකයෙහි සත්වයන් ජීවත් වුණේ පංච උපාදානස්කන්ධයෙන් වෙන් වෙලා නොවේ. නොබැඳී නොවේ. නිදහස් වෙලා නොවේ. එයට හසු නොවුණ සිතිනුත් නොවේ.

පින්වත් මහණෙනි, සත්වයන් යම් දවසක මේ පංච උපාදානස්කන්ධයන් පිළිබඳව ඔය ආකාරයට ආශ්වාදය ආශ්වාදය වශයෙනුත්, ආදීනවය ආදීනවය වශයෙනුත්, නිස්සරණය නිස්සරණය වශයෙනුත් ඒ වූ ස්වභාවයෙන්ම අවබෝධ කරගත්තා ද, පින්වත් මහණෙනි, එතකොට තමයි දෙවියන් සහිත වූ, මරුන් සහිත වූ, බඹුන් සහිත වූ, ශ්‍රමණ බමුණන් සහිත වූ, මේ දෙව් මිනිස් ප්‍රජාවෙන් යුතු ලෝකයෙහි සත්වයන් පංච උපාදානස්කන්ධයෙන් වෙන් වෙලා ඉන්නේ. එක් නොවී ඉන්නේ. නිදහස් වෙලා ඉන්නේ. අයට හසු නොවුණ සිතින් ඉන්නේ.

සාදු! සාදු!! සාදු!!!

තතිය අස්සාද සූත්‍රය නිමා විය

1.1.3.8.
අභිනන්දන සූත්‍රය
සතුටින් පිළිගැනීම ගැන වදාළ දෙසුම

29. සැවැත් නුවර දී ....

පින්වත් මහණෙනි, කවුරුන් හෝ කෙනෙක් රූපය සතුටින් පිළිග න්නවා නම්, ඔහු සතුටින් පිළිගන්නේ දුකයි. ඉතින් යමෙක් සතුටින් පිළිග න්නේ දුක නම්, ඔහු දුකෙන් නිදහස් නොවුණ කෙනෙක් කියලයි මා කියන්නේ. කවුරුන් හෝ කෙනෙක් විඳීම සතුටින් පිළිගන්නවා නම් ....(පෙ).... කවුරුන් හෝ කෙනෙක් සඤ්ඤාව සතුටින් පිළිගන්නවා නම් ....(පෙ).... කවුරුන් හෝ කෙනෙක් සංස්කාර සතුටින් පිළිගන්නවා නම් ....(පෙ).... පින්වත් මහණෙනි, කවුරුන් හෝ කෙනෙක් විඤ්ඤාණය සතුටින් පිළිගන්නවා නම්, ඔහු සතුටින් පිළිගන්නේ දුකයි. ඉතින් යමෙක් සතුටින් පිළිගන්නේ දුක නම්, ඔහු දුකෙන් නිදහස් නොවුණ කෙනෙක් කියලයි මා කියන්නේ.

පින්වත් මහණෙනි, කවුරුන් හෝ කෙනෙක් රූපය සතුටින් පිළිගන්නේ නැත්නම්, ඔහු සතුටින් නොපිළිගන්නේ දුකයි. ඉතින් යමෙක් දුක සතුටින් පිළිග න්නේ නැත්නම්, ඔහු දුකෙන් නිදහස් වුණ කෙනෙක් කියලයි මා කියන්නේ. කවුරුන් හෝ කෙනෙක් විඳීම සතුටින් පිළිගන්නේ නැත්නම් ....(පෙ).... කවුරුන් හෝ කෙනෙක් සඤ්ඤාව සතුටින් පිළිගන්නේ නැත්නම් ....(පෙ).... කවුරුන් හෝ කෙනෙක් සංස්කාර සතුටින් පිළිගන්නේ නැත්නම් ....(පෙ).... පින්වත් මහණෙනි, කවුරුන් හෝ කෙනෙක් විඤ්ඤාණය සතුටින් පිළිගන්නේ නැත්නම්,

ඔහු සතුටින් නොපිළිගන්නේ දුකයි. ඉතින් යමෙක් දුක සතුටින් පිළිගන්නේ නැත්නම්, ඔහු දුකෙන් නිදහස් වුණ කෙනෙක් කියලයි මා කියන්නේ.

සාදු! සාදු!! සාදු!!!

අභිනන්දන සූත්‍රය නිමා විය

1.1.3.9.
උප්පාද සූත්‍රය
හටගැනීම ගැන වදාළ දෙසුම

30. සැවැත් නුවර දී ....

පින්වත් මහණෙනි, රූපයෙහි යම් හටගැනීමක් ඇද්ද, යම් පැවැත්මක් ඇද්ද, යම් විශේෂ උපතක් ඇද්ද, යම් පහළ වීමක් ඇද්ද, එය වනාහී දුකේ හට ගැනීමයි. රෝගයන්ගේ පැවැත්මයි. ජරා මරණයේ පහළ වීමයි. විඳීමෙහි යම් හටගැනීමක් ඇද්ද ....(පෙ).... සඤ්ඤාවෙහි යම් හටගැනීමක් ඇද්ද ....(පෙ).... සංස්කාරවල යම් හටගැනීමක් ඇද්ද ....(පෙ).... විඤ්ඤාණයෙහි යම් හටගැනීමක් ඇද්ද, යම් පැවැත්මක් ඇද්ද, යම් විශේෂ උපතක් ඇද්ද, යම් පහළ වීමක් ඇද්ද, එය වනාහී දුකේ හටගැනීමයි. රෝගයන්ගේ පැවැත්මයි. ජරා මරණයේ පහළ වීමයි.

පින්වත් මහණෙනි, රූපයෙහි යම් නිරුද්ධවීමක් ඇද්ද, සංසිඳීමක් ඇද්ද, නැතිවී යෑමක් ඇද්ද, එය වනාහී දුකෙහි නිරුද්ධ වීමයි. රෝගයන්ගේ සංසිඳීමයි. ජරාමරණයේ නැතිවී යෑමයි. විඳීමෙහි යම් නිරුද්ධවීමක් ඇද්ද ....(පෙ).... සඤ්ඤාවෙහි යම් නිරුද්ධවීමක් ඇද්ද ....(පෙ).... සංස්කාරවල යම් නිරුද්ධවීමක් ඇද්ද ....(පෙ).... විඤ්ඤාණයෙහි යම් නිරුද්ධවීමක් ඇද්ද, සංසිඳීමක් ඇද්ද, නැතිවී යෑමක් ඇද්ද, එය වනාහී දුකෙහි නිරුද්ධ වීමයි. රෝගයන්ගේ සංසිඳීමයි. ජරාමරණයේ නැතිවී යෑමයි.

සාදු! සාදු!! සාදු!!!

උප්පාද සූත්‍රය නිමා විය.

1.1.3.10.
අඝමූල සූත්‍රය
දුකේ මුල ගැන වදාළ දෙසුම

31. සැවැත් නුවර දී ....

පින්වත් මහණෙනි, මා ඔබට දේශනා කරන්නට යන්නේ දුක ගැනත්, දුකට මුල් වූ දේ ගැනත් ය. එයට සවන් යොමු කොට අසන්න ....(පෙ)....

පින්වත් මහණෙනි, දුක යනු කුමක්ද? පින්වත් මහණෙනි, රූපය යනු දුකයි. විඳීම යනු දුකයි. සඤ්ඤාව යනු දුකයි. සංස්කාර යනු දුකයි. විඤ්ඤාණය යනු දුකයි. පින්වත් මහණෙනි, දුක කියා කියන්නේ මෙයටයි.

පින්වත් මහණෙනි, දුකෙහි මුල කුමක්ද? නැවත භවයක් සකස් කරදෙන ආශ්වාදනීය රාගයෙන් යුක්ත වූ, ඒ ඒ තැන සතුටින් පිළිගන්නා ස්වභාවයෙන් යුක්ත වූ යම් මේ තණ්හාවක් ඇද්ද එයයි. ඒ කියන්නේ කාමය පිළිබඳ තණ්හාවත්, භව තණ්හාවත්, විභව තණ්හාවත් කියන මෙයයි. පින්වත් මහණෙනි, ඔන්න ඕකට තමයි දුකෙහි මුල කියලා කියන්නේ.

සාදු! සාදු!! සාදු!!!

අඝමූල සූත්‍රය නිමා විය.

1.1.3.11.
පභංගු සූත්‍රය
වහා බිඳෙන සුළු දෙය ගැන වදාළ දෙසුම

32. සැවැත් නුවර දී ....

පින්වත් මහණෙනි, මා ඔබට දේශනා කරන්නට යන්නේ වහා බිඳෙන සුළු දෙයත්, නොබිඳෙන දෙයත් ගැනයි. එයට සවන් යොමු කොට අසන්න ....(පෙ)....

පින්වත් මහණෙනි, වහා බිඳෙන සුළු දෙය කුමක්ද? නොබිඳෙන දෙය

කුමක්ද? පින්වත් මහණෙනි, වහා බිඳෙන සුළු දෙය රූපයයි. ඒ රූපයේ යම් නිරුද්ධ වීමක් ඇද්ද, සංසිඳීමක් ඇද්ද, නැති වී යෑමක් ඇද්ද මෙය තමයි නොබිඳීම. වහා බිඳෙන සුළු දෙය විඳීමයි. ඒ විඳීමෙහි යම් නිරුද්ධ වීමක් ඇද්ද, සංසිඳීමක් ඇද්ද, නැති වී යෑමක් ඇද්ද මෙය තමයි නොබිඳීම. වහා බිඳෙන සුළු දෙය සඤ්ඤාවයි. ඒ සඤ්ඤාවෙහි යම් නිරුද්ධ වීමක් ඇද්ද, සංසිඳීමක් ඇද්ද, නැති වී යෑමක් ඇද්ද මෙය තමයි නොබිඳීම. වහා බිඳෙන සුළු දෙය සංස්කාරයි. ඒ සංස්කාරවල යම් නිරුද්ධ වීමක් ඇද්ද, සංසිඳීමක් ඇද්ද, නැති වී යෑමක් ඇද්ද මෙය තමයි නොබිඳීම. වහා බිඳෙන සුළු දෙය විඤ්ඤාණයයි. ඒ විඤ්ඤාණයෙහි යම් නිරුද්ධ වීමක් ඇද්ද, සංසිඳීමක් ඇද්ද, නැති වී යෑමක් ඇද්ද මෙය තමයි නොබිඳීම.

සාදු! සාදු!! සාදු!!!

පභංගු සූත්‍රය නිමා විය.

තුන්වෙනි භාර වර්ගය අවසන් විය.

- **එහි පිළිවෙල උද්දානයයි :**

භාර සූත්‍රය, පරිඤ්ඤා සූත්‍රය, අභිජාන සූත්‍රය, ඡන්දරාග සූත්‍රය, අස්සාද සූත්‍ර තුන, අභිනන්දන සූත්‍රය, උප්පාද සූත්‍රය, අඝමූල සූත්‍රය, පභංගු සූත්‍රය යන මෙයින් මෙම වර්ගය සමන්විතයි.

4. න තුම්හාක වර්ගය

1.1.4.1.
පඨම න තුම්හාක සූත්‍රය
"ඔබේ නොවේ" යන කරුණ ගැන වදාළ පළමු දෙසුම

33. සැවැත් නුවර දී ....

එකල්හී භාග්‍යවතුන් වහන්සේ "පින්වත් මහණෙනි" කියා භික්ෂු සංඝයා අමතා වදාළා. ඒ භික්ෂූන් වහන්සේලා ද "පින්වත් වහන්ස"යි කියා භාග්‍යවතුන් වහන්සේට පිළිතුරු දුන්නා. භාග්‍යවතුන් වහන්සේ මේ දෙසුම වදාළා.

පින්වත් මහණෙනි, යමක් ඔබේ නොවේ නම්, ඒ දෙය අත්හරින්න. එතකොට ඒක ඔබට ප්‍රහාණය වෙලා ගියහම හිත සුව පිණිස පවතීවි.

පින්වත් මහණෙනි, ඔබේ නොවන දෙය කුමක්ද?

පින්වත් මහණෙනි, රූපය ඔබේ නොවේ. එය අත්හරින්න. එය ඔබට ප්‍රහාණය වෙලා ගියහම සිත සුව පිණිස පවතීවි. විඳීම ....(පෙ).... සඤ්ඤාව ....(පෙ).... සංස්කාර ....(පෙ).... විඤ්ඤාණය ඔබේ නොවේ. එය අත්හරින්න. එය ඔබට ප්‍රහාණය වෙලා ගියහම හිත සුව පිණිස පවතීවි.

පින්වත් මහණෙනි, එය මෙවැනි දෙයක්. මේ ජේතවනයෙහි යම් තණකොළ, ලී කැබැලි, දර අතු, දළුකොළ ආදියක් ඇත්නම්, ජනතාව ඒවා අරගෙන යනවා නම්, පුළුස්සා දමනවා නම්, ඒවාට කැමැති දෙයක් කරනවා නම් එතකොට ඔබට මේ විදිහටද හිතන්නේ? "අහෝ! ජනතාව අපව අරගෙන යනවා. අපව පුළුස්සා දමනවා. ඔවුන් කැමැති කැමැති දේ අපට කරනවා" කියල? ස්වාමීනී, එය නොවේ ම යි.

එයට හේතුව කුමක්ද?

ස්වාමීනී, අපට ඒවා ගැන "තමා" කියල හෝ "තමාට අයත්" කියලා හෝ හැඟීමක් නෑ.

පින්වත් මහණෙනි, ඔය විදිහට ම රූපය ඔබේ නොවේ. ඒ රූපය අත්හරින්න. එය ප්‍රහාණය වෙලා ගියහම ඔබට හිත සුව පිණිස පවතීවි. විඳීම ඔබේ නොවේ ....(පෙ).... සඤ්ඤාව ඔබේ නොවේ ....(පෙ).... සංස්කාර ඔබේ නොවේ ....(පෙ).... විඤ්ඤාණය ඔබේ නොවේ. ඒ විඤ්ඤාණය අත්හරින්න. එය ප්‍රහාණය වෙලා ගියහම ඔබට හිත සුව පිණිස පවතීවි.

සාදු! සාදු!! සාදු!!!

පඨම න තුම්හාක සූත්‍රය නිමා විය.

1.1.4.2.
දුතිය න තුම්හාක සූත්‍රය
"ඔබේ නොවේ" යන කරුණ ගැන වදාළ දෙවන දෙසුම

34. සැවැත් නුවර දී ....

පින්වත් මහණෙනි, යමක් ඔබේ නොවේ නම්, ඒ දෙය අත්හරින්න. එය ඔබට ප්‍රහීණ වෙලා ගියහම හිත සුව පිණිස පවතීවි.

පින්වත් මහණෙනි, ඔබේ නොවන දෙය කුමක්ද?

පින්වත් මහණෙනි, රූපය ඔබේ නොවේ. එය අත්හරින්න. එය ඔබට ප්‍රහාණය වෙලා ගියහම හිත සුව පිණිස පවතීවි. විඳීම ....(පෙ).... සඤ්ඤාව ....(පෙ).... සංස්කාර ....(පෙ).... විඤ්ඤාණය ඔබේ නොවේ. එය අත්හරින්න. එය ඔබට ප්‍රහාණය වෙලා ගියහම හිත සුව පිණිස පවතීවි.

පින්වත් මහණෙනි, යමක් ඔබේ නොවේ නම්, ඒ දෙය අත්හරින්න. එය ඔබට ප්‍රහීණ වෙලා ගියහම හිත සුව පිණිස පවතීවි.

සාදු! සාදු!! සාදු!!!

දුතිය න තුම්හාක සූත්‍රය නිමා විය.

1.1.4.3.
පඨම භික්ඛු සූත්‍රය
භික්ෂුවකට වදාළ පළමු දෙසුම

35. සැවැත් නුවර දී ....

එතකොට එක්තරා භික්ෂුවක් භාග්‍යවතුන් වහන්සේ වැඩසිටිය තැනට පැමිණුනා. පැමිණිලා භාග්‍යවතුන් වහන්සේට ආදරයෙන් වන්දනා කොට එකත්පස්ව වාඩිවුණා. එකත්පස්ව වාඩිවුණ ඒ භික්ෂුව භාග්‍යවතුන් වහන්සේට මෙකරුණ පැවසුවා.

"ස්වාමීනී, භාග්‍යවතුන් වහන්ස, මා හට සංක්ෂේපයෙන් ශ්‍රී සද්ධර්මය වදාරණ සේක් නම් මැනවි. එතකොට මට භාග්‍යවතුන් වහන්සේගෙන් යම් ධර්මයක් අසා දැනගෙන හුදෙකලා වෙලා, පිරිසෙන් වෙන් වෙලා, අප්‍රමාදීව, කෙලෙස් තවන වීරිය ඇතිව, දහමට දිවි පුදා වාසය කරන්නට පුළුවනි."

"පින්වත් භික්ෂුව, අභ්‍යන්තරික වශයෙන් යම් ක්ලේශයක් තියෙනවා නම්, ඒකෙන් තමයි 'මම, මගේ' යන ආදී ගණන් ගැනීම් ඇති වන්නේ. නමුත් අභ්‍යන්තරික වශයෙන් යම් ක්ලේශයක් නැත්නම්, ඒ හේතුවෙන් 'මම, මගේ' යන ආදී ගණන් ගැනීම් ඇතිවන්නේ නෑ."

"භාග්‍යවතුන් වහන්ස, මට අවබෝධ වුණා. සුගතයන් වහන්ස, මට අවබෝධ වුණා."

"පින්වත් භික්ෂුව, මා විසින් අරුත් හකුළුවා පවසන ලද ධර්මයෙහි අර්ථය ඔබ විස්තර වශයෙන් තේරුම් ගත්තේ කොයි ආකාරයෙන්ද?"

"ස්වාමීනී, ඉදින් රූපය අභ්‍යන්තරික ක්ලේශයක් වශයෙන් තියෙනවා නම්, අන්න ඒකෙන් තමයි 'මම ය, මගේ ය' යන ගණන් ගැනීම ඇතිවන්නේ. ඉදින් විඳීම අභ්‍යන්තරික ක්ලේශයක් වශයෙන් තියෙනවා නම්, අන්න ඒකෙන් තමයි 'මම ය, මගේ ය' යන ගණන් ගැනීම ඇතිවන්නේ. ඉදින් සඤ්ඤාව අභ්‍යන්තරික ක්ලේශයක් වශයෙන් තියෙනවා නම්, අන්න එකෙන් තමයි 'මම ය, මගේ ය' යන ගණන් ගැනීම ඇතිවන්නේ. ඉදින් සංස්කාර අභ්‍යන්තරික ක්ලේශයක් වශයෙන් තියෙනවා නම්, අන්න ඒකෙන් තමයි 'මම ය, මගේ ය' යන ගණන් ගැනීම ඇතිවන්නේ. ඉදින් විඤ්ඤාණය අභ්‍යන්තරික ක්ලේශයක් වශයෙන් තියෙනවා නම්, අන්න ඒකෙන් තමයි 'මම ය, මගේ ය' යන ගණන් ගැනීම ඇතිවන්නේ.

එහෙත් ස්වාමීනී, ඉදින් රූපය අභ්‍යන්තරික ක්ලේශයක් වශයෙන් නැත්නම්, ඒ හේතුවෙන් 'මම ය, මගේ ය' යන ගණන් ගැනීම ඇතිවන්නේ නෑ. ඉදින් විඳීම අභ්‍යන්තරික ක්ලේශයක් වශයෙන් නැත්නම්, ඒ හේතුවෙන් 'මම ය, මගේ ය' යන ගණන් ගැනීම ඇතිවන්නේ නෑ. ඉදින් සඤ්ඤාව අභ්‍යන්තරික ක්ලේශයක් වශයෙන් නැත්නම්, ඒ හේතුවෙන් 'මම ය, මගේ ය' යන ගණන් ගැනීම ඇතිවන්නේ නෑ. ඉදින් සංස්කාර අභ්‍යන්තරික ක්ලේශයක් වශයෙන් නැත්නම්, ඒ හේතුවෙන් 'මම ය, මගේ ය' යන ගණන් ගැනීම ඇතිවන්නේ නෑ. ඉදින් විඤ්ඤාණය අභ්‍යන්තරික ක්ලේශයක් වශයෙන් නැත්නම්, ඒ හේතුවෙන් 'මම ය, මගේ ය' යන ගණන් ගැනීම ඇතිවන්නේ නෑ. ස්වාමීනී, භාග්‍යවතුන් වහන්සේ විසින් අරුත් හකුළුවා වදාරණ ලද ධර්මයෙහි අර්ථය මා ඔන්න ඔය ආකාරයට යි තේරුම් තත්තේ."

"සාදු! සාදු!! පින්වත් භික්ෂුව. පින්වත් භික්ෂුව, මා විසින් සංක්ෂේපයෙන් පවසන ලද ධර්මයෙහි අර්ථය ඔබ විස්තර වශයෙන් තේරුම් ගත් අයුරු ඉතා කදිමයි. පින්වත් භික්ෂුව, ඉදින් රූපය අභ්‍යන්තරික ක්ලේශයක් වශයෙන් තියෙනවා නම්, අන්න ඒකෙන් තමයි 'මම ය, මගේ ය' යන ගණන් ගැනීම ඇතිවන්නේ. ඉදින් විඳීම අභ්‍යන්තරික ක්ලේශයක් වශයෙන් තියෙනවා නම්, ...(පෙ).... ඉදින් සඤ්ඤාව අභ්‍යන්තරික ක්ලේශයක් වශයෙන් තියෙනවා නම්, ...(පෙ).... ඉදින් සංස්කාර අභ්‍යන්තරික ක්ලේශයක් වශයෙන් තියෙනවා නම්, ...(පෙ).... ඉදින් විඤ්ඤාණය අභ්‍යන්තරික ක්ලේශයක් වශයෙන් තියෙනවා නම්, අන්න ඒකෙන් තමයි 'මම ය, මගේ ය' යන ගණන් ගැනීම ඇතිවන්නේ.

පින්වත් භික්ෂුව, ඉදින් රූපය අභ්‍යන්තරික ක්ලේශයක් වශයෙන් නැත්නම්, ඒ හේතුවෙන් 'මම ය, මගේ ය' යන ගණන් ගැනීම ඇතිවන්නේ නෑ. ඉදින් විඳීම ....(පෙ).... ඉදින් සඤ්ඤාව ....(පෙ).... ඉදින් සංස්කාර ....(පෙ).... ඉදින් විඤ්ඤාණය අභ්‍යන්තරික ක්ලේශයක් වශයෙන් නැත්නම්, ඒ හේතුවෙන් 'මම ය, මගේ ය' යන ගණන් ගැනීම ඇතිවන්නේ නෑ. පින්වත් භික්ෂුව, මා විසින් සංක්ෂේපයෙන් පවසන ලද ධර්මයෙහි අර්ථය විස්තර වශයෙන් තේරුම් ගත යුත්තේ ඔය විදිහට තමයි."

එතකොට ඒ භික්ෂුව භාග්‍යවතුන් වහන්සේ විසින් වදාරණ ලද ධර්මාවවාදය සතුටින් පිළි අරගත්තා. සතුටින් අනුමෝදන් වුණා. ආසනයෙන් නැගිටලා භාග්‍යවතුන් වහන්සේට ආදරයෙන් වන්දනා කළා. පැදකුණු කරලා පිටත් වෙලා ගියා. ඉතින් ඒ භික්ෂුව හුදෙකලා වුණා. පිරිසෙන් වෙන් වුණා. අප්‍රමාදී වුණා. කෙලෙස් තවන වීරියෙන් යුතු වුණා. දහමට දිවි පුදා ධර්මයේ හැසිරෙන කොට යම් කුලපුත්‍රයෙක් යම්කිසි බලාපොරොත්තුවකින් ගිහි ජීවිතය

අත් හැරලා බුදු සසුනේ පැවිදි වුණා ද, අන්න ඒ උත්තරීතර බඹසර පූර්ණත්වය වන අමා නිවන මේ ජීවිතයෙහි දී ම විශේෂ ඥාණයකින් යුතුව අවබෝධ කරගෙන පැමිණ වාසය කළා. 'ඉපදීම ක්ෂය වුණා. බඹසර වාසය සම්පූර්ණ කරගත්තා. නිවන පිණිස කළ යුතු දේ කරගත්තා. ආයෙමත් නම් වෙන උපතක් නැතැ'යි අවබෝධ වුණා. ඒ භික්ෂුව එක්තරා රහතන් වහන්සේ නමක් බවට පත් වුණා.

සාදු! සාදු!! සාදු!!!

පඨම භික්ඛු සූත්‍රය නිමා විය.

1.1.4.4.
දුතිය භික්ඛු සූත්‍රය
භික්ෂුවකට වදාළ දෙවෙනි දෙසුම

36. සැවැත් නුවර දී ....

එතකොට එක්තරා භික්ෂුවක් භාග්‍යවතුන් වහන්සේ වැඩසිටිය තැනට පැමිණුනා ....(පෙ).... එකත්පස්ව වාඩිවුණ ඒ භික්ෂුව භාග්‍යනතුන් වහන්සේට මෙකරුණ පැවසුවා.

"ස්වාමීනී, භාග්‍යවතුන් වහන්ස, මා හට සංක්ෂේපයෙන් ශ්‍රී සද්ධර්මය වදාරණ සේක් නම් මැනැවි. එතකොට මට භාග්‍යවතුන් වහන්සේගෙන් යම් ධර්මයක් අසා දැනගෙන හුදෙකලා වෙලා, පිරිසෙන් වෙන් වෙලා, අප්‍රමාදීව, කෙලෙස් තවන වීරිය ඇතිව, දහමට දිවි පුදා වාසය කරන්නට පුළුවනි."

"පින්වත් භික්ෂුව, අභ්‍යන්තරික වශයෙන් යම් ක්ලේශයක් තියෙනවා නම්, එයට අනුව තමයි මැනීමක් ඇතිවන්නේ. යමකට අනුව මැනීමක් ඇතිවෙනවා නම්, එයින් තමයි 'මම ය, මගේ ය' යන ආදී ගණන් ගැනීම් ඇතිවන්නේ. ඉදින් අභ්‍යන්තරික වශයෙන් යම් ක්ලේශයක් පවතින්නේ නැතිනම් එය මැනීමක් බවට පත්වන්නේ නෑ. යමක් මැනීමක් බවට පත්වෙන්නේ නැතිනම්, එයින් 'මම ය, මගේ ය' යන ආදී ගණන් ගැනීම් ඇතිවන්නේ නෑ."

"භාග්‍යවතුන් වහන්ස, මට අවබෝධ වුණා. සුගතයන් වහන්ස, මට අවබෝධ වුණා."

"පින්වත් භික්ෂුව, මා විසින් අරුත් හකුළුවා පවසන ලද ධර්මයෙහි අර්ථය ඔබ විස්තර වශයෙන් තේරුම් ගතතේ කොයි ආකාරයෙන්ද?"

"ස්වාමීනී, ඉදින් රූපය අභ්‍යන්තරික ක්ලේශයක් වශයෙන් පවතිනවා නම් එයට අනුව තමයි මැනීමක් ඇතිවන්නේ. යමකට අනුව මැනීමක් ඇති වෙනවා නම්, එයින් තමයි 'මම ය, මගේ ය' යන ආදී ගණන් ගැනීම් ඇතිවන්නේ. ඉදින් විඳීම අභ්‍යන්තරික ක්ලේශයක් වශයෙන් පවතිනවා නම් ....(පෙ).... ඉදින් සඤ්ඤාව අභ්‍යන්තරික ක්ලේශයක් වශයෙන් පවතිනවා නම් ....(පෙ).... ඉදින් සංස්කාර අභ්‍යන්තරික ක්ලේශයක් වශයෙන් පවතිනවා නම් ....(පෙ).... ඉදින් විඤ්ඤාණය අභ්‍යන්තරික ක්ලේශයක් වශයෙන් පවතිනවා නම් එයට අනුව තමයි මැනීමක් ඇති වන්නේ. යමකට අනුව මැනීමක් ඇතිවෙනවා නම්, එයින් තමයි 'මම ය, මගේ ය' යන ආදී ගණන් ගැනීම් ඇතිවන්නේ.

ස්වාමීනී, ඉදින් රූපය අභ්‍යන්තරික ක්ලේශයක් වශයෙන් පවතින්නේ නැත්නම් එයට අනුව මැනීමක් ඇතිවන්නේ නෑ. යමකට අනුව මැනීමක් ඇති වෙන්නේ නැත්නම්, එයින් 'මම ය, මගේ ය' යන ආදී ගණන් ගැනීම් ඇතිවන්නේ නෑ. ඉදින් විඳීම අභ්‍යන්තරික ක්ලේශයක් වශයෙන් පවතින්නේ නැත්නම් ....(පෙ).... ඉදින් සඤ්ඤාව අභ්‍යන්තරික ක්ලේශයක් වශයෙන් පවතින්නේ නැත්නම් ....(පෙ).... ඉදින් සංස්කාර අභ්‍යන්තරික ක්ලේශයක් වශයෙන් පවතින්නේ නැත්නම් ....(පෙ).... ඉදින් විඤ්ඤාණය අභ්‍යන්තරික ක්ලේශයක් වශයෙන් පවතින්නේ නැත්නම් එයට අනුව මැනීමක් ඇතිවන්නේ නෑ. යමකට අනුව මැනීමක් ඇතිවන්නේ නැත්නම්, එයින් 'මම ය, මාගේ ය' යන ආදී ගණන් ගැනීම් ඇතිවන්නේ නෑ. ස්වාමීනී, භාග්‍යවතුන් වහන්සේ විසින් අරුත් හකුළුවා වදාරණ ලද ධර්මයෙහි අර්ථ මා ඔන්න ඔය ආකාරයටයි තේරුම් ගත්තේ."

"සාදු! සාදු! පින්වත් භික්ෂුව, පින්වත් භික්ෂුව මා විසින් සංක්ෂේපයෙන් පවසන ලද ධර්මයෙහි අර්ථය ඔබ විස්තර වශයෙන් තේරුම් ගත් අයුරු ඉතා කදිමයි. පින්වත් භික්ෂුව, ඉදින් රූපය අභ්‍යන්තරික ක්ලේශයක් වශයෙන් පවතිනවා නම් එයට අනුව තමයි මැනීමක් ඇති වන්නේ. යමකට අනුව මැනීමක් ඇති වෙනවා නම්, එයින් තමයි 'මම ය, මගේ ය' යන ආදී ගණන් ගැනීම් ඇතිවන්නේ. ඉදින් විඳීම අභ්‍යන්තරික ක්ලේශයක් වශයෙන් පවතිනවා නම් ....(පෙ).... ඉදින් සඤ්ඤාව අභ්‍යන්තරික ක්ලේශයක් වශයෙන් පවතිනවා නම් ....(පෙ).... ඉදින් සංස්කාර අභ්‍යන්තරික ක්ලේශයක් වශයෙන් පවතිනවා නම් ....(පෙ).... ඉදින් විඤ්ඤාණය අභ්‍යන්තරික ක්ලේශයක් වශයෙන් පවතිනවා නම් එයට අනුව තමයි මැනීමක් ඇතිවන්නේ. යමකට අනුව මැනීමක් ඇති වෙනවා

නම්, එයින් තමයි 'මම ය, මගේ ය' යන ආදී ගණන් ගැනීම ඇතිවන්නේ.

පින්වත් භික්ෂුව, ඉදින් රූපය අභ්‍යන්තරික ක්ලේශයක් වශයෙන් පවතින්නේ නැතිනම් එයට අනුව මැනීමක් ඇතිවන්නේ නෑ. යමකට අනුව මැනීමක් ඇතිවෙන්නේ නැත්නම්, එයින් 'මම ය, මගේ ය' යන ආදී ගණන් ගැනීම් ඇතිවන්නේ නෑ. ඉදින් විඳීම අභ්‍යන්තරික ක්ලේශයක් වශයෙන් පවතින්නේ නැත්නම් ....(පෙ).... ඉදින් සඤ්ඤාව අභ්‍යන්තරික ක්ලේශයක් වශයෙන් පවතින්නේ නැත්නම් ....(පෙ).... ඉදින් සංස්කාර අභ්‍යන්තරික ක්ලේශයක් වශයෙන් පවතින්නේ නැත්නම් ....(පෙ).... ඉදින් විඤ්ඤාණය අභ්‍යන්තරික ක්ලේශයක් වශයෙන් පවතින්නේ නැත්නම් එයට අනුව මැනීමක් ඇති වන්නේ නෑ. යමකට අනුව මැනීමක් ඇතිවන්නේ නැතිනම්, එයින් 'මම ය, මගේ ය' වන ආදී ගණන් ගැනීම් ඇතිවන්නේ නෑ. පින්වත් භික්ෂුව, මා විසින් සංක්ෂේපයෙන් පවසන ලද ධර්මයෙහි අර්ථය විස්තර වශයෙන් තේරුම් ගත යුත්තේ ඔය විදිහට තමයි."

එතකොට ඒ භික්ෂුව භාග්‍යවතුන් වහන්සේ විසින් වදාරණ ලද ධර්මාවවාදය සතුටින් පිළිඅරගත්තා. සතුටින් අනුමෝදන් වුණා. ආසනයෙන් නැඟිටලා භාග්‍යවතුන් වහන්සේට ආදරයෙන් වන්දනා කළා. පැදකුණු කරලා පිටත් වෙලා ගියා. ඉතින් ඒ භික්ෂුව හුදෙකලා වුණා. පිරිසෙන් වෙන් වුණා. අප්‍රමාදී වුණා. කෙලෙස් තවන වීරියෙන් යුතු වුණා. දහමට දිවි පුදා ධර්මයේ හැසිරෙන කොට ....(පෙ).... ඒ භික්ෂුව එක්තරා රහතන් වහන්සේ නමක් බවට පත්වුණා.

සාදු! සාදු!! සාදු!!!

දුතිය භික්ඛු සූත්‍රය නිමා විය.

1.1.4.5.
පඨම ආනන්ද සූත්‍රය
ආනන්ද තෙරුන්ට වදාළ පළමු දෙසුම

37. සැවැත් නුවර දී ....

එකල්හී ආයුෂ්මත් ආනන්දයන් වහන්සේ භාග්‍යවතුන් වහන්සේ වැඩ සිටි තැනට පැමිණුනා. පැමිණිලා භාග්‍යවතුන් වහන්සේට ආදරයෙන් වන්දනා

කරලා එකත්පස්ව වාඩිවුණා. එකත්පස්ව වාඩිවුණ ආයුෂ්මත් ආනන්දයන් වහන්සේට භාග්‍යවතුන් වහන්සේ මෙකරුණ වදාළා.

"පින්වත් ආනන්දයෙනි, ඉදින් යමෙක් ඔබෙන් මෙහෙම අසන්නට පුළුවනි. 'ප්‍රිය ආයුෂ්මත් ආනන්ද, ඉපදීමක් පැණවිලා තියෙන්නේත්, වැනසීමක් පැණවිලා තියෙන්නේත්, පවතින දේ තුළ වෙනස්වීමක් පැණවිලා තියෙන්නේත් කවර දේවල්වලද?' කියලා. ඔය විදිහට පින්වත් ආනන්දයෙනි, විමසුවොත් ඔබ දෙන පිළිතුර කුමක්ද?"

"ඉදින් ස්වාමීනී, මගෙන් මෙහෙම අසුවොත් 'ප්‍රිය ආයුෂ්මත් ආනන්ද, ඉපදීමක් පැණවිලා තියෙන්නෙත්, වැනසීමක් පැණවිලා තියෙන්නෙත්, පවතින දේ තුළ වෙනස් වීමක් පැණවිලා තියෙන්නෙත් කවර දේවල්වලද?' කියලා, ස්වාමීනී, ඔය විදිහට ඇසුවාම මං පිළිතුරු දෙන්නේ මෙහෙමයි. 'ප්‍රිය ආයුෂ්මතුනි, රූපයෙහි ය ඉපදීමක් පැණවිලා තියෙන්නේ, වැනසීමක් පැණවිලා තියෙන්නේ, පවතින දේ තුළ වෙනස් වීමක් පැණවිලා තියෙන්නේ. විඳීමෙහි ය ඉපදීමක් ....(පෙ).... සඤ්ඤාවෙහි ය ....(පෙ).... සංස්කාරවල ය ....(පෙ).... විඤ්ඤාණයෙහි ය ඉපදීමක් පැණවිලා තියෙන්නේ, වැනසීමක් පැණවිලා තියෙන්නේ, පවතින දේ තුළ වෙනස් වීමක් පැණවිලා තියෙන්නේ. ප්‍රිය ආයුෂ්මතුනි, ඉපදීමක් පැණවිලා තියෙන්නෙත්, වැනසීමක් පැණවිලා තියෙන්නේත්, පවතින දේ තුළ වෙනස් වීමක් පැණවිලා තියෙන්නෙත් ඔය දේවල්වල ය.' ස්වාමීනී, ඒ විදිහට ඇහුවොත් මා පිළිතුරු දෙන්නේ ඔය ආකාරයටයි."

"සාදු! සාදු! පින්වත් ආනන්ද. පින්වත් ආනන්ද, රූපයෙහි ය ඉපදීමක් පැණවිලා තියෙන්නේ, වැනසීමක් පැණවිලා තියෙන්නේ, පවතින දේ තුළ වෙනස් වීමක් පැණවිලා තියෙන්නේ. විඳීමෙහි ය ....(පෙ).... සඤ්ඤාවෙහි ය ....(පෙ).... සංස්කාරවල ය ....(පෙ).... විඤ්ඤාණයෙහි ය ඉපදීමක් පැණවිලා තියෙන්නේ, වැනසීමක් පැණවිලා තියෙන්නේ, පවතින දේ තුළ වෙනස් වීමක් පැණවිලා තියෙන්නේ. පින්වත් ආනන්ද, ඉපදීමක් පැණවිලා තියෙන්නේත්, වැනසීමක් පැණවිලා තියෙන්නෙත්, පවතින දේ තුළ වෙනස් වීමක් පැණවිලා තියෙන්නෙත් ඔය දේවල්වල ය. ඔය විදිහට ඇසූ විට පින්වත් ආනන්දය, පිළිතුරු දෙන්න තියෙන්නේ ඔය ආකාරයෙන් තමයි.

සාදු! සාදු!! සාදු!!!

පඨම ආනන්ද සූත්‍රය නිමා විය.

1.1.4.6.
දුතිය ආනන්ද සූත්‍රය
ආනන්ද තෙරුන්ට වදාළ දෙවෙනි දෙසුම

38. සැවැත් නුවර දී ....

එකල්හී ආයුෂ්මත් ආනන්දයන් වහන්සේ භාග්‍යවතුන් වහන්සේ වැඩ සිටි තැනට පැමිණුනා ....(පෙ).... එකත්පස්ව වාඩිවුණ ආයුෂ්මත් ආනන්දයන් වහන්සේට භාග්‍යවතුන් වහන්සේ මෙකරුණ වදාළා.

"පින්වත් ආනන්දයෙනි, ඉදින් යමෙක් ඔබෙන් මෙහෙම අසන්නට පුළුවනි. 'ප්‍රිය ආයුෂ්මත් ආනන්ද, ඉපදීමක පැණවීමක් තිබුණේ, වැනසීමක පැණවීමක් තිබුණේත්, පවතින දේ තුළ වෙනස්වීමක පැණවීමක් තිබුණේත් කවර දේවල්වලද? ඒ වගේම ඉපදීමක් පැණවීම සිදුවෙන්නෙත්, වැනසීමක් පැණවීම සිදුවෙන්නෙත්, පවතින දේ තුළ වෙනස්වීමක් පැණවීම සිදුවෙන්නෙත් කවර දේවල්වලද? ඒ වගේම ඉපදීමක් පැණවිලා තියෙන්නෙත්, වැනසීමක් පැණවිලා තියෙන්නේත්, පවතින දේ තුළ වෙනස්වීමක් පැණවිලා තියෙන්නෙත් කවර දේවල්වලද?' කියලා. ඔය විදිහට පින්වත් ආනන්දයෙනි, ඇසුවොත් ඔබ දෙන පිළිතුර කුමක්ද?"

"ඉදින් ස්වාමීනී, මගෙන් මේ විදිහට ඇසුවොත් 'ප්‍රිය ආයුෂ්මත් ආනන්ද, ඉපදීමක පැණවීමක් තිබුණේ, වැනසීමක පැණවීමක් තිබුණේත්, පවතින දේ තුළ වෙනස් වීමක පැණවීමක් තිබුණේත් කවර දේවල්වලද? ඒ වගේම ඉපදීමක් පැණවීම සිදුවෙන්නෙත්, වැනසීමක් පැණවීම සිදුවෙන්නෙත්, පවතින දේ තුළ වෙනස්වීමක් පැණවීම සිදුවෙන්නෙත් කවර දේවල්වලද? ඒ වගේම ඉපදීමක් පැණවිලා තියෙන්නෙත්, වැනසීමක් පැණවිලා තියෙන්නේත්, පවතින දේ තුළ වෙනස්වීමක් පැණවිලා තියෙන්නෙත් කවර දේවල්වලද?' කියලා ස්වාමීනී, ඔය විදිහට ඇසූ විට මං පිළිතුරු දෙන්නේ මේ විදිහටයි.

ප්‍රිය ආයුෂ්මතුනි, යම් රූපයක් අතීතයට ගියා නම්, නිරුද්ධ වුණා නම්, විපරිණාමයට පත් වුණා නම්, අන්න ඒ රූපයෙහි ඉපදීමක් පැණවුණා. වැනසීමක් පැණවුණා. පවතින දේ තුළ වෙනස්වීමක් පැණවුණා. යම් විඳීමක් අතීතයට ගියා නම්, නිරුද්ධ වුණා නම්, විපරිණාමයට පත් වුණා නම්, අන්න ඒ විඳීමෙහි ඉපදීමක් පැණවුණා. වැනසීමක් පැණවුණා. පවතින දේ තුළ වෙනස්

පැණවුණා. යම් සඤ්ඤාවක් ....(පෙ).... යම් සංස්කාර අතීතයට ගියා නම්, නිරුද්ධ වුණා නම්, විපරිණාමයට පත් වුණා නම්, අන්න ඒ සංස්කාරවල ඉපදීමක් පැණවුණා. වැනසීමක් පැණවුණා. පවතින දේ තුළ වෙනස්වීමක් පැණවුණා. යම් විඤ්ඤාණයක් අතීතයට ගියා නම්, නිරුද්ධ වුණා නම්, විපරිණාමයට පත් වුණා නම්, අන්න ඒ විඤ්ඤාණයෙහි ඉපදීමක් පැණවුණා. වැනසීමක් පැණවුණා. පවතින දේ තුළ වෙනස්වීමක් පැණවුණා. ප්‍රිය ආයුෂ්මතුනි, ඉපදීමක් පැණවුණේත් වැනසීමක් පැණවුණෙත්, පවතින දේ තුළ වෙනස්වීමක් පැණවුණෙත් ඔන්න ඔය දේවල්වලයි.

ප්‍රිය ආයුෂ්මතුනි, යම් රූපයක් තවම ඉපදිලා නෑ. පහළ වෙලත් නෑ. අන්න ඒ රූපයෙහි තමයි ඉපදීමක් පැණවීම සිදුවන්නේ. වැනසීමක් පැණවීමක් පැණවීම සිදුවන්නේ. පවතින දේ තුළ වෙනස් වීමක් පැණවීම සිදුවන්නේ. යම් විඳීමක් ....(පෙ).... යම් සඤ්ඤාවක් ....(පෙ).... යම් සංස්කාරයක් ....(පෙ).... යම් විඤ්ඤාණයක් තවම ඉපදිලා නෑ. පහළ වෙලත් නෑ. අන්න ඒ විඤ්ඤාණයෙහි තමයි ඉපදීමක පැණවීම සිදුවන්නේ. වැනසීමක පැණවීම සිදුවන්නේ. පවතින දේ තුළ වෙනස් වීමක පැණවීම සිදුවන්නේ. ප්‍රිය ආයුෂ්මතුනි, ඉපදීමක පැණවීම සිදුවන්නේත්, වැනසීමක පැණවීම සිදුවන්නේත්, පවතින දේ තුළ වෙනස් වීමක පැණවීම සිදුවන්නේ ඔන්න ඔය දේවල්වලයි.

ප්‍රිය ආයුෂ්මතුනි, යම් රූපයක් ඉපදිලා, පහළ වෙලා ඇද්ද, අන්න ඒ රූපයෙහි තමයි ඉපදීමක් පැණවිලා තියෙන්නේ. වැනසීමක් පැණවිලා තියෙන්නේ. පවතින දේ තුළ වෙනස්වීමක් පැණවිලා තියෙන්නේ. යම් විඳීමක් ....(පෙ).... යම් සඤ්ඤාවක් ....(පෙ).... යම් සංස්කාර ....(පෙ).... යම් විඤ්ඤාණයක් ඉපදිලා, පහළ වෙලා ඇද්ද, අන්න ඒ විඤ්ඤාණයෙහි තමයි ඉපදීමක් පැණවිලා තියෙන්නේ, වැනසීමක් පැණවිලා තියෙන්නේ. ප්‍රිය ආයුෂ්මතුනි, ඉපදීමක් පැණවිලා තියෙන්නේ, වැනසීමක් පැණවිලා තියෙන්නේ, පවතින දේ තුළ වෙනස්වීමක් පැණවිලා තියෙන්නේ ඔය දේවල්වලයි. ස්වාමීනී, ඒ විදිහට ඇසුවොත් මා උත්තර දෙන්නේ ඔය ආකාරයෙනුයි."

"සාදු! සාදු! පින්වත් ආනන්දයෙනි, යම් රූපයක් අතීතයට ගියා නම්, නිරුද්ධ වුණා නම්, විපරිණාමයට පත් වුණා නම්, අන්න ඒ රූපයෙහි ඉපදීමක් පැණවුණා. වැනසීමක් පැණවුණා. පවතින දේ තුළ වෙනස්වීමක් පැණවුණා. යම් විඳීමක් ....(පෙ).... යම් සඤ්ඤාවක් ....(පෙ).... යම් සංස්කාර ....(පෙ).... යම් විඤ්ඤාණයක් අතීතයට ගියා නම්, නිරුද්ධ වුණා නම්, විපරිණාමයට පත් වුණා නම්, අන්න ඒ විඤ්ඤාණයෙහි ඉපදීමක් පැණවුණා. වැනසීමක් පැණවුණා. පවතින දේ තුළ වෙනස්වීමක් පැණවුණා. පින්වත් ආනන්ද,

ඉපදීමක් පැණවුණෙත්, වැනසීමක් පැණවුණෙත්, පවතින දේ තුළ වෙනස්වීමක් පැණවුණෙත් ඔන්න ඔය දේවල්වලයි.

පින්වත් ආනන්ද, තවම ඉපදිලත් නැති, පහළ වෙලත් නැති යම් රූපයක් ඇද්ද, අන්න ඒ රූපයෙහි නම් ඉපදීමක් පැණවීම සිදුවෙනවා. වැනසීමක් පැණවීම සිදුවෙනවා. පවතින දේ තුළ වෙනස් වීමක් පැණවීම සිදුවෙනවා. යම් විඳීමක් ....(පෙ).... යම් සඤ්ඤාවක් ....(පෙ).... යම් සංස්කාරයක් ....(පෙ).... තවම ඉපදිලත් නැති, පහළ වෙලත් නැති යම් විඤ්ඤාණයක් ඇද්ද, අන්න ඒ විඤ්ඤාණයෙහි නම් ඉපදීමක් පැණවීම සිදුවෙනවා. වැනසීමක් පැණවීම සිදුවෙනවා. පවතින දේ තුළ වෙනස් වීමක් පැණවීම සිදුවෙනවා. පින්වත් ආනන්ද, ඉපදීමක් පැණවීම සිදුවන්නෙත්, වැනසීමක් පැණවීම සිදුවන්නෙත්, පවතින දේ තුළ වෙනස් වීමක් පැණවීම සිදුවන්නේත් ඔන්න ඔය දේවල්වලයි.

පින්වත් ආනන්ද, ඉපදිලා තියෙන, පහළ වෙලා තියෙන යම් රූපයක් ඇද්ද, අන්න ඒ රූපයෙහි නම් ඉපදීමක් පැණවිලා තියෙනවා. යම් විඳීමක් ....(පෙ).... යම් සඤ්ඤාවක් ....(පෙ).... යම් සංස්කාර ....(පෙ).... ඉපදිලා තියෙන, පහළ වෙලා තියෙන යම් විඤ්ඤාණයක් ඇද්ද, අන්න ඒ විඤ්ඤාණයෙහි නම් ඉපදීමක් පැණවිලා තියෙනවා. වැනසීමක් පැණවිලා තියෙනවා. පවතින දේ තුළ වෙනස්වීමක් පැණවිලා තියෙනවා. පින්වත් ආනන්ද, ඉපදීමක් පැණවිලා තියෙන්නෙත්, වැනසීමක් පැණවිලා තියෙන්නේත්, පවතින දේ තුළ වෙනස්වීමක් පැණවිලා තියෙන්නෙත් ඔය දේවල්වලයි. පින්වත් ආනන්ද, ඒ විදිහට ඇසුවොත් උත්තර දිය යුත්තේ ඔය ආකාරයෙන් තමයි.

සාදු! සාදු!! සාදු!!!

දුතිය ආනන්ද සූත්‍රය නිමා විය.

1.1.4.7.
පඨම අනුධම්ම සූත්‍රය
ධර්මානුකූල වූ දෙය ගැන වදාළ පළමු දෙසුම

39. සැවැත් නුවර දී ....

පින්වත් මහණෙනි, ධර්මානුධර්ම ප්‍රතිපදාවෙහි යෙදී සිටින භික්ෂුවගේ ධර්මානුකූලභාවය මෙයයි.

යම් හෙයකින් රූපය පිළිබඳව (අවබෝධයෙන් ම) කලකිරීම් බහුලව වාසය කරනවා නම්, විඳීම පිළිබඳව කලකිරීම් බහුලව වාසය කරනවා නම්, සඤ්ඤාව පිළිබඳව කලකිරීම් බහුලව වාසය කරනවා නම්, සංස්කාර පිළිබඳව කලකිරීම් බහුලව වාසය කරනවා නම්, විඤ්ඤාණය පිළිබඳව කලකිරීම් බහුලව වාසය කරනවා නම්, එතකොට රූපය පිළිබඳව කළකිරීම් බහුලව වාසය කරන ඒ භික්ෂුව වේදනාව ....(පෙ).... සඤ්ඤාව ....(පෙ).... සංස්කාර ....(පෙ).... විඤ්ඤාණය පිළිබඳව කළකිරීම් බහුලව වාසය කරද්දී රූපය පිරිසිඳ අවබෝධ කරනවා. විඳීම පිරිසිඳ අවබෝධ කරනවා. සඤ්ඤාව පිරිසිඳ අවබෝධ කරනවා. සංස්කාර පිරිසිඳ අවබෝධ කරනවා. විඤ්ඤාණය පිරිසිඳ අවබෝධ කරනවා. එතකොට ඔහු රූපය පිරිසිඳ දැක, විඳීම පිරිසිඳ දැක, සඤ්ඤාව පිරිසිඳ දැක, සංස්කාර පිරිසිඳ දැක, විඤ්ඤාණය පිරිසිඳ දැක රූපයෙන් නිදහස් වෙනවා. විඳීමෙන් නිදහස් වෙනවා. සඤ්ඤාවෙන් නිදහස් වෙනවා. සංස්කාරවලින් නිදහස් වෙනවා. විඤ්ඤාණයෙන් නිදහස් වෙනවා. ඉපදීමෙන්, ජරාමරණයෙන්, සෝකයෙන්, වැළපීමෙන්, දුක්දොම්නස් සුසුම් හෙළීම්වලින් නිදහස් වෙනවා. දුකෙන් නිදහස් වෙනවා කියලයි මා කියන්නේ.

සාදු! සාදු!! සාදු!!!

පඨම අනුධම්ම සූත්‍රය නිමා විය.

1.1.4.8.
දුතිය අනුධම්ම සූත්‍රය
ධර්මානුකූල වූ දෙය ගැන වදාළ දෙවෙනි දෙසුම

40. සැවැත් නුවර දී ....

පින්වත් මහණෙනි, ධර්මානුධර්ම ප්‍රතිපදාවෙහි යෙදී සිටින භික්ෂුවගේ ධර්මානුකූලභාවය මෙයයි.

යම් හෙයකින් රූපය පිළිබඳව අනිත්‍ය දකිමින් වාසය කරනවා නම්, විඳීම ....(පෙ).... සඤ්ඤාව ....(පෙ).... සංස්කාර ....(පෙ).... විඤ්ඤාණ පිළිබඳව අනිත්‍ය දකිමින් වාසය කරනවා නම්, එතකොට රූපය පිළිබඳව අනිත්‍ය දකිමින් වාසය කරන ඒ භික්ෂුව වේදනාව ....(පෙ).... සඤ්ඤාව ....(පෙ).... සංස්කාර ....(පෙ).... විඤ්ඤාණය පිළිබඳව අනිත්‍ය දකිමින් වාසය කරද්දී, රූපය පිරිසිඳ අවබෝධ කරනවා. විඳීම ....(පෙ).... සඤ්ඤාව ....(පෙ).... සංස්කාර ....(පෙ).... විඤ්ඤාණය

පිරිසිඳ අවබෝධ කරනවා. එතකොට ඔහු රූපය පිරිසිඳ දැක, විඳීම ....(පෙ).... සඤ්ඤාව ....(පෙ).... සංස්කාර ....(පෙ).... විඤ්ඤාණය පිරිසිඳ දැක රූපයෙන් නිදහස් වෙනවා. විඳීමෙන් නිදහස් වෙනවා. සඤ්ඤාවෙන් නිදහස් වෙනවා. සංස්කාරවලින් නිදහස් වෙනවා. විඤ්ඤාණයෙන් නිදහස් වෙනවා. ඉපදීමෙන්, ජරාමරණයෙන්, සෝකයෙන්, වැලපීමෙන්, දුක්දොම්නස් සුසුම් හෙළීම්වලින් නිදහස් වෙනවා. දුකෙන් නිදහස් වෙනවා කියලයි මා කියන්නේ.

සාදු! සාදු!! සාදු!!!

දුතිය අනුධම්ම සූත්‍රය නිමා විය.

1.1.4.9.
තතිය අනුධම්ම සූත්‍රය
ධර්මානුකූල වූ දෙය ගැන වදාළ තෙවෙනි දෙසුම

41. සැවැත් නුවර දී ....

පින්වත් මහණෙනි, ධර්මානුධර්ම ප්‍රතිපදාවෙහි යෙදී සිටින භික්ෂුවගේ ධර්මානුකූලභාවය මෙයයි.

යම් හෙයකින් රූපය පිළිබඳව දුක දකිමින් වාසය කරනවා නම්, විඳීම ....(පෙ).... සඤ්ඤාව ....(පෙ).... සංස්කාර ....(පෙ).... විඤ්ඤාණය පිළිබඳව දුක දකිමින් වාසය කරනවා නම්, එතකොට රූපය පිළිබඳව දුක දකිමින් වාසය කරන ඒ භික්ෂුව වේදනාව ....(පෙ).... සඤ්ඤාව ....(පෙ).... සංස්කාර ....(පෙ).... විඤ්ඤාණය පිළිබඳව දුක දකිමින් වාසය කරද්දී රූපය පිරිසිඳ අවබෝධ කරනවා. විඳීම ....(පෙ).... සඤ්ඤාව ....(පෙ).... සංස්කාර ....(පෙ).... විඤ්ඤාණය පිරිසිඳ අවබෝධ කරනවා. එතකොට ඔහු රූපය පිරිසිඳ දැක විඳීම ....(පෙ).... සඤ්ඤාව ....(පෙ).... සංස්කාර ....(පෙ).... විඤ්ඤාණය පිරිසිඳ දැක, රූපයෙන් නිදහස් වෙනවා. විඳීමෙන් නිදහස් වෙනවා. සඤ්ඤාවෙන් නිදහස් වෙනවා. සංස්කාරවලින් නිදහස් වෙනවා. විඤ්ඤාණයෙන් නිදහස් වෙනවා. ඉපදීමෙන්, ජරාමරණයෙන්, සෝකයෙන්, වැලපීමෙන්, දුක්දොම්නස් සුසුම් හෙළීම්වලින් නිදහස් වෙනවා. දුකෙන් නිදහස් වෙනවා කියලයි මා කියන්නේ.

සාදු! සාදු!! සාදු!!!

තතිය අනුධම්ම සූත්‍රය නිමා විය.

1.1.4.10.
චතුත්ථ අනුධම්ම සූත්‍රය
ධර්මානුකූල වූ දෙය ගැන වදාළ සිව්වෙනි දෙසුම

42. සැවැත් නුවර දී ....

පින්වත් මහණෙනි, ධර්මානුධර්ම ප්‍රතිපදාවෙහි යෙදී සිටින භික්ෂුවගේ ධර්මානුකූලභාවය මෙයයි.

යම් හෙයකින් රූපය පිළිබඳව අනාත්මය දකිමින් වාසය කරනවා නම්, විඳීම ....(පෙ).... සඤ්ඤාව ....(පෙ).... සංස්කාර ....(පෙ).... විඤ්ඤාණය පිළිබඳව අනාත්මය දකිමින් වාසය කරනවා නම්, එතකොට රූපය පිළිබඳව අනාත්මය දකිමින් වාසය කරන ඒ භික්ෂුව වේදනාව ....(පෙ).... සඤ්ඤාව ....(පෙ).... සංස්කාර ....(පෙ).... විඤ්ඤාණය පිළිබඳව අනාත්මය දකිමින් වාසය කරද්දී රූපය පිරිසිඳ අවබෝධ කරනවා. විඳීම ....(පෙ).... සඤ්ඤාව ....(පෙ).... සංස්කාර ....(පෙ).... විඤ්ඤාණය පිරිසිඳ අවබෝධ කරනවා. එතකොට ඔහු රූපය පිරිසිඳ දැක, විඳීම ....(පෙ).... සඤ්ඤාව ....(පෙ).... සංස්කාර ....(පෙ).... විඤ්ඤාණය පිරිසිඳ දැක රූපයෙන් නිදහස් වෙනවා. විඳීමෙන් නිදහස් වෙනවා. සඤ්ඤාවෙන් නිදහස් වෙනවා. සංස්කාරවලින් නිදහස් වෙනවා. විඤ්ඤාණයෙන් නිදහස් වෙනවා. ඉපදීමෙන්, ජරාමරණයෙන්, සෝකයෙන්, වැළපීමෙන්, දුක්දොම්නස් සුසුම් හෙළීම්වලින් නිදහස් වෙනවා. දුකෙන් නිදහස් වෙනවා කියලයි මා කියන්නේ.

සාදු! සාදු!! සාදු!!!

චතුත්ථ අනුධම්ම සූත්‍රය නිමා විය.

හතරවෙනි න තුම්හාක වර්ගය අවසන් විය.

- එහි පිළිවෙල උද්දානයයි :

න තුම්හාක සූත්‍ර දෙක, භික්ඛු සූත්‍ර දෙක, ආනන්ද සූත්‍ර දෙක, අනුධම්ම සූත්‍ර හතර යන මෙයින් මෙම වර්ගය සමන්විත වෙයි.

5. අත්තදීප වර්ගය

1.1.5.1.
අත්තදීප සූත්‍රය
තමා පිහිට කරගැනීම ගැන වදාළ දෙසුම

43. සැවැත් නුවර දී ....

පින්වත් මහණෙනි, තමාව (සයුරෙහි වැටුණ කෙනෙක් රැකවරණය පිණිස පිහිනා යන දූපතක් මෙන්) පිහිට කරගන්න. තමාව පිළිසරණ කර ගන්න. බාහිර කෙනෙක් පිළිසරණ නොකර ගෙන සිටින්න. ධර්මය පිහිට කර ගන්න. ධර්මය පිළිසරණ කරගන්න. බාහිර දෙයක් පිළිසරණ නොකර ගෙන සිටින්න.

පින්වත් මහණෙනි, තමාව පිහිට කරගෙන, තමාව පිළිසරණ කරගෙන, වෙන කෙනෙක් පිළිසරණ නොකර ගෙන, ධර්මය පිහිට කරගෙන, ධර්මය පිළිසරණ කරගෙන, වෙන දෙයක් පිළිසරණ නොකරගෙන වාසය කරන්නා වූ ඔබ නුවණින්ම විමස විමසා බැලිය යුත්තේ මේ සෝක, වැළපීම්, දුක්දොම්නස් සුසුම් හෙළීම් හටගන්නේ කුමකින්ද කියාය. ප්‍රභවය වන්නේ කුමකින්ද කියාය.

පින්වත් මහණෙනි, සෝක, වැළපීම්, දුක්දොම්නස් සුසුම් හෙළීම් හටගන්නේ කුමකින්ද? ප්‍රභවය වන්නේ කුමකින්ද?

පින්වත් මහණෙනි, මේ ලෝකයෙහි අශ්‍රැතවත් පෘථග්ජනයෙක් ඉන්නවා. ඔහු ආර්යයන් වහන්සේලා නොදකින කෙනෙක්. ආර්ය ධර්මයට අදක්ෂ කෙනෙක්. ආර්ය ධර්මයෙහි නොහික්මුණ කෙනෙක්. සත්පුරුෂයන් වහන්සේලා නොදකින කෙනෙක්. සත්පුරුෂ ධර්මයට අදක්ෂ කෙනෙක්. සත්පුරුෂ ධර්මයෙහි නොහික්මුණ කෙනෙක්. ඒ නිසා ඔහු (සතර මහා ධාතූන්ගෙන් හටගන්ගෙන් හටගන්නා වූ) රූපය ආත්මයක් (තමාගේ වසඟයෙහි පැවැත්විය හැකි දෙයක්) වශයෙන් මුලාවෙන් දකිනවා. එක්කෝ ඔහු මුලාවෙන් දකින්නේ ආත්මය රූපයෙන් හැදිච්ච එකක් එකක් කියලයි. එහෙම නැත්නම් ඔහු මුලාවෙන් දකින්නේ ආත්මයක් තුළ තමයි රූපය තියෙන්නෙ කියලා. එහෙමත් නැත්නම් ඔහු මුලාවෙන් දකින්නේ ආත්මය තියෙන්නෙ රූපය තුළයි කියලා. නමුත්

ඔහුගේ එම රූපය විපරිණාමයට පත්වෙනවා. වෙනස් වෙලා යනවා. එතකොට ඔහුගේ රූපය විපරිණාමයට පත්වෙලා, වෙනස් වෙලා යෑම නිසා සෝක, වැළපීම්, දුක් දොම්නස් සුසුම් හෙළීම් උපදිනවා.

ඒ වගේම ඔහු (ස්පර්ශයෙන් හටගන්නා වූ) විඳීම ආත්මයක් (තමාගේ වසඟයෙහි පැවැත්විය හැකි දෙයක්) වශයෙන් මුලාවෙන් දකිනවා. එක්කො ඔහු මුලාවෙන් දකින්නේ ආත්මය විඳීමෙන් හැදිච්ච එකක් කියලයි. එහෙම නැත්නම් ඔහු මුලාවෙන් දකින්නේ ආත්මයක් තුළ තමයි විඳීම තියෙන්නේ කියලා. එහෙමත් නැත්නම් ඔහු මුලාවෙන් දකින්නේ ආත්මය තියෙන්නේ විඳීම තුළයි කියලා. නමුත් ඔහුගේ ඒ වේදනාව විපරිණාමයට පත් වෙනවා. වෙනස් වෙලා යනවා. එතකොට ඔහුගේ වේදනාව විපරිණාමයට පත්වෙලා, වෙනස් වෙලා යෑම නිසා සෝක, වැළපීම්, දුක් දොම්නස් සුසුම් හෙළීම් උපදිනවා. සඤ්ඤාව ....(පෙ).... ඒ වගේම ඔහු (ස්පර්ශයෙන් හටගන්නා වූ) සංස්කාර ආත්මයක් (තමාගේ වසඟයෙහි පැවැත්විය හැකි දෙයක්) වශයෙන් මුලාවෙන් දකිනවා. එක්කෝ ඔහු මුලාවෙන් දකින්නේ ආත්මය සංස්කාරවලින් හැදිච්ච එකක් කියලයි. එහෙමත් නැත්නම් ඔහු මුලාවෙන් දකින්නේ ආත්මයක් තුළ තමයි සංස්කාර තියෙන්නේ කියලා. එහෙමත් නැත්නම් ඔහු මුලාවෙන් දකින්නේ ආත්මය තියෙන්නේ සංස්කාර තුළයි කියලා. නමුත් ඔහුගේ ඒ සංස්කාර විපරිණාමයට පත් වෙනවා. වෙනස් වෙලා යනවා. එතකොට ඔහුගේ සංස්කාර විපරිණාමයට පත්වෙලා, වෙනස් වෙලා යෑම නිසා සෝක, වැළපීම්, දුක් දොම්නස් සුසුම් හෙළීම් උපදිනවා.

ඒ වගේම ඔහු (නාමරූපයෙන් හටගන්නා වූ) විඤ්ඤාණය ආත්මයක් (තමාගේ වසඟයේ පැවැත්විය හැකි දෙයක්) වශයෙන් මුලාවෙන් දකිනවා. එක්කෝ ඔහු මුලාවෙන් දකින්නේ ආත්මය විඤ්ඤාණයෙන් හැදිච්ච එකක් කියලයි. එහෙම නැත්නම් ඔහු මුලාවෙන් දකින්නේ ආත්මයක් තුළ තමයි විඤ්ඤාණය තියෙන්නේ කියලා. එහෙමත් නැත්නම් ඔහු මුලාවෙන් දකින්නේ ආත්මය තියෙන්නේ විඤ්ඤාණය තුළයි කියලා. නමුත් ඔහුගේ ඒ විඤ්ඤාණය විපරිණාමයට පත්වෙනවා. වෙනස් වෙලා යනවා. එතකොට ඔහුගේ විඤ්ඤාණය විපරිණාමයට පත් වෙලා, වෙනස් වෙලා යෑම නිසා සෝක, වැළපීම්, දුක් දොම්නස් සුසුම් හෙළීම් උපදිනවා.

පින්වත් මහණෙනි, ඒ රූපය පිළිබඳව ම අනිත්‍ය ස්වභාවයත්, විපරිණාම ස්වභාවයත්, විරාගී ස්වභාවයත්, නිරෝධයත් දැනගෙන කලින් තිබූ රූපයත් දැන් තිබෙන රූපයත් යන සෑම රූපයක් ම අනිත්‍යයි, දුකයි, වෙනස් වෙන ධර්මතාවයෙන් යුක්තයි කියලා ඔය ආකාරයෙන් සැබෑ තත්වය ම දියුණු කළ

ප්‍රඥාවෙන් දකින විට යම් ආකාරයෙන් යම් සෝක, වැළපීම්, දුක් දොම්නස් සුසුම් හෙළීම් තිබෙනවා නම්, ඒවා ප්‍රහාණය වෙලා යනවා. ඒවා ප්‍රහාණය වෙලා ගියාට පස්සේ තැති ගැනීමක් හටගන්නේ නෑ. තැති ගැනීමක් නැති නිසා සැපසේ වාසය කරනවා. සැපසේ වසන්නා වූ භික්ෂුවට "ඒ කරුණෙන් නිවී ගිය කෙනෙක්" කියලයි කියන්නේ.

පින්වත් මහණෙනි, ඒ විඳීම පිළිබඳව ම අනිත්‍ය ස්වභාවයත්, විපරිණාම ස්වභාවයත්, විරාගී ස්වභාවයත්, නිරෝධයත් දැනගෙන කලින් තිබූ විඳීමත් දැන් තිබෙන විඳීමත් යන සෑම විඳීමක් ම අනිත්‍යයි, දුකයි, වෙනස්වන ධර්මතාවයෙන් යුක්තයි කියලා ඔය ආකාරයෙන් සැබෑ තත්වය ම දියුණු කළ ප්‍රඥාවෙන් දකින විට යම් සෝක, වැළපීම්, දුක් දොම්නස් සුසුම් හෙළීම් තිබෙනවා නම්, ඒවා ප්‍රහාණය වෙලා යනවා. ඒවා ප්‍රහාණය වෙලා ගියාට පස්සේ තැති ගැනීමක් හටගන්නේ නෑ. තැති ගැනීමක් නැති නිසා සැප සේ වාසය කරනවා. සැපසේ වසන්නා වූ භික්ෂුවට "ඒ කරුණෙන් නිවී ගිය කෙනෙක්" කියලයි කියන්නේ.

පින්වත් මහණෙනි, සඤ්ඤාව පිළිබඳව ....(පෙ).... පින්වත් මහණෙනි, ඒ සංස්කාර පිළිබඳව ම අනිත්‍ය ස්වභාවයත්, විපරිණාම ස්වභාවයත්, විරාගී ස්වභාවයත්, නිරෝධයත් දැනගෙන කලින් තිබූ සංස්කාරත් දැන් තිබෙන සංස්කාරත් යන සෑම සංස්කාරයක් ම අනිත්‍යයි, දුකයි, වෙනස්වන ධර්මතාවයෙන් යුක්තයි කියලා ඔය ආකාරයෙන් සැබෑ තත්වය ම දියුණු කළ ප්‍රඥාවෙන් දකින විට යම් සෝක, වැළපීම්, දුක් දොම්නස් සුසුම් හෙළීම් තිබෙනවා නම්, ඒවා ප්‍රහාණය වෙලා යනවා. ඒවා ප්‍රහාණය වෙලා ගියාට පස්සේ තැති ගැනීමක් හටගන්නේ නෑ. තැති ගැනීමක් නැති නිසා සැප සේ වාසය කරනවා. සැපසේ වසන්නා වූ භික්ෂුව "ඒ කරුණෙන් නිවී ගිය කෙනෙක්" කියලයි කියන්නේ.

පින්වත් මහණෙනි, ඒ විඤ්ඤාණය පිළිබඳව ම අනිත්‍ය ස්වභාවයත්, විපරිණාම ස්වභාවයත්, විරාගී ස්වභාවයත්, නිරෝධයත් දැනගෙන කලින් තිබූ විඤ්ඤාණයත් දැන් තිබෙන විඤ්ඤාණයත් යන සෑම විඤ්ඤාණයක් ම අනිත්‍යයි, දුකයි, වෙනස්වන ධර්මතාවයෙන් යුක්තයි කියලා ඔය ආකාරයෙන් සැබෑ තත්වය ම දියුණු කළ ප්‍රඥාවෙන් දකින විට යම් සෝක, වැළපීම්, දුක් දොම්නස් සුසුම් හෙළීම් තියෙනවා නම්, එවා ප්‍රහාණය වෙලා යනවා. ඒවා ප්‍රහාණය වෙලා ගියාට පස්සේ තැති ගැනීමක් හටගන්නේ නෑ. තැති ගැනීමක් නැති නිසා සැප සේ වාසය කරනවා. සැපසේ වසන්නා වූ භික්ෂුවට "ඒ කරුණෙන් නිවී ගිය කෙනෙක්" කියලයි කියන්නේ.

සාදු! සාදු!! සාදු!!!

අත්තදීප සූත්‍රය නිමා විය.

1.1.5.2.
පටිපදා සූත්‍රය
ප්‍රතිපදාව ගැන වදාළ පළමු දෙසුම

44. සැවැත් නුවර දී ....

පින්වත් මහණෙනි, මා ඔබට දේශනා කරන්නට යන්නේ සක්කාය හටගැනීම පිණිස පවතින ප්‍රතිපදාවත්, සක්කාය නිරුද්ධවීම පිණිස පවතින ප්‍රතිපදාවත් ගැනයි. එය සවන් යොමා අසන්න ....(පෙ)....

පින්වත් මහණෙනි, සක්කාය හටගැනීම පිණිස පවතින ප්‍රතිපදාව යනු කුමක්ද?

පින්වත් මහණෙනි, මේ ලෝකයේ අශ්‍රැතවත් පෘථග්ජනයෙක් ඉන්නවා. ඔහු ආර්යයන් වහන්සේලා නොදකින කෙනෙක්. ආර්ය ධර්මයට අදක්ෂ කෙනෙක්. ආර්ය ධර්මයෙහි නොහික්මුණ කෙනෙක්. සත්පුරුෂයන් වහන්සේලා නොදකින කෙනෙක්. සත්පුරුෂ ධර්මයට අදක්ෂ කෙනෙක්. සත්පුරුෂ ධර්මයෙහි නොහික්මුණ කෙනෙක්. ඒ නිසා ඔහු (සතර මහා ධාතූන්ගෙන් හටගන්නා වූ) රූපය ආත්මයක් (තමාගේ වසඟයෙහි පැවැත්විය හැකි දෙයක්) වශයෙන් මුලාවෙන් දකිනවා. එක්කෝ ඔහු මුලාවෙන් දකින්නේ ආත්මය රූපයෙන් හැදිච්ච එකක් කියලයි. එහෙම නැත්නම් ඔහු මුලාවෙන් දකින්නේ ආත්මයක් තුළ තමයි රූපය තියෙන්නේ කියලා. එහෙමත් නැත්නම් ඔහු මුලාවෙන් දකින්නේ ආත්මය තියෙන්නේ රූපය තුළයි කියලා. ඔහු (ස්පර්ශයෙන් හටගන්නා වූ) විඳීම ආත්මයක් (තමාගේ වසඟයෙහි පැවැත්විය හැකි දෙයක්) වශයෙන් මුලාවෙන් දකිනවා. එක්කෝ ඔහු මුලාවෙන් දකින්නේ ආත්මය විඳීමෙන් හැදිච්ච එකක් කියලයි. එහෙම නැත්නම් ඔහු මුලාවෙන් දකින්නේ ආත්මයක් තුළ තමයි විඳීම තියෙන්නේ කියලා. එහෙමත් නැත්නම් ඔහු මුලාවෙන් දකින්නේ ආත්මය තියෙන්නේ විඳීම තුළයි කියලා ....(පෙ).... සඤ්ඤාව ....(පෙ).... සංස්කාර ....(පෙ).... ඒ වගේම ඔහු (නාමරූපයෙන් හටගන්නා වූ) විඤ්ඤාණය ආත්මයක් (තමාගේ වසඟයෙහි පැවැත්විය හැකි දෙයක්) වශයෙන් මුලාවෙන් දකිනවා. එක්කෝ ඔහු මුලාවෙන් දකින්නේ ආත්මය විඤ්ඤාණයෙන් හැදිච්ච එකක් කියලයි. එහෙම නැත්නම් ඔහු මුලාවෙන් දකින්නේ ආත්මයක් තුළ තමයි විඤ්ඤාණය තියෙන්නේ කියලා. එහෙමත් නැත්නම් ඔහු මුලාවෙන් දකින්නේ අත්මය තියෙන්නේ විඤ්ඤාණය තුළයි කියලා. පින්වත් මහණෙනි, සක්කාය

හටගැනීම පිණිස පවතින ප්‍රතිපදාව කියල කියන්නේ මෙයටයි. පින්වත් මහණෙනි, ඒ වගේම මෙයට දුක හටගැනීම පිණිස පවතින පිළිවෙළට මුලාවෙන් දැකීම කියලත් කියනවා. මේක අර්ථය ඕකමයි.

පින්වත් මහණෙනි, සක්කාය නිරුද්ධ වීම පිණිස පවතින ප්‍රතිපදාව යනු කුමක්ද?

පින්වත් මහණෙනි, මේ ලෝකයේ ශ්‍රැතවත් ආර්ය ශ්‍රාවකයෙක් ඉන්නවා. ඔහු ආර්යයන් වහන්සේලා දකින කෙනෙක්. ආර්ය ධර්මයට දක්ෂ කෙනෙක්. ආර්ය ධර්මයෙහි හික්මුණු කෙනෙක්. සත්පුරුෂයන් වහන්සේලා දකින කෙනෙක්. සත්පුරුෂ ධර්මයට දක්ෂ කෙනෙක්. සත්පුරුෂ ධර්මයෙහි හික්මුණ කෙනෙක්. ඒ නිසා ඔහු (සතර මහා ධාතූන්ගෙන් හටගන්නා වූ) රූපය ආත්මයක් (තමාගේ වසඟයෙහි පැවැත්විය හැකි දෙයක්) වශයෙන් මුලාවෙන් දකින්නේ නෑ. ඒ වගේම ඒ ආත්මය රූපයෙන් හැදිච්ච එකක් කියලත් මුලාවෙන් දකින්නේ නෑ. ඒ වගේම ආත්මයක් තුළ තමයි රූපය තියෙන්නේ කියල මුලාවෙන් දකින්නේ නෑ. ඒ වගේම ඔහු ආත්මය තියෙන්නේ රූපය තුළයි කියලත් මුලාවෙන් දකින්නේ නෑ. ඔහු ආත්මයක් හැටියට වේදනාව ගැන දකින්නේ නෑ ....(පෙ).... සඤ්ඤාව ....(පෙ).... සංස්කාර ....(පෙ).... ඒ වගේම ඔහු (නාමරූපයෙන් හටගන්නා වූ) විඤ්ඤාණය ආත්මයක් (තමාගේ වසඟයෙහි පැවැත්විය හැකි දෙයක්) වශයෙන් මුලාවෙන් දකින්නේ නෑ. ඒ වගේම ඒ ආත්මය විඤ්ඤාණයෙන් හැදිච්ච එකක් කියලත් මුලාවෙන් දකින්නේ නෑ. ඒ වගේම ආත්මයක් තුළ තමයි විඤ්ඤාණය තියෙන්නේ කියලත් මුලාවෙන් දකින්නේ නෑ. ඒ වගේම ඔහු ආත්මය තියෙන්නේ විඤ්ඤාණය තුළයි කියලත් මුලාවෙන් දකින්නේ නෑ. පින්වත් මහණෙනි, සක්කාය නිරුද්ධවීම පිණිස පවතින ප්‍රතිපදාව කියල කියන්නේ මෙයටයි. පින්වත් මහණෙනි, ඒ වගේම මෙයට දුක නිරුද්ධ වීම පිණිස පවතින පිළිවෙළට නුවණින් දැකීම කියලත් කියනවා. මේකෙ අර්ථය ඕකමයි.

සාදු! සාදු!! සාදු!!!

පටිපදා සූත්‍රය නිමා විය.

1.1.5.3.
පඨම අනිච්චතා සූත්‍රය
අනිත්‍යතාව ගැන වදාළ පළමු දෙසුම

45. සැවැත් නුවර දී ....

පින්වත් මහණෙනි, රූපය අනිත්‍යයි. යමක් අනිත්‍ය නම් එය දුකයි. යමක් දුක නම් එය අනාත්මයි. යමක් අනාත්ම නම්, "මේක මගේ නොවේ, මේ මම නොවේ, මේක මගේ ආත්මය නොවේ" කියලා ඔය විදිහටයි දියුණු කළ ප්‍රඥාවෙන් සැබෑ තත්වය දැකිය යුත්තේ. ඉතින් ඔය ආකාරයෙන් දියුණු කළ ප්‍රඥාවෙන් සැබෑ තත්වය දකින විට සිත නොඇලී යනවා. කිසිවකට නොබැඳී ආශ්‍රවයන්ගෙන් නිදහස් වෙනවා. වේදනාව ....(පෙ).... සඤ්ඤාව ....(පෙ).... සංස්කාර ....(පෙ).... විඤ්ඤාණය අනිත්‍යයි. යමක් අනිත්‍ය නම් එය දුකයි. යමක් දුක නම් එය අනාත්මයි. යමක් අනාත්ම නම්, "මේක මගේ නොවේ, මේ මම නොවේ, මේක මගේ ආත්මය නොවේ" කියලා ඔය විදිහටයි දියුණු කළ ප්‍රඥාවෙන් සැබෑ තත්වය දැකිය යුත්තේ. ඉතින් ඔය ආකාරයෙන් දියුණු කළ ප්‍රඥාවෙන් සැබෑ තත්වය දකින විට සිත නොඇලී යනවා. කිසිවකට නොබැඳී ආශ්‍රවයන්ගෙන් නිදහස් වෙනවා.

පින්වත් මහණෙනි, ඉදින් රූප ධාතුවට නොඇලෙන භික්ෂුවගේ සිත කිසිවකට නොබැඳී ආශ්‍රවයන්ගෙන් නිදහස් වෙනවා නම්, ඉදින් වේදනා ධාතුවට ....(පෙ).... ඉදින් සඤ්ඤා ධාතුවට ....(පෙ).... ඉදින් සංස්කාර ධාතුවට ....(පෙ).... ඉදින් විඤ්ඤාණ ධාතුවට නොඇලෙන භික්ෂුවගේ සිත කිසිවකට නොබැඳී ආශ්‍රවයන්ගෙන් නිදහස් වෙනවා නම් ඒ නිදහස් වීම නිසාම (නිවනෙහි) පිහිටනවා. පිහිටි නිසාම සතුටින් ඉන්නවා. සතුටින් ඉන්න නිසාම තැති ගන්නේ නෑ. තැති නොගන්නා නිසාම මේ ජීවිතයේදීම පිරිනිවී යනවා. 'ඉපදීම ක්ෂය වුණා. ඔබසර වාසය සම්පූර්ණ කළා. නිවන පිණිස කළ යුතු දේ කළා. ආයෙමත් නම් නැවත උපතක් නැතැ'යි අවබෝධ කරගන්නවා.

සාදු! සාදු!! සාදු!!!

පඨම අනිච්චතා සූත්‍රය නිමා විය.

1.1.5.4.
දුතිය අනිච්චතා සූත්‍රය
අනිත්‍යතාව ගැන වදාළ දෙවෙනි දෙසුම

46. සැවැත් නුවර දී ....

පින්වත් මහණෙනි, රූපය අනිත්‍යයි. යමක් අනිත්‍ය නම් එය දුකයි. යමක් දුක නම් එය අනාත්මයි. යමක් අනාත්ම නම්, "මේක මගේ නොවේ, මේ මම නොවේ, මේ මගේ ආත්මය නොවේ" කියලා ඔය විදිහටයි දියුණු කළ ප්‍රඥාවෙන් සැබෑ තත්වය දැකිය යුත්තේ. ඉතින් ඔය ආකාරයෙන් දියුණු කළ ප්‍රඥාවෙන් සැබෑ තත්වය දකින විට සිත නොඇලී යනවා. කිසිවකට නොබැඳී ආශ්‍රවයන්ගෙන් නිදහස් වෙනවා. වේදනාව ....(පෙ).... සඤ්ඤාව ....(පෙ).... සංස්කාර ....(පෙ).... විඤ්ඤාණය අනිත්‍යයි. යමක් අනිත්‍ය නම් එය දුකයි. යමක් දුක නම් එය අනාත්මයි. යමක් අනාත්ම නම්, "මේක මගේ නොවේ, මේ මම නොවේ, මේක මගේ ආත්මය නොවේ" කියලා ඔය විදිහටයි දියුණු කළ ප්‍රඥාවෙන් සැබෑ තත්වය දැකිය යුත්තේ. ඉතින් ඔය ආකාරයෙන් දියුණු කළ ප්‍රඥාවෙන් සැබෑ තත්වය දකින විට අතීත ජීවිත අරභයා ඇතිවන්නා වූ දෘෂ්ටි ඇතිවන්නේ නෑ. අතීත ජීවිත අරභයා දෘෂ්ටීන් නොමැති කල්හී අනාගත ජීවිත අරභයා දෘෂ්ටීන් ඇතිවන්නේ නෑ. අනාගත ජීවිත අරභයා දෘෂ්ටීන් නොමැති කල්හී මතවාදයන්හී දැඩි ලෙස බැඳී වෙලී සිටීමක් නෑ. මතවාදයන්හි දැඩි ලෙස බැඳී වෙලී සිටීමක් නැති කල්හී රූපය කෙරෙහි, විඳීම කෙරෙහි, සඤ්ඤාව කෙරෙහි, සංස්කාර කෙරෙහි, විඤ්ඤාණය කෙරෙහි සිත නොඇලී යනවා. එතකොට කිසිවකට නොබැඳී ආශ්‍රවයන්ගෙන් නිදහස් වෙනවා. ඒ නිදහස් වීම නිසාම (නිවනෙහි) පිහිටනවා. පිහිටි නිසාම සතුටින් ඉන්නවා. සතුටින් ඉන්න නිසාම තැති ගන්නේ නෑ. තැති නොගන්නා නිසාම මේ ජීවිතයේදීම පිරිනිවී යනවා. 'ඉපදීම ක්ෂය වුණා. බඹසර වාසය සම්පූර්ණ කළා. නිවන පිණිස කළ යුතු දේ කළා. ආයෙමත් නම් නැවත උපතක් නැතැ'යි අවබෝධ කර ගන්නවා.

සාදු! සාදු!! සාදු!!!

දුතිය අනිච්චතා සූත්‍රය නිමා විය.

1.1.5.5.
සමනුපස්සනා සූත්‍රය
විමසා බැලීම ගැන වදාළ දෙසුම

47. සැවැත් නුවර දී ....

පින්වත් මහණෙනි, යම්කිසි ශ්‍රමණ බමුණන් නොයෙක් ආකාරයෙන් තමා පිළිබඳව විමස විමසා බලන විට නොයෙක් ආකාරයෙන් දකිනවා. ඒ සෑම කෙනෙක් ම දකින්නේ පංච උපාදානස්කන්ධයන් ම යි. එක්කෝ පංච උපාදානස්කන්ධයන්ගෙන් යමක් තමයි.

කවර පහක්ද යත්;

පින්වත් මහණෙනි, මේ ලෝකයේ අශ්‍රැතවත් පෘථග්ජනයෙක් ඉන්නවා. ඔහු ආර්යයන් වහන්සේලා නොදකින කෙනෙක්. ආර්ය ධර්මයට අදක්ෂ කෙනෙක්. ආර්ය ධර්මයෙහි නොහික්මුණ කෙනෙක්. සත්පුරුෂයන් වහන්සේලා නොදකින කෙනෙක්. සත්පුරුෂ ධර්මයට අදක්ෂ කෙනෙක්. සත්පුරුෂ ධර්මයෙහි නොහික්මුණ කෙනෙක්. ඒ නිසා ඔහු (සතර මහා ධාතුන්ගෙන් හටගන්නා වූ) රූපය ආත්මයක් (තමාගේ වසඟයේ පැවැත්විය හැකි දෙයක්) වශයෙන් මුලාවෙන් දකිනවා. එක්කෝ ඔහු මුලාවෙන් දකින්නේ ආත්මය රූපයෙන් හැදිච්ච එකක් කියලයි. එහෙම නැත්නම් ඔහු මුලාවෙන් දකින්නේ ආත්මයක් තුළ තමයි රූපය තියෙන්නේ කියලා. එහෙමත් නැත්නම් ඔහු මුලාවෙන් දකින්නේ ආත්මය තියෙන්නේ රූපය තුළයි කියලා. වේදනාව ....(පෙ).... සඤ්ඤාව ....(පෙ).... සංස්කාර ....(පෙ).... ඒ වගේම ඔහු (නාමරූපයෙන් හටගන්නා වූ) විඤ්ඤාණය ආත්මයක් (තමාගේ වසඟයෙහි පැවැත්විය හැකි දෙයක්) වශයෙන් මුලාවෙන් දකිනවා. එක්කෝ ඔහු මුලාවෙන් දකින්නේ ආත්මය විඤ්ඤාණයෙන් හැදිච්ච එකක් කියලයි. එහෙම නැත්නම් ඔහු මුලාවෙන් දකින්නේ ආත්මයක් තුළ තමයි විඤ්ඤාණය තියෙන්නේ කියලා. එහෙමත් නැත්නම් ඔහු මුලාවෙන් දකින්නේ ආත්මය තියෙන්නේ විඤ්ඤාණය තුළයි කියලා.

ඔය විදිහට මේ පංච උපාදානස්කන්ධය ගැන මුලාවෙන් දූක්කා කියලා 'මම වෙමි' යි යන අදහස ප්‍රහීණ වෙන්නේ නෑ. පින්වත් මහණෙනි, 'මම වෙමි' යි යන අදහස ප්‍රහීණ නොවී තියෙන විට පංච ඉන්ද්‍රියන් තුළ බැසගෙනයි ඉන්නේ. ඒ කියන්නේ; ඇස නම් වූ ඉන්ද්‍රිය, කණ නම් වූ ඉන්ද්‍රිය, නාසය

නම් වූ ඉන්ද්‍රිය, දිව නම් වූ ඉන්ද්‍රිය, කය නම් වූ ඉන්ද්‍රියයි. පින්වත් මහණෙනි, මනස තියෙනවා. මනසට සිතෙන අරමුණුත් තියෙනවා. අවිද්‍යාව නම් වූ අනවබෝධ ස්වභාවයත් තියෙනවා. පින්වත් මහණෙනි, අවිද්‍යා සහගත ස්පර්ශයෙන් හටගන්නා වූ විඳීමෙන් පහස ලබන අශ්‍රැතවත් පෘථග්ජනයා හට 'මම වෙමි' යි යන හැඟීම ඇතිවෙනවා. ඔහුට මේ 'මම වෙමි'යි යන හැඟීමත් ඇතිවෙනවා ඔහුට 'අනාගතයෙහි වන්නෙමි' යි යන හැඟීමත් ඇතිවෙනවා. ඔහුට 'අනාගතයෙහි නොවන්නෙමි' යි යන හැඟීමත් ඇතිවෙනවා. ඔහුට 'ඔහුට රූපී වන්නෙමි'යි යන හැඟීමත් ඇතිවෙනවා. ඔහුට 'අරූපී වන්නෙමි'යි යන හැඟීමත් ඇතිවෙනවා. ඔහුට 'සඤ්ඤා සහිත වන්නෙමි'යි යන හැඟීමත් ඇතිවෙනවා. ඔහුට 'සඤ්ඤා රහිත වන්නෙමි'යි යන හැඟීමත් ඇතිවෙනවා. ඔහුට 'සඤ්ඤාව ඇත්තෙත් නැති, නැත්තෙත් නැති බවට පත්වෙමි'යි යන හැඟීමත් ඇතිවෙනවා.

පින්වත් මහණෙනි, ඒ ජීවිතය තුළත් ඇස්, කණ ආදී පංච ඉන්ද්‍රියයන් තියෙන නමුත් ශ්‍රැතවත් ආර්ය ශ්‍රාවකයාට ඒ කෙරෙහි අවිද්‍යාව ප්‍රහාණය වෙලා විද්‍යාව ඉපදිලයි තියෙන්නේ. එනිසා ඔහු තුළ අවිද්‍යාව දුරුවීමත්, විද්‍යාව ඉපදීමත් කරණ කොටගෙන ඔහුට 'මම වෙමි'යි යන හැඟීම නැතිව යනවා. ඔහුට 'මේ මම වෙමි' යි යන හැඟීමත් නැතිව යනවා. ඔහුට 'අනාගතයෙහි වන්නෙමි' යි යන හැඟීමත් නැතිව යනවා. ඔහුට 'අනාගතයෙහි නොවන්නෙමි' යි යන හැඟීමත් නැතිව යනවා. ඔහුට 'රූපී වන්නෙමි' යි යන හැඟීමත් නැතිව යනවා. ඔහුට 'අරූපී වන්නෙමි' යි යන හැඟීමත් නැතිව යනවා. ඔහුට 'සඤ්ඤා සහිත වන්නෙමි' යි යන හැඟීමත් නැතිව යනවා. 'ඔහුට සඤ්ඤා රහිත වන්නෙමි' යි යන හැඟීමත් නැතිව යනවා. ඔහුට 'සඤ්ඤාව ඇත්තෙත් නැති, නැත්තෙත් නැති බවට පත්වෙමි' යි යන හැඟීමත් නැතිව යනවා.

සාදු! සාදු!! සාදු!!!

සමනුපස්සනා සූත්‍රය නිමා විය.

1.1.5.6.
ඛන්ධ සූත්‍රය
ස්කන්ධයන් ගැන වදාළ දෙසුම

48. සැවැත් නුවර දී ....

පින්වත් මහණෙනි, ඔබට මා පංචස්කන්ධය ගැනත්, පංච උපාදානස්කන්ධය ගැනත් දේශනා කරන්නටයි යන්නේ. එය සවන් යොමා අසන්න ....(පෙ)....

පින්වත් මහණෙනි, පංචස්කන්ධය යනු කුමක්ද? පින්වත් මහණෙනි, අතීතයට ගිය හෝ හටනොගත් අනාගතයට අයත් වූ හෝ වර්තමානයේ හෝ අධ්‍යාත්මික හෝ බාහිර හෝ ගොරෝසු හෝ සියුම් හෝ හීන හෝ උසස් හෝ යම්කිසි රූපයක් ඇද්ද, දුර හෝ ළඟ හෝ යම් රූපයක් ඇද්ද, රූපස්කන්ධය යනු මෙයයි.

....(පෙ).... යම්කිසි විඳීමක් ඇද්ද ....(පෙ).... යම්කිසි සඤ්ඤාවක් ඇද්ද ....(පෙ).... යම්කිසි සංස්කාර ඇද්ද ....(පෙ).... අතීතයට ගිය හෝ හට නොගත් අනාගතයට අයත් වූ හෝ වර්තමානයේ හෝ අධ්‍යාත්මික හෝ බාහිර හෝ ගොරෝසු හෝ සියුම් හෝ හීන හෝ උසස් හෝ යම්කිසි විඤ්ඤාණයක් ඇද්ද, දුර හෝ ළඟ හෝ යම් විඤ්ඤාණයක් ඇද්ද, විඤ්ඤාණස්කන්ධය යනු මෙයයි. පින්වත් මහණෙනි, පංචස්කන්ධය යනු මෙයයි.

පින්වත් මහණෙනි, පංච උපාදානස්කන්ධය යනු කුමක්ද? පින්වත් මහණෙනි, අතීතයට ගිය හෝ හට නොගත් අනාගතයට අයත් වූ හෝ වර්තමානයේ හෝ අධ්‍යාත්මික හෝ බාහිර හෝ ගොරෝසු හෝ සියුම් හෝ හීන හෝ උසස් හෝ යම්කිසි රූපයක් ඇද්ද, දුර හෝ ළඟ හෝ යම් රූපයක් ඇද්ද, එය ආශ්‍රව සහිතව බැඳීම් ඇති කරන ස්වභාවයෙන් යුතුව තිබේ නම් රූප උපාදානස්කන්ධය යනු මෙයයි.

....(පෙ).... යම්කිසි විඳීමක් ඇද්ද ....(පෙ).... යම්කිසි සඤ්ඤාවක් ඇද්ද ....(පෙ).... යම්කිසි සංස්කාර ඇද්ද ....(පෙ).... අතීතයට ගිය හෝ හට නොගත් අනාගතයට අයත් වූ හෝ වර්තමානයේ හෝ අධ්‍යාත්මික හෝ බාහිර හෝ ගොරෝසු හෝ සියුම් හෝ හීන හෝ උසස් හෝ යම්කිසි විඤ්ඤාණයක් ඇද්ද, දුර හෝ ළඟ හෝ යම් විඤ්ඤාණයක් ඇද්ද, එය ආශ්‍රව සහිතව බැඳීම් ඇතිකරන ස්වභාවයෙන් යුතුව තිබේ නම් විඤ්ඤාණ උපාදානස්කන්ධය මෙයයි.

පින්වත් මහණෙනි, පංච උපාදානස්කන්ධය යනු මෙයයි.

සාදු! සාදු!! සාදු!!!

ඛන්ධ සූත්‍රය නිමා විය.

1.1.5.7.
පඨමසෝණ සූත්‍රය
සෝණ හට වදාළ පළමු දෙසුම

49. මා හට අසන්නට ලැබුණේ මේ විදිහටයි. ඒ දිනවල භාග්‍යවතුන් වහන්සේ වැඩසිටියේ රජගහ නුවර ලෙහෙනුන්ගේ අභය භූමිය නම් වූ වේළුවනාරාමයේ. එදා සෝණ නම් වූ ගෘහපති පුත්‍රයා භාග්‍යවතුන් වහන්සේ වැඩසිටි තැනට පැමිණුනා. පැමිණිලා භාග්‍යවතුන් වහන්සේට ආදරයෙන් වන්දනා කොට එකත්පස්ව වාඩිවුණා. එකත්පස්ව වාඩිවුණ සෝණ ගෘහපති පුත්‍රයා හට භාග්‍යවතුන් වහන්සේ මෙකරුණ වදාළා.

පින්වත් සෝණ, යම්කිසි ශ්‍රමණයන් වේවා, බමුණන් වේවා අනිත්‍ය වූ දුක් වූ වෙනස්වන ධර්මතාවයෙන් යුතු වූ රූපය කරණ කොට ගෙනයි 'මම උසස් කෙනෙක් ය' කියලා කියන්නේ. 'මම සමාන කෙනෙක් ය' කියලා දකින්නේ. 'මම පහත් කෙනෙක් ය' කියලා දකින්නේ. මෙය වනාහී යථාර්ථය නොදැනීම විනා වෙන කුමක්ද? අනිත්‍ය වූ දුක් වූ වෙනස්වන ධර්මතාවයෙන් යුතු වූ විඳීම කරණ කොට ගෙනයි 'මම උසස් කෙනෙක් ය' කියලා දකින්නේ. 'මම සමාන කෙනෙක් ය' කියලා දකින්නේ. 'මම පහත් කෙනෙක් ය' කියල දකින්නේ. මෙය වනාහී යථාර්ථය නොදැනීම විනා වෙන කුමක්ද? අනිත්‍ය වූ දුක් වූ වෙනස්වන ධර්මතාවයෙන් යුතු වූ සඤ්ඤාව කරණ කොටයි ....(පෙ).... අනිත්‍ය වූ දුක් වූ වෙනස්වන ධර්මතාවයෙන් යුතු වූ සංස්කාර කරණ කොට ගෙනයි ....(පෙ).... අනිත්‍ය වූ දුක් වූ වෙනස්වන ධර්මතාවයෙන් යුතු වූ විඤ්ඤාණය කරණ කොට ගෙනයි 'මම උසස් කෙනෙක් ය' කියල දකින්නේ. 'මම සමාන කෙනෙක් ය' කියලා දකින්නේ. 'මම පහත් කෙනෙක් ය' කියලා දකින්නේ. මෙය වනාහී යථාර්ථය නොදැනීම විනා වෙන කුමක්ද?

පින්වත් සෝණ, යම්කිසි ශ්‍රමණයන් වේවා, බමුණන් වේවා අනිත්‍ය වූ දුක් වූ වෙනස්වන ධර්මතාවයෙන් යුතු වූ රූපය කරණ කොට ගෙන

'මම උසස් කෙනෙක් ය' කියලා දකින්නේ නැත්නම්, 'මම සමාන කෙනෙක් ය' කියලා දකින්නේ නැත්නම්, 'මම පහත් කෙනෙක් ය' කියලා දකින්නේ නැත්නම්, මෙය වනාහී යථාර්ථය දැනීම විනා වෙන කුමක්ද? අනිත්‍ය වූ දුක් වූ වෙනස්වන ධර්මතාවයෙන් යුතු වූ විඳීම කරණ කොට ගෙන ....(පෙ).... අනිත්‍ය වූ දුක් වූ වෙනස්වන ධර්මතාවයෙන් යුතු වූ සඤ්ඤාව කරණ කොට ගෙන ....(පෙ).... අනිත්‍ය වූ දුක් වූ වෙනස්වන ධර්මතාවයෙන් යුතු වූ සංස්කාර කරණ කොට ගෙන ....(පෙ).... අනිත්‍ය වූ දුක් වූ වෙනස්වන ධර්මතාවයෙන් යුතු වූ විඤ්ඤාණය කරණ කොට ගෙන 'මම උසස් කෙනෙක් ය' කියල දකින්නේ නැත්නම්, 'මම සමාන කෙනෙක් ය' කියලා දකින්නේ නැත්නම්, 'මම පහත් කෙනෙක් ය' කියලා දකින්නේ නැත්නම්, මෙය වනාහී යථාර්ථය දැනීම විනා වෙන කුමක්ද?

පින්වත් සෝණ, මේ ගැන ඔබ කුමක්ද හිතන්නේ? රූපය යනු නිත්‍ය දෙයක්ද? අනිත්‍ය දෙයක්ද?" "ස්වාමීනී, අනිත්‍යයි."

"යමක් වනාහී අනිත්‍ය නම් එය දුකක්ද? සැපක්ද?" "ස්වාමීනී, දුකකි."

"යමක් වනාහි අනිත්‍ය නම්, දුක නම්, වෙනස්වන ධර්මතාවයට අයත් දෙයක් නම් එය 'මගේ' කියා හෝ එය 'මම වෙමි' කියා හෝ එය 'මගේ ආත්මය' කියා හෝ මුලාවෙන් දකින එක සුදුසුද?" "ස්වාමීනී, එය සුදුසු නෑ ම යි."

"විඳීම යනු නිත්‍ය දෙයක්ද? අනිත්‍ය දෙයක්ද?" "ස්වාමීනී, අනිත්‍යයි."

"යමක් වනාහී අනිත්‍ය නම් එය දුකක්ද? සැපක්ද?" "ස්වාමීනී, දුකකි."

"යමක් වනාහි අනිත්‍ය නම්, දුක නම්, වෙනස්වන ධර්මතාවයට අයත් දෙයක් නම් එය 'මගේ' කියා හෝ එය 'මම වෙමි' කියා හෝ එය 'මගේ ආත්මය' කියා හෝ මුලාවෙන් දකින එක සුදුසුද?" "ස්වාමීනී, එය සුදුසු නෑ ම යි."

"සඤ්ඤාව ....(පෙ).... සංස්කාර ....(පෙ).... විඤ්ඤාණය යනු නිත්‍ය දෙයක්ද? අනිත්‍ය දෙයක්ද?" "ස්වාමීනී, අනිත්‍යයි."

"යමක් වනාහී අනිත්‍ය නම් එය දුකක්ද? සැපක්ද?" "ස්වාමීනී, දුකකි."

"යමක් වනාහි අනිත්‍ය නම්, දුක නම්, වෙනස්වන ධර්මතාවයට අයත් දෙයක් නම් එය 'මගේ' කියා හෝ එය 'මම වෙමි' කියා හෝ එය 'මගේ ආත්මය' කියා හෝ මුලාවෙන් දකින එක සුදුසුද?" "ස්වාමීනී, එය සුදුසු නෑ ම යි."

"එනිසා පින්වත් සෝණ, අතීතයට ගිය හෝ හට නොගත් අනාගතයට

අයත් වූ හෝ වර්තමානයේ හෝ අධ්‍යාත්මික හෝ බාහිර හෝ ගොරෝසු හෝ සියුම් හෝ හීන හෝ උසස් හෝ යම්කිසි රූපයක් ඇද්ද, දුර හෝ ළඟ හෝ යම් රූපයක් ඇද්ද, ඒ සෑම රූපයක් පිළිබඳව ම දියුණු කළ ප්‍රඥාවෙන් යුතුව දැකිය යුත්තේ 'මේක මගේ නොවේ, මේක මම නොවෙමි, මේක මගේ ආත්මය නොවෙයි' කියල ඔය ආකාරයටයි.

යම්කිසි විඳීමක් ....(පෙ).... යම්කිසි සඤ්ඤාවක් ....(පෙ).... යම්කිසි සංස්කාරයක් ....(පෙ).... අතීතයට ගිය හෝ හට නොගත් අනාගතයට අයත් වූ හෝ වර්තමානයේ හෝ ආධ්‍යාත්මික හෝ බාහිර හෝ ගොරෝසු හෝ සියුම් හෝ හීන හෝ උසස් හෝ යම්කිසි විඤ්ඤාණයක් ඇද්ද, දුර හෝ ළඟ හෝ යම් විඤ්ඤාණයක් ඇද්ද, ඒ සෑම විඤ්ඤාණයක් පිළිබඳව ම දියුණු කළ ප්‍රඥාවෙන් යුතුව දැකිය යුත්තේ 'මේක මගේ නොවේ, මේක මම නොවෙමි, මේක මගේ ආත්මය නොවෙයි' කියල ඔය ආකාරයටයි.

පින්වත් සොණ, ශ්‍රැතවත් ආර්ය ශ්‍රාවකයා ඔය විදිහට දියුණු කරපු ප්‍රඥාවෙන් දකින කොට රූපය ගැනත් අවබෝධයෙන් ම කළකිරෙනවා. වේදනාව ගැනත් අවබෝධයෙන් ම කළකිරෙනවා. සඤ්ඤාව ගැනත් අවබෝධයෙන් ම කළකිරෙනවා. සංස්කාර ගැනත් අවබෝධයෙන් ම කළකිරෙනවා. විඤ්ඤාණය ගැනත් අවබෝධයෙන් ම කළකිරෙනවා. අවබෝධයෙන් ම කළකිරුණු විට සිත ඇලෙන්නේ නැතුව යනවා. සිත නොඇලෙන කොට එයින් සිත නිදහස් වෙනවා. සිත නිදහස් වෙන කොට ම 'නිදහස් වුණා' කියලා අවබෝධ ඥානය ඇතිවෙනවා. 'ඉපදීම ක්ෂය වෙලා ගියා. බඹසර වාසය සම්පූර්ණ කරගත්තා. නිවන පිණිස කළ යුතු දේ කර ගත්තා. ආයෙත් නම් සංසාරයේ වෙන උපතක් නැතැ'යි අවබෝධය ඇති වෙනවා."

සාදු! සාදු!! සාදු!!!

පඨම සෝණ සූත්‍රය නිමා විය.

1.1.5.8.
දුතිය සෝණ සූත්‍රය
සෝණ හට වදාළ දෙවෙනි දෙසුම

50. මා හට අසන්නට ලැබුණේ මේ විදිහටයි. ඒ දිනවල භාග්‍යවතුන් වහන්සේ

වැඩසිටියේ රජගහ නුවර ලෙහෙනුන්ගේ අභය භූමිය නම් වූ වේළුවනාරාමයේ. එදා සෝණ නම් වූ ගෘහපති පුත්‍රයා භාග්‍යවතුන් වහන්සේ වැඩසිටි තැනට පැමිණුනා. පැමිණිලා භාග්‍යවතුන් වහන්සේට ආදරයෙන් වන්දනා කොට එකත්පස්ව වාඩිවුණා. එකත්පස්ව වාඩිවුණ සෝණ ගෘහපති පුත්‍රයා හට භාග්‍යවතුන් වහන්සේ මෙකරුණ වදාළා.

පින්වත් සෝණ, යම්කිසි ශ්‍රමණයෙක් වේවා. බමුණන් වේවා ඔවුන් රූපය අවබෝධ කරන්නේ නැත්නම්, රූපයෙහි හටගැනීම අවබෝධ කරන්නේ නැත්නම්, රූප නිරෝධය අවබෝධ කරන්නේ නැත්නම්, රූපය නිරුද්ධ වීම පිණිස පවතින ප්‍රතිපදාව අවබෝධ කරන්නේ නැත්නම්, විඳීම ....(පෙ).... සඤ්ඤාව ....(පෙ).... සංස්කාර ....(පෙ).... විඤ්ඤාණය අවබෝධ කරන්නේ නැත්නම්, විඤ්ඤාණයෙහි හටගැනීම අවබෝධ කරන්නේ නැත්නම්, විඤ්ඤාණ නිරෝධය අවබෝධ කරන්නේ නැත්නම්, විඤ්ඤාණය නිරුද්ධ වීම පිණිස පවතින ප්‍රතිපදාව අවබෝධ කරන්නේ නැත්නම්, පින්වත් සෝණ, ඒ ශ්‍රමණයන් වේවා, බමුණන් වේවා ශ්‍රමණයන් අතර සැබෑ ශ්‍රමණයන් බවට සම්මත වෙන්නේ නෑ. බ්‍රාහ්මණයන් අතර සැබෑ බ්‍රාහ්මණයන් බවට සම්මත වෙන්නේ නෑ. ඒ ආයුෂ්මත්වරුන් මේ ජීවිතයේදී ම ශ්‍රමණ ඵලයක් හෝ බ්‍රාහ්මණඵලයක් හෝ ස්වකීය ප්‍රඥාවෙන් අවබෝධ කරගෙන එයට පැමිණ වාසය කරන්නේ නෑ.

පින්වත් සෝණ, යම්කිසි ශ්‍රමණයන් වේවා, බමුණන් වේවා ඔවුන් රූපය අවබෝධ කරනවා නම්, රූපයෙහි හටගැනීම අවබෝධ කරනවා නම්, රූප නිරෝධය අවබෝධ කරනවා නම්, රූපය නිරුද්ධ වීම පිණිස පවතින ප්‍රතිපදාව අවබෝධ කරනවා නම්, විඳීම ....(පෙ).... සඤ්ඤාව ....(පෙ).... සංස්කාර ....(පෙ).... විඤ්ඤාණය අවබෝධ කරනවා නම්, විඤ්ඤාණයෙහි හටගැනීම අවබෝධ කරනවා නම්, විඤ්ඤාණ නිරෝධය අවබෝධ කරනවා නම්, විඤ්ඤාණය නිරුද්ධ වීම පිණිස පවතින ප්‍රතිපදාව අවබෝධ කරනවා නම්, පින්වත් සෝණ, ඒ ශ්‍රමණ බමුණන් තමයි ශ්‍රමණයන් අතර සැබෑ ශ්‍රමණයන් බවට සම්මත වෙන්නේ. බ්‍රාහ්මණයන් අතර සැබෑ බ්‍රාහ්මණයන් බවට සම්මත වෙන්නේ. ඒ අයුෂ්මත්වරුන් නම් මේ ජීවිතයේදී ම ශ්‍රමණ ඵලයක් හෝ බ්‍රාහ්මණ ඵලයක් හෝ ස්වකීය ප්‍රඥාවෙන් අවබෝධ කරගෙන එයට පැමිණ වාසය කරනවා.

සාදු! සාදු!! සාදු!!!

දුතිය සෝණ සූත්‍රය නිමා විය.

1.1.5.9.
පඨම නන්දික්ඛය සූත්‍රය
ඇල්ම ක්ෂය වීම ගැන වදාළ පළමු දෙසුම

51. සැවැත් නුවර දී ....

පින්වත් මහණෙනි, භික්ෂුව අනිත්‍ය වූ ම රූපය දකින්නේ අනිත්‍ය වශයෙන් ම යි. එය ඔහුගේ සම්මා දිට්ඨියයි. ඉතා නිවැරදි අයුරින් දකින විට අවබෝධයෙන් ම කලකිරෙනවා. ඇල්ම ක්ෂය වීමෙන් රාගය ක්ෂය වෙනවා. රාගය ක්ෂය වීමෙන් ඇල්ම ක්ෂය වෙනවා. නන්දිරාගය ක්ෂය වීමෙන් නිදහස් වුණ සිතක් ඇතිවුණ විටයි මැනැවින් නිදහස් වුණා කියන්නේ.

පින්වත් මහණෙනි, භික්ෂුව අනිත්‍ය වූ ම විඳීම දකින්නේ අනිත්‍ය වශයෙන් ම යි ....(පෙ).... පින්වත් මහණෙනි, භික්ෂුව අනිත්‍ය වූ ම සඤ්ඤාව දකින්නේ අනිත්‍ය වශයෙන් ම යි ....(පෙ).... පින්වත් මහණෙනි, භික්ෂුව අනිත්‍ය වූ ම සංස්කාර දකින්නේ අනිත්‍ය වශයෙන් ම යි ....(පෙ).... පින්වත් මහණෙනි, භික්ෂුව අනිත්‍ය වූ ම විඤ්ඤාණය දකින්නේ අනිත්‍ය වශයෙන් ම යි. එය ඔහුගේ සම්මා දිට්ඨියයි. ඉතා නිවැරදි අයුරින් දකින විට අවබෝධයෙන් ම කලකිරෙනවා. ඇල්ම ක්ෂය වීමෙන් රාගය ක්ෂය වෙනවා. රාගය ක්ෂය වීමෙන් ඇලීම ක්ෂය වෙනවා. නන්දිරාගය ක්ෂය වීමෙන් නිදහස් වුණ සිතක් ඇතිවුණ විටයි මැනැවින් නිදහස් වුණා කියන්නේ.

සාදු! සාදු!! සාදු!!!

පඨම නන්දික්ඛය සූත්‍රය නිමා විය.

1.1.5.10.
දුතිය නන්දික්ඛය සූත්‍රය
ඇල්ම ක්ෂය වීම ගැන වදාළ දෙවෙනි දෙසුම

52. සැවැත් නුවර දී ....

පින්වත් මහණෙනි, රූපය පිළිබඳව නුවණින් ම විමස විමසා බලන්න.

රූපයෙහි ඇති අනිත්‍යතාව ගැනත් යථා ස්වභාවය ම නුවණින් දකින්න. පින්වත් මහණෙනි, රූපය පිළිබඳව නුවණින් විමසන්නා වූ රූපයෙහි ඇති අනිත්‍යතාවය පිළිබඳවත් යථා ස්වභාවය ම නුවණින් දකින්නා වූ භික්ෂුව රූපය කෙරෙහි අවබෝධයෙන් ම කළකිරෙනවා. ඇල්ම ක්ෂය වීමෙන් රාගය ක්ෂය වෙනවා. රාගය ක්ෂය වීමෙන් ඇලීම ක්ෂය වෙනවා. නන්දිරාගය ක්ෂය වීමෙන් නිදහස් වුණ හිතක් ඇතිවුණ විටයි මැනැවින් නිදහස් වුණා කියන්නේ.

පින්වත් මහණෙනි, විඳීම ....(පෙ).... පින්වත් මහණෙනි, සඤ්ඤාව ....(පෙ).... පින්වත් මහණෙනි, සංස්කාර ....(පෙ).... පින්වත් මහණෙනි, විඤ්ඤාණය පිළිබඳව නුවණින් ම විමස විමසා බලන්න. විඤ්ඤාණයෙහි ඇති අනිත්‍යතාව ගැනත් යථා ස්වභාවය ම නුවණින් දකින්න. පින්වත් මහණෙනි, විඤ්ඤාණය පිළිබඳව නුවණින් විමසන්නා වූ විඤ්ඤාණයෙහි ඇති අනිත්‍යතාවය පිළිබඳවත් යථා ස්වභාවය ම නුවණින් දකින්නා වූ භික්ෂුව විඤ්ඤාණය කෙරෙහි අවබෝධයෙන් ම කලකිරෙනවා. ඇල්ම ක්ෂය වීමෙන් රාගය ක්ෂය වෙනවා. රාගය ක්ෂය වීමෙන් ඇලීම ක්ෂය වෙනවා. නන්දිරාගය ක්ෂය වීමෙන් නිදහස් වුණ සිතක් ඇතිවුණ විටයි මැනැවින් නිදහස් වුණා කියන්නේ.

සාදු! සාදු!! සාදු!!!

දුතිය නන්දික්ඛය සූත්‍රය නිමා විය.

පස්වෙනි අත්තදීප වර්ගය අවසන් විය.

- එහි පිළිවෙල උද්දානයයි :

අත්තදීප සූත්‍රය, පටිපදා සූත්‍රය, අනිච්චතා සූත්‍ර දෙක, සමනුපස්සනා සූත්‍රය, ඛන්ධ සූත්‍රය, සෝණ සූත්‍ර දෙක, නන්දික්ඛය සූත්‍ර දෙක යන මෙයින් මේ වර්ගය සමන්විතයි.

මූලපණ්ණාසකය සමාප්තයි.

- ඒ මූලපණ්ණාසකයෙහි වර්ගයන්ගේ පිළිවෙල උද්දානයයි.

නකුලපිතු වර්ගය, අනිත්‍ය වර්ගය, භාර වර්ගය, න තුම්හාක වර්ගය, අත්තදීප වර්ගය යන මෙයින් මේ පණ්ණාසකය සමන්විත වේ.

2. මජ්ඣිම පණ්ණාසකය

1. උපය වර්ගය

1.2.1.1.
උපය සූත්‍රය
බැසගෙන තිබීම (උපය) ගැන වදාළ දෙසුම

53. සැවැත් නුවරදී ....

පින්වත් මහණෙනි, බැසගෙන තිබුණොත් දුකින් නිදහස් වීමක් නම් නෑ. නොබැසගෙන තිබුණොත් දුකෙන් නිදහස් වෙනවා. පින්වත් මහණෙනි, මේ විඤ්ඤාණය තිබුණොත් තිබෙන්නේ රූපයෙහි බැසගෙනයි. රූපය අරමුණු කොටගෙනයි. රූපයෙහි පිහිටාගෙනයි. නන්දිරාගයෙන් තෙත් කරමිනුයි. එතකොට විඤ්ඤාණය වර්ධනය වෙනවා. දළුලා වැඩෙනවා. විපුල බවට පත්වෙනවා. පින්වත් මහණෙනි, මේ විඤ්ඤාණය තිබුණොත් තිබෙන්නේ වේදනාවේ බැසගෙනයි ....(පෙ).... පින්වත් මහණෙනි, මේ විඤ්ඤාණය තිබුණොත් තිබෙන්නේ සඤ්ඤාවෙහි බැසගෙනයි ....(පෙ).... පින්වත් මහණෙනි, මේ විඤ්ඤාණය තිබුණොත් තියෙන්නේ සංස්කාරවල බැසගෙනයි. සංස්කාර අරමුණු කොටයි. සංස්කාරවල පිහිටා ගෙනයි. නන්දිරාගයෙන් තෙත් කරමිනුයි. එතකොට විඤ්ඤාණය වර්ධනය වෙනවා. දළුලා වැඩෙනවා. විපුල බවට පත්වෙනවා.

පින්වත් මහණෙනි, යම් කෙනෙක් මේ විදිහට කියන්නට පුළුවනි. 'මම රූපයෙන් තොරව වේදනාවෙන් තොරව සඤ්ඤාවෙන් තොරව සංස්කාරවලින් තොරව විඤ්ඤාණයේ පැමිණීමක් හරි, යෑමක් හරි, චුත වීමක් හරි, ඉපදීමක් හරි, වර්ධනයක් හරි, දළුලා වැඩීමක් හරි, විපුලබවට පත්වීමක් හරි පණවන්නේමි'යි කියල. ඒක සිදුවෙන දෙයක් නම් නෙවෙයි.

පින්වත් මහණෙනි, ඉදින් භික්ෂුවට රූපධාතුව කෙරෙහි තිබෙන රාගය ප්‍රහීණ වෙනවා නම්, රාගය ප්‍රහීණ වීම නිසයි පැවැත්ම පිණිස තිබුණ අරමුණ සිඳිල යන්නේ. එතකොට විඤ්ඤාණයට පිහිටා සිටින්නට තැනක් නැතිව යනවා.

පින්වත් මහණෙනි, ඉදින් භික්ෂුවට වේදනා ධාතුව කෙරෙහි තිබෙන රාගය ප්‍රහීණ වෙනවා නම් ....(පෙ).... පින්වත් මහණෙනි, ඉදින් භික්ෂුවට සඤ්ඤා ධාතුව කෙරෙහි තිබෙන රාගය ප්‍රහීණ වෙනවා නම් ....(පෙ).... පින්වත් මහණෙනි, ඉදින් භික්ෂුවට සංස්කාර ධාතුව කෙරෙහි තිබෙන රාගය ප්‍රහීණ වෙනවා නම්, රාගය ප්‍රහීණ වීම නිසයි පැවැත්ම පිණිස තිබුණ අරමුණ සිඳිල යන්නේ. එතකොට විඤ්ඤාණයට පිහිටා සිටින්නට තැනක් නැතිව යනවා.

පින්වත් මහණෙනි, ඉදින් භික්ෂුවට විඤ්ඤාණ ධාතුව කෙරෙහි තිබෙන රාගය ප්‍රහීණ වෙනවා නම්, රාගය ප්‍රහීණ වීම නිසයි පැවැත්ම පිණිස තිබුණ අරමුණ සිඳිලා යන්නේ. එතකොට විඤ්ඤාණයට පිහිටා සිටින්නට තැනක් නැතිව යනවා. පිහිටා සිටින්න තැනක් නැති විඤ්ඤාණය දළුලා වැඩෙන්නේ නෑ. විශේෂයෙන් සකස් වෙන්නේ නෑ. නිදහස් වෙනවා. නිදහස් වෙන නිසා නොසැලී තියෙනවා. නොසැලී තියෙන නිසා අලෞකික සතුටක් ඇතිවෙනවා. අලෞකික සතුටක් ඇතිවෙන නිසා කම්පාවක් නෑ. අකම්පිතව සිටිමින් තමා තුළ ම පිරිනිවී යනවා. 'ඉපදීම ක්ෂය වුණා. බඹසර වාසය සම්පූර්ණ කළා. නිවන සඳහා කළ යුතු දේ කළා. නැවත වෙන කිසි භවයක උපතක් නැතැ'යි අවබෝධ කර ගන්නවා.

සාදු! සාදු!! සාදු!!!

උපය සූත්‍රය නිමා විය.

1.2.1.2.
බීජ සූත්‍රය
බීජයක් උපමා කොට වදාළ දෙසුම

54. සැවැත් නුවරදී ....

"පින්වත් මහණෙනි, මේ බීජ (පැළවෙන දේ) වර්ග පහක් තියෙනවා.

මොනවද ඒ පහ? මුලෙන් පැළවෙන බීජ තියෙනවා. කඳින් පැළවෙන බීජ තියෙනවා. පුරුකෙන් පැළවෙන බීජ තියෙනවා. දළුවලින් පැළවෙන බීජ තියෙනවා. බීජයෙන් පැළවෙන බීජය තමයි පස්වෙනි එක. පින්වත් මහණෙනි, ඔය බීජ වර්ග පහ කැඩිල නැතුවයි තියෙන්නේ. කුණුවෙලත් නෑ. අව්වෙන් සුළඟින් වැනසිලත් නෑ. සාරවත් බවත් තියෙනවා. ඕජා සහිත බවත් තියෙනවා. නමුත් පොළොවකුත් නැත්නම්, ජලයත් නැත්නම්, පින්වත් මහණෙනි, එතකොට ඔය බීජ වර්ග පහ වර්ධනය වේවිද? දළුලා වැඩේවිද? විපුල බවට පත්වේවිද?"

"ස්වාමීනී, එය නොවන්නේ ම ය."

"පින්වත් මහණෙනි, ඔය බීජ වර්ග පහ කැඩිලා තියෙනවා නම්, කුණුවෙලත් තියෙනවා නම්, අව්වෙන් සුළඟින් වැනසිලත් තියෙනවා නම්, සාරවත් බවක් නැත්නම්, ඕජා සහිත බවක් නැත්නම්, නමුත් පොළොවකුත් තියෙනවා නම්, ජලයත් තියෙනවා නම්, පින්වත් මහණෙනි, එතකොට ඔය බීජ වර්ග පහ වර්ධනය වේවිද? දළුලා වැඩේවිද? විපුල බවට පත්වේවිද?"

"ස්වාමීනී, එය නොවන්නේ ම ය."

"පින්වත් මහණෙනි, ඔය බීජ වර්ග පහ කැඩිල නැතුවයි තියෙන්නේ. කුණුවෙලත් නෑ. අව්වෙන් සුළඟින් වැනසිලත් නෑ. සාරවත්බවත් තියෙනවා. ඕජා සහිත බවක් තියෙනවා. ඒ වගේ ම පොළොවකුත් තියෙනවා නම්, ජලයත් තියෙනවා නම්, පින්වත් මහණෙනි, එතකොට ඔය බීජ වර්ග පහ වර්ධනය වේවිද? දළුලා වැඩේවිද? විපුල බවට පත්වේවිද?"

"එසේය, ස්වාමීනී."

"පින්වත් මහණෙනි, මේකත් ඔය වගේ තමයි. පොළොව යම් සේ ද විඤ්ඤාණය පිහිටන තැන් හතර (රූප, වේදනා, සඤ්ඤා, සංඛාර) ගැනත් අවබෝධ කරගත යුත්තේ ඒ විදිහටයි. පින්වත් මහණෙනි, ජලය යම් සේ ද නන්දිරාගය ගැනත් අවබෝධ කරගත යුත්තේ ඒ විදිහටයි. පින්වත් මහණෙනි, බීජවර්ග පහ යම් සේ ද ආහාර සහිත වූ විඤ්ඤාණය ගැන අවබෝධ කරගත යුත්තේ ඒ විදිහටයි.

පින්වත් මහණෙනි, මේ විඤ්ඤාණය තිබුණොත් තිබෙන්නේ රූපයෙහි බැසගෙනයි. රූපය අරමුණු කොටගෙනයි. රූපයෙහි පිහිටාගෙනයි. නන්දිරාග යෙන් තෙත් කරමිනුයි. එතකොට විඤ්ඤාණය වර්ධනය වෙනවා. දළුලා වැඩෙනවා. විපුල බවට පත්වෙනවා. පින්වත් මහණෙනි, මේ විඤ්ඤාණය තිබුණොත් තිබෙන්නේ වේදනාවෙහි බැසගෙනයි ....(පෙ).... පින්වත් මහණෙනි,

මේ විඤ්ඤාණය තිබුණොත් තිබෙන්නේ සඤ්ඤාවෙහි බැසගෙනයි ....(පෙ).... පින්වත් මහණෙනි, මේ විඤ්ඤාණය තිබුණොත් තිබෙන්නේ සංස්කාරවල බැසගෙනයි. සංස්කාර අරමුණු කොට ගෙනයි. සංස්කාරවල පිහිටා ගෙනයි. නන්දිරාගයෙන් තෙත් කරමිනුයි. එතකොට විඤ්ඤාණය වර්ධනය වෙනවා. දළුලා වැඩෙනවා. විපුල බවට පත්වෙනවා.

පින්වත් මහණෙනි, යම් කෙනෙක් මේ විදිහට කියන්න පුළුවනි. 'මම රූපයෙන් තොරව වේදනාවෙන් තොරව සඤ්ඤාවෙන් තොරව සංස්කාරවලින් තොරව විඤ්ඤාණයේ පැමිණීමක් හරි, යෑමක් හරි, චුත වීමක් හරි, ඉපදීමක් හරි, වර්ධනයක් හරි, දළුලා වැඩීමක් හරි, විපුල බවට පත්වීමක් හරි පණවන්නෙමි'යි කියලා. නමුත් ඒක සිදුවෙන දෙයක් නම් නොවෙයි.

පින්වත් මහණෙනි, ඉදින් භික්ෂුවට රූපධාතුව කෙරෙහි තිබෙන රාගය ප්‍රහීණ වෙනවා නම්, රාගය ප්‍රහීණ වීම නිසයි පැවැත්ම පිණිස තිබුණ අරමුණ සිඳිලා යන්නේ. එතකොට විඤ්ඤාණයට පිහිටා සිටින්නට තැනක් නැතිව යනවා.

පින්වත් මහණෙනි, ඉදින් භික්ෂුවට වේදනා ධාතුව කෙරෙහි තිබෙන රාගය ප්‍රහීණ වෙනවා නම් ....(පෙ).... පින්වත් මහණෙනි, ඉදින් භික්ෂුවට සඤ්ඤා ධාතුව කෙරෙහි තිබෙන රාගය ප්‍රහීණ වෙනවා නම් ....(පෙ).... පින්වත් මහණෙනි, ඉදින් භික්ෂුවට සංස්කාර ධාතුව කෙරෙහි තිබෙන රාගය ප්‍රහීණ වෙනවා නම්, රාගය ප්‍රහීණ වීම නිසයි පැවැත්ම පිණිස තිබුණ අරමුණ සිඳිල යන්නේ. එතකොට විඤ්ඤාණයට පිහිටා සිටින්නට තැනක් නැතිව යනවා.

පින්වත් මහණෙනි, ඉදින් භික්ෂුව විඤ්ඤාණ ධාතුව කෙරෙහි තිබෙන රාගය ප්‍රහීණ වෙනවා නම්, රාගය ප්‍රහීණ වීම නිසයි පැවැත්ම පිණිස තිබුණ අරමුණ සිඳිලා යන්නේ. එතකොට විඤ්ඤාණයට පිහිටා සිටින්නට තැනක් නැතිව යනවා. පිහිටා සිටින්නට තැනක් නැති විඤ්ඤාණය දළුලා වැඩෙන්නෙ නෑ. විශේෂයෙන් සකස් වෙන්නෙ නෑ. නිදහස් වෙනවා. නිදහස් වීම නිසා විරාගය තුළ පිහිටනවා. විරාගය තුළ පිහිටා තිබීම නිසා සතුටක් ඇතිවෙනවා. සතුට නිසා කම්පාවක් නෑ. අකම්පිතව සිටිමින් තමා තුළම පිරිනිවී යනවා. 'ඉපදීම ක්ෂය වුණා. බඹසර වාසය සම්පූර්ණ කළා. නිවන සඳහා කළ යුතු දේ කළා. නැවත වෙන කිසි භවයක උපතක් නැතැ'යි අවබෝධ කරගන්නෙවා.

සාදු! සාදු!! සාදු!!!

බීජ සූත්‍රය නිමා විය.

1.2.1.3.
උදාන සූත්‍රය
උදානයක් මුල් කොට වදාළ දෙසුම

55. සැවැත් නුවර දී ....

එකල්හි භාග්‍යවතුන් වහන්සේ උදානයක් පහළ කළ සේක. 'මම කියලා දෙයක් තිබුණෙ නැත්නම්, මගේ කියලා දෙයක් ඇතිවෙන්නේ නෑ. එහෙම දෙයක් අනාගතයට සකස් වෙන්නෙත් නැත්නම්, මගේ කියලා දෙයක් අනාගතයට හැදෙන්නේ නෑ. ඔය විදිහට භික්ෂුව කෙලෙසුන්ගෙන් නිදහස් වෙලා යන කොට ඕරම්භාගීය සංයෝජන සිඳලා දානවා' කියලා.

ඔය විදිහට වදාළ විට එක්තරා භික්ෂුවක් භාග්‍යවතුන් වහන්සේගෙන් මේ අයුරින් අසා සිටියා. "ස්වාමීනී භාග්‍යවතුන් වහන්ස, 'මම කියලා දෙයක් තිබුණෙ නැත්නම්, මගේ කියල දෙයක් ඇතිවෙන්නේ නෑ. එහෙම දෙයක් අනාගතයට සකස් වෙන්නේ නැත්නම්, මගේ කියල දෙයක් අනාගතයට හැදෙන්නෙත් නෑ. ඔය විදිහට භික්ෂුව කෙලෙසුන්ගෙන් නිදහස් වෙලා යන කොට ඕරම්භාගීය සංයෝජන සිඳලා දානවා' කියලා කියන කරුණ සිදුවන්නේ කොයි ආකාරයෙන්ද?"

"පින්වත් භික්ෂුව, මෙකරුණෙහිලා අශ්‍රැතවත් පෘථග්ජනයෙක් ඉන්නවා. ඔහු ආර්යයන් වහන්සේලා නොදකින කෙනෙක්. ආර්ය ධර්මයට අදක්ෂ කෙනෙක්. ආර්ය ධර්මයෙහි නොහික්මුණ කෙනෙක්. සත්පුරුෂයන් වහන්සේලා නොදකින කෙනෙක්. සත්පුරුෂ ධර්මයට අදක්ෂ කෙනෙක්. සත්පුරුෂ ධර්මයෙහි නොහික්මුණ කෙනෙක්. ඒ නිසා ඔහු (සතර මහා ධාතුන්ගෙන් හටගන්නා වූ) රූපය ආත්මයක් (තමාගේ වසඟයෙහි පැවැත්විය හැකි දෙයක්) වශයෙන් මුලාවෙන් දකිනවා. එක්කෝ ඔහු මුලාවෙන් දකින්නේ ආත්මය රූපයෙන් හැදිච්ච එකක් කියලයි. එහෙම නැත්නම් ඔහු මුලාවෙන් දකින්නේ ආත්මයක් තුළ තමයි රූපය තියෙන්නේ කියලා. එහෙමත් නැත්නම් ඔහු මුලාවෙන් දකින්නේ දකින්නේ ආත්මය තියෙන්නේ රූපය තුළයි කියලා. ඒ වගේ ම ඔහු (ස්පර්ශයෙන් හටගන්නා වූ) විඳීම ආත්මයක් (තමාගේ වසඟයෙහි පැවැත්විය හැකි දෙයක්) වශයෙන් මුලාවෙන් දකිනවා. එක්කෝ මුලාවෙන් දකින්නේ ආත්මය විඳීමෙන් හැදිච්ච එකක් කියලයි. එහෙම නැත්නම් ඔහු මුලාවෙන් දකින්නේ ආත්මයක් තුළ තමයි විඳීම තියෙන්නේ කියලා. එහෙමත් නැත්නම්

ඔහු මුලාවෙන් දකින්නේ ආත්මය තියෙන්නේ විඳීම තුළයි කියලා. සඤ්ඤාව ....(පෙ).... ඒ වගේ ම ඔහු (ස්පර්ශයෙන් හටගන්නා වූ) සංස්කාර ආත්මයක් (තමාගේ වසඟයෙහි පැවැත්විය හැකි දෙයක්) වශයෙන් මුලාවෙන් දකිනවා. එක්කෝ ඔහු මුලාවෙන් දකින්නේ ආත්මය සංස්කාරවලින් හැදිච්ච එකක් කියලයි. එහෙම නැත්නම් ඔහු මුලාවෙන් දකින්නේ ආත්මයක් තුළ තමයි සංස්කාර තියෙන්නේ කියලා. එහෙමත් නැත්නම් ඔහු මුලාවෙන් දකින්නේ ආත්මය තියෙන්නේ සංස්කර තුළයි කියලා. ඒ වගේ ම ඔහු (නාමරූපයෙන් හටගන්නා වූ) විඤ්ඤාණය ආත්මයක් (තමාගේ වසඟයෙහි පැවැත්විය හැකි දෙයක්) වශයෙන් මුලාවෙන් දකිනවා. එක්කෝ ඔහු මුලාවෙන් දකින්නේ ආත්මය විඤ්ඤාණයෙන් හැදිච්ච එකක් කියලයි. එහෙම නැත්නම් ඔහු මුලාවෙන් දකින්නේ ආත්මයක් තුළ තමයි විඤ්ඤාණය තියෙන්නේ කියලා. එහෙමත් නැත්නම් ඔහු මුලාවෙන් දකින්නේ ආත්මය තියෙන්නේ විඤ්ඤාණය තුළයි කියලා.

ඒ පෘථග්ජනයා අනිත්‍ය වූ රූපය 'අනිත්‍ය වූ රූපයක්' බව ඒ අයුරින් ම අවබෝධ කරගෙන නෑ. අනිත්‍ය වූ වේදනාව 'අනිත්‍ය වූ වේදනාවක්' බව ඒ අයුරින් ම අවබෝධ කරගෙන නෑ. අනිත්‍ය වූ සඤ්ඤාව ....(පෙ).... අනිත්‍ය වූ සංස්කාර 'අනිත්‍ය වූ සංස්කාර' බව ඒ අයුරින් ම අවබෝධ කරගෙන නෑ. අනිත්‍ය වූ විඤ්ඤාණය 'අනිත්‍ය වූ විඤ්ඤාණයක්' බව ඒ අයුරින් ම අවබෝධ කරගෙන නෑ.

ඒ පෘථග්ජනයා දුක් වූ රූපය 'දුක් වූ රූපයක්' බව ඒ අයුරින් ම අවබෝධ කරගෙන නෑ. දුක් වූ වේදනාව 'දුක් වූ වේදනාවක්' බව ඒ අයුරින් ම අවබෝධ කරගෙන නෑ. දුක් වූ සඤ්ඤාව ....(පෙ).... දුක් වූ සංස්කාර 'දුක් වූ සංස්කාර' බව ඒ අයුරින් ම අවබෝධ කරගෙන නෑ. දුක් වූ විඤ්ඤාණය 'දුක් වූ විඤ්ඤාණයක්' බව ඒ අයුරින් ම අවබෝධ කරගෙන නෑ.

ඒ පෘථග්ජනයා අනාත්ම වූ රූපය 'අනාත්ම වූ රූපයක්' බව ඒ අයුරින් ම අවබෝධ කරගෙන නෑ. අනාත්ම වූ වේදනාව 'අනාත්ම වූ වේදනාවක්' බව ඒ අයුරින් ම අවබෝධ කරගෙන නෑ. අනාත්ම වූ සඤ්ඤාව ....(පෙ).... අනාත්ම වූ සංස්කාර 'අනාත්ම වූ සංස්කාර' බව ඒ අයුරින් ම අවබෝධ කරගෙන නෑ. අනාත්ම වූ විඤ්ඤාණය 'අනාත්ම වූ විඤ්ඤාණයක්' බව ඒ අයුරින් ම අවබෝධ කරගෙන නෑ.

ඒ පෘථග්ජනයා සංඛත (හේතුඵල දහමින් සකස්) වූ රූපය 'සංඛත වූ රූපයක්' බව ඒ අයුරින් ම අවබෝධ කරගෙන නෑ. සංඛත වූ වේදනාව 'සංඛත

වූ වේදනාවක්' බව ඒ අයුරින් ම අවබෝධ කරගෙන නෑ. සංඛත වූ සඤ්ඤාව ....(පෙ).... සංඛත වූ සංස්කාර 'සංඛත වූ සංස්කාර' බව ඒ අයුරින් ම අවබෝධ කරගෙන නෑ. සංඛත වූ විඤ්ඤාණය 'සංඛත වූ විඤ්ඤාණයක්' බව ඒ අයුරින් ම අවබෝධ කරගෙන නෑ.

ඒ පෘථග්ජනයා රූපය නැසී වැනසී යන්නේ ය යන කරුණ ඒ අයුරින් ම අවබෝධ කරගෙන නෑ. වේදනාව නැසී වැනසී යන්නේ ය ....(පෙ).... සඤ්ඤාව ....(පෙ).... සංස්කාර නැසී වැනසී යන්නේ ය යන කරුණ ඒ අයුරින් ම අවබෝධ කරගෙන නෑ. විඤ්ඤාණය නැසී වැනසී යන්නේ ය යන කරුණ ඒ අයුරින් ම අවබෝධ කරගෙන නෑ.

පින්වත් භික්ෂුව, මෙකරුණෙහිලා ශ්‍රැතවත් ආර්යය ශ්‍රාවකයෙක් ඉන්නවා. ඔහු ආර්යයන් වහන්සේලා දකින කෙනෙක්. ආර්ය ධර්මයට දක්ෂ කෙනෙක්. ආර්ය ධර්මයෙහි හික්මුණ කෙනෙක්. සත්පුරුෂයන් වහන්සේලා දකින කෙනෙක්. සත්පුරුෂ ධර්මයට දක්ෂ කෙනෙක්. සත්පුරුෂ ධර්මයෙහි හික්මුණ කෙනෙක්. ඒ නිසා ඔහු (සතර මහා ධාතූන්ගෙන් හටගන්නා වූ) රූපය ආත්මයක් (තමාගේ වසඟයෙහි පැවැත්විය හැකි දෙයක්) වශයෙන් මුලාවෙන් දකින්නේ නෑ. ඒ වගේම ඒ ආත්මය රූපයෙන් හැදිච්ච එකක් කියලත් මුලාවෙන් දකින්නේ නෑ. ඒ වගේම ආත්මයක් තුළ තමයි රූපය තියෙන්නේ කියලත් මුලාවෙන් දකින්නේ නෑ. ඒ වගේම ඔහු ආත්මය තියෙන්නේ රූපය තුළයි කියලත් මුලාවෙන් දකින්නේ නෑ. ඒ වගේම ඔහු (ස්පර්ශයෙන් හටගන්නා වූ) විඳීම ආත්මයක් (තමාගේ වසඟයෙහි පැවැත්විය හැකි දෙයක්) වශයෙන් මුලාවෙන් දකින්නේ නෑ. ඒ වගේම ඒ ආත්මය විඳීමෙන් හැදිච්ච එකක් කියලත් මුලාවෙන් දකින්නේ නෑ. ඒ වගේම ආත්මයක් තුළ තමයි විඳීම තියෙන්නේ කියලත් මුලාවෙන් දකින්නේ නෑ. ඒ වගේම ඔහු ආත්මය තියෙන්නේ විඳීම තුළයි කියලා මුලාවෙන් දකින්නේ නෑ. සඤ්ඤාව ....(පෙ).... ඒ වගේම ඔහු (ස්පර්ශයෙන් හටගන්නා වූ) සංස්කාර ආත්මයක් (තමාගේ වසඟයෙහි පැවැත්විය හැකි දෙයක්) වශයෙන් මුලාවෙන් දකින්නේ නෑ. ඒ වගේම ඒ ආත්මය සංස්කාරවලින් හැදිච්ච එකක් කියලත් දකින්නේ නෑ. ඒ වගේම ආත්මයක් තුළ තමයි සංස්කාර තියෙන්නේ කියලත් දකින්නේ නෑ. ඒ වගේම ඔහු ආත්මය තියෙන්නේ සංස්කාර තුළයි කියලත් දකින්නේ නෑ. ඒ වගේම ඔහු (නාමරූපයෙන් හටගන්නා වූ) විඤ්ඤාණය ආත්මයක් (තමාගේ වසඟයෙහි පැවැත්විය හැකි දෙයක්) වශයෙන් මුලාවෙන් දකින්නේ නෑ. ඒ වගේම ඒ ආත්මය විඤ්ඤාණයෙන් හැදිච්ච එකක් කියලත් දකින්නේ නෑ. ඒ වගේම ආත්මයක් තුළ තමයි විඤ්ඤාණය තියෙන්නේ කියලත් දකින්නේ නෑ.

ඒ වගේම ඔහු ආත්මය තියෙන්නේ විඤ්ඤාණය තුළයි කියලත් දකින්නේ නෑ.

ඒ ශ්‍රැතවත් ආර්ය ශ්‍රාවකයා අනිත්‍ය වූ රූපය 'අනිත්‍ය වූ රූපයක්' බව ඒ අයුරින් ම අවබෝධ කරගන්නවා. අනිත්‍ය වූ වේදනාව 'අනිත්‍ය වූ වේදනාවක්' බව ඒ අයුරින් ම අවබෝධ කරගන්නවා. අනිත්‍ය වූ සඤ්ඤාව ....(පෙ).... අනිත්‍ය වූ සංස්කාර 'අනිත්‍ය වූ සංස්කාර' බව ඒ අයුරින් ම අවබෝධ කරගන්නවා. අනිත්‍ය වූ විඤ්ඤාණය 'අනිත්‍ය වූ විඤ්ඤාණයක්' බව ඒ අයුරින් ම අවබෝධ කරගන්නවා.

දුක් වූ රූපය 'දුක් වූ රූපයක්' බව ඒ අයුරින් ම අවබෝධ කරගන්නවා. දුක් වූ වේදනාව 'දුක් වූ වේදනාවක්' බව ඒ අයුරින් ම අවබෝධ කරගන්නවා. දුක් වූ සඤ්ඤාව ....(පෙ).... දුක් වූ සංස්කාර 'දුක් වූ සංස්කාර' බව ඒ අයුරින් ම අවබෝධ කරගන්නවා. දුක් වූ විඤ්ඤාණය 'දුක් වූ විඤ්ඤාණයක්' බව ඒ අයුරින්ම අවබෝධ කරගන්නවා.

අනාත්ම වූ රූපය 'අනාත්ම වූ රූපයක්' බව ඒ අයුරින් ම අවබෝධ කරගන්නවා. අනාත්ම වූ වේදනාව 'අනාත්ම වූ වේදනාවක්' බව ඒ අයුරින් ම අවබෝධ කරගන්නවා. අනාත්ම වූ සඤ්ඤාව ....(පෙ).... අනාත්ම වූ සංස්කාර 'අනාත්ම වූ සංස්කාර' බව ඒ අයුරින් ම අවබෝධ කරගන්නවා. අනාත්ම වූ විඤ්ඤාණය 'අනාත්ම වූ විඤ්ඤාණයක්' බව ඒ අයුරින් ම අවබෝධ කරගන්නවා.

සංඛත (හේතුඵල දහමින් සකස්) වූ රූපය 'සංඛත වූ රූපයක්' බව ඒ අයුරින් ම අවබෝධ කරගන්නවා. සංඛත වූ වේදනාව 'සංඛත වූ වේදනාවක්' බව ඒ අයුරින් ම අවබෝධ කරගන්නවා. සංඛත වූ සඤ්ඤාව ....(පෙ).... සංඛත වූ සංස්කාර 'සංඛත වූ සංස්කාර' බව ඒ අයුරින් ම අවබෝධ කරගන්නවා. සංඛත වූ විඤ්ඤාණය 'සංඛත වූ විඤ්ඤාණයක්' බව ඒ අයුරින් ම කරගන්නවා.

රූපය නැසී වැනසී යන්නේ ය යන කරුණ ඒ අයුරින් ම අවබෝධ කරගන්නවා. වේදනාව නැසී වැනසී යන්නේ ය ....(පෙ).... සඤ්ඤාව ....(පෙ).... සංස්කාර නැසී වැනසී යන්නේ ය යන කරුණ ඒ අයුරින් ම අවබෝධ කරගන්නවා. විඤ්ඤාණය නැසී වැනසී යන්නේ ය යන කරුණ ඒ අයුරින් ම අවබෝධ කරගන්නවා.

පින්වත් භික්ෂුව, ඔහු රූපයේ නැසී වැනසී යෑම අවබෝධ කරගෙන, වේදනාවේ නැසී වැනසී යෑම අවබෝධ කරගෙන, සඤ්ඤාවේ නැසී වැනසී යෑම අවබෝධ කරගෙන, සංස්කාරවල නැසී වැනසී යෑම අවබෝධ කරගෙන,

විඤ්ඤාණයේ නැසී වැනසී යෑම අවබෝධ කරගෙන, 'මම කියලා දෙයක් තිබුණෙ නැත්නම්, මගේ කියල දෙයක් ඇතිවෙන්නේ නෑ. එහෙම දෙයක් අනාගතයට සකස් වෙන්නේ නැත්නම්, මගේ කියල දෙයක් අනාගතයට හැදෙන්නෙත් නෑ. ඔය විදිහට භික්ෂුව කෙලෙසුන්ගෙන් නිදහස් වෙලා යන කොට ඕරම්භාගීය සංයෝජන සිඳලා දානවා' කියලා ඔය විදිහට භික්ෂුව නිදහස් වෙලා යන කොට ඕරම්භාගීය සංයෝජන සිඳලා යනවා නේද?"

"එසේය, ස්වාමීනී, ඔය විදිහට භික්ෂුව කෙලෙසුන්ගෙන් නිදහස් වෙලා යනකොට ඕරම්භාගීය සංයෝජන සිඳලා යනවා නම් තමයි.

ස්වාමීනී, කොයි ආකාරයෙන් අවබෝධ කරන කොටද, කොයි ආකාරයෙන් දකින කොටද මේ ජීවිතයේදී ම ආශ්‍රවයන් ක්ෂය වෙලා යන්නේ?"

"පින්වත් භික්ෂුව, මෙකරුණෙහිලා අශ්‍රැතවත් පෘථග්ජනයා තැති නොග න්නා කරුණෙහි පවා තැතිගැනීමට පත්වෙනවා. පින්වත් භික්ෂුව, 'මම කියලා දෙයක් තිබුණෙ නැත්නම්, මගේ කියල දෙයක් ඇතිවෙන්නේ නෑ. එහෙම දෙයක් අනාගතයට සකස් වෙන්නේ නැත්නම්, මගේ කියල දෙයක් අනාගතයට හැදෙන්නෙත් නෑ.' කියන ඔය කරුණ අශ්‍රැතවත් පෘථග්ජනයාට තැති ගැනීමක් ම යි.

පින්වත් භික්ෂුව, මෙකරුණෙහිලා ශ්‍රැතවත් ආර්ය ශ්‍රාවකයා තැති නොග න්නා කරුණෙහි තැතිගැනීමට පත්වෙන්නේ නෑ. පින්වත් භික්ෂුව, 'මම කියලා දෙයක් තිබුණෙ නැත්නම්, මගේ කියල දෙයක් ඇතිවෙන්නේ නෑ. එහෙම දෙයක් අනාගතයට සකස් වෙන්නේ නැත්නම්, මගේ කියල දෙයක් අනාගතයට හැදෙන්නෙත් නෑ' කියන ඔය කරුණ ශ්‍රැතවත් ආර්ය ශ්‍රාවකයාට තැති ගැනීමක් නම් නොවෙයි.

පින්වත් මහණෙනි, මේ විඤ්ඤාණය තිබුණොත් තිබෙන්නේ රූපයෙහි බැසගෙනයි. රූපය අරමුණු කොටගෙනයි. රූපයෙහි පිහිටාගෙනයි. නන්දිරාග යෙන් තෙත් කරමිනුයි. එතකොට විඤ්ඤාණය වර්ධනය වෙනවා. දළුලා වැඩෙනවා. විපුල බවට පත්වෙනවා. පින්වත් මහණෙනි, මේ විඤ්ඤාණය තිබුණොත් තිබෙන්නේ වේදනාවෙහි බැසගෙනයි ....(පෙ).... පින්වත් මහණෙනි, මේ විඤ්ඤාණය තිබුණොත් තිබෙන්නේ සඤ්ඤාවෙහි බැසගෙනයි ....(පෙ).... පින්වත් මහණෙනි, මේ විඤ්ඤාණය තිබුනොත් තිබෙන්නේ සංස්කාරවල බැසගෙනයි. සංස්කාර අරමුණු කොටගෙනයි. සංස්කාරවල පිහිටාගෙනයි. නන්දිරාගයෙන් තෙත් කරමිනුයි. එතකොට විඤ්ඤාණය වර්ධනය වෙනවා. දළුලා වැඩෙනවා. විපුල බවට පත්වෙනවා.

පින්වත් මහණෙනි, යම් කෙනෙක් මේ විදිහට කියන්න පුළුවනි. 'මම රූපයෙන් තොරව වේදනාවෙන් තොරව සඤ්ඤාවෙන් තොරව සංස්කාරවලින් තොරව විඤ්ඤාණයේ පැමිණීමක් හරි, යෑමක් හරි, චුත වීමක් හරි, ඉපදීමක් හරි, වර්ධනයක් හරි, දළුලා වැඩීමක් හරි, විපුල බවට පත්වීමක් හරි පණවන්නෙමි'යි කියලා. නමුත් ඒක සිදුවෙන දෙයක් නම් නොවෙයි.

පින්වත් මහණෙනි, ඉදින් භික්ෂුවට රූපධාතුව කෙරෙහි තිබෙන රාගය ප්‍රහීණ වෙනවා. රාගය ප්‍රහීණ වීම නිසයි පැවැත්ම පිණිස තිබුණ අරමුණ සිඳිලා යන්නේ. එතකොට විඤ්ඤාණයට පිහිටා සිටින්නට තැනක් නැතිව යනවා.

පින්වත් මහණෙනි, ඉදින් භික්ෂුවට වේදනා ධාතුව කෙරෙහි තිබෙන රාගය ප්‍රහීණ වෙනවා ....(පෙ).... පින්වත් මහණෙනි, ඉදින් භික්ෂුවට සඤ්ඤා ධාතුව කෙරෙහි තිබෙන රාගය ප්‍රහීණ වෙනවා ....(පෙ).... පින්වත් මහණෙනි, ඉදින් භික්ෂුවට සංස්කාර ධාතුව කෙරෙහි තිබෙන රාගය ප්‍රහීණ වෙනවා. රාගය ප්‍රහීණ වීම නිසා පැවැත්ම පිණිස තිබුණ අරමුණ සිඳිල යනවා. එතකොට විඤ්ඤාණයට පිහිටා සිටින්නට තැනක් නැතිව යනවා.

පින්වත් මහණෙනි, ඉදින් භික්ෂුවට විඤ්ඤාණ ධාතුව කෙරෙහි තිබෙන රාගය ප්‍රහීණ වෙනවා. රාගය ප්‍රහීණ වීම නිසා පැවැත්ම පිණිස තිබුණ අරමුණ සිඳිලා යනවා. විඤ්ඤාණයට පිහිටා සිටින්නට තැනක් නැතිව යනවා. එතකොට පිහිටා සිටින්නට තැනක් නැති විඤ්ඤාණය දළුලා වැඩෙන්නෙ නෑ. විශේෂයෙන් සකස් වෙන්නෙ නෑ. නිදහස් වෙනවා. නිදහස් වීම නිසා විරාගය තුළ පිහිටනවා. විරාගය තුළ පිහිටා තිබීම නිසා සතුටක් ඇතිවෙනවා. සතුට නිසා කම්පාවක් නෑ. අකම්පිතව සිටිමින් තමා තුළම පිරිනිවී යනවා. 'ඉපදීම ක්ෂය වුණා. බඹසර වාසය සම්පූර්ණ කළා. නිවන සඳහා කළ යුතු දේ කළා. නැවත වෙන කිසි භවයක උපතක් නැතැ'යි අවබෝධ කරගන්නවා. පින්වත් භික්ෂුව, ඔය ආකාරයට අවබෝධ කරගන්නා විට, ඔය විදිහට දකින නිසා තමයි ආශ්‍රවයන් ක්ෂය වෙලා යන්නේ.

සාදු! සාදු!! සාදු!!!

උදාන සූත්‍රය නිමා විය.

1.2.1.4.
උපාදාන පරිවත්ත සූත්‍රය
උපාදාන ස්කන්ධයන් අතර පිළිවෙලකින් අවබෝධ කිරීම ගැන වදාළ දෙසුම

56.   සැවැත් නුවර දී ....

පින්වත් මහණෙනි, මේ උපාදානස්කන්ධ පහක් තියෙනවා. ඒ පහ මොනවාද? ඒ කියන්නේ රූප උපාදානස්කන්ධය, වේදනා උපාදානස්කන්ධය, සඤ්ඤා උපාදානස්කන්ධය, සංස්කාර උපාදානස්කන්ධය, විඤ්ඤාණ උපාදානස්කන්ධය යන පහයි.

පින්වත් මහණෙනි, මේ උපාදානස්කන්ධයන් පරිවර්ත (පිළිවෙලවල්) හතරකින් යුතුව ඒ අයුරින් ම මා අවබෝධ නොකරගෙන සිටියේ යම්තාක් කලක් ද, ඒ තාක්කල් මා පින්වත් මහණෙනි, දෙවියන් සහිත වූ මරුන් සහිත වූ බඹුන් සහිත වූ ශ්‍රමණ බ්‍රාහ්මණයන් සහිත වූ ලෝකයෙහි දෙවි මිනිස් ප්‍රජාව අබියස අනුත්තර වූ සම්මා සම්බෝධිය අවබෝධ කරගත් බවට ප්‍රතිඥා දුන්නේ නෑ.

පින්වත් මහණෙනි, මේ පංච උපාදානස්කන්ධයන් පරිවර්ත (පිළිවෙලවල්) හතරකින් යුතුව ඒ අයුරින් ම මා අවබෝධ කරගත්තේ යම් දවසක ද, එතකොට පින්වත් මහණෙනි, දෙවියන් සහිත වූ මරුන් සහිත වූ බඹුන් සහිත වූ ශ්‍රමණ බ්‍රාහ්මණයන් සහිත වූ ලෝකයෙහි දෙවි මිනිස් ප්‍රජාව අබියස අනුත්තර වූ සම්මා සම්බෝධිය අවබෝධ කරගත් බවට මා ප්‍රතිඥා දුන්නා.

ඒ කවර වූ පිළිවෙලවල් හතරක්ද;

රූපය අවබෝධ කරගත්තා. රූපයේ හටගැනීම ගැන අවබෝධ කරගත්තා. රූපය නිරුද්ධ වීම අවබෝධ කරගත්තා. රූපය නිරුද්ධ වීම පිණිස පවතින ප්‍රතිපදාව ගැන අවබෝධ කරගත්තා. වේදනාව අවබෝධ කරගත්තා ....(පෙ).... සඤ්ඤාව අවබෝධ කරගත්තා ....(පෙ).... සංස්කාර අවබෝධ කරගත්තා ....(පෙ).... විඤ්ඤාණය අවබෝධ කරගත්තා. විඤ්ඤාණයේ හටගැනීම ගැන අවබෝධ කරගත්තා. විඤ්ඤාණය නිරුද්ධ වීම අවබෝධ කරගත්තා. විඤ්ඤාණය නිරුද්ධවීම පිණිස පවතින ප්‍රතිපදාව ගැන අවබෝධ කරගත්තා.

පින්වත් මහණෙනි, රූපය කියන්නේ මොකක්ද?

පින්වත් මහණෙනි, (පඨවි, අපෝ, තේජෝ, වයෝ යන) මහාභූත හතරත්, ඒ සතර මහා භූතයන්ගේ උපකාරයෙන් හැදෙන්නා වූ රූපත් ය. පින්වත් මහණෙනි, මෙයට තමයි රූපය කියන්නෙ. ආහාර හටගැනීමෙනුයි රූප හටගන්නේ. ආහාර නිරුද්ධ වීමෙනුයි රූප නිරුද්ධ වන්නේ. රූප නිරුද්ධ වීම පිණිස පවතින ප්‍රතිපදාව කියන්නේ ඒ මේ ආර්ය අෂ්ටාංගික මාර්ගයට ම යි. ඒ කියන්නේ; සම්මා දිට්ඨි, සම්මා සංකප්ප, සම්මා වාචා, සම්මා කම්මන්ත, සම්මා අජීව, සම්මා වායාම, සම්මා සති, සම්මා සමාධි යන මෙයයි.

පින්වත් මහණෙනි, ශ්‍රමණවරුන් වේවා, බ්‍රාහ්මණවරුන් වේවා, යම් කෙනෙක් ඔය ආකාරයට රූපය අවබෝධ කරගෙන, ඔය ආකාරයට රූපයේ හටගැනීම ගැන අවබෝධ කරගෙන, ඔය ආකාරයට රූපය නිරුද්ධ වීම අවබෝධ කරගෙන, ඔය ආකාරයට රූපය නිරුද්ධ වීමේ ප්‍රතිපදාව අවබෝධ කරගෙන ඒ රූපය පිළිබඳව අවබෝධයෙන් ම කළකිරීම පිණිස, නොඇල්ම පිණිස, තණ්හාව නිරුද්ධ වීම පිණිස ප්‍රතිපදාවේ යෙදෙනවා නම් අන්න ඒ උදවිය තමයි සුපටිපන්න වෙන්නෙ. යම් කෙනෙක් සුපටිපන්න වුණොත් ඒ උදවිය තමයි මේ ධර්ම විනය තුළ පිහිටල ඉන්නේ.

පින්වත් මහණෙනි, ශ්‍රමණවරුන් වේවා, බ්‍රාහ්මණවරුන් වේවා, යම් කෙනෙක් ඔය ආකාරයට රූපය අවබෝධ කරගෙන, ඔය ආකාරයට රූපයේ හටගැනීම ගැන අවබෝධ කරගෙන, ඔය ආකාරයට රූපය නිරුද්ධ වීම අවබෝධ කරගෙන, ඔය ආකාරයට රූපය නිරුද්ධ වීමේ ප්‍රතිපදාව අවබෝධ කරගෙන ඒ රූපය පිළිබඳව අවබෝධයෙන් ම කළකිරිලා, ඇල්ම දුරුකරලා, තණ්හාව නිරුද්ධ කරලා කිසිවෙකටත් නොබැඳී නිදහස් වුණා නම් අන්න ඒ උදවිය තමයි සුවිමුත්ත (මනාකොට නිදහස්) වෙන්නේ. යම් කෙනෙක් සුවිමුත්ත වුණොත් ඒ උදවිය තමයි (ධර්ම විනය තුළ) පරිපූර්ණ වෙන්නේ. යම් කෙනෙක් පරිපූර්ණ වුණොත් අන්න ඒ ක්ෂීණාශ්‍රවයන් හට පැණවීමට සසර ගමනක් නම් නෑ.

පින්වත් මහණෙනි, වේදනාව කියන්නෙ මොකක්ද?

පින්වත් මහණෙනි, මේ වේදනාව හය ආකාරයකින් යුක්තයි. ඇසේ ස්පර්ශයෙන් වේදනාව හටගන්නවා. කණේ ස්පර්ශයෙන් වේදනාව හටගන්නවා. නාසයේ ස්පර්ශයෙන් වේදනාව හටගන්නවා. දිවේ ස්පර්ශයෙන් වේදනාව හටගන්නවා. කයේ ස්පර්ශයෙන් වේදනාව හටගන්නවා. මනසේ ස්පර්ශයෙන් වේදනාව හටගන්නවා. පින්වත් මහණෙනි, වේදනාව කියල කියන්නෙ මෙයටයි.

ස්පර්ශයේ හටගැනීමෙනුයි විඳීම හටගන්නේ. ස්පර්ශය නිරුද්ධ වීමෙන් විඳීම නිරුද්ධ වෙනවා. වේදනාව නිරුද්ධ වීම පිණිස පවතින ප්‍රතිපදාව කියන්නේ ඒ මේ ආර්ය අෂ්ටාංගික මාර්ගයට ම යි. ඒ කියන්නෙ; සම්මා දිට්ඨි ....(පෙ).... සම්මා සමාධි යන මෙයයි.

පින්වත් මහණෙනි, ශ්‍රමණවරුන් වේවා, බ්‍රාහ්මණවරුන් වේවා, යම් කෙනෙක් ඔය ආකාරයට වේදනාව අවබෝධ කරගෙන, ඔය ආකාරයට වේදනාවේ හටගැනීම ගැන අවබෝධ කරගෙන, ඔය ආකාරයට වේදනාව නිරුද්ධ වීම අවබෝධ කරගෙන, ඔය ආකාරයට වේදනාව නිරුද්ධ වීමේ ප්‍රතිපදාව අවබෝධ කරගෙන ඒ වේදනාව පිළිබඳව අවබෝධයෙන් ම කළකිරීම පිණිස, නොඇල්ම පිණිස, තණ්හාව නිරුද්ධ වීම පිණිස ප්‍රතිපදාවේ යෙදෙනවා නම් අන්න ඒ උදවිය තමයි සුපටිපන්න වෙන්නේ. යම් කෙනෙක් සුපටිපන්න වුණොත් ඒ උදවිය තමයි මේ ධර්ම විනය තුළ පිහිටල ඉන්නේ.

පින්වත් මහණෙනි, ශ්‍රමණවරුන් වේවා, බ්‍රාහ්මණවරුන් වේවා, යම් කෙනෙක් ඔය ආකාරයට වේදනාව අවබෝධ කරගෙන, ඔය ආකාරයට වේදනාවේ හටගැනීම ගැන අවබෝධ කරගෙන, ඔය ආකාරයට වේදනාව නිරුද්ධ වීම අවබෝධ කරගෙන, ඔය ආකාරයට වේදනාව නිරුද්ධ වීමේ ප්‍රතිපදාව අවබෝධ කරගෙන ඒ වේදනාව පිළිබඳව අවබෝධයෙන් ම කළකිරිලා, ඇල්ම දුරුකරලා, තණ්හාව නිරුද්ධ කරලා කිසිවකටත් නොබැඳී නිදහස් වුණා නම් අන්න ඒ උදවිය තමයි සුවිමුත්ත (මනාකොට නිදහස්) වෙන්නේ. යම් කෙනෙක් සුවිමුත්ත වුණොත් ඒ උදවිය තමයි (ධර්ම විනය තුළ) පරිපූර්ණ වෙන්නේ. යම් කෙනෙක් පරිපූර්ණ වුණොත් අන්න ඒ ක්ෂීණාශ්‍රවයන් හට පැණවීමට සසර ගමනක් නම් නෑ.

පින්වත් මහණෙනි, සඤ්ඤාව (හඳුනා ගැනීම) කියන්නෙ මොකක්ද?

පින්වත් මහණෙනි, මේ සඤ්ඤාවත් හය ආකාරයි. ඒ කියන්නේ රූප හඳුනා ගන්නවා. ශබ්ද හඳුනා ගන්නවා. ගඳ සුවඳ හඳුනා ගන්නවා. රස හඳුනා ගන්නවා. පහස හඳුනා ගන්නවා. අරමුණු හඳුනා ගන්නවා යන හයයි. පින්වත් මහණෙනි, සඤ්ඤාව කියන්නේ මෙයටයි. ස්පර්ශයේ හට ගැනීමෙනුයි සඤ්ඤාව හටගන්නේ. ස්පර්ශය නිරුද්ධ වීමෙන් සඤ්ඤාව නිරුද්ධ වෙනවා. සඤ්ඤාව නිරුද්ධ වීම පිණිස පවතින ප්‍රතිපදාව කියන්නේ ඒ මේ ආර්ය අෂ්ටාංගික මාර්ගයට ම යි. ඒ කියන්නෙ; සම්මා දිට්ඨි ....(පෙ).... සම්මා සමාධි යන මෙයයි.

පින්වත් මහණෙනි, ශ්‍රමණවරුන් වේවා, බ්‍රාහ්මණවරුන් වේවා, යම්

කෙනෙක් ඔය ආකාරයට සඤ්ඤාව අවබෝධ කරගෙන ....(පෙ).... යම් කෙනෙක් පරිපූර්ණ වුණොත් අන්න ඒ ක්ෂීණාශ්‍රවයන් හට පැණවීමට සසර ගමනක් නම් නෑ.

පින්වත් මහණෙනි, සංස්කාර කියන්නේ මොනවාද?

පින්වත් මහණෙනි, මේ චේතනාවනුත් හය ආකාරයි. ඒ කියන්නේ රූප පිළිබඳව චේතනා ඇතිවෙනවා. ශබ්ද පිළිබඳව චේතනා ඇතිවෙනවා. ගඳ සුවඳ පිළිබඳව චේතනා ඇතිවෙනවා. රස පිළිබඳව චේතනා ඇතිවෙනවා. පහස පිළිබඳව චේතනා ඇතිවෙනවා. අරමුණු පිළිබඳව චේතනා ඇතිවෙනවා යන හයයි. පින්වත් මහණෙනි, සංස්කාර කියන්නේ මෙයටයි. ස්පර්ශයේ හටගැනීමෙනුයි සංස්කාර හටගන්නේ. ස්පර්ශය නිරුද්ධ වීමෙන් සංස්කාර නිරුද්ධ වෙනවා. සංස්කාර නිරුද්ධ වීම පිණිස පවතින ප්‍රතිපදාව කියන්නේ ඒ මේ ආර්ය අෂ්ටාංගික මාර්ගයට ම යි. ඒ කියන්නෙ; සම්මා දිට්ඨි ....(පෙ).... සම්මා සමාධි යන මෙයයි.

පින්වත් මහණෙනි, ශ්‍රමණවරුන් වේවා, බ්‍රාහ්මණවරුන් වේවා, යම් කෙනෙක් ඔය ආකාරයට සංස්කාර අවබෝධ කරගෙන ....(පෙ).... යම් කෙනෙක් පරිපූර්ණ වුණොත් අන්න ඒ ක්ෂීණාශ්‍රවයන් හට පැණවීමට සසර ගමනක් නම් නෑ.

පින්වත් මහණෙනි, විඤ්ඤාණය (විශේෂයෙන් දැනගන්නවා) කියන්නේ මොකක්ද?

පින්වත් මහණෙනි, මේ විඤ්ඤාණයත් හය ආකාරයි. ඇසෙහි පහළ වන විඤ්ඤාණය, කණෙහි විඤ්ඤාණය, නාසයෙහි පහළ වන විඤ්ඤාණය, දිවෙහි පහළ වන විඤ්ඤාණය, කයෙහි පහළ වන විඤ්ඤාණය, මනසෙහි පහළ වන විඤ්ඤාණය යන හයයි. පින්වත් මහණෙනි, විඤ්ඤාණය කියන්නෙ මෙයයි. නාමරූප හටගැනීමෙනුයි විඤ්ඤාණය හටගන්නේ. නාමරූප නිරුද්ධ වීමෙනුයි විඤ්ඤාණය නිරුද්ධ වන්නේ. විඤ්ඤාණය නිරුද්ධ වීම පිණිස පවතින ප්‍රතිපදාව කියන්නේ ඒ මේ ආර්ය අෂ්ටාංගික මාර්ගයට ම යි. ඒ කියන්නේ සම්මා දිට්ඨි ....(පෙ).... සම්මා සමාධි යන මෙයයි.

පින්වත් මහණෙනි, ශ්‍රමණවරුන් වේවා, බ්‍රාහ්මණවරුන් වේවා, යම් කෙනෙක් ඔය ආකාරයට විඤ්ඤාණය අවබෝධ කරගෙන, ඔය ආකාරයට විඤ්ඤාණයේ හටගැනීම ගැන අවබෝධ කරගෙන, ඔය ආකාරයට විඤ්ඤාණය නිරුද්ධ වීම අවබෝධ කරගෙන, ඔය ආකාරයට විඤ්ඤාණය නිරුද්ධ වීමේ

ප්‍රතිපදාව අවබෝධ කරගෙන ඒ විඤ්ඤාණය පිළිබඳව අවබෝධයෙන් ම කළකිරීම පිණිස, නොඇල්ම පිණිස, තණ්හාව නිරුද්ධ වීම පිණිස ප්‍රතිපදාවේ යෙදෙනවා නම් අන්න ඒ උදවිය තමයි සුපටිපන්න වෙන්නේ. යම් කෙනෙක් සුපටිපන්න වුණොත් ඒ උදවිය තමයි මේ ධර්ම විනය තුළ පිහිටලා ඉන්නේ.

පින්වත් මහණෙනි, ශ්‍රමණවරුන් වේවා, බ්‍රාහ්මණවරුන් වේවා, යම් කෙනෙක් ඔය ආකාරයට විඤ්ඤාණය අවබෝධ කරගෙන, ඔය ආකාරයට විඤ්ඤාණයේ හටගැනීම ගැන අවබෝධ කරගෙන, ඔය ආකාරයට විඤ්ඤාණය නිරුද්ධ වීම අවබෝධ කරගෙන, ඔය ආකාරයට විඤ්ඤාණය නිරුද්ධ වීමේ ප්‍රතිපදාව අවබෝධ කරගෙන ඒ විඤ්ඤාණය පිළිබඳව අවබෝධයෙන් ම කළකිරිලා, ඇල්ම දුරුවෙලා, තණ්හාව නිරුද්ධ කරලා කිසිවෙකටත් නොබැඳී නිදහස් වුණා නම් අන්න ඒ උදවිය තමයි සුවිමුත්ත (මනාකොට නිදහස්) වෙන්නේ. යම් කෙනෙක් සුවිමුත්ත වුණොත් ඒ උදවිය තමයි (ධර්ම විනය තුළ) පරිපූර්ණ වෙන්නේ. යම් කෙනෙක් පරිපූර්ණ වුණොත් අන්න ඒ ක්ෂීණාශ්‍රවයන් හට පැණවීමට සසර ගමනක් නම් නෑ.

සාදු! සාදු!! සාදු!!!

උපාදාන පරිවත්ත සූත්‍රය නිමා විය.

1.2.1.5.
සත්තට්ඨාන සූත්‍රය
සත් තැනක අවබෝධය ගැන වදාළ දෙසුම

57. සැවැත් නුවර දී ....

පින්වත් මහණෙනි, සත් තැනක් පිළිබඳව දක්ෂතාවය ඇති, තුන් ආකාරයකින් නුවණින් විමසන්නා වූ භික්ෂුව මේ ධර්ම විනය තුළ පිරිපුන් කෙනෙක් වෙනවා. බඹසර වාසය සම්පූර්ණ කළ කෙනෙක් වෙනවා. උතුම් පුරුෂයෙක් වෙනවා.

පින්වත් මහණෙනි, භික්ෂුව සත් තැනක් පිළිබඳව දක්ෂතාවය ඇති කෙනෙක් වෙන්නේ කොහොමද?

පින්වත් මහණෙනි, මෙකරුණෙහිලා භික්ෂුව රූපය අවබෝධ

කරගන්නවා. රූපයේ හටගැනීම අවබෝධ කරගන්නවා. රූපය නිරුද්ධ වීම අවබෝධ කරගන්නවා. රූපය නිරුද්ධවීම පිණිස පවතින ප්‍රතිපදාව අවබෝධ කරගන්නවා. රූපයේ ආශ්වාදය අවබෝධ කරගන්නවා. රූපයෙහි තිබෙන ආදීනව අවබෝධ කරගන්නවා. රූපයෙන් නිදහස් වීම අවබෝධ කරගන්නවා.

වේදනාව අවබෝධ කරගන්නවා. වේදනාවේ හටගැනීම අවබෝධ කරගන්නවා. වේදනාව නිරුද්ධ වීම අවබෝධ කරගන්නවා. වේදනාව නිරුද්ධවීම පිණිස පවතින ප්‍රතිපදාව අවබෝධ කරගන්නවා. වේදනාවෙහි ආශ්වාදය අවබෝධ කරගන්නවා. වේදනාවෙහි තිබෙන ආදීනව අවබෝධ කරගන්නවා. වේදනාවෙන් නිදහස් වීම අවබෝධ කරගන්නවා.

සඤ්ඤාව අවබෝධ කරගන්නවා ....(පෙ).... සංස්කාර අවබෝධ කරගන්නවා. සංස්කාරවල හටගැනීම අවබෝධ කරගන්නවා. සංස්කාරවල නිරුද්ධ වීම අවබෝධ කරගන්නවා. සංස්කාර නිරුද්ධවීම පිණිස පවතින ප්‍රතිපදාව අවබෝධ කරගන්නවා. සංස්කාරවල ආශ්වාදය අවබෝධ කරගන්නවා. සංස්කාරවල තිබෙන ආදීනව අවබෝධ කරගන්නවා. සංස්කාරවලින් නිදහස් වීම අවබෝධ කරගන්නවා.

විඤ්ඤාණය අවබෝධ කරගන්නවා. විඤ්ඤාණයේ හටගැනීම අවබෝධ කරගන්නවා. විඤ්ඤාණයේ නිරුද්ධ වීම අවබෝධ කරගන්නවා. විඤ්ඤාණය නිරුද්ධවීම පිණිස පවතින ප්‍රතිපදාව අවබෝධ කරගන්නවා. විඤ්ඤාණයේ ආශ්වාදය අවබෝධ කරගන්නවා. විඤ්ඤාණයේ තිබෙන ආදීනව අවබෝධ කරගන්නවා. විඤ්ඤාණයෙන් නිදහස් වීම අවබෝධ කරගන්නවා.

පින්වත් මහණෙනි, රූපය කියන්නේ මොකක්ද?

පින්වත් මහණෙනි, (පඨවි, ආපෝ, තේජෝ, වායෝ යන) මහාභූත හතරත්, ඒ සතර මහා භූතයන්ගේ උපකාරයෙන් හැදෙන්නා වූ රූපත් ය. පින්වත් මහණෙනි, මෙයට තමයි රූපය කියන්නේ. ආහාර හටගැනීමෙනුයි රූප හටගන්නේ. ආහාර නිරුද්ධ වීමෙනුයි රූප නිරුද්ධ වන්නේ. රූප නිරුද්ධ වීම පිණිස පවතින ප්‍රතිපදාව කියන්නේ ඒ මේ ආර්ය අෂ්ටාංගික මාර්ගයට ම යි. ඒ කියන්නේ සම්මා දිට්ඨි ....(පෙ).... සම්මා සමාධි යන මෙයයි. රූපය නිසා යම් සැපයක්, සොම්නසක් උපදිනවා නම් අන්න ඒක තමයි රූපයෙහි ආශ්වාදය. යම් රූපයක් අනිත්‍යයි ද, දුකයි ද, වෙනස් වන ධර්මතාවයෙන් යුතුද මේ තමයි රූපයෙහි ආදීනවය. රූපය කෙරෙහි ඇති ඡන්දරාගයෙහි යම් දුරුකිරීමක් ඇද්ද, ඡන්දරාගයෙහි ප්‍රහාණයක් අද්ද මෙය තමයි රූපයෙන් නිදහස් වීම.

පින්වත් මහණෙනි, ශ්‍රමණවරුන් වේවා, බ්‍රාහ්මණවරුන් වේවා, යම් කෙනෙක් ඔය ආකාරයට රූපය අවබෝධ කරගෙන, ඔය ආකාරයට රූපයේ හටගැනීම ගැන අවබෝධ කරගෙන, ඔය ආකාරයට රූපය නිරුද්ධ වීම අවබෝධ කරගෙන, ඔය ආකාරයට රූපය නිරුද්ධ වීමේ ප්‍රතිපදාව අවබෝධ කරගෙන, ඔය ආකාරයට රූපයෙහි අශ්වාදය අවබෝධ කරගෙන, ඔය ආකාරයට රූපයෙහි ආදීනවය අවබෝධ කරගෙන, ඔය ආකාරයට රූපයෙන් නිදහස්වීම අවබෝධ කරගෙන ඒ රූපය පිළිබඳව අවබෝධයෙන් ම කළකිරීම පිණිස, නොඇල්ම පිණිස, තණ්හාව නිරුද්ධ වීම පිණිස ප්‍රතිපදාවේ යෙදෙනවා නම් අන්න ඒ උදවිය තමයි සුපටිපන්න වෙන්නෙ. යම් කෙනෙක් සුපටිපන්න වුණොත් ඒ උදවිය තමයි ධර්ම විනය තුළ පිහිටල ඉන්නේ.

පින්වත් මහණෙනි, ශ්‍රමණවරුන් වේවා, බ්‍රාහ්මණවරුන් වේවා, යම් කෙනෙක් ඔය ආකාරයට රූපය අවබෝධ කරගෙන, ඔය ආකාරයට රූපයේ හටගැනීම ගැන අවබෝධ කරගෙන, ඔය ආකාරයට රූපය නිරුද්ධ වීම අවබෝධ කරගෙන, ඔය ආකාරයට රූපය නිරුද්ධ වීමේ ප්‍රතිපදාව අවබෝධ කරගෙන, ඔය ආකාරයට රූපයෙහි ආශ්වාදය අවබෝධ කරගෙන, ඔය ආකාරයට රූපයෙහි ආදීනවය අවබෝධ කරගෙන, ඔය ආකාරයට රූපයෙන් නිදහස්වීම අවබෝධ කරගෙන ඒ රූපය පිළිබඳව අවබෝධයෙන් ම කළකිරිලා, ඇල්ම දුරුකරලා, තණ්හාව නිරුද්ධ කරලා කිසිවකටත් නොබැඳී නිදහස් වුණා නම් අන්න ඒ උදවිය තමයි සුවිමුත්ත (මනාකොට නිදහස්) වෙන්නේ. යම් කෙනෙක් සුවිමුත්ත වුණොත් ඒ උදවිය තමයි (ධර්ම විනය තුළ) පරිපූර්ණ වෙන්නේ. යම් කෙනෙක් පරිපූර්ණ වුණොත් අන්න ඒ ක්ෂීණාශ්‍රවයන් හට පැණවීමට සසර ගමනක් නම් නෑ.

පින්වත් මහණෙනි, වේදනාව කියන්නෙ මොකක්ද?

පින්වත් මහණෙනි, මේ වේදනාව හය ආකාරයකින් යුක්තයි. ඇසේ ස්පර්ශයෙන් වේදනාව හටගන්නවා. කණේ ස්පර්ශයෙන් වේදනාව හටගන්නවා. නාසයේ ස්පර්ශයෙන් වේදනාව හටගන්නවා. දිවේ ස්පර්ශයෙන් වේදනාව හටගන්නවා. කයේ ස්පර්ශයෙන් වේදනාව හටගන්නවා. මනසේ ස්පර්ශයෙන් වේදනාව හටගන්නවා. පින්වත් මහණෙනි, වේදනාව කියල කියන්නෙ මෙයටයි. ස්පර්ශයේ හටගැනීමෙනුයි විඳීම හටගන්නේ. ස්පර්ශය නිරුද්ධ වීමෙන් විඳීම නිරුද්ධ වෙනවා. වේදනාව නිරුද්ධ වීම පිණිස පවතින ප්‍රතිපදාව කියන්නේ ඒ මේ ආර්ය අෂ්ටාංගික මාර්ගයට ම යි. ඒ කියන්නේ සම්මා දිට්ඨි ....(පෙ).... සම්මා සමාධි යන මෙයයි. වේදනාව නිසා යම් සැපයක්, සොම්නසක් උපදිනවා නම් අන්න ඒක තමයි වේදනාවෙහි ආශ්වාදය. යම් වේදනාවක් අනිත්‍යයි ද,

දුකයි ද, වෙනස් වන ධර්මතාවයෙන් යුතුද මේක තමයි වේදනාවෙහි ආදීනවය. වේදනාව කෙරෙහි ඇති ඡන්දරාගයෙහි යම් දුරුකිරීමක් ඇද්ද, ඡන්දරාගයෙහි ප්‍රහාණයක් ඇද්ද මෙය තමයි වේදනාවෙන් නිදහස් වීම.

පින්වත් මහණෙනි, ශ්‍රමණවරුන් වේවා, බ්‍රාහ්මණවරුන් වේවා, යම් කෙනෙක් ඔය ආකාරයට වේදනාව අවබෝධ කරගෙන, ඔය ආකාරයට වේදනාව හටගැනීම ගැන අවබෝධ කරගෙන, ඔය ආකාරයට වේදනාව නිරුද්ධ වීම අවබෝධ කරගෙන, ඔය ආකාරයට වේදනාව නිරුද්ධ වීමේ ප්‍රතිපදාව අවබෝධ කරගෙන, ඔය ආකාරයට වේදනාවෙහි ආශ්වාදය අවබෝධ කරගෙන, ඔය ආකාරයට වේදනාවෙහි ආදීනවය අවබෝධ කරගෙන, ඔය ආකාරයට වේදනාවෙන් නිදහස්වීම අවබෝධ කරගෙන, ඒ වේදනාව පිළිබඳව අවබෝධයෙන් ම කළකිරීම පිණිස, නොඇල්ම පිණිස, තණ්හාව නිරුද්ධ වීම පිණිස ප්‍රතිපදාවේ යෙදෙනවා නම් අන්න ඒ උදවිය තමයි සුපටිපන්න වෙන්නේ. යම් කෙනෙක් සුපටිපන්න වුණොත් ඒ උදවිය තමයි මේ ධර්ම විනය තුළ පිහිටල ඉන්නේ.

පින්වත් මහණෙනි, ශ්‍රමණවරුන් වේවා, බ්‍රාහ්මණවරුන් වේවා, යම් කෙනෙක් ඔය ආකාරයට වේදනාව අවබෝධ කරගෙන, ඔය ආකාරයට වේදනාවේ හටගැනීම ගැන අවබෝධ කරගෙන, ඔය ආකාරයට වේදනාව නිරුද්ධ වීම අවබෝධ කරගෙන, ඔය ආකාරයට වේදනාව නිරුද්ධ වීමේ ප්‍රතිපදාව අවබෝධ කරගෙන, ඔය ආකාරයට වේදනාවෙහි ආශ්වාදය අවබෝධ කරගෙන, ඔය ආකාරයට වේදනාවෙහි ආදීනවය අවබෝධ කර ගෙන, ඔය ආකාරයට වේදනාවෙන් නිදහස්වීම අවබෝධ කරගෙන ඒ වේදනාව පිළිබඳව අවබෝධයෙන් ම කළකිරිලා, ඇල්ම දුරුකරලා, තණ්හාව නිරුද්ධ කරලා කිසිවකටත් නොබැඳී නිදහස් වුණා නම් අන්න ඒ උදවිය තමයි සුවිමුත්ත (මනාකොට නිදහස්) වෙන්නේ. යම් කෙනෙක් සුවිමුත්ත වුණොත් ඒ උදවිය තමයි (ධර්ම විනය තුළ) පරිපූර්ණ වෙන්නේ. යම් කෙනෙක් පරිපූර්ණ වුණොත් අන්න ඒ ක්ෂීණාශ්‍රවයන් හට පැණවීමට සසර ගමනක් නම් නෑ.

පින්වත් මහණෙනි, සඤ්ඤාව කියන්නෙ මොකක්ද?

පින්වත් මහණෙනි, මේ සඤ්ඤාව හය ආකාරයි. ඒ කියන්නෙ රූප හඳුනා ගන්නවා. ශබ්ද හඳුනා ගන්නවා. ගඳ සුවඳ හඳුනා ගන්නවා. රස හඳුනා ගන්නවා. පහස හඳුනා ගන්නවා. අරමුණු හඳුනා ගන්නවා යන හයයි. පින්වත් මහණෙනි, සඤ්ඤාව කියන්නේ මෙයටයි. සඤ්ඤා ....(පෙ).... අන්න ඒ ක්ෂීණාශ්‍රවයන් හට පැණවීමට සසර ගමනක් නම් නෑ.

පින්වත් මහණෙනි, සංස්කාර කියන්නේ මොනවාද?

පින්වත් මහණෙනි, මේ චේතනාවනුත් සය ආකාරයි. ඒ කියන්නෙ රූප පිළිබඳව චේතනා ඇතිවෙනවා. ශබ්ද පිළිබඳව චේතනා ඇතිවෙනවා. ගඳ සුවඳ පිළිබඳව චේතනා ඇතිවෙනවා. රස පිළිබඳව චේතනා ඇතිවෙනවා. පහස පිළිබඳව චේතනා ඇතිවෙනවා. අරමුණු පිළිබඳව චේතනා ඇතිවෙනවා යන හයයි. පින්වත් මහණෙනි, සංස්කාර කියන්නේ මෙයටයි. සංස්කාර ....(පෙ).... අන්න ඒ ක්ෂීණාශ්‍රවයන් හට පැණවීමට සසර ගමනක් නම් නෑ.

පින්වත් මහණෙනි, විඤ්ඤාණය කියන්නේ මොකක්ද?

පින්වත් මහණෙනි, මේ විඤ්ඤාණයත් හය ආකාරයි. ඇසෙහි පහළ වන විඤ්ඤාණය ....(පෙ).... මනසෙහි පහළ වන විඤ්ඤාණය යන හයයි. පින්වත් මහණෙනි, විඤ්ඤාණය කියන්නේ මෙයයි. නාමරූප හටගැනීමෙනුයි විඤ්ඤාණය හටගන්නේ. නාමරූප නිරුද්ධ වීමෙනුයි විඤ්ඤාණය නිරුද්ධ වන්නේ. විඤ්ඤාණය නිරුද්ධ වීම පිණිස පවතින ප්‍රතිපදාව කියන්නේ ඒ මේ ආර්ය අෂ්ටාංගික මාර්ගයට ම යි. ඒ කියන්නේ සම්මා දිට්ඨි ....(පෙ).... සම්මා සමාධි යන මෙයයි. විඤ්ඤාණය නිසා යම් සැපයක්, සොම්නසක් උපදිනවා නම් අන්න ඒක තමයි විඤ්ඤාණයෙහි ආශ්වාදය. යම් විඤ්ඤාණයක් අනිත්‍යයි ද, දුකයි ද, වෙනස් වන ධර්මතාවයෙන් යුතුද මේක තමයි විඤ්ඤාණයෙහි ආදීනවය. විඤ්ඤාණය කෙරෙහි ඇති ඡන්දරාගයෙහි යම් දුරුකිරීමක් ඇද්ද, ඡන්දරාගයෙහි ප්‍රහාණයක් ඇද්ද මෙය තමයි විඤ්ඤාණයෙන් නිදහස් වීම.

පින්වත් මහණෙනි, ශ්‍රමණවරුන් වේවා, බ්‍රාහ්මණවරුන් වේවා, යම් කෙනෙක් ඔය ආකාරයට විඤ්ඤාණය අවබෝධ කරගෙන, ඔය ආකාරයට විඤ්ඤාණයේ හටගැනීම ගැන අවබෝධ කරගෙන, ඔය ආකාරයට විඤ්ඤාණය නිරුද්ධ වීම අවබෝධ කරගෙන, ඔය ආකාරයට විඤ්ඤාණය නිරුද්ධ වීමේ ප්‍රතිපදාව අවබෝධ කරගෙන, ඔය ආකාරයට විඤ්ඤාණයෙහි ආශ්වාදය අවබෝධ කරගෙන, ඔය ආකාරයට විඤ්ඤාණයෙහි ආදීනවය අවබෝධ කරගෙන, ඔය ආකාරයට විඤ්ඤාණයෙන් නිදහස්වීම අවබෝධ කරගෙන ඒ විඤ්ඤාණය පිළිබඳව අවබෝධයෙන් ම කළකිරීම පිණිස, නොඇල්ම පිණිස, තණ්හාව නිරුද්ධ වීම පිණිස ප්‍රතිපදාවේ යෙදෙනවා නම් අන්න ඒ උදවිය තමයි සුපටිපන්න වෙන්නේ. යම් කෙනෙක් සුපටිපන්න වුණොත් ඒ උදවිය තමයි මේ ධර්ම විනය තුළ පිහිටල ඉන්නේ.

පින්වත් මහණෙනි, ශ්‍රමණවරුන් වේවා, බ්‍රාහ්මණවරුන් වේවා, යම් කෙනෙක් ඔය ආකාරයට විඤ්ඤාණය අවබෝධ කරගෙන, ඔය ආකාරයට

විඤ්ඤාණයේ හටගැනීම ගැන අවබෝධ කරගෙන, ඔය ආකාරයට විඤ්ඤාණය නිරුද්ධ වීම අවබෝධ කරගෙන, ඔය ආකාරයට විඤ්ඤාණය නිරුද්ධ වීමේ ප්‍රතිපදාව අවබෝධ කරගෙන, ඔය ආකාරයට විඤ්ඤාණයෙහි ආශ්වාදය අවබෝධ කරගෙන, ඔය ආකාරයට විඤ්ඤාණයෙහි ආදීනවය අවබෝධ කරගෙන, ඔය ආකාරයට විඤ්ඤාණයෙන් නිදහස්වීම අවබෝධ කරගෙන ඒ විඤ්ඤාණය පිළිබඳව අවබෝධයෙන් ම කළකිරිලා, ඇල්ම දුරු කරලා, තණ්හාව නිරුද්ධ කරලා කිසිවකටත් නොබැඳී නිදහස් වුණා නම් අන්න ඒ උදවිය තමයි සුවිමුත්ත (මනාකොට නිදහස්) වෙන්නේ. යම් කෙනෙක් සුවිමුත්ත වුණොත් ඒ උදවිය තමයි (ධර්ම විනය තුළ) පරිපූර්ණ වෙන්නේ. යම් කෙනෙක් පරිපූර්ණ වුණොත් අන්න ඒ ක්ෂීණාශ්‍රවයන් හට පැණවීමට සසර ගමනක් නම් නෑ.

පින්වත් මහණෙනි, භික්ෂුව තුන් ආකාරයකින් නුවණින් විමසන කෙනෙක් වෙන්නේ කොහොමද?

පින්වත් මහණෙනි, මෙකරුණෙහිලා භික්ෂුව ධාතු ස්වභාව වශයෙන් ද නුවණින් විමසනවා. ආයතන වශයෙන් ද නුවණින් විමසනවා. පටිච්චසමුප්පාද වශයෙන් ද නුවණින් විමසනවා. පින්වත් මහණෙනි, ඔන්න ඔය විදිහටයි භික්ෂුව තුන් ආකාරයකින් නුවණින් විමසන කෙනෙක් වෙන්නේ.

පින්වත් මහණෙනි, සත් තැනක් පිළිබඳව දක්ෂතාවය ඇති, තුන් ආකාරයකින් නුවණින් විමසන්නා වූ භික්ෂුවටයි මේ ධර්ම විනය තුළ පිරිපුන් කෙනෙක් වෙනවා කියල, බඹසර වාසය සම්පූර්ණ කළ කෙනෙක් වෙනවා කියල, උතුම් පුරුෂයෙක් වෙනවා කියල කියන්නේ.

සාදු! සාදු!! සාදු!!!

සත්තට්ඨාන සූත්‍රය නිමා විය.

1.2.1.6.
සම්බුද්ධ සූත්‍රය
සම්බුද්ධත්වය ගැන වදාළ දෙසුම

58. සැවැත් නුවර දී ....

"පින්වත් මහණෙනි, තථාගත වූ අරහත් වූ සම්මා සම්බුදුරජාණන්

වහන්සේ රූපය පිළිබඳව කළකිරිලා, එහි ඇල්ම දුරුකරලා, එහි ඇල්ම නිරුද්ධ කරලා, රූපයට නොබැඳී, රූපයෙන් නිදහස් වුණ නිසයි 'සම්මා සම්බුද්ධ' කියල කියන්නේ. ඒ වගේ ම පින්වත් මහණෙනි, භික්ෂුවත් රූපය පිළිබඳව කළකිරිලා, එහි ඇල්ම දුරුකරලා, එහි ඇල්ම නිරුද්ධ කරලා, රූපයට නොබැඳී, රූපයෙන් නිදහස් වුණ නිසා 'පඤ්ඤාවිමුත්ත' කියල කියනවා.

පින්වත් මහණෙනි, තථාගත වූ අරහත් වූ සම්මා සම්බුදුරජාණන් වහන්සේ වේදනාව ....(පෙ).... සඤ්ඤාව ....(පෙ).... සංස්කාර ....(පෙ).... විඤ්ඤාණය පිළිබඳව කළකිරිලා, එහි ඇල්ම දුරුකරලා, එහි ඇල්ම නිරුද්ධ කරලා, විඤ්ඤාණයට නොබැඳී, විඤ්ඤාණයෙන් නිදහස් වුණ නිසයි 'සම්මා සම්බුද්ධ' කියල කියන්නේ. ඒ වගේ ම පින්වත් මහණෙනි, භික්ෂුවත් විඤ්ඤාණය පිළිබඳව කළකිරිලා, එහි ඇල්ම දුරුකරලා, එහි ඇල්ම නිරුද්ධ කරලා, විඤ්ඤාණයට නොබැඳී, විඤ්ඤාණයෙන් නිදහස් වුණ නිසා 'පඤ්ඤාවිමුත්ත' කියලා කියනවා.

පින්වත් මහණෙනි, ඔන්න ඔතැනදී තථාගත අරහත් සම්මා සම්බුදු රජාණන් වහන්සේගේත් පඤ්ඤාවිමුත්ත භික්ෂුවගේත් කවර විශේෂත්වයක් ද තියෙන්නේ? කවර අදහසක් ද තියෙන්නේ? කවර විවිධත්වයක් ද තියෙන්නේ?"

"ස්වාමීනී, අපගේ ශ්‍රී සද්ධර්මය වනාහී භාග්‍යවතුන් වහන්සේ ම මුල් කොට ඇති සේක. භාග්‍යවතුන් වහන්සේ ප්‍රධාන කොට ඇති සේක. භාග්‍යවතුන් වහන්සේ ම පිළිසරණ කොට ඇති සේක. ස්වාමීනී, සැබැවින් ම ඔය වදාළ කරුණෙහි අර්ථය භාග්‍යවතුන් වහන්සේට ම වැටහෙන සේක් නම් ඉතා මැනැවි. භික්ෂූන් වහන්සේලා මතකයෙහි රඳවා ගන්නේ භාග්‍යවතුන් වහන්සේගෙන් අසාගෙනයි."

"එසේ වී නම් පින්වත් මහණෙනි, මනාකොට අසන්න. නුවණින් තේරුම් ගන්න. පවසන්නෙමි." "එසේය, ස්වාමීනී" කියල ඒ භික්ෂූන් වහන්සේලා භාග්‍යවතුන් වහන්සේට පිළිතුරු දුන්නා. භාග්‍යවතුන් වහන්සේ මෙය වදාළා.

පින්වත් මහණෙනි, තථාගත වූ අරහත් වූ සම්මා සම්බුදුරජාණන් වහන්සේ තමයි නූපන්නා වූ නිවන් මග උපදවන්නේ. හට නොගත්තා වූ නිවන හට ගන්වන්නේ. (දෙවි මිනිස් මාර බ්‍රහ්ම ශ්‍රමණ බ්‍රාහ්මණ ආදී කිසිවෙකු විසින්) නොපවසන ලද්දා වූ නිවන් මග පවසන්නේ. නිවන් මග ඉතාමත් හොඳින් දන්නවා. නිවන් මග මැනැවින් ම ප්‍රකට කරනවා. නිවන් මග පිළිබඳව අතිශයින් ම දක්ෂයි. පින්වත් මහණෙනි, ඒ නිවන් මග අනුව පසුපස යමිනුයි මෙකල ශ්‍රාවකයන් වාසය කරන්නේ.

පින්වත් මහණෙනි, තථාගත අරහත් සම්මා සම්බුදුරජාණන් වහන්සේගේත් පඤ්ඤාවිමුත්ත භික්ෂුවගේත් විශේෂත්වය මේක තමයි. අදහස මේක තමයි. විවිධත්වයත් මේක තමයි.

සාදු! සාදු!! සාදු!!!

සම්බුද්ධ සූත්‍රය නිමා විය.

1.2.1.7.
පඤ්චවග්ගිය සූත්‍රය
පස්වග භික්ෂූන්ට අනාත්මය ගැන වදාළ දෙසුම

59. ඒ දිනවල භාග්‍යවතුන් වහන්සේ වැඩසිටියේ බරණැස් නුවර සමීපයෙහි ඉසිපතන මිගදාය නම් වූ වනසෙනසුනේ ය. එකල්හී භාග්‍යවතුන් වහන්සේ පස්වග භික්ෂූන් වහන්සේ අමතා "පින්වත් මහණෙනි" යි කියා වදාළ සේක. "පින්වතුන් වහන්ස" යැයි කියා භික්ෂූන් වහන්සේලා භාග්‍යවතුන් වහන්සේට පිළිතුරු දුන්නා. භාග්‍යවතුන් වහන්සේ මේ අනාත්ම ලක්ෂණ සූත්‍ර දේශනය වදාළා.

"පින්වත් මහණෙනි, රූපය යනු අනාත්ම (තම වසඟයෙහි පවත්වාගත නොහැකි) දෙයක්. පින්වත් මහණෙනි, ඉදින් මේ රූපය වනාහී ආත්මයක් (තම වසඟයෙහි පවත්වාගත හැකි දෙයක්) වශයෙන් තිබුණා නම් මේ රූපය ආබාධ පිණිස පවතින්නට විදිහක් නෑ. 'මාගේ රූපය මෙසේ වේවා! මගේ රූපය මෙසේ නොවේවා!' කියන කරුණ රූපය තුළ ලැබිය යුතු වෙනවා. නමුත් පින්වත් මහණෙනි, යම් හෙයකින් රූපය වනාහී අනාත්ම වූ දෙයක් වුණාද අන්න ඒ නිසා ම යි රූපය ආබාධ පිණිස පවතින්නේ. 'මගේ රූපය මෙසේ වේවා! මගේ රූපය මෙසේ නොවේවා!' කියන කරුණ රූපය තුළ ලැබිය නොහැකි දෙයක්.

පින්වත් මහණෙනි, වේදනාව යනු අනාත්ම (තම වසඟයෙහි පවත්වාගත නොහැකි) දෙයක් ....(පෙ).... සඤ්ඤාව යනු අනාත්ම (තම වසඟයෙහි පවත්වාගත නොහැකි) දෙයක් ....(පෙ).... සංස්කාර යනු අනාත්ම (තම වසඟයෙහි පවත්වාගත නොහැකි) දෙයක් ....(පෙ).... පින්වත් මහණෙනි, විඤ්ඤාණය යනු අනාත්ම (තම වසඟයෙහි පවත්වාගත නොහැකි) දෙයක්. ඉදින් මේ විඤ්ඤාණය වනාහී ආත්මයක් (තම වසඟයෙහි පවත්වාගත හැකි

දෙයක්) වශයෙන් තිබුණා නම් මේ විඤ්ඤාණය ආබාධ පිණිස පවතින්නට විදිහක් නෑ. 'මගේ විඤ්ඤාණය මෙසේ වේවා! මගේ විඤ්ඤාණය මෙසේ නොවේවා!' කියන කරුණ විඤ්ඤාණය තුළ ලැබිය යුතු වෙනවා. නමුත් පින්වත් මහණෙනි, යම් හෙයකින් විඤ්ඤාණය වනාහී අනාත්ම වූ දෙයක් වුණා ද, අන්න ඒ නිසා ම යි විඤ්ඤාණය අබාධ පිණිස පවතින්නේ. 'මගේ විඤ්ඤාණය මෙසේ වේවා! මාගේ විඤ්ඤාණය මෙසේ නොවේවා!' කියන කරුණ විඤ්ඤාණය තුළ ලැබිය නොහැකි දෙයක්.

පින්වත් මහණෙනි, ඔබ මේ ගැන කුමක්ද සිතන්නේ? රූපය යනු නිත්‍ය දෙයක්ද? අනිත්‍ය දෙයක්ද?" "ස්වාමීනී, අනිත්‍යයි."

"යමක් වනාහී අනිත්‍ය නම් එය දුක් දෙයක්ද? සැප දෙයක්ද?" ස්වාමීනී, දුකයි."

"යමක් වනාහී අනිත්‍ය නම්, දුක නම්, වෙනස්වන ධර්මතාවයට අයත් දෙයක් නම් 'එය මගේ' කියා හෝ 'එය මම වෙමි' කියා හෝ 'එය මගේ ආත්මය' කියා හෝ මුලාවෙන් දකින එක සුදුසුද?" "ස්වාමීනී, එය සුදුසු නෑ ම යි."

"වේදනාව ....(පෙ).... සඤ්ඤාව....(පෙ).... සංස්කාර ....(පෙ).... විඤ්ඤාණය යනු නිත්‍ය දෙයක්ද? අනිත්‍ය දෙයක්ද?" "ස්වාමීනී, අනිත්‍යයි."

"යමක් වනාහී අනිත්‍ය නම් එය දුක් දෙයක්ද? සැප දෙයක්ද?" ස්වාමීනී, දුකයි."

"යමක් වනාහී අනිත්‍ය නම්, දුක නම්, වෙනස්වන ධර්මතාවයට අයත් දෙයක් නම් 'එය මගේ' කියා හෝ 'එය මම වෙමි' කියා හෝ 'එය මගේ ආත්මය' කියා හෝ මුලාවෙන් දකින එක සුදුසුද?" "ස්වාමීනී, එය සුදුසු නෑ ම යි."

"එහෙම නම් පින්වත් මහණෙනි, අතීත, අනාගත, වර්තමාන වූ යම්කිසි රූපයක් ඇද්ද, ආධ්‍යාත්ම (තමා යැයි සළකන) රූපයක් වෙන්න පුළුවනි, බාහිර රූපයක් වෙන්න පුළුවනි, ගොරෝසු රූපයක් වෙන්න පුළුවනි, සියුම් රූපයක් වෙන්න පුළුවනි, හීන රූපයක් වෙන්න පුළුවනි, උසස් රූපයක් වෙන්න පුළුවනි, දුර තිබෙන රූපයක් වෙන්න පුළුවනි, ළඟ තිබෙන රූපයක් වෙන්න පුළුවනි, ඒ සෑම රූපයක් ම 'මගේ නොවේ, මම නොවෙමි, මගේ ආත්මය නොවේ' යන ඔය කරුණ ඒ ආකාරයෙන් ම දියුණු කළ ප්‍රඥාවෙන් දැකගන්න ඕන.

අතීත, අනාගත, වර්තමාන වූ යම්කිසි වේදනාවක් ඇද්ද ....(පෙ).... අතීත, අනාගත, වර්තමාන වූ යම්කිසි සඤ්ඤාවක් ඇද්ද ....(පෙ).... අතීත, අනාගත,

වර්තමාන වූ යම්කිසි සංස්කාර ඇද්ද ....(පෙ).... අතීත, අනාගත, වර්තමාන වූ යම්කිසි විඤ්ඤාණයක් ඇද්ද, අධ්‍යාත්ම (තමා යැයි සළකන) විඤ්ඤාණයක් වෙන්න පුළුවනි, බාහිර විඤ්ඤාණයක් වෙන්න පුළුවනි, ගොරෝසු විඤ්ඤාණයක් වෙන්න පුළුවනි, සියුම් විඤ්ඤාණයක් වෙන්න පුළුවනි, හීන විඤ්ඤාණයක් වෙන්න පුළුවනි, උසස් විඤ්ඤාණයක් වෙන්න පුළුවනි, දුර තිබෙන විඤ්ඤාණයක් වෙන්න පුළුවනි, ළඟ තිබෙන විඤ්ඤාණයක් වෙන්න පුළුවනි, ඒ සෑම විඤ්ඤාණයක් ම 'මගේ නොවේ, මම නොවෙමි, මගේ ආත්මය නොවේ' යන ඔය කරුණ ඒ ආකාරයෙන් ම දියුණු කළ ප්‍රඥාවෙන් දැකගන්න ඕන.

පින්වත් මහණෙනි, ශ්‍රැතවත් ආර්ය ශ්‍රාවකයා ඔය විදිහට දියුණු කරපු ප්‍රඥාවෙන් දකින කොට රූපය ගැනත් අවබෝධයෙන් ම කළකිරෙනවා. වේදනාව ගැනත් අවබෝධයෙන් ම කළකිරෙනවා. සඤ්ඤාව ගැනත් අවබෝධයෙන් ම කළකිරෙනවා. සංස්කාර ගැනත් අවබෝධයෙන් ම කළකිරෙනවා. විඤ්ඤාණය ගැනත් අවබෝධයෙන් ම කළකිරෙනවා. අවබෝධයෙන් ම කළකිරුණු විට සිත ඇලෙන්නේ නැතුව යනවා. සිත නොඇලෙන කොට එයින් සිත නිදහස් වෙනවා. සිත නිදහස් වෙන කොට ම 'නිදහස් වුණා' කියල අවබෝධ ඥානය ඇතිවෙනවා. 'ඉපදීම ක්ෂය වෙලා ගියා. බඹසර වාසය සම්පූර්ණ කරගත්තා. නිවන පිණිස කළ යුතු දේ කර ගත්තා. ආයෙත් නම් සංසාරයේ වෙන උපතක් නැතැ'යි අවබෝධය ඇති වෙනවා."

භාග්‍යවතුන් වහන්සේ මෙය වදාළා. පස්වග භික්ෂූන් වහන්සේලා අතිශයින් ම සතුටට පත්වුණා. භාග්‍යවතුන් වහන්සේ වදාළ මෙම අනාත්ම ලක්ෂණ සූත්‍ර දේශනාව සතුටින් පිළිගත්තා. භාග්‍යවතුන් වහන්සේ විසින් මෙම ගාථා රහිත දේශනය වදාරණ විට පස්වග භික්ෂූන් වහන්සේලාගේ සිත් කිසිවකට නොබැඳී ආශ්‍රවයන්ගෙන් නිදහස් වෙලා ගියා.

සාදු! සාදු!! සාදු!!!

පඤ්චවග්ගීය සූත්‍රය නිමා විය.

1.2.1.8.
මහාලි සූත්‍රය
මහාලි ලිච්ඡවි හට වදාළ දෙසුම

60. ඒ දිනවල භාග්‍යවතුන් වහන්සේ වැඩසිටියේ විශාලා මහනුවර මහාවනයෙහි තනවා තිබූ කූටාගාර ශාලාවෙහි ය. එදා මහාලි ලිච්ඡවී භාග්‍යවතුන් වහන්සේ වෙත පැමිණුනා. පැමිණිලා භාග්‍යවතුන් වහන්සේට ආදරයෙන් වන්දනා කළා. එකත්පස්ව වාඩිවුණා. එකත්පස්ව වාඩිවුණ මහාලි ලිච්ඡවි භාග්‍යවතුන් වහන්සේට මෙකරුණ සැල කළා.

"ස්වාමීනී, පූර්ණ කස්සපයා මෙවැනි දෙයක් කියනවා. 'සත්වයන්ගේ කිලිටි වීමට හේතුවක් නෑ. උපකාර වන දෙයක් නෑ. හේතුන් රහිතව ම යි, උපකාර රහිතව ම යි සත්වයන් කිලිටි වෙලා යන්නේ. සත්වයන්ගේ පිරිසිදු වීමටත් හේතුවක් නෑ. උපකාර වන දෙයක් නෑ. හේතුන් රහිතව ම යි, උපකාර රහිතව ම යි සත්වයන් පිරිසිදු වෙලා යන්නේ' කියලා."

"පින්වත් මහාලි, සත්වයන්ගේ කිලිටි වීමට හේතු තියෙනවා ම යි. උපකාර වන දේවල් තියෙනවා ම යි. හේතුන් සහිතව ම යි, උපකාර සහිතව ම යි සත්වයන් කිලිටි වෙලා යන්නේ. පින්වත් මහාලි, සත්වයන්ගේ පිරිසිදු වීමටත් හේතු තියෙනවා ම යි. උපකාර වන දේවල් තියෙනවා ම යි. හේතුන් සහිතව ම යි, උපකාර සහිතව ම යි සත්වයන් පිරිසිදු වෙලා යන්නේ."

"ස්වාමීනී, සත්නයන්ගේ කිලිටි වීමට හේතු මොනවාද? උපකාර වන දේවල් මෙනවාද? හේතුන් සහිතව, උපකාර සහිතව සත්වයන් කිලිටි වෙලා යන්නේ කොහොමද?"

"පින්වත් මහාලි, ඔන්න මේ රූපය ඒකාන්තයෙන් ම ලබාදෙන්නේ දුක් විතරක් ම නම්, වැටිලා තියෙන්නෙත් දුකේ ම නම්, බැසගෙන තියෙන්නෙත් දුකේ ම නම්, සැපයේ බැසගැනීමක් ඇත්තේම නැත්නම්, මේ සත්වයන් රූපයට ඇලෙන්නේ නම් නෑ. පින්වත් මහාලි, යම් යම් කරුණු නිසා රූපයේ සැප තියෙනවා. සැපයට වැටිලත් තියෙනවා. සැපයේ බැසගෙනත් තියෙනවා. අන්න ඒ නිසයි සත්වයන් රූපයට ඇලෙන්නේ. ඇලුණාම රූපයත් එක්ක එකතු වෙනවා. එකතු වුණහම තමයි කිලිටි වෙලා යන්නේ. පින්වත් මහාලි, ඕක තමයි සත්වයන්ගේ කිලිටු වීමට හේතුව. ඕක තමයි ප්‍රත්‍යය. ඔය විදිහට හේතු සහිතව ම, ප්‍රත්‍ය සහිතව ම සත්වයන් කිලිටු වෙනවා.

පින්වත් මහාලි, ඔන්න මේ විඳීම ඒකාන්තයෙන් ම ලබාදෙන්නේ දුක විතරක් ම නම්, වැටිලා තියෙන්නෙත් දුකේ ම නම්, බැසගෙන තියෙන්නෙත් දුකේ ම නම්, සැපයේ බැසගැනීමක් ඇත්තේම නැත්නම්, මේ සත්වයන් විඳීමට ඇලෙන්නේ නම් නෑ. පින්වත් මහාලි, යම් යම් කරුණු නිසා විඳීමෙහි සැප තියෙනවා. සැපයට වැටිලත් තියෙනවා. සැපයේ බැසගෙනත් තියෙනවා. අන්න ඒ නිසයි සත්වයන් විඳීමට ඇලෙන්නේ. ඇලුණාම විඳීමත් එක්ක එකතු වෙනවා. එකතු වුණහම තමයි කිලිටි වෙලා යන්නේ. පින්වත් මහාලි, ඕක තමයි සත්වයන්ගේ කිලිටු වීමට හේතුව. ඕක තමයි ප්‍රත්‍යය. ඔය විදිහට හේතු සහිතව ම, ප්‍රත්‍ය සහිතව ම සත්වයන් කිලිටු වෙනවා.

මේ සඤ්ඤාවත් ....(පෙ).... පින්වත් මහාලි, ඔන්න මේ සංස්කාර ඒකාන්තයෙන් ම ලබාදෙන්නේ දුක විතරක් ම නම්, වැටිලා තියෙන්නෙත් දුකේ ම නම්, බැසගෙන තියෙන්නෙත් දුකේ ම නම්, සැපයේ බැසගැනීමක් ඇත්තේම නැත්නම්, මේ සත්වයන් සංස්කාරවලට ඇලෙන්නේ නම් නෑ. පින්වත් මහාලි, යම් යම් කරුණු නිසා සංස්කාරවල සැප තියෙනවා. සැපයට වැටිලත් තියෙනවා. සැපයේ බැසගෙනත් තියෙනවා. අන්න ඒ නිසයි සත්වයන් සංස්කාරවලට ඇලෙන්නේ. ඇලුණාම සංස්කාරත් එක්ක එකතු වෙනවා. එකතු වුණහම තමයි කිලිටි වෙලා යන්නේ. පින්වත් මහාලි, ඕක තමයි සත්වයන්ගේ කිලිටු වීමට හේතුව. ඕක තමයි ප්‍රත්‍යය. ඔය විදිහට හේතු සහිතව ම, ප්‍රත්‍ය සහිතව ම සත්වයන් කිලිටු වෙනවා.

පින්වත් මහාලි, මේ විඤ්ඤාණය ඒකාන්තයෙන් ම ලබාදෙන්නේ දුක විතරක් ම නම්, වැටිලා තියෙන්නෙත් දුකේ ම නම්, බැසගෙන තියෙන්නෙත් දුකේ ම නම්, සැපයේ බැසගැනීමක් ඇත්තේම නැත්නම්, මේ සත්වයන් විඤ්ඤාණයට ඇලෙන්නේ නම් නෑ. පින්වත් මහාලි, යම් යම් කරුණු නිසා විඤ්ඤාණයෙහි සැප තියෙනවා. සැපයට වැටිලත් තියෙනවා. සැපයේ බැසගෙනත් තියෙනවා. අන්න ඒ නිසයි සත්වයන් විඤ්ඤාණයට ඇලෙන්නේ. ඇලුණාම විඤ්ඤාණයත් එක්ක එකතු වෙනවා. එකතු වුණහම තමයි කිලිටි වෙලා යන්නේ. පින්වත් මහාලි, ඕක තමයි සත්වයන්ගේ කිලිටු වීමට හේතුව. ඕක තමයි ප්‍රත්‍යය. ඔය විදිහට හේතු සහිතව ම, ප්‍රත්‍ය සහිතව ම සත්වයන් කිලිටු වෙනවා.”

“එහෙම නම් ස්වාමීනී, සත්වයන් පිරිසිදු වෙන හේතු මොනවාද? උපකාර වන දේවල් මෙනවාද? හේතූන් සහිතව, උපකාර සහිතව සත්වයන් පිරිසිදු වෙන්නේ කොහොමද?”

"පින්වත් මහාලි, ඔන්න මේ රූපය ඒකාන්තයෙන් ම ලබාදෙන්නේ සැප විතරක් ම නම්, වැටිලා තියෙන්නෙත් සැපයේ ම නම්, බැසගෙන තියෙන්නෙත් සැපයේ ම නම්, දුකෙහි බැසගැනීමක් ඇත්තේම නැත්නම්, මේ සත්වයන් රූපයට කළකිරෙන්නේ නම් නෑ. පින්වත් මහාලි, යම් යම් කරුණු නිසා රූපයේ දුක තියෙනවා. දුකට වැටිලත් තියෙනවා. දුකේ බැසගෙනත් තියෙනවා. අන්න ඒ නිසයි සත්වයන් රූපයට කළකිරෙන්නේ. කළකිරුණාම රූපයට ඇලෙන්නේ නෑ. නොඇලීම නිසයි පිරිසිදු වෙලා යන්නේ. පින්වත් මහාලි, ඕක තමයි සත්වයන්ගේ පිරිසිදු වීමට හේතුව. ඕක තමයි ප්‍රත්‍යය. ඔය විදිහට හේතු සහිතව ම, ප්‍රත්‍ය සහිතව ම සත්වයන් පිරිසිදු වෙනවා.

පින්වත් මහාලි, මේ වේදනාව ඒකාන්තයෙන් ම ලබාදෙන්නේ සැප විතරක් ම නම් ....(පෙ).... පින්වත් මහාලි, මේ සඤ්ඤාව ....(පෙ).... පින්වත් මහාලි, ඔන්න මේ සංස්කාර ඒකාන්තයෙන් ම ලබාදෙන්නේ සැප විතරක් ම නම්, ...(පෙ).... පින්වත් මහාලි, මේ විඤ්ඤාණය ඒකාන්තයෙන් ම ලබාදෙන්නේ සැප විතරක් ම නම්, වැටිලා තියෙන්නෙත් සැපයේ ම නම්, බැසගෙන තියෙන්නෙත් සැපයේ ම නම්, දුකෙහි බැසගැනීමක් ඇත්තේම නැත්නම්, මේ සත්වයන් විඤ්ඤාණයට කළකිරෙන්නේ නම් නෑ. පින්වත් මහාලි, යම් යම් කරුණු නිසා විඤ්ඤාණයේ දුක තියෙනවා. දුකට වැටිලත් තියෙනවා. දුකේ බැසගෙනත් තියෙනවා. අන්න ඒ නිසයි සත්වයන් විඤ්ඤාණයට කළකිරෙන්නේ. කළකිරුණාම විඤ්ඤාණයට ඇලෙන්නේ නෑ. නොඇලීම නිසයි පිරිසිදු වෙලා යන්නේ. පින්වත් මහාලි, ඕක තමයි සත්වයන්ගේ පිරිසිදු වීමට හේතුව. ඕක තමයි ප්‍රත්‍යය. ඔය විදිහට හේතු සහිතව ම, ප්‍රත්‍ය සහිතව ම සත්වයන් පිරිසිදු වෙනවා."

සාදු! සාදු!! සාදු!!!

මහාලි සූත්‍රය නිමා විය.

1.2.1.9.
ආදිත්ත සූත්‍රය
ගිනි ඇවිලී තිබීම ගැන වදාළ දෙසුම

61. සැවැත් නුවර දී ....

පින්වත් මහණෙනි, රූපය ගිනි අරගෙනයි තියෙන්නේ. වේදනාව ගිනි

අරගෙනයි තියෙන්නේ. සඤ්ඤාව ගිනි අරගෙනයි තියෙන්නේ. සංස්කාර ගිනි අරගෙනයි තියෙන්නේ. විඤ්ඤාණය ගිනි අරගෙනයි තියෙන්නේ.

පින්වත් මහණෙනි, ශ්‍රැතවත් ආර්ය ශ්‍රාවකයා ඔය විදිහට දියුණු කරපු ප්‍රඥාවෙන් දකින කොට රූපය ගැනත් අවබෝධයෙන් ම කළකිරෙනවා. වේදනාව ගැනත් අවබෝධයෙන් ම කළකිරෙනවා. සඤ්ඤාව ගැනත් අවබෝධයෙන් ම කළකිරෙනවා. සංස්කාර ගැනත් අවබෝධයෙන් ම කළකිරෙනවා. විඤ්ඤාණය ගැනත් අවබෝධයෙන් ම කළකිරෙනවා. අවබෝධයෙන් ම කළකිරුණු විට සිත ඇලෙන්නේ නැතුව යනවා. සිත නොඇලෙන කොට එයින් සිත නිදහස් වෙනවා. සිත නිදහස් වෙන කොට 'නිදහස් වුණා' කියල අවබෝධ ඥානය ඇතිවෙනවා. 'ඉපදීම ක්ෂය වෙලා ගියා. බඹසර වාසය සම්පූර්ණ කරගත්තා. නිවන පිණිස කළ යුතු දේ කර ගත්තා. ආයෙත් නම් සංසාරයේ වෙන උපතක් නැතැ'යි අවබෝධය ඇති වෙනවා.

සාදු! සාදු!! සාදු!!!

ආදිත්ත සූත්‍රය නිමා විය.

1.2.1.10.
නිරුත්තිපථ සූත්‍රය
වචනවල අරුත් පැවසීමේ මග ගැන වදාළ දෙසුම

62.   සැවැත් නුවර දී ....

පින්වත් මහණෙනි, වචනවලට තේරුම් දෙන ක්‍රම, ව්‍යවහාර කරන ක්‍රම, සම්මත කරන ක්‍රම තුනක් තියෙනවා. හැබැයි ඒ ක්‍රම තුන කවුරුවත් බැහැර කරන්නේ නෑ. ඉස්සර වුණත් බැහැර කරලා නෑ. දැන් බැහැර කරලත් නෑ. අනාගතයේ බැහැර කරන්නෙත් නෑ. බුද්ධිමත් ශ්‍රමණ බ්‍රාහ්මණයන් විසින් ප්‍රතික්ෂේප කරන්නෙත් නෑ.

ඒ තුන මොනවාද? පින්වත් මහණෙනි, අතීතයට ගිය, නිරුද්ධ වී ගිය, විපරිණාමයට පත් වී ගිය යම් රූපයක් ඇද්ද, අන්න ඒක 'වුණා' කියන ගණනට යනවා. ඒකට 'වුණා' කියන නම යෙදෙනවා. ඒකට 'වුණා' කියන පැණවීම ඇතිවෙනවා. ඒක 'වෙනවා' කියල ගණන් ගන්නේ නෑ. 'වන්නේ ය' කියලා ගණන් ගන්නෙත් නෑ.

පින්වත් මහණෙනි, අතීතයට ගිය, නිරුද්ධ වී ගිය, විපරිණාමයට පත් වී ගිය යම් වේදනාවක් ඇද්ද, අන්න ඒක 'වුණා' කියන ගණනට යනවා. ඒකට 'වුණා' කියන නම යෙදෙනවා. ඒකට 'වුණා' කියන පැණවීම ඇතිවෙනවා. ඒක 'වෙනවා' කියල ගණන් ගන්නේ නෑ. 'වන්නේ ය' කියලා ගණන් ගන්නෙත් නෑ.

පින්වත් මහණෙනි, අතීතයට ගිය, නිරුද්ධ වී ගිය, විපරිණාමයට පත් වී ගිය යම් සඤ්ඤාවක් ඇද්ද, ...(පෙ).... පින්වත් මහණෙනි, අතීතයට ගිය, නිරුද්ධ වී ගිය, විපරිණාමයට පත් වී ගිය යම් සංස්කාර ඇද්ද, අන්න ඒවා 'වුණා' කියන ගණනට යනවා. ඒවාට 'වුණා' කියන නම යෙදෙනවා. ඒවාට 'වුණා' කියන පැණවීම ඇතිවෙනවා. ඒවා 'වෙනවා' කියල ගණන් ගන්නේ නෑ. 'වන්නේ ය' කියලා ගණන් ගන්නෙත් නෑ.

පින්වත් මහණෙනි, අතීතයට ගිය, නිරුද්ධ වී ගිය, විපරිණාමයට පත් වී ගිය යම් විඤ්ඤාණයක් ඇද්ද, අන්න ඒක 'වුණා' කියන ගණනට යනවා. ඒකට 'වුණා' කියන නම යෙදෙනවා. ඒකට 'වුණා' කියන පැණවීම ඇතිවෙනවා. ඒක 'වෙනවා' කියල ගණන් ගන්නේ නෑ. 'වන්නේ ය' කියලා ගණන් ගන්නෙත් නෑ.

පින්වත් මහණෙනි, තවම හට නොගත්, පහළ නොවූ යම් රූපයක් ඇද්ද, අන්න ඒක (අනාගතයේ) 'වන්නේ ය' කියන ගණනට යනවා. ඒකට 'වන්නේ ය' කියන නම යෙදෙනවා. ඒකට 'වන්නේ ය' කියන පැණවීම ඇතිවෙනවා. ඒක 'වෙනවා' කියල ගණන් ගන්නේ නෑ. 'වුණා' කියලා ගණන් ගන්නෙත් නෑ. තවම හට නොගත්, පහළ නොවූ යම් විඳීමක් ඇද්ද, ...(පෙ).... තවම හට නොගත්, පහළ නොවූ යම් සඤ්ඤාවක් ඇද්ද, ...(පෙ).... තවම හට නොගත්, පහළ නොවූ යම් සංස්කාර ඇද්ද, ...(පෙ).... තවම හට නොගත්, පහළ නොවූ යම් විඤ්ඤාණයක් ඇද්ද, අන්න ඒක (අනාගතයේ) 'වන්නේ ය' කියන ගණනට යනවා. ඒකට 'වන්නේ ය' කියන නම යෙදෙනවා. ඒකට 'වන්නේ ය' කියන පැණවීම ඇතිවෙනවා. ඒක 'වෙනවා' කියල ගණන් ගන්නේ නෑ. 'වුණා' කියලා ගණන් ගන්නෙත් නෑ.

පින්වත් මහණෙනි, ඉපදුණ, පහළ වුණු යම් රූපයක් තියෙනවා ද, අන්න ඒක 'වෙනවා' කියන ගණනට යනවා. ඒකට 'වෙනවා' කියන නම යෙදෙනවා. ඒකට 'වෙනවා' කියන පැණවීමත් ඇතිවෙනවා. හැබැයි ඒක 'වුණා' කියල ගණන් ගන්නේ නෑ. 'වන්නේ ය' කියලා ගණන් ගන්නෙත් නෑ. ඉපදුණ, පහළ වුණු යම් විඳීමක් තියෙනවා ද ....(පෙ).... ඉපදුණ, පහළ වුණු යම් සඤ්ඤාවක්

තියෙනවා ද ....(පෙ).... ඉපදුණ, පහළ වුණු යම් සංස්කාර තියෙනවා ද ....(පෙ).... ඉපදුණ, පහළ වුණු යම් විඤ්ඤාණයක් තියෙනවා ද, අන්න ඒක 'වෙනවා' කියන ගණනට යනවා. ඒකට 'වෙනවා' කියන නම යෙදෙනවා. ඒකට 'වෙනවා' කියන පැණවීමත් ඇතිවෙනවා. හැබැයි ඒක 'වුණා' කියල ගණන් ගන්නේ නෑ. 'වන්නේ ය' කියලා ගණන් ගන්නෙත් නෑ.

පින්වත් මහණෙනි, මේවා තමයි වචනවලට තේරුම් දෙන ක්‍රම, ව්‍යවහාර කරන ක්‍රම, සම්මත කරන ක්‍රම තුන. හැබැයි ඒ ක්‍රම තුන කවුරුවත් බැහැර කරන්නේ නෑ. ඉස්සර වුණත් බැහැර කරලා නෑ. දැන් බැහැර කරලත් නෑ. අනාගතයේ බැහැර කරන්නෙත් නෑ. බුද්ධිමත් ශ්‍රමණ බ්‍රාහ්මණයන් විසින් ප්‍රතික්ෂේප කරන්නෙත් නෑ.

පින්වත් මහණෙනි, උක්කලා ජනපදයේ 'වස්ස', 'භඤ්ඤ' යන හේතුඵල දහම නොපිළිගන්නා අය (අහේතුකවාදීන්), ක්‍රියාවෙහි ඵලය නොපිළිගන්නා අය (අකිරියවාදීන්), මෙලොව පරලොව නොපිළිගන්නා අය (නත්ථිකවාදීන්) පවා මේ වචනවලට තේරුම් දෙන ක්‍රම, ව්‍යවහාර කරන ක්‍රම, සම්මත කරන ක්‍රම තුන ගැරහිය යුතුයි කියලා හිතුවේ නෑ. ප්‍රතික්ෂේප කළ යුතුයි කියලා හිතුවේ නෑ. ඒකට හේතුව මොකක්ද? නින්දා අපහාස උපවාද දොර පරොස් ලැබෙයි කියලා බියටයි.

සාදු! සාදු!! සාදු!!!

නිරුත්තිපථ සූත්‍රය නිමා විය.

පළමු උපය වර්ගය අවසන් විය.

- **එහි පිළිවෙල උද්දානයයි :**

උපය සූත්‍රය, බීජ සූත්‍රය, උදාන සූත්‍රය, උපාදාන පරිවත්ත සූත්‍රය, සත්තට්ඨාන සූත්‍රය, සම්බුද්ධ සූත්‍රය, පංචවග්ගීය සූත්‍රය, මහාලි සූත්‍රය, ආදිත්ත සූත්‍රය, නිරුත්තිපථ සූත්‍රය යන මෙයින් මේ වර්ගය සමන්විතයි.

2. අරහන්ත වර්ගය

1.2.2.1.
උපාදිය සූත්‍රය
බැඳී යෑම ගැන වදාළ දෙසුම

63. සැවැත් නුවරදී ....

එකල්හී එක්තරා භික්ෂුවක් භාග්‍යවතුන් වහන්සේ ළගට පැමිණුනා. පැමිණිලා භාග්‍යවතුන් වහන්සේට ආදරයෙන් වන්දනා කළා. එකත්පස්ව වාඩිවුණා. එකත්පස්ව වාඩිවුණ ඒ භික්ෂුව භාග්‍යවතුන් වහන්සේට මෙකරුණ සැළ කළා.

"ස්වාමීනී, භාග්‍යවතුන් වහන්ස, මා හට සංක්ෂේපයෙන් ශ්‍රී සද්ධර්මය වදාරණ සේක් නම් මැනැවි. එතකොට මට භාග්‍යවතුන් වහන්සේගෙන් යම් ධර්මයක් අසා දැනගෙන හුදෙකලා වෙලා, පිරිසෙන් වෙන් වෙලා, අප්‍රමාදීව, කෙලෙස් තවන වීරිය ඇතිව, දහමට දිවි පුදා වාසය කරන්නට පුළුවනි."

"පින්වත් භික්ෂුව, බැඳීමක් ඇති කරගත්තෝතින් බැඳී යන්නේ මාරයාට තමයි. නොබැඳීමක් ඇති කරගත්තෝතින් නිදහස් වෙන්නේ පවිටු මාරයාගෙනුයි."

"භාග්‍යවතුන් වහන්ස, මට අවබෝධ වුණා. සුගතයන් වහන්ස, මට අවබෝධ වුණා."

"පින්වත් භික්ෂුව, මා විසින් සංක්ෂේප වශයෙන් පවසන ලද ධර්මය, ඔබ විසින් විස්තර වශයෙන් අරුත් අවබෝධ කරගත්තේ කොයි විදිහටද?"

"ස්වාමීනී, රූපයට බැඳීමක් ඇති කරගත්තොත් තමයි, මාරයාට බැඳිලා යන්නේ. රූපය කෙරෙහි නොබැඳීමක් ඇති කරගත්තොත් තමයි, පවිටු මාරයාගෙන් නිදහස් වෙන්නේ. වේදනාවට බැඳීමක් ඇති කරගත්තොත් තමයි, මාරයාට බැඳිලා යන්නේ. වේදනාව කෙරෙහි නොබැඳීමක් ඇති කරගත්තොත් තමයි, පවිටු මාරයාගෙන් නිදහස් වෙන්නේ. සඤ්ඤාවට ....(පෙ).... සංස්කාරවලට

බැඳීමක් ඇති කරගත්තොත් තමයි, මාරයාට බැඳිලා යන්නේ. සංස්කාර කෙරෙහි නොබැඳීමක් ඇති කරගත්තොත් තමයි, පවිටු මාරයාගෙන් නිදහස් වෙන්නේ. විඤ්ඤාණයට බැඳීමක් ඇති කරගත්තොත් තමයි, මාරයාට බැඳිලා යන්නේ. විඤ්ඤාණය කෙරෙහි නොබැඳීමක් ඇති කරගත්තොත් තමයි, පවිටු මාරයාගෙන් නිදහස් වෙන්නේ. ස්වාමීනී, භාග්‍යවතුන් වහන්සේ විසින් සංක්ෂේප වශයෙන් වදාරණ ලද්දා වූ ධර්මය, මං ඔන්න ඔය ආකාරයටයි විස්තර වශයෙන් අර්ථාවබෝධ කරගත්තේ."

"ඉතා හොඳයි, පින්වත් භික්ෂුව, ඉතා හොඳයි. පින්වත් භික්ෂුව මා විසින් සංක්ෂේප වශයෙන් පවසන ලද ධර්මය ඔබ විස්තර වශයෙන් අර්ථාවබෝධ කරගත් අයුරු ඉතාමත් යහපත් ය. පින්වත් භික්ෂුව, රූපයට බැඳීමක් ඇති කරගත්තොත් තමයි, මාරයාට බැඳිලා යන්නේ. රූපය කෙරෙහි නොබැඳීමක් ඇති කරගත්තොත් තමයි, පවිටු මාරයාගෙන් නිදහස් වෙන්නේ. වේදනාවට ....(පෙ).... සඤ්ඤාවට ....(පෙ).... සංස්කාරවලට ....(පෙ).... විඤ්ඤාණයට බැඳීමක් ඇති කරගත්තොත් තමයි, මාරයාට බැඳිලා යන්නේ. විඤ්ඤාණය කෙරෙහි නොබැඳීමක් ඇති කරගත්තොත් තමයි, පවිටු මාරයාගෙන් නිදහස් වෙන්නේ. පින්වත් භික්ෂුව, මා විසින් සංක්ෂේප වශයෙන් වදාරණ ලද්දා වූ ධර්මය, ඔබ විස්තර වශයෙන් අර්ථාවබෝධ කරගත යුත්තේ ඔය විදිහට තමයි."

එතකොට ඒ භික්ෂුව භාග්‍යවතුන් වහන්සේ විසින් වදාරණ ලද ධර්මාවවාදය සතුටින් පිළි අරගත්තා. සතුටින් අනුමෝදන් වුණා. ආසනයෙන් නැගිටලා භාග්‍යවතුන් වහන්සේට ආදරයෙන් වන්දනා කළා. පැදකුණු කරලා පිටත් වෙලා ගියා. ඉතින් ඒ භික්ෂුව හුදෙකලා වුණා. පිරිසෙන් වෙන් වුණා. අප්‍රමාදී වුණා. කෙලෙස් තවන වීරියෙන් යුතු වුණා. දහමට දිවි පුදා ධර්මයේ හැසිරෙන කොට යම් කුලපුත්‍රයෙක් යම්කිසි බලාපොරොත්තුවකින් ගිහි ජීවිතය අත්හැරලා බුදු සසුනේ පැවිදි වුණාද, අන්න ඒ උත්තරීතර බඹසර පූර්ණත්වය වන අමා නිවන මේ ජීවිතයෙහිදීම විශේෂ ඤාණයකින් යුතුව අවබෝධ කරගෙන එයට පැමිණ වාසය කළා. 'ඉපදීම ක්ෂය වුණා. බඹසර වාසය සම්පූර්ණ කරගත්තා. නිවන පිණිස කළ යුතු දේ කරගත්තා. ආයෙමත් නම් වෙන උපතක් නැතැ'යි අවබෝධ වුණා. ඒ භික්ෂුව එක්තරා රහතන් වහන්සේ නමක් බවට පත්වුණා.

සාදු! සාදු!! සාදු!!!

උපාදිය සූත්‍රය නිමා විය.

1.2.2.2.
මඤ්ඤමාන සූත්‍රය
මමත්වයෙන් සිතීම ගැන වදාළ දෙසුම

64. සැවැත් නුවරදී ....

එකල්හී එක්තරා භික්ෂුවක් භාග්‍යවතුන් වහන්සේ වෙත පැමිණුනා. ....(පෙ).... භාග්‍යවතුන් වහන්සේට මෙකරුණ සැලකළා. "ස්වාමීනී, භාග්‍යවතුන් වහන්ස, මා හට සංක්ෂේපයෙන් ශ්‍රී සද්ධර්මය වදාරණ සේක් නම් මැනැවි. ....(පෙ).... දහමට දිවි පුදා මාත් දහම තුළ හැසිරෙන්නම්."

"පින්වත් භික්ෂුව, මමත්වයෙන් සිතන්නට ගියොත් බැඳී යන්නේ මාරයාට තමයි. මමත්වයෙන් තොරව සිතන්නට ගියොත් නිදහස් වෙන්නෙත් පවිටු මාරයාගෙන්මයි."

"භාග්‍යවතුන් වහන්ස, මට අවබෝධ වුණා. සුගතයන් වහන්ස, මට අවබෝධ වුණා."

"පින්වත් භික්ෂුව, මා විසින් සංක්ෂේප වශයෙන් පවසන ලද ධර්මය, ඔබ විසින් විස්තර වශයෙන් අරුත් අවබෝධ කරගත්තේ කොයි විදිහටද?"

"ස්වාමීනී, රූපය ගැන මමත්වයෙන් සිතුවොත් තමයි, මාරයාට බැඳිලා යන්නේ. රූපය කෙරෙහි මමත්වයෙන් තොරව සිතුවොත් තමයි, පවිටු මාරයාගෙන් නිදහස් වෙන්නේ. වේදනාවට ....(පෙ).... සඤ්ඤාවට ....(පෙ).... සංස්කාරවලට ....(පෙ).... විඤ්ඤාණය ගැන මමත්වයෙන් සිතුවොත් තමයි, මාරයාට බැඳිලා යන්නේ. විඤ්ඤාණය කෙරෙහි මමත්වයෙන් තොරව සිතුවොත් තමයි, පවිටු මාරයාගෙන් නිදහස් වෙන්නේ. ස්වාමීනී, භාග්‍යවතුන් වහන්සේ විසින් සංක්ෂේප වශයෙන් වදාරණ ලද්දා වූ ධර්මය, මං ඔන්න ඔය ආකාරයටයි විස්තර වශයෙන් අර්ථාවබෝධ කරගත්තේ."

"ඉතා හොඳයි, පින්වත් භික්ෂුව, ඉතා හොඳයි. පින්වත් භික්ෂුව මා විසින් සංක්ෂේප වශයෙන් පවසන ලද ධර්මය ඔබ විස්තර වශයෙන් අර්ථාවබෝධ කරගත් අයුරු ඉතාමත් යහපත් ය. පින්වත් භික්ෂුව, රූපය ගැන මමත්වයෙන් සිතුවොත් තමයි, මාරයාට බැඳිලා යන්නේ. රූපය කෙරෙහි මමත්වයෙන් තොරව සිතුවොත් තමයි, පවිටු මාරයාගෙන් නිදහස් වෙන්නේ. වේදනාවට

....(පෙ).... සඤ්ඤාවට ....(පෙ).... සංස්කාරවලට ....(පෙ).... විඤ්ඤාණය ගැන මමත්වයෙන් සිතුවොත් තමයි, මාරයාට බැඳිලා යන්නේ. විඤ්ඤාණය කෙරෙහි මමත්වයෙන් තොරව සිතුවොත් තමයි, පවිටු මාරයාගෙන් නිදහස් වෙන්නේ. පින්වත් භික්ෂුව, මා විසින් සංක්ෂේප වශයෙන් වදාරණ ලද්දා වූ ධර්මය, ඔබ විස්තර වශයෙන් අර්ථාවබෝධ කරගත යුත්තේ ඔය විදිහට තමයි."

එතකොට ඒ භික්ෂුව භාග්‍යවතුන් වහන්සේ විසින් වදාරණ ලද ධර්මාවවාදය සතුටින් පිළි අරගත්තා. ....(පෙ).... භාග්‍යවතුන් වහන්සේට ආදරයෙන් වන්දනා කළා. පැදකුණු කරලා පිටත් වෙලා ගියා. ඉතින් ඒ භික්ෂුව හුදෙකලා වුණා. පිරිසෙන් වෙන් වුණා. ....(පෙ).... ඒ භික්ෂුව එක්තරා රහතන් වහන්සේ නමක් බවට පත්වුණා.

සාදු! සාදු!! සාදු!!!

මඤ්ඤමාන සූත්‍රය නිමා විය.

1.2.2.3.
අභිනන්දන සූත්‍රය
සතුටින් පිළිගැනීම ගැන වදාළ දෙසුම

65. සැවැත් නුවරදී ....

එකල්හී එක්තරා භික්ෂුවක් භාග්‍යවතුන් වහන්සේ වෙත පැමිණුනා. ....(පෙ).... එකත්පස්ව වාඩිවුණ ඒ භික්ෂුව භාග්‍යවතුන් වහන්සේට මෙකරුණ සැලකළා. "ස්වාමීනී, භාග්‍යවතුන් වහන්ස, මා හට සංක්ෂේපයෙන් ශ්‍රී සද්ධර්මය වදාරණ සේක් නම් මැනැවි. ....(පෙ).... දහමට දිවි පුදා මාත් දහම තුළ හැසිරෙන්නම්."

"පින්වත් භික්ෂුව, සතුටින් පිළිගන්නට ගියොත් බැඳී යන්නේ මාරයාට තමයි. සතුටින් නොපිළිගෙන සිටියොත් නිදහස් වෙන්නෙත් පවිටු මාරයාගෙන්ම තමයි."

"භාග්‍යවතුන් වහන්ස, මට අවබෝධ වුණා. සුගතයන් වහන්ස, මට අවබෝධ වුණා."

"පින්වත් භික්ෂුව, මා විසින් සංක්ෂේප වශයෙන් පවසන ලද ධර්මය, ඔබ විසින් විස්තර වශයෙන් අරුත් අවබෝධ කරගත්තේ කොයි විදිහටද?"

"ස්වාමීනී, රූපය සතුටින් පිළිගත්තොත් තමයි, මාරයාට බැඳිලා යන්නේ. රූප සතුටින් නොපිළිගෙන සිටියොත් තමයි, පවිටු මාරයාගෙන් නිදහස් වෙන්නේ. වේදනාව ....(පෙ).... සඤ්ඤාව ....(පෙ).... සංස්කාර ....(පෙ).... විඤ්ඤාණය සතුටින් පිළිගත්තොත් තමයි, මාරයාට බැඳිලා යන්නේ. විඤ්ඤාණය සතුටින් පිළි නොගෙන සිටියොත් තමයි, පවිටු මාරයාගෙන් නිදහස් වෙන්නේ. ස්වාමීනී, භාග්‍යවතුන් වහන්සේ විසින් සංක්ෂේප වශයෙන් වදාරණ ලද්දා වූ ධර්මය, මං ඔන්න ඔය ආකාරයටයි විස්තර වශයෙන් අර්ථාවබෝධ කරගත්තේ."

"ඉතා හොඳයි, පින්වත් භික්ෂුව, ඉතා හොඳයි. පින්වත් භික්ෂුව මා විසින් සංක්ෂේප වශයෙන් පවසන ලද ධර්මය, ඔබ විස්තර වශයෙන් අර්ථාවබෝධ කරගත් අයුරු ඉතාමත් යහපත් ය. පින්වත් භික්ෂුව, රූපය සතුටින් පිළිගත්තොත් තමයි, මාරයාට බැඳිලා යන්නේ. රූප සතුටින් පිළි නොගෙන සිටියොත් තමයි, පවිටු මාරයාගෙන් නිදහස් වෙන්නේ. වේදනාව ....(පෙ).... සඤ්ඤාව ....(පෙ).... සංස්කාර ....(පෙ).... විඤ්ඤාණය සතුටින් පිළිගත්තොත් තමයි, මාරයාට බැඳිලා යන්නේ. විඤ්ඤාණය සතුටින් පිළිනොගෙන සිටියොත් තමයි, පවිටු මාරයාගෙන් නිදහස් වෙන්නේ. පින්වත් භික්ෂුව, මා විසින් සංක්ෂේප වශයෙන් වදාරණ ලද්දා වූ ධර්මය, ඔබ විස්තර වශයෙන් අර්ථාවබෝධ කරගත යුත්තේ ඔය විදිහට තමයි."

එතකොට ඒ භික්ෂුව භාග්‍යවතුන් වහන්සේ විසින් වදාරණ ලද ධර්මාවවාදය සතුටින් පිළි අරගත්තා. ....(පෙ).... භාග්‍යවතුන් වහන්සේට ආදරයෙන් වන්දනා කළා. පැදකුණු කරලා පිටත් වෙලා ගියා. ඉතින් ඒ භික්ෂුව හුදෙකලා වුණා. පිරිසෙන් වෙන් වුණා. ....(පෙ).... ඒ භික්ෂුව එක්තරා රහතන් වහන්සේ නමක් බවට පත්වුණා.

සාදු! සාදු!! සාදු!!!

අභිනන්දන සූත්‍රය නිමා විය.

1.2.2.4.
අනිච්ච සූත්‍රය
අනිත්‍ය ගැන වදාළ දෙසුම

66. සැවැත් නුවරදී ....

එකල්හී එක්තරා භික්ෂුවක් ....(පෙ).... භාග්‍යවතුන් වහන්සේට මෙකරුණ සැලකළා. "ස්වාමීනී, භාග්‍යවතුන් වහන්ස, මා හට සංක්ෂේප වශයෙන් ශ්‍රී සද්ධර්මය වදාරණ සේක් නම් මැනැවි. එතකොට භාග්‍යවතුන් වහන්සේගේ ශ්‍රී සද්ධර්මය අසාගෙන හුදෙකලා වෙලා, පිරිසෙන් වෙන් වෙලා, අප්‍රමාදීව, කෙලෙස් තවන වීරියෙන් යුතු වෙලා, ධර්මයට දිවි පුදා මට මේ දහම් මාවතේ හැසිරෙන්නට පුළුවනි."

"පින්වත් භික්ෂුව, යමක් අනිත්‍ය නම් ඒ අනිත්‍ය දේ පිළිබඳව ඔබ තුළ ඇති කැමැත්ත ප්‍රහාණය කළ යුතුයි."

"භාග්‍යවතුන් වහන්ස, මට අවබෝධ වුණා. සුගතයන් වහන්ස, මට අවබෝධ වුණා."

"පින්වත් භික්ෂුව, මා විසින් සංක්ෂේප වශයෙන් පවසන ලද ධර්මය, ඔබ විසින් විස්තර වශයෙන් අරුත් අවබෝධ කරගත්තේ කොයි විදිහටද?"

"ස්වාමීනී, රූපය තමයි අනිත්‍ය දෙය. රූපය කෙරෙහි ඇති මගේ කැමැත්තයි දුරු කරගත යුත්තේ. වේදනාව තමයි අනිත්‍ය දෙය ....(පෙ).... සඤ්ඤාව තමයි අනිත්‍ය දෙය ....(පෙ).... සංස්කාර තමයි අනිත්‍ය දෙය ....(පෙ).... විඤ්ඤාණය තමයි අනිත්‍ය දෙය. විඤ්ඤාණය කෙරෙහි ඇති මගේ කැමැත්තයි දුරු කරගත යුත්තේ. ස්වාමීනී, භාග්‍යවතුන් වහන්සේ විසින් සංක්ෂේප වශයෙන් වදාරණ ලද්දා වූ ධර්මය, මං ඔන්න ඔය ආකාරයටයි විස්තර වශයෙන් අර්ථාවබෝධ කරගත්තේ."

"ඉතා හොඳයි, පින්වත් භික්ෂුව, ඉතා හොඳයි. පින්වත් භික්ෂුව මා විසින් සංක්ෂේප වශයෙන් පවසන ලද ධර්මය, ඔබ විස්තර වශයෙන් අර්ථාවබෝධ කරගත් අයුරු ඉතාමත් යහපත් ය. පින්වත් භික්ෂුව, රූපය තමයි අනිත්‍ය දෙය. රූපය කෙරෙහි ඇති ඔබේ කැමැත්තයි දුරු කරගත යුත්තේ. වේදනාව තමයි අනිත්‍ය දෙය ....(පෙ).... සඤ්ඤාව තමයි අනිත්‍ය දෙය ....(පෙ).... සංස්කාර

තමයි අනිත්‍ය දෙය. ....(පෙ).... විඤ්ඤාණය තමයි අනිත්‍ය දෙය. විඤ්ඤාණය කෙරෙහි ඇති ඔබේ කැමැත්තයි දුරු කරගත යුත්තේ. පින්වත් භික්ෂුව, මා විසින් සංක්ෂේප වශයෙන් වදාරණ ලද්දා වූ ධර්මය, ඔබ විස්තර වශයෙන් අර්ථාවබෝධ කරගත යුත්තේ ඔය විදිහට තමයි."

එතකොට ඒ භික්ෂුව භාග්‍යවතුන් වහන්සේ විසින් වදාරණ ලද ධර්මාවවාදය සතුටින් පිළි අරගත්තා. ....(පෙ).... ඒ භික්ෂුව එක්තරා රහතන් වහන්සේ නමක් බවට පත්වුණා.

සාදු! සාදු!! සාදු!!!

අනිච්ච සූත්‍රය නිමා විය.

1.2.2.5.
දුක්ඛ සූත්‍රය
දුක ගැන වදාළ දෙසුම

67. සැවැත් නුවරදී ....

එකල්හී එක්තරා භික්ෂුවක් ....(පෙ).... එකත්පස්ව වාඩිවුණ ඒ භික්ෂුව භාග්‍යවතුන් වහන්සේට මෙකරුණ සැලකළා. "ස්වාමීනී, භාග්‍යවතුන් වහන්ස, මා හට සංක්ෂේප වශයෙන් ශ්‍රී සද්ධර්මය වදාරණ සේක් නම් මැනැවි. ....(පෙ).... දහමට දිවි පුදා මාත් දහම තුළ හැසිරෙන්නම්."

"පින්වත් භික්ෂුව, යමක් දුක නම් ඒ දුක් දේ පිළිබඳව ඔබ තුළ ඇති කැමැත්ත ප්‍රහාණය කළ යුතුයි."

"භාග්‍යවතුන් වහන්ස, මට අවබෝධ වුණා. සුගතයන් වහන්ස, මට අවබෝධ වුණා."

"පින්වත් භික්ෂුව, මා විසින් සංක්ෂේප වශයෙන් පවසන ලද ධර්මය, ඔබ විසින් විස්තර වශයෙන් අරුත් අවබෝධ කරගත්තේ කොයි විදිහටද?"

"ස්වාමීනී, රූපය තමයි දුක් දෙය. රූපය කෙරෙහි ඇති මගේ කැමැත්තයි දුරු කරගත යුත්තේ. වේදනාව තමයි දුක් දෙය ....(පෙ).... සඤ්ඤාව තමයි දුක් දෙය ....(පෙ).... සංස්කාර තමයි දුක් දෙය ....(පෙ).... විඤ්ඤාණය තමයි

දුක් දෙය. විඤ්ඤාණය කෙරෙහි ඇති මගේ කැමැත්තයි දුරු කරගත යුත්තේ. ස්වාමීනී, භාග්‍යවතුන් වහන්සේ විසින් සංක්ෂේප වශයෙන් වදාරණ ලද්දා වූ ධර්මය, මං ඔන්න ඔය ආකාරයටයි විස්තර වශයෙන් අර්ථාවබෝධ කරගත්තේ."

"ඉතා හොඳයි, පින්වත් භික්ෂුව, ඉතා හොඳයි. පින්වත් භික්ෂුව මා විසින් සංක්ෂේප වශයෙන් පවසන ලද ධර්මය, ඔබ විස්තර වශයෙන් අර්ථාවබෝධ කරගත් අයුරු ඉතාමත් යහපත් ය. පින්වත් භික්ෂුව, රූපය තමයි දුක් දෙය. රූපය කෙරෙහි ඇති ඔබේ කැමැත්තයි දුරු කරගත යුත්තේ. වේදනාව තමයි දුක් දෙය ....(පෙ).... සඤ්ඤාව තමයි දුක් දෙය ....(පෙ).... සංස්කාර තමයි දුක් දෙය ....(පෙ).... විඤ්ඤාණය තමයි දුක් දෙය. විඤ්ඤාණය කෙරෙහි ඇති ඔබේ කැමැත්තයි දුරු කරගත යුත්තේ. පින්වත් භික්ෂුව, මා විසින් සංක්ෂේප වශයෙන් වදාරණ ලද්දා වූ ධර්මය, ඔබ විස්තර වශයෙන් අර්ථාවබෝධ කරගත යුත්තේ ඔය විදිහට තමයි."

එතකොට ඒ භික්ෂුව භාග්‍යවතුන් වහන්සේ විසින් වදාරණ ලද ධර්මාවවාදය සතුටින් පිළි අරගත්තා. ....(පෙ).... ඒ භික්ෂුව එක්තරා රහතන් වහන්සේ නමක් බවට පත්වුණා.

සාදු! සාදු!! සාදු!!!

දුක්ඛ සූත්‍රය නිමා විය.

1.2.2.6.
අනත්ත සූත්‍රය
අනාත්ම ගැන වදාළ දෙසුම

68. සැවැත් නුවරදී ....

එකල්හී එක්තරා භික්ෂුවක් ....(පෙ).... එකත්පස්ව වාඩිවුණ ඒ භික්ෂුව භාග්‍යවතුන් වහන්සේට මෙකරුණ සැලකළා. "ස්වාමීනී, භාග්‍යවතුන් වහන්ස, මා හට සංක්ෂේප වශයෙන් ශ්‍රී සද්ධර්මය වදාරණ සේක් නම් මැනැවි. ....(පෙ).... දහමට දිවි පුදා මාත් දහම තුළ හැසිරෙන්නම්."

"පින්වත් භික්ෂුව, යමක් අනාත්ම නම් ඒ අනාත්ම දේ පිළිබඳව ඔබ තුළ ඇති කැමැත්ත ප්‍රහාණය කළ යුතුයි."

"භාග්‍යවතුන් වහන්ස, මට අවබෝධ වුණා. සුගතයන් වහන්ස, මට අවබෝධ වුණා."

"පින්වත් භික්ෂුව, මා විසින් සංක්ෂේප වශයෙන් පවසන ලද ධර්මය, ඔබ විසින් විස්තර වශයෙන් අරුත් අවබෝධ කරගත්තේ කොයි විදිහටද?"

"ස්වාමීනී, රූපය තමයි අනාත්ම දෙය. රූපය කෙරෙහි ඇති මගේ කැමැත්තයි දුරු කරගත යුත්තේ. වේදනාව තමයි අනාත්ම දෙය ....(පෙ).... සඤ්ඤාව තමයි අනාත්ම දෙය ....(පෙ).... සංස්කාර තමයි අනාත්ම දෙය ....(පෙ).... විඤ්ඤාණය තමයි අනාත්ම දෙය. විඤ්ඤාණය කෙරෙහි ඇති මගේ කැමැත්තයි දුරු කරගත යුත්තේ. ස්වාමීනී, භාග්‍යවතුන් වහන්සේ විසින් සංක්ෂේප වශයෙන් වදාරණ ලද්දා වූ ධර්මය, මං ඔන්න ඔය ආකාරයටයි විස්තර වශයෙන් අර්ථාවබෝධ කරගත්තේ."

"ඉතා හොඳයි, පින්වත් භික්ෂුව, ඉතා හොඳයි. පින්වත් භික්ෂුව මා විසින් සංක්ෂේප වශයෙන් පවසන ලද ධර්මය, ඔබ විස්තර වශයෙන් අර්ථාවබෝධ කරගත් අයුරු ඉතාමත් යහපත් ය. පින්වත් භික්ෂුව, රූපය තමයි අනාත්ම දෙය. රූපය කෙරෙහි ඇති ඔබේ කැමැත්තයි දුරු කරගත යුත්තේ. වේදනාව තමයි අනාත්ම දෙය ....(පෙ).... සඤ්ඤාව තමයි අනාත්ම දෙය ....(පෙ).... සංස්කාර තමයි අනාත්ම දෙය ....(පෙ).... විඤ්ඤාණය තමයි අනාත්ම දෙය. විඤ්ඤාණය කෙරෙහි ඇති ඔබේ කැමැත්තයි දුරු කරගත යුත්තේ. පින්වත් භික්ෂුව, මා විසින් සංක්ෂේප වශයෙන් වදාරණ ලද්දා වූ ධර්මය, ඔබ විස්තර වශයෙන් අර්ථාවබෝධ කරගත යුත්තේ ඔය විදිහට තමයි."

එතකොට ඒ භික්ෂුව භාග්‍යවතුන් වහන්සේ විසින් වදාරණ ලද ධර්මාවවාදය සතුටින් පිළි අරගත්තා. ....(පෙ).... ඒ භික්ෂුව එක්තරා රහතන් වහන්සේ නමක් බවට පත්වුණා.

සාදු! සාදු!! සාදු!!!

අනත්ත සූත්‍රය නිමා විය.

1.2.2.7.
අනත්තනීය සූත්‍රය
අනාත්මයට අයිති දේ ගැන වදාළ දෙසුම

69. සැවැත් නුවරදී ....

එකල්හී එක්තරා භික්ෂුවක් ....(පෙ).... එකත්පස්ව වාඩිවුණ ඒ භික්ෂුව භාග්‍යවතුන් වහන්සේට මෙකරුණ සැලකළා. "ස්වාමීනී, භාග්‍යවතුන් වහන්ස, මා හට සංක්ෂේප වශයෙන් ශ්‍රී සද්ධර්මය වදාරණ සේක් නම් මැනැවි. ....(පෙ).... දහමට දිවි පුදා මාත් දහම තුළ හැසිරෙන්නම්."

"පින්වත් භික්ෂුව, යමක් අනාත්ම වූ දෙයට අයත් නම් ඒ අනාත්ම වූ දෙයට අයත් දේ පිළිබඳව ඔබ තුළ ඇති කැමැත්ත ප්‍රහාණය කළ යුතුයි."

"භාග්‍යවතුන් වහන්ස, මට අවබෝධ වුණා. සුගතයන් වහන්ස, මට අවබෝධ වුණා."

"පින්වත් භික්ෂුව, මා විසින් සංක්ෂේප වශයෙන් පවසන ලද ධර්මය, ඔබ විසින් විස්තර වශයෙන් අරුත් අවබෝධ කරගත්තේ කොයි විදිහටද?"

"ස්වාමීනී, රූපය අනාත්ම වූ දෙයට අයිති දෙයක්. රූපය කෙරෙහි ඇති මගේ කැමැත්තයි දුරු කරගත යුත්තේ. වේදනාව අනාත්ම වූ දෙයට අයිති දෙයක් ....(පෙ).... සඤ්ඤාව අනාත්ම වූ දෙයට අයිති දෙයක් ....(පෙ).... සංස්කාර අනාත්ම වූ දෙයට අයිති දෙයක් ....(පෙ).... විඤ්ඤාණය අනාත්ම වූ දෙයට අයිති දෙයක්. විඤ්ඤාණය කෙරෙහි ඇති මගේ කැමැත්තයි දුරු කරගත යුත්තේ. ස්වාමීනී, භාග්‍යවතුන් වහන්සේ විසින් සංක්ෂේප වශයෙන් වදාරණ ලද්දා වූ ධර්මය, මං ඔන්න ඔය ආකාරයටයි විස්තර වශයෙන් අර්ථාවබෝධ කරගත්තේ."

"ඉතා හොඳයි, පින්වත් භික්ෂුව, ඉතා හොඳයි. පින්වත් භික්ෂුව මා විසින් සංක්ෂේප වශයෙන් පවසන ලද ධර්මය, ඔබ විස්තර වශයෙන් අර්ථාවබෝධ කරගත් අයුරු ඉතාමත් යහපත් ය. පින්වත් භික්ෂුව, රූපය අනාත්ම වූ දෙයට අයිති දෙයක්. රූපය කෙරෙහි ඇති ඔබේ කැමැත්තයි දුරු කරගත යුත්තේ. වේදනාව අනාත්ම වූ දෙයට අයිති දෙයක් ....(පෙ).... සඤ්ඤාව අනාත්ම වූ දෙයට අයිති දෙයක් ....(පෙ).... සංස්කාර අනාත්ම වූ දෙයට අයිති දෙයක්

....(පෙ).... විඤ්ඤාණය අනාත්ම වූ දෙයට අයිති දෙයක්. විඤ්ඤාණය කෙරෙහි ඇති ඔබේ කැමැත්තයි දුරු කරගත යුත්තේ. පින්වත් භික්ෂුව, මා විසින් සංක්ෂේප වශයෙන් වදාරණ ලද්දා වූ ධර්මය, ඔබ විස්තර වශයෙන් අර්ථාවබෝධ කරගත යුත්තේ ඔය විදිහට තමයි."

එතකොට ඒ භික්ෂුව භාග්‍යවතුන් වහන්සේ විසින් වදාරණ ලද ධර්මාවවාදය සතුටින් පිළි අරගත්තා. ....(පෙ).... ඒ භික්ෂුව එක්තරා රහතන් වහන්සේ නමක් බවට පත්වුණා.

සාදු! සාදු!! සාදු!!!

අනත්තනීය සූත්‍රය නිමා විය.

1.2.2.8.
රජනීය සූත්‍රය
කෙලෙස් හටගන්නා දෙය ගැන වදාළ දෙසුම

70. සැවැත් නුවරදී ....

එකල්හී එක්තරා භික්ෂුවක් ....(පෙ).... එකත්පස්ව වාඩිවුණ ඒ භික්ෂුව භාග්‍යවතුන් වහන්සේට මෙකරුණ සැලකළා. "ස්වාමීනී, භාග්‍යවතුන් වහන්ස, මා හට සංක්ෂේප වශයෙන් ශ්‍රී සද්ධර්මය වදාරණ සේක් නම් මැනැවි. එතකොට මට භාග්‍යවතුන් වහන්සේගෙන් යම් ධර්මයක් අසා දැනගෙන හුදෙකලා වෙලා, පිරිසෙන් වෙන් වෙලා, අප්‍රමාදීව, කෙලෙස් තවන වීරිය ඇතිව, දහමට දිවි පුදා වාසය කරන්නට පුළුවනි."

"පින්වත් භික්ෂුව, යමක් කෙලෙස් හටගන්නා ස්වභාවයෙන් පිහිටලා තියෙනවා නම්, ඒ කෙලෙස් හටගන්නා ස්වභාවයෙන් පිහිටි දේ පිළිබඳව ඔබ තුළ ඇති කැමැත්ත ප්‍රහාණය කළ යුතුයි."

"භාග්‍යවතුන් වහන්ස, මට අවබෝධ වුණා. සුගතයන් වහන්ස, මට අවබෝධ වුණා."

"පින්වත් භික්ෂුව, මා විසින් සංක්ෂේප වශයෙන් පවසන ලද ධර්මය, ඔබ විසින් විස්තර වශයෙන් අරුත් අවබෝධ කරගත්තේ කොයි විදිහටද?"

"ස්වාමීනී, රූපය කෙලෙස් හටගන්නා ස්වභාවයෙන් පිහිටි දෙයක්. රූපය

කෙරෙහි ඇති මගේ කැමැත්තයි දුරු කරගත යුත්තේ. වේදනාව කෙලෙස් හටගන්නා ස්වභාවයෙන් පිහිටි දෙයක් ....(පෙ).... සඤ්ඤාව කෙලෙස් හටගන්නා ස්වභාවයෙන් දෙයක් ....(පෙ).... සංස්කාර කෙලෙස් හටගන්නා ස්වභාවයෙන් දෙයක් ....(පෙ).... විඤ්ඤාණය කෙලෙස් හටගන්නා ස්වභාවයෙන් දෙයක්. විඤ්ඤාණය කෙරෙහි ඇති මගේ කැමැත්තයි දුරු කරගත යුත්තේ. ස්වාමීනී, භාග්‍යවතුන් වහන්සේ විසින් සංක්ෂේප වශයෙන් වදාරණ ලද්දා වූ ධර්මය, මං ඔන්න ඔය ආකාරයටයි විස්තර වශයෙන් අර්ථාවබෝධ කරගත්තේ."

"ඉතා හොඳයි, පින්වත් භික්ෂුව, ඉතා හොඳයි. පින්වත් භික්ෂුව මා විසින් සංක්ෂේප වශයෙන් පවසන ලද ධර්මය, ඔබ විස්තර වශයෙන් අර්ථාවබෝධ කරගත් අයුරු ඉතාමත් යහපත් ය. පින්වත් භික්ෂුව, රූපය කෙලෙස් හටගන්නා ස්වභාවයෙන් පිහිටි දෙයක්. රූපය කෙරෙහි ඇති ඔබේ කැමැත්තයි දුරු කරගත යුත්තේ. වේදනාව කෙලෙස් හටගන්නා ස්වභාවයෙන් පිහිටි දෙයක් ....(පෙ).... සඤ්ඤාව කෙලෙස් හටගන්නා ස්වභාවයෙන් පිහිටි දෙයක් ....(පෙ).... සංස්කාර කෙලෙස් හටගන්නා ස්වභාවයෙන් පිහිටි දෙයක් ....(පෙ).... විඤ්ඤාණය කෙලෙස් හටගන්නා ස්වභාවයෙන් පිහිටි දෙයක්. විඤ්ඤාණය කෙරෙහි ඇති ඔබේ කැමැත්තයි දුරු කරගත යුත්තේ. පින්වත් භික්ෂුව, මා විසින් සංක්ෂේප වශයෙන් වදාරණ ලද්දා වූ ධර්මය, ඔබ විස්තර වශයෙන් අර්ථාවබෝධ කරගත යුත්තේ ඔය විදිහට තමයි."

එතකොට ඒ භික්ෂුව භාග්‍යවතුන් වහන්සේ විසින් වදාරණ ලද ධර්මාවවාදය සතුටින් පිළි අරගත්තා. සතුටින් අනුමෝදන් වුණා. ආසනයෙන් නැගිටලා භාග්‍යවතුන් වහන්සේට ආදරයෙන් වන්දනා කළා. පැදකුණු කරලා පිටත් වෙලා ගියා. ඉතින් ඒ භික්ෂුව හුදෙකලා වුණා. පිරිසෙන් වෙන් වුණා. අප්‍රමාදී වුණා. කෙලෙස් තවන වීරියෙන් යුතු වුණා. දහමට දිවි පුදා ධර්මයේ හැසිරෙන කොට යම් කුලපුත්‍රයෙක් යම්කිසි බලාපොරොත්තුවකින් ගිහි ජීවිතය අත්හැරලා බුදු සසුනේ පැවිදි වුණාද, අන්න ඒ උත්තරීතර බඹසර පූර්ණත්වය වන අමා නිවන මේ ජීවිතයෙහිදීම විශේෂ ඤාණයකින් යුතුව අවබෝධ කරගෙන එයට පැමිණ වාසය කළා. 'ඉපදීම ක්ෂය වුණා. බඹසර වාසය සම්පූර්ණ කරගත්තා. නිවන පිණිස කළ යුතු දේ කරගත්තා. ආයෙමත් නම් වෙන උපතක් නැතැ'යි අවබෝධ වුණා. ඒ භික්ෂුව එක්තරා රහතන් වහන්සේ නමක් බවට පත්වුණා.

සාදු! සාදු!! සාදු!!!

රජනීය සූත්‍රය නිමා විය.

1.2.2.9.
රාධ සූත්‍රය
රාධ භික්ෂුවට වදාළ දෙසුම

71. සැවැත් නුවරදී ....

එකල්හී ආයුෂ්මත් රාධයන් වහන්සේ භාග්‍යවතුන් වහන්සේ වැඩසිටි තැනට පැමිණුනා. පැමිණිලා භාග්‍යවතුන් වහන්සේට වන්දනා කළා. එකත්පස්ව වාඩිවුණා. එකත්පස්ව වාඩිවුණ ආයුෂ්මත් රාධයන් වහන්සේ භාග්‍යවතුන් වහන්සේට මෙකරුණ සැලකළා.

"ස්වාමීනී, මොන විදිහට අවබෝධ කරගන්නා විට ද, මොන විදිහට දකිනා විට ද මේ විඤ්ඤාණය සහිත වූ කය පිළිබඳවත්, බාහිර සියලු නිමිති පිළිබඳවත් 'මම ය, මාගේ ය' යන දෘෂ්ටියෙහි බැස තිබෙන මාන අනුසය ඇති නොවන්නේ?"

"පින්වත් රාධ, අතීත, අනාගත, වර්තමාන වූ යම්කිසි රූපයක් ඇද්ද, ආධ්‍යාත්ම (තමා යැයි සළකන) රූපයක් වෙන්නට පුළුවනි, බාහිර රූපයක් වෙන්නට පුළුවනි, ගොරෝසු රූපයක් වෙන්නට පුළුවනි, සියුම් රූපයක් වෙන්නට පුළුවනි, හීන රූපයක් වෙන්නට පුළුවනි, උසස් රූපයක් වෙන්නට පුළුවන්, දුර තිබෙන රූපයක් වෙන්නට පුළුවනි, ළඟ තිබෙන රූපයක් වෙන්නට පුළුවනි, ඒ සෑම රූපයක්ම 'මගේ නොවේ, මම නොවෙමි, මගේ ආත්මය නොවේ' යන ඔය කරුණ ඒ ආකාරයෙන්ම දියුණු කළ ප්‍රඥාවෙන් දකිනවා නම්,

අතීත, අනාගත, වර්තමාන වූ යම්කිසි වේදනාවක් ඇද්ද ....(පෙ).... අතීත, අනාගත, වර්තමාන වූ යම්කිසි සඤ්ඤාවක් ඇද්ද ....(පෙ).... අතීත, අනාගත, වර්තමාන වූ යම්කිසි සංස්කාර ඇද්ද ....(පෙ).... අතීත, අනාගත, වර්තමාන වූ යම්කිසි විඤ්ඤාණයක් ඇද්ද ආධ්‍යාත්ම (තමා යැයි සළකන) විඤ්ඤාණයක් වෙන්නට පුළුවනි, බාහිර විඤ්ඤාණයක් වෙන්නට පුළුවනි, ගොරෝසු විඤ්ඤාණයක් වෙන්නට පුළුවනි, සියුම් විඤ්ඤාණයක් වෙන්නට පුළුවනි, හීන විඤ්ඤාණයක් වෙන්නට පුළුවනි, උසස් විඤ්ඤාණයක් වෙන්නට පුළුවනි, දුර තිබෙන විඤ්ඤාණයක් වෙන්නට පුළුවනි, ළඟ තිබෙන විඤ්ඤාණයක් වෙන්නට පුළුවනි, ඒ සෑම විඤ්ඤාණයක්ම 'මගේ නොවේ, මම නොවෙමි, මගේ ආත්මය

නොවේ' යන ඔය කරුණ ඒ ආකාරයෙන්ම දියුණු කළ ප්‍රඥාවෙන් දකිනවා නම්, අන්න ඒ විදිහට පින්වත් රාධ, අවබෝධ කරගන්නා විට, දැකගන්නා විට, මේ විඤ්ඤාණය සහිත වූ කය පිළිබඳවත්, බාහිර සියලු නිමිති පිළිබඳවත් 'මම ය, මාගේ ය' යන දෘෂ්ටියෙහි බැස තිබෙන මාන අනුසය ඇති වෙන්නේ නෑ. ....(පෙ).... ආයුෂ්මත් රාධයන් වහන්සේත් එක්තරා රහතන් වහන්සේ නමක් බවට පත්වුණා.

සාදු! සාදු!! සාදු!!!

රාධ සූත්‍රය නිමා විය.

1.2.2.10.
සුරාධ සූත්‍රය
සුරාධ භික්ෂුවට වදාළ දෙසුම

72. සැවැත් නුවරදී ....

එකල්හී ආයුෂ්මත් සුරාධයන් වහන්සේ භාග්‍යවතුන් වහන්සේ වැඩසිටි තැනට පැමිණුනා. පැමිණිලා භාග්‍යවතුන් වහන්සේට වන්දනා කළා. එකත්පස්ව වාඩිවුණා. එකත්පස්ව වාඩිවුණ ආයුෂ්මත් සුරාධයන් වහන්සේ භාග්‍යවතුන් වහන්සේට මෙකරුණ සැලකළා.

"ස්වාමීනී, මොන විදිහට අවබෝධ කරගන්නා විට ද, මොන විදිහට දකිනා විට ද මේ විඤ්ඤාණය සහිත වූ කය පිළිබඳවත්, බාහිර සියලු නිමිති පිළිබඳවත් 'මම ය, මාගේ ය' යන දෘෂ්ටියෙහි බැස තිබෙන මානය බැහැර වුණ මනසක් ඇතිවෙන්නේ? හැම මාන කොටසක්ම ඉක්මවා ගිහින් ශාන්ත බවට පත්වෙලා මැනැවින් නිදහස් වෙන්නේ කොහොමද?"

"පින්වත් සුරාධ, අතීත, අනාගත, වර්තමාන වූ යම්කිසි රූපයක් ඇද්ද, ආධ්‍යාත්ම (තමා යැයි සළකන) රූපයක් වෙන්නට පුළුවනි, බාහිර රූපයක් වෙන්නට පුළුවනි, ගොරෝසු රූපයක් වෙන්නට පුළුවනි, සියුම් රූපයක් වෙන්නට පුළුවනි, හීන රූපයක් වෙන්නට පුළුවනි, උසස් රූපයක් වෙන්නට පුළුවනි, දුර තිබෙන රූපයක් වෙන්නට පුළුවනි, ළඟ තිබෙන රූපයක් වෙන්නට පුළුවනි, ඒ සෑම රූපයක්ම 'මගේ නොවේ, මම නොවෙමි, මගේ ආත්මය නොවේ' යන ඔය කරුණ ඒ ආකාරයෙන්ම දියුණු කළ ප්‍රඥාවෙන් දැකලා කිසිවකට නොබැඳී මැනැවින් නිදහස් වෙලා යනවා.

අතීත, අනාගත, වර්තමාන වූ යම්කිසි වේදනාවක් ඇද්ද ....(පෙ).... අතීත, අනාගත, වර්තමාන වූ යම්කිසි සඤ්ඤාවක් ඇද්ද ....(පෙ).... අතීත, අනාගත, වර්තමාන වූ යම්කිසි සංස්කාර ඇද්ද ....(පෙ).... අතීත, අනාගත, වර්තමාන වූ යම්කිසි විඤ්ඤාණයක් ඇද්ද ....(පෙ).... ආධ්‍යාත්ම (තමා යැයි සළකන) විඤ්ඤාණයක් වෙන්නට පුළුවනි, බාහිර විඤ්ඤාණයක් වෙන්නට පුළුවනි, ගොරෝසු විඤ්ඤාණයක් වෙන්නට පුළුවනි, සියුම් විඤ්ඤාණයක් වෙන්නට පුළුවනි, හීන විඤ්ඤාණයක් වෙන්නට පුළුවනි, උසස් විඤ්ඤාණයක් වෙන්නට පුළුවනි, දුර තිබෙන විඤ්ඤාණයක් වෙන්නට පුළුවනි, ළඟ තිබෙන විඤ්ඤාණයක් වෙන්නට පුළුවනි, ඒ සෑම විඤ්ඤාණයක්ම 'මගේ නොවේ, මම නොවෙමි, මගේ ආත්මය නොවේ' යන ඔය කරුණ ඒ ආකාරයෙන්ම දියුණු කළ ප්‍රඥාවෙන් දැකලා කිසිවකට නොබැඳී මැනැවින් නිදහස් වෙලා යනවා.

පින්වත් සුරාධ, ඔය විදිහට අවබෝධ කරගන්නා විට තමයි, දැකගන්නා විට තමයි, මේ විඤ්ඤාණය සහිත වූ කය පිළිබඳවත්, බාහිර සියලු නිමිති පිළිබඳවත් 'මම ය, මාගේ ය' යන දෘෂ්ටියෙහි බැස තිබෙන මානය බැහැර වුණ මනසක් ඇතිවෙන්නේ. එතකොට තමයි හැම මාන කොටසක්ම ඉක්මවා ගිහින් ශාන්ත බවට පත්වෙලා මැනැවින් නිදහස් වෙන්නේ. ....(පෙ).... ආයුෂ්මත් සුරාධයන් වහන්සේත් එක්තරා රහතන් වහන්සේ නමක් බවට පත්වුණා.

සාදු! සාදු!! සාදු!!!

සුරාධ සූත්‍රය නිමා විය.

දෙවෙනි අරහන්ත වර්ගය අවසන් විය.

- **එහි පිළිවෙල උද්දානයයි :**

උපාදිය සූත්‍රය, මඤ්ඤමාන සූත්‍රය, අභිනන්දන සූත්‍රය, අනිච්ච සූත්‍රය, දුක්ඛ සූත්‍රය, අනත්ත සූත්‍රය, අනත්තනීය සූත්‍රය, රජනීය සූත්‍රය, රාධ සූත්‍රය, සුරාධ සූත්‍රය යන දේශනාවලින් දෙවෙනි වර්ගය සම්පූර්ණයි.

3. ඛජ්ජනීය වර්ගය

1.2.3.1.
අස්සාද සූත්‍රය
ආශ්වාදය ගැන වදාළ දෙසුම

73. සැවැත් නුවරදී ....

පින්වත් මහණෙනි, අශ්‍රැතවත් පෘථග්ජනයා හට රූපයෙහි ආශ්වාදය ගැනවත්, ආදීනවය ගැනවත්, නිස්සරණය (නිදහස් වීම) ගැනවත් සැබෑ තත්වය පිළිබඳව අවබෝධයක් නෑ. වේදනාවෙහි ආශ්වාදය ගැනවත්, ආදීනවය ගැනවත්, නිස්සරණය (නිදහස් වීම) ගැනවත් සැබෑ තත්වය පිළිබඳව අවබෝධයක් නෑ. සඤ්ඤාවෙහි ....(පෙ).... සංස්කාරවල ....(පෙ).... විඤ්ඤාණයෙහි ආශ්වාදය ගැනවත්, ආදීනවය ගැනවත්, නිස්සරණය (නිදහස් වීම) ගැනවත් සැබෑ තත්වය පිළිබඳව අවබෝධයක් නෑ.

පින්වත් මහණෙනි, ශ්‍රැතවත් ආර්ය ශ්‍රාවකයා හට නම් රූපයෙහි ආශ්වාදය ගැනත්, ආදීනවය ගැනත්, නිස්සරණය (නිදහස් වීම) ගැනත් සැබෑ තත්වය පිළිබඳව අවබෝධයක් තියෙනවා. වේදනාවෙහි ....(පෙ).... සඤ්ඤාවෙහි ....(පෙ).... සංස්කාරවල ....(පෙ).... විඤ්ඤාණයෙහි ආශ්වාදය ගැනත්, ආදීනවය ගැනත්, නිස්සරණය (නිදහස් වීම) ගැනත් සැබෑ තත්වය පිළිබඳව අවබෝධයක් තියෙනවා.

සාදු! සාදු!! සාදු!!!

අස්සාද සූත්‍රය නිමා විය.

1.2.3.2.
පඨම සමුදය සූත්‍රය
හටගැනීම ගැන වදාළ පළමු දෙසුම

74.   සැවැත් නුවරදී ....

පින්වත් මහණෙනි, අශ්‍රැතවත් පෘථග්ජනයා හට රූපයෙහි හටගැනීම ගැනවත්, නැතිවී යෑම ගැනවත්, ආශ්වාදය ගැනවත්, ආදීනවය ගැනවත්, නිස්සරණය (නිදහස් වීම) ගැනවත් සැබෑ තත්වය පිළිබඳව අවබෝධයක් නෑ. වේදනාවෙහි ....(පෙ).... සඤ්ඤාවෙහි ....(පෙ).... සංස්කාරවල ....(පෙ).... විඤ්ඤාණයෙහි හටගැනීම ගැනවත්, නැතිවී යෑම ගැනවත්, ආශ්වාදය ගැනවත්, ආදීනවය ගැනවත්, නිස්සරණය (නිදහස් වීම) ගැනවත් සැබෑ තත්වය පිළිබඳව අවබෝධයක් නෑ.

පින්වත් මහණෙනි, ශ්‍රැතවත් ආර්ය ශ්‍රාවකයා හට නම් රූපයෙහි හටගැනීම ගැනත්, නැතිවී යෑම ගැනත්, ආශ්වාදය ගැනත්, ආදීනවය ගැනත්, නිස්සරණය (නිදහස් වීම) ගැනත් සැබෑ තත්වය පිළිබඳව අවබෝධයක් තියෙනවා. වේදනාවෙහි ....(පෙ).... සඤ්ඤාවෙහි ....(පෙ).... සංස්කාරවල ....(පෙ).... විඤ්ඤාණයෙහි හටගැනීම ගැනත්, නැතිවී යෑම ගැනත්, ආශ්වාදය ගැනත්, ආදීනවය ගැනත්, නිස්සරණය (නිදහස් වීම) ගැනත් සැබෑ තත්වය පිළිබඳව අවබෝධයක් තියෙනවා.

සාදු! සාදු!! සාදු!!!
පඨම සමුදය සූත්‍රය නිමා විය.

1.2.3.3.
දුතිය සමුදය සූත්‍රය
හටගැනීම ගැන වදාළ දෙවෙනි දෙසුම

75.   සැවැත් නුවරදී ....

පින්වත් මහණෙනි, ශ්‍රැතවත් ආර්ය ශ්‍රාවකයා හට නම් රූපයෙහි

හටගැනීම ගැනත්, නැතිවී යෑම ගැනත්, ආශ්වාදය ගැනත්, ආදීනවය ගැනත්, නිස්සරණය (නිදහස් වීම) ගැනත් සැබෑ තත්වය පිළිබඳව අවබෝධයක් තියෙනවා. වේදනාවෙහි ....(පෙ).... සඤ්ඤාවෙහි ....(පෙ).... සංස්කාරවල ....(පෙ).... විඤ්ඤාණයෙහි හටගැනීම ගැනත්, නැතිවී යෑම ගැනත්, ආශ්වාදය ගැනත්, ආදීනවය ගැනත්, නිස්සරණය (නිදහස් වීම) ගැනත් සැබෑ තත්වය පිළිබඳව අවබෝධයක් තියෙනවා.

සාදු! සාදු!! සාදු!!!

දුතිය සමුදය සූත්‍රය නිමා විය.

1.2.3.4.
පඨම අරහන්ත සූත්‍රය
රහතන් වහන්සේ ගැන වදාළ පළමු දෙසුම

76. සැවැත් නුවරදී ....

පින්වත් මහණෙනි, රූපය අනිත්‍යයි. යමක් අනිත්‍ය නම් ඒක දුකක්. යමක් දුක නම් ඒක අනාත්මයි. යමක් අනාත්ම නම් 'ඒක මගේ නොවෙයි, ඒක මමත් නොවෙයි, ඒක මගේ ආත්මයත් නොවෙයි' කියල ඔන්න ඔය ආකාරයට දියුණු කරපු ප්‍රඥාවෙන් සැබෑ තත්වය අවබෝධ කරගත යුතුයි. වේදනාව ....(පෙ).... සඤ්ඤාව ....(පෙ).... සංස්කාර ....(පෙ).... විඤ්ඤාණය අනිත්‍යයි. යමක් අනිත්‍ය නම් ඒක දුකක්. යමක් දුක නම් ඒක අනාත්මයි. යමක් අනාත්ම නම් 'ඒක මගේ නොවෙයි, ඒක මමත් නොවෙයි, ඒක මගේ ආත්මයත් නොවෙයි' කියල ඔන්න ඔය ආකාරයට දියුණු කරපු ප්‍රඥාවෙන් සැබෑ තත්වය අවබෝධ කරගත යුතුයි.

පින්වත් මහණෙනි. ශ්‍රුතවත් ආර්ය ශ්‍රාවකයා ඔය විදිහට දියුණු කරපු ප්‍රඥාවෙන් දකින කොට රූපය ගැනත් අවබෝධයෙන්ම කළකිරෙනවා. වේදනාව ගැනත් අවබෝධයෙන්ම කළකිරෙනවා. සඤ්ඤාව ගැනත් අවබෝධයෙන්ම කළකිරෙනවා. සංස්කාර ගැනත් අවබෝධයෙන්ම කළකිරෙනවා. විඤ්ඤාණය ගැනත් අවබෝධයෙන්ම කළකිරෙනවා. අවබෝධයෙන්ම කළකිරුණු විට සිත ඇලෙන්නෙ නැතුව යනවා. සිත නොඇලෙන කොට එයින් සිත නිදහස් වෙනවා. සිත නිදහස් වෙන කොටම 'නිදහස් වුණා' කියල අවබෝධ ඥානය ඇතිවෙනවා. 'ඉපදීම ක්ෂය වෙලා ගියා. බඹසර වාසය සම්පූර්ණ කරගත්තා.

නිවන පිණිස කළ යුතු දේ කරගත්තා. ආයෙත් නම් සංසාරයේ වෙන උපතක් නැතැ'යි අවබෝධය ඇතිවෙනවා.

පින්වත් මහණෙනි, යම්තාක් සත්වයන්ගේ වාසස්ථාන තියෙනවාද, යම්තාක් භවාග්‍ර තියෙනවාද, ඒ තාක් ලෝකයෙහි අග්‍ර වන්නේත්, ශ්‍රේෂ්ඨ වන්නේත්, මුන්වහන්සේලා ම ය. එනම්, රහතන් වහන්සේලායි. භාග්‍යවතුන් වහන්සේ මෙය වදාළ සේක. මෙය වදාළ සුගත වූ ශාස්තෘන් වහන්සේ යළි මෙයද වදාළ සේක.

1. ඒකාන්තයෙන්ම රහතන් වහන්සේලා තමයි සුව සේ ඉන්නෙ. උන්වහන්සේලා තුළ තණ්හාවක් නෑ. 'මම වෙමි'යි යන අස්මිමානය මුලින්ම සිඳලයි ඉන්නේ. මෝහය නැමැති දැල පලා දමලයි ඉන්නේ.

2. උන්වහන්සේලා තෘෂ්ණා රහිත වූ අරහත්වයට පත්වෙලයි ඉන්නේ. උන්වහන්සේලාගේ සිත කැළඹෙන්නෙ නෑ. උන්වහන්සේලා ලෝකය සමඟ තැවරෙන්නෙ නෑ. ශ්‍රේෂ්ඨ තත්වයට පත්වෙලයි ඉන්නේ. ආශ්‍රව රහිතවයි ඉන්නේ.

3. පංච උපාදානස්කන්ධයන් පිරිසිඳ අවබෝධ කරලයි ඉන්නේ. හිරි ඔත්තප්ප ආදී සද්ධර්මයන් හතක් මුල් කරගෙනයි ඉන්නේ. උන්වහන්සේලා ප්‍රශංසාවට සුදුසුයි. සත්පුරුෂයි. බුදුරජාණන් වහන්සේගේ ළයෙහි උපන් පුතණුවන් වහන්සේලායි.

4. බොජ්ඣංග ධර්ම නම් වූ මාණික්‍ය රත්න හතෙනුත් යුක්තයි. සීල, සමාධි, ප්‍රඥා යන ත්‍රිවිධ ශික්ෂාවෙහි හික්මිලයි ඉන්නේ. භයභේරවයන් ප්‍රහීණ වෙලා ඉන්න ඒ මහාවීරයන් වහන්සේලා නිදහස් සිතින් සැරිසරා වඩිනවා.

5. ආර්ය අෂ්ටාංගික මාර්ගයත් සම්මා ඤාණය හා සම්මා විමුක්තිය යන අංග දෙකත් කියන උතුම් අංග දහයෙන් සමන්විතයි. උන්වහන්සේලා මහා හස්ති රාජයන් වගෙයි. සමාහිත සිත් ඇතිව ඉන්නවා. මේ ලෝකය තුළ උන්වහන්සේලා තමයි ශ්‍රේෂ්ඨ. උන්වහන්සේලා තුළ තණ්හාවක් නෑ.

6. අසේඛ හෙවත් අරහත් ඤාණය උපදවාගෙනයි ඉන්නේ. අන්තිම සිරුර තමයි මේ දරාගෙන ඉන්නේ. මේ බඹසර වාසයෙහි යම් අරටුවක් ඇද්ද, ඒ අරහත්වය ලබාගෙන අන්‍ය උපකාර රහිතව වාසය කරනවා.

7. සෙය්‍යමාන ආදී මානයන්ට කම්පනය වෙන්නේ නෑ. පුනර්භවයෙන්

මනා කොට නිදහස් වෙලයි ඉන්නේ. අරහත්වය නම් වූ දන්තභූමියට පත්වෙලයි ඉන්නේ. උන්වහන්සේලා තමයි ලෝකයෙහි මර සෙනඟ පරදවලා ජය අරගෙන ඉන්නේ.

8. උඩු අතට බැලුවත්, හරස් අතට බැලුවත්, යටට බැලුවත් ඒ කිසි තැනෙක තණ්හාවක් උන්වහන්සේලා තුළ නෑ. උන්වහන්සේලා සීහනාද පතුරන්නේ 'ලෝකයෙහි බුදුවරයන් වහන්සේලා උත්තරීතරයි' කියලා.

සාදු! සාදු!! සාදු!!!

පඨම අරහන්ත සූත්‍රය නිමා විය.

1.2.3.5.
දුතිය අරහන්ත සූත්‍රය
රහතන් වහන්සේ ගැන වදාළ දෙවෙනි දෙසුම

77. සැවැත් නුවරදී ....

පින්වත් මහණෙනි, රූපය අනිත්‍යයි. යමක් අනිත්‍ය නම් ඒක දුකක්. යමක් දුක නම් ඒක අනාත්මයි. යමක් අනාත්ම නම් 'ඒක මගේ නොවෙයි, ඒක මමත් නොවෙයි, ඒක මගේ ආත්මයත් නොවෙයි' කියල ඔන්න ඔය ආකාරයට දියුණු කරපු ප්‍රඥාවෙන් සැබෑ තත්වය අවබෝධ කරගත යුතුයි. වේදනාව ....(පෙ).... සඤ්ඤාව ....(පෙ).... සංස්කාර ....(පෙ).... විඤ්ඤාණය අනිත්‍යයි. යමක් අනිත්‍ය නම් ඒක දුකක්. යමක් දුක නම් ඒක අනාත්මයි. යමක් අනාත්ම නම් 'ඒක මගේ නොවෙයි, ඒක මමත් නොවෙයි, ඒක මගේ ආත්මයත් නොවෙයි' කියල ඔන්න ඔය ආකාරයට දියුණු කරපු ප්‍රඥාවෙන් සැබෑ තත්වය අවබෝධ කරගත යුතුයි.

පින්වත් මහණෙනි. ශ්‍රැතවත් ආර්ය ශ්‍රාවකයා ඔය විදිහට දියුණු කරපු ප්‍රඥාවෙන් දකින කොට රූපය ගැනත් අවබෝධයෙන්ම කළකිරෙනවා. වේදනාව ගැනත් අවබෝධයෙන්ම කළකිරෙනවා. සඤ්ඤාව ගැනත් අවබෝධයෙන්ම කළකිරෙනවා. සංස්කාර ගැනත් අවබෝධයෙන්ම කළකිරෙනවා. විඤ්ඤාණය ගැනත් අවබෝධයෙන්ම කළකිරෙනවා. අවබෝධයෙන්ම කළකිරුණු විට සිත ඇලෙන්නෙ නැතුව යනවා. සිත නොඇලෙන කොට එයින් සිත නිදහස් වෙනවා. සිත නිදහස් වෙන කොටම 'නිදහස් වුණා' කියල අවබෝධ ඥානය ඇතිවෙනවා. 'ඉපදීම ක්ෂය වෙලා ගියා. බඹසර වාසය සම්පූර්ණ කරගත්තා.

නිවන පිණිස කළ යුතු දේ කරගත්තා. ආයෙත් නම් සංසාරයේ වෙන උපතක් නැතැ'යි අවබෝධය ඇතිවෙනවා.

පින්වත් මහණෙනි, යම්තාක් සත්වයන්ගේ වාසස්ථාන තියෙනවා ද, යම්තාක් භවාග්‍ර තියෙනවා ද, ඒ තාක් ලෝකයෙහි අග්‍ර වන්නේත්, ශ්‍රේෂ්ඨ වන්නේත්, මුන්වහන්සේලා ම ය. එනම්, රහතන් වහන්සේලායි.

සාදු! සාදු!! සාදු!!!

දුතිය අරහන්ත සූත්‍රය නිමා විය.

1.2.3.6.
සීහෝපම සූත්‍රය
සිංහයා උපමා කොට වදාළ දෙසුම

78. සැවැත් නුවරදී ....

පින්වත් මහණෙනි, සිව්පාවුන්ගේ රජා වන සිංහයා හවස් යාමේදී තම වාසස්ථානයෙන් එළියට එනවා. වාසයෙන් එළියට ඇවිත් කේසර සොළවමින් ඇඟමැලි කඩනවා. කේසර සොළවමින් ඇඟමැලි කඩලා හාත්පස සතර දිශාවම හොඳ විපරමින් බලනවා. හාත්පස සතර දිශාවම හොඳ විපරමින් බලලා තුන් වරක් සිංහනාද කරනවා. තුන්වරක් සිංහනාද කරලා ගොදුරු සෙවීමට නික්මිලා යනවා.

එතකොට පින්වත් මහණෙනි, යම්කිසි තිරිසන්ගත ප්‍රාණීන් ඉන්නවා නම් ඔවුන්ට මිගරාජ වූ සිංහයා නද දෙන ශබ්දය ඇහෙනවා. එතකොට ඔවුන් පුදුමාකාර භයකට, සන්ත්‍රාසයකට, සංවේගයකට පත්වෙනවා. ඊට පස්සේ ගුල්වල ඉන්න සතුන් ගුල්වලට රිංගනවා. ජලයේ ඉන්න සතුන් ජලය තුළට වදිනවා. වනයේ ඉන්න සතුන් වනයට රිංගනවා. කුරුල්ලන් අහසට ඉගිල්ලෙනවා. පින්වත් මහණෙනි, ගම් නියම්ගම් රාජධානිවල රාජකීය ඇතුන් ඉන්නවා. ඔවුන් දැඩි වරපටින් බැඳලයි ඉන්නේ. ඔවුන් පවා භීතියට පත්වෙලා ඒ වරපට බන්ධන සිඳබිඳ දමා මල මූත්‍ර පහ කරගෙන හිස් ලූ ලූ අත පලා දුවනවා. පින්වත් මහණෙනි, මිගරාජ වූ සිංහයා කියන්නේ තිරිසන්ගත සතුන් අතර ඔය විදිහේ මහා ඉර්ධිමත් සතෙක්. ඔය විදිහේ මහේශාක්‍ය සතෙක්. ඔය විදිහේ මහානුභාව ඇති සතෙක්.

පින්වත් මහණෙනි, ඔන්න ඔය විදිහමයි, අරහත් වූ සම්මා සම්බුදු වූ විජ්ජාචරණ සම්පන්න වූ සුගත වූ ලෝකවිදූ වූ අනුත්තර පුරිසදම්ම සාරථී වූ සත්ථා දේවමනුස්සානං වූ බුද්ධ වූ භගවත් වූ තථාගතයන් වහන්සේ යම් කලෙක ලෝකයෙහි පහළ වෙනවාද, අන්න ඒ බුදුරජාණන් වහන්සේ ධර්මය දේශනා කරනවා. 'මෙයයි රූපය. මෙයයි රූපයේ හටගැනීම. මෙයයි රූපයේ නැති වී යෑම. මෙයයි වේදනාව ....(පෙ).... මෙයයි සඤ්ඤාව ....(පෙ).... මෙයයි සංස්කාර ....(පෙ).... මෙයයි විඤ්ඤාණය. මෙයයි විඤ්ඤාණයේ හටගැනීම. මෙයයි විඤ්ඤාණයේ නැති වී යෑම' කියලා.

එතකොට පින්වත් මහණෙනි, දීර්ඝ ආයුෂ තියෙන යම් දෙවිවරු ඉන්නවා. ඔවුන් හරි පැහැපත්. සැප බහුලයි. උසස් දිව්‍ය විමානවල බොහෝ කාලයක් තිස්සේ ඉන්න උදවිය. තථාගතයන් වහන්සේගේ ධර්ම දේශනාව ශ්‍රවණය කළ ඔවුන් පවා පුදුමාකාර විදිහට භයට පත්වෙනවා. තැති ගැනීමට පත්වෙනවා. සංවේගයට පත්වෙනවා. 'අහෝ! භවත්නි, අපි අනිත්‍ය වෙලා ඉඳගෙනමයි නිත්‍යයි කියල හිතාගෙන හිටියේ. අහෝ! භවත්නි, අපි අස්ථිරව ඉඳගෙනමයි ස්ථිරයි කියල හිතාගෙන හිටියේ. අහෝ! භවත්නි, අපි සදාකාලික නොවී ඉඳගෙනමයි සදාකාලිකයි කියල හිතාගෙන හිටියේ. අහෝ! භවත්නි, අපිත් එහෙනම් අනිත්‍යයි! අස්ථිරයි! අශාස්වතයි! පංච උපාදානස්කන්ධය තුළයි ඉන්නේ!' කියලා.

පින්වත් මහණෙනි, සදේවක ලෝකය අතර තථාගතයන් වහන්සේ ඔය විදිහට මහා ඉර්ධිවන්තයි. මහේශාක්‍යයි. මහානුභාව සම්පන්නයි. භාග්‍යවතුන් වහන්සේ මෙය වදාළා. මෙය වදාළ සුගත වූ ශාස්තෘන් වහන්සේ යළි මෙකරුණ ද වදාළා.

1. යම් දවසක බුදුරජාණන් වහන්සේ ඒ විශිෂ්ට ඤාණයෙන් යුතුව ධර්ම චක්‍රය මැනැවින් වදාරණ සේක් ද, උන්වහන්සේ සදේවක ලෝකයා අතර ශාස්තෘන් වහන්සේ ය. ඒ හා සමාන පුද්ගලයෙක් ලෝකයෙහි නැත්තේම ය.

2. පංච උපාදානස්කන්ධය නම් වූ සක්කායත්, එය නිරුද්ධ වීමත්, එම පංච උපාදානස්කන්ධ නම් වූ සක්කායේ හටගැනීමත්, සියලු දුක් සංසිඳීම පිණිස පවතින්නා වූ ආර්ය අෂ්ටාංගික මාර්ගයත් වදාරණ සේක.

3. එතකොට යම් ඒ දීර්ඝ ආයුෂ ඇති පැහැපත් වූ යසස් ඇති දෙවිවරු ඉන්නවා. ඔවුන් භයට පත්වෙනවා. තැති ගැනීමට පත්වෙනවා. සිංහනාදයෙන් කම්පිත වන්නා වූ අනෙක් සිව්පාවන් වැනිය.

4. අහෝ භවත්නි! මේ පංච උපාදානස්කන්ධ සක්කාය අපි ඉක්මවා ගිහින් නෑ. අටලෝ දහමින් කම්පා නොවන සක්කායෙන් මැනැවින් නිදහස් වූ අරහත් වූ සම්බුදුරජුන්ගේ වාක්‍ය අහලයි අපි මේවා දැනගත්තේ.

සාදු! සාදු!! සාදු!!!

සීහෝපම සූත්‍රය නිමා විය.

1.2.3.7.
ඛජ්ජනීය සූත්‍රය
කා දැමීම ගැන වදාළ දෙසුම

79. සැවැත් නුවරදී ....

පින්වත් මහණෙනි, යම්කිසි ශ්‍රමණවරුන් වේවා, බ්‍රාහ්මණවරුන් වේවා, නොයෙක් ආකාරයෙන් තමන් කලින් ගත කළ ජීවිත ගැන සිහි කරන විටදී සිහි කරනවා නම් ඔවුන් සියලු දෙනාම පංච උපාදානස්කන්ධයන්මයි සිහි කරන්නේ. එක්කෝ ඒ උපාදානස්කන්ධයන්ගෙන් කිහිපයක්.

පින්වත් මහණෙනි, පෙර විසූ කඳ පිළිවෙල සිහි කරන අය 'මං අතීත කාලෙ මෙන්න මේ විදිහේ රූපයක් ඇතුවයි හිටියේ' කියල රූපමයි සිහි කරන්නේ. එහෙම නැත්නම් පින්වත් මහණෙනි, පෙර විසූ කඳ පිළිවෙල සිහි කරන අය 'මං අතීත කාලෙ මෙන්න මේ විදිහේ විඳීමක් ඇතුවයි හිටියේ' කියල වේදනාවමයි සිහි කරන්නේ. එහෙමත් නැත්නම් පින්වත් මහණෙනි, පෙර විසූ කඳ පිළිවෙල සිහි කරන අය 'මං අතීත කාලෙ මෙන්න මේ විදිහේ සඤ්ඤාවක් ඇතුවයි හිටියේ' කියල සඤ්ඤාවමයි සිහි කරන්නේ. එක්කෝ පින්වත් මහණෙනි, පෙර විසූ කඳ පිළිවෙල සිහි කරන අය 'මං අතීත කාලෙ මෙන්න මේ විදිහේ සංස්කාරයන් ඇතුවයි හිටියේ' කියල සංස්කාරමයි සිහි කරන්නේ. පින්වත් මහණෙනි, පෙර විසූ කඳ පිළිවෙල සිහි කරන අය 'මං අතීත කාලෙ මෙන්න මේ විදිහේ විඤ්ඤාණයක් ඇතුවයි හිටියේ' කියල විඤ්ඤාණයමයි සිහි කරන්නේ.

පින්වත් මහණෙනි, රූපය කියල කියන්නේ මක් නිසාද? පින්වත් මහණෙනි, කැඩී බිඳී යනවා ය යන අරුතින් තමයි රූපය කියල කියන්නේ. කුමකින්ද කැඩී බිඳී යන්නේ? සීතලෙනුත් කැඩී බිඳී යනවා. උෂ්ණයෙනුත් කැඩී

බිඳී යනවා. බඩගින්දරෙනුත් කැඩී බිඳී යනවා. පිපාසයෙනුත් කැඩී බිඳී යනවා. මැසිමදුරු අව්සුළං සර්පයන් ආදී ස්පර්ශයෙනුත් කැඩී බිඳී යනවා. පින්වත් මහණෙනි, කැඩී බිඳී යනවා ය යන අරුතින් තමයි රූපය කියල කියන්නේ.

පින්වත් මහණෙනි, වේදනාව කියල කියන්නේ මක් නිසාද? පින්වත් මහණෙනි, විඳිනවා ය යන අර්ථයෙන් තමයි වේදනාව කියල කියන්නේ. විඳින්නේ කුමක්ද? සැපත් විඳිනවා. දුකත් විඳිනවා. දුක් සැප රහිත බවත් විඳිනවා. පින්වත් මහණෙනි, විඳිනවා ය යන අර්ථයෙන් තමයි වේදනාව කියල කියන්නේ.

පින්වත් මහණෙනි, සඤ්ඤාව කියල කියන්නේ මක් නිසාද? පින්වත් මහණෙනි, හඳුනා ගන්නවා ය යන අර්ථයෙන් තමයි සඤ්ඤාව කියල කියන්නේ. හඳුනාගන්නේ කුමක්ද? නිල් පැහැයත් හඳුනාගන්නවා. කහ පැහැයත් හඳුනාග න්නවා. රතු පැහැයත් හඳුනාගන්නවා. සුදු පැහැයත් හඳුනාගන්නවා. පින්වත් මහණෙනි, හඳුනා ගන්නවා ය යන අර්ථයෙන් තමයි සඤ්ඤාව කියල කියන්නේ.

පින්වත් මහණෙනි, සංස්කාර කියල කියන්නේ මක් නිසාද? පින්වත් මහණෙනි, හේතුඵල දහමින් සකස් වුණ දෙයක් (සංඛතයක්) නැවත එබඳු දෙයක් පිණිසම විශේෂයෙන් සකස් කරනවා (අභිසංස්කරණය කරනවා) ය යන අර්ථයෙන් තමයි සංස්කාර කියල කියන්නේ. හේතුඵල දහමින් සකස් වුණ කවර දෙයක් නම් විශේෂයෙන් සකස් කරයිද? රූපය රූපයක් පිණිසමයි සංඛතය අභිසංස්කරණය කරන්නේ. වේදනාව වේදනාවක් පිණිසමයි සංඛතය අභිසංස්කරණය කරන්නේ. සඤ්ඤාව සඤ්ඤාවක් පිණිසමයි සංඛතය අභිසංස්කරණය කරන්නේ. සංස්කාර සංස්කාර පිණිසමයි සංඛතය අභිසංස්කරණය කරන්නේ. විඤ්ඤාණය විඤ්ඤාණයක් පිණිසමයි සංඛතය අභිසංස්කරණය කරන්නේ. පින්වත් මහණෙනි, හේතුඵල දහමින් සකස් වුණ දෙයක් (සංඛතයක්) නැවත එබඳු දෙයක් පිණිසම විශේෂයෙන් සකස් කරනවා (අභිසංස්කරණය කරනවා) ය යන අර්ථයෙන් තමයි සංස්කාර කියල කියන්නේ.

පින්වත් මහණෙනි, විඤ්ඤාණය කියල කියන්නේ මක්නිසාද? පින්වත් මහණෙනි, විශේෂයෙන් දැනගන්නවා ය යන අර්ථයෙන් තමයි විඤ්ඤාණය කියල කියන්නේ. කවර දෙයක් නම් විශේෂයෙන් දැනගනියිද? ඇඹුල් බවත් විශේෂයෙන් දැනගන්නවා. තිත්ත බවත් විශේෂයෙන් දැනගන්නවා. කටුක බවත් විශේෂයෙන් දැනගන්නවා. මිහිරි බවත් විශේෂයෙන් දැනගන්නවා. කර රසයත් විශේෂයෙන් දැනගන්නවා. කර රස නැති බවත් විශේෂයෙන් දැනගන්නවා. ලුණු රසයත් විශේෂයෙන් දැනගන්නවා. ලුණු නොවන රසයත් විශේෂයෙන් දැනගන්නවා. පින්වත් මහණෙනි, විශේෂයෙන් දැනගන්නවා ය යන අර්ථයෙන්

තමයි විඤ්ඤාණය කියල කියන්නේ.

පින්වත් මහණෙනි, මෙකරුණෙහිලා ශ්‍රැතවත් ආර්ය ශ්‍රාවකයා මේ විදිහට නුවණින් මෙනෙහි කරනවා. 'දැන් මේ රූපය විසින් මාව කා දමනවා. අතීත කාලයේදීත් මේ රූපය විසින් මාව කා දමා ඇත්තේ මේ විදිහටමයි. ඒ කියන්නේ වර්තමානයෙහි දැන් රූපය විසින් මාව කා දමන විදිහටමයි. ඉදින් යම් හෙයකින් මං අනාගත රූපයක් සතුටින් පිළිගත්තොත් අනාගත කාලයේදීත් මේ රූපය විසින් මේ විදිහට ම මාව කා දමාවි. ඒ කියන්නේ වර්තමානයෙහි දැන් රූපය විසින් මාව කා දමන විදිහටමයි' ඔහු ඔය ආකාරයෙන් නුවණින් විමස විමසා අතීතයට ගිය රූපය පිළිබඳව අපේක්ෂා රහිත වෙනවා. අනාගත රූපය නොපිළිගෙන ඉන්නවා. වර්තමාන රූපය කෙරෙහි කළකිරීම පිණිස, නොඇල්ම පිණිස, ඇල්ම නිරුද්ධ වීම පිණිස, ධර්මයෙහි හැසිරෙන කෙනෙක් වෙනවා.

'දැන් මේ වේදනාව විසින් මාව කා දමනවා. අතීත කාලයේදීත් මේ වේදනාව විසින් මාව කා දමා ඇත්තේ මේ විදිහටමයි. ඒ කියන්නේ වර්තමානයෙහි දැන් වේදනාව විසින් මාව කා දමන විදිහටමයි. ඉදින් යම් හෙයකින් මං අනාගත වේදනාවක් සතුටින් පිළිගත්තොත් අනාගත කාලයේදීත් මේ වේදනාව විසින් මේ විදිහට ම මාව කා දමාවි. ඒ කියන්නේ වර්තමානයෙහි දැන් වේදනාව විසින් මාව කා දමන විදිහටමයි' ඔහු ඔය ආකාරයෙන් නුවණින් විමස විමසා අතීතයට ගිය වේදනාව පිළිබඳව අපේක්ෂා රහිත වෙනවා. අනාගත වේදනාව නොපිළිගෙන ඉන්නවා. වර්තමාන වේදනාව කෙරෙහි කළකිරීම පිණිස, නොඇල්ම පිණිස, ඇල්ම නිරුද්ධ වීම පිණිස, ධර්මයෙහි හැසිරෙන කෙනෙක් වෙනවා.

'දැන් මේ සඤ්ඤාව විසින් මාව කා දමනවා. ....(පෙ).... දැන් මේ සංස්කාර විසින් මාව කා දමනවා. අතීත කාලයේදීත් මේ සංස්කාර විසින් මාව කා දමා ඇත්තේ මේ විදිහටමයි. ඒ කියන්නේ වර්තමානයෙහි දැන් සංස්කාර විසින් මාව කා දමන විදිහටමයි. ඉදින් යම් හෙයකින් මං අනාගත සංස්කාරයන් සතුටින් පිළිගත්තොත් අනාගත කාලයේදීත් මේ සංස්කාර විසින් මේ විදිහට ම මාව කා දමාවි. ඒ කියන්නේ වර්තමානයෙහි දැන් සංස්කාර විසින් මාව කා දමන විදිහටමයි' ඔහු ඔය ආකාරයෙන් නුවණින් විමස විමසා අතීතයට ගිය සංස්කාර පිළිබඳව අපේක්ෂා රහිත වෙනවා. අනාගත සංස්කාර නොපිළිගෙන ඉන්නවා. වර්තමාන සංස්කාර කෙරෙහි කළකිරීම පිණිස, නොඇල්ම පිණිස, ඇල්ම නිරුද්ධ වීම පිණිස, ධර්මයෙහි හැසිරෙන කෙනෙක් වෙනවා.

'දැන් මේ විඤ්ඤාණය විසින් මාව කා දමනවා. අතීත කාලයේදීත්

මේ විඤ්ඤාණය විසින් මාව කා දමා ඇත්තේ මේ විදිහටමයි. ඒ කියන්නේ වර්තමානයෙහි දැන් විඤ්ඤාණය විසින් මාව කා දමන විදිහටමයි. ඉදින් යම් හෙයකින් මං අනාගත විඤ්ඤාණයක් සතුටින් පිළිගත්තොත් අනාගත කාලයේදීත් මේ විඤ්ඤාණය විසින් මේ විදිහටම මාව කා දමාවි. ඒ කියන්නේ වර්තමානයෙහි දැන් විඤ්ඤාණය විසින් මාව කා දමන විදිහටමයි' ඔහු ඔය ආකාරයෙන් නුවණින් විමස විමසා අතීතයට ගිය විඤ්ඤාණය පිළිබඳව අපේක්ෂා රහිත වෙනවා. අනාගත විඤ්ඤාණය නොපිළිගෙන ඉන්නවා. වර්තමාන විඤ්ඤාණය කෙරෙහි කළකිරීම පිණිස, නොඇල්ම පිණිස, ඇල්ම නිරුද්ධ වීම පිණිස, ධර්මයෙහි හැසිරෙන කෙනෙක් වෙනවා.

පින්වත් මහණෙනි, ඔබ මේ ගැන කුමක්ද සිතන්නේ? රූපය යනු නිත්‍ය දෙයක්ද? අනිත්‍ය දෙයක්ද?" "ස්වාමීනී, අනිත්‍යයි" "යමක් වනාහී අනිත්‍ය නම් එය දුක් දෙයක්ද? සැප දෙයක්ද?" "ස්වාමීනී, දුකයි." "යමක් වනාහී අනිත්‍ය නම්, දුක නම්, වෙනස්වන ධර්මතාවයට අයත් දෙයක් නම්, 'එය මගේ' කියා හෝ 'එය මම වෙමි' කියා හෝ 'එය මගේ ආත්මය' කියා හෝ මුලාවෙන් දකින එක සුදුසුද?" "ස්වාමීනී, එය සුදුසු නෑ ම යි." "වේදනාව ....(පෙ).... සඤ්ඤාව ....(පෙ).... සංස්කාර ....(පෙ).... විඤ්ඤාණය යනු නිත්‍ය දෙයක්ද? අනිත්‍ය දෙයක්ද?" "ස්වාමීනී, අනිත්‍යයි" "යමක් වනාහී අනිත්‍ය නම් එය දුක් දෙයක්ද? සැප දෙයක්ද?" "ස්වාමීනී, දුකයි." "යමක් වනාහී අනිත්‍ය නම්, දුක නම්, වෙනස්වන ධර්මතාවයට අයත් දෙයක් නම්, 'එය මගේ' කියා හෝ 'එය මම වෙමි' කියා හෝ 'එය මගේ ආත්මය' කියා හෝ මුලාවෙන් දකින එක සුදුසුද?" "ස්වාමීනී, එය සුදුසු නෑ ම යි."

එහෙම නම් පින්වත් මහණෙනි, අතීත, අනාගත, වර්තමාන වූ යම්කිසි රූපයක් ඇද්ද, ආධ්‍යාත්ම (තමා යැයි සළකන) රූපයක් වෙන්නට පුළුවනි, බාහිර රූපයක් වෙන්නට පුළුවනි, ගොරෝසු රූපයක් වෙන්නට පුළුවනි, සියුම් රූපයක් වෙන්නට පුළුවනි, හීන රූපයක් වෙන්නට පුළුවනි, උසස් රූපයක් වෙන්නට පුළුවනි, දුර තිබෙන රූපයක් වෙන්නට පුළුවනි, ළඟ තිබෙන රූපයක් වෙන්නට පුළුවනි, ඒ සෑම රූපයක්ම 'මගේ නොවේ, මම නොවෙමි, මගේ ආත්මය නොවේ' යන ඔය කරුණ ඒ ආකාරයෙන්ම දියුණු කළ ප්‍රඥාවෙන් දැක ගන්නට ඕන. අතීත, අනාගත, වර්තමාන වූ යම්කිසි වේදනාවක් ඇද්ද ....(පෙ).... අතීත, අනාගත, වර්තමාන වූ යම්කිසි සඤ්ඤාවක් ඇද්ද ....(පෙ).... අතීත, අනාගත, වර්තමාන වූ යම්කිසි සංස්කාර ඇද්ද ....(පෙ).... අතීත, අනාගත, වර්තමාන වූ යම්කිසි විඤ්ඤාණයක් ඇද්ද ....(පෙ).... ආධ්‍යාත්ම (තමා යැයි සළකන) විඤ්ඤාණයක් වෙන්නට පුළුවනි, බාහිර විඤ්ඤාණයක් වෙන්නට

පුළුවනි, ගොරෝසු විඤ්ඤාණයක් වෙන්නට පුළුවනි, සියුම් විඤ්ඤාණයක් වෙන්නට පුළුවනි, හීන විඤ්ඤාණයක් වෙන්නට පුළුවනි, උසස් විඤ්ඤාණයක් වෙන්නට පුළුවනි, දුර තිබෙන විඤ්ඤාණයක් වෙන්නට පුළුවනි, ළඟ තිබෙන විඤ්ඤාණයක් වෙන්නට පුළුවනි, ඒ සෑම විඤ්ඤාණයක්ම 'මගේ නොවේ, මම නොවෙමි, මගේ ආත්මය නොවේ' යන ඔය කරුණ ඒ ආකාරයෙන්ම දියුණු කළ ප්‍රඥාවෙන් දැකගන්නට ඕන.

පින්වත් මහණෙනි, මෙයට කියන්නේ ආර්ය ශ්‍රාවකයා ඉවත් කරනවා කියලයි; රැස් කරන්නේ නෑ කියලයි. අත් හරිනවා කියලයි; බැඳෙන්නෙ නෑ කියලයි. විසුරුවනවා කියලයි; කැටි කරන්නෙ නෑ කියලයි. නිවනවා කියලයි; අවුලවන්නේ නෑ කියලයි.

කවර දෙයක්ද ඉවත් කරන්නේ? රැස් නොකරන්නේ? රූපය ඉවත් කරනවා; රැස් කරන්නේ නෑ. වේදනාව ඉවත් කරනවා; රැස් කරන්නේ නෑ. සඤ්ඤාව ඉවත් කරනවා; රැස් කරන්නේ නෑ. සංස්කාර ඉවත් කරනවා; රැස් කරන්නේ නෑ. විඤ්ඤාණය ඉවත් කරනවා; රැස් කරන්නේ නෑ.

කවර දෙයක්ද අත්හරින්නේ? නොබැඳී ඉන්නේ? රූප අත්හරිනවා; බැඳෙන්නෙ නෑ. වේදනාව අත්හරිනවා; බැඳෙන්නෙ නෑ. සඤ්ඤාව ....(පෙ).... සංස්කාර අත්හරිනවා; බැඳෙන්නෙ නෑ. විඤ්ඤාණය අත්හරිනවා; බැඳෙන්නෙ නෑ.

කවර දෙයක්ද විසුරුවා හරින්නේ? කැටි නොකරන්නේ? රූපය විසුරුවා හරිනවා; කැටි කරන්නේ නෑ. වේදනාව විසුරුවා හරිනවා; කැටි කරන්නේ නෑ. සඤ්ඤාව ....(පෙ).... සංස්කාර විසුරුවා හරිනවා; කැටි කරන්නේ නෑ. විඤ්ඤාණය විසුරුවා හරිනවා; කැටි කරන්නේ නෑ.

කවර දෙයක්ද නිවා දමන්නේ? අවුලවන්නෙ නැතුව ඉන්නේ? රූපය නිවා දමනවා; අවුලවන්නේ නෑ. වේදනාව නිවා දමනවා; අවුලවන්නේ නෑ. සඤ්ඤාව ....(පෙ).... සංස්කාර නිවා දමනවා; අවුලවන්නේ නෑ. විඤ්ඤාණය නිවා දමනවා; අවුලවන්නේ නෑ.

පින්වත් මහණෙනි. ශ්‍රැතවත් ආර්ය ශ්‍රාවකයා ඔය විදිහට දියුණු කරපු ප්‍රඥාවෙන් දකින කොට රූපය ගැනත් අවබෝධයෙන්ම කළකිරෙනවා. වේදනාව ගැනත් අවබෝධයෙන්ම කළකිරෙනවා. සඤ්ඤාව ....(පෙ).... සංස්කාර ....(පෙ).... විඤ්ඤාණය ගැනත් අවබෝධයෙන්ම කළකිරෙනවා. අවබෝධයෙන්ම කළකිරුණු විට සිත ඇලෙන්නෙ නැතුව යනවා. සිත නොඇලෙන කොට එයින් සිත නිදහස් වෙනවා. සිත නිදහස් වෙන කොට 'නිදහස් වුණා' කියල

අවබෝධ ඥානය ඇතිවෙනවා. 'ඉපදීම ක්ෂය වෙලා ගියා. බඹසර වාසය සම්පූර්ණ කරගත්තා. නිවන පිණිස කළ යුතු දේ කරගත්තා. ආයෙත් නම් සංසාරයේ වෙන උපතක් නැතැ'යි අවබෝධය ඇතිවෙනවා.

පින්වත් මහණෙනි, මේ භික්ෂුවට කියන්නේ රැස් කරන්නේ නෑ කියලයි. ඉවත් කරන්නෙත් නෑ කියලයි. ඉවත් කරලා නොසැලී ඉන්නවා කියලයි. අත් හරින්නෙ නෑ කියලයි. බැඳෙන්නෙ නෑ කියලයි. අත්හැරලා නොසැලී ඉන්නවා කියලයි. විසුරුවන්නෙ නෑ කියලයි. කැටි කරන්නෙත් නෑ කියලයි. විසුරුවලා නොසැලී ඉන්නවා කියලයි. නිවන්නෙත් නෑ කියලයි. අවුලවන්නෙත් නෑ කියලයි. නිවිලා නොසැලී ඉන්නවා කියලයි.

රැස් කරන්නෙ නැත්තෙත්, ඉවත් නොකරන්නෙත්, ඉවත් කරල නොසැලී සිටින්නෙත් කවර දෙයක්ද? රූපය රැස් කරන්නෙ නෑ. ඉවත් කරන්නෙ නෑ. ඉවත් කරලා නොසැලී ඉන්නවා. වේදනාව ....(පෙ).... සඤ්ඤාව ....(පෙ).... සංස්කාර ....(පෙ).... විඤ්ඤාණය රැස් කරන්නෙ නෑ. ඉවත් කරන්නෙ නෑ. ඉවත් කරලා නොසැලී ඉන්නවා.

අත්හරින්නෙ නැත්තෙත්, බැඳී යන්නෙ නැත්තෙත්, අත්හැරල නොසැලී සිටින්නෙත් කවර දෙයක්ද? රූපය අත්හරින්නෙ නෑ. බැඳී යන්නෙත් නෑ. අත්හැරලා නොසැලී ඉන්නවා. වේදනාව අත්හරින්නෙ නෑ. බැඳී යන්නෙත් නෑ. අත්හැරලා නොසැලී ඉන්නවා. සඤ්ඤාව ....(පෙ).... සංස්කාර ....(පෙ).... විඤ්ඤාණය අත්හරින්නෙ නෑ. බැඳී යන්නෙත් නෑ. අත්හැරලා නොසැලී ඉන්නවා.

විසුරුවන්නෙ නැත්තෙත්, කැටි කරන්නෙ නැත්තෙත්, විසුරුවලා නොසැලී සිටින්නෙත් කවර දෙයක්ද? රූපය විසුරුවන්නෙ නෑ. කැටි කරන්නෙත් නෑ. විසුරුවලා නොසැලී ඉන්නවා. වේදනාව විසුරුවන්නෙ නෑ. කැටි කරන්නෙත් නෑ. විසුරුවලා නොසැලී ඉන්නවා. සඤ්ඤාව ....(පෙ).... සංස්කාර ....(පෙ).... විඤ්ඤාණය විසුරුවන්නෙ නෑ. කැටි කරන්නෙත් නෑ. විසුරුවලා නොසැලී ඉන්නවා.

නිවා දමන්නෙ නැත්තෙත් අවුලුවන්නෙ නැත්තෙත් නිවලා නොසැලී සිටින්නෙත් කවර දෙයක්ද? රූපය නිවා දමන්නෙ නෑ. අවුලුවන්නෙත් නෑ. නිවලා නොසැලී ඉන්නවා. වේදනාව ....(පෙ).... සඤ්ඤාව ....(පෙ).... සංස්කාර ....(පෙ).... විඤ්ඤාණය නිවා දමන්නෙ නෑ. අවුලුවන්නෙත් නෑ. නිවලා නොසැලී ඉන්නවා.

පින්වත් මහණෙනි, ඔය විදිහට විමුක්තියට පත් වූ සිතක් ඇති භික්ෂුවට

සක් දෙවිඳු සහිත වූ බ්‍රහ්මයා සහිත වූ ප්‍රජාපතී සහිත වූ දෙවිවරුන් ඈත තියාම නමස්කාර කරනවා.

"ආජනීය පුරුෂයාණෙනි, ඔබවහන්සේට නමස්කාර වේවා! උතුම් පුරුෂයාණෙනි, ඔබවහන්සේට නමස්කාර වේවා! යමක් ඇසුරු කරගෙන ඔබවහන්සේ ධ්‍යාන වඩද්දී ඒ අරමුණ මොකක්ද කියලා අපි දන්නෙ නෑ."

සාදු! සාදු!! සාදු!!!

ඛජ්ජනීය සූත්‍රය නිමා විය.

1.2.3.8.
පිණ්ඩෝල්‍ය සූත්‍රය
පිඬු සිඟා යාම ගැන වදාළ දෙසුම

80. මා හට අසන්නට ලැබුණේ මේ විදිහටයි. ඒ දිනවල භාග්‍යවතුන් වහන්සේ වැඩසිටියේ ශාක්‍ය ජනපදයෙහි කිඹුල්වත් නුවර සමීපයෙහි නිග්‍රෝධාරාමයේ ය. එදා භාග්‍යවතුන් වහන්සේ යම්කිසි කරුණක් අරඹයා භික්ෂු සංඝයාව බැහැර කොට වදාළා. පෙරවරු කාලයෙහි සිවුරු පොරවාගෙන පාත්‍ර සිවුරු රැගෙන කිඹුල්වතට පිඬු සිඟා වැඩම කළා. කිඹුල්වත් නගරයෙහි පිණ්ඩපාතයෙහි වැඩම කරලා, දන් වළඳලා කිඹුල්වත් මහා වනයට දිවා විහරණය පිණිස වැඩම කළා. මහාවනය ඇතුළටම වැඩම කොට බෙලිරුක් සෙවණක දිවා විහරණය පිණිස වාඩි වී වැඩසිටියා.

එකල්හී හුදෙකලාවේම භාවනාවෙන් වැඩසිටින්නා වූ භාග්‍යවතුන් වහන්සේට මෙවැනි කල්පනාවක් ඇතිවුණා. 'මා විසින් භික්ෂු සංඝයාව බැහැර කරල දැම්මා. එසේ නමුත් නවක භික්ෂූන් ඉන්නවා. පැවිදි වෙලා වැඩිකල් නෑ. මේ ධර්ම විනයට ළඟදීම පැමිණි අයයි. අන්න ඒ නවක භික්ෂූන්ට මාව දැකගන්නට නොලැබුණොත් වෙනසක් ඇතිවෙන්නට ඉඩ තියෙනවා. සිතේ පෙරළියක් ඇතිවෙන්නට ඉඩ තියෙනවා. ඒක මේ විදිහේ දෙයක්. ඉතා ළදරු වසුපැටව් ඉන්නවා. ඒ වසු පැටියෙකුට මව් දෙනව දැකගන්නට නොලැබුණොත් වෙනසක් ඇතිවෙනවාමයි. සිතේ පෙරළියක් ඇතිවෙනවාමයි. ඒ විදිහටම මෙහෙත් නවක භික්ෂූන් ඉන්නවා. පැවිදි වෙලා වැඩිකල් නෑ. මේ ධර්ම විනයට ළඟදීම පැමිණි අයයි. අන්න ඒ නවක භික්ෂූන්ට මාව දැකගන්නට

නොලැබුණොත් වෙනසක් ඇතිවෙන්නට ඉඩ තියෙනවා. සිතේ පෙරළියක් ඇතිවෙන්නට ඉඩ තියෙනවා. ඒක මේ විදිහේ දෙයක්. අලුතෙන් හිටවපු බීජ තියෙනවා. ඒවාට වතුර නොලැබුණොත් වෙනසක් ඇතිවෙනවා ම යි. පෙරළියක් ඇතිවෙනවා ම යි. ඒ විදිහට ම මෙහෙත් නවක භික්ෂූන් ඉන්නවා. පැවිදි වෙලා වැඩිකල් නෑ. මේ ධර්ම විනයට ළඟදීම පැමිණි අයයි. අන්න ඒ නවක භික්ෂූන්ට මාව දැකගන්නට නොලැබුණොත් වෙනසක් ඇතිවෙන්නට ඉඩ තියෙනවා. සිතේ පෙරළියක් ඇතිවෙන්නට ඉඩ තියෙනවා. ඒ නිසා මා විසින් කලින් භික්ෂු සංඝයාට යම් අනුග්‍රහයක් කළා ද දැනුත් මං භික්ෂු සංඝයාට ඒ විදිහට ම අනුග්‍රහ කරන එක තමයි හොඳ.'

එතකොට සහම්පතී බ්‍රහ්මයා භාග්‍යවතුන් වහන්සේගේ අදහස තමාගේ සිතෙන් දැනගත්තා. බලවත් පුරුෂයෙක් හකුළුවා ගත් අතක් දිගහරින වේගයෙන් දිගු කළ අතක් හකුළා ගන්නා වේගයෙන් බඹ ලොවින් අතුරුදහන් වුණා. භාග්‍යවතුන් වහන්සේගේ ඉදිරියේ පහළ වුණා.

ඉතින් සහම්පතී බ්‍රහ්මයා උතුරු සළුව ඒකාංශ කරගෙන භාග්‍යවතුන් වහන්සේ ඉදිරියේ ඇඳිලි බැඳ වන්දනා කරගෙන භාග්‍යවතුන් වහන්සේට මෙකරුණ සැළ කළා. "භාග්‍යවතුන් වහන්ස, ඔය සිතා වදාළ කරුණ ඒ විදිහමයි. සුගතයන් වහන්ස, ඔය සිතා වදාළ කරුණ ඒ විදිහමයි. ස්වාමීනි, භාග්‍යවතුන් වහන්සේ භික්ෂු සංඝයාව බැහැර කොට වදාළා. එසේ නමුත් නවක භික්ෂූන් ඉන්නවා. පැවිදි වෙලා වැඩිකල් නෑ. මේ ධර්ම විනයට ළඟදීම පැමිණි අයයි. අන්න ඒ නවක භික්ෂූන්ට භාග්‍යවතුන් වහන්සේව දැකගන්නට නොලැබුණොත් වෙනසක් ඇතිවෙන්නට ඉඩ තියෙනවා. සිතේ පෙරළියක් ඇතිවෙන්නට ඉඩ තියෙනවා. ඒක මේ විදිහේ දෙයක් තමයි. ඉතා ළදරු වසුපැටව් ඉන්නවා. ඒ වසු පැටියෙකුට මව් දෙනව දැකගන්නට නොලැබුණොත් වෙනසක් ඇති වෙනවා මයි. සිතේ පෙරළියක් ඇතිවෙනවා ම යි. ඒ විදිහම තමයි. මෙහෙත් නවක භික්ෂූන් ඉන්නවා. පැවිදි වෙලා වැඩිකල් නෑ. මේ ධර්ම විනයට ළඟදීම පැමිණි අයයි. අන්න ඒ නවක භික්ෂූන්ට භාග්‍යවතුන් වහන්සේව දැකගන්නට නොලැබුණොත් වෙනසක් ඇතිවෙන්නට ඉඩ තියෙනවා. සිතේ පෙරළියක් ඇතිවෙන්නට ඉඩ තියෙනවා. ඒක මේ විදිහේ දෙයක් තමයි. අලුතෙන් හිටවපු බීජ තියෙනවා. ඒවාට වතුර නොලැබුණොත් වෙනසක් ඇතිවෙනවා ම යි. පෙරළියක් ඇතිවෙනවා ම යි. ඒ විදිහම තමයි. මෙහෙත් නවක භික්ෂූන් ඉන්නවා. පැවිදි වෙලා වැඩිකල් නෑ. මේ ධර්ම විනයට ළඟදීම පැමිණි අයයි. අන්න ඒ නවක භික්ෂූන්ට භාග්‍යවතුන් වහන්සේව දැකගන්නට නොලැබුණොත් වෙනසක් ඇතිවෙන්නට ඉඩ තියෙනවා. සිතේ පෙරළියක් ඇතිවෙන්නට ඉඩ තියෙනවා.

ස්වාමීනි, භාග්‍යවතුන් වහන්ස, භික්ෂු සංඝයාව පිළිගන්නා සේක්වා! ස්වාමීනි, භාග්‍යවතුන් වහන්ස, භික්ෂු සංඝයා හට ධර්මාවවාද කරන සේක්වා! ස්වාමීනි, භාග්‍යවතුන් වහන්සේ විසින් කලින් භික්ෂු සංඝයා හට යම් අනුග්‍රහයක් කොට වදාළේ ද දැනුත් ඒ අයුරින් ම භික්ෂු සංඝයාට අනුග්‍රහ කරන සේක්වා"

භාග්‍යවතුන් වහන්සේ නිශ්ශබ්දව වැඩසිටීමෙන් එය පිළිගෙන වදාළා. එතකොට සහම්පතී බ්‍රහ්මයා භාග්‍යවතුන් වහන්සේ තම ඇරයුම පිළිගෙන වදාළ බව දැනගෙන භාග්‍යවතුන් වහන්සේට වන්දනා කරල, ප්‍රදක්ෂිණා කරලා එතැනම නොපෙනී ගියා.

එතකොට භාග්‍යවතුන් වහන්සේ සවස් වරුවේ භාවනාවෙන් නැගිටලා නිග්‍රෝධාරාමයට වැඩම කොට වදාළා. වැඩම කරලා පණවන ලද ආසනයෙහි වැඩසිටියා. වැඩහුන් භාග්‍යවතුන් වහන්සේ ඒ භික්ෂූන් එක නම, දෙනම බැගින් තැතිගන්නා ස්වරූපයෙන් යුක්තව භාග්‍යවතුන් වහන්සේ කරා පැමිණෙනවා නම් එබඳු වූ ඉර්ධි ප්‍රාතිහාර්යයක් කොට වදාළා.

ඒ භික්ෂූන් වහන්සේලා ද එකනම, දෙනම බැගින් තැති ගත් ස්වරූපයෙන් යුතුව භාග්‍යවතුන් වහන්සේ වෙත පැමිණුනා. පැමිණිලා භාග්‍යවතුන් වහන්සේට වන්දනා කරලා එකත්පස්ව වාඩිවුණා. එකත්පස්ව වාඩි වී සිටි ඒ භික්ෂූන් වහන්සේලාට භාග්‍යවතුන් වහන්සේ මෙම දෙසුම වදාළා.

"පින්වත් මහණෙනි, මේ පිණ්ඩපාතයෙන් ජීවත් වෙනවා කියන කරුණ ඉතාමත් ළාමක කොට සළකන දෙයක්. 'පාත්තරයක් අතට අරන් පිණ්ඩපාතෙ පල!' කියල කීම ලෝකයෙහි සාපලත් දෙයක්. නමුත් පින්වත් මහණෙනි, යම් අර්ථයක් උදෙසා, යම් අර්ථයක් හේතුවෙන් එබඳු වූ ජීවිතයක් කරා පවා කුල පුත්‍රයන් පැමිණෙනවා. ඒ පැමිණීම ආණ්ඩුවෙන් දඬුවම් ලබලත් නොවෙයි. සොරුන්ගෙන් කරදර වෙලත් නොවෙයි. ණය ගෙවාගන්නට බැරුවත් නොවෙයි. භයට පත්වෙලත් නොවෙයි. ජීවත් වෙන්නට ක්‍රමයක් නැතුවත් නොවෙයි. එසේ නමුත් අපි ඉපදීමෙනුත්, ජරා මරණයෙනුත්, සෝකවලිනුත්, වැළපීම්වලිනුත්, කායික දුක්වලිනුත්, මානසික දුක්වලිනුත්, සුසුම් හෙළීම්වලිනුත් කරදරයේ වැටිලයි ඉන්නේ. දුකට වැටිලයි ඉන්නේ. දුකෙන් පෙළි පෙළී ඉන්නේ. මේ මුළු මහත් දුක් සමූහය ම ඉවරයක් කරල දාන්නට තිබෙනවා නම් මොනතරම් දෙයක් ද කියලයි පැමිණෙන්නෙ.

පින්වත් මහණෙනි, ඔය විදිහට පැවිදි වුණ මේ කුල පුත්‍රයෙක් ඉන්නවා. නමුත් ඔහු අනුන්ගේ දෙය තමා සතු කරගැනීමට ආසා කරන කෙනෙක් වුණොත්, කාම අරමුණු පිළිබඳව තියුණු රාගයක් තියෙන කෙනෙක් වුණොත්, ද්වේෂ කරන සිතක් තියෙන කෙනෙක් වුණොත්, දූෂිත වූ නපුරු කල්පනාවන්

තියෙන කෙනෙක් වුණොත්, සිහි මුලා වෙච්ච කෙනෙක් වුණොත්, නුවණින් තොර කෙනෙක් වුණොත්, සමාහිත සිතක් නැති කෙනෙක් වුණොත්, භ්‍රාන්ත සිතින් යුතු කෙනෙක් වුණොත්, සාමාන්‍ය ස්වභාවයෙන් ම ඉඳුරන් පවත්වන කෙනෙක් වුණොත්, පින්වත් මහණෙනි, ඒක මේ වගේ දෙයක්. සොහොන් පෙණෙල්ලක් තියෙනවා. දෙපැත්තෙම ගිනි ඇවිලිලා තියෙන්නේ. මැද අසූචි තැවරිලා තියෙන්නේ. ඒක ගමේ දරට ගන්නෙත් නෑ. වනාන්තරයේ දරවලට අයිති වෙන්නෙත් නෑ. පින්වත් මහණෙනි, මං අර පුද්ගලයාව සළකන්නේ සොහොන් පෙණෙල්ල උපමා කරලයි. ඔහු ගිහි සැපයෙනුත් පිරිහුණු කෙනෙක්. ශ්‍රමණ ජීවිතයෙනුත් ප්‍රතිඵල නොලබන කෙනෙක්.

පින්වත් මහණෙනි, මේ අකුසල විතර්ක තුනක් තියෙනවා. කාම අරමුණු ගැන කල්පනා කර කර සිටීම, ද්වේෂ අරමුණු ගැන කල්පනා කර කර සිටීම, හිංසාකාරී දේ ගැන කල්පනා කර කර සිටීම යන තුනයි. පින්වත් මහණෙනි, මේ අකුසල විතර්ක තුන ම ඉතිරි නැතුව නිරුද්ධ වෙලා යන්නේ කොතැනදීද? එක්කෝ සතර සතිපට්ඨානයෙහි මනාකොට සිත පිහිටුවා ගෙන වාසය කරන කෙනා තුළයි. එහෙම නැත්නම් අනිමිත්ත චිත්ත සමාධිය වඩන කෙනා තුළයි.

පින්වත් මහණෙනි, ඔය අනිමිත්ත සමාධිය නම් භාවනා වශයෙන් වඩන එක ම යි හොඳ. පින්වත් මහණෙනි, අනිමිත්ත චිත්ත සමාධිය භාවනා වශයෙන් බහුල කළොත් මහත්ඵලයි මහානිශංසයි.

පින්වත් මහණෙනි, මේ දෘෂ්ටි දෙකක් තියෙනවා. භව දෘෂ්ටියත්, විභව දෘෂ්ටියත් යන දෙකයි. පින්වත් මහණෙනි, එහිලා ශ්‍රැතවත් ආර්ය ශ්‍රාවකයා මේ විදිහට නුවණින් විමසා බලනවා. 'මං යම්කිසි දෙයකට බැඳීමක් ඇති කර ගත්තොත්, එයින් මට වරදක් සිදු නොවනවා නම් එබඳු දෙයක් ලෝකයෙහි තිබෙනවාද' කියල. එතකොට ඔහු මේ විදිහට තේරුම් ගන්නවා. මං යම්කිසි දෙයකට බැඳීමක් ඇති කර ගත්තොත්, එයින් මට වරදක් සිදු නොවනවා නම් එබඳු දෙයක් ලෝකයෙහි නැත. මං බැඳීමක් ඇති කරගන්නවා නම් රූපයකට ම යි බැඳෙන්න තියෙන්නේ. බැඳීමක් ඇති කර ගන්නවා නම් වේදනාවකට ම යි බැඳෙන්න තියෙන්නේ. බැඳීමක් ඇති කර ගන්නවා නම් සඤ්ඤාවකට ම යි බැඳෙන්න තියෙන්නේ. බැඳීමක් ඇති කර ගන්නවා නම් සංස්කාරවලට ම යි බැඳෙන්න තියෙන්නේ. බැඳීමක් ඇති කර ගන්නවා නම් විඤ්ඤාණයකට ම යි බැඳෙන්න තියෙන්නේ. එතකොට මට ඒ බැඳීම හේතු කරගෙන භවය සකස් වෙලා යාවි. භවය හේතු කරගෙන ඉපදේවි. ඉපදීම හේතු කරගෙන ජරා මරණ සෝක වැළපීම් දුක් දොම්නස් සුසුම් හෙළීම් හටගනීවි. ඔය ආකාරයට මේ මුළුමහත් දුක්ඛස්කන්ධය ම හටගනීවි.

පින්වත් මහණෙනි, ඔබ මේ ගැන කුමක්ද සිතන්නේ? රූපය යනු නිත්‍ය දෙයක්ද? අනිත්‍ය දෙයක්ද?" "ස්වාමීනි, අනිත්‍යයි." "යමක් වනාහී අනිත්‍ය නම් එය දුක් දෙයක්ද? සැප දෙයක්ද?" "ස්වාමීනි, දුකයි." "යමක් වනාහී අනිත්‍ය නම්, දුක නම්, වෙනස්වන ධර්මතාවයට අයත් දෙයක් නම් 'එය මගේ කියා හෝ එය මම වෙමි කියා හෝ එය මගේ ආත්මය' කියා හෝ මුලාවෙන් දකින එක සුදුසුද?" "ස්වාමීනි, එය සුදුසු නෑ ම යි." වේදනාව ....(පෙ).... සඤ්ඤාව ....(පෙ).... සංස්කාර ....(පෙ).... විඤ්ඤාණය යනු නිත්‍ය දෙයක්ද? අනිත්‍ය දෙයක්ද?" "ස්වාමීනි, අනිත්‍යයි." "යමක් වනාහී අනිත්‍ය නම් එය දුක් දෙයක්ද? සැප දෙයක්ද?" "ස්වාමීනි, දුකයි." "යමක් වනාහී අනිත්‍ය නම්, දුක නම්, වෙනස්වන ධර්මතාවයට අයත් දෙයක් නම් 'එය මගේ කියා හෝ එය මම වෙමි කියා හෝ එය මගේ ආත්මය' කියා හෝ මුලාවෙන් දකින එක සුදුසුද?" "ස්වාමීනි, එය සුදුසු නෑ ම යි."

"එහෙම නම් පින්වත් මහණෙනි, අතීත, අනාගත, වර්තමාන වූ යම්කිසි රූපයක් ඇද්ද, ආධ්‍යාත්ම (තමා යැයි සළකන) රූපයක් වෙන්නට පුළුවනි, බාහිර රූපයක් වෙන්නට පුළුවනි, ගොරෝසු රූපයක් වෙන්නට පුළුවනි, සියුම් රූපයක් වෙන්නට පුළුවනි, හීන රූපයක් වෙන්නට පුළුවනි, උසස් රූපයක් වෙන්නට පුළුවනි, දුර තිබෙන රූපයක් වෙන්නට පුළුවනි, ළඟ තිබෙන රූපයක් වෙන්නට පුළුවනි, ඒ සෑම රූපයක් ම 'මගේ නොවේ, මම නොවෙමි, මගේ ආත්මය නොවේ' යන ඔය කරුණ ඒ ආකාරයෙන් ම දියුණු කළ ප්‍රඥාවෙන් දැකගන්නට ඕන. අතීත, අනාගත, වර්තමාන වූ යම්කිසි වේදනාවක් ඇද්ද ....(පෙ).... අතීත, අනාගත, වර්තමාන වූ යම්කිසි සඤ්ඤාවක් ඇද්ද ....(පෙ).... අතීත, අනාගත, වර්තමාන වූ යම්කිසි සංස්කාර ඇද්ද ....(පෙ).... අතීත, අනාගත, වර්තමාන වූ යම්කිසි විඤ්ඤාණයක් ඇද්ද, ආධ්‍යාත්ම (තමා යැයි සළකන) විඤ්ඤාණයක් වෙන්නට පුළුවනි, බාහිර විඤ්ඤාණයක් වෙන්නට පුළුවනි, ගොරෝසු විඤ්ඤාණයක් වෙන්නට පුළුවනි, සියුම් විඤ්ඤාණයක් වෙන්නට පුළුවනි, හීන විඤ්ඤාණයක් වෙන්නට පුළුවනි, උසස් විඤ්ඤාණයක් වෙන්නට පුළුවනි, දුර තිබෙන විඤ්ඤාණයක් වෙන්නට පුළුවනි, ළඟ තියෙන විඤ්ඤාණයක් වෙන්නට පුළුවනි, ඒ සෑම විඤ්ඤාණයක් ම 'මගේ නොවේ, මම නොවෙමි, මගේ ආත්මය නොවේ' යන ඔය කරුණ ඒ ආකාරයෙන් ම දියුණු කළ ප්‍රඥාවෙන් දැකගන්නට ඕන.

පින්වත් මහණෙනි, ශ්‍රැතවත් ආර්ය ශ්‍රාවකයා ඔය විදිහට දියුණු කරපු ප්‍රඥාවෙන් දකින කොට රූපය ගැනත් අවබෝධයෙන් ම කළකිරෙනවා. වේදනාව ගැනත් අවබෝධයෙන් ම කළකිරෙනවා. සඤ්ඤාව ගැනත් අවබෝධයෙන් ම

කළකිරෙනවා. සංස්කාර ගැනත් අවබෝධයෙන් ම කළකිරෙනවා. විඤ්ඤාණය ගැනත් අවබෝධයෙන් ම කළකිරෙනවා. අවබෝධයෙන් ම කළකිරුණු විට සිත ඇලෙන්න නැතිව යනවා. සිත නොඇලෙන කොට එයින් සිත නිදහස් වෙනවා. සිත් නිදහස් වෙන කොටම 'නිදහස් වුණා' කියල අවබෝධ ඥානය ඇති වෙනවා. 'ඉපදීම ක්ෂය වෙලා ගියා. බඹසරවාසය සම්පූර්ණ කරගත්තා. නිවන පිණිස කළ යුතු දේ කරගත්තා. ආයෙත් නම් සංසාරයේ වෙන උපතක් නැතැ'යි අවබෝධය ඇතිවෙනවා.

සාදු! සාදු!! සාදු!!!

පිණ්ඩෝල්‍ය සූත්‍රය නිමා විය.

1.2.3.9.
පාරිලෙය්‍යක සූත්‍රය
පාරිලෙය්‍යක වනයේ දී වදාළ දෙසුම

81. ඒ දිනවල භාග්‍යවතුන් වහන්සේ වැඩසිටියේ කොසඹෑ නුවර ඝෝෂිතාරාමයෙහි ය. එදා භාග්‍යවතුන් වහන්සේ පෙරවරුවෙහි සිවුරු පොරොවා ගෙන පාත්‍රයත් සිවුරුත් රැගෙන කොසඹෑ නුවර පිණ්ඩපාතේ වැඩම කළා. කොසඹෑ නුවර පිණ්ඩපාතේ වැඩම කරලා දන් වළඳලා අවසන් වෙලා තමන් වහන්සේ ම සේනාසනය අස්පස් කොට වදාළා. පා සිවුරු අරගෙන හුදෙකලාවේ ම දෙවැන්නෙක් නැතිව චාරිකාවේ නික්මී වදාළා. උපස්ථායක භික්ෂූන් ඇමතුවෙත් නෑ. භික්ෂූ සංඝයා දැනුම් දීමක් කළෙත් නෑ.

එතකොට එක්තරා භික්ෂුවක් භාග්‍යවතුන් වහන්සේ වැඩම කොට නොබෝ වේලාවකින් ආයුෂ්මත් ආනන්දයන් වහන්සේ වෙත පැමිණුනා. පැමිණිලා ආයුෂ්මත් ආනන්දයන් වහන්සේට මේ විදිහට පැවසුවා. "ප්‍රිය ආයුෂ්මත් ආනන්දයෙනි, එනු මැනැව. භාග්‍යවතුන් වහන්සේ තමන් වහන්සේ ම සේනාසනය අස්පස් කොට වදාළා. පා සිවුරු අරගෙන හුදෙකලාවේ ම දෙවැන්නෙක් නැතුව චාරිකාවේ නික්මී වදාළා. උපස්ථායක භික්ෂූන් ඇමතුවෙත් නෑ. භික්ෂූ සංඝයාට දැනුම් දීමක් කළෙත් නෑ."

"ප්‍රිය ආයුෂ්මතුනි, යම් අවස්ථාවක භාග්‍යවතුන් වහන්සේ තමන් වහන්සේ ම සේනාසනය අස්පස් කොට වදාළා නම්, පා සිවුරු අරගෙන හුදෙකලාවේ

ම දෙවැන්නෙක් නැතිව චාරිකාවේ නික්මී වදාළා නම්, උපස්ථායක භික්ෂූන් ඇමතුවෙත් නැත්නම්, භික්ෂු සංඝයා දැනුම් දීමක් කළෙත් නැත්නම්, භාග්‍යවතුන් වහන්සේ හුදෙකලාවේ ම වැඩසිටින්නටයි ඒ කාලයේදී කැමති වන්නේ. අන්න එබඳු අවස්ථාවක කවුරුවත් භාග්‍යවතුන් වහන්සේ පසුපසින් ගමන් නොකළ යුතු වෙනවා."

එතකොට භාග්‍යවතුන් වහන්සේ අනුපිළිවෙළින් චාරිකාවේ සැරිසරා වඩිමින් පාරිලෙය්‍යක වනය වෙත වැඩම කරලා වැඩසිටියා. එදා පාරිලෙය්‍යක වනයේ සුන්දර සල් රුක් සෙවණක භාග්‍යවතුන් වහන්සේ වැඩසිටියා. එතකොට බොහෝ භික්ෂූන් වහන්සේලා ආයුෂ්මත් ආනන්දයන් වහන්සේ වෙත පැමිණුනා. පැමිණිලා ආයුෂ්මත් ආනන්දයන් වහන්සේ සමග සතුටු වුණා. සතුටු විය යුතු පිළිසඳර කතාබහ නිමා කොට එකත්පස්ව වාඩිවුණා. එකත්පස්ව වාඩිවුණ ඒ භික්ෂූන් වහන්සේලා ආයුෂ්මත් ආනන්දයන් හට මෙකරුණ සැළ කළා. "ප්‍රිය ආයුෂ්මත් ආනන්දයෙනි, භාග්‍යවතුන් වහන්සේ සමීපයෙහි ධර්ම කථාවක් අපට අසන්නට ලැබිලා සෑහෙන කලක් ගත වුණා. ප්‍රිය ආයුෂ්මත් ආනන්දයෙනි, අපි භාග්‍යවතුන් වහන්සේ සමීපයෙහි ධර්ම කථාවක් අසන්නට හරි කැමතියි."

එතකොට ආයුෂ්මත් ආනන්දයන් වහන්සේ ඒ භික්ෂූන් වහන්සේලාත් සමග පාරිලෙය්‍යක වනයෙහි සුන්දර සල්රුක් සෙවණේ භාග්‍යවතුන් වහන්සේ වැඩසිටින තැනට පැමිණියා. පැමිණිලා භාග්‍යවතුන් වහන්සේට වන්දනා කළා. එකත්පස්ව වාඩිවුණා. එකත්පස්ව වාඩිවුණ ඒ භික්ෂූන් වහන්සේලාට භාග්‍යවතුන් වහන්සේ ධර්ම කථාවෙන් කරුණ දක්වා වදාළා. සමාදන් කරවා වදාළා. උනන්දු කරවා වදාළා. මහත් සතුටට පත්කොට වදාළා.

එතකොට ඒ වෙලාවේදී එක්තරා භික්ෂුවකගේ සිතෙහි මෙවැනි අදහසක් ඇතිවුණා. 'කොයි විදිහට අවබෝධ කරන කොටද, කොයි විදිහට දකින කොටද මේ ජීවිතයේ දී ම ආශ්‍රවයන් ක්ෂය වෙලා යන්නේ' කියලා.

ඒ මොහොතේ භාග්‍යවතුන් වහන්සේ අර භික්ෂුවගේ සිතේ ඇතිවුණ කල්පනාවන් තම සිතින් දැනගෙන භික්ෂූන් අමතා වදාළා. "පින්වත් මහණෙනි, මා ධර්මය දේශනා කරල තියෙන්නෙ වීමංසන නුවණින් යුතුවමයි. සතර සතිපට්ඨානයෙන් දේශනා කරල තියෙන්නෙ වීමංසන නුවණින් යුතුවමයි. සතර සම්‍යක්පධාන වීරිය දේශනා කරල තියෙන්නෙ වීමංසන නුවණින් යුතුවමයි. සතර ඉර්ධිපාද දේශනා කරල තියෙන්නෙ වීමංසන නුවණින් යුතුවමයි. පංච ඉන්ද්‍රියයන් දේශනා කරල තියෙන්නෙ වීමංසන නුවණින් යුතුවමයි. පංච බල දේශනා කරල තියෙන්නෙ වීමංසන නුවණින් යුතුවමයි. සප්ත බොජ්ඣංග

දේශනා කරල තියෙන්නෙ වීමංසන නුවණින් යුතුවමයි. ආර්ය අෂ්ටාංගික මාර්ගය දේශනා කරල තියෙන්නේ වීමංසන නුවණින් යුතුවමයි. පින්වත් මහණෙනි, ඔය විදිහට මං හොඳට නුවණින් විමසලා ධර්මය දේශනා කරල තියෙන්නේ. පින්වත් මහණෙනි, ඔය විදිහට මං හොඳට නුවණින් විමසලා ධර්මය දේශනා කරල තියෙද්දි මෙහි සිටින ඇතැම් භික්ෂුවකගේ සිතේ මෙවැනි අදහස් ඇතිවෙනවා නෙව. 'කොයි විදිහට අවබෝධ කරන කොටද, කොයි විදිහට දකින කොටද මේ ජීවිතයේ දීම ආශ්‍රවයන් ක්ෂය වෙලා යන්නේ' කියලා.

පින්වත් මහණෙනි, කොයි විදිහට අවබෝධ කරන කොටද, කොයි විදිහට දකින කොටද මේ ජීවිතයේදීම ආශ්‍රවයන් ක්ෂය වෙලා යන්නේ? මෙකරුණෙහිලා අශ්‍රැතවයන් පෘථග්ජනයෙක් ඉන්නවා. ඔහු ආර්යයන් වහන්සේලා නොදකින කෙනෙක්. ආර්ය ධර්මයට අදක්ෂ කෙනෙක්. ආර්ය ධර්මයෙහි නොහික්මුණ කෙනෙක්. සත්පුරුෂයන් වහන්සේලා නොදකින කෙනෙක්. සත්පුරුෂ ධර්මයට අදක්ෂ කෙනෙක්. සත්පුරුෂ ධර්මයෙහි නොහික්මුණ කෙනෙක්. ඔහු රූපය ආත්මය වශයෙන් මුලාවෙන් දකිනවා. පින්වත් මහණෙනි, ඔහුගේ ඒ යම් මුලාවෙන් දැකීමක් ඇද්ද, ඒක සංස්කාරයක්. ඒ සංස්කාරය කුමක් මුල් කරගෙන තියෙන එකක්ද? කුමකින් හටගන්නා එකක්ද? කුමකින් ඉපදෙන එකක්ද? කුමකින් ප්‍රභවය වන එකක්ද? පින්වත් මහණෙනි, අවිද්‍යා සහගත ස්පර්ශයෙන් හටගන්නා විඳීමෙන් පහස ලබන අශ්‍රැතවත් පෘථග්ජනයාට තණ්හාව ඉපදිලයි තියෙන්නේ. අන්න ඒ තණ්හාවෙනුයි ඒ සංස්කාරය හටගන්නේ.

නමුත් පින්වත් මහණෙනි, ඔය සංස්කාරයත් අනිත්‍යයි. හේතුඵල දහමින් සකස් වුණ දෙයක්. පටිච්චසමුප්පාදයෙන් සකස් වුණ දෙයක්. අර තණ්හාවත් අනිත්‍යයි. හේතුඵල දහමින් සකස් වුණ දෙයක්. පටිච්චසමුප්පාදයෙන් සකස් වුණ දෙයක්. ඒ විඳීමත් අනිත්‍යයි. හේතුඵල දහමින් සකස් වුණ දෙයක්. පටිච්චසමුප්පාදයෙන් සකස් වුණ දෙයක්. ඒ ස්පර්ශයත් අනිත්‍යයි. හේතුඵල දහමින් සකස් වුණ දෙයක්. පටිච්චසමුප්පාදයෙන් සකස් වුණ දෙයක්. ඒ අවිද්‍යාවත් අනිත්‍යයි. හේතුඵල දහමින් සකස් වුණ දෙයක්. පටිච්චසමුප්පාදයෙන් සකස් වුණ දෙයක්. පින්වත් මහණෙනි, ඔය විදිහට අවබෝධ කරගන්නා විට, ඔය විදිහට දකිනා විට මේ ජීවිතයේදී ම ආශ්‍රවයන් ක්ෂය වෙලා යනවා.

ඔහු රූපය ආත්මය වශයෙන් නොදක්කත්, රූපයෙන් නිර්මිත වූ ආත්මයක් ඇති බවට මුලාවෙන් සළකයි. පින්වත් මහණෙනි, ඔහුගේ ඒ යම් මුලාවෙන් දැකීමක් ඇද්ද, ඒක සංස්කාරයක්. ඒ සංස්කාරය කුමක් මුල් කරගෙන තියෙන එකක්ද? කුමකින් හටගන්නා එකක්ද? කුමකින් ඉපදෙන එකක්ද? කුමකින් ප්‍රභවය වන එකක්ද? පින්වත් මහණෙනි, අවිද්‍යා සහගත ස්පර්ශයෙන්

හටගන්නා විඳීමෙන් පහස ලබන අශ්‍රැතවත් පෘථග්ජනයාට තණ්හාව ඉපදිලයි තියෙන්නේ. අන්න ඒ තණ්හාවෙනුයි ඒ සංස්කාරය හටගන්නේ. නමුත් පින්වත් මහණෙනි, ඔය සංස්කාරයත් අනිත්‍යයි. හේතුඵල දහමින් සකස් වුණ දෙයක්. පටිච්චසමුප්පාදයෙන් සකස් වුණ දෙයක්. අර තණ්හාවත් ....(පෙ).... ඒ විඳීමත් ....(පෙ).... ඒ ස්පර්ශයත් ....(පෙ).... ඒ අවිද්‍යාවත් අනිත්‍යයි. හේතුඵල දහමින් සකස් වුණ දෙයක්. පටිච්චසමුප්පාදයෙන් සකස් වුණ දෙයක්. පින්වත් මහණෙනි, ඔන්න ඔය විදිහට අවබෝධ කරගන්නා විට, ඔය විදිහට දකිනා විට මේ ජීවිතයේදී ම ආශ්‍රවයන් ක්ෂය වෙලා යනවා.

ඔහු රූපය ආත්මය වශයෙන් නොදක්කත්, රූපයෙන් නිර්මිත වූ ආත්මයක් ඇති බවට නොදක්කත්, ආත්මය තුළ රූපයක් තිබෙන බවට මුලාවෙන් සළකයි. පින්වත් මහණෙනි, ඔහුගේ ඒ යම් මුලාවෙන් දැකීමක් ඇද්ද, ඒක සංස්කාරයක්. ඒ සංස්කාරය කුමක් මුල් කරගෙන තියෙන එකක්ද? කුමකින් හටගන්නා එකක්? කුමකින් ඉපදෙන එකක්ද? කුමකින් ප්‍රභවය වන එකක්ද? පින්වත් මහණෙනි, අවිද්‍යා සහගත ස්පර්ශයෙන් හටගන්නා විඳීමෙන් පහස ලබන අශ්‍රැතවත් පෘථග්ජනයාට තණ්හාව ඉපදිලයි තියෙන්නේ. අන්න ඒ තණ්හාවෙනුයි ඒ සංස්කාරය හටගන්නේ.

නමුත් පින්වත් මහණෙනි, ඔය සංස්කාරයත් අනිත්‍යයි. හේතුඵල දහමින් සකස් වුණ දෙයක්. පටිච්චසමුප්පාදයෙන් සකස් වුණ දෙයක්. අර තණ්හාවත් ....(පෙ).... ඒ විඳීමත් ....(පෙ).... ඒ ස්පර්ශයත් ....(පෙ).... ඒ අවිද්‍යාවත් අනිත්‍යයි. හේතුඵල දහමින් සකස් වුණ දෙයක්. පටිච්චසමුප්පාදයෙන් සකස් වුණ දෙයක්. පින්වත් මහණෙනි, ඔන්න ඔය විදිහට අවබෝධ කරගන්නා විට, ඔය විදිහට දකින විට මේ ජීවිතයේදී ම ආශ්‍රවයන් ක්ෂය වෙලා යනවා.

ඔහු රූපය ආත්මය වශයෙන් නොදක්කත්, රූපයෙන් නිර්මිත වූ ආත්මයක් ඇති බවට නොදක්කත්, ආත්මය තුළ රූපයක් තිබෙන බවට නොදක්කත්, රූපය තුළ ආත්මයක් තිබෙන බවට මුලාවෙන් සළකයි. පින්වත් මහණෙනි, ඔහුගේ ඒ යම් මුලාවෙන් දැකීමක් ඇද්ද, ඒක සංස්කාරයක්. ඒ සංස්කාරය කුමක් මුල් කරගෙන තියෙන එකක්ද? කුමකින් හටගන්නා එකක්ද? කුමකින් ඉපදෙන එකක්ද? කුමකින් ප්‍රභවය වන එකක්ද? පින්වත් මහණෙනි, අවිද්‍යා සහගත ස්පර්ශයෙන් හටගන්නා විඳීමෙන් පහස ලබන අශ්‍රැතවත් පෘථග් ජනයාට තණ්හාව ඉපදිලයි තියෙන්නේ. අන්න ඒ තණ්හාවෙනුයි ඒ සංස්කාරය හටගන්නේ. නමුත් පින්වත් මහණෙනි, ඔය සංස්කාරයත් අනිත්‍යයි. හේතුඵල දහමින් සකස් වුණ දෙයක්. පටිච්චසමුප්පාදයෙන් සකස් වුණ දෙයක්. අර තණ්හාවත් ....(පෙ).... ඒ විඳීමත් ....(පෙ).... ඒ ස්පර්ශයත් ....(පෙ).... ඒ අවිද්‍යාවත්

අනිත්‍යයි. හේතුඵල දහමින් සකස් වුණ දෙයක්. පටිච්චසමුප්පාදයෙන් සකස් වුණ දෙයක්. පින්වත් මහණෙනි, ඔන්න ඔය විදිහට අවබෝධ කරගන්නා විට, ඔය විදිහට දකින විට මේ ජීවිතයේදී ම ආශ්‍රවයන් ක්ෂය වෙලා යනවා.

ඔහු රූපය ආත්මය වශයෙන් නොදැක්කත්, රූපයෙන් නිර්මිත වූ ආත්මයක් ඇති බවට නොදැක්කත්, ආත්මය තුළ රූපයක් තිබෙන බවට නොදැක්කත්, රූපය තුළ ආත්මයක් තිබෙන බවට නොදැක්කත් වේදනාව ආත්මය වශයෙන් දකිනවා ....(පෙ).... (රූප උපාදානස්කන්ධය විස්තර කළ ආකාරයට ම අනෙක් ස්කන්ධයන් පිළිබඳවත් විස්තර කරගත යුතුය.)

....(පෙ).... නමුත් වේදනාවෙන් නිර්මිත ආත්මයක් තියෙන බවට මුලාවෙන් දකිනවා ....(පෙ).... නමුත් ආත්මය තුළ විඳීමක් තියෙන බවට මුලාවෙන් දකිනවා ....(පෙ).... නමුත් විඳීම තුළ ආත්මයක් තියෙන බවට මුලාවෙන් දකිනවා ....(පෙ).... නමුත් සඤ්ඤාව ආත්මයක් වශයෙන් මුලාවෙන් දකිනවා ....(පෙ).... නමුත් සඤ්ඤාවෙන් නිර්මිත ආත්මයක් තියෙන බවට මුලාවෙන් දකිනවා ....(පෙ).... නමුත් ආත්මය තුළ සඤ්ඤාවක් තියෙන බවට මුලාවෙන් දකිනවා ....(පෙ).... නමුත් සඤ්ඤාව තුළ ආත්මයක් තියෙන බවට මුලාවෙන් දකිනවා ....(පෙ).... නමුත් සංස්කාර ආත්මයක් වශයෙන් මුලාවෙන් දකිනවා ....(පෙ).... නමුත් සංස්කාරවලින් නිර්මිත ආත්මයක් තියෙන බවට මුලාවෙන් දකිනවා ....(පෙ).... නමුත් ආත්මය තුළ සංස්කාර තිබෙන බවට මුලාවෙන් දකිනවා ....(පෙ).... නමුත් සංස්කාර තුළ ආත්මයක් තියෙන බවට මුලාවෙන් දකිනවා ....(පෙ).... නමුත් විඤ්ඤාණය ආත්මයක් වශයෙන් මුලාවෙන් දකිනවා ....(පෙ).... නමුත් විඤ්ඤාණයෙන් නිර්මිත ආත්මයක් තියෙන බවට මුලාවෙන් දකිනවා ....(පෙ).... නමුත් ආත්මය තුළ විඤ්ඤාණය තියෙන බවට මුලාවෙන් දකිනවා ....(පෙ).... නමුත් විඤ්ඤාණය තුළ ආත්මයක් තියෙන බවට මුලාවෙන් දකිනවා.

පින්වත් මහණෙනි, ඔහුගේ ඒ යම් මුලාවෙන් දැකීමක් ඇද්ද, ඒක සංස්කාරයක්. ඒ සංස්කාරය කුමක් මුල් කරගෙන තියෙන එකක්ද? කුමකින් හටගන්නා එකක්ද? කුමකින් ඉපදෙන එකක්ද? කුමකින් ප්‍රභවය වන එකක්ද? පින්වත් මහණෙනි, අවිද්‍යා සහගත ස්පර්ශයෙන් හටගන්නා විඳීමෙන් පහස ලබන අශ්‍රැතවත් පෘථග්ජනයාට තණ්හාව ඉපදිලයි තියෙන්නේ. අන්න ඒ තණ්හාවෙනුයි ඒ සංස්කාරය හටගන්නේ. නමුත් පින්වත් මහණෙනි, ඔය සංස්කාරයත් අනිත්‍යයි. හේතුඵල දහමින් සකස් වුණ දෙයක්. පටිච්චසමුප්පාදයෙන් සකස් වුණ දෙයක්. අර තණ්හාවත් ....(පෙ).... ඒ විඳීමත් ....(පෙ).... ඒ ස්පර්ශයත් ....(පෙ).... ඒ අවිද්‍යාවත් අනිත්‍යයි. හේතුඵල දහමින් සකස් වුණ දෙයක්. පටිච්චසමුප්පාදයෙන් සකස් වුණ දෙයක්. පින්වත් මහණෙනි, ඔන්න ඔය විදිහට අවබෝධ කරගන්නා විට, ඔය විදිහට දකින විට මේ ජීවිතයේදී ම ආශ්‍රවයන් ක්ෂය වෙලා යනවා.

ඔහු රූපය ආත්මය වශයෙන් දකින්නෙත් නෑ. රූපයෙන් නිර්මිත ආත්මයක් ඇතැයි දකින්නෙත් නෑ. ආත්මය තුළ රූපයක් ඇතැයි දකින්නෙත් නෑ. රූපය තුළ ආත්මයක් ඇතැයි දකින්නෙත් නෑ. වේදනාව ආත්මය වශයෙන් දකින්නෙත් නෑ. වේදනාවෙන් නිර්මිත ආත්මයක් ඇතැයි දකින්නෙත් නෑ. ආත්මය තුළ වේදනාවක් ඇතැයි දකින්නෙත් නෑ. වේදනාව තුළ ආත්මයක් ඇතැයි දකින්නෙත් නෑ. සඤ්ඤාව ආත්මය වශයෙන් දකින්නෙත් නෑ. සඤ්ඤාවෙන් නිර්මිත ආත්මයක් ඇතැයි දකින්නෙත් නෑ. ආත්මය තුළ සඤ්ඤාවක් ඇතැයි දකින්නෙත් නෑ. සඤ්ඤාව තුළ ආත්මයක් ඇතැයි දකින්නෙත් නෑ. සංස්කාර ආත්මය වශයෙන් දකින්නෙත් නෑ. සංස්කාරවලින් නිර්මිත ආත්මයක් ඇතැයි දකින්නෙත් නෑ. ආත්මය තුළ සංස්කාර ඇතැයි දකින්නෙත් නෑ. සංස්කාර තුළ ආත්මයක් ඇතැයි දකින්නෙත් නෑ. විඤ්ඤාණය ආත්මය වශයෙන් දකින්නෙත් නෑ. විඤ්ඤාණයෙන් නිර්මිත ආත්මයක් ඇතැයි දකින්නෙත් නෑ. ආත්මය තුළ විඤ්ඤාණය ඇතැයි දකින්නෙත් නෑ. විඤ්ඤාණය තුළ ආත්මයක් ඇතැයි දකින්නෙත් නෑ.

නමුත් ඔහුට මේ විදිහේ දෘෂ්ටියක් ඇතිවෙනවා. 'ඒක තමයි ආත්මය. ඒක තමයි ලෝකය. ඒ මම පරලොවදී නිත්‍ය වෙනවා. ස්ථිර වෙනවා. සදාකාලික වෙනවා. නොවෙනස් වෙන ස්වභාවයට පත්වෙනවා' කියලා. පින්වත් මහණෙනි, ඔහුගේ ඒ යම් ශාස්වත දෘෂ්ටියක් ඇද්ද, ඒක සංස්කාරයක්. ඒ සංස්කාරය කුමක් මුල් කරගෙන තියෙන එකක්ද? කුමකින් හටගන්නා එකක්ද? කුමකින් ඉපදෙන එකක්ද? කුමකින් ප්‍රභවය වන එකක්ද? පින්වත් මහණෙනි, අවිද්‍යා සහගත ස්පර්ශයෙන් හටගන්නා විඳීමෙන් පහස ලබන අශ්‍රැතවත් පෘථග ජනයාට තණ්හාව ඉපදිලයි තියෙන්නේ. අන්න ඒ තණ්හාවෙනුයි ඒ සංස්කාරය හටගන්නේ. නමුත් පින්වත් මහණෙනි, ඔය සංස්කාරයත් අනිත්‍යයි. හේතුඵල දහමින් සකස් වුණ දෙයක්. පටිච්චසමුප්පාදයෙන් සකස් වුණ දෙයක්. අර තණ්හාවත් ....(පෙ).... ඒ විඳීමත් ....(පෙ).... ඒ ස්පර්ශයත් ....(පෙ).... ඒ අවිද්‍යාවත් අනිත්‍යයි. හේතුඵල දහමින් සකස් වුණ දෙයක්. පටිච්චසමුප්පාදයෙන් සකස් වුණ දෙයක්. පින්වත් මහණෙනි, ඔන්න ඔය විදිහට අවබෝධ කරගන්නා විට, ඔය විදිහට දකින විට මේ ජීවිතයේදී ම ආශ්‍රවයන් ක්ෂය වෙලා යනවා.

ඔහු රූපය ආත්මය වශයෙන් දකින්නෙත් නෑ. රූපයෙන් නිර්මිත ආත්මයක් ඇතැයි දකින්නෙත් නෑ. ආත්මය තුළ රූපයක් ඇතැයි දකින්නෙත් නෑ. රූපය තුළ ආත්මයක් ඇතැයි දකින්නෙත් නෑ. වේදනාව ....(පෙ).... සඤ්ඤාව ....(පෙ).... සංස්කාර ....(පෙ).... විඤ්ඤාණය ආත්මය වශයෙන් දකින්නෙත් නෑ. විඤ්ඤාණයෙන් නිර්මිත ආත්මයක් ඇතැයි දකින්නෙත් නෑ.

ආත්මය තුළ විඤ්ඤාණය ඇතැයි දකින්නෙත් නෑ. විඤ්ඤාණය තුළ ආත්මයක් ඇතැයි දකින්නෙත් නෑ. 'ඒක තමයි ආත්මය. ඒක තමයි ලෝකය. ඒ මම පරලොවදී නිත්‍ය වෙනවා. ස්ථිර වෙනවා. සදාකාලික වෙනවා. නොවෙනස් වෙන ස්වභාවයට පත්වෙනවා' කියන දෘෂ්ටියත් නෑ.

නමුත් ඔහුට මේ විදිහේ දෘෂ්ටියක් තියෙනවා. 'මම හිටියෙ නැත්නම් මට මේ මොකවත් නෑ. මං අනාගතයේ නැත්නම් අනාගතයේත් කිසිවක් ම නෑ' කියල. පින්වත් මහණෙනි, ඔහුගේ ඒ යම් උච්ඡේද දෘෂ්ටියක් ඇද්ද, ඒක සංස්කාරයක්. ඒ සංස්කාරය කුමක් මුල් කරගෙන තියෙන එකක්ද? කුමකින් හටගන්නා එකක්ද? කුමකින් ඉපදෙන එකක්ද? කුමකින් ප්‍රභවය වන එකක්ද? පින්වත් මහණෙනි, අවිද්‍යා සහගත ස්පර්ශයෙන් හටගන්නා විඳීමෙන් පහස ලබන අශ්‍රැතවත් පෘථග්ජනයාට තණ්හාව ඉපදිලයි තියෙන්නේ. අන්න ඒ තණ්හාවෙනුයි ඒ සංස්කාරය හටගන්නේ. නමුත් පින්වත් මහණෙනි, ඔය සංස්කාරයත් අනිත්‍යයි. හේතුඵල දහමින් සකස් වුණ දෙයක්. පටිච්චසමුප්පාදයෙන් සකස් වුණ දෙයක්. අර තණ්හාවත් ....(පෙ).... ඒ විඳීමත් ....(පෙ).... ඒ ස්පර්ශයත් ....(පෙ).... ඒ අවිද්‍යාවත් අනිත්‍යයි. හේතුඵල දහමින් සකස් වුණ දෙයක්. පටිච්චසමුප්පාදයෙන් සකස් වුණ දෙයක්. පින්වත් මහණෙනි, ඔන්න ඔය විදිහට අවබෝධ කරගන්නා විට, ඔය විදිහට දකින විට මේ ජීවිතයේ දීම ආශ්‍රවයන් ක්ෂය වෙලා යනවා.

ඔහු රූපය ආත්මය වශයෙන් දකින්නෙත් නෑ. රූපයෙන් නිර්මිත ආත්මයක් ඇතැයි දකින්නෙත් නෑ. ආත්මය තුළ රූපයක් ඇතැයි දකින්නෙත් නෑ. රූපය තුළ ආත්මයක් ඇතැයි දකින්නෙත් නෑ. වේදනාව ආත්මය වශයෙන් දකින්නෙත් නෑ. වේදනාවෙන් නිර්මිත ආත්මයක් ඇතැයි දකින්නෙත් නෑ. ආත්මය තුළ වේදනාවක් ඇතැයි දකින්නෙත් නෑ. වේදනාව තුළ ආත්මයක් ඇතැයි දකින්නෙත් නෑ. සඤ්ඤාව ආත්මය වශයෙන් දකින්නෙත් නෑ. සඤ්ඤාවෙන් නිර්මිත ආත්මයක් ඇතැයි දකින්නෙත් නෑ. ආත්මය තුළ සඤ්ඤාවක් ඇතැයි දකින්නෙත් නෑ. සඤ්ඤාව තුළ ආත්මයක් ඇතැයි දකින්නෙත් නෑ. සංස්කාර ආත්මය වශයෙන් දකින්නෙත් නෑ. සංස්කාරවලින් නිර්මිත ආත්මයක් ඇතැයි දකින්නෙත් නෑ. ආත්මය තුළ සංස්කාර ඇතැයි දකින්නෙත් නෑ. සංස්කාර තුළ ආත්මයක් ඇතැයි දකින්නෙත් නෑ. විඤ්ඤාණය ආත්මය වශයෙන් දකින්නෙත් නෑ. විඤ්ඤාණයෙන් නිර්මිත ආත්මයක් ඇතැයි දකින්නෙත් නෑ. ආත්මය තුළ විඤ්ඤාණය ඇතැයි දකින්නෙත් නෑ. විඤ්ඤාණය තුළ ආත්මයක් ඇතැයි දකින්නෙත් නෑ.

'ඒක තමයි ආත්මය. ඒක තමයි ලෝකය. ඒ මම පරලොවදී නිත්‍ය වෙනවා. ස්ථිර වෙනවා. සදාකාලික වෙනවා. නොවෙනස් වෙන ස්වභාවයට

පත්වෙනවා' කියන දෘෂ්ටියත් නෑ. 'මම හිටියෙ නැත්නම් මට මේ මොකවත් නෑ. මං අනාගතයේ නැත්නම් අනාගතයේත් කිසිවක් ම නෑ' කියන දෘෂ්ටියත් නෑ. නමුත් ඔහුට සැක ඇතිවෙනවා. විචිකිච්ඡාව ඇතිවෙනවා. සද්ධර්මය තුළ ස්ථාවරබවට පත්වෙලා නෑ. පින්වත් මහණෙනි, යම් සැකයක් ඇද්ද, විචිකිච්ඡාවක් ඇද්ද, සද්ධර්මය තුළ නිෂ්ඨාවට පත් නොවුණ බවක් ඇද්ද, ඒකත් සංස්කාරයක්. ඒ සංස්කාරය කුමක් මුල් කරගෙන තියෙන එකක්ද? කුමකින් හටගන්නා එකක්ද? කුමකින් ඉපදෙන එකක්ද? කුමකින් ප්‍රභවය වන එකක්ද? පින්වත් මහණෙනි, අවිද්‍යා සහගත ස්පර්ශයෙන් හටගන්නා විඳීමෙන් පහස ලබන අශ්‍රැතවත් පෘථග්ජනයාට තණ්හාව ඉපදිලයි තියෙන්නේ. අන්න ඒ තණ්හාවෙනුයි ඒ සංස්කාරය හටගන්නේ. නමුත් පින්වත් මහණෙනි, ඔය සංස්කාරයත් අනිත්‍යයි. හේතුඵල දහමින් සකස් වුණ දෙයක්. පටිච්චසමුප්පාදයෙන් සකස් වුණ දෙයක්. අර තණ්හාවත් ....(පෙ).... ඒ විඳීමත් ....(පෙ).... ඒ ස්පර්ශයත් ....(පෙ).... ඒ අවිද්‍යාවත් අනිත්‍යයි. හේතුඵල දහමින් සකස් වුණ දෙයක්. පටිච්චසමුප්පාදයෙන් සකස් වුණ දෙයක්. පින්වත් මහණෙනි, ඔන්න ඔය විදිහට අවබෝධ කරගන්නා විට, ඔය විදිහට දකිනා විට මේ ජීවිතයේ දීම ආශ්‍රවයන් ක්ෂය වෙලා යනවා.

සාදු! සාදු!! සාදු!!!

පාරිලෙය්‍යක සූත්‍රය නිමා විය.

1.2.3.10.
පුණ්ණමා සූත්‍රය
පුන් සඳ ඇති දා වදාළ දෙසුම

82. ඒ දිනවල භාග්‍යවතුන් වහන්සේ මහත් වූ භික්ෂු සංඝයා සමග වැඩසිටියේ මිගාරමාතු ප්‍රාසාදය නම් වූ පූර්වාරාමයේ. එදා උපෝසථ දිනය වූ පසළොස්වක පුන් පොහෝ දවසයි. එදා බුදුරජාණන් වහන්සේ ඒ පුන් සඳ ඇති රාත්‍රියෙහි භික්ෂු සංඝයා පිරිවරා ගෙන එළිමහනේ වාඩිවෙලා වැඩසිටියා.

එතකොට එක්තරා භික්ෂුවක් ආසනයෙන් නැගිට්ටා. සිවුර ඒකාංශ කොට පොරොවා ගත්තා. භාග්‍යවතුන් වහන්සේ වැඩසිටි දිශාවට ඇඳිලි බැඳ වන්දනා කරගත්තා. භාග්‍යවතුන් වහන්සේට මෙකරුණ සැළ කළා. "ස්වාමීනි, මට භාග්‍යවතුන් වහන්සේගෙන් අසන්නට කිසියම් කාරණාවක් තියෙනවා. ඉදින් භාග්‍යවතුන් වහන්සේ මට අවසර දෙන සේක් නම් ප්‍රශ්නයක් විමසීමටයි

තියෙන්නේ." "පින්වත් භික්ෂුව, එහෙමනම් ඔබ ඔය ආසනේ ම වාඩිවෙලා යමක් කැමති නම් එය අහන්න."

"එසේය ස්වාමීනි" කියල ඒ භික්ෂුව භාග්‍යවතුන් වහන්සේට පිළිතුරු දුන්නා. තමන්ගේ ආසනයේ වාඩිවුණා. භාග්‍යවතුන් වහන්සේට මේ කරුණ සැළ කළා. "ස්වාමීනි, පංච උපාදානස්කන්ධය කියන්නේ මේවාට නේද? ඒ කියන්නේ රූප උපාදානස්කන්ධය, වේදනා උපාදානස්කන්ධය, සඤ්ඤා උපාදානස්කන්ධය, සංස්කාර උපාදානස්කන්ධය, විඤ්ඤාණ උපාදානස්කන්ධයටයි නේද?" "පින්වත් භික්ෂුව, ඔය පංච උපාදානස්කන්ධය තමයි. ඒ කියන්නෙ රූප උපාදානස්කන්ධය, වේදනා උපාදානස්කන්ධය, සඤ්ඤා උපාදානස්කන්ධය, සංස්කාර උපාදානස්කන්ධය, විඤ්ඤාණ උපාදානස්කන්ධයයි."

"සාදු! සාදු! ස්වාමීනි" කියල ඒ භික්ෂුව භාග්‍යවතුන් වහන්සේ වදාළ කරුණ සතුටෙන් පිළිගත්තා. අනුමෝදන් වුණා. භාග්‍යවතුන් වහන්සේගෙන් මත්තෙහි තව ප්‍රශ්නයක් ඇහුවා. "ස්වාමීනි, මේ පංච උපාදානස්කන්ධය තියෙන්නේ කුමක් මුල්වෙලාද?" "පින්වත් භික්ෂුව, මේ පංච උපාදානස්කන්ධය තියෙන්නේ කැමැත්ත මුල්වෙලයි."

"සාදු! සාදු! ස්වාමීනි" කියල ඒ භික්ෂුව භාග්‍යවතුන් වහන්සේ වදාළ කරුණ සතුටෙන් පිළිගත්තා. අනුමෝදන් වුණා. භාග්‍යවතුන් වහන්සේගෙන් මත්තෙහි තව ප්‍රශ්නයක් ඇහුවා. "ස්වාමීනි, උපාදානය බවට පත්වෙන්නේ ඔය පංච උපාදානස්කන්ධයමද? එහෙම නැත්නම් උපාදානය බවට පත්වෙන්නේ පංච උපාදානස්කන්ධයෙන් බැහැර වූ දෙයක්ද?" "පින්වත් භික්ෂුව, ඒ පංච උපාදානස්කන්ධය ඒ උපාදානය ම වෙනවත් නොවෙයි. පංච උපාදානස්කන්ධයෙන් බැහැර වෙච්ච දෙයක් උපාදානය වෙනවත් නොවෙයි. පංච උපාදානස්කන්ධය කෙරෙහි යම් ඡන්දරාගයක් ඇද්ද අන්න ඒක තමයි එතැන තියෙන උපාදානය."

"සාදු! සාදු! ස්වාමීනි" කියල ඒ භික්ෂුව භාග්‍යවතුන් වහන්සේ වදාළ කරුණ සතුටෙන් පිළිගත්තා. අනුමෝදන් වුණා. භාග්‍යවතුන් වහන්සේගෙන් මත්තෙහි තව ප්‍රශ්නයක් ඇහුවා. "ස්වාමීනි, පංච උපාදානස්කන්ධය පිළිබඳව ඇති ඡන්දරාගයේ වෙනස්කම් තියෙනවාද?" "පින්වත් භික්ෂුව, වෙනස්කම් තියෙනවා කියල භාග්‍යවතුන් වහන්සේ වදාළා. පින්වත් භික්ෂුව, මෙකරුණෙහිලා ඇතැම් කෙනෙකුට මෙහෙම හිතෙනවා. 'මට අනාගතයේ මේ මේ ආකාරයේ රූපයක් ඇතිව ඉන්නට ඇත්නම්. මට අනාගතයේ මේ මේ ආකාරයේ විඳීමක් ඇතිව ඉන්නට ඇත්නම්, මට අනාගතයේ මේ මේ ආකාරයේ සඤ්ඤාවක්

ඇතිව ඉන්නට ඇත්නම්, මට අනාගතයේ මේ මේ ආකාරයේ සංස්කාර ඇතිව ඉන්නට ඇත්නම්, මට අනාගතයේ මේ මේ ආකාරයේ විඤ්ඤාණයක් ඇතිව ඉන්නට ඇත්නම්' ඔය විදිහට පින්වත් භික්ෂුව, පංච උපාදානස්කන්ධය පිළිබඳව ඡන්දරාගයෙහි වෙනසක් තියෙනවා ම යි."

"සාදු! සාදු! ස්වාමීනි" කියල ඒ භික්ෂුව භාග්‍යවතුන් වහන්සේ වදාළ කරුණ සතුටෙන් පිළිගත්තා. අනුමෝදන් වුණා. භාග්‍යවතුන් වහන්සේගෙන් මත්තෙහි තව ප්‍රශ්නයක් ඇහුවා. "ස්වාමීනි, ස්කන්ධවලට ඔය ස්කන්ධ කියන නම ලැබුණේ කවර පදනමක් මතද?" "පින්වත් භික්ෂුව, අතීත අනාගත වර්තමාන වූ යම්කිසි රූපයක් ඇද්ද, ආධ්‍යාත්මික වේවා, බාහිර වේවා, ගොරෝසු වේවා, සියුම් වේවා, හීන වේවා, ප්‍රණීත වේවා, දුර හෝ ළඟ හෝ යම් රූපයක් ඇද්ද මෙයට තමයි රූපස්කන්ධය කියල කියන්නේ. යම්කිසි වේදනාවක් ....(පෙ).... යම්කිසි සඤ්ඤාවක් ....(පෙ).... යම්කිසි සංස්කාරයක් ....(පෙ).... අතීත අනාගත වර්තමාන වූ යම්කිසි විඤ්ඤාණයක් ඇද්ද, ආධ්‍යාත්මික වේවා, බාහිර වේවා, ගොරෝසු වේවා, සියුම් වේවා, හීන වේවා, ප්‍රණීත වේවා, දුර හෝ ළඟ හෝ යම් විඤ්ඤාණයක් ඇද්ද මෙයට තමයි විඤ්ඤාණස්කන්ධය කියල කියන්නේ.

"සාදු! සාදු! ස්වාමීනි" කියල ඒ භික්ෂුව ....(පෙ).... මත්තෙහි තව ප්‍රශ්නයක් ඇහුවා. "ස්වාමීනි, රූප ස්කන්ධය කියා දෙයක් ව්‍යවහාරයට ආවේ කවර හේතුවක් නිසාද? කවර කරුණක් නිසාද? වේදනා ස්කන්ධය කියා දෙයක් ව්‍යවහාරයට ආවේ කවර හේතුවක් නිසාද? කවර කරුණක් නිසාද? සඤ්ඤා ස්කන්ධය කියා දෙයක් ව්‍යවහාරයට ආවේ කවර හේතුවක් නිසාද? කවර කරුණක් නිසාද? සංස්කාර ස්කන්ධය කියා දෙයක් ව්‍යවහාරයට ආවේ කවර හේතුවක් නිසාද? කවර කරුණක් නිසාද? විඤ්ඤාණ ස්කන්ධය කියා දෙයක් ව්‍යවහාරයට ආවේ කවර හේතුවක් නිසාද? කවර කරුණක් නිසාද?" "පින්වත් භික්ෂුව, රූප ස්කන්ධය කියා දෙයක් ව්‍යවහාරයට එන්නට හේතුව වුණේ සතර මහා භූතයනුයි. ප්‍රත්‍ය වුණෙත් සතර මහා භූතයනුයි. වේදනා ස්කන්ධය කියා දෙයක් ව්‍යවහාරයට එන්නට හේතුව වුණේ ස්පර්ශයයි. ප්‍රත්‍ය වුණෙත් ස්පර්ශයයි. සඤ්ඤා ස්කන්ධය කියා දෙයක් ව්‍යවහාරයට එන්නට හේතුව වුණේ ස්පර්ශයයි. ප්‍රත්‍ය වුණෙත් ස්පර්ශයයි. සංස්කාර ස්කන්ධය කියා දෙයක් ව්‍යවහාරයට එන්නට හේතුව වුණේ ස්පර්ශයයි. ප්‍රත්‍ය වුණෙත් ස්පර්ශයයි. විඤ්ඤාණ ස්කන්ධය කියා දෙයක් ව්‍යවහාරයට එන්නට හේතුව වුණේ නාමරූපයි. ප්‍රත්‍ය වුණෙත් නාමරූපයි."

"සාදු! සාදු! ස්වාමීනි" කියල ඒ භික්ෂුව ....(පෙ).... මත්තෙහි තව ප්‍රශ්නයක් ඇහුවා. "ස්වාමීනි, සක්කාය දිට්ඨිය ඇතිවෙන්නේ කොහොමද?" "පින්වත්

භික්ෂුව, මෙකරුණෙහිලා අශ්‍රැතවත් පෘථග්ජනයෙක් ඉන්නවා. ඔහු ආර්යයන් වහන්සේලා නොදකින කෙනෙක්. ආර්ය ධර්මයට අදක්ෂ කෙනෙක්. ආර්ය ධර්මයෙහි නොහික්මුණ කෙනෙක්. සත්පුරුෂයන් වහන්සේලා නොදකින කෙනෙක්. සත්පුරුෂ ධර්මයට අදක්ෂ කෙනෙක්. සත්පුරුෂ ධර්මයෙහි නොහික්මුණ කෙනෙක්. ඔහු ආත්මයක් හැටියට රූපය ගැන මුළාවෙන් දකිනවා. ආත්මයක් රූපයෙන් හැදී තිබෙන හැටියට මුළාවෙන් දකිනවා. ආත්මය තුළ රූපය තිබෙන බවට මුළාවෙන් දකිනවා. ආත්මය තිබෙන්නේ රූපය තුළ බවට මුළාවෙන් දකිනවා. වේදනාව ....(පෙ).... සඤ්ඤාව ....(පෙ).... සංස්කාර ....(පෙ).... ආත්මයක් හැටියට විඤ්ඤාණය ගැන මුළාවෙන් දකිනවා. ආත්මය විඤ්ඤාණයෙන් හැදී තිබෙන හැටියට මුළාවෙන් දකිනවා. ආත්මය තුළ විඤ්ඤාණය තිබෙන බවට මුළාවෙන් දකිනවා. ආත්මය තිබෙන්නේ විඤ්ඤාණය තුළ බවට මුළාවෙන් දකිනවා. පින්වත් භික්ෂුව, ඔය විදිහට තමයි සක්කාය දිට්ඨිය ඇති වන්නේ."

"සාදු! සාදු! ස්වාමීනි" කියල ඒ භික්ෂුව ....(පෙ).... මත්තෙහි තව ප්‍රශ්නයක් ඇහුවා. "ස්වාමීනි, සක්කාය දිට්ඨිය ඇති නොවන්නේ කොහොමද?" "පින්වත් භික්ෂුව, මෙකරුණෙහිලා ශ්‍රැතවත් ආර්ය ශ්‍රාවකයෙක් ඉන්නවා. ඔහු ආර්යයන් වහන්සේලා දකින කෙනෙක්. ආර්ය ධර්මයට දක්ෂ කෙනෙක්. ආර්ය ධර්මයෙහි හික්මුණ කෙනෙක්. සත්පුරුෂයන් වහන්සේලා දකින කෙනෙක්. සත්පුරුෂ ධර්මයට දක්ෂ කෙනෙක්. සත්පුරුෂ ධර්මයෙහි හික්මුණ කෙනෙක්. ඔහු ආත්මයක් හැටියට රූපය ගැන දකින්නේ නෑ. ආත්මය රූපයෙන් හැදී තිබෙන හැටියට දකින්නේ නෑ. ආත්මය තුළ රූපය තිබෙන බවට දකින්නේ නෑ. ආත්මය තිබෙන්නේ රූපය තුළ බවට දකින්නේ නෑ. වේදනාව ....(පෙ).... සඤ්ඤාව ....(පෙ).... සංස්කාර ....(පෙ).... ආත්මයක් හැටියට විඤ්ඤාණය ගැන දකින්නේ නෑ. ආත්මය විඤ්ඤාණයෙන් හැදී තිබෙන හැටියට දකින්නේ නෑ. ආත්මය තුළ විඤ්ඤාණය තිබෙන බවට දකින්නේ නෑ. ආත්මය තිබෙන්නේ විඤ්ඤාණය තුළ බවට දකින්නේ නෑ. පින්වත් භික්ෂුව, ඔය විදිහට තමයි සක්කාය දිට්ඨිය ඇති නොවන්නේ."

"සාදු! සාදු! ස්වාමීනි" කියල ඒ භික්ෂුව ....(පෙ).... මත්තෙහි තව ප්‍රශ්නයක් ඇහුවා. "ස්වාමීනි, රූපයෙහි ඇති ආශ්වාදය කුමක්ද? ආදීනය කුමක්ද? නිස්සරණය කුමක්ද? වේදනාවෙහි ඇති ....(පෙ).... සඤ්ඤාවෙහි ඇති ....(පෙ).... සංස්කාරවල ඇති ....(පෙ).... විඤ්ඤාණයෙහි ඇති ආශ්වාදය කුමක්ද? ආදීනය කුමක්ද? නිස්සරණය කුමක්ද?"

"පින්වත් භික්ෂුව, රූපය නිසා යම් සැපයක් උපදී නම්, යම් සොම්නසක්

උපදී නම් අන්න ඒක තමයි රූපයෙහි ඇති ආශ්වාදය. යම් රූපයක් අනිත්‍ය නම්, දුක නම්, වෙනස්වන ධර්මතාවයට අයිති නම් ඒක තමයි රූපයෙහි ආදීනවය. රූපය කෙරෙහි තිබෙන ඡන්දරාගයේ යම් දුරුවීමක් ඇද්ද, ඡන්දරාගය ප්‍රහාණය වීමක් ඇද්ද මේක තමයි රූපයෙහි නිස්සරණය.

වේදනාව නිසා යම් සැපයක් උපදී නම්, යම් සොම්නසක් උපදී නම් අන්න ඒක තමයි වේදනාවෙහි ඇති ආශ්වාදය. යම් වේදනාවක් අනිත්‍ය නම්, දුක නම්, වෙනස්වන ධර්මතාවයට අයිති නම් ඒක තමයි වේදනාවෙහි ආදීනවය. වේදනාව කෙරෙහි තිබෙන ඡන්දරාගයේ යම් දුරුවීමක් ඇද්ද, ඡන්දරාගය ප්‍රහාණය වීමක් ඇද්ද මේක තමයි වේදනාවෙහි නිස්සරණය. සඤ්ඤාව නිසා ....(පෙ).... සංස්කාර නිසා යම් සැපයක් උපදී නම්, යම් සොම්නසක් උපදී නම් අන්න ඒක තමයි සංස්කාරවල ඇති ආශ්වාදය. යම් සංස්කාරයන් අනිත්‍ය නම්, දුක නම්, වෙනස්වන ධර්මතාවයට අයිති නම් ඒක තමයි සංස්කාරවල ආදීනවය. සංස්කාර කෙරෙහි තිබෙන ඡන්දරාගයේ යම් දුරුවීමක් ඇද්ද, ඡන්දරාගය ප්‍රහාණය වීමක් ඇද්ද මේක තමයි සංස්කාරවල නිස්සරණය. විඤ්ඤාණය නිසා යම් සැපයක් උපදී නම්, යම් සොම්නසක් උපදී නම් අන්න ඒක තමයි විඤ්ඤාණයෙහි ඇති ආශ්වාදය. යම් විඤ්ඤාණයක් අනිත්‍ය නම්, දුක නම්, වෙනස්වන ධර්මතාවයට අයිති නම් ඒක තමයි විඤ්ඤාණයෙහි ආදීනවය. විඤ්ඤාණය කෙරෙහි තිබෙන ඡන්දරාගයේ යම් දුරුවීමක් ඇද්ද, ඡන්දරාගය ප්‍රහාණය වීමක් ඇද්ද මේක තමයි විඤ්ඤාණයෙහි නිස්සරණය."

"සාදු! සාදු! ස්වාමීනි" කියල ඒ භික්ෂුව භාග්‍යවතුන් වහන්සේ වදාළ කරුණ සතුටෙන් පිළිගත්තා. අනුමෝදන් වුණා. භාග්‍යවතුන් වහන්සේගෙන් මත්තෙහි තව ප්‍රශ්නයක් ඇහුවා. "ස්වාමීනි, මොන විදිහට අවබෝධ කරගන්නා විට ද, මොන විදිහට දකිනා විට ද, මේ විඤ්ඤාණය සහිත වූ කය පිළිබඳවත් බාහිර සියලු නිමිති පිළිබඳවත් මම ය, මාගේ ය යන දෘෂ්ටියෙහි බැස තිබෙන මාන අනුසය ඇති නොවන්නේ?"

"පින්වත් භික්ෂුව, අතීත, අනාගත, වර්තමාන වූ යම්කිසි රූපයක් ඇද්ද, ආධ්‍යාත්ම (තමා යැයි සළකන) රූපයක් වෙන්නට පුළුවනි, බාහිර රූපයක් වෙන්නට පුළුවනි, ගොරෝසු රූපයක් වෙන්නට පුළුවනි, සියුම් රූපයක් වෙන්නට පුළුවනි, හීන රූපයක් වෙන්නට පුළුවනි, උසස් රූපයක් වෙන්නට පුළුවනි, දුර තිබෙන රූපයක් වෙන්නට පුළුවනි, ළඟ තිබෙන රූපයක් වෙන්නට පුළුවනි, ඒ සෑම රූපයක්ම 'මගේ නොවේ, මම නොවෙමි, මගේ ආත්මය නොවේ' යන ඔය කරුණ ඒ ආකාරයෙන් ම දියුණු කළ ප්‍රඥාවෙන් දකිනවා නම්, අතීත, අනාගත, වර්තමාන වූ යම්කිසි වේදනාවක් ඇද්ද ....(පෙ).... අතීත,

අනාගත, වර්තමාන වූ යම්කිසි සඤ්ඤාවක් ඇද්ද ....(පෙ).... අතීත, අනාගත, වර්තමාන වූ යම්කිසි සංස්කාර ඇද්ද ....(පෙ).... අතීත, අනාගත, වර්තමාන වූ යම්කිසි විඤ්ඤාණයක් ඇද්ද, ආධ්‍යාත්ම (තමා යැයි සළකන) විඤ්ඤාණයක් වෙන්නට පුළුවනි, බාහිර විඤ්ඤාණයක් වෙන්නට පුළුවනි, ගොරෝසු විඤ්ඤාණයක් වෙන්නට පුළුවනි, සියුම් විඤ්ඤාණයක් වෙන්නට පුළුවනි, හීන විඤ්ඤාණයක් වෙන්නට පුළුවනි, උසස් විඤ්ඤාණයක් වෙන්නට පුළුවනි, දුර තිබෙන විඤ්ඤාණයක් වෙන්නට පුළුවනි, ළඟ තිබෙන විඤ්ඤාණයක් වෙන්නට පුළුවනි, ඒ සැම විඤ්ඤාණයක්ම 'මගේ නොවේ, මම නොවෙමි, මගේ ආත්මය නොවේ' යන ඔය කරුණ ඒ ආකාරයෙන් ම දියුණු කළ ප්‍රඥාවෙන් දකිනවා නම්, අන්න ඒ විදිහට පින්වත් භික්ෂුව, අවබෝධ කරගන්නා විට, දැකගන්නා විට, මේ විඤ්ඤාණය සහිත වූ කය පිළිබඳවත්, බාහිර සියලු නිමිති පිළිබඳවත් මම ය, මාගේ ය යන දෘෂ්ටියෙහි බැසතිබෙන මාන අනුසය ඇති වෙන්නේ නෑ."

එතකොට ඒ වෙලාවේදී එක්තරා භික්ෂුවකට මෙවැනි චිත්තවිතර්කයක් ඇති වුණා. 'අහෝ භවත්නි! රූපය අනාත්ම නම්, වේදනාව අනාත්ම නම්, සඤ්ඤාව අනාත්ම නම්, සංස්කාර අනාත්ම නම්, විඤ්ඤාණය අනාත්ම නම් අනාත්ම දෙයින් කරපු කර්ම ආත්මයකට ස්පර්ශ වෙන්නේ කොහොමද?'

ඒ මොහොතේ භාග්‍යවතුන් වහන්සේ අර භික්ෂුවගේ සිතේ ඇතිවුණ කල්පනාවන් තම සිතින් දැනගෙන භික්ෂූන් අමතා වදාළා. "පින්වත් මහණෙනි, මෙවැනි දේවලුත් වෙන බව පෙනෙනවා. මෙහි ඇතැම් හිස් පුරුෂයෙක් ඉන්නවා. කිසි අවබෝධයක් නැති කෙනෙක්. අවිද්‍යාව තුළම ඉඳගෙන, තණ්හාවට යට වුණු සිතින් ඉඳගෙන ශාස්තෘන් වහන්සේගේ අනුශාසනාවත් ඉක්මවා යා යුතුයි කියලයි හිතාගෙන ඉන්නේ. ඔහු මෙහෙමයි හිතන්නෙ. 'අහෝ භවත්නි! රූපය අනාත්ම නම්, වේදනාව අනාත්ම නම්, සඤ්ඤාව අනාත්ම නම්, සංස්කාර අනාත්ම නම්, විඤ්ඤාණය අනාත්ම නම් අනාත්ම දෙයින් කරපු කර්ම ආත්මයකට ස්පර්ශ වෙන්නේ කොහොමද?' කියල. පින්වත් මහණෙනි, ඒ ඒ තන්හිදී මාගේ ඒ ඒ ධර්මයන් පිළිබඳව ඔබ හික්මිලා ඉන්නේ නුවණින් යුතුව ප්‍රශ්න කරලා ම යි.

පින්වත් මහණෙනි, ඔබ මේ ගැන කුමක්ද සිතන්නේ? රූපය යනු නිත්‍ය දෙයක්ද? අනිත්‍ය දෙයක්ද?" "ස්වාමීනි, අනිත්‍යයි."

"යමක් වනාහී අනිත්‍ය නම් එය දුක් දෙයක්ද? සැප දෙයක්ද?" "ස්වාමීනි, දුකයි."

"යමක් වනාහී අනිත්‍ය නම්, දුක නම්, වෙනස්වන ධර්මතාවයට අයත් දෙයක් නම් එය 'මගේ කියා හෝ එය මම වෙමි කියා හෝ එය මගේ ආත්මය කියා' හෝ මුලාවෙක් දකින එක සුදුසුද?" "ස්වාමීනි, එය සුදුසු නෑ ම යි."

වේදනාව ....(පෙ).... සඤ්ඤාව ....(පෙ).... සංස්කාර ....(පෙ).... විඤ්ඤාණය යනු නිත්‍ය දෙයක්ද? අනිත්‍ය දෙයක්ද?" "ස්වාමීනි, අනිත්‍යයි."

"යමක් වනාහී අනිත්‍ය නම් එය දුක් දෙයක්ද? සැප දෙයක්ද?" "ස්වාමීනි, දුකයි."

"යමක් වනාහී අනිත්‍ය නම්, දුක නම්, වෙනස්වන ධර්මතාවයට අයත් දෙයක් නම් එය 'මගේ කියා හෝ එය මම වෙමි කියා හෝ එය මගේ ආත්මය කියා' හෝ මුලාවෙක් දකින එක සුදුසුද?" "ස්වාමීනි, එය සුදුසු නෑ ම යි."

එහෙමනම් පින්වත් මහණෙනි, අතීත, අනාගත, වර්තමාන වූ යම්කිසි රූපයක් ඇද්ද, ආධ්‍යාත්ම (තමා යැයි සළකන) රූපයක් වෙන්නට පුළුවනි, බාහිර රූපයක් වෙන්නට පුළුවනි, ගොරෝසු රූපයක් වෙන්නට පුළුවනි, සියුම් රූපයක් වෙන්නට පුළුවනි, හීන රූපයක් වෙන්නට පුළුවනි, උසස් රූපයක් වෙන්නට පුළුවනි, දුර තිබෙන රූපයක් වෙන්නට පුළුවනි, ළඟ තිබෙන රූපයක් වෙන්නට පුළුවනි, ඒ සෑම රූපයක්ම 'මගේ නොවේ, මම නොවෙමි, මගේ ආත්මය නොවේ' යන ඔය කරුණ ඒ ආකාරයෙන් ම දියුණු කළ ප්‍රඥාවෙන් දැකගන්නට ඕන. අතීත, අනාගත, වර්තමාන වූ යම්කිසි වේදනාවක් ඇද්ද ....(පෙ).... අතීත, අනාගත, වර්තමාන වූ යම්කිසි සඤ්ඤාවක් ඇද්ද ....(පෙ).... අතීත, අනාගත, වර්තමාන වූ යම්කිසි සංස්කාර ඇද්ද ....(පෙ).... අතීත, අනාගත, වර්තමාන වූ යම්කිසි විඤ්ඤාණයක් ඇද්ද, ආධ්‍යාත්ම (තමා යැයි සළකන) විඤ්ඤාණයක් වෙන්නට පුළුවනි, බාහිර විඤ්ඤාණයක් වෙන්නට පුළුවනි, ගොරෝසු විඤ්ඤාණයක් වෙන්නට පුළුවනි, සියුම් විඤ්ඤාණයක් වෙන්නට පුළුවනි, හීන විඤ්ඤාණයක් වෙන්නට පුළුවනි, උසස් විඤ්ඤාණයක් වෙන්නට පුළුවනි, දුර තිබෙන විඤ්ඤාණයක් වෙන්නට පුළුවනි, ළඟ තිබෙන විඤ්ඤාණයක් වෙන්නට පුළුවනි, ඒ සෑම විඤ්ඤාණයක්ම 'මගේ නොවේ, මම නොවෙමි, මගේ ආත්මය නොවේ' යන ඔය කරුණ ඒ ආකාරයෙන් ම දියුණු කළ ප්‍රඥාවෙන් දැකගන්නට ඕන.

පින්වත් මහණෙනි, ශ්‍රැතවත් ආර්ය ශ්‍රාවකයා ඔය විදිහට දියුණු කරපු ප්‍රඥාවෙන් දකින කොට රූපය ගැනත් අවබෝධයෙන් ම කළකිරෙනවා. වේදනාව ගැනත් අවබෝධයෙන් ම කළකිරෙනවා. සඤ්ඤාව ගැනත් අවබෝධයෙන් ම කළකිරෙනවා. සංස්කාර ගැනත් අවබෝධයෙන් ම කළකිරෙනවා. විඤ්ඤාණය

ගැනත් අවබෝධයෙන් ම කළකිරෙනවා. අවබෝධයෙන් ම කළකිරුණු විට සිත ඇලෙන්නෙ නැතුව යනවා. සිත නොඇලෙන කොට එයින් සිත නිදහස් වෙනවා. සිත් නිදහස් වෙන කොටම 'නිදහස් වුණා' කියල අවබෝධ ඥානය ඇති වෙනවා. 'ඉපදීම ක්ෂය වෙලා ගියා. බඹසර වාසය සම්පූර්ණ කරගත්තා. නිවන පිණිස කළ යුතු දේ කරගත්තා. ආයෙත් නම් සංසාරයේ වෙන උපතක් නැතැ'යි අවබෝධය ඇතිවෙනවා.

සාදු! සාදු!! සාදු!!!

පුණ්ණමා සූත්‍රය නිමා විය.

තුන්වෙනි ඛජ්ජනීය වර්ගය අවසන් විය.

- **එහි පිළිවෙල උද්දානයයි :**

අස්සාද සූත්‍රය, සමුදය සූත්‍ර දෙක, අනෙක් අරහන්ත සූත්‍ර දෙක, සීහ සූත්‍රය, ඛජ්ජනීය සූත්‍රය, පිණ්ඩෝලයා සූත්‍රය, පාරිලෙය්‍යක සූත්‍රය, පුණ්ණමා සූත්‍රය යන දෙසුම්වලින් මෙම වර්ගය සමන්විතයි.

4. ථේර වර්ගය

1.2.4.1.
ආනන්ද සූත්‍රය
අනඳ හිමියන්ට වදාළ දෙසුම

83. මා හට අසන්නට ලැබුණේ මේ විදිහටයි. ඒ දිනවල ආයුෂ්මත් ආනන්දයන් වහන්සේ වාසය කළේ සැවැත් නුවර ජේතවන නම් වූ අනේපිඬු සිටුතුමාගේ ආරාමයේ. එදා ආයුෂ්මත් ආනන්දයන් වහන්සේ "ප්‍රිය ආයුෂ්මත් මහණෙනි"යි කියා භික්ෂූන් අමතා වදාළා. ඒ භික්ෂූන් වහන්සේලා ද "ප්‍රිය ආයුෂ්මතුනි" කියා ආයුෂ්මත් ආනන්දයන් හට පිළිතුරු දුන්නා. ආයුෂ්මත් ආනන්දයන් මෙකරුණ වදාළා. "ප්‍රිය ආයුෂ්මතුනි, ආයුෂ්මත් මන්තානිපුත්ත පුණ්ණයන් වහන්සේ නවක වූ අපට අතිශයින් ම උපකාර කරනවා. උන්වහන්සේ අපට මේ අවවාදයෙනුයි අවවාද කරන්නේ.

ප්‍රිය ආයුෂ්මත් ආනන්ද, 'මම වෙමි'යි කියන හැඟීම ඇතිවන්නේ බැඳීමක් තිබුණොත් තමයි. නොබැඳීම නිසා නම් නොවේ. කුමකට බැඳීමක් තිබුණොත් ද 'මම වෙමි'යි කියන හැඟීම ඇතිවන්නේ? රූපයට බැඳීමක් තිබුණොත් තමයි 'මම වෙමි'යි කියන හැඟීම ඇතිවන්නේ. නොබැඳීම නිසා නම් නොවේ. වේදනාවට ....(පෙ).... සඤ්ඤාවට ....(පෙ).... සංස්කාරවලට ....(පෙ).... විඤ්ඤාණයට බැඳීමක් තිබුණොත් තමයි 'මම වෙමි'යි කියන හැඟීම ඇති වන්නේ. නොබැඳීම නිසා නම් නොවේ. ප්‍රිය ආයුෂ්මත් ආනන්දයෙනි, ඒක මේ වගේ දෙයක්. ලස්සනට සැරසෙන යොවුන් වියේ තරුණ දුවක් හරි පුතෙක් හරි ඉන්නවා. ඉතින් මේ දරුවන් පිරිසිදුව බබලන කණ්ණාඩියකින් වේවා, පැහැපත් දිය බඳුනකින් වේවා තමන්ගේ මූණකට හොඳින් විමසලා බලනවා නම්, බැඳීමකින් ම යි බලන්නේ. නොබැඳීමකින් නම් නොවෙයි. ප්‍රිය ආයුෂ්මත් ආනන්දයෙනි, ඔන්න ඔය විදිහට ම රූපයට බැඳීමක් තිබුණොත් තමයි 'මම වෙමි'යි කියන හැඟීම ඇතිවන්නේ. නොබැඳීම නිසා නම් නොවේ. වේදනාවට ....(පෙ).... සඤ්ඤාවට ....(පෙ).... සංස්කාරවලට ....(පෙ).... විඤ්ඤාණයට බැඳීමක් තිබුණොත් තමයි 'මම වෙමි'යි කියන හැඟීම ඇතිවන්නේ. නොබැඳීම නිසා නම් නොවේ.

ප්‍රිය ආයුෂ්මත් ආනන්දයෙනි, ඔබ මේ ගැන කුමක්ද සිතන්නේ? රූපය යනු නිත්‍ය දෙයක්ද? අනිත්‍ය දෙයක්ද?" "ප්‍රිය ආයුෂ්මතුනි, අනිත්‍යයි." "යමක් වනාහී අනිත්‍ය නම් එය දුක් දෙයක්ද? සැප දෙයක්ද?" "ප්‍රිය ආයුෂ්මතුනි, දුකයි" "යමක් වනාහී අනිත්‍ය නම්, දුක නම්, වෙනස්වන ධර්මතාවයට අයත් දෙයක් නම් එය 'මගේ' කියා හෝ එය 'මම වෙමි'යි කියා හෝ එය 'මාගේ ආත්මය' කියා හෝ මුලාවෙන් දකින එක සුදුසුද?" "ප්‍රිය ආයුෂ්මතුනි, එය සුදුසු නෑ ම යි."

"වේදනාව ....(පෙ).... සඤ්ඤාව ....(පෙ).... සංස්කාර ....(පෙ).... විඤ්ඤාණය යනු නිත්‍ය දෙයක්ද? අනිත්‍ය දෙයක්ද?" "ප්‍රිය ආයුෂ්මතුනි, අනිත්‍යයි." "යමක් වනාහී අනිත්‍ය නම් එය දුක් දෙයක්ද? සැප දෙයක්ද?" "ප්‍රිය ආයුෂ්මතුනි, දුකයි" "යමක් වනාහී අනිත්‍ය නම්, දුක නම්, වෙනස්වන ධර්මතාවයට අයත් දෙයක් නම් එය 'මගේ' කියා හෝ එය 'මම වෙමි'යි කියා හෝ එය 'මාගේ ආත්මය' කියා හෝ මුලාවෙන් දකින එක සුදුසුද?" "ප්‍රිය ආයුෂ්මතුනි, එය සුදුසු නෑ ම යි."

එහෙම නම් ප්‍රිය ආයුෂ්මත් ආනන්දයෙනි, අතීත, අනාගත, වර්තමාන වූ යම්කිසි රූපයක් ඇද්ද, ආධ්‍යාත්ම (තමා යැයි සළකන) රූපයක් වෙන්නට පුළුවනි, බාහිර රූපයක් වෙන්නට පුළුවනි, ගොරෝසු රූපයක් වෙන්නට පුළුවනි, සියුම් රූපයක් වෙන්නට පුළුවනි, හීන රූපයක් වෙන්නට පුළුවනි, උසස් රූපයක් වෙන්නට පුළුවනි, දුර තිබෙන රූපයක් වෙන්නට පුළුවනි, ළඟ තිබෙන රූපයක් වෙන්නට පුළුවනි, ඒ සෑම රූපයක්ම 'මගේ නොවේ, මම නොවෙමි, මගේ ආත්මය නොවේ' යන ඔය කරුණ ඒ ආකාරයෙන් ම දියුණු කළ ප්‍රඥාවෙන් දැකගන්නට ඕන. අතීත, අනාගත, වර්තමාන වූ යම්කිසි වේදනාවක් ඇද්ද ....(පෙ).... අතීත, අනාගත, වර්තමාන වූ යම්කිසි සඤ්ඤාවක් ඇද්ද ....(පෙ).... අතීත, අනාගත, වර්තමාන වූ යම්කිසි සංස්කාර ඇද්ද ....(පෙ).... අතීත, අනාගත, වර්තමාන වූ යම්කිසි විඤ්ඤාණයක් ඇද්ද, ආධ්‍යාත්ම (තමා යැයි සළකන) විඤ්ඤාණයක් වෙන්නට පුළුවනි, බාහිර විඤ්ඤාණයක් වෙන්නට පුළුවනි, ගොරෝසු විඤ්ඤාණයක් වෙන්නට පුළුවනි, සියුම් විඤ්ඤාණයක් වෙන්නට පුළුවනි, හීන විඤ්ඤාණයක් වෙන්නට පුළුවනි, උසස් විඤ්ඤාණයක් වෙන්නට පුළුවනි, දුර තිබෙන විඤ්ඤාණයක් වෙන්නට පුළුවනි, ළඟ තිබෙන විඤ්ඤාණයක් වෙන්නට පුළුවනි, ඒ සෑම විඤ්ඤාණයක්ම 'මගේ නොවේ, මම නොවෙමි, මගේ ආත්මය නොවේ' යන ඔය කරුණ ඒ ආකාරයෙන් ම දියුණු කළ ප්‍රඥාවෙන් දැකගන්නට ඕන.

ප්‍රිය ආයුෂ්මත් ආනන්දයෙනි, ශ්‍රැතවත් ආර්ය ශ්‍රාවකයා ඔය විදිහට

දියුණු කරපු ප්‍රඥාවෙන් දකින කොට රූපය ගැනත් අවබෝධයෙන් ම කළකිරෙනවා. වේදනාව ගැනත් අවබෝධයෙන් ම කළකිරෙනවා. සඤ්ඤාව ගැනත් අවබෝධයෙන් ම කළකිරෙනවා. සංස්කාර ගැනත් අවබෝධයෙන් ම කළකිරෙනවා. විඤ්ඤාණය ගැනත් අවබෝධයෙන් ම කළකිරෙනවා. අවබෝධයෙන් ම කළකිරුණු විට සිත ඇලෙන්නෙ නැතුව යනවා. සිත නොඇලෙන කොට එයින් සිත නිදහස් වෙනවා. සිත් නිදහස් වෙන කොටම 'නිදහස් වුණා' කියල අවබෝධ ඥානය ඇතිවෙනවා. 'ඉපදීම ක්ෂය වෙලා ගියා. බඹසර වාසය සම්පූර්ණ කරගත්තා. නිවන පිණිස කළ යුතු දේ කරගත්තා. ආයෙත් නම් සංසාරයේ වෙන උපතක් නැතැ'යි අවබෝධය ඇතිවෙනවා.

ප්‍රිය ආයුෂ්මතුනි, ආයුෂ්මත් මන්තානිපුත්ත පුණ්ණයන් වහන්සේ නවක වූ අපට අතිශයින් ම උපකාර කරනවා. උන්වහන්සේ අපට මේ අවවාදයෙනුයි අවවාද කරන්නේ. ඉතින් ආයුෂ්මත් මන්තානි පුත්තයන් වහන්සේගේ ධර්ම දේශනාව අහල තමයි මට ධර්මය අවබෝධ වුණේ." (අනඳ හිමියන් සෝතාපන්න වූ වගයි)

සාදු! සාදු!! සාදු!!!

ආනන්ද සූත්‍රය නිමා විය.

1.2.4.2.
තිස්ස සූත්‍රය
තිස්ස තෙරුන්ට වදාළ දෙසුම

84. සැවැත් නුවර දී ....

ඒ දිනවල භාග්‍යවතුන් වහන්සේගේ නැන්දණියගේ පුත්‍රයා වන ආයුෂ්මත් තිස්ස තෙරුන් බොහෝ භික්ෂූන් වහන්සේලාට මේ විදිහට තමන්ගේ අඩුපාඩු කියනවා. "අනේ ප්‍රිය ආයුෂ්මතුනි, මගේ ඇඟත් නිකං බරවෙලා වගේ. මං කරන්න ඕන මොකක්ද කියල මට තේරෙන්නෙ නෑ. මට ධර්මය වැටහෙන්නෙත් නෑ. නිදිමත අලසකමත් මගේ හිත යට කරගෙන තියෙනවා. මං දැන් මේ බඹසර රකින්නෙ කැමැත්තකින් නොවෙයි. ධර්මය පිළිබඳවත් මා තුළ තියෙන්නේ සැකයක්."

එතකොට බොහෝ භික්ෂූන් වහන්සේලා භාග්‍යවතුන් වහන්සේ වැඩසිටි

තැනට පැමිණුනා. පැමිණිලා භාග්‍යවතුන් වහන්සේට ආදරයෙන් වන්දනා කළා. එකත්පස්ව වාඩිවුණා. එකත්පස්ව වාඩිවුණ ඒ භික්ෂූන් වහන්සේලා භාග්‍යවතුන් වහන්සේට මෙකරුණ සැළ කළා. "ස්වාමීනි, භාග්‍යවතුන් වහන්සේගේ නැන්දණියගේ පුත්‍රයා වන ආයුෂ්මත් තිස්ස තෙරුන් බොහෝ භික්ෂූන් වහන්සේලාට මේ විදිහට තමන්ගේ අඩුපාඩු කියනවා. 'අනේ ප්‍රිය ආයුෂ්මතුනි, මගේ ඇඟත් නිකං බරවෙලා වගේ. මං කරන්න ඕන මොකක්ද කියල මට තේරෙන්නෙ නෑ. මට ධර්මය වැටහෙන්නෙත් නෑ. නිදිමත අලසකමත් මගේ හිත යට කරගෙන තියෙනවා. මං දැන් මේ බඹසර රකින්නෙ කැමැත්තකින් නොවෙයි. ධර්මය පිළිබඳවත් මා තුළ තියෙන්නේ සැකයක්' කියල කියනවා."

ඒ වෙලාවේ දී භාග්‍යවතුන් වහන්සේ එක්තරා භික්ෂුවක් අමතා වදාළා. "පින්වත් භික්ෂුව, මෙහි එන්න. මාගේ වචනයෙන් තිස්ස භික්ෂුව අමතන්න. 'ප්‍රිය ආයුෂ්මතුනි, අන්න ශාස්තෲන් වහන්සේ ඔබව අමතනවා' කියල." "එසේය, ස්වාමීනි" කියල ඒ භික්ෂුව භාග්‍යවතුන් වහන්සේට පිළිතුරු දීල ආයුෂ්මත් තිස්ස තෙරුන් වෙත පැමිණුනා. පැමිණිලා ආයුෂ්මත් තිස්ස තෙරුන්ට මෙහෙම කිව්වා. "ප්‍රිය ආයුෂ්මතුනි, අන්න ශාස්තෲන් වහන්සේ ඔබව අමතනවා" කියල. "එසේය, ප්‍රිය ආයුෂ්මතුනි" කියල ආයුෂ්මත් තිස්සයන් අර භික්ෂුවට පිළිතුරු දීල භාග්‍යවතුන් වහන්සේ වෙත පැමිණුනා. පැමිණිලා භාග්‍යවතුන් වහන්සේට ආදරයෙන් වන්දනා කරල එකත්පස්ව වාඩිවුණා. එකත්පස්ව වාඩිවුණ ආයුෂ්මත් තිස්ස තෙරුන්ට භාග්‍යවතුන් වහන්සේ මෙකරුණ සැළ කළා.

"පින්වත් තිස්ස, මේ කථාව ඇත්තක්ද? බොහෝ භික්ෂූන් වහන්සේලාට මේ විදිහට තමන්ගේ අඩුපාඩු කියනවා කියන්නෙ. 'අනේ ප්‍රිය ආයුෂ්මතුනි, මගේ ඇඟත් නිකං බරවෙලා වගේ. මං කරන්න ඕන මොකක්ද කියල මට තේරෙන්නෙ නෑ. මට ධර්මය වැටහෙන්නෙත් නෑ. නිදිමත අලසකමත් මගේ හිත යට කරගෙන තියෙනවා. මං දැන් මේ බඹසර රකින්නෙ කැමැත්තකින් නොවෙයි. ධර්මය පිළිබඳවත් මා තුළ තියෙන්නේ සැකයක්' කියල." "එසේය, ස්වාමීනි."

පින්වත් තිස්ස, ඔබ මොකක්ද මේ ගැන හිතන්නේ. රූපය කෙරෙහි රාගය නැති නොවුණ කෙනෙකුට, ඡන්දය නැති නොවුණ කෙනෙකුට, ප්‍රේමය නැති නොවුණ කෙනෙකුට, පිපාසය නැති නොවුණ කෙනෙකුට, දාහය නැති නොවුණ කෙනෙකුට, තණ්හාව නැති නොවුණ කෙනෙකුට ඒ රූපය විපරිණාමයට පත්වෙලා, වෙන විදිහකට හැරෙන කොට සෝක, වැළපීම්, දුක් දොම්නස් සුසුම් හෙළීම් උපදිනවා නේද?" "එසේය, ස්වාමීනි" "සාදු! සාදු! තිස්ස, පින්වත් තිස්ස, රූපය කෙරෙහි රාගය දුරු නොකළ කෙනෙකුට යම්

දෙයක් වෙනවා නම් ඒක ඔය විදිහට තමයි වෙන්නෙ.

වේදනාව කෙරෙහි රාගය නැති නොවුණ කෙනෙකුට ....(පෙ).... තණ්හාව නැති නොවුණ කෙනෙකුට ඒ වේදනාව විපරිණාමයට පත්වෙලා, වෙන විදිහකට හැරෙන කොට සෝක, වැළපීම්, දුක් දොම්නස් සුසුම් හෙළීම් උපදිනවා නේද?" "එසේය, ස්වාමීනි." "සාදු! සාදු! තිස්ස, පින්වත් තිස්ස, වේදනාව කෙරෙහි රාගය දුරු නොකළ කෙනෙකුට යම් දෙයක් වෙනවා නම් ඒක ඔය විදිහට තමයි වෙන්නෙ.

සඤ්ඤාව ....(පෙ).... සංස්කාර කෙරෙහි රාගය නැති නොවුණ කෙනෙකුට ....(පෙ).... තණ්හාව නැති නොවුණ කෙනෙකුට ඒ සංස්කාර විපරිණාමයට පත් වෙලා, වෙන විදිහකට හැරෙන කොට සෝක, වැළපීම්, දුක් දොම්නස් සුසුම් හෙළීම් උපදිනවා නේද?" "එසේය, ස්වාමීනි." "සාදු! සාදු! තිස්ස, පින්වත් තිස්ස, සංස්කාර කෙරෙහි රාගය දුරු නොකළ කෙනෙකුට යම් දෙයක් වෙනවා නම් ඒක ඔය විදිහට තමයි වෙන්නෙ.

විඤ්ඤාණය කෙරෙහි රාගය නැති නොවුණ කෙනෙකුට, ඡන්දය නැති නොවුණ කෙනෙකුට, ප්‍රේමය නැති නොවුණ කෙනෙකුට, පිපාසය නැති නොවුණ කෙනෙකුට, දාහය නැති නොවුණ කෙනෙකුට, තණ්හාව නැති නොවුණ කෙනෙකුට ඒ විඤ්ඤාණය විපරිණාමයට පත්වෙලා, වෙන විදිහකට හැරෙන කොට සෝක, වැළපීම්, දුක් දොම්නස් සුසුම් හෙළීම් උපදිනවා නේද?" "එසේය, ස්වාමීනි." "සාදු! සාදු! තිස්ස, පින්වත් තිස්ස, විඤ්ඤාණය කෙරෙහි රාගය දුරු නොකළ කෙනෙකුට යම් දෙයක් වෙනවා නම් ඒක ඔය විදිහට තමයි වෙන්නෙ.

පින්වත් තිස්ස, ඔබ මොකක්ද මේ ගැන හිතන්නේ? රූපය කෙරෙහි රාගය නැතිවුණ කෙනෙකුට, ඡන්දය නැතිවුණ කෙනෙකුට, ප්‍රේමය නැතිවුණ කෙනෙකුට, පිපාසය නැතිවුණ කෙනෙකුට, දාහය නැතිවුණ කෙනෙකුට, තණ්හාව නැතිවුණ කෙනෙකුට ඒ රූපය විපරිණාමයට පත්වෙලා, වෙන විදිහකට හැරෙන කොට සෝක, වැළපීම්, දුක් දොම්නස්, සුසුම් හෙළීම් උපදින්නේ නෑ නේද?" "එසේය, ස්වාමීනි." "සාදු! සාදු! තිස්ස, පින්වත් තිස්ස, රූපය කෙරෙහි රාගය දුරු කළ කෙනෙකුට යම් දෙයක් වෙනවා නම් ඒක ඔය විදිහට තමයි වෙන්නෙ.

වේදනාව ....(පෙ).... සඤ්ඤාව ....(පෙ).... සංස්කාර ....(පෙ).... විඤ්ඤාණය කෙරෙහි රාගය නැතිවුණ කෙනෙකුට, ඡන්දය නැතිවුණ කෙනෙකුට, ප්‍රේමය නැතිවුණ කෙනෙකුට, පිපාසය නැතිවුණ කෙනෙකුට,

දාහය නැතිවුණ කෙනෙකුට, තණ්හාව නැතිවුණ කෙනෙකුට ඒ විඤ්ඤාණය විපරිණාමයට පත්වෙලා, වෙන විදිහකට හැරෙන කොට සෝක, වැළපීම්, දුක් දොම්නස් සුසුම් හෙළීම් උපදින්නේ නෑ නේද?" "එසේය, ස්වාමීනි." "සාදු! සාදු! තිස්ස, පින්වත් තිස්ස, විඤ්ඤාණය කෙරෙහි රාගය දුරු කළ කෙනෙකුට යම් දෙයක් වෙනවා නම් ඒක ඔය විදිහට තමයි වෙන්නෙ.

පින්වත් තිස්ස, ඔබ මේ ගැන කුමක්ද සිතන්නේ? රූපය යනු නිත්‍ය දෙයක්ද? අනිත්‍ය දෙයක්ද?" "ස්වාමීනි, අනිත්‍යයි."

"යමක් වනාහී අනිත්‍ය නම් එය දුක් දෙයක්ද? සැප දෙයක්ද?" "ස්වාමීනි, දුකයි."

"යමක් වනාහී අනිත්‍ය නම්, දුක නම්, වෙනස් වන ධර්මතාවයට අයත් දෙයක් නම් එය 'මගේ' කියා හෝ එය 'මම වෙමි' කියා හෝ එය 'මගේ ආත්මය' කියා හෝ මුලාවෙන් දකින එක සුදුසුද?" "ස්වාමීනි, එය සුදුසු නෑ ම යි."

"වේදනාව ....(පෙ).... සඤ්ඤාව ....(පෙ).... සංස්කාර ....(පෙ).... විඤ්ඤාණය යනු නිත්‍ය දෙයක්ද? අනිත්‍ය දෙයක්ද?" "ස්වාමීනි, අනිත්‍යයි."

"යමක් වනාහී අනිත්‍ය නම් එය දුක් දෙයක්ද? සැප දෙයක්ද?" "ස්වාමීනි, දුකයි."

"යමක් වනාහී අනිත්‍ය නම්, දුක නම්, වෙනස් වන ධර්මතාවයට අයත් දෙයක් නම් එය 'මගේ' කියා හෝ එය 'මම වෙමි' කියා හෝ එය 'මගේ ආත්මය' කියා හෝ මුලාවෙන් දකින එක සුදුසුද?" "ස්වාමීනි, එය සුදුසු නෑ ම යි."

"එහෙම නම් පින්වත් තිස්ස, අතීත, අනාගත, වර්තමාන වූ යම්කිසි රූපයක් ඇද්ද, ආධ්‍යාත්ම (තමා යැයි සළකන) රූපයක් වෙන්නට පුළුවනි, බාහිර රූපයක් වෙන්නට පුළුවනි, ගොරෝසු රූපයක් වෙන්නට පුළුවනි, සියුම් රූපයක් වෙන්නට පුළුවනි, හීන රූපයක් වෙන්නට පුළුවනි, උසස් රූපයක් වෙන්නට පුළුවනි, දුර තිබෙන රූපයක් වෙන්නට පුළුවනි, ළඟ තිබෙන රූපයක් වෙන්නට පුළුවනි, ඒ සෑම රූපයක්ම 'මගේ නොවේ, මම නොවෙමි, මගේ ආත්මය නොවේ' යන ඔය කරුණ ඒ ආකාරයෙන්ම දියුණු කළ ප්‍රඥාවෙන් දැකගන්නට ඕන. අතීත, අනාගත, වර්තමාන වූ යම්කිසි වේදනාවක් ඇද්ද ....(පෙ).... අතීත, අනාගත, වර්තමාන වූ යම්කිසි සඤ්ඤාවක් ඇද්ද ....(පෙ).... අතීත, අනාගත, වර්තමාන වූ යම්කිසි සංස්කාර ඇද්ද ....(පෙ).... අතීත, අනාගත, වර්තමාන වූ යම්කිසි විඤ්ඤාණයක් ඇද්ද, ආධ්‍යාත්ම (තමා යැයි සළකන) විඤ්ඤාණයක් වෙන්නට පුළුවනි, බාහිර විඤ්ඤාණයක් වෙන්නට

පුළුවනි, ගොරෝසු විඤ්ඤාණයක් වෙන්නට පුළුවනි, සියුම් විඤ්ඤාණයක් වෙන්නට පුළුවනි, හීන විඤ්ඤාණයක් වෙන්නට පුළුවනි, උසස් විඤ්ඤාණයක් වෙන්නට පුළුවනි, දුර තිබෙන විඤ්ඤාණයක් වෙන්නට පුළුවනි, ළඟ තිබෙන විඤ්ඤාණයක් වෙන්නට පුළුවනි, ඒ සෑම විඤ්ඤාණයක්ම 'මගේ නොවේ, මම නොවෙමි, මගේ ආත්මය නොවේ' යන ඔය කරුණ ඒ ආකාරයෙන්ම දියුණු කළ ප්‍රඥාවෙන් දැකගන්නට ඕන.

පින්වත් තිස්ස, ශ්‍රැතවත් ආර්ය ශ්‍රාවකයා ඔය විදිහට දියුණු කරපු ප්‍රඥාවෙන් දකින කොට රූපය ගැනත් අවබෝධයෙන්ම කළකිරෙනවා ....(පෙ).... විඤ්ඤාණය ගැනත් අවබෝධයෙන්ම කළකිරෙනවා. අවබෝධයෙන්ම කළකිරුණු විට සිත ඇලෙන්නෙ නැතුව යනවා ....(පෙ).... ආයෙත් නම් සංසාරයේ වෙන උපතක් නැතැ'යි අවබෝධය ඇතිවෙනවා.

පින්වත් තිස්ස, ඒක මේ වගේ දෙයක්. පුරුෂයන් දෙදෙනෙක් ඉන්නවා. එක් පුරුෂයෙක් මාර්ගය හඳුනාගන්නට දක්ෂ නෑ. අනෙක් එක්කෙනා මාර්ගය හඳුනාගන්නට දක්ෂයි. ඉතින් මාර්ගය හඳුනාගන්නට දක්ෂ නැති පුරුෂයා මාර්ගය හඳුනාගන්නට දක්ෂ පුරුෂයාගෙන් මාර්ගය ගැන අහනවා. එතකොට ඔහු මෙහෙම කියනවා. 'භවත් පුරුෂය, මේකයි මාර්ගය. ඔය මාර්ගයෙන් ටික දුරක් යන්න. ඔය මාර්ගයෙන් ටික දුරක් ගියාට පස්සෙ දෙමං හන්දියක් දකින්නට ලැබේවි. එතකොට වම් පැත්ත අත්හරින්න. දකුණු පැත්ත ගන්න. ඒ මාවතේ ටික දුරක් යන්න. ඒ මාවතේ ටික දුරක් යන කොට ඝන වන ලැහැබක් දකින්නට ලැබේවි. එතැනිනුත් ටික දුරක් යන්න. එතැනින් ටික දුරක් යන කොට ලොකු බෑවුමක් තියෙන මඩ වගුරක් දකින්නට ලැබේවි. එතැනිනුත් ටික දුරක් යන්න. එතැනින් ටික දුරත් යන කොට ගැඹුරු ප්‍රපාතයක් දකින්නට ලැබේවි. එතැනිනුත් ටික දුරක් යන්න. එතැනින් ටික දුරක් යන කොට සම වූ රමණීය භූමි භාගයක් දැකගන්නට ලැබේවි.'

පින්වත් තිස්ස, මං අර්ථය විස්තර කරල දෙන්නටයි ඔය උපමා කථාව කළේ. ඔය කතන්දරේ අර්ථය මේකයි. පින්වත් තිස්ස, මාර්ගය හඳුනාගන්නට දක්ෂ නැති පුරුෂයා කියල කිව්වනේ. ඒක පෘථග්ජනයාට කියන නමක්. පින්වත් තිස්ස, මාර්ගය හඳුනාගන්නට දක්ෂ පුරුෂයා කියල කිව්වනේ. අන්න ඒක තථාගත අරහත් සම්මා සම්බුදුරජාණන් වහන්සේට කියන නමක්. පින්වත් තිස්ස, දෙමං හන්දියක් කියල කිව්වනේ. ඒක සැකයට කියන නමක්. පින්වත් තිස්ස, වම් පැත්තේ මාර්ගය කියල කිව්වනේ. ඒක මිත්‍යා අෂ්ටාංගික මාර්ගයට කියන නමක්. ඒ කියන්නේ; මිත්‍යා දෘෂ්ටිය, මිත්‍යා සංකල්පය, මිත්‍යා වාචා, මිත්‍යා කම්මන්ත, මිත්‍යා ආජීව, මිත්‍යා වායාම, මිත්‍යා සති, මිත්‍යා සමාධි

කියන අටයි. පින්වත් තිස්ස, දකුණු පැත්තේ මාර්ගය කියලා කිව්වනේ. ඒක ආර්ය අෂ්ටාංගික මාර්ගයට කියන නමක්. ඒ කියන්නේ; සම්මා දෘෂ්ටිය, සම්මා සංකල්පය, සම්මා වාචා, සම්මා කම්මන්ත, සම්මා ආජීව, සම්මා වායාම, සම්මා සති, සම්මා සමාධි කියන අටයි. පින්වත් තිස්ස, ඝන වන ලැහැබක් තියෙනවා කියල කිව්වානේ. ඒක අවිද්‍යාවට කියන නමක්. පින්වත් තිස්ස, ලොකු බෑවුමක මඩ වගුරක් තියෙනවා කියල කිව්වනේ. ඒක කාමයට කියන නමක්. ගැඹුරු ප්‍රපාතයක් තියෙනවා කියල කිව්වනේ. ඒක ක්‍රෝධ උපායාසයට කියන නමක්. සම වූ රමණීය භූමි භාගයක් තියෙනවා කියල කිව්වානේ. ඒක ඒ අමා නිවනට කියන නමක්.

පින්වත් තිස්ස, මේ සාසනයෙහි ඇලී සතුටු වෙන්න. පින්වත් තිස්ස, මේ සාසනයෙහි ඇලී සතුටු වෙන්න. මං අවවාදයෙන් පිහිට වෙන්නම්. මං අනුග්‍රහයෙන් පිහිට වෙන්නම්. මං අනුශාසනාවෙන් පිහිට වෙන්නම්." භාග්‍යවතුන් වහන්සේ මෙය වදාළා. ආයුෂ්මත් තිස්ස තෙරුන් මහත් සතුටට පත්වුණා. භාග්‍යවතුන් වහන්සේ වදාළ ධර්මාවවාදය සතුටින් පිළිගත්තා.

සාදු! සාදු!! සාදු!!!

තිස්ස සූත්‍රය නිමා විය.

1.2.4.3.
යමක සූත්‍රය
යමක තෙරුන්ට වදාළ දෙසුම

85. මා හට අසන්නට ලැබුණේ මේ විදිහටයි. ඒ දිනවල ආයුෂ්මත් සාරිපුත්තයන් වහන්සේ වැඩසිටියේ සැවැත් නුවර ජේතවන නම් වූ අනේපිඬු සිටුතුමාගේ ආරාමයේ.

ඒ දිනවල යමක නම් වූ භික්ෂුවට මෙබඳු ආකාරයේ පාපී දෘෂ්ටියක් ඇති වුණා. 'යම් විදිහකින් ක්ෂීණාස්‍රව වූ රහත් භික්ෂුව කය බිඳුණාට පස්සේ නැත්තට නැතිවෙලා යනවා නම්, විනාශ වෙලා යනවා නම්, මරණින් මත්තේ නැති වෙලා යනවා නම් අන්න ඒ විදිහටයි භාග්‍යවතුන් වහන්සේ දේශනා කරපු ධර්මය ගැන මං දන්නේ' කියල.

එතකොට බොහෝ භික්ෂූන් වහන්සේලාට යමක නම් වූ භික්ෂුවගේ ඔය ආකාර පවිටු දෘෂ්ටියක් ඇතිවෙලා තියෙන බව අහන්නට ලැබුණා. 'යම් විදිහකින් ක්ෂීණාස්‍රව වූ රහත් භික්ෂුව කය බිඳුණාට පස්සේ නැත්තට නැතිවෙලා යනවා නම්, විනාශ වෙලා යනවා නම්, මරණින් මත්තේ නැතිවෙලා යනවා නම් අන්න ඒ විදිහටයි භාග්‍යවතුන් වහන්සේ දේශනා කරපු ධර්මය ගැන මං දන්නේ' කියල.

ඉතින් ඒ භික්ෂූන් වහන්සේලා ආයුෂ්මත් යමක තෙරුන් වෙත පැමිණියා. පැමිණිලා ආයුෂ්මත් යමක තෙරුන් සමග සතුටු වුණා. සතුටු විය යුතු පිළිසඳර කථාබහේ යෙදිලා එකත්පස්ව වාඩිවුණා. එකත්පස්ව වාඩිවුණ ඒ භික්ෂූන් වහන්සේලා ආයුෂ්මත් යමකයන්ගෙන් මෙකරුණ විමසුවා. "ප්‍රිය ආයුෂ්මත් යමකයෙනි, මේ කථාව ඇත්තක්ද? ඔබට මෙබඳු වූ පවිටු දෘෂ්ටියක් ඇතිවෙලා තියෙනවා කියන්නේ. 'යම් විදිහකින් ක්ෂීණාස්‍රව වූ රහත් භික්ෂුව කය බිඳුණාට පස්සේ නැත්තට නැතිවෙලා යනවා නම්, විනාශ වෙලා යනවා නම්, මරණින් මත්තේ නැතිවෙලා යනවා නම් අන්න ඒ විදිහටයි භාග්‍යවතුන් වහන්සේ දේශනා කරපු ධර්මය ගැන මං දන්නේ' කියල."

"ප්‍රිය ආයුෂ්මතුනි, 'යම් විදිහකින් ක්ෂීණාස්‍රව වූ රහත් භික්ෂුව කය බිඳුණාට පස්සේ නැත්තට නැතිවෙලා යනවා නම්, විනාශ වෙලා යනවා නම්, මරණින් මත්තේ නැතිවෙලා යනවා නම් ඔය ආකාරයටයි භාග්‍යවතුන් වහන්සේ දේශනා කරපු ධර්මය ගැන මං දන්නේ"

"ප්‍රිය ආයුෂ්මත් යමකයෙනි, ඔය විදිහට නම් කියන්න එපා! භාග්‍යවතුන් වහන්සේට අභූතයෙන් චෝදනා කරන්න එපා! භාග්‍යවතුන් වහන්සේට අභූතයෙන් චෝදනා කිරීම නම් හොඳ දෙයක් නොවෙයි. භාග්‍යවතුන් වහන්සේ ඔය විදිහට නම් වදාරන්නෙ නෑ. 'ක්ෂීණාස්‍රව වූ රහත් භික්ෂුව කය බිඳුණාට පස්සේ නැත්තට නැතිවෙලා යනවා, විනාශ වෙලා යනවා, මරණින් මත්තේ නැති වෙලා යනවා' කියලා."

ඒ භික්ෂූන් වහන්සේලා විසින් ආයුෂ්මත් යමකයන් හට ඔය විදිහට කරුණු පැහැදිලි කරද්දීත් ඒ පවිටු දෘෂ්ටියම දැඩි ලෙස අරගෙන එහිම පිහිටලා, එහිම බැසගෙන, ඒකම කියනවා. 'යම් විදිහකින් ක්ෂීණාස්‍රව වූ රහත් භික්ෂුව කය බිඳුණාට පස්සේ නැත්තට නැතිවෙලා යනවා නම්, විනාශ වෙලා යනවා නම්, මරණින් මත්තේ නැතිවෙලා යනවා නම් ඔය ආකාරයටයි භාග්‍යවතුන් වහන්සේ දේශනා කරපු ධර්මය ගැන මං දන්නේ' කියල.

ඒ භික්ෂූන් වහන්සේලා යම්තාක් උත්සාහ කරලත් ආයුෂ්මත් යමකයන්ව ඒ පවිටු දෘෂ්ටියෙන් බැහැර කරවන්නට බැරි වුණා. ඉතින් ඒ භික්ෂූන් වහන්සේලා

ආසනයෙන් නැගිටලා ආයුෂ්මත් සාරිපුත්තයන් වහන්සේ වැඩසිටිය තැනට පැමිණුනා. පැමිණිලා ආයුෂ්මත් සාරිපුත්තයන් වහන්සේට මෙකරුණ සැළ කළා. "ප්‍රිය ආයුෂ්මත් සාරිපුත්තයෙනි, යමක භික්ෂුවට මෙබඳු ආකාරයේ පවිටු දෘෂ්ටියක් ඇතිවෙලා තියෙනවා. 'යම් විදිහකින් ක්ෂීණාස්‍රව වූ රහත් භික්ෂුව කය බිඳුණාට පස්සේ නැත්තට නැතිවෙලා යනවා නම්, විනාශ වෙලා යනවා නම්, මරණින් මත්තේ නැතිවෙලා යනවා නම් ඔය ආකාරයටයි භාග්‍යවතුන් වහන්සේ දේශනා කරපු ධර්මය ගැන මං දන්නේ' කියල. ප්‍රිය ආයුෂ්මත් සාරිපුත්තයෙනි, අනුකම්පා උපදවාගෙන යමක භික්ෂුව ළඟට වඩින සේක් නම් ඉතා යහපති." ආයුෂ්මත් සාරිපුත්තයන් වහන්සේ නිශ්ශබ්දව වැඩසිටීමෙන් එය පිළිගෙන වදාළා.

ඉතින් ආයුෂ්මත් සාරිපුත්තයන් වහන්සේ සවස් කාලයේ භාවනාවෙන් නැගිටලා ආයුෂ්මත් යමකයන් වෙත වැඩම කළා. වැඩම කරලා ආයුෂ්මත් යමකයන් සමග සතුටු වුණා. සතුටු විය යුතු පිළිසඳර කථාබහේ යෙදිලා එකත්පස්ව වාඩිවුණා. එකත්පස්ව වාඩිවුණ ආයුෂ්මත් සාරිපුත්තයන් වහන්සේ ආයුෂ්මත් යමකයන්ගෙන් මෙකරුණ විමසුවා. "ප්‍රිය ආයුෂ්මත් යමකයෙනි, මේ කථාව ඇත්තක්ද? ඔබට මෙබඳු වූ පවිටු දෘෂ්ටියක් ඇති වෙලා තියෙනවා කියන්නේ. 'යම් විදිහකින් ක්ෂීණාස්‍රව වූ රහත් භික්ෂුව කය බිඳුණාට පස්සේ නැත්තට නැතිවෙලා යනවා නම්, විනාශ වෙලා යනවා නම්, මරණින් මත්තේ නැතිවෙලා යනවා නම් අන්න ඒ විදිහටයි භාග්‍යවතුන් වහන්සේ දේශනා කරපු ධර්මය ගැන මං දන්නේ' කියල."

"ප්‍රිය ආයුෂ්මතුනි, 'යම් විදිහකින් ක්ෂීණාස්‍රව වූ රහත් භික්ෂුව කය බිඳුණාට පස්සේ නැත්තට නැතිවෙලා යනවා නම්, විනාශ වෙලා යනවා නම්, මරණින් මත්තේ නැතිවෙලා යනවා නම් ඔය ආකාරයටයි භාග්‍යවතුන් වහන්සේ දේශනා කරපු ධර්මය ගැන මං දන්නේ."

"ප්‍රිය ආයුෂ්මත් යමක, ඔබ මේ ගැන කුමක්ද සිතන්නේ? රූපය යනු නිත්‍ය දෙයක්ද? අනිත්‍ය දෙයක්ද?" "ප්‍රිය ආයුෂ්මතුනි, අනිත්‍යයි."

"යමක් වනාහී අනිත්‍ය නම් එය දුක් දෙයක්ද? සැප දෙයක්ද?" "ප්‍රිය ආයුෂ්මතුනි, දුකයි."

"යමක් වනාහී අනිත්‍ය නම්, දුක නම්, වෙනස්වන ධර්මතාවයට අයත් දෙයක් නම් එය 'මගේ' කියා හෝ එය 'මම වෙමි' කියා හෝ එය 'මගේ ආත්මය' කියා හෝ මුලාවෙන් දකින එක සුදුසුද?" "ප්‍රිය ආයුෂ්මතුනි, එය සුදුසු නෑ ම යි."

"වේදනාව ....(පෙ).... සඤ්ඤාව ....(පෙ).... සංස්කාර ....(පෙ).... විඤ්ඤාණය යනු නිත්‍ය දෙයක්ද? අනිත්‍ය දෙයක්ද?" "ප්‍රිය ආයුෂ්මතුනි, අනිත්‍යයි."

"යමක් වනාහී අනිත්‍ය නම් එය දුක් දෙයක්ද? සැප දෙයක්ද?" "ප්‍රිය ආයුෂ්මතුනි, දුකයි."

"යමක් වනාහී අනිත්‍ය නම්, දුක නම්, වෙනස්වන ධර්මතාවයට අයත් දෙයක් නම් එය 'මගේ' කියා හෝ එය 'මම වෙමි' කියා හෝ එය 'මගේ ආත්මය' කියා හෝ මුලාවෙන් දකින එක සුදුසුද?" "ප්‍රිය ආයුෂ්මතුනි, එය සුදුසු නෑ ම යි."

"එහෙම නම් ප්‍රිය ආයුෂ්මත් යමක, අතීත, අනාගත, වර්තමාන වූ යම්කිසි රූපයක් ඇද්ද, ආධ්‍යාත්ම (තමා යැයි සළකන) රූපයක් වෙන්නට පුළුවනි, බාහිර රූපයක් වෙන්නට පුළුවනි, ගොරෝසු රූපයක් වෙන්නට පුළුවනි, සියුම් රූපයක් වෙන්නට පුළුවනි, හීන රූපයක් වෙන්නට පුළුවනි, උසස් රූපයක් වෙන්නට පුළුවනි, දුර තිබෙන රූපයක් වෙන්නට පුළුවනි, ළඟ තිබෙන රූපයක් වෙන්නට පුළුවනි, ඒ සෑම රූපයක්ම 'මගේ නොවේ, මම නොවෙමි, මගේ ආත්මය නොවේ' යන ඔය කරුණ ඒ ආකාරයෙන්ම දියුණු කළ ප්‍රඥාවෙන් දැකගන්නට ඕන. අතීත, අනාගත, වර්තමාන වූ යම්කිසි වේදනාවක් ඇද්ද ....(පෙ).... අතීත, අනාගත, වර්තමාන වූ යම්කිසි සඤ්ඤාවක් ඇද්ද ....(පෙ).... අතීත, අනාගත, වර්තමාන වූ යම්කිසි සංස්කාර ඇද්ද ....(පෙ).... අතීත, අනාගත, වර්තමාන වූ යම්කිසි විඤ්ඤාණයක් ඇද්ද, ආධ්‍යාත්ම (තමා යැයි සළකන) විඤ්ඤාණයක් වෙන්නට පුළුවනි, බාහිර විඤ්ඤාණයක් වෙන්නට පුළුවනි, ගොරෝසු විඤ්ඤාණයක් වෙන්නට පුළුවනි, සියුම් විඤ්ඤාණයක් වෙන්නට පුළුවනි, හීන විඤ්ඤාණයක් වෙන්නට පුළුවනි, උසස් විඤ්ඤාණයක් වෙන්නට පුළුවනි, දුර තිබෙන විඤ්ඤාණයක් වෙන්නට පුළුවනි, ළඟ තිබෙන විඤ්ඤාණයක් වෙන්නට පුළුවනි, ඒ සෑම විඤ්ඤාණයක්ම 'මගේ නොවේ, මම නොවෙමි, මගේ ආත්මය නොවේ' යන ඔය කරුණ ඒ ආකාරයෙන් ම දියුණු කළ ප්‍රඥාවෙන් දැකගන්නට ඕන.

ප්‍රිය ආයුෂ්මත් යමක, ශ්‍රැතවත් ආර්ය ශ්‍රාවකයා ඔය විදිහට දියුණු කරපු ප්‍රඥාවෙන් දකින කොට රූපය ගැනත් අවබෝධයෙන් ම කළකිරෙනවා ....(පෙ).... ආයෙත් නම් සංසාරයේ වෙන උපතක් නැතැ'යි අවබෝධය ඇති වෙනවා.

ප්‍රිය ආයුෂ්මත් යමක, ඔබ කුමක්ද මේ ගැන හිතන්නේ? තථාගතයන්

වහන්සේ හැටියට ඔබ දකින්නේ රූපයද?" "ප්‍රිය ආයුෂ්මතුනි, එය නොවේ ම යි."

"වේදනාවද? ....(පෙ).... සඤ්ඤාවද? ....(පෙ).... සංස්කාරද? ....(පෙ).... තථාගතයන් වහන්සේට හැටියට ඔබ දකින්නේ විඤ්ඤාණයද?" "ප්‍රිය ආයුෂ්මතුනි, එය නොවේ ම යි."

"ප්‍රිය ආයුෂ්මත් යමක, ඔබ කුමක්ද මේ ගැන හිතන්නේ? ඔබ දකින්නේ රූපය තුළ තථාගතයන් වහන්සේ ඉන්නවා කියලද?" "ප්‍රිය ආයුෂ්මතුනි, එය නොවේ ම යි."

"ඔබ දකින්නේ රූපයෙන් බැහැර වූ දෙයක් තුළ තථාගතයන් වහන්සේ ඉන්නවා කියලද?" "ප්‍රිය ආයුෂ්මතුනි, එය නොවේ ම යි."

"ඔබ දකින්නේ වේදනාව තුළ තථාගතයන් වහන්සේ ඉන්නවා කියලද? ....(පෙ).... ඔබ දකින්නේ වේදනාවෙන් බැහැර වූ දෙයක් තුළ තථාගතයන් වහන්සේ ඉන්නවා කියලද? ....(පෙ).... ඔබ දකින්නේ සඤ්ඤාව තුළ තථාගතයන් වහන්සේ ඉන්නවා කියලද? ....(පෙ).... ඔබ දකින්නේ සඤ්ඤාවෙන් බැහැර වූ දෙයක් තුළ තථාගතයන් වහන්සේ ඉන්නවා කියලද? ....(පෙ).... ඔබ දකින්නේ සංස්කාර තුළ තථාගතයන් වහන්සේ ඉන්නවා කියලද? ....(පෙ).... ඔබ දකින්නේ සංස්කාරවලින් බැහැර වූ දෙයක් තුළ තථාගතයන් වහන්සේ ඉන්නවා කියලද? ....(පෙ).... ඔබ දකින්නේ විඤ්ඤාණය තුළ තථාගතයන් වහන්සේ ඉන්නවා කියලද?" "ප්‍රිය ආයුෂ්මතුනි, එය නොවේ ම යි."

"ඔබ දකින්නේ විඤ්ඤාණයෙන් බැහැර වූ දෙයක් තුළ තථාගතයන් වහන්සේ ඉන්නවා කියලද?" "ප්‍රිය ආයුෂ්මතුනි, එය නොවේ ම යි."

"ප්‍රිය ආයුෂ්මත් යමක, ඔබ කුමක්ද මේ ගැන හිතන්නේ? ඒ අරූපී වූ අවේදනීය වූ අසඤ්ඤී වූ අසංඛාර වූ අවිඤ්ඤාණ වූ මෙය තථාගතයන් වහන්සේ හැටියටද ඔබ දකින්නේ?" "ප්‍රිය ආයුෂ්මතුනි, එය නොවේ ම යි."

"ප්‍රිය ආයුෂ්මත් යමක, ඔබ කුමක්ද මේ ගැන හිතන්නේ? රූපයද? ....(පෙ).... වේදනාවද? ....(පෙ).... සඤ්ඤාවද? ....(පෙ).... සංස්කාරද? ....(පෙ).... විඤ්ඤාණයද තථාගතයන් වහන්සේ හැටියට ඔබ දකින්නේ?" "ප්‍රිය ආයුෂ්මතුනි, එය නොවේ ම යි."

"ප්‍රිය ආයුෂ්මත් යමකයෙනි, ඔබට මෙතැනදී ම මේ ජීවිතයේදී ම සත්‍ය වශයෙන්, ස්ථිර වශයෙන්, තථාගතයන් වහන්සේව ලබාගන්නට බැරිව සිටියදී

අර විදිහට කථා කරන එක සුදුසුද? 'යම් විදිහකින් ක්ෂීණාස්‍රව වූ රහත් භික්ෂුව කය බිඳුණාට පස්සේ නැත්තට නැතිවෙලා යනවා නම්, විනාශ වෙලා යනවා නම්, මරණින් මත්තේ නැතිවෙලා යනවා නම් අන්න ඒ විදිහටයි භාග්‍යවතුන් වහන්සේ දේශනා කරපු ධර්මය ගැන මං දන්නේ' කියල." "ප්‍රිය ආයුෂ්මත් සාරිපුත්තයන් වහන්ස, මට කලින් ඒ පවිටු දෘෂ්ටිය ඇතිවෙලා තිබුණේ අවිද්‍යා සහගත දැක්ම නිසා ම යි. නමුත් දැන් ප්‍රිය ආයුෂ්මත් සාරිපුත්තයන්ගේ ධර්ම දේශනාවට සවන් දීලා අර පවිටු දෘෂ්ටිය ප්‍රහීණ වෙලා ගියා. මට ශ්‍රී සද්ධර්මයත් අවබෝධ වුණා."

"ප්‍රිය ආයුෂ්මත් යමක, එහෙම නම් ඔබෙන් කවුරු හරි මේ විදිහට ඇහුවොත් 'ප්‍රිය ආයුෂ්මත් යමක, යම් ක්ෂීණාස්‍රව වූ අරහත් භික්ෂුවක් ඉන්නවා නම්, උන්වහන්සේ කය බිඳී මරණින් මතු මොන තත්වයට පත්වෙනවාද?' කියල. ඔය විදිහට ඇහුවොත් ප්‍රිය ආයුෂ්මත් යමක, ඔබ පිළිතුර හැටියට කුමක්ද දෙන්නේ?"

"ප්‍රිය ආයුෂ්මතුනි, එහෙමනම් මගෙන් කවුරු හරි මේ විදිහට ඇහුවොත් 'ප්‍රිය ආයුෂ්මත් යමක, යම් ක්ෂීණාස්‍රව වූ අරහත් භික්ෂුවක් ඉන්නවා නම්, උන්වහන්සේ කය බිඳී මරණින් මතු මොන තත්වයට පත්වෙනවාද?' කියල. ඔය විදිහට ඇහුවොත් ප්‍රිය ආයුෂ්මතුනි, මං පිළිතුර හැටියට මෙකරුණ පහදා දෙනවා. ප්‍රිය ආයුෂ්මතුනි, රූපය යනු අනිත්‍ය දෙයක්. යමක් අනිත්‍ය නම් එය දුකයි. යමක් දුක නම් ඒක නිරුද්ධ වුණා. ඒක නොපෙනී ගියා. වේදනාව ....(පෙ).... සඤ්ඤාව ....(පෙ).... සංස්කාර ....(පෙ).... විඤ්ඤාණය යනු අනිත්‍ය දෙයක්. යමක් අනිත්‍ය නම් එය දුකයි. යමක් දුක නම් ඒක නිරුද්ධ වුණා. ඒක නොපෙනී ගියා. ඔය විදිහට ඇහුවොත් ප්‍රිය ආයුෂ්මතුනි, මං පිළිතුර හැටියට මේ විදිහටයි පහදා දෙන්නේ."

"සාදු! සාදු! ප්‍රිය ආයුෂ්මත් යමක, එසේ වී නම් ප්‍රිය ආයුෂ්මත් යමකයෙනි, මං ඔබට උපමාවකුත් කියල දෙන්නම්. ඒක වඩවඩාත් අර්ථාවබෝධයට උපකාර වේවි.

ප්‍රිය ආයුෂ්මත් යමක, ඒක මේ වගේ දෙයක්. ගෘහපතියෙක් ඉන්නවා. එහෙම නැත්නම් ගෘහපති පුත්‍රයෙක් ඉන්නවා. ඉතා සරුසාරයි. මහා ධනවත්. මහා භෝග සම්පත් තියෙනවා. ඔහු ආරක්ෂා සහිතවයි ඉන්නේ. නමුත් ඔහුට අනර්ථය කරනු කැමති, අයහපත කරනු කැමති, විපතේ හෙළනු කැමති, ජීවිතහානි කරනු කැමති යම්කිසි පුද්ගලයෙක් උපදිනවා. ඒ පුද්ගලයා මේ විදිහට හිතනවා. 'මේ ගෘහපතියා වේවා, මේ ගෘහපති පුත්‍රයා වේවා ඉතා සරුසාරයි.

මහා ධනවත්. මහා භෝග සම්පත් තියෙනවා. ඔහු ආරක්ෂා සහිතවයි ඉන්නේ. ඔහුව මර්ධනය කරල ජීවිත හානියක් කරන එක ලෙහෙසි වැඩක් නොවෙයි. මං ඔහු තුළට ම රිංගල ඔහුගේ ජීවිතය තොර කරන එකයි කරන්න තියෙන්නෙ' කියල. ඒ පුද්ගලයා අර ගෘහපතියා වේවා, අර ගෘහපති පුත්‍රයා වේවා ඔහු ළඟට ගියා. ගිහින් මෙහෙම කියනවා. 'හිමියෙනි, මං ඔබතුමාට ඇප උපස්ථාන කරන්නම්' කියල. එතකොට ඒ ගෘහපතියා වේවා, ඒ ගෘහපති පුත්‍රයා වේවා මොහු ලවා උපස්ථාන කරවා ගන්නවා. ඔහුත් උපස්ථාන කරනවා. හිමිදිරියේ ම නැගිටිනවා. හැමට පසු නිදාගන්නවා. කළ යුතු දේවල් මොනවාද කියල හොයලා බලනවා. සිත සතුටු වෙන විදිහට හැසිරෙනවා. ප්‍රිය මනාප විදිහට කතා කරනවා. එතකොට අර ගෘහපතියා වේවා, අර ගෘහපති පුත්‍රයා වේවා ඔහු කෙරෙහි පහදිනවා. සුහද වෙන නිසාම පහදිනවා. විශ්වාසවන්තභාවයට පත්වෙනවා. ඉතින් ප්‍රිය ආයුෂ්මතුනි, යම් කලෙක අර පුද්ගලයාට මේ විදිහේ අදහසක් ඇති වෙනවා. 'මේ ගෘහපතියා වේවා, මේ ගෘහපති පුත්‍රයා වේවා දැන් ඉතින් මං ගැන ලොකු විශ්වාසයක් ඇතුවයි ඉන්නේ' කියල. එතකොට ඔහු තනිවෙන වෙලාවක් බලලා තියුණු ආයුධයකින් දිවි තොර කරලා දානවා.

ප්‍රිය ආයුෂ්මත් යමක, යම් දවසක ඒ පුද්ගලයා අර ගෘහපතියා වේවා, අර ගෘහපති පුත්‍රයා වේවා ඔහු ළඟට ඇවිදින් මේ විදිහට කිව්ව නෙව. 'හිමියෙනි, මං ඔබතුමාට ඇප උපස්ථාන කරන්නම්' කියල. එතකොටත් ඔහු වධකයා ම යි. නමුත් වධකයා වශයෙන් සිටියදී ම 'මේ තමයි මගේ වධකයා' කියලා අවබෝධ කරගත්තේ නෑ. යම් දවසක අර පුද්ගලයා හිමිදිරියේ ම නැගිටිනවා ද, හැමට පසු නිදාගන්නවා ද, කළ යුතු දේවල් මොනවාද කියල හොයලා බලනවා ද, සිත සතුටු වෙන විදිහට හැසිරෙනවා ද, ප්‍රිය මනාප විදිහට කතා කරනවා ද එතකොටත් ඔහු වධකයා ම යි. නමුත් වධකයා වශයෙන් සිටිය දී ම 'මේ තමයි මගේ වධකයා' කියලා අවබෝධ කරගත්තේ නෑ. යම් දවසක ඔහු තනිවෙන වෙලාවක් බලලා තියුණු ආයුධයකින් දිවි තොර කරලා දානවා ද එතකොටත් ඔහු වධකයා ම යි. නමුත් වධකයා වශයෙන් සිටිය දීම 'මේ තමයි මගේ වධකයා' කියලා අවබෝධ කරගත්තේ නෑ.

ඔය විදිහට ම ප්‍රිය ආයුෂ්මතුනි, අශ්‍රැතවත් පෘථග්ජනයෙක් ඉන්නවා. ඔහු ආර්යයන් වහන්සේලා නොදකින කෙනෙක්. ආර්ය ධර්මයට අදක්ෂ කෙනෙක්. ආර්ය ධර්මයෙහි නොහික්මුණ කෙනෙක්. සත්පුරුෂයන් වහන්සේලා නොදකින කෙනෙක්. සත්පුරුෂ ධර්මයට අදක්ෂ කෙනෙක්. සත්පුරුෂ ධර්මයෙහි නොහික්මුණ කෙනෙක්. ඔහු ආත්මයක් හැටියට රූපය ගැන මුළාවෙන් දකිනවා. ආත්මයක් රූපයෙන් හැදී තිබෙන හැටියට මුළාවෙන් දකිනවා.

ආත්මය තුළ රූපය තිබෙන බවට මුළාවෙන් දකිනවා. ආත්මය තිබෙන්නේ රූපය තුළ බවට මුළාවෙන් දකිනවා. වේදනාව ....(පෙ).... සඤ්ඤාව ....(පෙ).... සංස්කාර ....(පෙ).... ආත්මයක් හැටියට විඤ්ඤාණය ගැන මුළාවෙන් දකිනවා. ආත්මය විඤ්ඤාණයෙන් හැදී තිබෙන හැටියට මුළාවෙන් දකිනවා. ආත්මය තුළ විඤ්ඤාණය තිබෙන බවට මුළාවෙන් දකිනවා. ආත්මය තිබෙන්නේ විඤ්ඤාණය තුළ බවට මුළාවෙන් දකිනවා. ඒ පෘථග්ජනයා අනිත්‍ය වූ රූපය 'අනිත්‍ය වූ රූපයක්' බව ඒ අයුරින් ම අවබෝධ කරගෙන නෑ. අනිත්‍ය වූ වේදනාව 'අනිත්‍ය වූ වේදනාවක්' බව ඒ අයුරින් ම අවබෝධ කරගෙන නෑ. අනිත්‍ය වූ සඤ්ඤාව ....(පෙ).... අනිත්‍ය වූ සංස්කාර 'අනිත්‍ය වූ සංස්කාර' බව ඒ අයුරින් ම අවබෝධ කරගෙන නෑ. අනිත්‍ය වූ විඤ්ඤාණය 'අනිත්‍ය වූ විඤ්ඤාණයක්' බව ඒ අයුරින් ම අවබෝධ කරගෙන නෑ.

ඒ පෘථග්ජනයා දුක් වූ රූපය 'දුක් වූ රූපයක්' බව ඒ අයුරින් ම අවබෝධ කරගෙන නෑ. දුක් වූ වේදනාව 'දුක් වූ වේදනාවක්' බව ඒ අයුරින් ම අවබෝධ කරගෙන නෑ. දුක් වූ සඤ්ඤාව ....(පෙ).... දුක් වූ සංස්කාර 'දුක් වූ සංස්කාර' බව ඒ අයුරින් ම අවබෝධ කරගෙන නෑ. දුක් වූ විඤ්ඤාණය 'දුක් වූ විඤ්ඤාණයක්' බව ඒ අයුරින් ම අවබෝධ කරගෙන නෑ.

ඒ පෘථග්ජනයා අනාත්ම වූ රූපය 'අනාත්ම වූ රූපයක්' බව ඒ අයුරින් ම අවබෝධ කරගෙන නෑ. අනාත්ම වූ වේදනාව 'අනාත්ම වූ වේදනාවක්' බව ඒ අයුරින් ම අවබෝධ කරගෙන නෑ. අනාත්ම වූ සඤ්ඤාව ....(පෙ).... අනාත්ම වූ සංස්කාර 'අනාත්ම වූ සංස්කාර' බව ඒ අයුරින් ම අවබෝධ කරගෙන නෑ. අනාත්ම වූ විඤ්ඤාණය 'අනාත්ම වූ විඤ්ඤාණයක්' බව ඒ අයුරින් ම අවබෝධ කරගෙන නෑ.

ඒ පෘථග්ජනයා සංඛත (හේතුඵල දහමින් සකස්) වූ රූපය 'සංඛත වූ රූපයක්' බව ඒ අයුරින් ම අවබෝධ කරගෙන නෑ. සංඛත වූ වේදනාව 'සංඛත වූ වේදනාවක්' බව ඒ අයුරින් ම අවබෝධ කරගෙන නෑ. සංඛත වූ සඤ්ඤාව ....(පෙ).... සංඛත වූ සංස්කාර 'සංඛත වූ සංස්කාර' බව ඒ අයුරින් ම අවබෝධ කරගෙන නෑ. සංඛත වූ විඤ්ඤාණය 'සංඛත වූ විඤ්ඤාණයක්' බව ඒ අයුරින් ම අවබෝධ කරගෙන නෑ.

ඒ පෘථග්ජනයා වධක වූ රූපය 'වධක වූ රූපයක්' බව ඒ අයුරින් ම අවබෝධ කරගෙන නෑ. වධක වූ වේදනාව 'වධක වූ වේදනාවක්' බව ඒ අයුරින් ම අවබෝධ කරගෙන නෑ. වධක වූ සඤ්ඤාව ....(පෙ).... වධක වූ සංස්කාර 'වධක වූ සංස්කාර' බව ඒ අයුරින් ම අවබෝධ කරගෙන නෑ. වධක

වූ විඤ්ඤාණය 'වධක වූ විඤ්ඤාණයක්' බව ඒ අයුරින් ම අවබෝධ කරගෙන නෑ.

ඔහු 'මාගේ ආත්මය'යි කියල රූපය වෙත ම යි එන්නේ. ඒකට ම යි බැඳෙන්නේ. ඒක ම යි හිතෙන් අදිටන් කරගන්නේ. 'මාගේ ආත්මය'යි කියල වේදනාව වෙත ම යි එන්නේ. ඒකට ම යි බැඳෙන්නේ. ඒක ම යි හිතෙන් අදිටන් කරගන්නේ. සඤ්ඤාව ....(පෙ).... 'මාගේ ආත්මය'යි කියල සංස්කාර වෙත ම යි එන්නේ. ඒකට ම යි බැඳෙන්නේ. ඒක ම යි හිතෙන් අදිටන් කරගන්නේ. 'මාගේ ආත්මය'යි කියල විඤ්ඤාණය වෙත ම යි එන්නේ. ඒකට ම යි බැඳෙන්නේ. ඒක ම යි හිතෙන් අදිටන් කරගන්නේ. ඉතින් ඔහු මේ පංච උපාදානස්කන්ධය වෙත ම පැමිණුන නිසා ඒකට ම බැඳුණු නිසා බොහෝ කාලයක් අහිත පිණිස, දුක් පිණිස පවතිනවා.

ඒ වගේම ප්‍රිය ආයුෂ්මතුනි, ශ්‍රැතවත් ආර්ය ශ්‍රාවකයෙක් ඉන්නවා. ඔහු ආර්යයන් වහන්සේලා දකින කෙනෙක්. ආර්ය ධර්මයට දක්ෂ කෙනෙක්. ආර්ය ධර්මයෙහි හික්මුණ කෙනෙක්. සත්පුරුෂයන් වහන්සේලා දකින කෙනෙක්. සත්පුරුෂ ධර්මයට දක්ෂ කෙනෙක්. සත්පුරුෂ ධර්මයෙහි හික්මුණ කෙනෙක්. ඔහු ආත්මයක් හැටියට රූපය ගැන මුළාවෙන් දකින්නේ නෑ. ආත්මයක් රූපයෙන් හැදී තිබෙන හැටියට මුළාවෙන් දකින්නේ නෑ. ආත්මය තුළ රූපය තිබෙන බවට මුළාවෙන් දකින්නේ නෑ. ආත්මය තිබෙන්නේ රූපය තුළ බවට මුළාවෙන් දකින්නේ නෑ. වේදනාව ....(පෙ).... සඤ්ඤාව ....(පෙ).... සංස්කාර ....(පෙ).... ආත්මයක් හැටියට විඤ්ඤාණය ගැන මුළාවෙන් දකින්නේ නෑ. ආත්මය විඤ්ඤාණයෙන් හැදී තිබෙන හැටියට මුළාවෙන් දකින්නේ නෑ. ආත්මය තුළ විඤ්ඤාණය තිබෙන බවට මුළාවෙන් දකින්නේ නෑ. ආත්මය තිබෙන්නේ විඤ්ඤාණය තුළ බවට මුළාවෙන් දකින්නේ නෑ.

ඒ ශ්‍රැතවත් ආර්ය ශ්‍රාවකයා අනිත්‍ය වූ රූපය 'අනිත්‍ය වූ රූපයක්' බව ඒ අයුරින්ම අවබෝධ කරගන්නවා. අනිත්‍ය වූ වේදනාව 'අනිත්‍ය වූ වේදනාවක්' බව ඒ අයුරින්ම අවබෝධ කරගන්නවා. අනිත්‍ය වූ සඤ්ඤාව ....(පෙ).... අනිත්‍ය වූ සංස්කාර 'අනිත්‍ය වූ සංස්කාර' බව ඒ අයුරින්ම අවබෝධ කරගන්නවා. අනිත්‍ය වූ විඤ්ඤාණය 'අනිත්‍ය වූ විඤ්ඤාණයක්' බව ඒ අයුරින්ම අවබෝධ කරගන්නවා.

දුක් වූ රූපය 'දුක් වූ රූපයක්' බව ඒ අයුරින්ම අවබෝධ කරගන්නවා. දුක් වූ වේදනාව 'දුක් වූ වේදනාවක්' බව ඒ අයුරින්ම අවබෝධ කරගන්නවා. දුක් වූ සඤ්ඤාව ....(පෙ).... දුක් වූ සංස්කාර 'දුක් වූ සංස්කාර' බව ඒ අයුරින්ම

අවබෝධ කරගන්නවා. දුක් වූ විඤ්ඤාණය 'දුක් වූ විඤ්ඤාණයක්' බව ඒ අයුරින්ම අවබෝධ කරගන්නවා.

අනාත්ම වූ රූපය 'අනාත්ම වූ රූපයක්' බව ඒ අයුරින්ම අවබෝධ කරගන්නවා. අනාත්ම වූ වේදනාව 'අනාත්ම වූ වේදනාවක්' බව ඒ අයුරින්ම අවබෝධ කරගන්නවා. අනාත්ම වූ සඤ්ඤාව ....(පෙ).... අනාත්ම වූ සංස්කාර 'අනාත්ම වූ සංස්කාර' බව ඒ අයුරින්ම අවබෝධ කරගන්නවා. අනාත්ම වූ විඤ්ඤාණය 'අනාත්ම වූ විඤ්ඤාණයක්' බව ඒ අයුරින්ම අවබෝධ කරගන්නවා.

සංඛත (හේතුඵල දහමින් සකස්) වූ රූපය 'සංඛත වූ රූපයක්' බව ඒ අයුරින්ම අවබෝධ කරගන්නවා. සංඛත වූ වේදනාව 'සංඛත වූ වේදනාවක්' බව ඒ අයුරින්ම අවබෝධ කරගන්නවා. සංඛත වූ සඤ්ඤාව ....(පෙ).... සංඛත වූ සංස්කාර 'සංඛත වූ සංස්කාර' බව ඒ අයුරින්ම අවබෝධ කරගන්නවා. සංඛත වූ විඤ්ඤාණය 'සංඛත වූ විඤ්ඤාණයක්' බව ඒ අයුරින්ම අවබෝධ කරගන්නවා.

වධක වූ රූපය 'වධක වූ රූපයක්' බව ඒ අයුරින්ම අවබෝධ කර ගන්නවා. වධක වූ වේදනාව 'වධක වූ වේදනාවක්' බව ඒ අයුරින්ම අවබෝධ කරගන්නවා. වධක වූ සඤ්ඤාව ....(පෙ).... වධක වූ සංස්කාර 'වධක වූ සංස්කාර' බව ඒ අයුරින්ම අවබෝධ කරගන්නවා. වධක වූ විඤ්ඤාණය 'වධක වූ විඤ්ඤාණයක්' බව ඒ අයුරින්ම අවබෝධ කරගන්නවා.

ඔහු 'මාගේ ආත්මය'යි කියල රූපය වෙත එන්නේ නෑ. ඒකට බැඳෙන්නේ නෑ. ඒක හිතෙන් අදිටන් කරගන්නේ නෑ. 'මාගේ ආත්මය'යි කියල වේදනාව වෙත එන්නේ නෑ. ඒකට බැඳෙන්නේ නෑ. ඒක හිතෙන් අදිටන් කරගන්නේ නෑ. සඤ්ඤාව ....(පෙ).... 'මාගේ ආත්මය'යි කියල සංස්කාර වෙත එන්නේ නෑ. ඒකට බැඳෙන්නේ නෑ. ඒක හිතෙන් අදිටන් කරගන්නේ නෑ. 'මාගේ ආත්මය'යි කියල විඤ්ඤාණය වෙත එන්නේ නෑ. ඒකට බැඳෙන්නේ නෑ. ඒක හිතෙන් අදිටන් කරගන්නේ නෑ. ඉතින් ඔහු මේ පංච උපාදානස්කන්ධය වෙත නොපැමිණුන නිසා ඒකට නොබැඳුණු නිසා බොහෝ කාලයක් හිත පිණිස, සුව පිණිස පවතිනවා."

"ප්‍රිය ආයුෂ්මත් සාරිපුත්තයෙනි, ආයුෂ්මතුන් වහන්සේ වැනි යම් කෙනෙකුන්ට අනුකම්පාවෙන් යහපත කැමැතිව අවවාද කරන, අනුශාසනා කරන සබ්‍රහ්මචාරීන් වහන්සේලා ඉන්නවා නම් ඔය විදිහමයි. දැන් ප්‍රිය ආයුෂ්මත් සාරිපුත්තයන් වහන්සේගේ ධර්ම දේශනාව ශ්‍රවණය කරලා මාගේ සිත උපාදාන රහිත වෙලා ආශ්‍රවයන්ගෙන් නිදහස් වුණා."

මේ දෙසුම ආයුෂ්මත් සාරිපුත්තයන් වහන්සේ වදාළා. ආයුෂ්මත් යමකයන් ඉතාමත් සතුටට පත්වුණා. ආයුෂ්මත් සාරිපුත්තයන් වහන්සේ වදාළ දේශනය සතුටින් පිළිගත්තා.

සාදු! සාදු!! සාදු!!!

යමක සූත්‍රය නිමා විය.

1.2.4.4.
අනුරාධ සූත්‍රය
අනුරාධ තෙරුන්ට වදාළ දෙසුම

86. මා හට අසන්නට ලැබුණේ මේ විදිහටයි. ඒ දිනවල භාග්‍යවතුන් වහන්සේ වැඩසිටියේ විශාලා මහනුවර මහාවනයේ කූටාගාර ශාලාවේ. ඒ දිනවල ආයුෂ්මත් අනුරාධයන් වහන්සේ භාග්‍යවතුන් වහන්සේට නුදුරින් වනගත කුටියක වාසය කළේ. එදා බොහෝ අන්‍යාගමික පරිව්‍රාජකයන් ආයුෂ්මත් අනුරාධයන් වහන්සේ ළඟට පැමිණුනා. පැමිණිලා ආයුෂ්මත් අනුරාධයන් සමඟ සතුටු වුණා. සතුටු විය යුතු පිළිසඳර කතාබහේ යෙදිලා එකත්පස්ව වාඩිවුණා. එකත්පස්ව වාඩිවුණ අන්‍යාගමික පරිව්‍රාජකයන් ආයුෂ්මත් අනුරාධයන් වහන්සේට මෙකරුණ සැළ කළා.

"ප්‍රිය ආයුෂ්මත් අනුරාධයෙනි, යම් ඒ උත්තම පුරුෂ වූ පරම පුරුෂ වූ උතුම් ඵලයට පත් වූ තථාගතයන් වහන්සේ නමක් ඇද්ද, ඔහු පිළිබඳව තථාගතයන් වහන්සේ පණවනවා නම් පණවන්නට තිබෙන්නේ මේ සතර තැනක නේද? ඒ කියන්නේ තථාගතයන් වහන්සේ මරණින් මතු ඉන්නවා. එහෙම නැත්නම් තථාගතයන් වහන්සේ මරණින් මතු ඉන්නේ නෑ. තථාගතයන් වහන්සේ මරණින් මතු ඉන්නවා වගේම ඉන්නෙත් නෑ. තථාගතයන් වහන්සේ මරණින් මතු ඉන්නෙත් නෑ. ඉන්නේ නැත්තෙත් නෑ කියලා."

ඔය විදිහට පැවසූ විට ආයුෂ්මත් අනුරාධයන් වහන්සේ ඒ අන්‍යාගමික පරිව්‍රාජකයන් හට මෙකරුණ පැවසුවා. "ප්‍රිය ආයුෂ්මත්වරුනි, යම් ඒ උත්තම පුරුෂ වූ පරම පුරුෂ වූ උතුම් ඵලයට පත් වූ තථාගතයන් වහන්සේ නමක් ඇද්ද, ඔහු පිළිබඳව තථාගතයන් වහන්සේ පණවනවා නම් පණවන්නට තිබෙන්නේ තථාගතයන් වහන්සේ මරණින් මතු ඉන්නවා. එහෙම නැත්නම් තථාගතයන්

වහන්සේ මරණින් මතු ඉන්නේ නෑ. තථාගතයන් වහන්සේ මරණින් මතු ඉන්නවා වගේම ඉන්නෙත් නෑ. තථාගතයන් වහන්සේ මරණින් මතු ඉන්නෙත් නෑ. ඉන්නේ නැත්තෙත් නෑ කියන මේ සතර තැනින් බැහැරවයි."

ඔය විදිහට පැවසූ විට ඒ අන්‍යාගමික පරිව්‍රාජකයන් ආයුෂ්මත් අනුරාධයන් හට මෙකරුණ පැවසුවා. "ඒ මේ භික්ෂුව නම් නවක පැවිද්දෙක් වගෙයි. පැවිදි වෙලා වැඩිකලක් ගිය කෙනෙක් නම් නොවේ. එහෙම නැත්නම් ස්ථවිර කෙනෙක් වුණත් බාල වූ අව්‍යක්ත කෙනෙක් වගෙයි."

ඉතින් ඒ අන්‍යාගමික පරිව්‍රාජකයන් ආයුෂ්මත් අනුරාධයන් හට නවකවාදයෙනුත්, බාලවාදයෙනුත් අපහාස කරලා ආසනයෙන් නැගිටලා පිටත් වුණා. එතකොට ඒ අන්‍යාගමික පරිව්‍රාජකයන් පිටත් වෙලා ගිහින් නොබෝ වේලාවකින් ආයුෂ්මත් අනුරාධයන් හට මෙහෙම හිතුණා.

'ඉදින් ඒ අන්‍යාගමික පිරිවැජියන් තව දුරටත් මගෙන් ප්‍රශ්න ඇහුවා නම් මං කොයි විදිහෙන් ඒ අන්‍යාගමික පිරිවැජියන්ට උත්තර දෙන කොට ද භාග්‍යවතුන් වහන්සේ වදාළ දෙයම පවසන කෙනෙක් වෙන්නේ. භාග්‍යවතුන් වහන්සේට අභූතයෙන් චෝදනා නොකරන කෙනෙක් වෙන්නේ. ධර්මානුකූල වූ ම ධර්මයන් කියන කෙනෙක් වෙන්නේ. යම්කිසි කරුණු මත නොයෙක් වාදයන් නංවමින් ගැරහිය යුතු තැනකට පත් නොවන කෙනෙක් වෙන්නේ.'

එතකොට ආයුෂ්මත් අනුරාධයන් භාග්‍යවතුන් වහන්සේ වැඩසිටි තැනට පැමිණුනා. පැමිණිලා භාග්‍යවතුන් වහන්සේට වන්දනා කරලා එකත්පස්ව වාඩිවුණා. එකත්පස්ව වාඩිවුණ ආයුෂ්මත් අනුරාධයන් භාග්‍යවතුන් වහන්සේට මෙකරුණ වදාළා.

"ස්වාමීනි, මං මෙහි භාග්‍යවතුන් වහන්සේට නුදුරින් වනගත කුටියක වාසය කළේ. එතකොට බොහෝ අන්‍යාගමික පරිව්‍රාජකයන් මා ළඟට පැමිණුනා. පැමිණිලා මා සමඟ සතුටු වුණා. සතුටු විය යුතු පිළිසඳර කතාබහේ යෙදිලා එකත්පස්ව වාඩිවුණා. එකත්පස්ව වාඩිවුණ අන්‍යාගමික පරිව්‍රාජකයන් මට මෙකරුණ සැළ කළා.

'ප්‍රිය ආයුෂ්මත් අනුරාධයෙනි, යම් ඒ උත්තම පුරුෂ වූ පරම පුරුෂ වූ උතුම් ඵලයට පත් වූ තථාගතයන් වහන්සේ නමක් ඇද්ද, ඔහු පිළිබඳව තථාගතයන් වහන්සේ පණවනවා නම් පණවන්නට තිබෙන්නේ මේ සතර තැනක නේද? ඒ කියන්නේ තථාගතයන් වහන්සේ මරණින් මතු ඉන්නවා. ....(පෙ).... තථාගතයන් වහන්සේ මරණින් මතු ඉන්නෙත් නෑ. ඉන්නේ නැත්තෙත් නෑ කියලා.'

ඔය විදිහට පැවසූ විට ස්වාමීනි, මං ඒ අන්‍යාගමික පරිව්‍රාජකයන් හට මෙකරුණ පැවසුවා. 'ප්‍රිය ආයුෂ්මත්වරුනි, යම් ඒ උත්තම පුරුෂ වූ පරම පුරුෂ වූ උතුම් ඵලයට පත් වූ තථාගතයන් වහන්සේ නමක් ඇද්ද, ඔහු පිළිබඳව තථාගතයන් වහන්සේ පණවනවා නම් පණවන්නට තිබෙන්නේ තථාගතයන් වහන්සේ මරණින් මතු ඉන්නවා ....(පෙ).... තථාගතයන් වහන්සේ මරණින් මතු ඉන්නෙත් නෑ. ඉන්නේ නැත්තෙත් නෑ කියන මේ සතර තැනින් බැහැරවයි.'

ඔය විදිහට පැවසූ විට ඒ අන්‍යාගමික පරිව්‍රාජකයන් මට මෙකරුණ පැවසුවා. 'ඒ මේ භික්ෂුව නම් නවක පැවිද්දෙක් වගෙයි. පැවිදි වෙලා වැඩිකලක් ගිය කෙනෙක් නම් නොවේ. එහෙම නැත්නම් ස්ථවිර කෙනෙක් වුණත් බාල වූ අව්‍යක්ත කෙනෙක් වගෙයි' කියලා.

ඉතින් ඒ අන්‍යාගමික පරිව්‍රාජකයන් මට නවකවාදයෙනුත්, බාලවාදයෙනුත් අපහාස කරලා ආසනයෙන් නැගිටලා පිටත් වුණා. එතකොට ඒ අන්‍යාගමික පරිව්‍රාජකයන් පිටත් වෙලා ගිහින් නොබෝ වේලාවකින් මට මෙහෙම හිතුණා.

'ඉදින් ඒ අන්‍යාගමික පිරිවැජියන් තවදුරටත් මගෙන් ප්‍රශ්න ඇහුවා නම් මං කොයි විදිහෙන් ඒ අන්‍යාගමික පිරිවැජියන්ට උත්තර දෙන කොට ද භාග්‍යවතුන් වහන්සේ වදාළ දෙයම පවසන කෙනෙක් වෙන්නේ. භාග්‍යවතුන් වහන්සේට අභූතයෙන් චෝදනා නොකරන කෙනෙක් වෙන්නේ. ධර්මානුකූල වූ ම ධර්මයක් කියන කෙනෙක් වෙන්නේ. යම්කිසි කරුණු මත නොයෙක් වාදයන් නංවමින් ගැරහිය යුතු තැනකට පත් නොවන කෙනෙක් වෙන්නේ කියලා."

"පින්වත් අනුරාධ, ඔබ මේ ගැන කුමක්ද සිතන්නේ? රූපය යනු නිත්‍ය දෙයක්ද? අනිත්‍ය දෙයක්ද?" "ස්වාමීනි, අනිත්‍යයි."

"යමක් වනාහී අනිත්‍ය නම් එය දුක් දෙයක්ද? සැප දෙයක්ද?" "ස්වාමීනි, දුකයි."

"යමක් වනාහී අනිත්‍ය නම්, දුක නම්, වෙනස්වන ධර්මතාවයට අයත් දෙයක් නම් එය 'මගේ' කියා හෝ එය 'මම වෙමි' කියා හෝ එය 'මගේ ආත්මය' කියා හෝ මුලාවෙන් දකින එක සුදුසුද?" "ස්වාමීනි, එය සුදුසු නෑ ම යි."

"වේදනාව ....(පෙ).... සඤ්ඤාව ....(පෙ).... සංස්කාර ....(පෙ).... විඤ්ඤාණය නිත්‍ය දෙයක්ද? අනිත්‍ය දෙයක්ද?" "ස්වාමීනි, අනිත්‍යයි."

"යමක් වනාහී අනිත්‍ය නම් එය දුක් දෙයක්ද? සැප දෙයක්ද?" "ස්වාමීනි, දුකයි."

"යමක් වනාහී අනිත්‍ය නම්, දුක නම්, වෙනස්වන ධර්මතාවයට අයත් දෙයක් නම් එය 'මගේ' කියා හෝ එය 'මම වෙමි' කියා හෝ එය 'මගේ ආත්මය' කියා හෝ මුලාවෙන් දකින එක සුදුසුද?" "ස්වාමීනි, එය සුදුසු නෑ ම යි."

"එහෙම නම් පින්වත් අනුරාධ, අතීත, අනාගත, වර්තමාන වූ යම්කිසි රූපයක් ඇද්ද, ආධ්‍යාත්ම (තමා යැයි සළකන) රූපයක් වෙන්නට පුළුවනි, බාහිර රූපයක් වෙන්නට පුළුවනි, ගොරෝසු රූපයක් වෙන්නට පුළුවනි, සියුම් රූපයක් වෙන්නට පුළුවනි, හීන රූපයක් වෙන්නට පුළුවනි, උසස් රූපයක් වෙන්නට පුළුවනි, දුර තිබෙන රූපයක් වෙන්නට පුළුවනි, ළඟ තිබෙන රූපයක් වෙන්නට පුළුවනි, ඒ සෑම රූපයක්ම 'මගේ නොවේ, මම නොවෙමි, මගේ ආත්මය නොවේ' යන ඔය කරුණ ඒ ආකාරයෙන්ම දියුණු කළ ප්‍රඥාවෙන් දැකගන්නට ඕන. අතීත, අනාගත, වර්තමාන වූ යම්කිසි වේදනාවක් ඇද්ද ....(පෙ).... අතීත, අනාගත, වර්තමාන වූ යම්කිසි සඤ්ඤාවක් ඇද්ද ....(පෙ).... අතීත, අනාගත, වර්තමාන වූ යම්කිසි සංස්කාර ඇද්ද ....(පෙ).... අතීත, අනාගත, වර්තමාන වූ යම්කිසි විඤ්ඤාණයක් ඇද්ද, ආධ්‍යාත්ම (තමා යැයි සළකන) විඤ්ඤාණයක් වෙන්නට පුළුවනි, බාහිර විඤ්ඤාණයක් වෙන්නට පුළුවනි, ගොරෝසු විඤ්ඤාණයක් වෙන්නට පුළුවනි, සියුම් විඤ්ඤාණයක් වෙන්නට පුළුවනි, හීන විඤ්ඤාණයක් වෙන්නට පුළුවනි, උසස් විඤ්ඤාණයක් වෙන්නට පුළුවනි, දුර තිබෙන විඤ්ඤාණයක් වෙන්නට පුළුවනි, ළඟ තිබෙන විඤ්ඤාණයක් වෙන්නට පුළුවනි, ඒ සෑම විඤ්ඤාණයක්ම 'මගේ නොවේ, මම නොවෙමි, මගේ ආත්මය නොවේ' යන ඔය කරුණ ඒ ආකාරයෙන්ම දියුණු කළ ප්‍රඥාවෙන් දැකගන්නට ඕන. ශ්‍රැතවත් ආර්ය ශ්‍රාවකයා ඔය විදිහට දියුණු කරපු ප්‍රඥාවෙන් දකින කොට රූපය ගැනත් අවබෝධයෙන් ම කළකිරෙනවා ....(පෙ).... ආයෙත් නම් සංසාරයේ වෙන උපතක් නැතැ'යි අවබෝධය ඇති වෙනවා.

පින්වත් අනුරාධ, ඔබ කුමක්ද මේ ගැන හිතන්නේ? තථාගතයන් වහන්සේ හැටියට ඔබ දකින්නේ රූපයද?" "ස්වාමීනි, එය නොවේ ම යි." "වේදනාවද? ....(පෙ).... සඤ්ඤාවද? ....(පෙ).... සංස්කාරද? ....(පෙ).... තථාගතයන් වහන්සේට හැටියට ඔබ දකින්නේ විඤ්ඤාණයද?" "ස්වාමීනි, එය නොවේ ම යි."

"පින්වත් අනුරාධ, ඔබ කුමක්ද මේ ගැන හිතන්නේ? ඔබ දකින්නේ රූපය තුළ තථාගතයන් වහන්සේ ඉන්නවා කියලද?" "ස්වාමීනි, එය නොවේ ම යි."

"ඔබ දකින්නේ රූපයෙන් බැහැර වූ දෙයක් තුළ තථාගතයන් වහන්සේ ඉන්නවා කියලද?" "ස්වාමීනි, එය නොවේ ම යි."

"ඔබ දකින්නේ වේදනාව තුළ තථාගතයන් වහන්සේ ඉන්නවා කියලද? ....(පෙ).... ඔබ දකින්නේ වේදනාවෙන් බැහැර වූ දෙයක් තුළ තථාගතයන් වහන්සේ ඉන්නවා කියලද? ....(පෙ).... ඔබ දකින්නේ සඤ්ඤාව තුළ තථාගතයන් වහන්සේ ඉන්නවා කියලද? ....(පෙ).... ඔබ දකින්නේ සඤ්ඤාවෙන් බැහැර වූ දෙයක් තුළ තථාගතයන් වහන්සේ ඉන්නවා කියලද? ....(පෙ).... ඔබ දකින්නේ සංස්කාර තුළ තථාගතයන් වහන්සේ ඉන්නවා කියලද? ....(පෙ).... ඔබ දකින්නේ සංස්කාරවලින් බැහැර වූ දෙයක් තුළ තථාගතයන් වහන්සේ ඉන්නවා කියලද? ....(පෙ).... ඔබ දකින්නේ විඤ්ඤාණය තුළ තථාගතයන් වහන්සේ ඉන්නවා කියලද?" "ස්වාමීනි, එය නොවේ ම යි."

"ඔබ දකින්නේ විඤ්ඤාණයෙන් බැහැර වූ දෙයක් තුළ තථාගතයන් වහන්සේ ඉන්නවා කියලද?" "ස්වාමීනි, එය නොවේ ම යි."

"පින්වත් අනුරාධ, ඔබ කුමක්ද මේ ගැන හිතන්නේ? රූපයද? ....(පෙ).... වේදනාවද? ....(පෙ).... සඤ්ඤාවද? ....(පෙ).... සංස්කාරද? ....(පෙ).... විඤ්ඤාණයද තථාගතයන් වහන්සේ හැටියට ඔබ දකින්නේ?" "ස්වාමීනි, එය නොවේ ම යි."

"පින්වත් අනුරාධ, ඔබ කුමක්ද මේ ගැන හිතන්නේ? ඒ අරූපී වූ අවේදනීය වූ අසඤ්ඤී වූ අසංඛාර වූ අවිඤ්ඤාණ වූ මෙය තථාගතයන් වහන්සේ හැටියටද ඔබ දකින්නේ?" "ස්වාමීනි, එය නොවේ ම යි."

"පින්වත් අනුරාධ, ඔබට මෙතැනදී ම මේ ජීවිතයේදී ම සත්‍ය වශයෙන්, ස්ථිර වශයෙන්, තථාගතයන් වහන්සේව ලබාගන්නට බැරිව සිටියදී අර විදිහට කතා කරන එක සුදුසුද? 'ප්‍රිය ආයුෂ්මත්වරුනි, යම් ඒ උත්තම පුරුෂ වූ පරම පුරුෂ වූ උතුම් ඵලයට පත් වූ තථාගතයන් වහන්සේ නමක් ඇද්ද, ඔහු පිළිබඳව තථාගතයන් වහන්සේ පණවනවා නම් පණවන්නට තිබෙන්නේ තථාගතයන් වහන්සේ මරණින් මතු ඉන්නවා. එහෙම නැත්නම් තථාගතයන් වහන්සේ මරණින් මතු ඉන්නේ නෑ. තථාගතයන් වහන්සේ මරණින් ඉන්නවා වගේම ඉන්නෙත් නෑ. තථාගතයන් වහන්සේ මරණින් මතු ඉන්නෙත් නෑ. ඉන්නේ නැත්තෙත් නෑ කියන මේ සතර තැනින් බැහැරවයි' කියලා." "ස්වාමීනි, එය නොවේ ම යි."

"සාදු! සාදු! පින්වත් අනුරාධයෙනි, පින්වත් අනුරාධයෙනි, ඉස්සරත් දැනුත් මං පණවන්නේ දුක ගැනත්, දුක් නිරුද්ධ වීම ගැනත් විතරයි."

සාදු! සාදු!! සාදු!!!

අනුරාධ සූත්‍රය නිමා විය.

1.2.4.5.
වක්කලී සූත්‍රය
වක්කලී තෙරුන්ට වදාළ දෙසුම

87. මා හට අසන්නට ලැබුණේ මේ විදිහටයි. ඒ දිනවල භාග්‍යවතුන් වහන්සේ වැඩසිටියේ රජගහ නුවර ලෙහෙනුන්ගේ අභය භූමිය වූ වේළුවනාරාමයේ. ඒ දිනවල ආයුෂ්මත් වක්කලී තෙරුන් රෝගී වෙලා, දුකට පත්වෙලා, බොහෝ සේ ගිලන් වෙලා, කුඹල් කරුවෙකුගේ ශාලාවක වැඩසිටියා.

එදා ආයුෂ්මත් වක්කලී තෙරුන් උපස්ථායක භික්ෂූන් ඇමතුවා. "ප්‍රිය ආයුෂ්මතුනි, මෙහි එන්න. ඔබ භාග්‍යවතුන් වහන්සේ වැඩසිටින තැනට යන්න. ගිහින් භාග්‍යවතුන් වහන්සේගේ සිරිපා සඟල සිරසින් වන්දනා කරන්න. 'ස්වාමීනි, වක්කලී භික්ෂුව රෝගී වෙලා, දුකට පත්වෙලා, බොහෝ සේ ගිලන් වෙලා ඉන්නවා. ඒ වක්කලී භික්ෂුව භාග්‍යවතුන් වහන්සේගේ සිරිපා සඟල සිරසින් වන්දනා කරනවා.' මේ විදිහටත් කියන්න. 'ස්වාමීනි, භාග්‍යවතුන් වහන්ස, වක්කලී භික්ෂුව සිටින තැනට අනුකම්පා උපදවාගෙන වැඩමවා වදාරණ සේක් නම්, ඉතා යහපති' කියල."

"එසේය, ප්‍රිය ආයුෂ්මතුනි" කියල ඒ භික්ෂූන් ආයුෂ්මත් වක්කලීට පිළිතුරු දීලා භාග්‍යවතුන් වහන්සේ වැඩසිටින තැනට පැමිණුනා. පැමිණිලා භාග්‍යවතුන් වහන්සේට ආදරයෙන් වන්දනා කළා. එකත්පස්ව වාඩිවුණා. එකත්පස්ව වාඩිවුණ ඒ භික්ෂූන් භාග්‍යවතුන් වහන්සේට මෙකරුණ සැළ කළා. "ස්වාමීනි, වක්කලී භික්ෂුව රෝගී වෙලා, දුකට පත්වෙලා, බොහෝ සේ ගිලන් වෙලා ඉන්නවා. ඒ වක්කලී භික්ෂුව භාග්‍යවතුන් වහන්සේගේ සිරිපා සඟල සිරසින් වන්දනා කරනවා. මෙසේත් පවසනවා. 'ස්වාමීනි, භාග්‍යවතුන් වහන්ස, වක්කලී භික්ෂුව සිටින තැනට අනුකම්පා උපදවාගෙන වැඩමවා වදාරණ සේක් නම්, ඉතා යහපති' කියල." භාග්‍යවතුන් වහන්සේ නිශ්ශබ්දව වැඩසිටීමෙන් එය පිළිගෙන වදාළා.

එතකොට භාග්‍යවතුන් වහන්සේ සිවුරු හැඳ පොරොවා ගෙන, පාසිවුරුත් ගෙන ආයුෂ්මත් වක්කලී සිටි තැනට වැඩම කළා. ආයුෂ්මත් වක්කලී තෙරුන් දුරින්ම වැඩම කරන්නා වූ භාග්‍යවතුන් වහන්සේව දැකලා ඇඳෙන් නැගිටින්නට උත්සාහ කළා.

එතකොට භාග්‍යවතුන් වහන්සේ ආයුෂ්මත් වක්කලී තෙරුන්ට මෙකරුණ වදාළා. "කමක් නැහැ පින්වත් වක්කලී. ඔබ ඇඳෙන් නැගිටින්නට උත්සාහ ගන්නට එපා. මෙතැන ආසන පණවලා තියෙනවා නෙව. මං මෙතැන වාඩි වෙන්නම්" කියලා භාග්‍යවතුන් වහන්සේ පණවන ලද අසුනෙහි වැඩසිටියා. එසේ වැඩසිටිය භාග්‍යවතුන් වහන්සේ ආයුෂ්මත් වක්කලී තෙරුන්ගෙන් මෙය විමසා වදාළා.

"පින්වත් වක්කලී, දැන් ඔබට කොහොමද? ඉවසන්නට පුළුවන්ද? කොහොමද යැපෙන්නට පුළුවන්ද? කොහොමද ඔබේ දුක් වේදනා අඩුවීමක් තියෙනවාද? වැඩිවීමක් දකින්නට නෑ නේද?"

"අනේ ස්වාමීනි, මට ඉවසන්නට අමාරුයි. යැපෙන්නටත් අමාරුයි. මගේ දුක් වේදනා බොහෝ සෙයින්ම වැඩිවෙනවා. අඩුවීමක් නෑ. වැඩිවීමක් මිසක් අඩුවීමක් පෙනෙන්නෙ නෑ."

"ඇයි පින්වත් වක්කලී? කිසියම් පසුතැවිල්ලක් නැද්ද? කිසියම් විපිළිසර බවක් නැද්ද?" "අනේ ස්වාමීනි, හැබෑවටම මට ස්වල්ප පසුතැවිල්ලක් නොවෙයි තියෙන්නේ. ස්වල්ප විපිළිසරබවක් නොවෙයි තියෙන්නේ."

"ඇයි පින්වත් වක්කලී, ඔබට සිල්වත් බව පිළිබඳව තමාගෙන්ම චෝදනා ලැබෙනවාද?" "අනේ නෑ ස්වාමීනි, මට සිල්වත් බව පිළිබඳව තමාගෙන් චෝදනා ලැබෙන්නේ නෑ."

"ඉදින් පින්වත් වක්කලී, සිල්වත් බව පිළිබඳව ඔබට තමාගෙන්ම චෝදනා නොලැබෙනවා නම්, එහෙම එකේ ආයෙමත් ඔබ මොනවාට පසුතැවිලි වෙනවාද? මොනවාට විපිළිසර වෙනවාද?" "ස්වාමීනි, මං බොහෝ කලක් මුළුල්ලේ භාග්‍යවතුන් වහන්සේව බැහැදකින්නට එන්න කැමැත්තෙන් හිටියා. යම්තාක් කලක් භාග්‍යවතුන් වහන්සේව බැහැදකින්නට එළඹෙනු කැමැතිව හිටියත් එච්චරකටවත් මගේ ශරීරයෙහි සවිශක්තියක් නෑ."

"කමක් නෑ පින්වත් වක්කලී, මේ කුණු ශරීරයක් දැකලා ඇති එලේ මොකක්ද? පින්වත් වක්කලී, යමෙක් ධර්මය දකිනවා නම්, ඔහු තමයි මාව දකින්නේ. යමෙක් මාව දකිනවා නම්, ඔහු තමයි ධර්මය දකින්නේ. පින්වත් වක්කලී, ධර්මයම දකිද්දී මාව පේනවා. මාව දකිද්දි ධර්මයයි පෙනෙන්නෙ. පින්වත් වක්කලී, ඔබ මේ ගැන කුමක්ද සිතන්නේ? රූපය යනු නිත්‍ය දෙයක්ද? අනිත්‍ය දෙයක්ද?" "ස්වාමීනි, අනිත්‍යයි."

"යමක් වනාහී අනිත්‍ය නම් එය දුක් දෙයක්ද? සැප දෙයක්ද?" "ස්වාමීනි, දුකයි."

"යමක් වනාහී අනිත්‍ය නම්, දුක නම්, වෙනස්වන ධර්මතාවයට අයත් දෙයක් නම් එය 'මගේ' කියා හෝ එය 'මම වෙමි' කියා හෝ එය 'මගේ ආත්මය' කියා හෝ මුලාවෙන් දකින එක සුදුසුද?" "ස්වාමීනි, එය සුදුසු නෑ ම යි."

"වේදනාව ....(පෙ).... සඤ්ඤාව ....(පෙ).... සංස්කාර ....(පෙ).... විඤ්ඤාණය නිත්‍ය දෙයක්ද? අනිත්‍ය දෙයක්ද?" "ස්වාමීනි, අනිත්‍යයි ....(පෙ).... එය 'මගේ' කියා හෝ එය 'මම වෙමි' කියා හෝ එය 'මගේ ආත්මය' කියා හෝ මුලාවෙන් දකින එක සුදුසුද?" "ස්වාමීනි, එය සුදුසු නෑ ම යි."

"එහෙම නම් පින්වත් වක්කලී, අතීත, අනාගත, වර්තමාන වූ යම්කිසි රූපයක් ඇද්ද, ආධ්‍යාත්ම (තමා යැයි සළකන) රූපයක් වෙන්නට පුළුවනි, බාහිර රූපයක් වෙන්නට පුළුවනි, ගොරෝසු රූපයක් වෙන්නට පුළුවනි, සියුම් රූපයක් වෙන්නට පුළුවනි, හීන රූපයක් වෙන්නට පුළුවනි, උසස් රූපයක් වෙන්නට පුළුවනි, දුර තිබෙන රූපයක් වෙන්නට පුළුවනි, ළඟ තිබෙන රූපයක් වෙන්නට පුළුවනි, ඒ සෑම රූපයක්ම 'මගේ නොවේ, මම නොවෙමි, මගේ ආත්මය නොවේ' යන ඔය කරුණ ඒ ආකාරයෙන්ම දියුණු කළ ප්‍රඥාවෙන් දැකගන්නට ඕන. අතීත, අනාගත, වර්තමාන වූ යම්කිසි වේදනාවක් ඇද්ද ....(පෙ).... අතීත, අනාගත, වර්තමාන වූ යම්කිසි සඤ්ඤාවක් ඇද්ද ....(පෙ).... අතීත, අනාගත, වර්තමාන වූ යම්කිසි සංස්කාර ඇද්ද ....(පෙ).... අතීත, අනාගත, වර්තමාන වූ යම්කිසි විඤ්ඤාණයක් ඇද්ද, ආධ්‍යාත්ම (තමා යැයි සළකන) විඤ්ඤාණයක් වෙන්නට පුළුවනි, බාහිර විඤ්ඤාණයක් වෙන්නට පුළුවනි, ගොරෝසු විඤ්ඤාණයක් වෙන්නට පුළුවනි, සියුම් විඤ්ඤාණයක් වෙන්නට පුළුවනි, හීන විඤ්ඤාණයක් වෙන්නට පුළුවනි, උසස් විඤ්ඤාණයක් වෙන්නට පුළුවනි, දුර තිබෙන විඤ්ඤාණයක් වෙන්නට පුළුවනි, ළඟ තිබෙන විඤ්ඤාණයක් වෙන්නට පුළුවනි, ඒ සෑම විඤ්ඤාණයක්ම 'මගේ නොවේ, මම නොවෙමි, මගේ ආත්මය නොවේ' යන ඔය කරුණ ඒ ආකාරයෙන්ම දියුණු කළ ප්‍රඥාවෙන් දැකගන්නට ඕන.

පින්වත් වක්කලී, ශ්‍රැතවත් ආර්ය ශ්‍රාවකයා ඔය විදිහට දියුණු කරපු ප්‍රඥාවෙන් දකින කොට රූපය ගැනත් අවබෝධයෙන්ම කළකිරෙනවා. වේදනාව ගැනත් අවබෝධයෙන්ම කළකිරෙනවා. සඤ්ඤාව ගැනත් අවබෝධයෙන්ම කළකිරෙනවා. සංස්කාර ගැනත් අවබෝධයෙන්ම කළකිරෙනවා. විඤ්ඤාණය ගැනත් අවබෝධයෙන්ම කළකිරෙනවා. අවබෝධයෙන්ම කළකිරුණු විට සිත ඇලෙන්නෙ නැතුව යනවා. සිත නොඇලෙන කොට එයින් සිත නිදහස් වෙනවා. සිත නිදහස් වෙන කොටම 'නිදහස් වුණා' කියල අවබෝධ ඥානය ඇති වෙනවා. 'ඉපදීම ක්ෂය වෙලා ගියා. බඹසරවාසය සම්පූර්ණ කරගත්තා.

නිවන පිණිස කළ යුතු දේ කරගත්තා. ආයෙත් නම් සංසාරයේ වෙන උපතක් නැතැ'යි අවබෝධය ඇතිවෙනවා."

ඉතින් භාග්‍යවතුන් වහන්සේ ආයුෂ්මත් වක්කලී තෙරුන්ට ඔය අවවාදයෙන් අවවාද කරල ආසනයෙන් නැගිටලා ගිජ්ඣකූළපව්ව වෙතට වැඩම කොට වදාළා.

එතකොට ආයුෂ්මත් වක්කලී තෙරුන් භාග්‍යවතුන් වහන්සේ වැඩම කොට නොබෝ වේලාවකින් උපස්ථායක භික්ෂූන් ඇමතුවා. "අනේ ප්‍රිය ආයුෂ්මත්වරුනි, එනු මැනැවි. මාව ඇඳක නංවාගෙන ඉසිගිලිපස කාලසිලා ගල්තලාව වෙත අරගෙන යනු මැනැවි. මං වගේ කෙනෙක් ගමක් ඇතුළේ කළුරිය කරන්නට ඕන කියල හිතන්නේ කොහොමද?"

"එසේය, ප්‍රිය ආයුෂ්මතුනි" කියලා ඒ භික්ෂූන් වහන්සේලා ආයුෂ්මත් වක්කලී තෙරුන්ට පිළිතුරු දීලා ආයුෂ්මත් වක්කලී තෙරුන්ව ඇඳක තබාගෙන ඉසිගිලිපස කාලසිලා ගල්තලාව වෙත පැමිණුනා.

එදා භාග්‍යවතුන් වහන්සේ ඒ රාත්‍රියත් ඒ ඉතිරි දහවල් කාලයත් ගිජ්ඣකූළ පර්වතයේමයි වැඩවාසය කළේ.

එදා රෑ ඉක්ම ගියාට පස්සේ දෙවිවරු දෙදෙනෙක් මනස්කාන්ත වර්ණ ඇතිව මුළුමහත් ගිජ්ඣකූළවම බබුලුවා ගෙන භාග්‍යවතුන් වහන්සේ වැඩසිටි තැනට පැමිණුනා. පැමිණිලා භාග්‍යවතුන් වහන්සේට ආදරයෙන් වන්දනා කරලා එකත්පස්ව සිටගත්තා. එකත්පස්ව සිටගත් එක් දෙවියෙක් භාග්‍යවතුන් වහන්සේට මෙකරුණ සැළ කළා. "ස්වාමීනි, වක්කලී භික්ෂුව කෙලෙසුන්ගෙ න් නිදහස් වීම පිණිස සිත මෙහෙයවනවා." අනෙක් දෙවියා භාග්‍යවතුන් වහන්සේට මෙහෙම කිව්වා. "ස්වාමීනි, උන්වහන්සේ නම් අරහත්ඵල විමුක්තිය ඇතිවම දුකෙන් නිදහස් වෙලා යාවි" කියලා. ඒ දේවතාවරු ඔය කරුණයි කිව්වේ. ඉතින් ඒ දේවතාවරු ඔය කරුණ පවසලා භාග්‍යවතුන් වහන්සේට ආදරයෙන් වන්දනා කරලා, ප්‍රදක්ෂිණා කරලා, එතැනම නොපෙනී ගියා.

ඉතින් භාග්‍යවතුන් වහන්සේ ඒ රාත්‍රිය ඉක්ම ගියාට පස්සේ භික්ෂූන් අමතා වදාළා. "පින්වත් මහණෙනි, මෙහි එන්න. වක්කලී භික්ෂුව ඉන්න තැනට යන්න. ගිහින් වක්කලී භික්ෂුවට මෙන්න මේ විදිහට කියන්න. 'ප්‍රිය ආයුෂ්මත් වක්කලී, භාග්‍යවතුන් වහන්සේගේත්, දෙවිවරුන් දෙදෙනෙකුගේත් වචනය අහගෙන ඉන්න. ප්‍රිය ආයුෂ්මතුනි, මේ රාත්‍රියෙහි දෙවිවරු දෙන්නෙක් මනස්කාන්ත වර්ණ ඇතිව මුළුමහත් ගිජ්ඣකූළවම බබුලුවා ගෙන භාග්‍යවතුන්

වහන්සේ වැඩසිටි තැනට පැමිණුනා. පැමිණිලා භාග්‍යවතුන් වහන්සේට ආදරයෙන් වන්දනා කරලා එකත්පස්ව සිටගත්තා. එකත්පස්ව සිටගත් එක් දෙවියෙක් භාග්‍යවතුන් වහන්සේට මෙකරුණ සැළ කළා. 'ස්වාමීනි, වක්කලී භික්ෂුව කෙලෙසුන්ගෙන් නිදහස් වීම පිණිස සිත මෙහෙයවනවා.' අනෙක් දෙවියා භාග්‍යවතුන් වහන්සේට මෙහෙම කිව්වා. 'ස්වාමීනි, උන්වහන්සේ නම් අරහත්ඵල විමුක්තිය ඇතිවම දුකෙන් නිදහස් වෙලා යාවි' කියලා. ප්‍රිය ආයුෂ්මත් වක්කලී, භාග්‍යවතුන් වහන්සේ ද ඔබට මේ විදිහට වදාළා. 'පින්වත් වක්කලී, භය වෙන්න එපා! ඔබට ලාමක නැති මරණයකුයි තියෙන්නේ. ඔබට ලාමක නැති කළුරිය කිරීමකුයි තියෙන්නේ' කියලා."

"එසේ ය, ස්වාමීනි" කියලා ඒ භික්ෂූන් වහන්සේලා භාග්‍යවතුන් වහන්සේට පිළිතුරු දීලා ආයුෂ්මත් වක්කලී තෙරුන් ළඟට පැමිණුනා. පැමිණිලා ආයුෂ්මත් වක්කලී තෙරුන්ට මෙකරුණ සැළ කළා. "ප්‍රිය ආයුෂ්මත් වක්කලී, භාග්‍යවතුන් වහන්සේ ගේත්, දෙවිවරුන් දෙදෙනෙකුගේත් වචනය අහගෙන ඉන්න."

එතකොට ආයුෂ්මත් වක්කලී තෙරුන් උපස්ථායක භික්ෂූන් ඇමතුවා. "අනේ ප්‍රිය ආයුෂ්මත්වරුනි, මෙහෙ එනු මැනැව. මාව ඇඳෙන් බිමට බැස්සුව මැනැව. ඉතින් මං වගේ කෙනෙක් උස් ආසනයක වාඩිවෙලා ඉඳගෙන භාග්‍යවතුන් වහන්සේගේ අනුශාසනාව අසන්නට ඕන කියලා හිතන්නේ කොහොමද?"

"එසේ ය, ආයුෂ්මතුනි" කියලා ඒ භික්ෂූන් වහන්සේලා ආයුෂ්මත් වක්කලී තෙරුන්ට පිළිතුරු දීලා ආයුෂ්මත් වක්කලී තෙරුන්ව ඇඳෙන් බිමට බැස්සුවා.

"ප්‍රිය ආයුෂ්මතුනි, මේ රාත්‍රියෙහි දෙවිවරු දෙන්නෙක් මනස්කාන්ත වර්ණ ඇතිව මුළුමහත් ගිජුකුළුවම බබුලුවා ගෙන භාග්‍යවතුන් වහන්සේ වැඩසිටි තැනට පැමිණුනා. පැමිණිලා භාග්‍යවතුන් වහන්සේට ආදරයෙන් වන්දනා කරලා එකත්පස්ව සිටගත්තා. එකත්පස්ව සිටගත් එක් දෙවියෙක් භාග්‍යවතුන් වහන්සේට මෙකරුණ සැළ කළා. 'ස්වාමීනි, වක්කලී භික්ෂුව කෙලෙසුන්ගෙන් නිදහස් වීම පිණිස සිත මෙහෙයවනවා.' අනෙක් දෙවියා භාග්‍යවතුන් වහන්සේට මෙහෙම කිව්වා. 'ස්වාමීනි, උන්වහන්සේ නම් අරහත්ඵල විමුක්තිය ඇතිවම දුකෙන් නිදහස් වෙලා යාවි' කියලා. ප්‍රිය ආයුෂ්මත් වක්කලී, භාග්‍යවතුන් වහන්සේ ද ඔබට මේ විදිහට වදාළා. 'පින්වත් වක්කලී, භය වෙන්න එපා! ඔබට ලාමක නැති මරණයකුයි තියෙන්නේ. ඔබට ලාමක නැති කළුරිය කිරීමකුයි තියෙන්නේ' කියලා."

"එසේ වී නම් ප්‍රිය ආයුෂ්මත්වරුනි, මගේ වචනයෙන් භාග්‍යවතුන් වහන්සේගේ සිරිපා සඟල සිරසින් වන්දනා කරනු මැනැව. 'ස්වාමීනි, වක්කලී භික්ෂුව රෝගී වෙලා, දුකට පත්වෙලා, බොහෝ සේ ගිලන් වෙලා ඉන්නවා. ඒ වක්කලී භික්ෂුව භාග්‍යවතුන් වහන්සේගේ සිරිපා සඟල සිරසින් වන්දනා කරනවා. මෙහෙමත් කියනවා. 'ස්වාමීනි, රූපය නම් අනිත්‍ය දෙයක් ම යි. මං ඒ ගැන සැක කරන්නෙ නෑ. යමක් අනිත්‍ය නම් ඒක දුකක් කියන කාරණාවත් මං සැක කරන්නෙ නෑ. යමක් අනිත්‍ය නම්, දුක නම්, වෙනස් වන ධර්මතාවයට අයිති නම් ඒ දේ කෙරෙහි මං තුළ කැමැත්තක්වත්, රාගයක්වත්, ප්‍රේමයක්වත් නෑ. ඒ බව මං සැක කරන්නෙත් නෑ. ස්වාමීනි, වේදනාව නම් ....(පෙ).... සඤ්ඤාව නම් ....(පෙ).... සංස්කාර නම් ....(පෙ).... ස්වාමීනි, විඤ්ඤාණය නම් අනිත්‍ය දෙයක් ම යි. මං ඒ ගැන සැක කරන්නෙ නෑ. යමක් අනිත්‍ය නම් ඒක දුකක් කියන කාරණාවත් මං සැක කරන්නෙ නෑ. යමක් අනිත්‍ය නම්, දුක නම්, වෙනස් වන ධර්මතාවයට අයිති නම් ඒ දේ කෙරෙහි මං තුළ කැමැත්තක්වත්, රාගයක්වත්, ප්‍රේමයක්වත් නෑ. ඒ බව මං සැක කරන්නෙත් නෑ."

"එසේ ය, ආයුෂ්මතුනි" කියල ඒ භික්ෂූන් වහන්සේලා ආයුෂ්මත් වක්කලී තෙරුන්ට පිළිතුරු දීලා පිටත් වුණා.

එතකොට ම ආයුෂ්මත් වක්කලී තෙරුන් ඒ භික්ෂූන් පිටත් වී ගිය නොබෝ වේලාවකින් ආයුධයකින් ගෙල සිඳගත්තා.

එතකොට ඒ භික්ෂූන් වහන්සේලා භාග්‍යවතුන් වහන්සේ වැඩසිටිය තැනට පැමිණුනා. පැමිණිලා භාග්‍යවතුන් වහන්සේට ආදරයෙන් වන්දනා කරලා එකත්පස්ව වාඩිවුණා. එකත්පස්ව වාඩිවුණ ඒ භික්ෂූන් වහන්සේලා භාග්‍යවතුන් වහන්සේට මෙකරුණ සැළ කළා. "ස්වාමීනි, වක්කලී භික්ෂුව රෝගී වෙලා, දුකට පත්වෙලා, බොහෝ සේ ගිලන් වෙලා ඉන්නවා. ඒ වක්කලී භික්ෂුව භාග්‍යවතුන් වහන්සේගේ සිරිපා සඟල සිරසින් වන්දනා කරනවා. මෙහෙමත් කියනවා. 'ස්වාමීනි, රූපය නම් අනිත්‍ය දෙයක් ම යි. මං ඒ ගැන සැක කරන්නෙ නෑ. යමක් අනිත්‍ය නම් ඒක දුකක් කියන කාරණාවත් මං සැක කරන්නෙ නෑ. යමක් අනිත්‍ය නම්, දුක නම්, වෙනස් වන ධර්මතාවයට අයිති නම් ඒ දේ කෙරෙහි මං තුළ කැමැත්තක්වත්, රාගයක්වත්, ප්‍රේමයක්වත් නෑ. ඒ බව මං සැක කරන්නෙත් නෑ. ස්වාමීනි, වේදනාව නම් ....(පෙ).... සඤ්ඤාව නම් ....(පෙ).... සංස්කාර නම් ....(පෙ).... ස්වාමීනි, විඤ්ඤාණය නම් අනිත්‍ය දෙයක් ම යි. මං ඒ ගැන සැක කරන්නෙ නෑ. යමක් අනිත්‍ය නම් ඒක දුකක් කියන කාරණාවත් මං සැක කරන්නෙ නෑ. යමක් අනිත්‍ය නම්, දුක නම්, වෙනස් වන ධර්මතාවයට අයිති නම් ඒ දේ කෙරෙහි මං තුළ කැමැත්තක්වත්,

රාගයක්වත්, ප්‍රේමයක්වත් නෑ. ඒ බව මං සැක කරන්නෙත් නෑ' කියලා."

ඒ වෙලාවේ භාග්‍යවතුන් වහන්සේ භික්ෂූන් අමතා වදාළා. "යමු පින්වත් මහණෙනි, යම් තැනක පින්වත් වක්කලී කුලපුත්‍රයා ආයුධයකින් ගෙල සිඳ ගත්තා ද අන්න එතැන වන ඉසිගිලිපස කාලසිලා ගල්තලාව වෙත යමු." "එසේ ය, ස්වාමීනි" කියලා ඒ භික්ෂූන් වහන්සේලා භාග්‍යවතුන් වහන්සේට පිළිතුරු දුන්නා.

ඉතින් භාග්‍යවතුන් වහන්සේ බොහෝ භික්ෂූන් වහන්සේලා සමඟ ඉසිගිලිපස කාලසිලා ගල්තලාව වෙත වැඩම කළා. එහිදී භාග්‍යවතුන් වහන්සේ පෙරළී ගිය කඳකින් යුතුව ඇඳමත වැටී සිටින්නා වූ ආයුෂ්මත් වක්කලී තෙරුන්ව දුරදී ම දැක වදාළා.

ඒ මොහොතේම දුම් දැමීමක් වගේ දෙයක්, කළුවරක් වගේ දෙයක් නැගෙනහිර දිශාවට ගමන් කරන්නට වුණා. බටහිර දිශාවටත් ගමන් කරන්නට වුණා. උතුරු දිශාවටත් ගමන් කරන්නට වුණා. දකුණු දිශාවටත් ගමන් කරන්නට වුණා. උඩටත් ගමන් කරන්නට වුණා. පහතටත් ගමන් කරන්නට වුණා. අනුදිශාවලටත් ගමන් කරන්නට වුණා.

එතකොට භාග්‍යවතුන් වහන්සේ භික්ෂූන් අමතා වදාළා, "පින්වත් මහණෙනි, ඔබට පෙනෙනවාද, අර දුම් දැමීමක් වගේ දෙයක්, කළුවරක් වගේ දෙයක් නැගෙනහිර දිශාවට ගමන් කරනවා. බටහිර දිශාවටත් ගමන් කරනවා. උතුරු දිශාවටත් ගමන් කරනවා. දකුණු දිශාවටත් ගමන් කරනවා. උඩටත් ගමන් කරනවා. පහතටත් ගමන් කරනවා. අනුදිශාවලටත් ගමන් කරනවා?" "එසේ ය, ස්වාමීනි."

"පින්වත් මහණෙනි, ඔය තමයි පවිටු මාරයා. වක්කලී කුලපුත්‍රයාගේ විඤ්ඤාණය කොහේද පිහිටියේ කියලා, වක්කලී කුලපුත්‍රයාගේ විඤ්ඤාණය හොයනවා.

පින්වත් මහණෙනි, වක්කලී කුලපුත්‍රයා නොපිහිටි විඤ්ඤාණයෙන් යුතුව පිරිනිවන් පෑවා."

සාදු! සාදු!! සාදු!!!

වක්කලී සූත්‍රය නිමා විය.

1.2.4.6.
අස්සජී සූත්‍රය
අස්සජී තෙරුන්ට වදාළ දෙසුම

88. ඒ දිනවල භාග්‍යවතුන් වහන්සේ වැඩසිටියේ රජගහ නුවර ලෙහෙනුන්ගේ අභය භූමිය වූ වේළුවනාරාමයේ. ඒ දිනවල ආයුෂ්මත් අස්සජී තෙරුන් රෝගී වෙලා, දුකට පත්වෙලා, බොහෝ සේ ගිලන් වෙලා, කස්සපක ආරාමයේ වැඩසිටියා.

එදා ආයුෂ්මත් අස්සජී තෙරුන් උපස්ථායක භික්ෂූන් ඇමතුවා. "ප්‍රිය ආයුෂ්මතුනි, මෙහි එන්න. ඔබ භාග්‍යවතුන් වහන්සේ වැඩසිටින තැනට යන්න. ගිහින් භාග්‍යවතුන් වහන්සේගේ සිරිපා සඟල සිරසින් වන්දනා කරන්න. 'ස්වාමීනි, අස්සජී භික්ෂුව රෝගී වෙලා, දුකට පත්වෙලා, බොහෝ සේ ගිලන් වෙලා ඉන්නවා. ඒ අස්සජී භික්ෂුව භාග්‍යවතුන් වහන්සේගේ සිරිපා සඟල සිරසින් වන්දනා කරනවා.' මේ විදිහටත් කියන්න. 'ස්වාමීනි, භාග්‍යවතුන් වහන්ස, අස්සජී භික්ෂුව සිටින තැනට අනුකම්පා උපදවාගෙන වැඩමවා වදාරණ සේක් නම්, ඉතා යහපති' කියල."

"එසේ ය, ප්‍රිය ආයුෂ්මතුනි" කියල ඒ භික්ෂූන් ආයුෂ්මත් අස්සජීට පිළිතුරු දීලා භාග්‍යවතුන් වහන්සේ වැඩසිටින තැනට පැමිණුනා. පැමිණිලා භාග්‍යවතුන් වහන්සේට ආදරයෙන් වන්දනා කළා. එකත්පස්ව වාඩිවුණා. එකත්පස්ව වාඩිවුණ ඒ භික්ෂූන් භාග්‍යවතුන් වහන්සේට මෙකරුණ සැළ කළා. "ස්වාමීනි, අස්සජී භික්ෂුව රෝගී වෙලා, දුකට පත්වෙලා, බොහෝ සේ ගිලන් වෙලා ඉන්නවා. ඒ අස්සජී භික්ෂුව භාග්‍යවතුන් වහන්සේගේ සිරිපා සඟල සිරසින් වන්දනා කරනවා. මෙහෙමත් කියනවා. 'ස්වාමීනි, භාග්‍යවතුන් වහන්ස, අස්සජී භික්ෂුව සිටින තැනට අනුකම්පා උපදවාගෙන වැඩමවා වදාරණ සේක් නම්, ඉතා යහපති' කියල." භාග්‍යවතුන් වහන්සේ නිශ්ශබ්දව වැඩසිටීමෙන් එය පිළිගෙන වදාළා.

එතකොට භාග්‍යවතුන් වහන්සේ සවස් කාලයේ භාවනාවෙන් නැගිටලා සිවුරු හැඳ පොරොවා ගෙන, පාසිවුරුත් ගෙන ආයුෂ්මත් අස්සජී සිටි තැනට වැඩම කළා. ආයුෂ්මත් අස්සජී තෙරුන් දුරින්ම වැඩම කරන්නා වූ භාග්‍යවතුන් වහන්සේව දැකලා ඇඳෙන් නැගිටින්නට උත්සාහ කළා.

එතකොට භාග්‍යවතුන් වහන්සේ ආයුෂ්මත් අස්සජි තෙරුන්ට මෙකරුණ වදාළා. "කමක් නැහැ පින්වත් අස්සජි, ඔබ ඇඳෙන් නැගිටින්නට උත්සාහ ගන්නට එපා. මෙතැන ආසන පණවලා තියෙනවා නෙව. මං මෙතැන වාඩිවෙන්නම්" කියලා භාග්‍යවතුන් වහන්සේ පණවන ලද අසුනෙහි වැඩසිටියා. එසේ වැඩසිටිය භාග්‍යවතුන් වහන්සේ ආයුෂ්මත් අස්සජි තෙරුන්ගෙන් මෙය විමසා වදාළා.

"පින්වත් අස්සජි, දැන් ඔබට කොහොමද? ඉවසන්නට පුළුවන්ද? කොහොමද යැපෙන්නට පුළුවන්ද? කොහොමද ඔබේ දුක් වේදනා අඩුවීමක් තියෙනවාද? වැඩිවීමක් දකින්නට නෑ නේද?"

"අනේ ස්වාමීනි, මට ඉවසන්නට අමාරුයි. යැපෙන්නටත් අමාරුයි. මගේ දුක් වේදනා බොහෝ සෙයින්ම වැඩිවෙනවා. අඩුවීමක් නෑ. වැඩිවීමක් මිසක් අඩුවීමක් පෙනෙන්නෙ නෑ."

"ඇයි පින්වත් අස්සජි? කිසියම් පසුතැවිල්ලක් නැද්ද? කිසියම් විපිළිසර බවක් නැද්ද? අනේ ස්වාමීනි, හැබෑවටම මට ස්වල්ප පසුතැවිල්ලක් නොවෙයි තියෙන්නේ. ස්වල්ප විපිළිසරබවක් නොවෙයි තියෙන්නේ."

"ඇයි පින්වත් අස්සජි, ඔබට සිල්වත් බව පිළිබඳව තමාගෙන් ම චෝදනා ලැබෙනවාද?" "අනේ නෑ ස්වාමීනි, මට සිල්වත් බව පිළිබඳව තමාගෙන් චෝදනා ලැබෙන්නේ නෑ."

"ඉදින් පින්වත් අස්සජි, සිල්වත් බව පිළිබඳව ඔබට තමාගෙන්ම චෝදනා නොලැබෙනවා නම්, එහෙම එකේ ආයෙමත් ඔබ මොනවාට පසුතැවිලි වෙනවාද? මොනවාට විපිළිසර වෙනවාද?"

"අනේ ස්වාමීනි, මං මේ අසනීප වෙන්නට කලින් ආශ්වාස ප්‍රශ්වාස සංසිඳුවාගෙන වාසය කළේ. නමුත් ඒ මං දැන් ඒ සමාධිය ලබන්නෙ නෑ. ඉතින් ස්වාමීනි, මට ඒ සමාධිය ලැබෙන්නෙ නැති කොට මෙහෙම හිතෙනවා. 'මේ මාව පිරිහිලා යනවා නොවේද' කියලා."

"පින්වත් අස්සජි, යම් ශ්‍රමණබ්‍රාහ්මණවරු ඉන්නවා. සමාධිය ම සාරය වශයෙන් ගන්නවා. මහණකම වශයෙන් හිතන්නෙත් සමාධිය විතරයි. අන්න ඒ උදවියට නම් සමාධිය නොලැබෙන කොට ඔය විදිහට හිතෙනවා. 'අපි පිරිහිලා යනවා නොවේද' කියලා.

පින්වත් අස්සජි, ඔබ මේ ගැන කුමක්ද සිතන්නේ? රූපය යනු නිත්‍ය දෙයක්ද? අනිත්‍ය දෙයක්ද?" "ස්වාමීනි, අනිත්‍යයි."

"යමක් වනාහී අනිත්‍ය නම් එය දුක් දෙයක්ද? සැප දෙයක්ද?" "ස්වාමීනි, දුකයි."

"යමක් වනාහී අනිත්‍ය නම්, දුක නම්, වෙනස්වන ධර්මතාවයට අයත් දෙයක් නම් එය 'මගේ' කියා හෝ එය 'මම වෙමි' කියා හෝ එය 'මගේ ආත්මය' කියා හෝ මුලාවෙන් දකින එක සුදුසුද?" "ස්වාමීනි, එය සුදුසු නෑ ම යි."

"වේදනාව ....(පෙ).... සඤ්ඤාව ....(පෙ).... සංස්කාර ....(පෙ).... විඤ්ඤාණය නිත්‍ය දෙයක්ද? අනිත්‍ය දෙයක්ද? ස්වාමීනි, අනිත්‍යයි ....(පෙ).... එය 'මගේ' කියා හෝ එය 'මම වෙමි' කියා හෝ එය 'මගේ ආත්මය' කියා හෝ මුලාවෙන් දකින එක සුදුසුද?" "ස්වාමීනි, එය සුදුසු නෑ ම යි."

"එහෙම නම් පින්වත් අස්සජී, අතීත, අනාගත, වර්තමාන වූ යම්කිසි රූපයක් ඇද්ද, ආධ්‍යාත්ම (තමා යැයි සළකන) රූපයක් වෙන්නට පුළුවනි, බාහිර රූපයක් වෙන්නට පුළුවනි, ගොරෝසු රූපයක් වෙන්නට පුළුවනි, සියුම් රූපයක් වෙන්නට පුළුවනි, හීන රූපයක් වෙන්නට පුළුවනි, උසස් රූපයක් වෙන්නට පුළුවනි, දුර තිබෙන රූපයක් වෙන්නට පුළුවනි, ළඟ තිබෙන රූපයක් වෙන්නට පුළුවනි, ඒ සෑම රූපයක්ම 'මගේ නොවේ, මම නොවෙමි, මගේ ආත්මය නොවේ' යන ඔය කරුණ ඒ ආකාරයෙන්ම දියුණු කළ ප්‍රඥාවෙන් දැකගන්න ඕන. අතීත, අනාගත, වර්තමාන වූ යම්කිසි වේදනාවක් ඇද්ද ....(පෙ).... අතීත, අනාගත, වර්තමාන වූ යම්කිසි සඤ්ඤාවක් ඇද්ද ....(පෙ).... අතීත, අනාගත, වර්තමාන වූ යම්කිසි සංස්කාර ඇද්ද ....(පෙ).... අතීත, අනාගත, වර්තමාන වූ යම්කිසි විඤ්ඤාණයක් ඇද්ද, ආධ්‍යාත්ම (තමා යැයි සළකන) විඤ්ඤාණයක් වෙන්නට පුළුවනි, බාහිර විඤ්ඤාණයක් වෙන්නට පුළුවනි, ගොරෝසු විඤ්ඤාණයක් වෙන්නට පුළුවනි, සියුම් විඤ්ඤාණයක් වෙන්නට පුළුවනි, හීන විඤ්ඤාණයක් වෙන්නට පුළුවනි, උසස් විඤ්ඤාණයක් වෙන්නට පුළුවනි, දුර තිබෙන විඤ්ඤාණයක් වෙන්නට පුළුවනි, ළඟ තිබෙන විඤ්ඤාණයක් වෙන්නට පුළුවනි, ඒ සෑම විඤ්ඤාණයක්ම 'මගේ නොවේ, මම නොවෙමි, මගේ ආත්මය නොවේ' යන ඔය කරුණ ඒ ආකාරයෙන්ම දියුණු කළ ප්‍රඥාවෙන් දැකගන්නට ඕන.

පින්වත් අස්සජී, ශ්‍රැතවත් ආර්ය ශ්‍රාවකයා ඔය විදිහට දියුණු කරපු ප්‍රඥාවෙන් දකින කොට රූපය ගැනත් අවබෝධයෙන් ම කළකිරෙනවා. වේදනාව ගැනත් අවබෝධයෙන් ම කළකිරෙනවා. සඤ්ඤාව ගැනත් අවබෝධයෙන් ම කළකිරෙනවා. සංස්කාර ගැනත් අවබෝධයෙන් ම කළකිරෙනවා. විඤ්ඤාණය ගැනත් අවබෝධයෙන් ම කළකිරෙනවා. අවබෝධයෙන් ම කළකිරුණු විට සිත ඇලෙන්නෙ නැතුව යනවා. සිත නොඇලෙන කොට එයින් සිත නිදහස්

වෙනවා. සිත් නිදහස් වෙන කොටම 'නිදහස් වුණා' කියල අවබෝධ ඥානය ඇති වෙනවා. 'ඉපදීම ක්ෂය වෙලා ගියා. බඹසර වාසය සම්පූර්ණ කරගත්තා. නිවන පිණිස කළ යුතු දේ කරගත්තා. ආයෙත් නම් සංසාරයේ වෙන උපතක් නැතැ'යි අවබෝධය ඇතිවෙනවා.

ඒ රහත් භික්ෂුව ඉදින් සැප විඳීමක් නම් විඳින්නේ ඒක අනිත්‍ය බව දැනගන්නවා. එහි සිත බැසගන්නේ නැති බවත් දැනගන්නවා. ඒ විඳීම සිතින් නොපිළිගන්නා බවත් දැනගන්නවා. ඉදින් දුක් විඳීමක් නම් විඳින්නේ ඒක අනිත්‍ය බව දැනගන්නවා. එහි සිත බැසගන්නේ නැති බවත් දැනගන්නවා. ඒ විඳීම සිතින් නොපිළිගන්නා බවත් දැනගන්නවා. ඉදින් දුක්සැප රහිත විඳීමක් නම් විඳින්නේ ඒක අනිත්‍ය බව දැනගන්නවා. එහි සිත බැසගන්නේ නැති බවත් දැනගන්නවා. ඒ විඳීම සිතින් නොපිළිගන්නා බවත් දැනගන්නවා.

ඉතින් ඒ රහත් භික්ෂුව ඉදින් සැප විඳීමක් නම් විඳින්නේ ඒ විඳීමත් සමඟ එක් නොවී සිටියදීමයි එය විඳින්නේ. ඉදින් දුක් විඳීමක් නම් විඳින්නේ ඒ විඳීමත් සමඟ එක් නොවී සිටියදීමයි එය විඳින්නේ. ඉදින් දුක් සැප රහිත විඳීමක් නම් විඳින්නේ ඒ විඳීමත් සමග එක් නොවී සිටියදීමයි එය විඳින්නේ. ඒ රහත් භික්ෂුව ඉදින් කය තිබෙන කල් විතරක් තිබෙන විඳීමක් විඳින විට මං කය තිබෙනකල් විතරක් තිබෙන විඳීමක් තමයි විඳින්නේ කියලා දැනගන්නවා. ඉදින් ජීවිතය තිබෙනකල් විතරක් තිබෙන විඳීමක් විඳින විට මං ජීවිතය තිබෙනකල් විතරක් තිබෙන විඳීමක් තමයි විඳින්නේ කියලා දැනගන්නවා. කය බිඳීමෙන් පසු ජීවිතය නිමා වීමෙන් නොපිළිගෙන සිටින මේ හැම වේදනාවක් ම මෙහිදීම සිහිල් වී සංසිඳී යන බව දැනගන්නවා.

පින්වත් අස්සජී, ඒක මේ වගේ දෙයක්. තෙලත් නිසා, වැටියත් නිසා තමයි තෙල් පහන දැල්වෙන්නේ. ඒ තෙලත් වැටියත් අවසන් වුණාම ආහාර නැති වීමෙන් පහන නිවිලා යනවා. පින්වත් අස්සජී, අන්න ඒ විදිහටම ඒ රහත් භික්ෂුව ඉදින් කය තිබෙනකල් විතරක් තිබෙන විඳීමක් විඳින විට මං කය තිබෙනකල් විතරක් තිබෙන විඳීමක් තමයි විඳින්නේ කියලා දැනගන්නවා. ඉදින් ජීවිතය තිබෙනකල් විතරක් තිබෙන විඳීමක් විඳින විට මං ජීවිතය තිබෙනකල් විතරක් තිබෙන විඳීමක් තමයි විඳින්නේ කියලා දැනගන්නවා. කය බිඳීමෙන් පසු ජීවිතය නිමා වීමෙන් නොපිළිගෙන සිටින මේ හැම වේදනාවක්ම මෙහිදීම සිහිල් වී සංසිඳී යන බව දැනගන්නවා.

සාදු! සාදු!! සාදු!!!

අස්සජී සූත්‍රය නිමා විය.

1.2.4.7.
ඛේමක සූත්‍රය
ඛේමක තෙරුන් වදාළ දෙසුම

89. ඒ දිනවල බොහෝ ස්ථවිර (උපසම්පදා සිල් සුරකිමින් දසවස් ඉක්ම ගිය) භික්ෂූන් වහන්සේලා කොසඹෑ නුවර ඝෝෂිතාරාමයෙහි වැඩසිටියා. ඒ කාලයේදී ආයුෂ්මත් ඛේමක තෙරුන් රෝගීවෙලා, දුකට පත්වෙලා, බොහෝ සේ ගිලන් වෙලා බදරිකාරාමයෙහි වැඩසිටියා.

එතකොට ස්ථවිර භික්ෂූන් වහන්සේලා සවස් වරුවෙහි භාවනාවෙන් නැගිට ආයුෂ්මත් දාසක තෙරුන් ඇමතුවා. "ප්‍රිය ආයුෂ්මත් දාසකයෙනි, මෙහෙ එන්න. ඛේමක භික්ෂුව ඉන්න තැනට යන්න. ගිහින් ඛේමක භික්ෂුවට මේ විදිහට කියන්න. 'ප්‍රිය ආයුෂ්මත් ඛේමකයෙනි, ස්ථවිර භික්ෂූන් වහන්සේලා ඔබෙන් මේ විදිහට ඇහුවා. ප්‍රිය ආයුෂ්මත් ඛේමක, දැන් ඔබට කොහොමද? ඉවසන්ට පුළුවන්ද? කොහොමද යැපෙන්නට පුළුවන්ද? කොහොමද ඔබේ දුක් වේදනා අඩු වීමක් තියෙනවාද? වැඩිවීමක් දකින්නට නෑ නේද?' කියලා."

"එසේ ය, ප්‍රිය ආයුෂ්මතුනි" කියලා ආයුෂ්මත් දාසක තෙරුන් ස්ථවිර භික්ෂූන් පිළිතුරු දීලා ඛේමක භික්ෂුව ඉන්න තැනට ගියා. ගිහින් ඛේමක භික්ෂුවට මේ විදිහට කිව්වා. "ප්‍රිය ආයුෂ්මත් ඛේමකයෙනි, ස්ථවිර භික්ෂූන් වහන්සේලා ඔබෙන් මේ විදිහට ඇහුවා. ප්‍රිය ආයුෂ්මත් ඛේමක, දැන් ඔබට කොහොමද? ඉවසන්නට පුළුවන්ද? කොහොමද යැපෙන්නට පුළුවන්ද? කොහොමද ඔබේ දුක් වේදනා අඩුවීමක් තියෙනවාද? වැඩිවීමක් දකින්නට නෑ නේද?" කියලා.

"අනේ ප්‍රිය ආයුෂ්මතුනි, මට ඉවසන්න අමාරුයි. යැපෙන්නත් අමාරුයි. මගේ දුක් වේදනා බොහෝ සෙයින්ම වැඩිවෙනවා. අඩුවීමක් නෑ. වැඩිවීමක් මිසක් අඩුවීමක් පෙනෙන්නෙ නෑ."

එතකොට ආයුෂ්මත් දාසක භික්ෂුව ස්ථවිර භික්ෂූන් ඉන්න තැනට ගියා. ගිහින් ස්ථවිර භික්ෂූන්ට මෙහෙම කිව්වා. "ප්‍රිය ආයුෂ්මත්වරුනි, ඛේමක භික්ෂුව මෙහෙම කියනවා. 'අනේ ප්‍රිය ආයුෂ්මතුනි, මට ඉවසන්න අමාරුයි. යැපෙන්නත් අමාරුයි. මගේ දුක් වේදනා බොහෝ සෙයින්ම වැඩිවෙනවා.

අඩුවීමක් නෑ. වැඩිවීමක් මිසක් අඩුවීමක් පෙනෙන්නෙ නෑ' කියලා."

"ප්‍රිය ආයුෂ්මත් දාසකයෙනි, මෙහි එන්න. ඛේමක භික්ෂුව ඉන්න තැනට යන්න. ගිහින් ඛේමක භික්ෂුවට මේ විදිහට කියන්න. 'ප්‍රිය ආයුෂ්මත් ඛේමකයෙනි, ස්ථවිර භික්ෂූන් වහන්සේලා ඔබෙන් මේ විදිහට ඇහුවා. ප්‍රිය ආයුෂ්මතුනි, භාග්‍යවතුන් වහන්සේ මේ උපාදානස්කන්ධයන් පහක් වදාරල තියෙනවා. ඒ කියන්නේ රූප උපාදානස්කන්ධය, වේදනා උපාදානස්කන්ධය, සඤ්ඤා උපාදානස්කන්ධය, සංස්කාර උපාදානස්කන්ධය, විඤ්ඤාණ උපාදානස්කන්ධය යන පහයි. ප්‍රිය ආයුෂ්මත් ඛේමක, ඔබ මේ පංච උපාදානස්කන්ධයන්ගෙන් යම් කිසිවක් ආත්මය වශයෙන් හරි, ආත්මයට අයත් දෙයක් වශයෙන් හරි දකිනවාද?' කියලා."

"එසේ ය, ප්‍රිය ආයුෂ්මතුනි" කියලා ආයුෂ්මත් දාසක තෙරුන් ස්ථවිර භික්ෂූන් පිළිතුරු දීලා ඛේමක භික්ෂුව ඉන්න තැනට ගියා. ගිහින් ඛේමක භික්ෂුවට මේ විදිහට කිව්වා. "ප්‍රිය ආයුෂ්මත් ඛේමකයෙනි, ස්ථවිර භික්ෂූන් වහන්සේලා ඔබෙන් මේ විදිහට ඇහුවා. ප්‍රිය ආයුෂ්මතුනි, භාග්‍යවතුන් වහන්සේ මේ උපාදානස්කන්ධයන් පහක් වදාරල තියෙනවා. ඒ කියන්නේ රූප උපාදානස්කන්ධය, වේදනා උපාදානස්කන්ධය, සඤ්ඤා උපාදානස්කන්ධය, සංස්කාර උපාදානස්කන්ධය, විඤ්ඤාණ උපාදානස්කන්ධය යන පහයි. ප්‍රිය ආයුෂ්මත් ඛේමක, ඔබ මේ පංච උපාදානස්කන්ධයන්ගෙන් යම් කිසිවක් ආත්මය වශයෙන් හරි, ආත්මයට අයත් දෙයක් වශයෙන් හරි දකිනවාද? කියලා."

"ප්‍රිය ආයුෂ්මතුනි, භාග්‍යවතුන් වහන්සේ මේ උපාදානස්කන්ධයන් පහක් වදාරල තියෙනවා. ඒ කියන්නේ රූප උපාදානස්කන්ධය, වේදනා උපාදානස්කන්ධය, සඤ්ඤා උපාදානස්කන්ධය, සංස්කාර උපාදානස්කන්ධය, විඤ්ඤාණ උපාදානස්කන්ධය යන පහයි. ප්‍රිය ආයුෂ්මතුනි, ඉදින් මං මේ පංච උපාදානස්කන්ධයන්ගෙන් යම් කිසිවක් ආත්මය වශයෙන් හරි, ආත්මයට අයත් දෙයක් වශයෙන් හරි දකින්නේ නෑ."

එතකොට ආයුෂ්මත් දාසක භික්ෂුව ස්ථවිර භික්ෂූන් ඉන්න තැනට ගියා. ගිහින් ස්ථවිර භික්ෂූන්ට මෙහෙම කිව්වා. "ප්‍රිය ආයුෂ්මත්වරුනි, ඛේමක භික්ෂුව මෙහෙම කියනවා. 'ප්‍රිය ආයුෂ්මතුනි, භාග්‍යවතුන් වහන්සේ මේ උපාදානස්කන්ධයන් පහක් වදාරල තියෙනවා. ඒ කියන්නේ රූප උපාදානස්කන්ධය, වේදනා උපාදානස්කන්ධය, සඤ්ඤා උපාදානස්කන්ධය, සංස්කාර උපාදානස්කන්ධය, විඤ්ඤාණ උපාදානස්කන්ධය යන පහයි. ප්‍රිය ආයුෂ්මතුනි, ඉදින් මං මේ පංච උපාදානස්කන්ධයන්ගෙන් යම් කිසිවක් ආත්මය වශයෙන් හරි, ආත්මයට අයත් දෙයක් වශයෙන් හරි දකින්නේ නෑ' කියලා."

"ප්‍රිය ආයුෂ්මත් දාසකයෙනි, මෙහි එන්න. ඛේමක භික්ෂුව ඉන්න තැනට යන්න. ගිහින් ඛේමක භික්ෂුවට මේ විදිහට කියන්න. 'ප්‍රිය ආයුෂ්මත් ඛේමකයෙනි, ස්ථවිර භික්ෂූන් වහන්සේලා ඔබෙන් මේ විදිහට ඇහුවා. ප්‍රිය ආයුෂ්මතුනි, භාග්‍යවතුන් වහන්සේ මේ උපාදානස්කන්ධයන් පහක් වදාරල තියෙනවා. ඒ කියන්නේ රූප උපාදානස්කන්ධය, වේදනා උපාදානස්කන්ධය, සඤ්ඤා උපාදානස්කන්ධය, සංස්කාර උපාදානස්කන්ධය, විඤ්ඤාණ උපාදානස්කන්ධය යන පහයි. ප්‍රිය ආයුෂ්මත් ඛේමක, ඔබ මේ පංච උපාදානස්කන්ධයන්ගෙන් යම් කිසිවක් ආත්මය වශයෙන් හරි, ආත්මයට අයත් දෙයක් වශයෙන් හරි දකින්නේ නැත්නම්, ඒ කියන්නේ ආයුෂ්මත් ඛේමකයන් අරහත් වූ ක්ෂීණාශ්‍රවයන් වහන්සේ නමක් නෙව."

"එසේ ය, ප්‍රිය ආයුෂ්මතුනි" කියලා ආයුෂ්මත් දාසක තෙරුන් ස්ථවිර භික්ෂූන් පිළිතුරු දීලා ඛේමක භික්ෂුව ඉන්න තැනට ගියා. ගිහින් ඛේමක භික්ෂුවට මේ විදිහට කිව්වා. "ප්‍රිය ආයුෂ්මත් ඛේමකයෙනි, ස්ථවිර භික්ෂූන් වහන්සේලා ඔබෙන් මේ විදිහට ඇහුවා. ප්‍රිය ආයුෂ්මතුනි, භාග්‍යවතුන් වහන්සේ මේ උපාදානස්කන්ධයන් පහක් වදාරල තියෙනවා. ඒ කියන්නේ, රූප උපාදානස්කන්ධය, වේදනා උපාදානස්කන්ධය, සඤ්ඤා උපාදානස්කන්ධය, සංස්කාර උපාදානස්කන්ධය, විඤ්ඤාණ උපාදානස්කන්ධය යන පහයි. ප්‍රිය ආයුෂ්මත් ඛේමක, ඔබ මේ පංච උපාදානස්කන්ධයන්ගෙන් යම් කිසිවක් ආත්මය වශයෙන් හරි, ආත්මයට අයත් දෙයක් වශයෙන් හරි දකින්නේ නැත්නම්, ඒ කියන්නේ ආයුෂ්මත් ඛේමකයන් අරහත් වූ ක්ෂීණාශ්‍රවයන් වහන්සේ නමක් නෙව' කියලා."

"ප්‍රිය ආයුෂ්මතුනි, භාග්‍යවතුන් වහන්සේ මේ උපාදානස්කන්ධයන් පහක් වදාරල තියෙනවා. ඒ කියන්නේ රූප උපාදානස්කන්ධය, වේදනා උපාදානස්කන්ධය, සඤ්ඤා උපාදානස්කන්ධය, සංස්කාර උපාදානස්කන්ධය, විඤ්ඤාණ උපාදානස්කන්ධය යන පහයි. ප්‍රිය ආයුෂ්මතුනි, ඉදින් මං මේ පංච උපාදානස්කන්ධයන්ගෙන් යම් කිසිවක් ආත්මය වශයෙන් හරි, ආත්මයට අයත් දෙයක් වශයෙන් හරි දකින්නේ නෑ තමයි. නමුත් මං අරහත් වූ ක්ෂීණාශ්‍රවයන් වහන්සේ නමක් නොවේ. එහෙම වුණත් මට ප්‍රිය ආයුෂ්මතුනි, මේ පංච උපාදානස්කන්ධයන් පිළිබඳව 'මම වෙමි'යි යන කරුණ ගැන අවබෝධයක් තියෙනවා. ඒ නිසා 'මේ මම වෙමි'යි කියල දෙයක් මං මේ තුළ දකින්නේ නෑ."

එතකොට ආයුෂ්මත් දාසක භික්ෂුව ස්ථවිර භික්ෂූන් ඉන්න තැනට ගියා. ගිහින් ස්ථවිර භික්ෂූන්ට මෙහෙම කිව්වා. "ප්‍රිය ආයුෂ්මත්වරුනි,

ඛේමක භික්ෂුව මෙහෙම කියනවා. 'ප්‍රිය ආයුෂ්මතුනි, භාග්‍යවතුන් වහන්සේ මේ උපාදානස්කන්ධයන් පහක් වදාරල තියෙනවා. ඒ කියන්නේ රූප උපාදානස්කන්ධය, වේදනා උපාදානස්කන්ධය, සඤ්ඤා උපාදානස්කන්ධය, සංස්කාර උපාදානස්කන්ධය, විඤ්ඤාණ උපාදානස්කන්ධය යන පහයි. ප්‍රිය ආයුෂ්මතුනි, ඉදින් මං මේ පංච උපාදානස්කන්ධයන්ගෙන් යම් කිසිවක් ආත්මය වශයෙන් හරි, ආත්මයට අයත් දෙයක් වශයෙන් හරි දකින්නේ නෑ තමයි. නමුත් මං අරහත් වූ ක්ෂීණාශ්‍රවයන් වහන්සේ නමක් නොවේ. එහෙම වුණත් මට ප්‍රිය ආයුෂ්මතුනි, මේ පංච උපාදානස්කන්ධයන් පිළිබඳව 'මම වෙමි'යි යන කරුණ ගැන අවබෝධයක් තියෙනවා. ඒ නිසා 'මේ මම වෙමි'යි කියල දෙයක් මං මේ තුළ දකින්නේ නෑ" කියලා.

"ප්‍රිය ආයුෂ්මත් දාසකයෙනි, මෙහි එන්න. ඛේමක භික්ෂුව ඉන්න තැනට යන්න. ගිහින් ඛේමක භික්ෂුවට මේ විදිහට කියන්න. ප්‍රිය ආයුෂ්මත් ඛේමකයෙනි, ස්ථවිර භික්ෂූන් වහන්සේලා ඔබෙන් මේ විදිහට ඇහුවා. ප්‍රිය ආයුෂ්මත් ඛේමක, යම් දෙයකට 'මම වෙමි'යි කියලා කිව්වා නෙව. ඒ 'මම වෙමි'යි කියලා කිව්වෙ මොකේටද? 'මම වෙමි'යි කියලා කිව්වේ රූපයටද? 'මම වෙමි'යි කියලා කිව්වේ රූපයෙන් බැහැර වූ දෙයකටද? 'මම වෙමි'යි කියලා කිව්වේ වේදනාවටද? ....(පෙ).... සඤ්ඤාවටද? ....(පෙ).... සංස්කාරවලටද? ....(පෙ).... 'මම වෙමි'යි කියලා කිව්වේ විඤ්ඤාණයටද? 'මම වෙමි'යි කියලා කිව්වේ විඤ්ඤාණයෙන් බැහැර වූ දෙයකටද? යම් දෙයකට 'මම වෙමි'යි කියලා කිව්වා නෙව. ඒ 'මම වෙමි'යි කියලා කිව්වේ මොකේටද?"

"එසේ ය, ප්‍රිය ආයුෂ්මතුනි" කියලා ආයුෂ්මත් දාසක තෙරුන් ස්ථවිර භික්ෂූන්ට පිළිතුරු දීලා ඛේමක භික්ෂුව ඉන්න තැනට ගියා. ගිහින් ඛේමක භික්ෂුවට මේ විදිහට කිව්වා. "ප්‍රිය ආයුෂ්මත් ඛේමකයෙනි, ස්ථවිර භික්ෂූන් වහන්සේලා ඔබෙන් මේ විදිහට ඇහුවා. ප්‍රිය ආයුෂ්මත් ඛේමක, යම් දෙයකට 'මම වෙමි'යි කියලා කිව්වා නෙව. ඒ 'මම වෙමි'යි කියලා කිව්වෙ මොකේටද? 'මම වෙමි'යි කියලා කිව්වේ රූපයටද? 'මම වෙමි'යි කියලා කිව්වේ රූපයෙන් බැහැර වූ දෙයකටද? 'මම වෙමි'යි කියලා කිව්වේ වේදනාවටද? ....(පෙ).... සඤ්ඤාවටද? ....(පෙ).... සංස්කාරවලටද? ....(පෙ).... 'මම වෙමි'යි කියලා කිව්වේ විඤ්ඤාණයටද? 'මම වෙමි'යි කියලා කිව්වේ විඤ්ඤාණයෙන් බැහැර වූ දෙයකටද? යම් දෙයකට 'මම වෙමි'යි කියලා කිව්වා නෙව. ඒ 'මම වෙමි'යි කියලා කිව්වේ මොකේටද?" කියලා.

"කමක් නෑ ප්‍රිය ආයුෂ්මත් දාසකය, මොකක්ද මේ දිගින් දිගට ඇවිදීම? ප්‍රිය ආයුෂ්මතුනි, ඔය හැරමිටිය අරගෙන එන්න. ස්ථවිර භික්ෂූන් ඉන්න තැනට

මම ම යන්නම්කො."

ඉතින් ආයුෂ්මත් ඛේමක තෙරුන් හැරමිටි ගගහා ස්ථවිර භික්ෂූන් වහන්සේලා ඉන්න තැනට පැමිණියා. පැමිණිලා ස්ථවිර භික්ෂූන් සමග සතුටු වුණා. සතුටු විය යුතු පිළිසඳර කථාබහ අවසන් කරලා එකත්පස්ව වාඩිවුණා. එකත්පස්ව වාඩිවුණ ආයුෂ්මත් ඛේමක තෙරුන්ට ස්ථවිර භික්ෂූන් වහන්සේලා මෙහෙම කිව්වා. "ප්‍රිය ආයුෂ්මත් ඛේමක, යම් දෙයකට 'මම වෙමි'යි කියලා කිව්වා නෙව. ඒ 'මම වෙමි'යි කියලා කිව්වෙ මොකේටද? 'මම වෙමි'යි කියලා කිව්වේ රූපයටද? 'මම වෙමි'යි කියලා කිව්වේ රූපයෙන් බැහැර වූ දෙයකටද? 'මම වෙමි'යි කියලා කිව්වේ වේදනාවටද? ....(පෙ).... සඤ්ඤාවටද? ....(පෙ).... සංස්කාරවලටද? ....(පෙ).... 'මම වෙමි'යි කියලා කිව්වේ විඤ්ඤාණයටද? 'මම වෙමි'යි කියලා කිව්වේ විඤ්ඤාණයෙන් බැහැර වූ දෙයකටද? යම් දෙයකට 'මම වෙමි'යි කියලා කිව්වා නෙව. ඒ 'මම වෙමි'යි කියලා කිව්වේ මොකේටද?"

"ප්‍රිය ආයුෂ්මත්වරුනි, මං රූපය 'මම වෙමි'යි කියල කියන්නේ නෑ. රූපයෙන් බැහැර වූ දෙයක් 'මම වෙමි'යි කියල කියන්නේත් නෑ. වේදනාව 'මම වෙමි'යි කියල කියන්නේ නෑ. වේදනාවෙන් බැහැර වූ දෙයක් 'මම වෙමි'යි කියල කියන්නේත් නෑ ....(පෙ).... සඤ්ඤාව ....(පෙ).... සංස්කාර 'මම වෙමි'යි කියල කියන්නේ නෑ. සංස්කාරවලින් බැහැර වූ දෙයක් 'මම වෙමි'යි කියල කියන්නේත් නෑ. විඤ්ඤාණය 'මම වෙමි'යි කියල කියන්නේ නෑ. විඤ්ඤාණයෙන් බැහැර වූ දෙයක් 'මම වෙමි'යි කියල කියන්නේත් නෑ. නමුත් ප්‍රිය ආයුෂ්මතුනි, මට මේ පංච උපාදානස්කන්ධය පිළිබඳව 'මම වෙමි'යි යන කරුණ ගැන අවබෝධයක් තියෙනවා. ඒ නිසා 'මේ මම වෙමි'යි කියල දෙයක් මං මේ තුළ දකින්නෙ නෑ.

ප්‍රිය ආයුෂ්මත්වරුනි, ඒක මේ වගේ දෙයක්. මහනෙල් මලක වේවා, රතු නෙළුමක වේවා, සුදු නෙළුමක වේවා, යම්කිසි සුවඳක් තියෙනවා නෙ. ඒ ගැන කෙනෙක් මෙහෙම කිව්වොත් ඔය තියෙන්නේ පෙතිවල සුවඳයි කියල හරි, ඔය තියෙන්නේ පැහැයේ සුවඳයි කියලා හරි, ඔය තියෙන්නේ රේණුවල සුවඳයි කියල හරි කිව්වොත් එයා හරි දේ කිව්වා වෙනවාද?" "ප්‍රිය ආයුෂ්මතුනි, මෙය නොවේ ම යි."

"එහෙම නම් ප්‍රිය ආයුෂ්මත්වරුනි, කොහොම කිව්වොත් ද හරි දේ කියනවා වෙන්නේ?"

"ප්‍රිය ආයුෂ්මතුනි, ඔය තියෙන්නේ මලේ සුවඳයි කියල කිව්වොත් තමයි හරි දේ කියනවා වෙන්නේ."

"ප්‍රිය ආයුෂ්මත්වරුනි, ඔන්න ඔය විදිහම යි. රූපය 'මම වෙමි'යි කියල කියන්නෙත් නෑ. රූපයෙන් බැහැර වූ දෙයක් 'මම වෙමි'යි කියල කියන්නෙත් නෑ. වේදනාව ....(පෙ).... සඤ්ඤාව ....(පෙ).... සංස්කාර ....(පෙ).... විඤ්ඤාණය 'මම වෙමි'යි කියල කියන්නෙත් නෑ. විඤ්ඤාණයෙන් බැහැර වූ දෙයක් 'මම වෙමි'යි කියල කියන්නෙත් නෑ. නමුත් ප්‍රිය ආයුෂ්මතුනි, මට මේ පංච උපාදානස්කන්ධය පිළිබඳව 'මම වෙමි'යි යන කරුණ ගැන අවබෝධයක් තියෙනවා. ඒ නිසා 'මේ මම වෙමි'යි කියල දෙයක් මං මේ තුළ දකින්නෙ නෑ.

ප්‍රිය ආයුෂ්මතුනි, ආර්ය ශ්‍රාවකයෙකු හට ඕරම්භාගීය සංයෝජන පහ ප්‍රහාණය වෙලා තිබෙන නමුත්, ඔහුට ඔය පංච උපාදානස්කන්ධය පිළිබඳව ම 'මම වෙමි'යි කියල යාන්තමින් පවතින මාන්නයක් තියෙනවා නම්, 'මම වෙමි'යි කියල යාන්තමින් පවතින කැමැත්තක් තියෙනවා නම්, ඒ යාන්තමින් පවතින අභ්‍යන්තර කෙලෙස් මුලින් උපුටා දමලා නෑ. එතකොට ඔහු කරන්නේ තව දුරටත් පංච උපාදානස්කන්ධය පිළිබඳව ම ඇතිවීම, නැතිවීම දකිමින් වාසය කරන එකයි. 'මෙයයි රූපය, මෙයයි රූපයේ හටගැනීම, මෙයයි රූපයේ නැති වී යෑම, මෙයයි වේදනාව ....(පෙ).... මෙයයි සඤ්ඤාව ....(පෙ).... මෙයයි සංස්කාර ....(පෙ).... මෙයයි විඤ්ඤාණය, මෙයයි විඤ්ඤාණයේ හටගැනීම, මෙයයි විඤ්ඤාණයේ නැති වී යෑම' කියලා. ඉතින් මේ පංච උපාදානස්කන්ධය පිළිබඳව ම ඇතිවීම, නැතිවීම දකිමින් වාසය කරන ඔහුට පංච උපාදානස්කන්ධය පිළිබඳව ම 'මම වෙමි'යි කියල යාන්තමින් පවතින යම් මාන්නයක් තියෙනවා නම්, 'මම වෙමි'යි කියල යාන්තමින් පවතින යම් කැමැත්තක් තියෙනවා නම්, ඒ යාන්තමින් පවතින මුලින් උපුටා නොදැමූ අභ්‍යන්තර කෙලෙස් තියෙනවා නම් අන්න එයත් මුළුමණින් ම ප්‍රහාණය වෙලා යනවා.

ප්‍රිය ආයුෂ්මත්වරුනි, ඒක මේ වගේ දෙයක්. කිලුටු වෙච්ච ජරාව තැවරුණු වස්ත්‍රයක් තියෙනවා. ඒ වස්ත්‍රයේ අයිතිකාරයා ඒක රෙදි අපුල්ලන්නෙකුට දෙනවා. ඉතින් ඒ රෙදි අපුල්ලන්නා අර වස්ත්‍රය අළු තිබෙන වතුරේ හරි, කර දියේ හරි, ගොම වතුරේ හරි හොඳට අපුල්ලලා පිරිසිදු වතුරෙන් සෝදනවා. එතකොට ඒ වස්ත්‍රය හොඳට පිරිසිදු වුණත්, බැබලුනත්, ඒ වස්ත්‍රයේ යාන්තමින් හරි අළු ගඳ තියෙනවා. කර ගඳ තියෙනවා. ගොම ගඳ තියෙනවා. ඒක මුළුමණින් නැතිවෙලා නෑ. රෙදි අපුල්ලන්නා ඒ වස්ත්‍රය තමයි අයිතිකාරයන්ට දෙන්නේ. එතකොට වස්ත්‍රය අයිති උදවිය සුවඳ කවන ලද කරඬුවක අර වස්ත්‍රය තැන්පත් කරනවා. ඉතින් ඒ වස්ත්‍රය යාන්තමින් හරි අළු ගඳක් තිබුණා නම්, කර ගඳක් තිබුණා නම්, ගොම ගඳක් තිබුණා නම් මුළුමණින් ම නැතිවෙලා තිබූ ඒ ගඳ සම්පූර්ණයෙන්ම නැතිවෙලා යනවා.

ඔන්න ඔය විදිහම යි ප්‍රිය ආයුෂ්මතුනි, ආර්ය ශ්‍රාවකයෙකු හට ඕරම්භාගීය සංයෝජන පහ ප්‍රහාණය වෙලා තිබෙන නමුත්, ඔහුට ඔය පංච උපාදානස්කන්ධය පිළිබඳව ම 'මම වෙමි'යි කියල යාන්තමින් පවතින මාන්නයක් තියෙනවා නම් 'මම වෙමි'යි කියල යාන්තමින් පවතින කැමැත්තක් තියෙනවා නම් ඒ යාන්තමින් පවතින අභ්‍යන්තර කෙලෙස් මුලින් උපුටා දමලා නෑ. එතකොට ඔහු කරන්නේ තවදුරටත් පංච උපාදානස්කන්ධය පිළිබඳව ම ඇතිවීම, නැතිවීම දකිමින් වාසය කරන එකයි. 'මෙයයි රූපය, මෙයයි රූපයේ හටගැනීම, මෙයයි රූපයේ නැති වී යෑම, මෙයයි වේදනාව ....(පෙ).... මෙයයි සඤ්ඤාව ....(පෙ).... මෙයයි සංස්කාර ....(පෙ).... මෙයයි විඤ්ඤාණය, මෙයයි විඤ්ඤාණයේ හටගැනීම, මෙයයි විඤ්ඤාණයේ නැති වී යෑම' කියලා. ඉතින් මේ පංච උපාදානස්කන්ධය පිළිබඳව ම ඇතිවීම, නැතිවීම දකිමින් වාසය කරන ඔහුට පංච උපාදානස්කන්ධය පිළිබඳව ම 'මම වෙමි'යි කියල යාන්තමින් පවතින යම් මාන්නයක් තියෙනවා නම්, 'මම වෙමි'යි කියල යාන්තමින් පවතින යම් කැමැත්තක් තියෙනවා නම්, ඒ යාන්තමින් පවතින මුලින් උපුටා නොදැමූ අභ්‍යන්තර කෙලෙස් තියෙනවා නම් අන්න එයත් මුළුමණින්ම ප්‍රහාණය වෙලා යනවා."

ඒ විදිහට පැවසුවාට පස්සේ ස්ථවිර භික්ෂූන් වහන්සේලා ආයුෂ්මත් ඛේමක තෙරුන්ට මෙහෙම කිව්වා. "අනේ අපි ප්‍රිය ආයුෂ්මත් ඛේමකයන්ව වෙහෙසට පත්කරවන අදහසින් කරුණු ඇහුවා නොවේ. නමුත් ආයුෂ්මත් ඛේමකයන් ඒ භාග්‍යවතුන් වහන්සේගේ බුදු සසුන විස්තර වශයෙන් පවසන්නටත්, දේශනා කරන්නටත්, පණවන්නටත්, පිහිටුවන්නටත්, විවරණය කරන්නටත්, බෙදා විග්‍රහ කරන්නටත්, ඉස්මතු කොට පෙන්වන්නටත් දක්ෂයි. ආයුෂ්මත් ඛේමකයන් විසින් ඒ භාග්‍යවතුන් වහන්සේගේ මේ ශාසනයයි ඔය විස්තර වශයේ පැවසුවේ, දේශනා කළේ, පැණෙව්වේ, පිහිටෙව්වේ, විවරණය කළේ, බෙදා විග්‍රහ කළේ, ඉස්මතු කොට පෙන්වා දුන්නේ."

ආයුෂ්මත් ඛේමකයන් වහන්සේ මෙය වදාළා. ස්ථවිර භික්ෂූන් වහන්සේලා ගොඩාක් සතුටු වුණා. ආයුෂ්මත් ඛේමකයන් වදාළ ධර්මය සතුටින් පිළිගත්තා.

මේ ගාථා රහිත දේශනය වදාරණ කල්හී සැට නමක් පමණ වූ ස්ථවිර භික්ෂූන් වහන්සේලාගේත්, ආයුෂ්මත් ඛේමකයන්ගේත් සිත් උපාදාන රහිතව ආශ්‍රවයන්ගෙන් නිදහස් වෙලා ගියා. (අරහත්වයට පත්වුණා.)

සාදු! සාදු!! සාදු!!!

ඛේමක සූත්‍රය නිමා විය.

1.2.4.8.
ඡන්න සූත්‍රය
ඡන්න තෙරුන්ට වදාළ දෙසුම

90. ඒ දිනවල බොහෝ ස්ථවිර භික්ෂූන් වහන්සේලා බරණැස් නුවර සමීපයෙහි ඉසිපතන නම් වූ මිගදාය වනසෙනසුනෙහි වාසය කළා. එදා ආයුෂ්මත් ඡන්න තෙරුන් සවස් වරුවෙහි භාවනාවෙන් නැගිට යතුරත් රැගෙන විහාරයෙන් විහාරයට පැමිණිලා ස්ථවිර භික්ෂූන් වහන්සේලාට මෙහෙම කිව්වා. "ප්‍රිය ආයුෂ්මත් ස්ථවිරයන් වහන්ස, මට අවවාද දෙන සේක්වා! ප්‍රිය ආයුෂ්මත් ස්ථවිරයන් වහන්ස, මට අනුශාසනා කරන සේක්වා! ප්‍රිය ආයුෂ්මත් ස්ථවිරයන් වහන්ස, මං ධර්මය අවබෝධ කරන්නේ යම් අයුරකින් නම් ඒ විදිහට මට ධර්ම කථාව කරන සේක්වා!"

ඒ විදිහට කිව්වහම ස්ථවිර භික්ෂූන් වහන්සේලා ආයුෂ්මත් ඡන්න තෙරුන්ට මෙකරුණ පවසා සිටියා. "ප්‍රිය ආයුෂ්මතුනි, රූපය කියන්නෙ අනිත්‍ය දෙයක්. වේදනාවත් අනිත්‍යයි. සඤ්ඤාවත් අනිත්‍යයි. සංස්කාරත් අනිත්‍යයි. විඤ්ඤාණයත් අනිත්‍යයි. ඒ වගේ ම රූපය අනාත්මයි. වේදනාවත් අනාත්මයි. සඤ්ඤාවත් අනාත්මයි. සංස්කාරත් අනාත්මයි. විඤ්ඤාණයත් අනාත්මයි. හැම සංස්කාරයක් ම අනිත්‍යයි. හැමදෙයක් ම අනාත්මයි" කියලා.

එතකොට ආයුෂ්මත් ඡන්නයන්ට මේ විදිහට හිතුණා. "ඔය කරුණ ගැන මට හිතෙන්නෙත් ඔය විදිහට ම යි. රූපය කියන්නෙ අනිත්‍ය දෙයක්. වේදනාවත් අනිත්‍යයි. සඤ්ඤාවත් අනිත්‍යයි. සංස්කාරත් අනිත්‍යයි. විඤ්ඤාණයත් අනිත්‍යයි. ඒ වගේ ම රූපය අනාත්මයි. වේදනාවත් අනාත්මයි. සඤ්ඤාවත් අනාත්මයි. සංස්කාරත් අනාත්මයි. විඤ්ඤාණයත් අනාත්මයි. හැම සංස්කාරයක්ම අනිත්‍යයි. හැම දෙයක්ම අනාත්මයි කියලා. ඒ වුණාට සිය සංස්කාර සංසිඳී ගිය, සියලු කෙලෙස් සහිත කර්ම බැහැර වුණ, තණ්හාව ක්ෂය වුණ, විරාගී වූ තණ්හා නිරෝධය වන ඒ අමා නිවනෙහි මගේ සිත බැසගන්නෙ නැහැ නෙව. පහදින්නෙත් නෑ නෙව. පිහිටන්නෙත් නෑ නෙව. නිදහස් වෙන්නෙත් නෑ නෙව. තැති ගැනීම් සහිත, බැඳීමක් නෙ උපදින්නෙ. මනස ආයෙමත් අනෙක් පැත්තට හැරිල එනවා. මගේ කවර ආත්මයක් ද හැසිරෙන්නේ කියලා. ධර්මය අවබෝධ වෙන කෙනෙකුට එහෙම වෙන්න බැහැ. අනේ, මං යම් අයුරකින්

ධර්මය අවබෝධ කරනවා නම්, ඒ විදිහට මට කවුරුනම් ධර්මය දේශනා කරාවිද?"

ඉතින් ආයුෂ්මත් ඡන්නයන්ට මේ අදහස ඇතිවුණා. "මේ ආයුෂ්මත් ආනන්දයන් වහන්සේ කොසඹෑ නුවර ඝෝෂිතාරාමයේ වැඩඉන්නෙ. ශාස්තෲන් වහන්සේ විසිනුත් සංවර්ණනා කරල තියෙනවා. නුවණැති සබ්‍රහ්මචාරීන් වහන්සේලා ගරු බුහුමන් දක්වනවා. ආයුෂ්මත් ආනන්දයන් වහන්සේ නම් යම් අයුරකින් මං ධර්මය දකිනවා නම් ඒ විදිහට ධර්මය දේශනා කරන්නට පුළුවන්කමක් තියෙන කෙනෙක්. අනික මට ආයුෂ්මත් ආනන්දයන් වහන්සේ ගැන ඒ තරම්ම විශ්වාසයකුත් තියෙනවා. දැන් මට කරන්න තියෙන්නේ ආයුෂ්මත් ආනන්දයන් වහන්සේ ළඟට යන එක තමයි."

ඉතින් ආයුෂ්මත් ඡන්නයන් සේනාසනය අස්පස් කරලා පාසිවුරුත් අරගෙන කොසඹෑනුවර ඝෝෂිතාරාමයෙහි වැඩසිටි ආයුෂ්මත් ආනන්දයන් වෙත පැමිණුනා. පැමිණිලා ආයුෂ්මත් ආනන්දයන් සමග සතුටු වුණා. සතුටු විය යුතු පිළිසඳර කතාබහ අවසන් කොට එකත්පස්ව වාඩිවුණා. එකත්පස්ව වාඩිවුණ ආයුෂ්මත් ඡන්නයන් ආයුෂ්මත් ආනන්දයන්ට මෙහෙම කිව්වා. "ප්‍රිය ආයුෂ්මත් ආනන්දයෙනි, මං එතකොට හිටියේ බරණැස ඉසිපතන නම් වූ මිගදාය වනසෙනසුනේ. එදා මං සවස් වරුවෙහි භාවනාවෙන් නැගිට යතුරත් රැගෙන විහාරයෙන් විහාරයට පැමිණිලා ස්ථවිර භික්ෂූන් වහන්සේලාට මෙහෙම කිව්වා. 'ප්‍රිය ආයුෂ්මත් ස්ථවිරයන් වහන්ස, මට අවවාද දෙන සේක්වා! ප්‍රිය ආයුෂ්මත් ස්ථවිරයන් වහන්ස, මට අනුශාසනා කරන සේක්වා! ප්‍රිය ආයුෂ්මත් ස්ථවිරයන් වහන්ස, මං ධර්මය අවබෝධ කරන්නේ යම් අයුරකින් නම් ඒ විදිහට මට ධර්ම කථාව කරන සේක්වා!' කියලා.

ඒ විදිහට කිව්වහම ස්ථවිර භික්ෂූන් වහන්සේලා මට මෙකරුණ පවසා සිටියා. 'ප්‍රිය ආයුෂ්මතුනි, රූපය කියන්නෙ අනිත්‍ය දෙයක්. වේදනාවත් අනිත්‍යයි. සඤ්ඤාවත් අනිත්‍යයි. සංස්කාරත් අනිත්‍යයි. විඤ්ඤාණයත් අනිත්‍යයි. ඒ වගේම රූපය අනාත්මයි. වේදනාවත් අනාත්මයි. සඤ්ඤාවත් අනාත්මයි. සංස්කාරත් අනාත්මයි. විඤ්ඤාණයත් අනාත්මයි. හැම සංස්කාරයක්ම අනිත්‍යයි. හැම දෙයක්ම අනාත්මයි' කියලා.

එතකොට මට මේ විදිහට හිතුණා. 'ඔය කරුණ ගැන මට හිතෙන්නෙත් ඔය විදිහට ම යි. රූපය කියන්නෙ අනිත්‍ය දෙයක්. වේදනාවත් අනිත්‍යයි. සඤ්ඤාවත් අනිත්‍යයි. සංස්කාරත් අනිත්‍යයි. විඤ්ඤාණයත් අනිත්‍යයි. ඒ වගේම රූපය අනාත්මයි. වේදනාවත් අනාත්මයි. සඤ්ඤාවත් අනාත්මයි. සංස්කාරත්

අනාත්මයි. විඤ්ඤාණයත් අනාත්මයි. හැම සංස්කාරයක්ම අනිත්‍යයි. හැම දෙයක්ම අනාත්මයි' කියලා.

ඒ වුණාට සියලු සංස්කාර සංසිඳී ගිය, සියලු කෙලෙස් සහිත කර්ම බැහැර වුණ, තණ්හාව ක්ෂය වුණ, විරාගී වූ තණ්හා නිරෝධය වන ඒ අමා නිවනෙහි මගේ සිත බැසගන්නෙ නැහැ නෙව. පහදින්නෙත් නෑ නෙව. පිහිටන්නෙත් නෑ නෙව. නිදහස් වෙන්නෙත් නෑ නෙව. තැති ගැනීම් සහිත, බැඳීමක් නෙ උපදින්නෙ. මනස ආයෙමත් අනෙක් පැත්තට හැරිල එනවා. මගේ කවර ආත්මයක් ද හැසිරෙන්නේ කියලා. ධර්මය අවබෝධ වෙන කෙනෙකුට එහෙම වෙන්න බැහැ. අනේ, මං යම් අයුරකින් ධර්මය අවබෝධ කරනවා නම්, ඒ විදිහට මට කවුරුනම් ධර්මය දේශනා කරාවිද?' කියලා.

ඉතින් මට මේ අදහස ඇතිවුණා. 'මේ ආයුෂ්මත් ආනන්දයන් වහන්සේ කොසඹෑ නුවර ඝෝෂිතාරාමයේ වැඩඉන්නෙ. ශාස්තෲන් වහන්සේ විසිනුත් සංවර්ණනා කරල තියෙනවා. නුවණැති සබ්‍රහ්මචාරීන් වහන්සේලා ගරු බුහුමන් දක්වනවා. ආයුෂ්මත් ආනන්දයන් වහන්සේ නම් යම් අයුරකින් මං ධර්මය දකිනවා නම් ඒ විදිහට ධර්මය දේශනා කරන්නට පුළුවන්කමක් තියෙන කෙනෙක්. අනික මට ආයුෂ්මත් ආනන්දයන් වහන්සේ ගැන ඒ තරම්ම විශ්වාසයකුත් තියෙනවා. දැන් මට කරන්න තියෙන්නේ ආයුෂ්මත් ආනන්දයන් වහන්සේ ළඟට යන එක තමයි.' ප්‍රිය ආයුෂ්මත් ආනන්දයන් වහන්ස, මට අවවාද දෙන සේක්වා! ප්‍රිය ආයුෂ්මත් ආනන්දයන් වහන්ස, මට අනුශාසනා කරන සේක්වා! ප්‍රිය ආයුෂ්මත් ආනන්දයන් වහන්ස, මං ධර්මය අවබෝධ කරන්නේ යම් අයුරකින් නම් ඒ විදිහට මට ධර්ම කථාව කරන සේක්වා!"

"මෙපමණකින් ම අපි ආයුෂ්මත් ඡන්නයන් ගැන සතුටු වෙනවා. ආයුෂ්මත් ඡන්නයන් අපට ආරාධනා කරනවා නෙව. ආයුෂ්මත් ඡන්නයන් විවෘතභාවයට පත්වුණා. මාන හුල බින්දා. ප්‍රිය ආයුෂ්මත් ඡන්නයෙනි, සවන් යොමු කරන්න. ධර්මය අවබෝධ කරන්නට ඔබ දැන් සුදුසුයි. ආයුෂ්මත් ඡන්නයන්ට එපමණකින් ම උදාර වූ ප්‍රීති ප්‍රමුදිත බවක් උපන්නා. 'අනේ මමත් ධර්මය අවබෝධ කරන්නට සුදුසු කෙනෙක් නේද' කියලා.

ප්‍රිය ආයුෂ්මත් ඡන්න, කච්චානගොත්ත භික්ෂුවට ධර්මාවවාද වදාරද්දී භාග්‍යවතුන් වහන්සේ සමීපයේදී ම යි මේ දෙසුම මං ඇසුවේ. සමීපයේදී ම යි මං පිළිගත්තේ. 'පින්වත් කච්චාන, මේ ලෝක සත්වයා වනාහී බොහෝ සෙයින් ම 'ඇත' යන මතයත්, 'නැත' යන මතයත් දෙක තමයි ඇසුරු කරන්නේ. පින්වත් කච්චාන, මේ (ජීවිතය නම් වූ) ලෝකයේ සකස් වීම ඒ වූ ආකාරයෙන්ම

දියුණු කරපු ප්‍රඥාවෙන් දකින කොට ලෝකය පිළිබඳව 'නැත' කියල කියන යම් මතයක් ඇත්නම් ඒක නැතිවෙලා යනවා. පින්වත් කච්චාන, ලෝකයේ නිරුද්ධ වීම ඒ වූ ආකාරයෙන් ම දියුණු කරපු ප්‍රඥාවෙන් දකින කොට ලෝකය පිළිබඳව 'ඇත' කියල කියන යම් මතයක් ඇත්නම් ඒක නැතිවෙලා යනවා. පින්වත් කච්චාන, මේ ලෝක සත්වයා බොහෝ සෙයින්ම බැසගෙනයි ඉන්නේ. බැඳිලයි ඉන්නේ. දැඩිව බැසගෙනයි ඉන්නේ. දැඩිව බැඳිලයි ඉන්නේ. නමුත් (දියුණු කරපු ප්‍රඥාවෙන් යථාර්ථය දකින කෙනා) මේ බැසගැනීමක් ඇද්ද, බැඳීමක් ඇද්ද, සිතෙන් කළ අදිටනක් ඇද්ද, දැඩිව බැසගැනීමක් ඇද්ද, එයට පැමිණෙන්නෙ නෑ. එයට බැඳෙන්නෙත් නෑ. 'මාගේ ආත්මය' කියලා අදිටන් කරන්නෙත් නෑ. උපදිනවා නම් උපදින්නේ දුක විතරක්ම බවත්, නිරුද්ධ වෙනවා නම් නිරුද්ධ වෙන්නෙත් දුකම බවත් යන මේ කරුණ ගැන සැක කරන්නෙ නෑ. විචිකිච්ඡා කරන්නෙ නෑ. ඔය පිළිබඳව බාහිර උපකාරයකින් තොරව තමන් තුළ ම අවබෝධ ඥානයක් තියෙනවා. පින්වත් කච්චාන, ඔපමණකින් ම සම්මා දිට්ඨිය තියෙනවා.

පින්වත් කච්චාන, සියල්ල ඇත කියන මේ මතය එක අන්තයක්. සියල්ල නැත කියන මේ මතය දෙවෙනි අන්තයයි. පින්වත් කච්චාන, ඔය මත දෙකටම නොපැමිණීමෙන් තමයි තථාගතයන් වහන්සේ ධර්මය දේශනා කරන්නේ. අවිද්‍යාව හේතු කොට ගෙන සංස්කාර ඇතිවෙනවා. සංස්කාර හේතු කොට ගෙන විඤ්ඤාණය ඇති වෙනවා. විඤ්ඤාණය හේතු කොට ගෙන නාමරූප ඇතිවෙනවා. නාමරූප හේතු කොට ගෙන ආයතන හය ඇතිවෙනවා. ආයතන හය හේතු කොට ගෙන ස්පර්ශය ඇතිවෙනවා. ස්පර්ශය හේතු කොට ගෙන විඳීම ඇතිවෙනවා. විඳීම හේතු කොට ගෙන තණ්හාව ඇතිවෙනවා. තණ්හාව හේතු කොට ගෙන බැඳීම ඇතිවෙනවා. බැඳීම හේතු කොට ගෙන විපාක පිණිස කර්ම සකස් වීම ඇතිවෙනවා. විපාක පිණිස කර්ම සකස් වීම හේතු කොට ගෙන ඉපදීම ඇතිවෙනවා. ඉපදීම හේතු කොට ගෙන ජරාමරණ, සෝක, වැළපීම්, දුක් දොම්නස්, සුසුම් හෙළීම් ඇතිවෙනවා. ඔය ආකාරයටයි මේ මුළු මහත් දුක්ඛස්කන්ධයම සකස් වෙන්නේ.

ඒ අවිද්‍යාවම ඉතිරි නැතිව නොඇල්මෙන් නිරුද්ධ වීමෙන් සංස්කාර නිරුද්ධ වෙනවා. සංස්කාර නිරුද්ධ වීමෙන් විඤ්ඤාණය නිරුද්ධ වෙනවා. විඤ්ඤාණය නිරුද්ධ වීමෙන් නාමරූප නිරුද්ධ වෙනවා. නාමරූප නිරුද්ධ වීමෙන් ආයතන හය නිරුද්ධ වෙනවා. ආයතන හය නිරුද්ධ වීමෙන් ස්පර්ශය නිරුද්ධ වෙනවා. ස්පර්ශය නිරුද්ධ වීමෙන් විඳීම නිරුද්ධ වෙනවා. විඳීම නිරුද්ධ වීමෙන් තණ්හාව නිරුද්ධ වෙනවා. තණ්හාව නිරුද්ධ වීමෙන් බැඳීම නිරුද්ධ

වෙනවා. බැඳීම නිරුද්ධ වීමෙන් විපාක පිණිස කර්ම සකස් වීම නිරුද්ධ වෙනවා. විපාක පිණිස කර්ම සකස් වීම නිරුද්ධ වීමෙන් ඉපදීම නිරුද්ධ වෙනවා. ඉපදීම නිරුද්ධ වීමෙන් ජරාමරණ, සෝක, වැළපීම්, දුක් දොම්නස්, සුසුම් හෙළීම් නිරුද්ධ වෙනවා. ඔය ආකාරයටයි මේ මුළුමහත් දුක්ඛස්කන්ධයම නිරුද්ධ වෙන්නේ."

ප්‍රිය ආයුෂ්මත් ආනන්දයෙනි, ආයුෂ්මතුන් වහන්සේ වැනි යම් කෙනෙකුන්ට අනුකම්පාවෙන් යහපත කැමැතිව අවවාද කරන, අනුශාසනා කරන සබ්‍රහ්මචාරීන් වහන්සේලා ඉන්නවා නම් ඔය විදිහම තමයි දැන් ප්‍රිය ආයුෂ්මත් ආනන්දයන් වහන්සේගේ ධර්ම දේශනාව ශ්‍රවණය කරලා මට ධර්මය අවබෝධ වුණා.

සාදු! සාදු!! සාදු!!!

ඡන්න සූත්‍රය නිමා විය.

1.2.4.9.
පඨම රාහුල සූත්‍රය
රාහුල තෙරුන්ට වදාළ පළමු දෙසුම

91. සැවැත් නුවරදී ....

එදා ආයුෂ්මත් රාහුලයන් භාග්‍යවතුන් වහන්සේ වැඩසිටිය තැනට පැමිණුනා. පැමිණිලා භාග්‍යවතුන් වහන්සේට ආදරයෙන් වන්දනා කරලා එකත්පස්ව වාඩිවුණා. එකත්පස්ව වාඩිවුණ ආයුෂ්මත් රාහුලයන් භාග්‍යවතුන් වහන්සේට මෙහෙම කිව්වා.

"ස්වාමීනි, මොන විදිහට අවබෝධ කරගන්නා විට ද, මොන විදිහට දකිනා විට ද මේ විඤ්ඤාණය සහිත වූ කය පිළිබඳවත් බාහිර සියලු නිමිති පිළිබඳවත් 'මම ය, මාගේ ය' යන දෘෂ්ටියෙහි බැස තිබෙන මාන අනුසය ඇති නොවන්නේ?"

"පින්වත් රාහුල, අතීත, අනාගත, වර්තමාන වූ යම් රූපයක් ඇද්ද, ආධ්‍යාත්ම (තමා යැයි සළකන) රූපයක් වෙන්න පුළුවනි, බාහිර රූපයක් වෙන්න පුළුවනි, ගොරෝසු රූපයක් වෙන්න පුළුවනි, සියුම් රූපයක් වෙන්න

පුළුවනි, හීන රූපයක් වෙන්න පුළුවනි, උසස් රූපයක් වෙන්න පුළුවනි, දුර තිබෙන රූපයක් වෙන්න පුළුවනි, ළඟ තිබෙන රූපයක් වෙන්න පුළුවනි, ඒ සෑම රූපයක් ම 'මගේ නොවේ, මම නොවෙමි, මගේ ආත්මය නොවේ' යන ඔය කරුණ ඒ ආකාරයෙන් ම දියුණු කළ ප්‍රඥාවෙන් දකිනවා නම්, අතීත, අනාගත, වර්තමාන වූ යම් වේදනාවක් ඇද්ද ....(පෙ).... අතීත, අනාගත, වර්තමාන වූ යම් සඤ්ඤාවක් ඇද්ද ....(පෙ).... අතීත, අනාගත, වර්තමාන වූ යම් සංස්කාර ඇද්ද ....(පෙ).... අනාගත, වර්තමාන වූ යම් විඤ්ඤාණයක් ඇද්ද, ආධ්‍යාත්ම (තමා යැයි සළකන) විඤ්ඤාණයක් වෙන්න පුළුවනි, බාහිර විඤ්ඤාණයක් වෙන්න පුළුවනි, ගොරෝසු විඤ්ඤාණයක් වෙන්න පුළුවනි, සියුම් විඤ්ඤාණයක් වෙන්න පුළුවනි, හීන විඤ්ඤාණයක් වෙන්න පුළුවනි, උසස් විඤ්ඤාණයක් වෙන්න පුළුවනි, දුර තිබෙන විඤ්ඤාණයක් වෙන්න පුළුවනි, ළඟ තිබෙන විඤ්ඤාණයක් වෙන්න පුළුවනි, ඒ සෑම විඤ්ඤාණයක්ම 'මගේ නොවේ, මම නොවෙමි, මගේ ආත්මය නොවේ' යන ඔය කරුණ ඒ ආකාරයෙන්ම දියුණු කළ ප්‍රඥාවෙන් දකිනවා නම්,

අන්න ඒ විදිහට පින්වත් රාහුල, අවබෝධ කරගන්නා විට, දැකගන්නා විට මේ විඤ්ඤාණය සහිත වූ කය පිළිබඳවත්, බාහිර සියලු නිමිති පිළිබඳවත් 'මම ය, මාගේ ය' යන දෘෂ්ටියෙහි බැස තිබෙන මාන අනුසය ඇතිවෙන්නේ නෑ."

සාදු! සාදු!! සාදු!!!

පඨම රාහුල සූත්‍රය නිමා විය.

1.2.4.10.
දුතිය රාහුල සූත්‍රය
රාහුල තෙරුන්ට වදාළ දෙවෙනි දෙසුම

92. සැවැත් නුවර දී ....

එකත්පස්ව වාඩිවුණ ආයුෂ්මත් රාහුලයන් භාග්‍යවතුන් වහන්සේට මෙහෙම කිව්වා.

"ස්වාමීනි, මොන විදිහට අවබෝධ කරගන්නා විට ද, මොන විදිහට

දකිනා විට ද මේ විඤ්ඤාණය සහිත වූ කය පිළිබඳවත්, බාහිර සියලු නිමිති පිළිබඳවත් 'මම ය, මාගේ ය' යන දෘෂ්ටියෙහි බැස තිබෙන මානය බැහැර වුණ මනසක් ඇතිවන්නේ? හැම මාන කොටසක්ම ඉක්මවා ගිහින් ශාන්ත බවට පත් වෙලා මැනැවින් නිදහස් වෙන්නෙ කොහොමද?"

"පින්වත් රාහුල, යම්කිසි රූපයක් ඇද්ද, ...(පෙ).... දුර තිබෙන රූපයක් වෙන්න පුළුවනි, ළඟ තිබෙන රූපයක් වෙන්න පුළුවනි, ඒ සෑම රූපයක්ම 'මගේ නොවේ, මම නොවෙමි, මගේ ආත්මය නොවේ' යන ඔය කරුණ ඒ ආකාරයෙන්ම දියුණු කළ ප්‍රඥාවෙන් දැකලා කිසිවකට නොබැඳී මැනැවින් නිදහස් වෙලා යනවා. යම්කිසි වේදනාවක් ඇද්ද ....(පෙ).... යම්කිසි සඤ්ඤාවක් ඇද්ද ....(පෙ).... යම්කිසි සංස්කාර ඇද්ද, ...(පෙ).... අතීත, අනාගත, වර්තමාන වූ යම්කිසි විඤ්ඤාණයක් ඇද්ද, ආධ්‍යාත්ම (තමා යැයි සළකන) විඤ්ඤාණයක් වෙන්න පුළුවනි, බාහිර විඤ්ඤාණයක් වෙන්න පුළුවනි, ගොරෝසු විඤ්ඤාණයක් වෙන්න පුළුවනි, සියුම් විඤ්ඤාණයක් වෙන්න පුළුවනි, හීන විඤ්ඤාණයක් වෙන්න පුළුවනි, උසස් විඤ්ඤාණයක් වෙන්න පුළුවනි, දුර තිබෙන විඤ්ඤාණයක් වෙන්න පුළුවනි, ළඟ තිබෙන විඤ්ඤාණයක් වෙන්න පුළුවනි, ඒ සෑම විඤ්ඤාණයක්ම 'මගේ නොවේ, මම නොවෙමි, මගේ ආත්මය නොවේ' යන ඔය කරුණ ඒ ආකාරයෙන්ම දියුණු කළ ප්‍රඥාවෙන් දැකලා කිසිවකට නොබැඳී මැනැවින් නිදහස් වෙලා යනවා.

පින්වත් රාහුල, ඔය විදිහට අවබෝධ කරගන්නා විට තමයි, ඔය විදිහට දකිනා විට තමයි මේ විඤ්ඤාණය සහිත වූ කය පිළිබඳවත්, බාහිර සියලු නිමිති පිළිබඳවත් 'මම ය, මාගේ ය' යන දෘෂ්ටියෙහි බැස තිබෙන මානය බැහැර වුණ මනසක් ඇතිවන්නේ. හැම මාන කොටසක්ම ඉක්මවා ගිහින් ශාන්ත බවට පත්වෙලා මැනැවින් නිදහස් වෙන්නේ.

දුතිය රාහුල සූත්‍රය නිමා විය.

හතරවෙනි ථේර වර්ගය අවසන් විය.

- **එහි පිළිවෙල උද්දානයයි :**

ආනන්ද සූත්‍රය, තිස්ස සූත්‍රය, යමක සූත්‍රය, අනුරාධ සූත්‍රය, වක්කලී සූත්‍රය, අස්සජී සූත්‍රය, ඛේමක සූත්‍රය, ඡන්න සූත්‍රය, රාහුල සූත්‍ර දෙක යන මෙයින් මේ වර්ගය සමන්විතයි.

5. පුප්ඵ වර්ගය

1.2.5.1.
නදී සූත්‍රය
නදිය ගැන වදාළ දෙසුම

93. සැවැත් නුවර දී ....

පින්වත් මහණෙනි, ඒක මේ වගේ දෙයක්. පර්වතයකින් ගලා බස්නා නදියක් තියෙනවා. ඒ නදිය දියට වැටුණු හැම දෙයක්ම වේගයෙන් පහළට අරන් යනවා. දුර ඈතට යනවා. වේගවත් සැඩ පහරින් ගලා බසිනවා. ඉදින් ඔය නදිය දෙපස ඉවුරේ වැලුක් තණ ආදිය වැවිලා තියෙනවා නම්, ඒව තියෙන්නේ ගලා බසින නදියටම පහත් වෙලයි. කුස තණ ආදියත් වැවිලා තියෙනවා නම්, ඒව තියෙන්නෙත් ගලා බසින නදියටම පහත් වෙලයි. බබුස් තණ ආදියත් වැවිලා තියෙනවා නම්, ඒවා තියෙන්නෙත් ගලා බසින නදියටම පහත් වෙලයි. සැවැන්දරා පඳුරුත් වැවිලා තියෙනවා නම්, ඒවා තියෙන්නෙත් ගලා බසින නදියටම පහත් වෙලයි. ගස් වර්ගත් වැවිලා තියෙනවා නම්, ඒවා තියෙන්නෙත් ගලා බසින නදියටම පහත් වෙලයි.

ඔය ගංගාවට වැටුණ මනුස්සයෙක් සැඩ පහරට අහුවෙලා පහළට ගහගෙන යද්දී, වැලුක් තණ පඳුරක එල්ලුනොත්, එතකොට ඒවා කැඩිලා යනවා. ඔහු ඒ කාරණය නිසාත් ආයෙමත් කරදරයට පත්වෙනවා. කුස තණ පඳුරක එල්ලුනොත්, එතකොට ඒවා කැඩිලා යනවා. ඔහු ඒ කාරණය නිසාත් ආයෙමත් කරදරයට පත්වෙනවා. බබුස් තණ පඳුරක එල්ලුනොත්, එතකොට ඒවා කැඩිලා යනවා. ඔහු ඒ කාරණය නිසාත් ආයෙමත් කරදරයට පත්වෙනවා. සැවැන්දරා පඳුරක එල්ලුනොත්, එතකොට ඒවා කැඩිලා යනවා. ඔහු ඒ කාරණය නිසාත් ආයෙමත් කරදරයට පත්වෙනවා. ගස්වල එල්ලුනොත්, එතකොට ඒ ගස් කැඩිලා යනවා. ඔහු ඒ කාරණය නිසාත් ආයෙමත් කරදරයට පත්වෙනවා.

පින්වත් මහණෙනි, ඔය විදිහට ම අශ්‍රැතවත් පෘථග්ජනයෙක් ඉන්නවා. ඔහු ආර්යයන් වහන්සේලා නොදකින කෙනෙක්. ආර්ය ධර්මයට අදක්ෂ

කෙනෙක්. ආර්ය ධර්මයෙහි නොහික්මුණ කෙනෙක්. සත්පුරුෂයන් වහන්සේලා නොදකින කෙනෙක්. සත්පුරුෂ ධර්මයට අදක්ෂ කෙනෙක්. සත්පුරුෂ ධර්මයෙහි නොහික්මුණ කෙනෙක්. ඔහු ආත්මයක් හැටියට රූපය ගැන මුළාවෙන් දකිනවා. ආත්මයක් රූපයෙන් හැදී තිබෙන හැටියට මුළාවෙන් දකිනවා. ආත්මය තුළ රූපය තිබෙන බවට මුළාවෙන් දකිනවා. ආත්මය තිබෙන්නේ රූපය තුළ බවට මුළාවෙන් දකිනවා. ඔහුගේ ඒ රූපය නැසී වැනසී යනවා. එතකොට ඔහු ඒ කාරණය හේතු කරගෙන ආයෙමත් කරදරයකට පත්වෙනවා. ඔහු ආත්මයක් හැටියට වේදනාව ගැන මුළාවෙන් දකිනවා ....(පෙ).... ආත්මය තිබෙන්නේ වේදනාව තුළ බවට මුළාවෙන් දකිනවා. ඔහුගේ ඒ වේදනාව නැසී වැනසී යනවා. එතකොට ඔහු ඒ කාරණය හේතු කරගෙන ආයෙමත් කරදරයකට පත්වෙනවා. සඤ්ඤාව ....(පෙ).... ආත්මයක් හැටියට සංස්කාර ගැන මුළාවෙන් දකිනවා. ආත්මයක් සංස්කාර වලින් හැදී තිබෙන හැටියට මුළාවෙන් දකිනවා. ආත්මය තුළ සංස්කාර තිබෙන බවට මුළාවෙන් දකිනවා. ආත්මය තිබෙන්නේ සංස්කාර තුළ බවට මුළාවෙන් දකිනවා. ඔහුගේ ඒ සංස්කාර නැසී වැනසී යනවා. එතකොට ඔහු ඒ කාරණය හේතු කරගෙන ආයෙමත් කරදරයකට පත්වෙනවා. ආත්මයක් හැටියට විඤ්ඤාණය ගැන මුළාවෙන් දකිනවා. ආත්මයක් විඤ්ඤාණයෙන් හැදී තිබෙන හැටියට මුළාවෙන් දකිනවා. ආත්මය තුළ විඤ්ඤාණය තිබෙන බවට මුළාවෙන් දකිනවා. ආත්මය තිබෙන්නේ විඤ්ඤාණය තුළ බවට මුළාවෙන් දකිනවා. ඔහුගේ ඒ විඤ්ඤාණය නැසී වැනසී යනවා. එතකොට ඔහු ඒ කාරණය හේතු කරගෙන ආයෙමත් කරදරයකට පත්වෙනවා.

පින්වත් මහණෙනි, ඔබ මේ ගැන කුමක්ද සිතන්නේ? රූපය යනු නිත්‍ය දෙයක්ද? අනිත්‍ය දෙයක්ද?" "ස්වාමීනි, අනිත්‍යයි."

"යමක් වනාහී අනිත්‍ය නම් එය දුක් දෙයක්ද? සැප දෙයක්ද?" "ස්වාමීනි, දුකයි."

"යමක් වනාහී අනිත්‍ය නම්, දුක නම්, වෙනස්වන ධර්මතාවයට අයත් දෙයක් නම් එය 'මගේ' කියා හෝ එය 'මම වෙමි' කියා හෝ එය 'මගේ ආත්මය' කියා හෝ මුළාවෙන් දකින එක සුදුසුද?" "ස්වාමීනි, එය සුදුසු නෑ ම යි."

වේදනාව ....(පෙ).... සඤ්ඤාව ....(පෙ).... සංස්කාර ....(පෙ).... විඤ්ඤාණය යනු නිත්‍ය දෙයක්ද? අනිත්‍ය දෙයක්ද?" "ස්වාමීනි, අනිත්‍යයි ....(පෙ)....

එනිසා පින්වත් මහණෙනි, ...(පෙ).... ආයෙමත් වෙන උපතක් නැති

බව අවබෝධ කරගන්නවා."

සාදු! සාදු!! සාදු!!!

නදී සූත්‍රය නිමා විය.

1.2.5.2.
පුප්ඵ සූත්‍රය
පියුමක් උපමා කොට වදාළ දෙසුම

94.   සැවැත් නුවරදී ....

පින්වත් මහණෙනි, මං ලෝක සත්වයා සමග වාද විවාද කරන කෙනෙක් නොවෙයි. පින්වත් මහණෙනි, ලෝකයා තමයි මාත් සමග වාද විවාදෙට එන්නේ. පින්වත් මහණෙනි, ධර්මවාදී (ධර්මය ම පවසන) කෙනෙක් ලෝකයෙහි කා සමගවත් වාද විවාද කරන්නේ නෑ.

පින්වත් මහණෙනි, ලෝකයෙහි මහා නුවණැතියන් විසින් යමක් නැත කියා සම්මත කරලා තියෙනවාද, මමත් ඒක නැත කියල ම යි කියන්නේ. පින්වත් මහණෙනි, ලෝකයෙහි මහා නුවණැතියන් විසින් යමක් ඇත කියා සම්මත කරලා තියෙනවාද, මමත් ඒක ඇත කියල ම යි කියන්නේ.

පින්වත් මහණෙනි, ලෝකයෙහි මහා නුවණැතියන් විසින් නැත කියා සම්මත කරලා තියෙන මමත් ඒක නැත කියල ම කියන යමක් ඇද්ද, ඒ මොකක්ද?

පින්වත් මහණෙනි, ලෝකයෙහි මහා නුවණැතියන් නිත්‍ය වූ ස්ථිර වූ සනාතන වූ නොවෙනස් ස්වභාවයට අයත් වූ රූපයක් නැත කියලයි සම්මත කරල තියෙන්නේ. මා කියන්නෙත් එබඳු රූපයක් නැත කියල ම යි. ලෝකයෙහි මහා නුවණැතියන් නිත්‍ය වූ ස්ථිර වූ සනාතන වූ නොවෙනස් ස්වභාවයට අයත් වූ විඳීමක් නැත කියලයි සම්මත කරල තියෙන්නේ. මා කියන්නෙත් එබඳු විඳීමක් නැත කියල ම යි. සඤ්ඤාවක් .....(පෙ).... ලෝකයෙහි මහා නුවණැතියන් නිත්‍ය වූ ස්ථිර වූ සනාතන වූ නොවෙනස් ස්වභාවයට අයත් වූ සංස්කාර නැත කියලයි සම්මත කරල තියෙන්නේ. මා කියන්නෙත් එබඳු සංස්කාර නැත කියල ම යි. ලෝකයෙහි මහා නුවණැතියන් නිත්‍ය වූ ස්ථිර වූ

සනාතන වූ නොවෙනස් ස්වභාවයට අයත් වූ විඤ්ඤාණයක් නැත කියලයි සම්මත කරල තියෙන්නේ. මා කියන්නෙත් එබඳු විඤ්ඤාණයක් නැත කියල ම යි. පින්වත් මහණෙනි, ලෝකයෙහි මහා නුවණැතියන් විසින් නැත කියා සම්මත කරලා තියෙන මමත් ඒක නැත කියල ම කියන යමක් ඇද්ද, ඒ මෙය තමයි.

පින්වත් මහණෙනි, ලෝකයෙහි මහා නුවණැතියන් විසින් ඇත කියා සම්මත කරලා තියෙන මමත් ඒක ඇත කියලම කියන යමක් ඇද්ද, ඒ මොකක්ද?

පින්වත් මහණෙනි, ලෝකයෙහි මහා නුවණැතියන් අනිත්‍ය වූ දුක් වූ වෙනස් වන ස්වභාවයට අයත් වූ රූපයක් ඇත කියලයි සම්මත කරල තියෙන්නේ. මා කියන්නෙත් එබඳු රූපයක් ඇත කියල ම යි. ලෝකයෙහි මහා නුවණැතියන් අනිත්‍ය වූ දුක් වූ වෙනස් වන ස්වභාවයට අයත් වූ විඳීමක් ඇත කියලයි සම්මත කරල තියෙන්නේ. මා කියන්නෙත් එබඳු විඳීමක් ඇත කියල ම යි. සඤ්ඤාවක් ....(පෙ).... ලෝකයෙහි මහා නුවණැතියන් අනිත්‍ය වූ දුක් වූ වෙනස් වන ස්වභාවයට අයත් වූ සංස්කාර ඇත කියලයි සම්මත කරල තියෙන්නේ. මා කියන්නෙත් එබඳු සංස්කාර ඇත කියල ම යි. ලෝකයෙහි මහා නුවණැතියන් අනිත්‍ය වූ දුක් වූ වෙනස් වන ස්වභාවයට අයත් වූ විඤ්ඤාණයක් ඇත කියලයි සම්මත කරල තියෙන්නේ. මා කියන්නෙත් එබඳු විඤ්ඤාණයක් ඇත කියල ම යි. පින්වත් මහණෙනි, ලෝකයෙහි මහා නුවණැතියන් විසින් ඇත කියා සම්මත කරලා තියෙන මමත් ඒක ඇත කියලම කියන යමක් ඇද්ද, ඒ මෙය තමයි.

පින්වත් මහණෙනි, ලෝකයෙහි ලෝක ධර්මයක් තිබෙනවා. තථාගතයන් වහන්සේ ඒක ගැඹුරින් ම අවබෝධ කරනවා. මැනැවින් ම අවබෝධ කරනවා. ගැඹුරින් ම අවබෝධ කරලා, මැනැවින් ම අවබෝධ කරලා, ප්‍රකාශ කරනවා. දේශනා කරනවා. පණවනවා. පිහිටුවනවා. විවරණය කරනවා. බෙදා විස්තර කරනවා. ඉස්මතු කරල පෙන්වනවා. පින්වත් මහණෙනි, තථාගතයන් වහන්සේ යම් දෙයක් ගැඹුරින් ම අවබෝධ කරනවා නම්, මැනැවින් ම අවබෝධ කරනවා නම්, ගැඹුරින් ම අවබෝධ කරලා, මැනැවින් ම අවබෝධ කරලා, ප්‍රකාශ කරනවා නම්, දේශනා කරනවා නම්, පණවනවා නම්, පිහිටුවනවා නම්, විවරණය කරනවා නම්, බෙදා විස්තර කරනවා නම්, ඉස්මතු කරල පෙන්වනවා නම්, ලෝකයෙහි ඇති ඒ ලෝක ධර්මය මොකක්ද?

පින්වත් මහණෙනි, ලෝකයෙහි ඇති ලෝක ධර්මය නම් රූපයයි. ඒක තමයි තථාගතයන් වහන්සේ ඒක ගැඹුරින් ම අවබෝධ කරන්නේ. මැනැවින්

ම අවබෝධ කරන්නේ. ගැඹුරින් ම අවබෝධ කරලා, මැනැවින් ම අවබෝධ කරලා, ප්‍රකාශ කරන්නේ, දේශනා කරන්නේ, පණවන්නේ, පිහිටුවන්නේ, විවරණය කරන්නේ, බෙදා විස්තර කරන්නේ, ඉස්මතු කරල පෙන්වන්නේ. පින්වත් මහණෙනි, තථාගතයන් වහන්සේ ඔය ආකාරයට ප්‍රකාශ කරද්දී, දේශනා කරද්දී, පණවද්දී, පිහිටුවද්දී, විවරණය කරද්දී, බෙදා විස්තර කරද්දී, ඉස්මතු කරල පෙන්වද්දී යමෙක් අවබෝධ කරන්නෙ නැත්නම්, නුවණින් දකින්නේ නැත්නම් පින්වත් මහණෙනි, ඒ බාල වූ, පෘථග්ජන වූ, අන්ධ වූ, ඇස් නැත්තා වූ, නොදන්නා වූ, නොදක්නා වූ කෙනා ගැන මං මොකක් කරන්නද?

පින්වත් මහණෙනි, ලෝකයෙහි ඇති ලෝක ධර්මය නම් වේදනාවයි ....(පෙ).... පින්වත් මහණෙනි, ලෝකයෙහි ඇති ලෝක ධර්මය නම් සඤ්ඤාවයි ....(පෙ).... පින්වත් මහණෙනි, ලෝකයෙහි ඇති ලෝක ධර්මය නම් සංස්කාරයි ....(පෙ).... ලෝකයෙහි ඇති ලෝක ධර්මය නම් විඤ්ඤාණයයි. ඒක තමයි තථාගතයන් වහන්සේ ඒක ගැඹුරින් ම අවබෝධ කරන්නේ, මැනැවින් ම අවබෝධ කරන්නේ. ගැඹුරින් ම අවබෝධ කරලා, මැනැවින් ම අවබෝධ කරලා, ප්‍රකාශ කරන්නේ, දේශනා කරන්නේ, පණවන්නේ, පිහිටුවන්නේ, විවරණය කරන්නේ, බෙදා විස්තර කරන්නේ, ඉස්මතු කරල පෙන්වන්නේ. පින්වත් මහණෙනි, තථාගතයන් වහන්සේ ඔය ආකාරයට ප්‍රකාශ කරද්දී, දේශනා කරද්දී, පණවද්දී, පිහිටුවද්දී, විවරණය කරද්දී, බෙදා විස්තර කරද්දී, ඉස්මතු කරල පෙන්වද්දී යමෙක් අවබෝධ කරන්නෙ නැත්නම්, නුවණින් දකින්නේ නැත්නම් පින්වත් මහණෙනි, ඒ බාල වූ, පෘථග්ජන වූ, අන්ධ වූ, ඇස් නැත්තා වූ, නොදන්නා වූ, නොදක්නා වූ කෙනා ගැන මං මොකක් කරන්නද?

පින්වත් මහණෙනි, ඒක මේ වගේ දෙයක්. ජලයේ හැදිලා, ජලයේ ම වැඩිලා, ජලයෙන් උඩට නැගුණු මහනෙල් මලක් හරි, රතු නෙළුමක් හරි, සුදු නෙළුමක් හරි තියෙනවා. ජලයේ නොගෑවී තියෙන්නේ. පින්වත් මහණෙනි, ඔන්න ඔය විදිහ ම යි තථාගතයන් වහන්සේ ලෝකය තුළ වැඩිලා, ලෝකය යටපත් කරගෙනයි ඉන්නේ. ලෝකයත් සමග නොගෑවිලයි ඉන්නේ.

සාදු! සාදු!! සාදු!!!

පුප්ඵ සූත්‍රය නිමා විය.

1.2.5.3.
ඵේණපිණ්ඩූපම සූත්‍රය
පෙණපිඬක් උපමා කොට වදාළ දෙසුම

95. ඒ දිනවල භාග්‍යවතුන් වහන්සේ වැඩවාසය කළේ අයෝධ්‍යා නගරාසන්නයේ ගංගා නදී තීරයේ. එදා භාග්‍යවතුන් වහන්සේ "පින්වත් මහණෙනි" කියා භික්ෂූන් අමතා වදාළා. "පින්වතුන් වහන්ස" යැයි කියලා ඒ භික්ෂූන් වහන්සේලා භාග්‍යවතුන් වහන්සේට පිළිතුරු දුන්නා. භාග්‍යවතුන් වහන්සේ මේ දෙසුම වදාළා.

පින්වත් මහණෙනි, ඒක මේ වගේ දෙයක්. මේ ගංගා නදියේ ලොකු පෙණගුළි මතු වෙනවා. එතකොට ඇස් ඇති පුරුෂයෙක් ඒ පෙණ ගුළි දෙස බලාගෙන ඉන්නවා. ඒ ගැන හිතනවා. නුවණින් විමස විමසා බලනවා. එතකොට ඒ පෙණ ගුළි දෙස බලාගෙන ඉන්න, ඒ ගැන හිතන, නුවණින් විමස විමසා බලන ඔහුට හිස් දෙයක් හැටියට ම යි ඒ පෙණ ගුළි ගැන වැටහෙන්නේ. තුච්ඡ දෙයක් හැටියට ම යි ඒ පෙණ ගුළි ගැන වැටහෙන්නේ. අසාර දෙයක් හැටියට ම යි ඒ පෙණ ගුළි ගැන වැටහෙන්නේ. පින්වත් මහණෙනි, ඇත්තෙන් ම පෙණ ගුළියක ඇති හරය මොකක්ද?

පින්වත් මහණෙනි, ඔන්න ඔය විදිහමයි අතීත, අනාගත, වර්තමාන වූ යම්කිසි රූපයක් ඇද්ද, ආධ්‍යාත්ම (තමා යැයි සළකන) රූපයක් ඇද්ද, බාහිර රූපයක් ඇද්ද, ගොරෝසු රූපයක් ඇද්ද, සියුම් රූපයක් ඇද්ද, හීන රූපයක් ඇද්ද, උසස් රූපයක් ඇද්ද, දුර තිබෙන රූපයක් ඇද්ද, ළඟ තිබෙන රූපයක් ඇද්ද, භික්ෂුව අන්න ඒ රූපය ගැන හිතනවා. නුවණින් විමස විමසා බලනවා. එතකොට ඒ රූපය දෙස බලාගෙන ඉන්න, ඒ ගැන හිතන, නුවණින් විමස විමසා බලන භික්ෂුවට හිස් දෙයක් හැටියට ම යි ඒ රූපය ගැන වැටහෙන්නේ. තුච්ඡ දෙයක් හැටියට ම යි ඒ රූපය ගැන වැටහෙන්නේ. අසාර දෙයක් හැටියට ම යි ඒ රූපය ගැන වැටහෙන්නේ. පින්වත් මහණෙනි, ඇත්තෙන් ම රූපයක ඇති හරය මොකක්ද?

පින්වත් මහණෙනි, මේ විදිහේ දෙයකුත් තියෙනවා. ඔන්න සරත් කාලයේ ලොකු වැහි බිඳු ඇති වැස්ස වහිනවා. එතකොට වතුරේ දිය බුබුළු හටගන්නවා. බිඳිලා යනවා. එතකොට ඇස් ඇති පුරුෂයෙක් ඒ දිය බුබුළු දෙස බලාගෙන ඉන්නවා. ඒ ගැන හිතනවා. නුවණින් විමස විමසා බලනවා. එතකොට ඒ දිය බුබුළු දෙස බලාගෙන ඉන්න, ඒ ගැන හිතන, නුවණින් විමස විමසා බලන

ඔහුට හිස් දෙයක් හැටියට ම යි ඒ දිය බුබුළු ගැන වැටහෙන්නේ. තුච්ඡ දෙයක් හැටියට ම යි ඒ දිය බුබුළු ගැන වැටහෙන්නේ. අසාර දෙයක් හැටියට ම යි ඒ දිය බුබුළු ගැන වැටහෙන්නේ. පින්වත් මහණෙනි, ඇත්තෙන්ම දිය බුබුලක ඇති හරය මොකක්ද?

පින්වත් මහණෙනි, ඔන්න ඔය විදිහමයි අතීත, අනාගත, වර්තමාන වූ යම්කිසි විදීමක් ඇද්ද, ආධ්‍යාත්ම (තමා යැයි සළකන) විදීමක් ඇද්ද, බාහිර විදීමක් ඇද්ද, ගොරෝසු විදීමක් ඇද්ද, සියුම් විදීමක් ඇද්ද, හීන විදීමක් ඇද්ද, උසස් විදීමක් ඇද්ද, දුර තිබෙන විදීමක් ඇද්ද, ළඟ තිබෙන විදීමක් ඇද්ද, භික්ෂුව අන්න ඒ විදීම ගැන හිතනවා. නුවණින් විමස විමසා බලනවා. එතකොට ඒ විදීම දෙස බලාගෙන ඉන්න, ඒ ගැන හිතන, නුවණින් විමස විමසා බලන භික්ෂුවට හිස් දෙයක් හැටියට ම යි ඒ විදීම ගැන වැටහෙන්නේ. තුච්ඡ දෙයක් හැටියට ම යි ඒ විදීම ගැන වැටහෙන්නේ. අසාර දෙයක් හැටියට ම යි ඒ විදීම ගැන වැටහෙන්නේ. පින්වත් මහණෙනි, ඇත්තෙන්ම විදීමක ඇති හරය මොකක්ද?

පින්වත් මහණෙනි, මේ විදිහේ දෙයකුත් තියෙනවා. ඔන්න පායන කාලේ අග මාසේ වෙද්දී ගිනිමද්දහනේ වෙන කොට මිරිඟුව සෙලවෙනවා. එතකොට ඇස් ඇති පුරුෂයෙක් ඒ මිරිඟුව දෙස බලාගෙන ඉන්නවා. ඒ ගැන හිතනවා. නුවණින් විමස විමසා බලනවා. එතකොට ඒ මිරිඟුව දෙස බලාගෙන ඉන්න, ඒ ගැන හිතන, නුවණින් විමස විමසා බලන ඔහුට හිස් දෙයක් හැටියට ම යි ඒ මිරිඟුව ගැන වැටහෙන්නේ. තුච්ඡ දෙයක් හැටියට ම යි ඒ මිරිඟුව ගැන වැටහෙන්නේ. අසාර දෙයක් හැටියට ම යි ඒ මිරිඟුව ගැන වැටහෙන්නේ. පින්වත් මහණෙනි, ඇත්තෙන්ම මිරිඟුවක ඇති හරය මොකක්ද?

පින්වත් මහණෙනි, ඔන්න ඔය විදිහමයි අතීත, අනාගත, වර්තමාන වූ යම්කිසි සඤ්ඤාවක් ඇද්ද, ආධ්‍යාත්ම (තමා යැයි සළකන) සඤ්ඤාවක් ඇද්ද, බාහිර සඤ්ඤාවක් ඇද්ද, ගොරෝසු සඤ්ඤාවක් ඇද්ද, සියුම් සඤ්ඤාවක් ඇද්ද, හීන සඤ්ඤාවක් ඇද්ද, උසස් සඤ්ඤාවක් ඇද්ද, දුර තිබෙන සඤ්ඤාවක් ඇද්ද, ළඟ තිබෙන සඤ්ඤාවක් ඇද්ද, භික්ෂුව අන්න ඒ සඤ්ඤාව ගැන හිතනවා. නුවණින් විමස විමසා බලනවා. එතකොට ඒ සඤ්ඤාව දෙස බලාගෙන ඉන්න, ඒ ගැන හිතන, නුවණින් විමස විමසා බලන භික්ෂුවට හිස් දෙයක් හැටියට ම යි ඒ සඤ්ඤාව ගැන වැටහෙන්නේ. තුච්ඡ දෙයක් හැටියට ම යි ඒ සඤ්ඤාව ගැන වැටහෙන්නේ. අසාර දෙයක් හැටියට ම යි ඒ සඤ්ඤාව ගැන වැටහෙන්නේ. පින්වත් මහණෙනි, ඇත්තෙන්ම සඤ්ඤාවක ඇති හරය මොකක්ද?

පින්වත් මහණෙනි, මේ විදිහේ දෙයකුත් තියෙනවා. අරටුවකින් ප්‍රයෝජනය තිබෙන, අරටුවක් සොයන, අරටුවක් සොයමින් ඇවිදින පුරුෂයෙක් ඉන්නවා. ඔහු තියුණු කෙටේරියක් අරගෙන වනයක් තුළට වදිනවා. ඉතින් ඔහුට ඒ වනාන්තරයේ තියෙන හොඳට කෙලින් වෙලා හැදුණ, අළුත්, නොපීදුණු, මහත කෙසෙල් කඳක් දකින්නට ලැබෙනවා. ඔහු ඒ කෙසෙල් කඳ මුලින් කපනවා. මුලින් කපලා අගත් කපනවා. අගත් කපලා පතුරු ගලවනවා. ඔහු ඒ ගසේ පතුරු ගලවද්දී එලයක්වත් හම්බ වෙන්නේ නෑ. අරටුවක් කොහෙන් ලැබෙන්නද? එතකොට ඇස් ඇති පුරුෂයෙක් ඒ කෙසෙල් කඳ දෙස බලාගෙන ඉන්නවා. ඒ ගැන හිතනවා. නුවණින් විමස විමසා බලනවා. එතකොට ඒ කෙසෙල් කඳ දෙස බලාගෙන ඉන්න, ඒ ගැන හිතන, නුවණින් විමස විමසා බලන ඔහුට හිස් දෙයක් හැටියට ම යි ඒ කෙසෙල් කඳ ගැන වැටහෙන්නේ. තුච්ඡ දෙයක් හැටියට ම යි ඒ කෙසෙල් කඳ ගැන වැටහෙන්නේ. අසාර දෙයක් හැටියට ම යි ඒ කෙසෙල් කඳ ගැන වැටහෙන්නේ. පින්වත් මහණෙනි, ඇත්තෙන්ම කෙසෙල් කඳක ඇති හරය මොකක්ද?

පින්වත් මහණෙනි, ඔන්න ඔය විදිහමයි අතීත, අනාගත, වර්තමාන වූ යම්කිසි සංස්කාර ඇද්ද, ආධ්‍යාත්ම (තමා යැයි සළකන) සංස්කාර ඇද්ද, බාහිර සංස්කාර ඇද්ද, ගොරෝසු සංස්කාර ඇද්ද, සියුම් සංස්කාර ඇද්ද, හීන සංස්කාර ඇද්ද, උසස් සංස්කාර ඇද්ද, දුර තිබෙන සංස්කාර ඇද්ද, ළඟ තිබෙන සංස්කාර ඇද්ද, භික්ෂුව අන්න ඒ සංස්කාර ගැන හිතනවා. නුවණින් විමස විමසා බලනවා. එතකොට ඒ සංස්කාර දෙස බලාගෙන ඉන්න, ඒ ගැන හිතන, නුවණින් විමස විමසා බලන භික්ෂුවට හිස් දෙයක් හැටියට ම යි ඒ සංස්කාර ගැන වැටහෙන්නේ. තුච්ඡ දෙයක් හැටියට ම යි ඒ සංස්කාර ගැන වැටහෙන්නේ. අසාර දෙයක් හැටියට ම යි ඒ සංස්කාර ගැන වැටහෙන්නේ. පින්වත් මහණෙනි, ඇත්තෙන්ම සංස්කාරවල ඇති හරය මොකක්ද?

පින්වත් මහණෙනි, මේ විදිහේ දෙයකුත් තියෙනවා. ඔන්න, විජ්ජාකාරයෙක් ඉන්නවා. එක්කෝ ඒ විජ්ජාකාරයාගේ ගෝලයෙක් ඉන්නවා. ඉතින් මොහු හතරමං හන්දියක විජ්ජා පෙන්වනවා. එතකොට ඇස් ඇති පුරුෂයෙක් ඒ විජ්ජා දෙස බලාගෙන ඉන්නවා. ඒ ගැන හිතනවා. නුවණින් විමස විමසා බලනවා. එතකොට ඒ විජ්ජා දෙස බලාගෙන ඉන්න, ඒ ගැන හිතන, නුවණින් විමස විමසා බලන ඔහුට හිස් දෙයක් හැටියට ම යි ඒ විජ්ජා ගැන වැටහෙන්නේ. තුච්ඡ දෙයක් හැටියට ම යි ඒ විජ්ජා ගැන වැටහෙන්නේ. අසාර දෙයක් හැටියට ම යි ඒ විජ්ජා ගැන වැටහෙන්නේ. පින්වත් මහණෙනි, ඇත්තෙන්ම විජ්ජාවක ඇති හරය මොකක්ද?

පින්වත් මහණෙනි, ඔන්න ඔය විදිහමයි අතීත, අනාගත, වර්තමාන වූ යම්කිසි විඤ්ඤාණයක් ඇද්ද, ආධ්‍යාත්ම (තමා යැයි සළකන) විඤ්ඤාණයක් ඇද්ද, බාහිර විඤ්ඤාණයක් ඇද්ද, ගොරෝසු විඤ්ඤාණයක් ඇද්ද, සියුම් විඤ්ඤාණයක් ඇද්ද, හීන විඤ්ඤාණයක් ඇද්ද, උසස් විඤ්ඤාණයක් ඇද්ද, දුර තිබෙන විඤ්ඤාණයක් ඇද්ද, ළඟ තිබෙන විඤ්ඤාණයක් ඇද්ද, භික්ෂුව අන්න ඒ විඤ්ඤාණය ගැන හිතනවා. නුවණින් විමස විමසා බලනවා. එතකොට ඒ විඤ්ඤාණය දෙස බලාගෙන ඉන්න, ඒ ගැන හිතන, නුවණින් විමස විමසා බලන භික්ෂුවට හිස් දෙයක් හැටියට ම යි ඒ විඤ්ඤාණය ගැන වැටහෙන්නේ. තුච්ඡ දෙයක් හැටියට ම යි ඒ විඤ්ඤාණය ගැන වැටහෙන්නේ. අසාර දෙයක් හැටියට ම යි ඒ විඤ්ඤාණය ගැන වැටහෙන්නේ. පින්වත් මහණෙනි, ඇත්තෙන් ම විඤ්ඤාණයක ඇති හරය මොකක්ද?

පින්වත් මහණෙනි, ශ්‍රැතවත් ආර්ය ශ්‍රාවකයා ඔය විදිහට දියුණු කරපු ප්‍රඥාවෙන් දකින කොට රූපය ගැනත් අවබෝධයෙන්ම කළකිරෙනවා. වේදනාව ගැනත් අවබෝධයෙන්ම කළකිරෙනවා. සඤ්ඤාව ගැනත් අවබෝධයෙන්ම කළකිරෙනවා. සංස්කාර ගැනත් අවබෝධයෙන්ම කළකිරෙනවා. විඤ්ඤාණය ගැනත් අවබෝධයෙන්ම කළකිරෙනවා. අවබෝධයෙන්ම කළකිරුණු විට සිත ඇලෙන්නෙ නැතුව යනවා. සිත නොඇලෙන කොට එයින් සිත නිදහස් වෙනවා. සිත් නිදහස් වෙන කොටම 'නිදහස් වුණා' කියල අවබෝධ ඥානය ඇති වෙනවා. 'ඉපදීම ක්ෂය වෙලා ගියා. බඹසරවාසය සම්පූර්ණ කරගත්තා. නිවන පිණිස කළ යුතු දේ කරගත්තා. ආයෙත් නම් සංසාරයේ වෙන උපතක් නැතැ'යි අවබෝධය ඇතිවෙනවා.

භාග්‍යවතුන් වහන්සේ මෙය වදාළා. මෙය වදාළ සුගත වූ ශාස්තෲන් වහන්සේ මෙයද වදාළා

1. රූපය වනාහී පෙණ පිඬක් වැනි දෙයකි. විඳීම උපමා කළ හැක්කේ දියබුබුලකටයි. සඤ්ඤාව මිරිඟුවක් වැනි දෙයකි. සංස්කාර ද කෙසෙල් කඳක් වැන්න. විඤ්ඤාණය විජ්ජාවක් වැනි දෙයක් බව ආදිච්චබන්ධු වූ බුදුරජාණන් වහන්සේයි වදාළේ.

2. යමෙක් ඒ ගැන යම් යම් විදිහකින් නුවණින් සිතනවා ද, නුවණින් විමස විමසා බලනවා ද, හිස් දෙයක් හැටියට ම යි, තුච්ඡ දෙයක් හැටියට ම යි, නුවණින් විමසද්දී දකින්නේ.

3. මහා ප්‍රඥාවකින් යුතු බුදුරජාණන් වහන්සේ මේ කය ගැන වදාළේ ගැරහිය යුතු දෙයක් හැටියටයි. කරුණු තුනක් බැහැර වුණාට පස්සේ

සොහොනේ අත්හැර දමාපු මේ රූපය යම් කෙනෙක් දකිනවා නම්,

4. ආයුෂ, උණුසුම, විඤ්ඤාණය යන කරුණු තුන යම් දවසක මේ කයෙන් බැහැර වෙනවා නම් එදාට සතුන්ට ආහාරයක් වෙලයි චේතනා රහිතව පොළොවේ වැතිරෙන්නේ.

5. ඔය විදිහට තමයි දිගටම ආවේ. මේක මායාවක්. අඥානයන්ගේ වර්ණනාවට ගොදුරු වූ දෙයක්. නමුත් නුවණැත්තන් කියන්නේ මෙය වධකයෙක් කියලයි. මේකෙ සාරයක් නම් දකින්නට ලැබෙන්නෙ නෑ.

6. පටන් ගත් වීරිය ඇති භික්ෂුව දහවල් වේවා, රාත්‍රී වේවා, හොඳ නුවණින් යුතුව සිහිය පිහිටුවා ගෙන පංච උපාදානස්කන්ධය දෙස ඔය විදිහට බලනවා.

7. එතකොට ඒ භික්ෂුව සියලු බන්ධන අත්හරිනවා. තමන්ට පිළිසරණක් හදාගන්නවා. හිස ගිනි ගත්තෙකු ඒ ගිනි නිවීමට උත්සාහ කරනවා වගේ අමරණීය නිවන අවබෝධ වීම පිණිස මහන්සි ගන්නවා.

සාදු! සාදු!! සාදු!!!

ඵේණපිණ්ඩූපම සූත්‍රය නිමා විය.

1.2.5.4.
ගෝමයපිණ්ඩූපම සූත්‍රය
ගොම පිඩක් උපමා කොට වදාළ දෙසුම

96. සැවැත් නුවර දී ....

එතකොට එක්තරා භික්ෂුවක් භාග්‍යවතුන් වහන්සේ ළඟට පැමිණුනා. පැමිණිලා භාග්‍යවතුන් වහන්සේට ආදරයෙන් වන්දනා කරලා එකත්පස්ව වාඩිවුණා. එකත්පස්ව වාඩිවුණ ඒ භික්ෂුව භාග්‍යවතුන් වහන්සේට මෙකරුණ වදාළා.

"ස්වාමීනි, යම් රූපයක් නිත්‍ය නම්, ස්ථිර නම්, සනාතන නම්, නොවෙනස් වන ස්වභාවයෙන් යුක්ත නම්, සනාතන දෙයක් වශයෙන් පවතිනවා නම් ඒ අයුරින්ම තිබෙන්නා වූ යම්කිසි රූපයක් ඇද්ද? යම් විදීමක් නිත්‍ය නම්, ස්ථිර

නම්, සනාතන නම්, නොවෙනස් වන ස්වභාවයෙන් යුක්ත නම්, සනාතන දෙයක් වශයෙන් පවතිනවා නම් ඒ අයුරින්ම තිබෙන්නා වූ යම්කිසි විඳීමක් ඇද්ද? යම් සඤ්ඤාවක් ....(පෙ).... යම් සංස්කාරයන් නිත්‍ය නම්, ස්ථිර නම්, සනාතන නම්, නොවෙනස් වන ස්වභාවයෙන් යුක්ත නම්, සනාතන දෙයක් වශයෙන් පවතිනවා නම් ඒ අයුරින්ම තිබෙන්නා වූ යම්කිසි සංස්කාර ඇද්ද? යම් විඤ්ඤාණයක් නිත්‍ය නම්, ස්ථිර නම්, සනාතන නම්, නොවෙනස් වන ස්වභාවයෙන් යුක්ත නම්, සනාතන දෙයක් වශයෙන් පවතිනවා නම් ඒ අයුරින්ම තිබෙන්නා වූ යම්කිසි විඤ්ඤාණයක් ඇද්ද?"

"පින්වත් භික්ෂුව, යම් රූපයක් නිත්‍ය නම්, ස්ථිර නම්, සනාතන නම්, නොවෙනස් වන ස්වභාවයෙන් යුක්ත නම්, සනාතන දෙයක් වශයෙන් පවතිනවා නම් ඒ අයුරින්ම තිබෙන්නා වූ යම්කිසි රූපයක් නැත ....(පෙ).... යම් විඳීමක් ....(පෙ).... යම් සඤ්ඤාවක් ....(පෙ).... යම් සංස්කාරයන් ....(පෙ).... යම් විඤ්ඤාණයක් නිත්‍ය නම්, ස්ථිර නම්, සනාතන නම්, නොවෙනස් වන ස්වභාවයෙන් යුක්ත නම්, සනාතන දෙයක් වශයෙන් පවතිනවා නම් ඒ අයුරින්ම තිබෙන්නා වූ යම්කිසි විඤ්ඤාණයක් නැත."

ඉතින් භාග්‍යවතුන් වහන්සේ ඉතා කුඩා ගොම ගුලියක් ශ්‍රී හස්තයෙන් රැගෙන අර භික්ෂුවට මෙකරුණ වදාළා. "පින්වත් භික්ෂුව, නිත්‍ය වූ, ස්ථිර වූ, සනාතන වූ, නොවෙනස්ව පවතින ස්වභාවයෙන් යුතු වූ, මෙච්චර ප්‍රමාණයක්වත් ආත්මභාව ප්‍රතිලාභයක් නෑ. හැබැයි පින්වත් භික්ෂුව, නිත්‍ය වූ, ස්ථිර වූ, සනාතන වූ, නොවෙනස්ව පවතින ස්වභාවයෙන් යුතු වූ, මෙච්චර ප්‍රමාණයකවත් ආත්මභාව ප්‍රතිලාභයක් යම් හෙයකින් තිබුණා නම්, මේ නිවන් මග ගමන් කරලා මැනැවින් දුක් ක්ෂය කිරීමක් නම් දැකගන්න ලැබෙන්නෙ නෑ. පින්වත් භික්ෂුව, යම් කරුණක් නිසා නිත්‍ය වූ, ස්ථිර වූ, සනාතන වූ, නොවෙනස්ව පවතින ස්වභාවයෙන් යුතු වූ, මෙච්චර ප්‍රමාණයකවත් ආත්මභාව ප්‍රතිලාභයක් නැද්ද, අන්න ඒ නිසාමයි මේ නිවන් මග ගමන් කරලා මැනැවින් දුක් ක්ෂය කිරීමක් නම් දැකගන්න ලැබෙන්නෙ.

පින්වත් භික්ෂුව, මේක ඉස්සර වෙච්ච දෙයක්. මං ඔටුනු පළන් ක්ෂත්‍රිය රජකෙනෙක් වෙලා හිටියා. පින්වත් භික්ෂුව, ඔටුනු පළන් ක්ෂත්‍රිය රජකෙනෙක් වෙලා හිටිය මට කුසාවතී රාජධානිය ප්‍රමුඛ කොට අසූහාරදාහක් නගර තිබුණා.

පින්වත් භික්ෂුව, ඔටුනු පළන් ක්ෂත්‍රිය රජකෙනෙක් වෙලා හිටිය මට ධර්මප්‍රාසාදය ප්‍රමුඛ කොට අසූහාරදාහක් ප්‍රාසාදයන් තිබුණා.

පින්වත් භික්ෂුව, ඔටුනු පළන් ක්ෂත්‍රිය රජකෙනෙක් වෙලා හිටිය මට

මහා ව්‍යූහ කූටාගාරය ප්‍රමුඛ කොට අසූහාරදාහක් කූටාගාර තිබුණා.

පින්වත් භික්ෂුව, ඔටුනු පළන් ක්ෂත්‍රිය රජකෙනෙක් වෙලා හිටිය මට රාජාසන අසූහාරදහක් තිබුණා. ඇත්දළවලින් කැටයම් කරපුවා, අරටුවලින් කැටයම් කරපුවා, රනින් කැටයම් කරපුවා, රිදියෙන් කැටයම් කරපුවා තිබුණා. ඒවා වටිනා පළස් අතුරළා, සුදු එළු ලොමින් කළ කම්බිලි අතුරළා, ඝන එළු ලොමින් කළ කම්බිලි අතුරළා, කදලි මුව සමින් කළ පළස් අතුරළා, උඩුවියන් බැඳලා, රතු විල්ලුද කොට්ටවලින් සරසලා තිබුණේ.

පින්වත් භික්ෂුව, ඔටුනු පළන් ක්ෂත්‍රිය රජකෙනෙක් වෙලා හිටිය මට උපෝසථ කියන වටිනා හස්තිරාජයා ප්‍රමුඛ කොට ඇතුන් අසූහාරදාහක් හිටියා. ඔවුන් රන් අභරණවලින් සරසලා, රන් ධජ නංවලා, රන් දැල් පොරොවලයි හිටියේ.

පින්වත් භික්ෂුව, ඔටුනු පළන් ක්ෂත්‍රිය රජකෙනෙක් වෙලා හිටිය මට වළාහක අශ්වරාජයා ප්‍රමුඛ කොට අසුන් අසූහාරදාහක් හිටියා. ඔවුන් රන් අභරණවලින් සරසලා, රන් ධජ නංවලා, රන් දැල් පොරොවලයි හිටියේ.

පින්වත් භික්ෂුව, ඔටුනු පළන් ක්ෂත්‍රිය රජකෙනෙක් වෙලා හිටිය මට වෛජයන්ත රථය ප්‍රමුඛ කොට රථ අසූහාරදාහක් තිබුණා. ඒවා රන් අභරණවලින් සරසලා, රන් ධජ නංවලා, රන් දැලින් සරසලයි තිබුණේ.

පින්වත් භික්ෂුව, ඔටුනු පළන් ක්ෂත්‍රිය රජකෙනෙක් වෙලා හිටිය මට මිණිරුවන් ප්‍රමුඛ කොට අසූහාරදාහක් මාණික්‍යයන් තිබුණා.

පින්වත් භික්ෂුව, ඔටුනු පළන් ක්ෂත්‍රිය රජකෙනෙක් වෙලා හිටිය මට සුභද්‍රා දේවිය ප්‍රමුඛ කොට මහිලාවන් අසූහාරදාහක් හිටියා.

පින්වත් භික්ෂුව, ඔටුනු පළන් ක්ෂත්‍රිය රජකෙනෙක් වෙලා හිටිය මට පුත්‍ර මාණික්‍යය ප්‍රමුඛ කොට ක්ෂත්‍රිය රජවරු අසූහාරදාහක් හිටියා.

පින්වත් භික්ෂුව, ඔටුනු පළන් ක්ෂත්‍රිය රජකෙනෙක් වෙලා හිටිය මට දුහුල් ඇතිරිලිවල නිදන රිදී බඳුන් පුරවා කිරිදෙන ගව දෙනුන් අසූහාරදාහක් හිටියා.

පින්වත් භික්ෂුව, ඔටුනු පළන් ක්ෂත්‍රිය රජකෙනෙක් වෙලා හිටිය මට වස්ත්‍ර කෝටි අසූහාරදාහක් තිබුණා. සියුම් කොමු වස්ත්‍රයි තිබුණේ. සියුම් කසීසළුයි තිබුණේ. සියුම් කම්බිලි තිබුණේ. සියුම් කපු වස්ත්‍රයි තිබුණේ.

පින්වත් භික්ෂුව, ඔටුනු පළන් ක්ෂත්‍රිය රජකෙනෙක් වෙලා හිටිය මට උදෑසනටත් සවස් කාලයටත් බත් පුරවා රැගෙන එන බත් බඳුන් අසූහාරදාහක් තිබුණා.

පින්වත් භික්ෂුව, මං ඒ කාලේ යම් නගරයක වාසය කරනවා නම් අන්න ඒ කුසාවතී නගරය තමයි අසූහාර දාහක් ඒ නගර අතුරින් එකම නගරය වුණේ.

පින්වත් භික්ෂුව, මං ඒ කාලේ යම් ධර්මප්‍රාසාදයක වාසය කරනවා නම් අන්න ඒ ධර්මප්‍රාසාදය තමයි අසූහාර දාහක් ඒ ප්‍රාසාද අතුරින් එකම ප්‍රාසාදය වුණේ.

පින්වත් භික්ෂුව, මං ඒ කාලේ යම් මහාව්‍යූහ කූටාගාරයක වාසය කරනවා නම් අන්න ඒ මහාව්‍යූහ කූටාගාරය තමයි අසූහාර දාහක් ඒ කූටාගාර අතුරින් එකම කූටාගාරය වුණේ.

පින්වත් භික්ෂුව, මං ඒ කාලේ ඇත්දළවලින් කරපු හෝ අරටුවලින් කරපු හෝ රනින් කරපු හෝ රිදියෙන් කරපු හෝ යම් රාජාසනයක් පරිහරණය කරනවා නම් අන්න ඒ රාජාසනය තමයි රාජාසන අසූහාර දාහ අතුරින් එකම එක වෙන්නේ.

පින්වත් භික්ෂුව, මං ඒ කාලේ යම් උපෝසථ ඇත් රජෙකුගේ පිට උඩ නගිනවාද, අන්න ඒ ඇතා තමයි ඇතුන් සුවාසූදහසක් අතුරින් එකම එක ඇතා වෙන්නේ.

පින්වත් භික්ෂුව, මං ඒ කාලේ යම් වළාහක අස් රජෙකුගේ පිට උඩ නගිනවාද, අන්න ඒ අසු තමයි අසුන් සුවාසූදහසක් අතුරින් එකම එක අශ්වයා වෙන්නේ.

පින්වත් භික්ෂුව, මං ඒ කාලේ යම් රථයකට නගිනවාද, අන්න ඒ වෛජයන්ත රථය තමයි රථ සුවාසූදහසක් අතුරින් එකම එක රථය වෙන්නේ.

පින්වත් භික්ෂුව, මට ඒ කාලේ යම් ස්ත්‍රියක් උපස්ථාන කළා නම් ඈ තමයි ස්ත්‍රීන් සුවාසූදහසක් අතුරින් එකම එක ක්ෂත්‍රිය හෝ වේලාමික ස්ත්‍රිය වෙන්නේ.

පින්වත් භික්ෂුව, මං ඒ කාලේ සියුම් කොමු වස්ත්‍ර වේවා, සියුම් කසී වස්ත්‍ර වේවා, සියුම් කම්බිලි වේවා, සියුම් කපු වස්ත්‍ර වේවා යම් වස්ත්‍ර යුගලක් හඳිනවා නම්, අන්න ඒ වස්ත්‍ර යුගල තමයි කෙළසුවාසූදහසක් අතුරින් එකම එක වස්ත්‍ර යුගල වෙන්නේ.

පින්වත් භික්ෂුව, මං ඒ කාලේ යම් බඳුනකින් ගත් බතුත්, ඊට සරිලන ව්‍යංජනත් වැළඳුවාද, අන්න ඒ අහර බඳුන තමයි සුවාසූදහසක් ආහාර බඳුන් අතුරින් එකම එක ආහාර බඳුන වෙන්නේ.

ඉතින් පින්වත් භික්ෂුව, ඔය විදිහට හැම සංස්කාරයක්ම අතීතයට ගියා. නිරුද්ධ වෙලා ගියා. විපරිණාමයට ගොදුරු වුණා. ඔය විදිහට පින්වත් භික්ෂුව, සංස්කාර නම් අනිත්‍ය ම යි. ඔය විදිහට පින්වත් භික්ෂුව, සංස්කාර නම් අස්ථිර ම යි. ඔය විදිහට පින්වත් භික්ෂුව, සංස්කාර නම් අස්වැසිලි රහිත ම යි. එනිසා පින්වත් භික්ෂුව, යම් මේ සියලු සංස්කාර ඇද්ද, මේවා ගැන අවබෝධයෙන්ම කලකිරෙන්නයි වටින්නේ. නොඇලෙන්න ම යි වටින්නේ. නිදහස් වෙන්න ම යි වටින්නේ.

සාදු! සාදු!! සාදු!!!

ගෝමයපිණ්ඩූපම සූත්‍රය නිමා විය.

1.2.5.5.
නඛසිඛෝපම සූත්‍රය
නිය සිල මතට ගත් පස් බිඳක් උපමා කොට වදාළ දෙසුම

97. සැවැත් නුවර දී ....

එකත්පස්ව වාඩිවුණ ඒ භික්ෂුව භාග්‍යවතුන් වහන්සේට මෙකරුණ පැවසුවා.

"ස්වාමීනි, යම් රූපයක් නිත්‍ය නම්, ස්ථිර නම්, සනාතන නම්, නොවෙනස් වන ස්වභාවයෙන් යුක්ත නම්, සනාතන දෙයක් වශයෙන් පවතිනවා නම් ඒ අයුරින්ම තිබෙන්නා වූ යම්කිසි රූපයක් තියෙනවාද? යම් විඳීමක් නිත්‍ය නම්, ස්ථිර නම්, සනාතන නම්, නොවෙනස් වන ස්වභාවයෙන් යුක්ත නම්, සනාතන දෙයක් වශයෙන් පවතිනවා නම් ඒ අයුරින් ම තිබෙන්නා වූ යම්කිසි විඳීමක් තියෙනවාද? යම් සඤ්ඤාවක් ....(පෙ).... යම් සංස්කාරයන් නිත්‍ය නම්, ස්ථිර නම්, සනාතන නම්, නොවෙනස් වන ස්වභාවයෙන් යුක්ත නම්, සනාතන දෙයක් වශයෙන් පවතිනවා නම් ඒ අයුරින්ම තිබෙන්නා වූ යම්කිසි සංස්කාර තියෙනවාද? යම් විඤ්ඤාණයක් නිත්‍ය නම්, ස්ථිර නම්, සනාතන

නම්, නොවෙනස් වන ස්වභාවයෙන් යුක්ත නම්, සනාතන දෙයක් වශයෙන් පවතිනවා නම් ඒ අයුරින්ම තිබෙන්නා වූ යම්කිසි විඤ්ඤාණයක් තියෙනවාද?"

"පින්වත් භික්ෂුව, යම් රූපයක් නිත්‍ය නම්, ස්ථිර නම්, සනාතන නම්, නොවෙනස් වන ස්වභාවයෙන් යුක්ත නම්, සනාතන දෙයක් වශයෙන් පවතිනවා නම් ඒ අයුරින්ම තිබෙන්නා වූ යම්කිසි රූපයක් නැත ....(පෙ).... යම් විඳීමක් ....(පෙ).... යම් සඤ්ඤාවක් ....(පෙ).... යම් සංස්කාරයන් ....(පෙ).... යම් විඤ්ඤාණයක් නිත්‍ය නම්, ස්ථිර නම්, සනාතන නම්, නොවෙනස් වන ස්වභාවයෙන් යුක්ත නම්, සනාතන දෙයක් වශයෙන් පවතිනවා නම් ඒ අයුරින්ම තිබෙන්නා වූ යම්කිසි විඤ්ඤාණයක් නැත."

ඉතින් භාග්‍යවතුන් වහන්සේ ඉතා කුඩා පස් බිඳක් ශ්‍රී හස්තයෙන් රැගෙන නියසිල මත තබා අර භික්ෂුවට මෙකරුණ වදාළා. "පින්වත් භික්ෂුව, නිත්‍ය වූ, ස්ථිර වූ, සනාතන වූ, නොවෙනස්ව පවතින ස්වභාවයෙන් යුතු වූ, මෙච්චර ප්‍රමාණයකවත් රූපයක් නෑ. හැබැයි පින්වත් භික්ෂුව, නිත්‍ය වූ, ස්ථිර වූ, සනාතන වූ, නොවෙනස්ව පවතින ස්වභාවයෙන් යුතු වූ, මෙච්චර ප්‍රමාණයකවත් රූපයක් යම් හෙයකින් තිබුණා නම්, මේ නිවන් මග ගමන් කරලා මැනැවින් දුක් ක්ෂය කිරීමක් නම් දැකගන්නට ලැබෙන්නෙ නෑ. පින්වත් භික්ෂුව, යම් කරුණක් නිසා නිත්‍ය වූ, ස්ථිර වූ, සනාතන වූ, නොවෙනස්ව පවතින ස්වභාවයෙන් යුතු වූ, මෙච්චර ප්‍රමාණයකවත් රූපයක් නැද්ද, අන්න ඒ නිසාමයි මේ නිවන් මග ගමන් කරලා මැනැවින් දුක් ක්ෂය කිරීමක් නම් දැකගන්නට ලැබෙන්නෙ.

පින්වත් භික්ෂුව, නිත්‍ය වූ, ස්ථිර වූ, සනාතන වූ, නොවෙනස්ව පවතින ස්වභාවයෙන් යුතු වූ, මෙච්චර ප්‍රමාණයකවත් විඳීමක් නෑ. හැබැයි පින්වත් භික්ෂුව, නිත්‍ය වූ, ස්ථිර වූ, සනාතන වූ, නොවෙනස්ව පවතින ස්වභාවයෙන් යුතු වූ, මෙච්චර ප්‍රමාණයකවත් විඳීමක් යම් හෙයකින් තිබුණා නම්, මේ නිවන් මග ගමන් කරලා මැනැවින් දුක් ක්ෂය කිරීමක් නම් දැකගන්නට ලැබෙන්නෙ නෑ. පින්වත් භික්ෂුව, යම් කරුණක් නිසා නිත්‍ය වූ, ස්ථිර වූ, සනාතන වූ, නොවෙනස්ව පවතින ස්වභාවයෙන් යුතු වූ, මෙච්චර ප්‍රමාණයකවත් විඳීමක් නැද්ද, අන්න ඒ නිසාමයි මේ නිවන් මග ගමන් කරලා මැනැවින් දුක් ක්ෂය කිරීමක් නම් දැකගන්නට ලැබෙන්නෙ.

පින්වත් භික්ෂුව, ...(පෙ).... මෙච්චර ප්‍රමාණයක්වත් සඤ්ඤාවක් නෑ ....(පෙ).... පින්වත් භික්ෂුව, නිත්‍ය වූ, ස්ථිර වූ, සනාතන වූ, නොවෙනස්ව පවතින ස්වභාවයෙන් යුතු වූ, මෙච්චර ප්‍රමාණයකවත් සංස්කාරයන් නෑ. හැබැයි පින්වත් භික්ෂුව, නිත්‍ය වූ, ස්ථිර වූ, සනාතන වූ, නොවෙනස්ව පවතින ස්වභාවයෙන් යුතු වූ, මෙච්චර ප්‍රමාණයකවත් සංස්කාරයන් යම් හෙයකින්

තිබුණා නම්, මේ නිවන් මග ගමන් කරලා මැනැවින් දුක් ක්ෂය කිරීමක් නම් දැකගන්නට ලැබෙන්නෙ නෑ. පින්වත් භික්ෂුව, යම් කරුණක් නිසා නිත්‍ය වූ, ස්ථිර වූ, සනාතන වූ, නොවෙනස්ව පවතින ස්වභාවයෙන් යුතු වූ, මෙච්චර ප්‍රමාණයකවත් සංස්කාරයන් නැද්ද, අන්න ඒ නිසාමයි මේ නිවන් මග ගමන් කරලා මැනැවින් දුක් ක්ෂය කිරීමක් නම් දැකගන්නට ලැබෙන්නෙ.

පින්වත් භික්ෂුව, නිත්‍ය වූ, ස්ථිර වූ, සනාතන වූ, නොවෙනස්ව පවතින ස්වභාවයෙන් යුතු වූ, මෙච්චර ප්‍රමාණයකවත් විඤ්ඤාණයක් නෑ. හැබැයි පින්වත් භික්ෂුව, නිත්‍ය වූ, ස්ථිර වූ, සනාතන වූ, නොවෙනස්ව පවතින ස්වභාවයෙන් යුතු වූ, මෙච්චර ප්‍රමාණයකවත් විඤ්ඤාණයක් යම් හෙයකින් තිබුණා නම්, මේ නිවන් මග ගමන් කරලා මැනැවින් දුක් ක්ෂය කිරීමක් නම් දැකගන්නට ලැබෙන්නෙ නෑ. පින්වත් භික්ෂුව, යම් කරුණක් නිසා නිත්‍ය වූ, ස්ථිර වූ, සනාතන වූ, නොවෙනස්ව පවතින ස්වභාවයෙන් යුතු වූ, මෙච්චර ප්‍රමාණයකවත් විඤ්ඤාණයක් නැද්ද, අන්න ඒ නිසාමයි මේ නිවන් මග ගමන් කරලා මැනැවින් දුක් ක්ෂය කිරීමක් නම් දැකගන්නට ලැබෙන්නෙ.

පින්වත් භික්ෂුව, මේ ගැන ඔබ කුමක්ද හිතන්නේ? රූපය නිත්‍යයිද? අනිත්‍යයිද?" "අනිත්‍යයි ස්වාමීනි."

"එනිසා පින්වත් භික්ෂුව ....(පෙ).... පින්වත් භික්ෂුව, ඔය විදිහට දකින ශ්‍රැතවත් ආර්ය ශ්‍රාවකයා ....(පෙ).... නැවත ඉපදීමක් නැතැ'යි අවබෝධ කර ගන්නවා.

සාදු! සාදු!! සාදු!!!

නඛසිඛෝපම සූත්‍රය නිමා විය.

1.2.5.6.
සුද්ධික සූත්‍රය
සුද්ධික භික්ෂුවට වදාළ දෙසුම

98. සැවැත් නුවරදී ....

එකත්පස්ව වාඩිවුණ ඒ භික්ෂුව භාග්‍යවතුන් වහන්සේට මෙකරුණ පැවසුවා.

"ස්වාමීනි, යම් රූපයක් නිත්‍ය නම්, ස්ථිර නම්, සනාතන නම්, නොවෙනස් වන ස්වභාවයෙන් යුක්ත නම්, සනාතන දෙයක් වශයෙන් පවතිනවා නම් ඒ අයුරින්ම තිබෙන්නා වූ යම්කිසි රූපයක් ඇද්ද? යම් විඳීමක් ....(පෙ).... යම් සඤ්ඤාවක් ....(පෙ).... යම් සංස්කාරයන් ....(පෙ).... යම් විඤ්ඤාණයක් නිත්‍ය නම්, ස්ථිර නම්, සනාතන නම්, නොවෙනස් වන ස්වභාවයෙන් යුක්ත නම්, සනාතන දෙයක් වශයෙන් පවතිනවා නම් ඒ අයුරින්ම තිබෙන්නා වූ යම්කිසි විඤ්ඤාණයක් ඇද්ද?"

"පින්වත් භික්ෂුව, යම් රූපයක් නිත්‍ය නම්, ස්ථිර නම්, සනාතන නම්, නොවෙනස් වන ස්වභාවයෙන් යුක්ත නම්, සනාතන දෙයක් වශයෙන් පවතිනවා නම් ඒ අයුරින්ම තිබෙන්නා වූ යම්කිසි රූපයක් නැත ....(පෙ).... යම් විඳීමක් ....(පෙ).... යම් සඤ්ඤාවක් ....(පෙ).... යම් සංස්කාරයන් ....(පෙ).... යම් විඤ්ඤාණයක් නිත්‍ය නම්, ස්ථිර නම්, සනාතන නම්, නොවෙනස් වන ස්වභාවයෙන් යුක්ත නම්, සනාතන දෙයක් වශයෙන් පවතිනවා නම් ඒ අයුරින්ම තිබෙන්නා වූ යම්කිසි විඤ්ඤාණයක් නැත."

සාදු! සාදු!! සාදු!!!

සුද්ධික සූත්‍රය නිමා විය.

1.2.5.7.
ගද්දුලබද්ධ සූත්‍රය
දම්වැලෙන් ගැට ගැසූ සුනඛයා ගැන වදාළ දෙසුම

99. සැවැත් නුවර දී ....

පින්වත් මහණෙනි, අවිද්‍යාවෙන් වැහිල, තණ්හාවෙන් බැඳිල උපතකින් උපතකට දුවන්නා වූ උපතකින් උපතකට සැරිසරන්නා වූ මේ සත්වයන්ගේ මේ මැරෙමින් ඉපදෙමින් පවතින ස්වභාවය (සංසාරය) යනු අනවරාග්‍ර දෙයක්. ආරම්භක කෙළවරක් නම් දැකගන්නට බෑ.

පින්වත් මහණෙනි, යම් දවසක මේ මහා සමුද්‍රය සිඳිලා යනවාද, වේලිලා යනවාද, නොවෙනවාද එබඳු කාලයක් එනවා. ඒ වුණාට පින්වත් මහණෙනි, අවිද්‍යාවෙන් වැහිල, තණ්හාවෙන් බැඳිල උපතකින් උපතකට දුවන්නා වූ

උපතකින් උපතකට සැරිසරන්නා වූ මේ සත්වයන්ගේ දුක නම් ඒ විදිහට කෙළවර වී යන බව මා කියන්නේ නෑ.

පින්වත් මහණෙනි, යම් දවසක මේ සිනේරු පර්වත රාජයා ගිනි ඇවිලෙනවාද, වැනසෙනවාද, නොවෙනවාද එබඳු කාලයක් එනවා. ඒ වුණාට පින්වත් මහණෙනි, අවිද්‍යාවෙන් වැහිල, තණ්හාවෙන් බැඳිල උපතකින් උපතකට දුවන්නා වූ උපතකින් උපතකට සැරිසරන්නා වූ මේ සත්වයන්ගේ දුක නම් ඒ විදිහට කෙළවර වී යන බව මා කියන්නේ නෑ.

පින්වත් මහණෙනි, යම් දවසක මේ මහපොළොව ගිනි ඇවිලෙනවාද, වැනසෙනවාද, නොවෙනවාද එබඳු කාලයක් එනවා. ඒ වුණාට පින්වත් මහණෙනි, අවිද්‍යාවෙන් වැහිල, තණ්හාවෙන් බැඳිල උපතකින් උපතකට දුවන්නා වූ උපතකින් උපතකට සැරිසරන්නා වූ මේ සත්වයන්ගේ දුක නම් ඒ විදිහට කෙළවර වී යන බව මා කියන්නේ නෑ.

පින්වත් මහණෙනි, ඒක මේ වගේ දෙයක්. දම්වැලෙන් ගැට ගැසූ සුනඛයා සවිමත් හුලක හරි, කණුවක හරි බැඳලා තියෙන කොට ඒ සතා ඒ හුල හෝ කණුව ඇසුරු කරගෙන ඒ වටේමයි දුවන්නේ. ඒ වටේමයි පෙරළෙන්නේ. පින්වත් මහණෙනි, ඔය විදිහටම අශ්‍රැතවත් පෘථග්ජනයෙක් ඉන්නවා. ඔහු ආර්යයන් වහන්සේලා නොදකින කෙනෙක්. ආර්ය ධර්මයට අදක්ෂ කෙනෙක්. ආර්ය ධර්මයෙහි නොහික්මුණ කෙනෙක්. සත්පුරුෂයන් වහන්සේලා නොදකින කෙනෙක්. සත්පුරුෂ ධර්මයට අදක්ෂ කෙනෙක්. සත්පුරුෂ ධර්මයෙහි නොහික්මුණ කෙනෙක්. ඔහු ආත්මයක් හැටියට රූපය ගැන මුළාවෙන් දකිනවා. ආත්මයක් රූපයෙන් හැදී තිබෙන බවට මුළාවෙන් දකිනවා. ආත්මය තුළ රූපය තිබෙන බවට මුළාවෙන් දකිනවා. ආත්මය තිබෙන්නේ රූපය තුළ බවට මුළාවෙන් දකිනවා.

වේදනාව ....(පෙ).... සඤ්ඤාව ....(පෙ).... සංස්කාර ....(පෙ).... ආත්මයක් හැටියට විඤ්ඤාණය ගැන මුළාවෙන් දකිනවා. ආත්මයක් විඤ්ඤාණයෙන් හැදී තිබෙන බවට මුළාවෙන් දකිනවා. ආත්මය තුළ විඤ්ඤාණය තිබෙන බවට මුළාවෙන් දකිනවා. ආත්මය තිබෙන්නේ විඤ්ඤාණය තුළ බවට මුළාවෙන් දකිනවා.

ඒ පෘථග්ජනයාත් රූපය ඇසුරු කරගෙන ඒ වටේමයි දුවන්නේ. ඒ වටේමයි පෙරළෙන්නේ. වේදනාව ඇසුරු කරගෙන ඒ වටේමයි දුවන්නේ. ඒ වටේමයි පෙරළෙන්නේ. සඤ්ඤාව ඇසුරු කරගෙන ඒ වටේමයි දුවන්නේ. ඒ වටේමයි පෙරළෙන්නේ. සංස්කාර ඇසුරු කරගෙන ඒ වටේමයි දුවන්නේ. ඒ

වටේමයි පෙරළෙන්නේ. විඤ්ඤාණය ඇසුරු කරගෙන ඒ වටේමයි දුවන්නේ. ඒ වටේමයි පෙරළෙන්නේ.

ඔය විදිහට රූපය ඇසුරු කරගෙන ඒ වටේම දුවන, ඒ වටේම පෙරළෙන, වේදනාව ....(පෙ).... සඤ්ඤාව ....(පෙ).... සංස්කාර ....(පෙ).... විඤ්ඤාණය ඇසුරු කරගෙන ඒ වටේම දුවන, ඒ වටේම පෙරළෙන ඒ පෘථග්ජනයා රූපයෙන් නිදහස් වෙන්නේ නෑ. විඳීමෙන් නිදහස් වෙන්නේ නෑ. සඤ්ඤාවෙන් නිදහස් වෙන්නේ නෑ. සංස්කාරවලින් නිදහස් වෙන්නේ නෑ. විඤ්ඤාණයෙන් නිදහස් වෙන්නේ නෑ. ඉපදීමෙන්, ජරාමරණයෙන්, සෝක, වැළපීම්, දුක් දොම්නස්, සුසුම් හෙළීම්වලින් නිදහස් වෙන්නේ නෑ. දුකින් නම් නිදහස් වෙන්නේ නෑ කියලයි මා කියන්නේ.

නමුත් පින්වත් මහණෙනි, ශ්‍රැතවත් ආර්ය ශ්‍රාවකයෙක් ඉන්නවා. ඔහු ආර්යයන් වහන්සේලා දකින කෙනෙක්. ආර්ය ධර්මයට දක්ෂ කෙනෙක්. ආර්ය ධර්මයෙහි හික්මුණ කෙනෙක්. සත්පුරුෂයන් වහන්සේලා දකින කෙනෙක්. සත්පුරුෂ ධර්මයට දක්ෂ කෙනෙක්. සත්පුරුෂ ධර්මයෙහි හික්මුණ කෙනෙක්. ඔහු ආත්මයක් හැටියට රූපය ගැන දකින්නේ නෑ. ආත්මයක් රූපයෙන් හැදී තිබෙන හැටියට දකින්නේ නෑ. ආත්මය තුළ රූපය තිබෙන බවට දකින්නේ නෑ. ආත්මය තිබෙන්නේ රූපය තුළ බවට දකින්නේ නෑ. වේදනාව ....(පෙ).... සඤ්ඤාව ....(පෙ).... සංස්කාර ....(පෙ).... ආත්මයක් හැටියට විඤ්ඤාණය ගැන දකින්නේ නෑ. ආත්මයක් විඤ්ඤාණයෙන් හැදී තිබෙන හැටියට දකින්නේ නෑ. ආත්මය තුළ විඤ්ඤාණය තිබෙන බවට දකින්නේ නෑ. ආත්මය තිබෙන්නේ විඤ්ඤාණය තුළ බවට දකින්නේ නෑ.

ඒ ශ්‍රැතවත් ආර්ය ශ්‍රාවකයා නම් රූපය ඇසුරු කරගෙන ඒ වටේම දුවන්නේ නෑ. ඒ වටේම පෙරළෙන්නේ නෑ. වේදනාව ඇසුරු කරගෙන ඒ වටේම දුවන්නේ නෑ. ඒ වටේම පෙරළෙන්නේ නෑ. සඤ්ඤාව ....(පෙ).... සංස්කාර ඇසුරු කරගෙන ඒ වටේම දුවන්නේ නෑ. ඒ වටේම පෙරළෙන්නේ නෑ. විඤ්ඤාණය ඇසුරු කරගෙන ඒ වටේම දුවන්නේ නෑ. ඒ වටේම පෙරළෙන්නේ නෑ.

ඔය විදිහට රූපය ඇසුරු කරගෙන ඒ වටේම නොදුවන, ඒ වටේම නොපෙරළෙන, වේදනාව ....(පෙ).... සඤ්ඤාව ....(පෙ).... සංස්කාර ....(පෙ).... විඤ්ඤාණය ඇසුරු කරගෙන ඒ වටේම නොදුවන, ඒ වටේම නොපෙරළෙන ඒ ශ්‍රැතවත් ආර්ය ශ්‍රාවකයා රූපයෙන් නිදහස් වෙනවා. විඳීමෙන් නිදහස් වෙනවා. සඤ්ඤාවෙන් නිදහස් වෙනවා. සංස්කාරවලින් නිදහස් වෙනවා.

විඤ්ඤාණයෙන් නිදහස් වෙනවා. ඉපදීමෙන්, ජරාමරණයෙන්, සෝක, වැළපීම්, දුක් දොම්නස්, සුසුම් හෙළීම්වලින් නිදහස් වෙනවා. දුකින් නම් නිදහස් වෙනවා කියලයි මා කියන්නේ.

සාදු! සාදු!! සාදු!!!

ගද්දුලබද්ධ සූත්‍රය නිමා විය.

1.2.5.8.
දුතිය ගද්දුලබද්ධ සූත්‍රය
දම්වැලෙන් ගැට ගැසූ සුනඛයා ගැන වදාළ දෙවෙනි දෙසුම

100. සැවැත් නුවර දී ....

පින්වත් මහණෙනි, අවිද්‍යාවෙන් වැහිල, තණ්හාවෙන් බැඳිල උපතකින් උපතකට දුවන්නා වූ උපතකින් උපතකට සැරිසරන්නා වූ මේ සත්වයන් ගේ මේ මැරෙමින් ඉපදෙමින් පවතින ස්වභාවය (සංසාරය) යනු අනවරාග්‍ර දෙයක්. ආරම්භක කෙළවරක් නම් දැකගන්න බෑ.

පින්වත් මහණෙනි, ඒක මේ වගේ දෙයක්. දම්වැලෙන් ගැට ගැසූ සුනඛයා සවිමත් හුලක හරි, කණුවක හරි බැඳලා තියෙන කොට ඒ සතා යන කොට ඒ හුල හෝ කණුව ඇසුරු කරගෙන ඒ වටේමයි යන්නේ. ඒ සතා ඉන්න කොට ඒ හුල හෝ කණුව ඇසුරු කරගෙන ඒ වටේමයි ඉන්නේ. ඒ සතා හිඳින කොට ඒ හුල හෝ කණුව ඇසුරු කරගෙන ඒ වටේමයි හිඳින්නේ. ඒ සතා ලගින කොට ඒ හුල හෝ කණුව ඇසුරු කරගෙන ඒ වටේමයි ලගින්නේ.

පින්වත් මහණෙනි, ඔය විදිහට ම අශ්‍රැතවත් පෘථග්ජනයෙක් ඉන්නවා. රූපය ගැන මුළාවෙන් දකින්නේ 'මේක මගේ, මේ මම, මේක තමයි මගේ ආත්මය' කියලයි ....(පෙ).... වේදනාවත් මේක මගේ ....(පෙ).... සඤ්ඤාවත් මේක මගේ ....(පෙ).... සංස්කාරත් මේක මගේ ....(පෙ).... විඤ්ඤාණය ගැන මුළාවෙන් දකින්නේ 'මේක මගේ, මේ මම, මේක තමයි මගේ ආත්මය' කියලයි. ඒ අශ්‍රැතවත් පෘථග්ජනයා යන කොට පංච උපාදානස්කන්ධය ඇසුරු කරගෙන ඒ වටේමයි යන්නේ. ඒ අශ්‍රැතවත් පෘථග්ජනයා ඉන්න කොට පංච

උපාදානස්කන්ධය ඇසුරු කරගෙන ඒ වටේමයි ඉන්නේ. ඒ අශ්‍රැතවත් පෘථග්ජනයා හිඳින කොට පංච උපාදානස්කන්ධය ඇසුරු කරගෙන ඒ වටේමයි හිඳින්නේ. ඒ අශ්‍රැතවත් පෘථග්ජනයා නිදන කොට පංච උපාදානස්කන්ධය ඇසුරු කරගෙන ඒ වටේමයි නිදන්නේ.

පින්වත් මහණෙනි, අන්න ඒ නිසා භික්ෂුව විසින් හැම තිස්සේම තමන්ගේ සිත ගැන නුවණින් විමස විමසා ම යි ඉන්න ඕන. බොහෝ කාලයක් මුළුල්ලේ මේ සිත රාගයෙන්, ද්වේෂයෙන්, මෝහයෙන් කිලිටි වෙලා තියෙන්නේ කියලා. පින්වත් මහණෙනි, සිත කිලිටි වීම නිසයි සත්වයන් කිලිටි වෙන්නේ. සිත පිරිසිදු වීමෙනුයි සත්වයන් පිරිසිදු වෙන්නේ. පින්වත් මහණෙනි, ඔබ 'චරණ' කියන චිත්‍රය දැකලා තියෙනවාද?" "එසේය, ස්වාමීනි."

පින්වත් මහණෙනි, ඔය චරණ චිත්‍රය කියන්නේ සිතෙන් ම විචිත්‍ර කරපු එකක් නෙව. ඉතින් පින්වත් මහණෙනි, ඒ චරණ චිත්‍රයටත් වඩා සිත ම යි අතිශයින් ම විචිත්‍ර. පින්වත් මහණෙනි, අන්න ඒ නිසා භික්ෂුව විසින් හැම තිස්සේ ම තමන්ගේ සිත ගැන නුවණින් විමස විමසා ම යි ඉන්න ඕන. බොහෝ කාලයක් මුළුල්ලේ මේ සිත රාගයෙන්, ද්වේෂයෙන්, මෝහයෙන් කිලිටි වෙලා තියෙන්නේ කියලා. පින්වත් මහණෙනි, සිත කිලිටි වීම නිසයි සත්වයන් කිලිටි වෙන්නේ. සිත පිරිසිදු වීමෙනුයි සත්වයන් පිරිසිදු වෙන්නේ.

පින්වත් මහණෙනි, මා නම් මේ තිරිසන්ගත සතුන් තරම් මෙතරම් විචිත්‍ර වූ අන්‍ය එකම සත්ව කොට්ඨාසයක්වත් දකින්නේ නෑ. පින්වත් මහණෙනි, ඔය තිරිසන්ගත සතුන් විචිත්‍ර වෙලා තියෙන්නේ සිත කරණ කොට ගෙන ම යි. පින්වත් මහණෙනි, ඒ තිරිසන්ගත සතුන්ටත් වඩා සිත ම යි අතිශයින් ම විචිත්‍ර. පින්වත් මහණෙනි, අන්න ඒ නිසා භික්ෂුව විසින් හැම තිස්සේ ම තමන්ගේ සිත ගැන නුවණින් විමස විමසා ම යි ඉන්න ඕන. බොහෝ කාලයක් මුළුල්ලේ මේ සිත රාගයෙන්, ද්වේෂයෙන්, මෝහයෙන් කිලිටි වෙලා තියෙන්නේ කියලා. පින්වත් මහණෙනි, සිත කිලිටි වීම නිසයි සත්වයන් කිලිටි වෙන්නේ. සිත පිරිසිදු වීමෙනුයි සත්වයන් පිරිසිදු වෙන්නේ.

පින්වත් මහණෙනි, රදවෙක් ඉන්නවා. එහෙම නැත්නම් සිත්තරෙක් ඉන්නවා. ඔහු රතු පාට වේවා, නිල්පාට වේවා, මදටිය පාට වේවා සායම් තිබුණොත් ලාටු තිබුණොත් හොඳ මටසිලිටි වූ පුවරුවක හරි, බිත්තියක හරි, වස්ත්‍රයක හරි සියලු අඟපසඟින් යුතු ස්ත්‍රියකගේ රූපයක් හරි පුරුෂයෙකුගේ රූපයක් හරි ලස්සනට අඳිනවා. පින්වත් මහණෙනි, ඔය විදිහට ම අශ්‍රැතවත් පෘථග්ජනයාත් විශේෂයෙන් උපදවනවා නම් රූපයක් ම යි උපදවන්නේ

....(පෙ).... වේදනාවක් ම යි ....(පෙ).... සඤ්ඤාවක් ම යි ....(පෙ).... සංස්කාර ම යි ....(පෙ).... විශේෂයෙන් උපදවනවා නම් විඤ්ඤාණයක් ම යි උපදවන්නේ.

පින්වත් භික්ෂුව, මේ ගැන ඔබ කුමක්ද හිතන්නේ? රූපය නිත්‍යයිද? අනිත්‍යයිද?" "අනිත්‍යයි ස්වාමීනි."

"විඳීම ....(පෙ).... සඤ්ඤාව ....(පෙ).... සංස්කාර ....(පෙ).... විඤ්ඤාණය නිත්‍යයිද? අනිත්‍යයිද?" "අනිත්‍යයි ස්වාමීනි."

"එනිසා පින්වත් භික්ෂුව ....(පෙ).... පින්වත් භික්ෂුව, ඔය විදිහට දකින ශ්‍රැතවත් ආර්ය ශ්‍රාවකයා ....(පෙ).... නැවත ඉපදීමක් නැතැයි අවබෝධ කරගන්නවා."

සාදු! සාදු!! සාදු!!!

දුතිය ගද්දුලබද්ධ සූත්‍රය නිමා විය.

1.2.5.9.
වාසිජටෝපම සූත්‍රය
වෑ මිට උපමා කොට වදාළ දෙසුම

101. සැවැත් නුවරදී ....

පින්වත් මහණෙනි, මං අවබෝධ කරන, දකින කෙනාට තමයි ආශ්‍රවයන් ක්ෂය වෙන බව කියන්නේ. අවබෝධ නොකරන්නා වූ, නොදකින්නා වූ කෙනාට නම් නොවෙයි.

පින්වත් මහණෙනි, කවර දෙයක් අවබෝධ කරන, දකින කෙනාටද ආශ්‍රවයන් ක්ෂය වෙන්නේ?

මේ තමයි රූපය කියලා, මේ තමයි රූපයේ හටගැනීම කියලා, මේ තමයි රූපයේ නැතිවීම කියලා, මේ තමයි විඳීම කියලා ....(පෙ).... මේ තමයි සඤ්ඤාව කියලා ....(පෙ).... මේ තමයි සංස්කාර කියලා ....(පෙ).... මේ තමයි විඤ්ඤාණය කියලා, මේ තමයි විඤ්ඤාණයේ හටගැනීම කියලා, මේ තමයි විඤ්ඤාණයේ නැතිවීම කියලා, පින්වත් මහණෙනි, ඔය විදිහට අවබෝධ කරන, ඔය විදිහට දකින කෙනාටයි ආශ්‍රවයන් ක්ෂය වෙන්නේ.

පින්වත් මහණෙනි, භාවනා වශයෙන් යෙදෙමින් වාසය කරන්නා වූ භික්ෂුවට 'අනේ, ඇත්තෙන් ම මගේ හිත ආශ්‍රවයන්ගෙන් නිදහස් වෙලා යනවා නම්!' කියලා කොච්චර කැමැත්තක් ඇති වුණත්, එපමණකින් සිත ආශ්‍රවයන්ගෙන් නිදහස් වෙන්නේ නෑ. ඒකට හේතුව මොකක්ද? ඒකට කියන්න තියෙන්නේ නොවැඩූ නිසා කියලයි.

කුමක් නොවැඩූ නිසාද?

සතර සතිපට්ඨානයන් නොවැඩූ නිසා තමයි. සතර සම්‍යක් පධාන වීර්යයන් නොවැඩූ නිසා තමයි. සතර ඉර්ධිපාද නොවැඩූ නිසා තමයි. පංච ඉන්ද්‍රිය නොවැඩූ නිසා තමයි. පංච බල නොවැඩූ නිසා තමයි. බොජ්ඣංග ධර්ම හත නොවැඩූ නිසා තමයි. ආර්ය අෂ්ටාංගික මාර්ගය නොවැඩූ නිසා තමයි.

පින්වත් මහණෙනි, ඒක මේ වගේ දෙයක්. ඔන්න කිකිළියකට බිත්තර අටක් හරි, දහයක් හරි දොළහක් හරි තියෙනවා. ඉතින් මේ කිකිළිය ඒවා ඕනෑකමින් රකින්නේ නෑ. ඕනෑකමින් උණුසුම් කරන්නේ නෑ. ඕනෑකමින් යළි යළිත් රකින්නේ නෑ. නමුත් මේ කිකිළිය 'අනේ, ඇත්තෙන් ම මගේ කුකුළු පැටව් ටික පා නියසිලෙන් හරි, හොටේ තුඩෙන් හරි, බිත්තර පලාගෙන සුවසේ එළියට එනවා නම්!' කියලා කොයිතරම් කැමැත්තක් උපදවා ගත්තත්, ඒ කුකුළු පැටවුන් නම්, පා නියසිලෙන් හරි, හොටේ තුඩෙන් හරි, බිත්තර පලාගෙන සුවසේ එළියට එනවා කියන කරුණ විය හැකි දෙයක් නොවෙයි.

ඒකට හේතුව මොකක්ද?

පින්වත් මහණෙනි, කිකිළියට බිත්තර අටක් හරි, දහයක් හරි දොළහක් හරි තිබුණට ඔය කිකිළිය ඒවා ඕනෑකමින් රකින්නේ නැති කොට, ඕනෑකමින් උණුසුම් කරන්නේ නැති කොට, ඕනෑකමින් යළි යළිත් රකින්නේ නැති කොට, ඔච්චර තමයි වෙන්නේ.

පින්වත් මහණෙනි, මේකත් ඔය විදිහ තමයි. භාවනා වශයෙන් යෙදෙමින් වාසය කරන්නා වූ භික්ෂුවට 'අනේ, ඇත්තෙන් ම මගේ හිත ආශ්‍රවයන්ගෙන් නිදහස් වෙලා යනවා නම්!' කියලා කොච්චර කැමැත්තක් ඇති වුණත්, එපමණකින් සිත ආශ්‍රවයන්ගෙන් නිදහස් වෙන්නේ නෑ. ඒකට හේතුව මොකක්ද? ඒකට කියන්න තියෙන්නේ නොවැඩූ නිසා කියලයි.

කුමක් නොවැඩූ නිසාද?

සතර සතිපට්ඨානයන් නොවැඩූ නිසා තමයි. සතර සම්‍යක් පධාන වීර්යයන් නොවැඩූ නිසා තමයි. සතර ඉර්ධිපාද නොවැඩූ නිසා තමයි. පංච ඉන්ද්‍රිය නොවැඩූ නිසා තමයි. පංච බල නොවැඩූ නිසා තමයි. බොජ්ඣංග ධර්ම හත නොවැඩූ නිසා තමයි. ආර්ය අෂ්ටාංගික මාර්ගය නොවැඩූ නිසා තමයි.

භාවනා වශයෙන් යෙදෙමින් වාසය කරන්නා වූ භික්ෂුවට 'අනේ, ඇත්තෙන් ම මගේ හිත ආශ්‍රවයන්ගෙන් නිදහස් වෙලා යනවා නම්!' කියලා කැමැත්තක් ඇති වෙන්නෙ නෑ. නමුත් ඒ භික්ෂුවගේ සිත ආශ්‍රවයන්ගෙන් නිදහස් වෙනවා. ඒකට හේතුව මොකක්ද? ඒකට කියන්න තියෙන්නේ වැඩූ නිසා කියලයි.

කුමක් වැඩූ නිසාද?

සතර සතිපට්ඨානයන් වැඩූ නිසා තමයි. සතර සම්‍යක් පධාන වීර්යයන් වැඩූ නිසා තමයි. සතර ඉර්ධිපාද වැඩූ නිසා තමයි. පංච ඉන්ද්‍රිය වැඩූ නිසා තමයි. පංච බල වැඩූ නිසා තමයි. බොජ්ඣංග ධර්ම හත වැඩූ නිසා තමයි. ආර්ය අෂ්ටාංගික මාර්ගය වැඩූ නිසා තමයි.

පින්වත් මහණෙනි, ඒක මේ වගේ දෙයක්. ඔන්න කිකිළියකට බිත්තර අටක් හරි, දහයක් හරි දොළහක් හරි තියෙනවා. ඉතින් මේ කිකිළිය ඒවා ඕනෑකමින් රකිනවා. ඕනෑකමින් උණුසුම් කරනවා. ඕනෑකමින් යළි යළිත් රකිනවා. නමුත් මේ කිකිළිය 'අනේ, ඇත්තෙන් ම මගේ කුකුළු පැටව් ටික පා නියසිලෙන් හරි, හොටේ තුඩෙන් හරි, බිත්තර පලාගෙන සුවසේ එළියට එනවා නම්!' කියලා කැමැත්තක් උපදවා ගන්නේ නෑ. නමුත් ඒ කුකුළු පැටවුන් නම්, පා නියසිලෙන් හරි, හොටේ තුඩෙන් හරි, බිත්තර පලාගෙන සුවසේ එළියට එනවා කියන කරුණ සිදුවෙන දෙයක් ම යි.

ඒකට හේතුව මොකක්ද?

පින්වත් මහණෙනි, කිකිළියට බිත්තර අටක් හරි, දහයක් හරි දොළහක් හරි තියෙනවානෙ. ඉතින් ඔය කිකිළී ඒවා ඕනෑකමින් රකින කොට, ඕනෑකමින් උණුසුම් කරන කොට, ඕනෑකමින් යළි යළිත් රකින කොට, ඔච්චර තමයි වෙන්නේ.

පින්වත් මහණෙනි, මේකත් ඔය විදිහ තමයි. භාවනා වශයෙන් යෙදෙමින් වාසය කරන්නා වූ භික්ෂුවට 'අනේ, ඇත්තෙන් ම මගේ හිත ආශ්‍රවයන්ගෙන් නිදහස් වෙලා යනවා නම්!' කියලා කැමැත්තක් ඇති නොවුණාට, ඒ භික්ෂුවගේ

සිත ආශ්‍රවයන්ගෙන් නිදහස් වෙනවා. ඒකට හේතුව මොකක්ද? ඒකට කියන්න තියෙන්නේ වැඩූ නිසා කියලයි. කුමක් වැඩූ නිසාද?

සතර සතිපට්ඨානයන් වැඩූ නිසා තමයි. සතර සම්‍යක් පධාන වීර්යයන් වැඩූ නිසා තමයි. සතර ඉර්ධිපාද වැඩූ නිසා තමයි. පංච ඉන්ද්‍රිය වැඩූ නිසා තමයි. පංච බල වැඩූ නිසා තමයි. බොජ්ඣංග ධර්ම හත වැඩූ නිසා තමයි. ආර්ය අෂ්ටාංගික මාර්ගය වැඩූ නිසා තමයි.

පින්වත් මහණෙනි, ඒක මේ වගේ දෙයක්. වඩුවෙක් ඉන්නවා. එක්කෝ ඒ වඩුවාගේ ගෝලයෙක් ඉන්නවා. ඔහුට වෑ මිටෙහි ඇඟිලි සලකුණු හරි, මහපොට ඇඟිලි සලකුණු හරි දකින්නට ලැබෙනවා. නමුත් ඔහුට 'අද මගේ වෑ මිට මෙච්චරක් ගෙවිලා ගියා. ඊයේ මෙච්චරක් ගෙවිලා ගියා. කලින් දවසේ මෙච්චරක් ගෙවිලා ගියා' කියලා අවබෝධයක් ඇති වෙන්නේ නෑ. නමුත් වෑ මිට ගෙවී ගිය ගමන් ගෙවුණා කියන අවබෝධය ඇතිවෙනවා.

පින්වත් මහණෙනි, මේකත් ඔය විදිහ තමයි. භාවනා වශයෙන් යෙදෙමින් වාසය කරන්නා වූ භික්ෂුවට 'අද මගේ ආශ්‍රවයන් මෙච්චරක් ගෙවිලා ගියා. ඊයේ මෙච්චරක් ගෙවිලා ගියා. කලින් දවසේ මෙච්චරක් ගෙවිලා ගියා' කියලා අවබෝධයක් ඇති වෙන්නේ නෑ. නමුත් ආශ්‍රවයන් ගෙවී ගිය ගමන් ගෙවුණා කියන අවබෝධය ඇති වෙනවා.

පින්වත් මහණෙනි, ඒක මේ වගේ දෙයක්. මුහුදේ නැවක් වේවැල් කඹවලින් බැඳලා තියෙනවා. ඒ කඹ හය මාසයක් වතුරේ තිබිල සීත කාලයට ගොඩ බිමට දානවා. එතකොට ඒ කඹවලට අව්වෙන් සුළඟෙන් පහර වදිනවා. වැස්ස කාලෙට මහා වැස්සෙන් හොඳ හැටියට තෙමෙන කොට ඒ කඹ ලේසියෙන් ම ගැලවිලා දිරලා යනවා.

පින්වත් මහණෙනි, මේකත් ඔය විදිහ තමයි. භාවනා වශයෙන් යෙදෙමින් වාසය කරන්නා වූ භික්ෂුවට ලේසියෙන් ම සංයෝජන ගැලවිලා යනවා. දිරලා යනවා.

සාදු! සාදු!! සාදු!!!

වාසිජටෝපම සූත්‍රය නිමා විය.

1.2.5.10.
අනිච්චසඤ්ඤා සූත්‍රය
අනිත්‍ය සඤ්ඤාව වැඩීම ගැන වදාළ දෙසුම

102. සැවැත් නුවරදී ....

පින්වත් මහණෙනි, අනිත්‍ය සඤ්ඤාව හොඳට වැඩුවොත්, බහුල වශයෙන් වැඩුවොත් හැම කාමරාගයක් ම ගෙවිලා යනවා. හැම රූපරාගයක් ම ගෙවිලා යනවා. හැම භවරාගයක් ම ගෙවිලා යනවා. හැම අවිද්‍යාවක් ම ගෙවිලා යනවා. මම වෙමියි කියන හැම මානයක් ම ගෙවිලා යනවා. මුලින් ම ඉදිරිලා යනවා.

පින්වත් මහණෙනි, ඒක මේ වගේ දෙයක්. ගොවියෙක් සරත් කාලයේ මහා නඟුලක් අරගෙන කුඹුරක් සාන කොට විහිදිලා ඇති සියලුම මුල් සිඳ බිඳ ගෙන යන විදිහට හානවා. පින්වත් මහණෙනි, ඔය විදිහට ම අනිත්‍ය සඤ්ඤාව හොඳට වැඩුවොත්, බහුල වශයෙන් වැඩුවොත් හැම කාමරාගයක් ම ගෙවිලා යනවා. හැම රූපරාගයක් ම ගෙවිලා යනවා. හැම භවරාගයක් ම ගෙවිලා යනවා. හැම අවිද්‍යාවක් ම ගෙවිලා යනවා. මම වෙමියි කියන හැම මානයක් ම ගෙවිලා යනවා. මුලින් ම ඉදිරිලා යනවා.

පින්වත් මහණෙනි, ඒක මේ වගේ දෙයක්. බබුස් තණ කපන කෙනෙක් බබුස් තණ කපලා හිට, ඒවා අගින් අරගෙන යටි අතටත් පොළනවා. උඩු අතටත් පොළනවා. පොළලා පැත්ත දානවා. පින්වත් මහණෙනි, ඔය විදිහට ම අනිත්‍ය සඤ්ඤාව හොඳට වැඩුවොත්, බහුල වශයෙන් වැඩුවොත් හැම කාමරාගයක් ම ගෙවිලා යනවා ....(පෙ).... මුලින් ම ඉදිරිලා යනවා.

පින්වත් මහණෙනි, ඒක මේ වගේ දෙයක්. අඹ පොකුරක් තියෙනවා. ඒ අඹ පොකුරේ මුල නැට්ට කපා දැමූ විට ඒ නැට්ට හා බැඳුණු යම්තාක් අඹ ඇද්ද, ඒ හැම අඹයක් ම එක පොකුරට බිම වැටෙනවා. පින්වත් මහණෙනි, ඔය විදිහට ම අනිත්‍ය සඤ්ඤාව හොඳට වැඩුවොත්, බහුල වශයෙන් වැඩුවොත් හැම කාමරාගයක් ම ගෙවිලා යනවා ....(පෙ).... මුලින් ම ඉදිරිලා යනවා.

පින්වත් මහණෙනි, ඒක මේ වගේ දෙයක්. කූටාගාරයක යම්තාක් පරාල තියෙනවා නම්, ඒ සෑම පරාලයක් ම තියෙන්නේ කැණිමඬලට නැඹුරු වෙලයි. කැණිමඬල පිහිට කරගෙනයි. ඒ පරාලයන්ට අග්‍ර වෙන්නේ කැණිමඬලමයි.

පින්වත් මහණෙනි, ඔය විදිහට ම අනිත්‍ය සඤ්ඤාව හොඳට වැඩුවොත්, බහුල වශයෙන් වැඩුවොත් හැම කාමරාගයක් ම ගෙවිලා යනවා ....(පෙ).... මුලින් ම ඉදිරිලා යනවා.

පින්වත් මහණෙනි, ඒක මේ වගේ දෙයක්. යම්කිසි මුල්වල සුවඳක් තියෙනවා නම්, කළු අගිල් මුලේ සුවඳ තමයි ඒ සෑම මුල් සුවඳකින් ම අග්‍රවෙන්නේ. පින්වත් මහණෙනි, ඔය විදිහට ම අනිත්‍ය සඤ්ඤාව හොඳට වැඩුවොත්, බහුල වශයෙන් වැඩුවොත් හැම කාමරාගයක් ම ගෙවිලා යනවා ....(පෙ).... මුලින් ම ඉදිරිලා යනවා.

පින්වත් මහණෙනි, ඒක මේ වගේ දෙයක්. යම්කිසි අරටුවල සුවඳක් තියෙනවා නම්, රත් සඳුන් අරටුවේ සුවඳ තමයි ඒ සෑම අරටු සුවඳකින්ම අග්‍රවෙන්නේ. පින්වත් මහණෙනි, ඔය විදිහට ම අනිත්‍ය සඤ්ඤාව හොඳට වැඩුවොත්, බහුල වශයෙන් වැඩුවොත් හැම කාමරාගයක් ම ගෙවිලා යනවා ....(පෙ).... මුලින් ම ඉදිරිලා යනවා.

පින්වත් මහණෙනි, ඒක මේ වගේ දෙයක්. යම්කිසි මල්වල සුවඳක් තියෙනවා නම්, දෑ සමන් මලේ සුවඳ තමයි ඒ සෑම මල් සුවඳකින්ම අග්‍රවෙන්නේ. පින්වත් මහණෙනි, ඔය විදිහට ම අනිත්‍ය සඤ්ඤාව හොඳට වැඩුවොත්, බහුල වශයෙන් වැඩුවොත් හැම කාමරාගයක් ම ගෙවිලා යනවා ....(පෙ).... මුලින් ම ඉදිරිලා යනවා.

පින්වත් මහණෙනි, ඒක මේ වගේ දෙයක්. යම් පොඩි පොඩි රජවරු ඉන්නවා නම්, ඒ සියලු දෙනාම සක්විති රජ්ජුරුවන්ට අනුකූලවයි ඉන්නේ. සක්විති රජ්ජුරුවෝ තමයි ඒ සෑම රජෙකුට ම අග්‍රවෙන්නේ. පින්වත් මහණෙනි, ඔය විදිහට ම අනිත්‍ය සඤ්ඤාව හොඳට වැඩුවොත්, බහුල වශයෙන් වැඩුවොත් හැම කාමරාගයක් ම ගෙවිලා යනවා ....(පෙ).... මුලින් ම ඉදිරිලා යනවා.

පින්වත් මහණෙනි, ඒක මේ වගේ දෙයක්. තාරුකා රූපවල යම්කිසි ප්‍රභාවක් ඇත්නම්, ඒ සෑම දීප්තියක් ම චන්ද්‍රයාගේ දීප්තියෙන් සොළොස් කලාවෙන් කොටසක් තරම්වත් වටින්නේ නෑ. චන්ද්‍රයාගේ දීප්තිය ම යි තරු එළියට වඩා අග්‍රවෙන්නේ. පින්වත් මහණෙනි, ඔය විදිහට ම අනිත්‍ය සඤ්ඤාව හොඳට වැඩුවොත්, බහුල වශයෙන් වැඩුවොත් හැම කාමරාගයක් ම ගෙවිලා යනවා ....(පෙ).... මුලින් ම ඉදිරිලා යනවා.

පින්වත් මහණෙනි, ඒක මේ වගේ දෙයක්. සරත් කාලයේ වළාකුළින් තොර, එළිය වැටුණු අහසෙහි හිරු අහසට නැගෙන කොට අහසේ පැතිර තිබූ

සෑම අඳුරු ගතියක් ම සම්පූර්ණයෙන් ම නැතිවෙලා දිළිසෙනවා. බබලනවා. අතිශයින් ම බබලනවා. පින්වත් මහණෙනි, ඔය විදිහට ම අනිත්‍ය සඤ්ඤාව හොඳට වැඩුවොත්, බහුල වශයෙන් වැඩුවොත් හැම කාමරාගයක් ම ගෙවිලා යනවා. හැම රූපරාගයක් ම ගෙවිලා යනවා. හැම භවරාගයක් ම ගෙවිලා යනවා. හැම අවිද්‍යාවක් ම ගෙවිලා යනවා. මම වෙමියි කියන හැම මානයක් ම ගෙවිලා යනවා. මුලින් ම ඉදිරිලා යනවා.

පින්වත් මහණෙනි, කොයි විදිහට වඩන ලද, කොයි විදිහට බහුල වශයෙන් වඩන ලද අනිත්‍ය සඤ්ඤාවද, හැම කාමරාගයක් ම ගෙවා දමන්නේ? ....(පෙ).... හැම අස්මිමානයක් ම ගෙවා දමන්නේ? මුලින් ම නසන්නේ?

මේ තමයි රූපය කියලා, මේ තමයි රූපයේ හටගැනීම කියලා, මේ තමයි රූපයේ නැතිවීම කියලා, මේ තමයි විදීම කියලා ....(පෙ).... මේ තමයි සඤ්ඤාව කියලා ....(පෙ).... මේ තමයි සංස්කාර කියලා ....(පෙ).... මේ තමයි විඤ්ඤාණය කියලා, මේ තමයි විඤ්ඤාණයේ හටගැනීම කියලා, මේ තමයි විඤ්ඤාණයේ නැතිවීම කියලා, පින්වත් මහණෙනි, ඔය විදිහට වඩන ලද, ඔය විදිහට බහුල වශයෙන් වඩන ලද අනිත්‍ය සඤ්ඤාව තමයි හැම කාමරාගයක් ම ගෙවා දමන්නේ. හැම රූපරාගයක් ම ගෙවා දමන්නේ. හැම භවරාගයක් ම ගෙවා දමන්නේ. හැම අවිද්‍යාවක් ම ගෙවා දමන්නේ. මම වෙමියි කියන හැම මානයක් ම ගෙවා දමන්නේ. මුලින් ම නසා දමන්නේ.

සාදු! සාදු!! සාදු!!!

අනිච්චසඤ්ඤා සූත්‍රය නිමා විය.

පස්වෙනි පුප්ඵ වර්ගය අවසන් විය.

- **එහි පිළිවෙල උද්දානයයි :**

නදී සූත්‍රය, පුප්ඵ සූත්‍රය, ඵේණපිණ්ඩූපම සූත්‍රය, ගෝමයපිණ්ඩූපම සූත්‍රය, නඛසිඛෝපම සූත්‍රය, සුද්ධික සූත්‍රය, ගද්දුල සූත්‍ර දෙක, වාසිජටෝපම සූත්‍රය, අනිච්චසඤ්ඤා සූත්‍රය යන මේ දෙසුම්වලින් මෙම වර්ගය සමන්විතයි.

මජ්ඣිම පණ්ණාසකය සමාප්තයි.

- ඒ මජ්ඣිම පණ්ණාසකයෙහි වර්ගයන්ගේ පිළිවෙල උද්දානයයි.

උපය වර්ගය, අරහන්ත වර්ගය, ඛජ්ජනීය වර්ගය, ථේර වර්ගය, පුප්ඵ වර්ගය යන මෙයින් මේ පණ්ණාසකය සමන්විත වේ.

3. උපරි පණ්ණාසකය

1. අන්ත වර්ගය

1.3.1.1.
අන්ත සූත්‍රය
අන්තය ගැන වදාළ දෙසුම

103.   සැවැත් නුවර දී   ....

පින්වත් මහණෙනි, මේ අන්ත සතරක් තියෙනවා. කවර සතරක්ද යත්, සක්කාය කියල අන්තයක් තියෙනවා. සක්කාය සකස්වීම කියල අන්තයක් තියෙනවා. සක්කාය නිරුද්ධ වීම කියල අන්තයක් තියෙනවා. සක්කාය නිරුද්ධ වීම පිණිස පවතින ප්‍රතිපදාව කියල අන්තයක් තියෙනවා.

පින්වත් මහණෙනි, සක්කාය අන්තය කියන්නේ මොකක්ද? එයට කිව යුත්තේ පංච උපාදානස්කන්ධය කියලයි.

කවර පහක්ද යත්; ඒ කියන්නේ, රූප උපාදානස්කන්ධයයි. වේදනා උපාදානස්කන්ධයයි. සඤ්ඤා උපාදානස්කන්ධයයි. සංස්කාර උපාදානස්කන්ධයයි. විඤ්ඤාණ උපාදානස්කන්ධයයි. පින්වත් මහණෙනි, මෙයට තමයි සක්කාය අන්තය කියන්නේ.

පින්වත් මහණෙනි, සක්කාය සකස්වීමේ අන්තය කියන්නේ මොකක්ද?

පින්වත් මහණෙනි, පුනර්භවය ඇති කර දෙන, ආශ්වාදයෙන් ඇලෙන්නා වූ, ඒ ඒ තැනදී සතුටින් පිළිගන්නා වූ යම් මේ තණ්හාවක් ඇද්ද එයයි. ඒ කියන්නේ කාම තණ්හාව, භව තණ්හාව හා විභව තණ්හාවයි. පින්වත් මහණෙනි, මෙයට තමයි සක්කාය සකස්වීමේ අන්තය කියන්නේ.

පින්වත් මහණෙනි, සක්කාය නිරුද්ධ වීමේ අන්තය කියන්නේ මොකක්ද?

පින්වත් මහණෙනි, ඒ ත්‍රිවිධ තණ්හාවේ ම යම් ඉතිරි නැතිව නිරුද්ධ වීමක් ඇද්ද, අත්හැරීමක් ඇද්ද, බැහැර කිරීමක් ඇද්ද, එයින් නිදහස් වීමක් ඇද්ද, ආල රහිත වීමක් ඇද්ද පින්වත් මහණෙනි, මෙයට තමයි සක්කාය නිරුද්ධ වීමේ අන්තය කියල කියන්නේ.

පින්වත් මහණෙනි, සක්කාය නිරුද්ධ වීම පිණිස පවතින ප්‍රතිපදා අන්තය මොකක්ද?

ඒ මේ ආර්ය අෂ්ටාංගික මාර්ගයයි. ඒ කියන්නේ, සම්මා දිට්ඨි, සම්මා සංකප්ප, සම්මා වාචා, සම්මා කම්මන්ත, සම්මා ආජීව, සම්මා වායාම, සම්මා සති, සම්මා සමාධි යන මෙයයි. පින්වත් මහණෙනි, මෙයට තමයි සක්කාය නිරුද්ධ වීම පිණිස පවතින ප්‍රතිපදා අන්තය කියන්නේ. පින්වත් මහණෙනි, මෙයට තමයි අන්ත සතර කියන්නේ.

සාදු! සාදු!! සාදු!!!

අන්ත සූත්‍රය නිමා විය.

1.3.1.2.
දුක්ඛ සූත්‍රය
දුක ගැන වදාළ දෙසුම

104. සැවැත් නුවර දී ....

පින්වත් මහණෙනි, ඔබට මා දුක ගැනත්, දුකේ සකස්වීම ගැනත්, දුක නිරුද්ධවීම ගැනත්, දුක නිරුද්ධ වීම පිණිස පවතින ප්‍රතිපදාව ගැනත් දේශනා කරන්නම්. එය හොඳින් අසා ගන්න.

පින්වත් මහණෙනි, දුක කියන්නේ මොකක්ද? එයට කිව යුත්තේ පංච උපාදානස්කන්ධය කියලයි.

කවර පහක්ද යත්; ඒ කියන්නේ, රූප උපාදානස්කන්ධයයි. වේදනා උපාදානස්කන්ධයයි. සඤ්ඤා උපාදානස්කන්ධයයි. සංස්කාර උපාදානස්කන්ධයයි. විඤ්ඤාණ උපාදානස්කන්ධයයි. පින්වත් මහණෙනි,

මෙයට තමයි දුක කියන්නේ.

පින්වත් මහණෙනි, දුකේ සකස්වීම කියන්නේ මොකක්ද?

පින්වත් මහණෙනි, පුනර්භවය ඇති කරදෙන, ආශ්වාදයෙන් ඇලෙන්නා වූ, ඒ ඒ තැනදී සතුටින් පිළිගන්නා වූ යම් මේ තණ්හාවක් ඇද්ද එයයි. ඒ කියන්නේ කාම තණ්හාව, භව තණ්හාව හා විභව තණ්හාවයි. පින්වත් මහණෙනි, මෙයට තමයි දුකේ සකස්වීම කියන්නේ.

පින්වත් මහණෙනි, දුක නිරුද්ධ වීම කියන්නේ මොකක්ද? පින්වත් මහණෙනි, ඒ ත්‍රිවිධ තණ්හාවේ ම යම් ඉතිරි නැතිව නිරුද්ධ වීමක් ඇද්ද, අත්හැරීමක් ඇද්ද, බැහැර කිරීමක් ඇද්ද, එයින් නිදහස් වීමක් ඇද්ද, ආල රහිත වීමක් ඇද්ද පින්වත් මහණෙනි, මෙයට තමයි දුක නිරුද්ධ වීම කියල කියන්නේ.

පින්වත් මහණෙනි, දුක නිරුද්ධ වීම පිණිස පවතින ප්‍රතිපදාව කියන්නේ මොකක්ද? ඒ මේ ආර්ය අෂ්ටාංගික මාර්ගයයි. ඒ කියන්නේ, සම්මා දිට්ඨි, සම්මා සංකප්ප, සම්මා වාචා, සම්මා කම්මන්ත, සම්මා ආජීව, සම්මා වායාම, සම්මා සති, සම්මා සමාධි යන මෙයයි. පින්වත් මහණෙනි, මෙයට තමයි දුක නිරුද්ධ වීම පිණිස පවතින ප්‍රතිපදාව කියන්නේ.

සාදු! සාදු!! සාදු!!!

දුක්ඛ සූත්‍රය නිමා විය.

1.3.1.3.
සක්කාය සූත්‍රය
සක්කාය ගැන වදාළ දෙසුම

105. සැවැත් නුවර දී ....

පින්වත් මහණෙනි, ඔබට මා සක්කාය ගැනත්, සක්කාය සකස්වීම ගැනත්, සක්කාය නිරුද්ධවීම ගැනත්, සක්කාය නිරුද්ධවීම පිණිස පවතින ප්‍රතිපදාව ගැනත් දේශනා කරන්නම්. එය හොඳින් අසා ගන්න.

පින්වත් මහණෙනි, සක්කාය කියන්නේ මොකක්ද? එයට කිව යුත්තේ

පංච උපාදානස්කන්ධය කියලයි.

කවර පහක්ද යත්; ඒ කියන්නේ, රූප උපාදානස්කන්ධයයි. වේදනා උපාදානස්කන්ධයයි. සඤ්ඤා උපාදානස්කන්ධයයි. සංස්කාර උපාදානස්කන්ධයයි. විඤ්ඤාණ උපාදාස්කන්ධයයි. පින්වත් මහණෙනි, මෙයට තමයි සක්කාය කියන්නේ.

පින්වත් මහණෙනි, සක්කාය සකස්වීම කියන්නේ මොකක්ද?

පින්වත් මහණෙනි, පුනර්භවය ඇති කරදෙන, ආශ්වාදයෙන් ඇලෙන්නා වූ, ඒ ඒ තැනදී සතුටින් පිළිගන්නා වූ යම් මේ තණ්හාවක් ඇද්ද එයයි. ඒ කියන්නේ කාම තණ්හාව, භව තණ්හාව හා විභව තණ්හාවයි. පින්වත් මහණෙනි, මෙයට තමයි සක්කාය සකස්වීම කියන්නේ.

පින්වත් මහණෙනි, සක්කාය නිරුද්ධ වීම කියන්නේ මොකක්ද?

පින්වත් මහණෙනි, ඒ ත්‍රිවිධ තණ්හාවේ ම යම් ඉතිරි නැතිව නිරුද්ධ වීමක් ඇද්ද, අත්හැරීමක් ඇද්ද, බැහැර කිරීමක් ඇද්ද, එයින් නිදහස් වීමක් ඇද්ද, ආල රහිත වීමක් ඇද්ද පින්වත් මහණෙනි, මෙයට තමයි සක්කාය නිරුද්ධ වීම කියල කියන්නේ.

පින්වත් මහණෙනි, සක්කාය නිරුද්ධ වීම පිණිස පවතින ප්‍රතිපදාව කියන්නේ මොකක්ද?

ඒ මේ ආර්ය අෂ්ටාංගික මාර්ගයයි. ඒ කියන්නේ, සම්මා දිට්ඨි, සම්මා සංකප්ප, සම්මා වාචා, සම්මා කම්මන්ත, සම්මා ආජීව, සම්මා වායාම, සම්මා සති, සම්මා සමාධි යන මෙයයි. පින්වත් මහණෙනි, මෙයට තමයි සක්කාය නිරුද්ධ වීම පිණිස පවතින ප්‍රතිපදාව කියන්නේ.

සාදු! සාදු!! සාදු!!!

සක්කාය සූත්‍රය නිමා විය.

1.3.1.4.
පරිඤ්ඤෙය්‍ය සූත්‍රය
පිරිසිඳ දත යුතු දේ ගැන වදාළ දෙසුම

106. සැවැත් නුවර දී ....

පින්වත් මහණෙනි, ඔබට පිරිසිඳ දත යුතු දේ ගැනත්, පිරිසිඳ දැනගැනීම ගැනත්, පිරිසිඳ දැනගත් පුද්ගලයා ගැනත් දේශනා කරන්නම්. එයට හොඳින් සවන් දෙන්න.

පින්වත් මහණෙනි, පිරිසිඳ දත යුතු දේ කියන්නේ මොනවාද?

පින්වත් මහණෙනි, රූපය යනු පිරිසිඳ දත යුතු දෙයක්. විඳීම යනු පිරිසිඳ දත යුතු දෙයක්. සඤ්ඤාව ....(පෙ).... සංස්කාර ....(පෙ).... විඤ්ඤාණය යනු පිරිසිඳ දත යුතු දෙයක්. පින්වත් මහණෙනි, පිරිසිඳ දත යුතු දේ කියන්නේ මෙයටයි.

පින්වත් මහණෙනි, පිරිසිඳ දැනගැනීම කියන්නේ මොකක්ද?

පින්වත් මහණෙනි, රාගයේ යම් ක්ෂයවීමක් ඇද්ද, ද්වේෂයේ යම් ක්ෂය වීමක් ඇද්ද, මෝහයේ යම් ක්ෂය වීමක් ඇද්ද, පින්වත් මහණෙනි, පිරිසිඳ දැනග ැනීම කියන්නේ මෙයටයි.

පින්වත් මහණෙනි, පිරිසිඳ දැනගත් පුද්ගලයා කියන්නේ කවුද?

රහතන් වහන්සේ කියලයි එයට කිව යුත්තේ. මෙබඳු නම් ඇති, මෙබඳු ගෝත්‍ර ඇති යම් මේ ආයුෂ්මතුන් වහන්සේ නමක් ඇද්ද, පින්වත් මහණෙනි, පිරිසිඳ දැනගත් පුද්ගලයා කියන්නේ මොහුටයි.

සාදු! සාදු!! සාදු!!!

පරිඤ්ඤෙය්‍ය සූත්‍රය නිමා විය.

1.3.1.5.
සමණ සූත්‍රය
ශ්‍රමණයා ගැන වදාළ දෙසුම

107. සැවැත් නුවර දී ....

පින්වත් මහණෙනි, මේ උපාදානස්කන්ධ පහක් තියෙනවා. කවර පහක්ද යත්; ඒ කියන්නේ, රූප උපාදානස්කන්ධය, වේදනා උපාදානස්කන්ධය, සඤ්ඤා උපාදානස්කන්ධය, සංස්කාර උපාදානස්කන්ධය, විඤ්ඤාණ උපාදානස්කන්ධය යන පහයි.

පින්වත් මහණෙනි, යම්කිසි ශ්‍රමණයන් හරි බ්‍රාහ්මණයන් හරි ඔය පංච උපාදානස්කන්ධයේ ආශ්වාදයත්, ආදීනවයත්, නිස්සරණයත් ඒ වූ ආකාරයෙන් ම අවබෝධ කළේ නැත්නම්, පින්වත් මහණෙනි, ඒ මේ ශ්‍රමණයිනුත්, බ්‍රාහ්මණයිනුත් සැබෑම ශ්‍රමණයන් අතර ශ්‍රමණවරුන් බවට සම්මත වෙන්නේ නෑ. සැබෑම බ්‍රාහ්මණයන් අතර බ්‍රාහ්මණවරුන් බවට සම්මත වෙන්නේ නෑ. ඒ ආයුෂ්මත්වරුන් මේ ජීවිතය තුළ දී ම තමන්ගේ ම විශිෂ්ට ඥානයෙන් ශ්‍රමණබවේ ඵලයක් හෝ බ්‍රාහ්මණබවේ ඵලයක් හෝ සාක්ෂාත් කරගෙන එයට පැමිණිලා වාසය කරන්නේ නම් නෑ.

පින්වත් මහණෙනි, යම්කිසි ශ්‍රමණයන් හරි බ්‍රාහ්මණයන් හරි ඔය පංච උපාදානස්කන්ධයේ ආශ්වාදයත්, ආදීනවයත්, නිස්සරණයත් ඒ වූ ආකාරයෙන් ම අවබෝධ කළොත්, පින්වත් මහණෙනි, ඒ මේ ශ්‍රමණයිනුත්, බ්‍රාහ්මණයිනුත් සැබෑම ශ්‍රමණයන් අතර ශ්‍රමණවරුන් බවට සම්මත වෙනවා. සැබෑම බ්‍රාහ්මණයන් අතර බ්‍රාහ්මණවරුන් බවට සම්මත වෙනවා. ඒ ආයුෂ්මත්වරුන් තමයි මේ ජීවිතය තුළ දී ම තමන්ගේ ම විශිෂ්ට ඥානයෙන් ශ්‍රමණබවේ ඵලයක් හෝ බ්‍රාහ්මණබවේ ඵලයක් හෝ සාක්ෂාත් කරගෙන එයට පැමිණිලා වාසය කරන්නේ.

සාදු! සාදු!! සාදු!!!

සමණ සූත්‍රය නිමා විය.

1.3.1.6.
දුතිය සමණ සූත්‍රය
ශ්‍රමණයා ගැන වදාළ දෙවෙනි දෙසුම

108. සැවැත් නුවර දී ....

පින්වත් මහණෙනි, මේ උපාදානස්කන්ධ පහක් තියෙනවා. කවර පහක්ද යත්; ඒ කියන්නේ, රූප උපාදානස්කන්ධය ....(පෙ).... විඤ්ඤාණ උපාදානස්කන්ධය යන පහයි.

පින්වත් මහණෙනි, යම්කිසි ශ්‍රමණයන් හරි බ්‍රාහ්මණයන් හරි ඔය පංච උපාදානස්කන්ධයේ ආශ්වාදයත්, ආදීනවයත්, නිස්සරණයත් ඒ වූ ආකාරයෙන් ම අවබෝධ කළේ නැත්නම් ....(පෙ).... අවබෝධ කළොත් ....(පෙ).... තමන්ගේ ම විශිෂ්ට ඥානයෙන් ශ්‍රමණබවේ ඵලයක් හෝ බ්‍රාහ්මණබවේ ඵලයක් හෝ සාක්ෂාත් කරගෙන එයට පැමිණිලා වාසය කරන්නේ.

සාදු! සාදු!! සාදු!!!

දුතිය සමණ සූත්‍රය නිමා විය.

1.3.1.7.
සෝතාපන්න සූත්‍රය
සෝවාන් වීම ගැන වදාළ දෙසුම

109. සැවැත් නුවර දී ....

පින්වත් මහණෙනි, මේ උපාදානස්කන්ධ පහක් තියෙනවා. කවර පහක්ද යත්; ඒ කියන්නේ, රූප උපාදානස්කන්ධය ....(පෙ).... විඤ්ඤාණ උපාදානස්කන්ධය යන පහයි.

පින්වත් මහණෙනි, යම් දවසක ආර්ය ශ්‍රාවකයා ඔය පංච උපාදානස්කන්ධයේ හට ගැනීමත්, නැතිවීමත්, ආශ්වාදයත්, ආදීනවයත්, නිස්සරණයත් ඒ වූ ආකාරයෙන් ම අවබෝධ කරනවා නම්, පින්වත් මහණෙනි,

මේ ආර්ය ශ්‍රාවකයාට තමයි සෝවාන් වුණ කෙනා, අපායෙහි නොවැටෙන ස්වභාවයෙන් යුතු කෙනා, නියත වශයෙන් ම නිවන් අවබෝධය පිහිට කරගෙන ඉන්න කෙනා කියල කියන්නේ.

සාදු! සාදු!! සාදු!!!

සෝතාපන්න සූත්‍රය නිමා විය.

1.3.1.8.
අරහන්ත සූත්‍රය
රහතන් වහන්සේ ගැන වදාළ දෙසුම

110. සැවැත් නුවර දී ....

පින්වත් මහණෙනි, මේ උපාදානස්කන්ධ පහක් තියෙනවා. කවර පහක්ද යත්; ඒ කියන්නේ, රූප උපාදානස්කන්ධය ....(පෙ).... විඤ්ඤාණ උපාදානස්කන්ධය යන පහයි.

පින්වත් මහණෙනි, යම් දවසක භික්ෂුව ඔය පංච උපාදානස්කන්ධයේ හටගැනීමත්, නැතිවීමත්, ආශ්වාදයත්, ආදීනවයත්, නිස්සරණයත් ඒ වූ ආකාරයෙන් ම අවබෝධ කරගෙන උපාදාන රහිතව නිදහස් වෙලා ගියා නම්, පින්වත් මහණෙනි, රහතන් වහන්සේ, ක්ෂීණාශ්‍රවයන් වහන්සේ, බඹසර වාසය සම්පූර්ණ කළ කෙනා, නිවන පිණිස කළ යුතු දේ කරගත් කෙනා, කෙලෙස් බර බැහැර කළ කෙනා, පිළිවෙළින් පිරිපුන් අරුතට පත් වූ කෙනා, භව බන්ධයන් ක්ෂය වී ගිය කෙනා, ඉතා යහපත් ලෙස අවබෝධයෙන් ම දුකින් නිදහස් වුණ කෙනා කියල කියන්නේ මේ භික්ෂුවට තමයි.

සාදු! සාදු!! සාදු!!!

අරහන්ත සූත්‍රය නිමා විය.

1.3.1.9.
පඨම ඡන්දරාග සූත්‍රය
ඡන්දරාගය ගැන වදාළ පළමු දෙසුම

111. සැවැත් නුවර දී ....

පින්වත් මහණෙනි, රූපය කෙරෙහි යම් කැමැත්තක් තියෙනවා නම්, යම් රාගයක් තියෙනවා නම්, යම් සතුටක් තියෙනවා නම්, යම් තණ්හාවක් තියෙනවා නම් එය අත්හරින්න. එතකොට මුල් ඉදිරී ගිය, කරටිය බිඳුණ තල් ගසක් බවට පත්වුණ, අභාවයට පත්වුණ, ආයෙ කවදාකවත් නොහටගන්නා ස්වභාවයට පත්වුණ ඒ රූපය ප්‍රහීණ වෙලා යනවා.

විඳීම කෙරෙහි යම් කැමැත්තක් තියෙනවා නම්, යම් රාගයක් තියෙනවා නම්, යම් සතුටක් තියෙනවා නම්, යම් තණ්හාවක් තියෙනවා නම් එය අත්හරින්න. එතකොට මුල් ඉදිරී ගිය, කරටිය බිඳුණ තල් ගසක් බවට පත්වුණ, අභාවයට පත්වුණ, ආයෙ කවදාකවත් නොහටගන්නා ස්වභාවයට පත්වුණ ඒ විඳීම ප්‍රහීණ වෙලා යනවා.

සඤ්ඤාව ....(පෙ).... සංස්කාර කෙරෙහි යම් කැමැත්තක් තියෙනවා නම්, යම් රාගයක් තියෙනවා නම්, යම් සතුටක් තියෙනවා නම්, යම් තණ්හාවක් තියෙනවා නම් එය අත්හරින්න. එතකොට මුල් ඉදිරී ගිය, කරටිය බිඳුණ තල් ගසක් බවට පත්වුණ, අභාවයට පත්වුණ, ආයෙ කවදාකවත් නොහටගන්නා ස්වභාවයට පත්වුණ ඒ සංස්කාර ප්‍රහීණ වෙලා යනවා.

විඤ්ඤාණය කෙරෙහි යම් කැමැත්තක් තියෙනවා නම්, යම් රාගයක් තියෙනවා නම්, යම් සතුටක් තියෙනවා නම්, යම් තණ්හාවක් තියෙනවා නම් එය අත්හරින්න. එතකොට මුල් ඉදිරී ගිය, කරටිය බිඳුණ තල් ගසක් බවට පත්වුණ, අභාවයට පත්වුණ, ආයෙ කවදාකවත් නොහටගන්නා ස්වභාවයට පත්වුණ ඒ විඤ්ඤාණය ප්‍රහීණ වෙලා යනවා.

සාදු! සාදු!! සාදු!!!

පඨම ඡන්දරාග සූත්‍රය නිමා විය.

1.3.1.10.
දුතිය ඡන්දරාග සූත්‍රය
ඡන්දරාගය ගැන වදාළ දෙවෙනි දෙසුම

112. සැවැත් නුවර දී ....

පින්වත් මහණෙනි, රූපය කෙරෙහි යම් කැමැත්තක් තියෙනවා නම්, යම් රාගයක් තියෙනවා නම්, යම් සතුටක් තියෙනවා නම්, යම් තණ්හාවක් තියෙනවා නම්, යම් බැසගැනීමක්, බැඳීමක්, සිතින් අදිටන් කරගැනීමක්, සිත අභ්‍යන්තරයෙහි ඇල්ම පැවැත්වීමක් තියෙනවා නම් එය අත්හරින්න. එතකොට මුල් ඉදිරී ගිය, කරටිය බිඳුණ තල් ගසක් බවට පත්වුණ, අභාවයට පත්වුණ, ආයෙ කවදාකවත් නොහටගන්නා ස්වභාවයට පත්වුණ ඒ රූපය ප්‍රහීණ වෙලා යනවා.

විඳීම කෙරෙහි යම් කැමැත්තක් තියෙනවා නම්, යම් රාගයක් තියෙනවා නම්, යම් සතුටක් තියෙනවා නම්, යම් තණ්හාවක් තියෙනවා නම්, යම් බැස ගැනීමක්, බැඳීමක්, සිතින් අදිටන් කරගැනීමක්, සිත අභ්‍යන්තරයෙහි ඇල්ම පැවැත්වීමක් තියෙනවා නම් එය අත්හරින්න. එතකොට මුල් ඉදිරී ගිය, කරටිය බිඳුණ තල් ගසක් බවට පත්වුණ, අභාවයට පත්වුණ, ආයෙ කවදාකවත් නොහටගන්නා ස්වභාවයට පත්වුණ ඒ විඳීම ප්‍රහීණ වෙලා යනවා.

සඤ්ඤාව ....(පෙ).... සංස්කාර ....(පෙ).... විඤ්ඤාණය කෙරෙහි යම් කැමැත්තක් තියෙනවා නම්, යම් රාගයක් තියෙනවා නම්, යම් සතුටක් තියෙනවා නම්, යම් තණ්හාවක් තියෙනවා නම්, යම් බැසගැනීමක්, බැඳීමක්, සිතින් අදිටන් කරගැනීමක්, සිත අභ්‍යන්තරයෙහි ඇල්ම පැවැත්වීමක් තියෙනවා නම් එය අත්හරින්න. එතකොට මුල් ඉදිරී ගිය, කරටිය බිඳුණ තල් ගසක් බවට පත්වුණ, අභාවයට පත්වුණ, ආයෙ කවදාකවත් නොහටගන්නා ස්වභාවයට පත්වුණ ඒ විඤ්ඤාණය ප්‍රහීණ වෙලා යනවා.

සාදු! සාදු!! සාදු!!!

දුතිය ඡන්දරාග සූත්‍රය නිමා විය.

පළවෙනි අන්ත වර්ගය අවසන් විය.

- **එහි පිළිවෙල උද්දානයයි :**

අන්ත සූත්‍රය, දුක්ඛ සූත්‍රය, සක්කාය සූත්‍රය, පරිඤ්ඤෙය්‍යා සූත්‍රය, සමණ සූත්‍ර දෙක, සෝතාපන්න සූත්‍රය, අරහන්ත සූත්‍රය, ඡන්දරාග සූත්‍ර දෙක යන මේ දෙසුම්වලින් මෙම වර්ගය සමන්විතයි.

2. ධම්මකථික වර්ගය

1.3.2.1.
අවිජ්ජා සූත්‍රය
අවිද්‍යාව ගැන වදාළ දෙසුම

113. සැවැත් නුවර දී ....

එතකොට එක්තරා භික්ෂුවක් භාග්‍යවතුන් වහන්සේ වැඩසිටි තැනට පැමිණුනා. පැමිණ භාග්‍යවතුන් වහන්සේට ආදරයෙන් වන්දනා කරලා එකත්පසකින් වාඩිවුණා. එකත්පසකින් වාඩිවුණ ඒ භික්ෂුව භාග්‍යවතුන් වහන්සේගෙන් මෙකරුණ විමසුවා. "ස්වාමීනි, 'අවිද්‍යාව, අවිද්‍යාව' කියල කියනවා. ස්වාමීනි, අවිද්‍යාව කියල කියන්නේ මොකක්ද? කෙනෙක් අවිද්‍යාව තුළට පැමිණෙන්නේ කවර කරුණු මතද?"

"පින්වත් භික්ෂුව, මෙකරුණෙහිලා අශ්‍රැතවත් පෘථග්ජනයා රූපය අවබෝධ කරන්නේ නෑ. රූපයේ හටගැනීම අවබෝධ කරන්නේ නෑ. රූපයේ නිරුද්ධ වීම අවබෝධ කරන්නේ නෑ. රූපය නිරුද්ධ වීම පිණිස පවතින ප්‍රතිපදාව අවබෝධ කරන්නේ නෑ. වේදනාව අවබෝධ කරන්නේ නෑ ....(පෙ).... සඤ්ඤාව අවබෝධ කරන්නේ නෑ ....(පෙ).... සංස්කාර අවබෝධ කරන්නේ නෑ ....(පෙ).... විඤ්ඤාණය අවබෝධ කරන්නේ නෑ. විඤ්ඤාණයේ හටගැනීම අවබෝධ කරන්නේ නෑ. විඤ්ඤාණයේ නිරුද්ධ වීම අවබෝධ කරන්නේ නෑ. විඤ්ඤාණය නිරුද්ධ වීම පිණිස පවතින ප්‍රතිපදාව අවබෝධ කරන්නේ නෑ. පින්වත් භික්ෂුව, මේක තමයි අවිද්‍යාව කියල කියන්නේ. අවිද්‍යාව තුළට එන්නෙත් ඔච්චරකින් ම තමයි."

සාදු! සාදු!! සාදු!!!

අවිජ්ජා සූත්‍රය නිමා විය.

1.3.2.2.
විජ්ජා සූත්‍රය
විද්‍යාව ගැන වදාළ දෙසුම

114. සැවැත් නුවර දී ....

එකත්පසකින් වාඩිවුණ ඒ භික්ෂුව භාග්‍යවතුන් වහන්සේගෙන් මෙකරුණ විමසුවා. "ස්වාමීනි, 'විද්‍යාව, විද්‍යාව' කියල කියනවා. ස්වාමීනි, විද්‍යාව කියල කියන්නේ මොකක්ද? කෙනෙක් විද්‍යාව තුළට පැමිණෙන්නේ කවර කරුණු මතද?"

"පින්වත් භික්ෂුව, මෙකරුණෙහිලා ශ්‍රැතවත් ආර්ය ශ්‍රාවකයා රූපය අවබෝධ කරගන්නවා. රූපයේ හටගැනීම අවබෝධ කරගන්නවා. රූපයේ නිරුද්ධ වීම අවබෝධ කරගන්නවා. රූපය නිරුද්ධ වීම පිණිස පවතින ප්‍රතිපදාව අවබෝධ කරගන්නවා. වේදනාව අවබෝධ කරගන්නවා ....(පෙ).... සඤ්ඤාව අවබෝධ කරගන්නවා ....(පෙ).... සංස්කාර අවබෝධ කරගන්නවා ....(පෙ).... විඤ්ඤාණය අවබෝධ කරගන්නවා. විඤ්ඤාණයේ හටගැනීම අවබෝධ කරගන්නවා. විඤ්ඤාණයේ නිරුද්ධ වීම අවබෝධ කරගන්නවා. විඤ්ඤාණය නිරුද්ධ වීම පිණිස පවතින ප්‍රතිපදාව අවබෝධ කරගන්නවා. පින්වත් භික්ෂුව, මේක තමයි විද්‍යාව කියල කියන්නේ. විද්‍යාව තුළට එන්නෙත් ඔච්චරකින් ම තමයි."

සාදු! සාදු!! සාදු!!!

විජ්ජා සූත්‍රය නිමා විය.

1.3.2.3.
පඨම ධම්මකථික සූත්‍රය
ධර්ම කථිකයා ගැන වදාළ පළමු දෙසුම

115. සැවැත් නුවර දී ....

එකත්පසකින් වාඩිවුණ ඒ භික්ෂුව භාග්‍යවතුන් වහන්සේගෙන් මෙකරුණ විමසුවා. "ස්වාමීනි, 'ධර්ම කථිකයා, ධර්ම කථිකයා' කියල කියනවා. ස්වාමීනි, කෙනෙකුට ධර්ම කථිකයා කියල කියන්නේ කවර කරුණු මතද?"

"පින්වත් භික්ෂුව, ඉදින් කෙනෙක් රූපය පිළිබඳව අවබෝධයෙන් ම කළකිරීම පිණිස, ඇල්ම දුරුවීම පිණිස, ඇල්ම නිරුද්ධ වීම පිණිස ධර්මය දේශනා කරනවා නම්, අන්න ඒ භික්ෂුවට තමයි ධර්ම කථිකයා කියලා කියන්නට සුදුසු. ඉදින් යම් භික්ෂුවක් රූපය පිළිබඳව අවබෝධයෙන් ම කළකිරීම පිණිස, ඇල්ම දුරුවීම පිණිස, ඇල්ම නිරුද්ධ වීම පිණිස ප්‍රතිපත්තියෙහි හැසිරෙනවා නම්, අන්න ඒ භික්ෂුවට තමයි ධර්මානුධර්ම ප්‍රතිපදාවට බැසගත් කෙනා කියල කියන්ට සුදුසු. ඉදින් යම් භික්ෂුවක් රූපය පිළිබඳව අවබෝධයෙන් ම කළකිරිලා, ඇල්ම දුරු කරලා, ඇල්ම නිරුද්ධ කරලා උපාදාන රහිතව නිදහස් වෙලා ගියා නම්, අන්න ඒ භික්ෂුවට තමයි මේ ජීවිතයේ දී ම අමා නිවනට පත් වූ කෙනා කියල කියන්නට සුදුසු.

පින්වත් භික්ෂුව, ඉදින් කෙනෙක් විඳීම පිළිබඳව ....(පෙ).... පින්වත් භික්ෂුව, ඉදින් කෙනෙක් සඤ්ඤාව පිළිබඳව ....(පෙ).... පින්වත් භික්ෂුව, ඉදින් කෙනෙක් සංස්කාර පිළිබඳව ....(පෙ).... පින්වත් භික්ෂුව, ඉදින් කෙනෙක් විඤ්ඤාණය පිළිබඳව අවබෝධයෙන් ම කළකිරීම පිණිස, ඇල්ම දුරුවීම පිණිස, ඇල්ම නිරුද්ධ වීම පිණිස ධර්මය දේශනා කරනවා නම්, අන්න ඒ භික්ෂුවට තමයි ධර්ම කථිකයා කියලා කියන්නට සුදුසු. ඉදින් යම් භික්ෂුවක් විඤ්ඤාණය පිළිබඳව අවබෝධයෙන් ම කළකිරීම පිණිස, ඇල්ම දුරුවීම පිණිස, ඇල්ම නිරුද්ධ වීම පිණිස ප්‍රතිපත්තියෙහි හැසිරෙනවා නම්, අන්න ඒ භික්ෂුවට තමයි ධර්මානුධර්ම ප්‍රතිපදාවට බැසගත් කෙනා කියල කියන්නට සුදුසු. ඉදින් යම් භික්ෂුවක් විඤ්ඤාණය පිළිබඳව අවබෝධයෙන්ම කළකිරිලා, ඇල්ම දුරු කරලා, ඇල්ම නිරුද්ධ කරලා උපාදාන රහිතව නිදහස් වෙලා ගියා නම්, අන්න ඒ භික්ෂුවට තමයි මේ ජීවිතයේ දී ම අමා නිවනට පත් වූ කෙනා කියල කියන්නට සුදුසු."

සාදු! සාදු!! සාදු!!!

පඨම ධම්මකථික සූත්‍රය නිමා විය.

1.3.2.4.
දුතිය ධම්මකථික සූත්‍රය
ධර්ම කථිකයා ගැන වදාළ දෙවෙනි දෙසුම

116. සැවැත් නුවර දී ....

එකත්පසකින් වාඩිවුණ ඒ භික්ෂුව භාග්‍යවතුන් වහන්සේගෙන් මෙකරුණ විමසුවා. "ස්වාමීනි, 'ධර්ම කථිකයා, ධර්ම කථිකයා' කියල කියනවා. ස්වාමීනි, කෙනෙකුට ධර්ම කථිකයා කියල කියන්නේ කවර කරුණු මතද? ස්වාමීනි, කෙනෙකුට ධර්මානුධර්ම ප්‍රතිපදාවට බැසගත් කෙනා කියල කියන්නේ කවර කරුණු මතද? ස්වාමීනි, කෙනෙකුට මේ ජීවිතයේ දී ම අමා නිවනට පත් වූ කෙනා කියල කියන්නේ කවර කරුණු මතද?"

"පින්වත් භික්ෂුව, ඉදින් කෙනෙක් රූපය පිළිබඳව අවබෝධයෙන් ම කළකිරීම පිණිස, ඇල්ම දුරුවීම පිණිස, ඇල්ම නිරුද්ධ වීම පිණිස ධර්මය දේශනා කරනවා නම්, අන්න ඒ භික්ෂුවට තමයි ධර්ම කථිකයා කියලා කියන්නට සුදුසු. ඉදින් යම් භික්ෂුවක් රූපය පිළිබඳව අවබෝධයෙන් ම කළකිරීම පිණිස, ඇල්ම දුරුවීම පිණිස, ඇල්ම නිරුද්ධ වීම පිණිස ප්‍රතිපත්තියෙහි හැසිරෙනවා නම්, අන්න ඒ භික්ෂුවට තමයි ධර්මානුධර්ම ප්‍රතිපදාවට බැසගත් කෙනා කියල කියන්ට සුදුසු. ඉදින් යම් භික්ෂුවක් රූපය පිළිබඳව අවබෝධයෙන්ම කළකිරිලා, ඇල්ම දුරු කරලා, ඇල්ම නිරුද්ධ කරලා උපාදාන රහිතව නිදහස් වෙලා ගියා නම්, අන්න ඒ භික්ෂුවට තමයි මේ ජීවිතයේ දී ම අමා නිවනට පත් වූ කෙනා කියල කියන්නට සුදුසු.

පින්වත් භික්ෂුව, ඉදින් කෙනෙක් විඳීම පිළිබඳව ....(පෙ).... පින්වත් භික්ෂුව, ඉදින් කෙනෙක් සඤ්ඤාව පිළිබඳව ....(පෙ).... පින්වත් භික්ෂුව, ඉදින් කෙනෙක් සංස්කාර පිළිබඳව ....(පෙ).... පින්වත් භික්ෂුව, ඉදින් කෙනෙක් විඤ්ඤාණය පිළිබඳව අවබෝධයෙන් ම කළකිරීම පිණිස, ඇල්ම දුරුවීම පිණිස, ඇල්ම නිරුද්ධ වීම පිණිස ධර්මය දේශනා කරනවා නම්, අන්න ඒ භික්ෂුවට තමයි ධර්ම කථිකයා කියලා කියන්නට සුදුසු. ඉදින් යම් භික්ෂුවක් විඤ්ඤාණය පිළිබඳව අවබෝධයෙන් ම කළකිරීම පිණිස, ඇල්ම දුරුවීම පිණිස, ඇල්ම නිරුද්ධ වීම පිණිස ප්‍රතිපත්තියෙහි හැසිරෙනවා නම්, අන්න ඒ භික්ෂුවට තමයි ධර්මානුධර්ම ප්‍රතිපදාවට බැසගත් කෙනා කියල කියන්නට

සුදුසු. ඉදින් යම් භික්ෂුවක් විඤ්ඤාණය පිළිබඳව අවබෝධයෙන්ම කළකිරිලා, ඇල්ම දුරු කරලා, ඇල්ම නිරුද්ධ කරලා උපාදාන රහිතව නිදහස් වෙලා ගියා නම්, අන්න ඒ භික්ෂුවට තමයි මේ ජීවිතයේ දී ම අමා නිවනට පත් වූ කෙනා කියල කියන්නට සුදුසු.”

සාදු! සාදු!! සාදු!!!

දුතිය ධම්මකථික සූත්‍රය නිමා විය.

1.3.2.5.
බන්ධන සූත්‍රය
බන්ධනය ගැන වදාළ දෙසුම

117. සැවැත් නුවර දී ....

පින්වත් මහණෙනි, අශ්‍රැතවත් පෘථග්ජනයෙක් ඉන්නවා. ඔහු ආර්යයන් වහන්සේලා නොදකින කෙනෙක් ....(පෙ).... සත්පුරුෂ ධර්මයෙහි නොහික්මුණ කෙනෙක්. ඔහු ආත්මයක් හැටියට රූපය ගැන මුළාවෙන් දකිනවා. ආත්මයක් රූපයෙන් හැදී තිබෙන හැටියට මුළාවෙන් දකිනවා. ආත්මය තුළ රූපය තිබෙන බවට මුළාවෙන් දකිනවා. ආත්මය තිබෙන්නේ රූපය තුළ බවට මුළාවෙන් දකිනවා. පින්වත් මහණෙනි, මේ අශ්‍රැතවත් පෘථග්ජනයාට තමයි රූප බන්ධනයෙන් බැඳුණු කෙනා, අභ්‍යන්තර බාහිර සහිතව ම බන්ධනයෙන් බැඳුණු කෙනා කියල කියන්නේ. ඔහු එතෙර වීම දකින්නේ නෑ. අමා නිවන දකින්නේ නෑ. බැඳිලාමයි උපදින්නේ. බැඳිලා ම යි මැරෙන්නේ. බැඳිලා ම යි මෙලොවින් පරලොවට යන්නේ.

ආත්මයක් හැටියට වේදනාව ගැන මුළාවෙන් දකිනවා. ආත්මයක් වේදනාවෙන් හැදී තිබෙන හැටියට මුළාවෙන් දකිනවා. ආත්මය තුළ වේදනාව තිබෙන බවට මුළාවෙන් දකිනවා. ආත්මය තිබෙන්නේ වේදනාව තුළ බවට මුළාවෙන් දකිනවා. පින්වත් මහණෙනි, මේ අශ්‍රැතවත් පෘථග්ජනයාට තමයි වේදනා බන්ධනයෙන් බැඳුණු කෙනා, අභ්‍යන්තර බාහිර සහිතව ම බන්ධනයෙන් බැඳුණු කෙනා කියල කියන්නේ. ඔහු එතෙර වීම දකින්නේ නෑ. අමා නිවන දකින්නේ නෑ. බැඳිලාමයි උපදින්නේ. බැඳිලා ම යි මැරෙන්නේ. බැඳිලා ම යි මෙලොවින් පරලොවට යන්නේ.

සඤ්ඤාව ....(පෙ).... ආත්මයක් හැටියට සංස්කාර ගැන මුළාවෙන් දකිනවා ....(පෙ).... ආත්මය තිබෙන්නේ සංස්කාර තුළ බවට මුළාවෙන් දකිනවා. පින්වත් මහණෙනි, මේ අශ්‍රැතවත් පෘථග්ජනයාට තමයි සංස්කාර බන්ධනයෙන් බැඳුණු කෙනා, අභ්‍යන්තර බාහිර සහිතවම බන්ධනයෙන් බැඳුණු කෙනා කියල කියන්නේ. ඔහු එතෙර වීම දකින්නේ නෑ. අමා නිවන දකින්නේ නෑ. බැඳිලාමයි උපදින්නේ. බැඳිලා මයි මැරෙන්නේ. බැඳිලා මයි මෙලොවින් පරලොවට යන්නේ.

ආත්මයක් හැටියට විඤ්ඤාණය ගැන මුළාවෙන් දකිනවා. ආත්මයක් විඤ්ඤාණයෙන් හැදී තිබෙන හැටියට මුළාවෙන් දකිනවා. ආත්මය තුළ විඤ්ඤාණය තිබෙන බවට මුළාවෙන් දකිනවා. ආත්මය තිබෙන්නේ විඤ්ඤාණය තුළ බවට මුළාවෙන් දකිනවා. පින්වත් මහණෙනි, මේ අශ්‍රැතවත් පෘථග්ජනයාට තමයි විඤ්ඤාණ බන්ධනයෙන් බැඳුණු කෙනා, අභ්‍යන්තර බාහිර සහිතවම බන්ධනයෙන් බැඳුණු කෙනා කියල කියන්නේ. ඔහු එතෙර වීම දකින්නේ නෑ. අමා නිවන දකින්නේ නෑ. බැඳිලාමයි උපදින්නේ. බැඳිලා මයි මැරෙන්නේ. බැඳිලා මයි මෙලොවින් පරලොවට යන්නේ.

ශ්‍රැතවත් ආර්‍ය ශ්‍රාවකයෙක් ඉන්නවා. ඔහු ආර්‍යයන් වහන්සේලා දකින කෙනෙක් ....(පෙ).... සත්පුරුෂ ධර්මයෙහි හික්මුණ කෙනෙක්. ඔහු ආත්මයක් හැටියට රූපය ගැන දකින්නේ නෑ. ආත්මයක් රූපයෙන් හැදී තිබෙන හැටියට දකින්නේ නෑ. ආත්මය තුළ රූපය තිබෙන බවට දකින්නේ නෑ. ආත්මය තිබෙන්නේ රූපය තුළ බවට දකින්නේ නෑ. පින්වත් මහණෙනි, මේ ශ්‍රැතවත් ආර්‍ය ශ්‍රාවකයාට තමයි රූප බන්ධනයෙන් නොබැඳුණු කෙනා, අභ්‍යන්තර බාහිර සහිතවම බන්ධනයෙන් නොබැඳුණු කෙනා කියල කියන්නේ. එතෙර වීම දකින කෙනා. අමා නිවන දකින කෙනා කියල කියන්නේ. ඔහු දුකින් නිදහස් වුණ කෙනා කියලයි මා කියන්නේ.

ආත්මයක් හැටියට වේදනාව දකින්නේ නෑ. ආත්මයක් වේදනාවෙන් හැදී තිබෙන හැටියට දකින්නේ නෑ. ආත්මය තුළ වේදනාව තිබෙන බවට දකින්නේ නෑ. ආත්මය තිබෙන්නේ වේදනාව තුළ බවට දකින්නේ නෑ. පින්වත් මහණෙනි, මේ ශ්‍රැතවත් ආර්‍ය ශ්‍රාවකයාට තමයි වේදනා බන්ධනයෙන් නොබැඳුණු කෙනා, අභ්‍යන්තර බාහිර සහිත බන්ධනයෙන් නොබැඳුණු කෙනා. එතෙර වීම දකින කෙනා. අමා නිවන දකින කෙනා කියල කියන්නේ. ඔහු දුකින් නිදහස් වුණ කෙනා කියලයි මා කියන්නේ.

සඤ්ඤාව ....(පෙ).... ආත්මයක් හැටියට සංස්කාර ගැන මුළාවෙන් දකින්නේ නෑ ....(පෙ).... ආත්මය තිබෙන්නේ සංස්කාර තුළ බවට මුළාවෙන්

දකින්නේ නෑ. පින්වත් මහණෙනි, මේ ශ්‍රැතවත් ආර්ය ශ්‍රාවකයාට තමයි සංස්කාර බන්ධනයෙන් නොබැඳුණු කෙනා, අභ්‍යන්තර බාහිර සහිත බන්ධනයෙන් නොබැඳුණු කෙනා. ඔහු එතෙර වීම දකින කෙනා. අමා නිවන දකින කෙනා කියල කියන්නේ. ඔහු දුකින් නිදහස් වුණ කෙනා කියලයි මා කියන්නේ.

ආත්මයක් හැටියට විඤ්ඤාණය දකින්නේ නෑ. ආත්මයක් විඤ්ඤාණයෙන් හැදී තිබෙන හැටියට දකින්නේ නෑ. ආත්මය තුළ විඤ්ඤාණය තිබෙන බවට දකින්නේ නෑ. ආත්මය තිබෙන්නේ විඤ්ඤාණය තුළ බවට දකින්නේ නෑ. පින්වත් මහණෙනි, මේ ශ්‍රැතවත් ආර්ය ශ්‍රාවකයාට තමයි විඤ්ඤාණ බන්ධනයෙන් නොබැඳුණු කෙනා, අභ්‍යන්තර බාහිර සහිත බන්ධනයෙන් නොබැඳුණු කෙනා. එතෙර වීම දකින කෙනා. අමා නිවන දකින කෙනා කියල කියන්නේ. ඔහු දුකින් නිදහස් වුණ කෙනා කියලයි මා කියන්නේ.

සාදු! සාදු!! සාදු!!!

බන්ධන සූත්‍රය නිමා විය.

1.3.2.6.
පඨම පරිපුච්ඡිත සූත්‍රය
ප්‍රශ්න විචාරීම ගැන වදාළ පළමු දෙසුම

118. සැවැත් නුවර දී ....

"පින්වත් මහණෙනි, මේ ගැන ඔබ කුමක්ද සිතන්නේ? රූපය දකින්නේ 'මේක මගේ, මේ තමයි මම, මේ මගේ ආත්මය' වශයෙන්ද?" "ස්වාමීනි, එය නොවේ ම යි." "පින්වත් මහණෙනි, ඉතා හොඳයි. පින්වත් මහණෙනි, 'මගේ නොවේ, මම නොවෙමි, මගේ ආත්මය නොවේ' කියල ඒ වූ ආකාරයෙන් ම දියුණු කරපු ප්‍රඥාවෙන් ම යි රූපය අවබෝධ කළ යුත්තේ. වේදනාව ....(පෙ).... සඤ්ඤාව ....(පෙ).... සංස්කාර ....(පෙ).... විඤ්ඤාණය දකින්නේ 'මේක මගේ, මේ තමයි මම, මේ මගේ ආත්මය' වශයෙන්ද?" "ස්වාමීනි, එය නොවේ ම යි." "පින්වත් මහණෙනි, ඉතා හොඳයි. පින්වත් මහණෙනි, 'මගේ නොවේ, මම නොවෙමි, මගේ ආත්මය නොවේ' කියල ඒ වූ ආකාරයෙන් ම දියුණු කරපු ප්‍රඥාවෙන් ම යි විඤ්ඤාණය අවබෝධ කළ යුත්තේ."

පින්වත් මහණෙනි, ශ්‍රැතවත් ආර්ය ශ්‍රාවකයා ඔය විදිහට දියුණු කරපු ප්‍රඥාවෙන් දකින කොට රූපය ගැනත් අවබෝධයෙන් ම කළකිරෙනවා ....(පෙ).... වේදනාව ගැනත් ....(පෙ).... සඤ්ඤාව ගැනත් ....(පෙ).... සංස්කාර ගැනත් ....(පෙ).... විඤ්ඤාණය ගැනත් අවබෝධයෙන් ම කළකිරෙනවා. අවබෝධයෙන් ම කළකිරුණු විට සිත ඇලෙන්නෙ නැතුව යනවා ....(පෙ).... ආයෙත් නම් සංසාරයේ වෙන උපතක් නැතැයි අවබෝධය ඇතිවෙනවා.

සාදු! සාදු!! සාදු!!!

පඨම පරිපුච්ඡිත සූත්‍රය නිමා විය.

1.3.2.7.
දුතිය පරිපුච්ඡිත සූත්‍රය
ප්‍රශ්න විචාරීම ගැන වදාළ දෙවෙනි දෙසුම

119. සැවැත් නුවර දී ....

"පින්වත් මහණෙනි, මේ ගැන ඔබ කුමක්ද සිතන්නේ? රූපය දකින්නේ 'මේක මගේ නොවේ, මේ මම නොවේ, මේ මගේ ආත්මය නොවේ' වශයෙන්ද?" "එසේය, ස්වාමීනි." "පින්වත් මහණෙනි, ඉතා හොඳයි. පින්වත් මහණෙනි, 'මගේ නොවේ, මම නොවෙමි, මගේ ආත්මය නොවේ' කියල ඒ වූ ආකාරයෙන් ම දියුණු කරපු ප්‍රඥාවෙන් ම යි රූපය අවබෝධ කළ යුත්තේ. වේදනාව ....(පෙ).... සඤ්ඤාව ....(පෙ).... සංස්කාර ....(පෙ).... විඤ්ඤාණය දකින්නේ 'මේක මගේ නොවේ, මේ මම නොවේ, මේ මගේ ආත්මය නොවේ' වශයෙන්ද?" "එසේය, ස්වාමීනි." "පින්වත් මහණෙනි, ඉතා හොඳයි. පින්වත් මහණෙනි, 'මගේ නොවේ, මම නොවෙමි, මගේ ආත්මය නොවේ' කියල ඒ වූ ආකාරයෙන් ම දියුණු කරපු ප්‍රඥාවෙන් ම යි විඤ්ඤාණය අවබෝධ කළ යුත්තේ."

පින්වත් මහණෙනි, ශ්‍රැතවත් ආර්ය ශ්‍රාවකයා ඔය විදිහට දියුණු කරපු ප්‍රඥාවෙන් දකින කොට රූපය ගැනත් අවබෝධයෙන් ම කළකිරෙනවා ....(පෙ).... ආයෙත් නම් සංසාරයේ වෙන උපතක් නැතැයි අවබෝධය ඇති වෙනවා.

සාදු! සාදු!! සාදු!!!

දුතිය පරිපුච්ඡිත සූත්‍රය නිමා විය.

1.3.2.8.
සඤ්ඤෝජනීය සූත්‍රය
බන්ධනය ඇති කරවන දේ ගැන වදාළ දෙසුම

120. සැවැත් නුවර දී ....

පින්වත් මහණෙනි, බන්ධනය ඇති කරවන දේ ගැනත් බන්ධනය ගැනත් දේශනා කරන්නම්. එයට සවන් දෙන්න. පින්වත් මහණෙනි, බන්ධනය ඇති කරවන දේ මොනවාද? බන්ධනය මොකක්ද?

පින්වත් මහණෙනි, රූපය යනු බන්ධනය ඇති කරවන දෙයයි. ඒ රූපය කෙරෙහි යම් කැමැත්තෙන් ඇලීමක් ඇත්නම් ඒක තමයි ඒ කෙරෙහි ඇති බන්ධනය. විඳීම යනු බන්ධනය ඇති කරවන දෙයයි. ඒ විඳීම කෙරෙහි යම් කැමැත්තෙන් ඇලීමක් ඇත්නම් ඒක තමයි ඒ කෙරෙහි ඇති බන්ධනය. සඤ්ඤාව ....(පෙ).... සංස්කාර ....(පෙ).... විඤ්ඤාණය යනු බන්ධනය ඇති කරවන දෙයයි. ඒ විඤ්ඤාණය කෙරෙහි යම් කැමැත්තෙන් ඇලීමක් ඇත්නම් ඒක තමයි ඒ කෙරෙහි ඇති බන්ධනය. පින්වත් මහණෙනි, බන්ධනය ඇති කරවන දේත්, බන්ධනයත් කියන්නෙ මේකට තමයි.

සාදු! සාදු!! සාදු!!!

සඤ්ඤෝජනීය සූත්‍රය නිමා විය.

1.3.2.9.
උපාදානීය සූත්‍රය
බැඳීම ඇති කරවන දේ ගැන වදාළ දෙසුම

121. සැවැත් නුවර දී ....

පින්වත් මහණෙනි, බැඳීම ඇති කරවන දේ ගැනත්, බැඳීම ගැනත් දේශනා කරන්නම්. එයට සවන් දෙන්න. පින්වත් මහණෙනි, බැඳීම ඇති කරවන දේ මොනවාද? බැඳීම මොකක්ද?

පින්වත් මහණෙනි, රූපය යනු බැඳීම ඇති කරවන දෙයයි. ඒ රූපය කෙරෙහි යම් කැමැත්තෙන් ඇලීමක් ඇත්නම් ඒක තමයි ඒ කෙරෙහි ඇති බැඳීම. විඳීම යනු බැඳීම ඇති කරවන දෙයයි. ඒ විඳීම කෙරෙහි යම් කැමැත්තෙන් ඇලීමක් ඇත්නම් ඒක තමයි ඒ කෙරෙහි ඇති බැඳීම. සඤ්ඤාව ....(පෙ).... සංස්කාර ....(පෙ).... විඤ්ඤාණය යනු බැඳීම ඇති කරවන දෙයයි. ඒ විඤ්ඤාණය කෙරෙහි යම් කැමැත්තෙන් ඇලීමක් ඇත්නම් ඒක තමයි ඒ කෙරෙහි ඇති බැඳීම. පින්වත් මහණෙනි, බැඳීම ඇති කරවන දේත්, බැඳීමත් කියන්නෙ මේකට තමයි.

සාදු! සාදු!! සාදු!!!

උපාදානීය සූත්‍රය නිමා විය.

1.3.2.10.
සීල සූත්‍රය
සීලය මුල්කොට වදාළ දෙසුම

122. ඒ දිනවල ආයුෂ්මත් සාරිපුත්තයන් වහන්සේත්, ආයුෂ්මත් මහාකොට්ඨිතයන් වහන්සේත් වැඩවාසය කළේ බරණැස ඉසිපතන මිගදාය නම් වූ වනසෙනසුනේ. එදා ආයුෂ්මත් මහාකොට්ඨිතයන් වහන්සේ සවස් වරුවෙහි භාවනාවෙන් නැගිට ආයුෂ්මත් සාරිපුත්තයන් වහන්සේ වැඩසිටිය තැනට පැමිණුනා. පැමිණිලා ආයුෂ්මත් සාරිපුත්තයන් වහන්සේ සමග සතුටු වුණා. සතුටු විය යුතු පිළිසඳර කතාබහේ යෙදිලා එකත්පස්ව වැඩසිටියා. එකත්පස්ව වැඩසිටිය ආයුෂ්මත් මහාකොට්ඨිතයන් වහන්සේ, ආයුෂ්මත් සාරිපුත්තයන් වහන්සේගෙන් මෙකරුණ විමසුවා. "ප්‍රිය ආයුෂ්මත් සාරිපුත්තයෙනි, සිල්වත් භික්ෂුවක් විසින් මොන වගේ දෙයක්ද නුවණින් විමසිය යුත්තේ?"

"ප්‍රිය ආයුෂ්මත් කොට්ඨිත, පංච උපාදානස්කන්ධය අනිත්‍ය වශයෙන්, දුක් වශයෙන්, රෝග වශයෙන්, සැරව ගෙඩියක් වශයෙන්, හුලක් වශයෙන්, පීඩාවක් වශයෙන්, ආබාධයක් වශයෙන්, අනුන්ගේ දෙයක් වශයෙන්, සිඳී බිඳී යන දෙයක් වශයෙන්, 'මම, මාගේ' ය යන කරුණින් හිස් වූ දෙයක් වශයෙන්, තමා වසඟයෙහි පවත්වා ගත නොහැකි දෙයක් වශයෙන් නුවණින් විමසා බැලීම තමයි සිල්වත් භික්ෂුවක් විසින් කළ යුත්තේ. කවර පංච උපාදානස්කන්ධයක්

ගැනද යත්; ඒ කියන්නේ, රූප උපාදානස්කන්ධය ....(පෙ).... විඤ්ඤාණ උපාදානස්කන්ධය. ප්‍රිය ආයුෂ්මත් කොට්ඨිත, මේ පංච උපාදානස්කන්ධය අනිත්‍ය වශයෙන්, දුක් වශයෙන් ....(පෙ).... තමා වසඟයෙහි පවත්වා ගත නොහැකි දෙයක් වශයෙන් නුවණින් විමසා බැලීම තමයි සිල්වත් භික්ෂුවක් විසින් කළ යුත්තේ.

ප්‍රිය ආයුෂ්මතුනි, සිල්වත් භික්ෂුව ඔය පංච උපාදානස්කන්ධය අනිත්‍ය වශයෙන්, දුක් වශයෙන් ....(පෙ).... තමා වසඟයෙහි පවත්වා ගත නොහැකි දෙයක් වශයෙන් නුවණින් විමසා බලන කොට සෝතාපත්තිඵලය සාක්ෂාත් කරන්නේ ය යන කරුණක් ඇද්ද එය සිදුවන්නේ ම ය."

"එතකොට ප්‍රිය ආයුෂ්මත් සාරිපුත්තයෙනි, සෝතාපන්න වුණ භික්ෂුව විසින් නුවණින් විමස විමසා බැලිය යුත්තේ කවර දෙයක්ද?"

"ප්‍රිය ආයුෂ්මත් කොට්ඨිත, සෝතාපන්න භික්ෂුව වුණත් ඔය පංච උපාදානස්කන්ධයමයි අනිත්‍ය වශයෙන්, දුක් වශයෙන්, ...(පෙ).... තමා වසඟයෙහි පවත්වා ගත නොහැකි දෙයක් වශයෙන් නුවණින් විමසා බැලිය යුත්තේ. ප්‍රිය ආයුෂ්මතුනි, සෝතාපන්න භික්ෂුව ඔය පංච උපාදානස්කන්ධය අනිත්‍ය වශයෙන්, දුක් වශයෙන් ....(පෙ).... තමා වසඟයෙහි පවත්වා ගත නොහැකි දෙයක් වශයෙන් නුවණින් විමසා බලන කොට සකදාගාමීඵලය සාක්ෂාත් කරන්නේ ය යන කරුණක් ඇද්ද එය සිදුවන්නේ ම ය."

"එතකොට ප්‍රිය ආයුෂ්මත් සාරිපුත්තයෙනි, සකදාගාමී වුණ භික්ෂුව විසින් නුවණින් විමස විමසා බැලිය යුත්තේ කවර දෙයක්ද?"

"ප්‍රිය ආයුෂ්මත් කොට්ඨිත, සකදාගාමී භික්ෂුව වුණත් ඔය පංච උපාදානස්කන්ධයමයි අනිත්‍ය වශයෙන්, දුක් වශයෙන්, ...(පෙ).... තමා වසඟයෙහි පවත්වා ගත නොහැකි දෙයක් වශයෙන් නුවණින් විමසා බැලිය යුත්තේ. ප්‍රිය ආයුෂ්මතුනි, සකදාගාමී භික්ෂුව ඔය පංච උපාදානස්කන්ධය අනිත්‍ය වශයෙන්, දුක් වශයෙන් ....(පෙ).... තමා වසඟයෙහි පවත්වා ගත නොහැකි දෙයක් වශයෙන් නුවණින් විමසා බලන කොට අනාගාමීඵලය සාක්ෂාත් කරන්නේ ය යන කරුණක් ඇද්ද එය සිදුවන්නේ ම ය."

"එතකොට ප්‍රිය ආයුෂ්මත් සාරිපුත්තයෙනි, අනාගාමී වුණ භික්ෂුව විසින් නුවණින් විමස විමසා බැලිය යුත්තේ කවර දෙයක්ද?"

"ප්‍රිය ආයුෂ්මත් කොට්ඨිත, අනාගාමී වුණ භික්ෂුව වුණත් ඔය පංච උපාදානස්කන්ධයමයි අනිත්‍ය වශයෙන්, දුක් වශයෙන්, ...(පෙ).... තමා

වසඟයෙහි පවත්වා ගත නොහැකි දෙයක් වශයෙන් නුවණින් විමසා බැලිය යුත්තේ. ප්‍රිය ආයුෂ්මතුනි, අනාගාමී භික්ෂුව ඔය පංච උපාදානස්කන්ධය අනිත්‍ය වශයෙන්, දුක් වශයෙන් ....(පෙ).... තමා වසඟයෙහි පවත්වා ගත නොහැකි දෙයක් වශයෙන් නුවණින් විමසා බලන කොට අරහත්ඵලය සාක්ෂාත් කරන්නේ ය යන කරුණක් ඇද්ද එය සිදුවන්නේ ම ය."

"එතකොට ප්‍රිය ආයුෂ්මත් සාරිපුත්තයෙනි, අරහත් වුණ භික්ෂුව විසින් නුවණින් විමස විමසා බැලිය යුත්තේ කවර දෙයක්ද?"

"ප්‍රිය ආයුෂ්මත් කොට්ඨිත, මේ පංච උපාදානස්කන්ධයම අනිත්‍ය වශයෙන්, දුක් වශයෙන්, රෝග වශයෙන්, සැරව ගෙඩියක් වශයෙන්, හුලක් වශයෙන්, පීඩාවක් වශයෙන්, ආබාධයක් වශයෙන්, අනුන්ගේ දෙයක් වශයෙන්, සිඳී බිඳී යන දෙයක් වශයෙන්, 'මම, මාගේ' ය යන කරුණින් හිස් වූ දෙයක් වශයෙන්, තමා වසඟයෙහි පවත්වා ගත නොහැකි දෙයක් වශයෙන් නුවණින් විමසා බැලීම තමයි අරහත් භික්ෂුවක් විසිනුත් කළ යුත්තේ. ප්‍රිය ආයුෂ්මතුනි, රහතන් වහන්සේට ආයෙමත් අමුතුවෙන් කරන්න දෙයක් නෑ. කොට අවසන් දෙයක් නැවත නැවත කිරීමකුත් නෑ. නමුත් වඩන ලද බහුල වශයෙන් ප්‍රගුණ කරන ලද මේ දහම් මේ ජීවිතයේ දී ම සැප සේ වාසය කිරීම පිණිසත්, සිහි නුවණ පිණිසත් තමයි පවතින්නේ."

සාදු! සාදු!! සාදු!!!

සීල සූත්‍රය නිමා විය.

1.3.2.11.
සුතවන්ත සූත්‍රය
බණ අසා දැන ගත් භික්ෂුව ගැන වදාළ දෙසුම

123. බරණැස් නුවර දී ....

එකත්පස්ව වැඩසිටිය ආයුෂ්මත් මහාකොට්ඨිතයන් වහන්සේ, ආයුෂ්මත් සාරිපුත්තයන් වහන්සේට මෙකරුණ විමසුවා. "ප්‍රිය ආයුෂ්මත් සාරිපුත්තයෙනි, බණ අසා දැනගත් භික්ෂුවක් විසින් මොන වගේ දෙයක්ද නුවණින් විමසිය යුත්තේ?"

"ප්‍රිය ආයුෂ්මත් කොට්ඨිත, පංච උපාදානස්කන්ධය අනිත්‍ය වශයෙන්, දුක් වශයෙන්, රෝග වශයෙන්, සැරව ගෙඩියක් වශයෙන්, හුලක් වශයෙන්, පීඩාවක් වශයෙන්, ආබාධයක් වශයෙන්, අනුන්ගේ දෙයක් වශයෙන්, සිඳී බිඳී යන දෙයක් වශයෙන්, 'මම, මාගේ'ය යන කරුණින් හිස් වූ දෙයක් වශයෙන්, තමා වසඟයෙහි පවත්වා ගත නොහැකි දෙයක් වශයෙන් නුවණින් විමසා බැලීම තමයි බණ අසා දැනගත් භික්ෂුවක් විසින් කළ යුත්තේ.

කවර පංච උපාදානස්කන්ධයක් ගැනද යත්; ඒ කියන්නේ රූප උපාදානස්කන්ධය ....(පෙ).... විඤ්ඤාණ උපාදානස්කන්ධය. ප්‍රිය ආයුෂ්මත් කොට්ඨිත, මේ පංච උපාදානස්කන්ධය අනිත්‍ය වශයෙන්, දුක් වශයෙන් ....(පෙ).... තමා වසඟයෙහි පවත්වා ගත නොහැකි දෙයක් වශයෙන් නුවණින් විමසා බැලීම තමයි බණ අසා දැනගත් භික්ෂුවක් විසින් කළ යුත්තේ.

ප්‍රිය ආයුෂ්මතුනි, බණ අසා දැනගත් භික්ෂුව ඔය පංච උපාදානස්කන්ධය අනිත්‍ය වශයෙන්, දුක් වශයෙන් ....(පෙ).... තමා වසඟයෙහි පවත්වා ගත නො හැකි දෙයක් වශයෙන් නුවණින් විමසා බලන කොට සෝතාපත්තිඵලය සාක්ෂාත් කරන්නේ ය ....(පෙ).... සකදාගාමීඵලය සාක්ෂාත් කරන්නේ ය ....(පෙ).... අනාගාමීඵලය සාක්ෂාත් කරන්නේ ය ....(පෙ).... අරහත්ඵලය සාක්ෂාත් කරන්නේ ය යන කරුණක් ඇද්ද එය සිදුවන්නේ ම ය.

ප්‍රිය ආයුෂ්මත් කොට්ඨිත, මේ පංච උපාදානස්කන්ධය ම අනිත්‍ය වශයෙන්, දුක් වශයෙන්, රෝග වශයෙන්, සැරව ගෙඩියක් වශයෙන්, හුලක් වශයෙන් පීඩාවක් වශයෙන්, ආබාධයක් වශයෙන්, අනුන්ගේ දෙයක් වශයෙන්, සිඳී බිඳී යන දෙයක් වශයෙන්, 'මම, මාගේ'ය යන කරුණින් හිස් වූ දෙයක් වශයෙන්, තමා වසඟයෙහි පවත්වා ගත නොහැකි දෙයක් වශයෙන් නුවණින් විමසා බැලීම තමයි අරහත් භික්ෂුවක් විසිනුත් කළ යුත්තේ. ප්‍රිය ආයුෂ්මතුනි, රහතන් වහන්සේට ආයෙමත් අමුතුවෙන් කරන්න දෙයක් නෑ. කොට අවසන් දෙයක් නැවත නැවත කිරීමකුත් නෑ. නමුත් වඩන ලද බහුල වශයෙන් ප්‍රගුණ කරන ලද මේ දහම් මේ ජීවිතයේ ම සැප සේ වාසය කිරීම පිණිසත්, සිහි නුවණ පිණිසත් තමයි පවතින්නේ."

සාදු! සාදු!! සාදු!!!

සුතවන්ත සූත්‍රය නිමා විය.

1.3.2.12.
පඨම කප්ප සූත්‍රය
කප්ප තෙරුන්ට වදාළ පළමු දෙසුම

124. සැවැත් නුවර දී ....

එදා ආයුෂ්මත් කප්පයන් භාග්‍යවතුන් වහන්සේ වැඩසිටිය තැනට පැමිණුනා. පැමිණිලා භාග්‍යවතුන් වහන්සේට ආදරයෙන් වන්දනා කරලා එකත්පසකින් වාඩිවුණා. එකත්පස්ව වාඩිවුණ ආයුෂ්මත් කප්පයන් භාග්‍යවතුන් වහන්සේගෙන් මෙකරුණ විමසුවා.

"ස්වාමීනි, මොන විදිහට අවබෝධ කරගන්නා විටද, මොන විදිහට දකිනා විටද මේ විඤ්ඤාණය සහිත වූ කය පිළිබඳවත්, බාහිර සියලු නිමිති පිළිබඳවත් 'මම ය, මාගේ' ය යන දෘෂ්ටියෙහි බැස තිබෙන මාන අනුසය ඇති නොවන්නේ?"

"පින්වත් කප්ප, අතීත, අනාගත, වර්තමාන වූ යම්කිසි රූපයක් ඇද්ද, ආධ්‍යාත්ම (තමා යැයි සළකන) රූපයක් වෙන්න පුළුවනි, බාහිර රූපයක් වෙන්න පුළුවනි, ගොරෝසු රූපයක් වෙන්න පුළුවනි, සියුම් රූපයක් වෙන්න පුළුවනි, හීන රූපයක් වෙන්න පුළුවනි, උසස් රූපයක් වෙන්න පුළුවනි, දුර තිබෙන රූපයක් වෙන්න පුළුවනි, ළඟ තිබෙන රූපයක් වෙන්න පුළුවනි, ඒ සැම රූපයක් ම 'මගේ නොවේ, මම නොවෙමි, මගේ ආත්මය නොවේ' යන ඔය කරුණ ඒ ආකාරයෙන් ම දියුණු කළ ප්‍රඥාවෙන් දකිනවා නම්,

අතීත, අනාගත, වර්තමාන වූ යම්කිසි වේදනාවක් ඇද්ද ....(පෙ).... අතීත, අනාගත, වර්තමාන වූ යම්කිසි සඤ්ඤාවක් ඇද්ද ....(පෙ).... අතීත, අනාගත, වර්තමාන වූ යම්කිසි සංස්කාර ඇද්ද ....(පෙ).... අතීත, අනාගත, වර්තමාන වූ යම්කිසි විඤ්ඤාණයක් ඇද්ද, ආධ්‍යාත්ම (තමා යැයි සළකන) විඤ්ඤාණයක් වෙන්න පුළුවනි, බාහිර විඤ්ඤාණයක් වෙන්න පුළුවනි, ගොරෝසු විඤ්ඤාණයක් වෙන්න පුළුවනි, සියුම් විඤ්ඤාණයක් වෙන්න පුළුවනි, හීන විඤ්ඤාණයක් වෙන්න පුළුවනි, උසස් විඤ්ඤාණයක් වෙන්න පුළුවනි, දුර තිබෙන විඤ්ඤාණයක් වෙන්න පුළුවනි, ළඟ තිබෙන විඤ්ඤාණයක් වෙන්න පුළුවනි, ඒ සැම විඤ්ඤාණයක් ම 'මගේ නොවේ, මම නොවෙමි, මගේ ආත්මය නොවේ' යන ඔය කරුණ ඒ ආකාරයෙන් ම දියුණු කළ ප්‍රඥාවෙන් දකිනවා

නම්, අන්න ඒ විදිහට පින්වත් කප්ප, අවබෝධ කරගන්නා විට, දැකගන්නා විට, මේ විඤ්ඤාණය සහිත වූ කය පිළිබඳවත්, බාහිර සියලු නිමිති පිළිබඳවත් 'මම ය, මාගේ' ය යන දෘෂ්ටියෙහි බැස තිබෙන මාන අනුසය ඇති වෙන්නේ නෑ."

සාදු! සාදු!! සාදු!!!

පඨම කප්ප සූත්‍රය නිමා විය.

1.3.2.13.
දුතිය කප්ප සූත්‍රය
කප්ප තෙරුන්ට වදාළ දෙවෙනි දෙසුම

125. සැවැත් නුවර දී ....

එකත්පස්ව වාඩිවුණ ආයුෂ්මත් කප්පයන් භාග්‍යවතුන් වහන්සේගෙන් මෙකරුණ විමසුවා. "ස්වාමීනි, මොන විදිහට අවබෝධ කරගන්නා විටද, මොන විදිහට දකිනා විටද මේ විඤ්ඤාණය සහිත වූ කය පිළිබඳවත්, බාහිර සියලු නිමිති පිළිබඳවත් 'මම ය, මාගේ' ය යන දෘෂ්ටියෙහි බැස තිබෙන මානය බැහැරවුණ මනසක් ඇතිවන්නේ? හැම මාන කොටසක් ම ඉක්මවා ගිහින් ශාන්ත බවට පත්වෙලා මැනැවින් නිදහස් වෙන්නෙ කොහොමද?"

"පින්වත් කප්ප, අතීත, අනාගත, වර්තමාන වූ යම් කිසි රූපයක් ඇද්ද, ආධ්‍යාත්ම (තමා යැයි සළකන) රූපයක් වෙන්න පුළුවනි, බාහිර රූපයක් වෙන්න පුළුවනි, ගොරෝසු රූපයක් වෙන්න පුළුවනි, සියුම් රූපයක් වෙන්න පුළුවනි, හීන රූපයක් වෙන්න පුළුවනි, උසස් රූපයක් වෙන්න පුළුවනි, දුර තිබෙන රූපයක් වෙන්න පුළුවනි, ළඟ තිබෙන රූපයක් වෙන්න පුළුවනි, ඒ සෑම රූපයක් ම 'මගේ නොවේ, මම නොවෙමි, මගේ ආත්මය නොවේ' යන ඔය කරුණ ඒ ආකාරයෙන් ම දියුණු කළ ප්‍රඥාවෙන් දැකලා උපාදාන රහිතව නිදහස් වෙනවා, අතීත, අනාගත, වර්තමාන වූ යම්කිසි වේදනාවක් ඇද්ද ....(පෙ).... අතීත, අනාගත, වර්තමාන වූ යම්කිසි සඤ්ඤාවක් ඇද්ද ....(පෙ).... අතීත, අනාගත, වර්තමාන වූ යම්කිසි සංස්කාර ඇද්ද ....(පෙ).... අතීත, අනාගත, වර්තමාන වූ යම්කිසි විඤ්ඤාණයක් ඇද්ද, ආධ්‍යාත්ම (තමා යැයි සළකන) විඤ්ඤාණයක් වෙන්න පුළුවනි, බාහිර විඤ්ඤාණයක් වෙන්න පුළුවනි, ගොරෝසු විඤ්ඤාණයක් වෙන්න පුළුවනි, සියුම් විඤ්ඤාණයක්

වෙන්න පුළුවනි, හීන විඤ්ඤාණයක් වෙන්න පුළුවනි, උසස් විඤ්ඤාණයක් වෙන්න පුළුවනි, දුර තිබෙන විඤ්ඤාණයක් වෙන්න පුළුවනි, ළඟ තිබෙන විඤ්ඤාණයක් වෙන්න පුළුවනි, ඒ සෑම විඤ්ඤාණයක් ම 'මගේ නොවේ, මම නොවෙමි, මගේ ආත්මය නොවේ' යන ඔය කරුණ ඒ ආකාරයෙන් ම දියුණු කළ ප්‍රඥාවෙන් දැකලා උපාදාන රහිතව නිදහස් වෙනවා.

පින්වත් කප්ප, ඔය ආකාරයෙන් අවබෝධ කරගන්නා විට, ඔය ආකාරයෙන් දැකගන්නා විට තමයි මේ විඤ්ඤාණය සහිත වූ කය පිළිබඳවත්, බාහිර සියලු නිමිති පිළිබඳවත් 'මම ය, මාගේ' ය යන දෘෂ්ටියෙහි බැස තිබෙන මානය බැහැර වුණ මනසක් ඇතිවන්නේ? හැම මාන කොටසක් ම ඉක්මවා ගිහින් ශාන්ත බවට පත්වෙලා මැනැවින් නිදහස් වෙන්නෙ."

සාදු! සාදු!! සාදු!!!

දුතිය කප්ප සූත්‍රය නිමා විය.

දෙවෙනි ධම්මකථික වර්ගය අවසන් විය.

- **එහි පිළිවෙල උද්දානයයි :**

අවිජ්ජා සූත්‍රය, විජ්ජා සූත්‍රය, ධම්මකථික සූත්‍ර දෙකකි, බන්ධන සූත්‍රය, පරිපුච්ජිත සූත්‍ර දෙක, සඤ්ඤෝජන සූත්‍රය, උපාදාන සූත්‍රය, සීල සූත්‍රය, සුතවන්ත සූත්‍රය, කප්ප සූත්‍ර දෙක යන මෙයින් මේ වර්ගය සමන්විතයි.

3. අවිජ්ජා වර්ගය

1.3.3.1.
පඨම සමුදයධම්ම සූත්‍රය
හටගැනීම ගැන වදාළ පළමු දෙසුම

126. සැවැත් නුවර දී ....

එතකොට එක්තරා භික්ෂුවක් භාග්‍යවතුන් වහන්සේ වැඩසිටි තැනට පැමිණුනා. පැමිණ භාග්‍යවතුන් වහන්සේට ආදරයෙන් වන්දනා කරලා එකත්පසකින් වාඩිවුණා. එකත්පසකින් වාඩිවුණ ඒ භික්ෂුව භාග්‍යවතුන් වහන්සේගෙන් මෙකරුණ විමසුවා. "ස්වාමීනි, 'අවිද්‍යාව, අවිද්‍යාව' කියල කියනවා. ස්වාමීනි, අවිද්‍යාව කියල කියන්නෙ මොකක්ද? කෙනෙක් අවිද්‍යාව තුළට පැමිණෙන්නේ කවර කරුණු මතද?"

"පින්වත් භික්ෂුව, මෙකරුණෙහිලා අශ්‍රැතවත් පෘථග්ජනයා හේතුන්ගෙන් හටගන්නා ස්වභාවයෙන් යුතු රූපය, හේතුන්ගෙන් හටගන්නා ස්වභාවයෙන් යුතු රූපයක් බව ඒ වූ ආකාරයෙන් ම අවබෝධ කරන්නේ නෑ. හේතුන් නැතිවීමෙන් නැසී යන ස්වභාවයෙන් යුතු රූපය, හේතුන් නැතිවීමෙන් නැසී යන ස්වභාවයෙන් යුතු රූපයක් බව ඒ වූ ආකාරයෙන් ම අවබෝධ කරන්නේ නෑ. හටගන්නා වූ නැසෙන්නා වූ ස්වභාවයෙන් යුතු රූපය, හටගන්නා වූ නැසෙන්නා වූ ස්වභාවයෙන් යුතු රූපයක් බව ඒ වූ ආකාරයෙන් ම අවබෝධ කරන්නේ නෑ.

හේතුන්ගෙන් හටගන්නා ස්වභාවයෙන් යුතු විඳීම, හේතුන්ගෙන් හටගන්නා ස්වභාවයෙන් යුතු විඳීමක් බව ඒ වූ ආකාරයෙන් ම අවබෝධ කරන්නේ නෑ. හේතුන් නැතිවීමෙන් නැසී යන ස්වභාවයෙන් යුතු විඳීම, හේතුන් නැතිවීමෙන් නැසී යන ස්වභාවයෙන් යුතු විඳීමක් බව ඒ වූ ආකාරයෙන් ම අවබෝධ කරන්නේ නෑ. හටගන්නා වූ නැසෙන්නා වූ ස්වභාවයෙන් යුතු විඳීම, හටගන්නා වූ නැසෙන්නා වූ ස්වභාවයෙන් යුතු විඳීමක් බව ඒ වූ ආකාරයෙන් ම අවබෝධ කරන්නේ නෑ. හේතුන්ගෙන් හටගන්නා ස්වභාවයෙන් යුතු

සඤ්ඤාව ....(පෙ).... හේතූන්ගෙන් හටගන්නා ස්වභාවයෙන් යුතු සංස්කාර, හේතූන්ගෙන් හටගන්නා ස්වභාවයෙන් යුතු සංස්කාර බව ඒ වූ ආකාරයෙන් ම අවබෝධ කරන්නේ නෑ. හේතූන් නැතිවීමෙන් නැසී යන ස්වභාවයෙන් යුතු සංස්කාර, හේතූන් නැතිවීමෙන් නැසී යන ස්වභාවයෙන් යුතු සංස්කාර බව ඒ වූ ආකාරයෙන් ම අවබෝධ කරන්නේ නෑ. හටගන්නා වූ නැසෙන්නා වූ ස්වභාවයෙන් යුතු සංස්කාර, හටගන්නා වූ නැසෙන්නා වූ ස්වභාවයෙන් යුතු සංස්කාර බව ඒ වූ ආකාරයෙන් ම අවබෝධ කරන්නේ නෑ. හේතූන්ගෙන් හටගන්නා ස්වභාවයෙන් යුතු විඤ්ඤාණය, හේතූන්ගෙන් හටගන්නා ස්වභාවයෙන් යුතු විඤ්ඤාණයක් බව ඒ වූ ආකාරයෙන් ම අවබෝධ කරන්නේ නෑ. හේතූන් නැතිවීමෙන් නැසී යන ස්වභාවයෙන් යුතු විඤ්ඤාණය, හේතූන් නැතිවීමෙන් නැසී යන ස්වභාවයෙන් යුතු විඤ්ඤාණයක් බව ඒ වූ ආකාරයෙන් ම අවබෝධ කරන්නේ නෑ. හටගන්නා වූ නැසෙන්නා වූ ස්වභාවයෙන් යුතු විඤ්ඤාණය, හටගන්නා වූ නැසෙන්නා වූ ස්වභාවයෙන් යුතු විඤ්ඤාණයක් බව ඒ වූ ආකාරයෙන් ම අවබෝධ කරන්නේ නෑ. පින්වත් භික්ෂුව, මේක තමයි අවිද්‍යාව කියල කියන්නේ. අවිද්‍යාව තුළට එන්නෙත් ඔච්චරකින් ම තමයි."

ඔය විදිහට වදාළ විට ඒ භික්ෂුව භාග්‍යවතුන් වහන්සේගෙන් මෙකරුණ විමසුවා. "ස්වාමීනි, 'විද්‍යාව, විද්‍යාව' කියල කියනවා. ස්වාමීනි, විද්‍යාව කියල කියන්නේ මොකක්ද? කෙනෙක් විද්‍යාව තුළට පැමිණෙන්නේ කවර කරුණු මතද?"

"පින්වත් භික්ෂුව, මෙකරුණෙහිලා ශ්‍රැතවත් ආර්ය ශ්‍රාවකයා හේතූන්ගෙන් හටගන්නා ස්වභාවයෙන් යුතු රූපය, හේතූන්ගෙන් හටගන්නා ස්වභාවයෙන් යුතු රූපයක් බව ඒ වූ ආකාරයෙන් ම අවබෝධ කරනවා. හේතූන් නැතිවීමෙන් නැසී යන ස්වභාවයෙන් යුතු රූපය, හේතූන් නැතිවීමෙන් නැසී යන ස්වභාවයෙන් යුතු රූපයක් බව ඒ වූ ආකාරයෙන් ම අවබෝධ කරනවා. හටගන්නා වූ නැසෙන්නා වූ ස්වභාවයෙන් යුතු රූපය, හටගන්නා වූ නැසෙන්නා වූ ස්වභාවයෙන් යුතු රූපයක් බව ඒ වූ ආකාරයෙන් ම අවබෝධ කරනවා. හේතූන්ගෙන් හටගන්නා ස්වභාවයෙන් යුතු විඳීම ....(පෙ).... හේතූන්ගෙන් හටගන්නා ස්වභාවයෙන් යුතු සඤ්ඤාව ....(පෙ).... හේතූන්ගෙන් හටගන්නා ස්වභාවයෙන් යුතු සංස්කාර ....(පෙ).... හේතූන්ගෙන් හටගන්නා ස්වභාවයෙන් යුතු විඤ්ඤාණය, හේතූන්ගෙන් හටගන්නා ස්වභාවයෙන් යුතු විඤ්ඤාණයක් බව ඒ වූ ආකාරයෙන් ම අවබෝධ කරනවා. හේතූන් නැතිවීමෙන් නැසී යන ස්වභාවයෙන් යුතු විඤ්ඤාණය, හේතූන් නැතිවීමෙන් නැසී යන ස්වභාවයෙන් යුතු විඤ්ඤාණයක් බව ඒ වූ ආකාරයෙන් ම අවබෝධ කරනවා. හටගන්නා වූ

නැසෙන්නා වූ ස්වභාවයෙන් යුතු විඤ්ඤාණය, හටගන්නා වූ නැසෙන්නා වූ ස්වභාවයෙන් යුතු විඤ්ඤාණයක් බව ඒ වූ ආකාරයෙන් ම අවබෝධ කරනවා. පින්වත් භික්ෂුව, මේක තමයි විද්‍යාව කියල කියන්නේ. විද්‍යාව තුළට එන්නෙත් ඔච්චරකින් ම තමයි."

සාදු! සාදු!! සාදු!!!

පඨම සමුදයධම්ම සූත්‍රය නිමා විය.

1.3.3.2.
දුතිය සමුදයධම්ම සූත්‍රය
හටගැනීම ගැන වදාළ දෙවෙනි දෙසුම

127. බරණැස් නුවර දී ....

ඒ දිනවල ආයුෂ්මත් සාරිපුත්තයන් වහන්සේත්, ආයුෂ්මත් මහා කොට්ඨිතයන් වහන්සේත් වැඩවාසය කළේ බරණැස ඉසිපතන මිගදාය නම් වූ වනසෙනසුනේ. එදා ආයුෂ්මත් මහා කොට්ඨිතයන් වහන්සේ සවස් වරුවෙහි භාවනාවෙන් නැගිට ආයුෂ්මත් සාරිපුත්තයන් වහන්සේ වැඩසිටිය තැනට පැමිණුනා. පැමිණිලා ආයුෂ්මත් සාරිපුත්තයන් වහන්සේ සමග සතුටු වුණා. සතුටු විය යුතු පිළිසඳර කතාබහේ යෙදිලා එකත්පස්ව වැඩසිටියා. එකත්පස්ව වැඩසිටිය ආයුෂ්මත් මහා කොට්ඨිතයන් වහන්සේ, ආයුෂ්මත් සාරිපුත්තයන් වහන්සේගෙන් මෙකරුණ විමසුවා. "ප්‍රිය ආයුෂ්මත් සාරිපුත්තයෙනි, 'අවිද්‍යාව අවිද්‍යාව' කියල කියනවා. ප්‍රිය ආයුෂ්මත් සාරිපුත්තයෙනි, අවිද්‍යාව කියල කියන්නේ මොකක්ද? කෙනෙක් අවිද්‍යාව තුළට පැමිණෙන්නේ කවර කරුණු මතද?"

"ප්‍රිය ආයුෂ්මතුනි, මෙකරුණෙහිලා අශ්‍රැතවත් පෘථග්ජනයා හේතුන්ගෙන් හටගන්නා ස්වභාවයෙන් යුතු රූපය, හේතුන්ගෙන් හටගන්නා ස්වභාවයෙන් යුතු රූපයක් බව ඒ වූ ආකාරයෙන් ම අවබෝධ කරන්නේ නෑ. හේතුන් නැති වීමෙන් නැසී යන ස්වභාවයෙන් යුතු රූපය ....(පෙ).... හටගන්නා වූ නැසෙන්නා වූ ස්වභාවයෙන් යුතු රූපය, හටගන්නා වූ නැසෙන්නා වූ ස්වභාවයෙන් යුතු රූපයක් බව ඒ වූ ආකාරයෙන් ම අවබෝධ කරන්නේ නෑ. හේතුන්ගෙන් හටගන්නා ස්වභාවයෙන් යුතු විඳීම ....(පෙ).... හේතුන්ගෙන්

හටගන්නා ස්වභාවයෙන් යුතු සඤ්ඤාව ....(පෙ).... හේතූන්ගෙන් හටගන්නා ස්වභාවයෙන් යුතු සංස්කාර ....(පෙ).... හේතූන්ගෙන් හටගන්නා ස්වභාවයෙන් යුතු විඤ්ඤාණය, හේතූන්ගෙන් හටගන්නා ස්වභාවයෙන් යුතු විඤ්ඤාණයක් බව ඒ වූ ආකාරයෙන් ම අවබෝධ කරන්නේ නෑ. හේතූන් නැතිවීමෙන් නැසී යන ස්වභාවයෙන් යුතු විඤ්ඤාණය ....(පෙ).... හටගන්නා වූ නැසෙන්නා වූ ස්වභාවයෙන් යුතු විඤ්ඤාණය, හටගන්නා වූ නැසෙන්නා වූ ස්වභාවයෙන් යුතු විඤ්ඤාණයක් බව ඒ වූ ආකාරයෙන් ම අවබෝධ කරන්නේ නෑ. ප්‍රිය ආයුෂ්මතුනි, මේක තමයි අවිද්‍යාව කියල කියන්නේ. අවිද්‍යාව තුළට එන්නෙත් ඔච්චරකින් ම තමයි."

සාදු! සාදු!! සාදු!!!

දුතිය සමුදයධම්ම සූත්‍රය නිමා විය.

1.3.3.3.
තතිය සමුදයධම්ම සූත්‍රය
හටගැනීම ගැන වදාළ තෙවෙනි දෙසුම

128. බරණැස් නුවර දී ....

එකත්පස්ව වැඩසිටිය ආයුෂ්මත් මහා කොට්ඨිතයන් වහන්සේ, ආයුෂ්මත් සාරිපුත්තයන් වහන්සේගෙන් මෙකරුණ විමසුවා. "ප්‍රිය ආයුෂ්මත් සාරිපුත්තයෙනි, 'විද්‍යාව, විද්‍යාව' කියල කියනවා. ප්‍රිය ආයුෂ්මත් සාරිපුත්තයෙනි, විද්‍යාව කියල කියන්නේ මොකක්ද? කෙනෙක් විද්‍යාව තුළට පැමිණෙන්නේ කවර කරුණු මතද?"

"ප්‍රිය ආයුෂ්මතුනි, මෙකරුණෙහිලා ශ්‍රුතවත් ආර්ය ශ්‍රාවකයා හේතූන්ගෙන් හටගන්නා ස්වභාවයෙන් යුතු රූපය, හේතූන්ගෙන් හටගන්නා ස්වභාවයෙන් යුතු රූපයක් බව ඒ වූ ආකාරයෙන් ම අවබෝධ කරනවා. හේතූන් නැතිවීමෙන් නැසී යන ස්වභාවයෙන් යුතු රූපය ....(පෙ).... හටගන්නා වූ නැසෙන්නා වූ ස්වභාවයෙන් යුතු රූපය, හටගන්නා වූ නැසෙන්නා වූ ස්වභාවයෙන් යුතු රූපයක් බව ඒ වූ ආකාරයෙන් ම අවබෝධ කරනවා. හේතූන්ගෙන් හටගන්නා ස්වභාවයෙන් යුතු විඳීම ....(පෙ).... හේතූන්ගෙන් හටගන්නා ස්වභාවයෙන් යුතු සඤ්ඤාව ....(පෙ).... හේතූන්ගෙන් හටගන්නා ස්වභාවයෙන් යුතු සංස්කාර

....(පෙ).... හේතුන්ගෙන් හටගන්නා ස්වභාවයෙන් යුතු විඤ්ඤාණය, හේතුන්ගෙන් හටගන්නා ස්වභාවයෙන් යුතු විඤ්ඤාණයක් බව ඒ වූ ආකාරයෙන් ම අවබෝධ කරනවා. හේතූන් නැතිවීමෙන් නැසී යන ස්වභාවයෙන් යුතු විඤ්ඤාණය ....(පෙ).... හටගන්නා වූ නැසෙන්නා වූ ස්වභාවයෙන් යුතු විඤ්ඤාණය, හටගන්නා වූ නැසෙන්නා වූ ස්වභාවයෙන් යුතු විඤ්ඤාණයක් බව ඒ වූ ආකාරයෙන් ම අවබෝධ කරනවා. පින්වත් භික්ෂුව, මේක තමයි විද්‍යාව කියල කියන්නේ. විද්‍යාව තුළට එන්නෙත් ඔච්චරකින් ම තමයි."

සාදු! සාදු!! සාදු!!!

තතිය සමුදයධම්ම සූත්‍රය නිමා විය.

1.3.3.4.
පඨම අස්සාද සූත්‍රය
ආශ්වාදය ගැන වදාළ පළමු දෙසුම

129. බරණැස් නුවර දී ....

එකත්පස්ව වැඩසිටිය ආයුෂ්මත් මහා කොට්ඨිතයන් වහන්සේ, ආයුෂ්මත් සාරිපුත්තයන් වහන්සේගෙන් මෙකරුණ විමසුවා. "ප්‍රිය ආයුෂ්මත් සාරිපුත්තයෙනි, 'අවිද්‍යාව, අවිද්‍යාව' කියල කියනවා. ප්‍රිය ආයුෂ්මත් සාරිපුත්තයෙනි, අවිද්‍යාව කියල කියන්නෙ මොකක්ද? කෙනෙක් අවිද්‍යාව තුළට පැමිණෙන්නේ කවර කරුණු මතද?"

ප්‍රිය ආයුෂ්මතුනි, මෙකරුණෙහිලා අශ්‍රැතවත් පෘථග්ජනයා රූපයේ ආශ්වාදයත්, ආදීනවයත්, නිස්සරණයත්, ගැන ඒ වූ ආකාරයෙන් ම දන්නේ නෑ. වේදනාවේ ....(පෙ).... සඤ්ඤාවේ ....(පෙ).... සංස්කාරවල ....(පෙ).... විඤ්ඤාණයේ ආශ්වාදයත්, ආදීනවයත්, නිස්සරණයත්, ගැන ඒ වූ ආකාරයෙන් ම දන්නේ නෑ. ප්‍රිය ආයුෂ්මතුනි, මේක තමයි අවිද්‍යාව කියල කියන්නේ. අවිද්‍යාව තුළට එන්නෙත් ඔච්චරකින් ම තමයි."

සාදු! සාදු!! සාදු!!!

පඨම අස්සාද සූත්‍රය නිමා විය.

1.3.3.5.
දුතිය අස්සාද සූත්‍රය
ආශ්වාදය ගැන වදාළ දෙවෙනි දෙසුම

130. බරණැස් නුවර දී ....

එකත්පස්ව වැඩසිටිය ආයුෂ්මත් මහා කොට්ඨිතයන් වහන්සේ, ආයුෂ්මත් සාරිපුත්තයන් වහන්සේගෙන් මෙකරුණ විමසුවා. "ප්‍රිය ආයුෂ්මත් සාරිපුත්තයෙනි, 'විද්‍යාව, විද්‍යාව' කියල කියනවා. ප්‍රිය ආයුෂ්මත් සාරිපුත්තයෙනි, විද්‍යාව කියල කියන්නේ මොකක්ද? කෙනෙක් විද්‍යාව තුළට පැමිණෙන්නේ කවර කරුණු මතද?"

ප්‍රිය ආයුෂ්මතුනි, මෙකරුණෙහිලා ශ්‍රැතවත් ආර්ය ශ්‍රාවකයා රූපයේ ආශ්වාදයත්, ආදීනවයත්, නිස්සරණයත්, ගැන ඒ වූ ආකාරයෙන් ම දන්නවා. වේදනාවේ ....(පෙ).... සඤ්ඤාවේ ....(පෙ).... සංස්කාරවල ....(පෙ).... විඤ්ඤාණයේ ආශ්වාදයත්, ආදීනවයත්, නිස්සරණයත්, ගැන ඒ වූ ආකාරයෙන් ම දන්නවා. ප්‍රිය ආයුෂ්මතුනි, මේක තමයි විද්‍යාව කියල කියන්නේ. විද්‍යාව තුළට එන්නෙත් ඔච්චරකින් ම තමයි."

සාදු! සාදු!! සාදු!!!

දුතිය අස්සාද සූත්‍රය නිමා විය.

1.3.3.6.
පඨම සමුදය සූත්‍රය
හටගැනීම ගැන වදාළ පළමු දෙසුම

131. බරණැස් නුවර දී ....

එකත්පස්ව වැඩසිටිය ආයුෂ්මත් මහා කොට්ඨිතයන් වහන්සේ, ආයුෂ්මත් සාරිපුත්තයන් වහන්සේගෙන් මෙකරුණ විමසුවා. "ප්‍රිය ආයුෂ්මත් සාරිපුත්තයෙනි, 'අවිද්‍යාව, අවිද්‍යාව' කියල කියනවා. ප්‍රිය ආයුෂ්මත් සාරිපුත්තයෙනි, අවිද්‍යාව කියල කියන්නේ මොකක්ද? කෙනෙක් අවිද්‍යාව තුළට පැමිණෙන්නේ කවර කරුණු මතද?"

ප්‍රිය ආයුෂ්මතුනි, මෙකරුණෙහිලා අශ්‍රැතවත් පෘථග්ජනයා රූපයේ හටගැනීමත්, නැති වී යෑමත්, ආශ්වාදයත්, ආදීනවයත්, නිස්සරණයත්, ගැන ඒ වූ ආකාරයෙන් ම දන්නේ නෑ. වේදනාවේ ....(පෙ).... සඤ්ඤාවේ ....(පෙ).... සංස්කාරවල ....(පෙ).... විඤ්ඤාණයේ හටගැනීමත්, නැති වී යෑමත්, ආශ්වාදයත්, ආදීනවයත්, නිස්සරණයත්, ගැන ඒ වූ ආකාරයෙන් ම දන්නේ නෑ. ප්‍රිය ආයුෂ්මතුනි, මේක තමයි අවිද්‍යාව කියල කියන්නේ. අවිද්‍යාව තුළට එන්නෙත් ඔච්චරකින් ම තමයි."

සාදු! සාදු!! සාදු!!!

පඨම සමුදය සූත්‍රය නිමා විය.

1.3.3.7.
දුතිය සමුදය සූත්‍රය
හටගැනීම ගැන වදාළ දෙවෙනි දෙසුම

132. බරණැස් නුවර දී ....

එකත්පස්ව වැඩසිටිය ආයුෂ්මත් මහා කොට්ඨිතයන් වහන්සේ, ආයුෂ්මත් සාරිපුත්තයන් වහන්සේගෙන් මෙකරුණ විමසුවා. "ප්‍රිය ආයුෂ්මත් සාරිපුත්තයෙනි, 'විද්‍යාව, විද්‍යාව' කියල කියනවා. ප්‍රිය ආයුෂ්මත් සාරිපුත්තයෙනි, විද්‍යාව කියල කියන්නේ මොකක්ද? කෙනෙක් විද්‍යාව තුළට පැමිණෙන්නේ කවර කරුණු මතද?"

"ප්‍රිය ආයුෂ්මතුනි, මෙකරුණෙහිලා ශ්‍රැතවත් ආර්ය ශ්‍රාවකයා රූපයේ හටගැනීමත්, නැති වී යෑමත්, ආශ්වාදයත්, ආදීනවයත්, නිස්සරණයත්, ගැන ඒ වූ ආකාරයෙන් ම දන්නවා. වේදනාවේ ....(පෙ).... සඤ්ඤාවේ ....(පෙ).... සංස්කාරවල ....(පෙ).... විඤ්ඤාණයේ හටගැනීමත්, නැති වී යෑමත්, ආශ්වාදයත්, ආදීනවයත්, නිස්සරණයත්, ගැන ඒ වූ ආකාරයෙන් ම දන්නවා. ප්‍රිය ආයුෂ්මතුනි, මේක තමයි විද්‍යාව කියල කියන්නේ. විද්‍යාව තුළට එන්නෙත් ඔච්චරකින් ම තමයි."

සාදු! සාදු!! සාදු!!!

දුතිය සමුදය සූත්‍රය නිමා විය.

1.3.3.8.
කොට්ඨිත සූත්‍රය
කොට්ඨිත තෙරුන් වදාළ දෙසුම

133.　　　බරණැස් නුවර දී ....

ඒ දිනවල ආයුෂ්මත් සාරිපුත්තයන් වහන්සේත්, ආයුෂ්මත් මහාකොට්ඨිතයන් වහන්සේත් වැඩවාසය කළේ බරණැස ඉසිපතන මිගදාය නම් වූ වනසෙනසුනේ. එදා ආයුෂ්මත් සාරිපුත්තයන් වහන්සේ සවස් වරුවෙහි භාවනාවෙන් නැගිට ආයුෂ්මත් මහාකොට්ඨිතයන් වහන්සේ වැඩසිටිය තැනට පැමිණුනා. පැමිණිලා ආයුෂ්මත් මහාකොට්ඨිතයන් වහන්සේ සමග සතුටු වුණා. සතුටු විය යුතු පිළිසඳර කතාබහේ යෙදිලා එකත්පස්ව වැඩසිටියා. එකත්පස්ව වැඩසිටිය ආයුෂ්මත් සාරිපුත්තයන් වහන්සේ, ආයුෂ්මත් මහාකොට්ඨිතයන් වහන්සේගෙන් මෙකරුණ විමසුවා. "ප්‍රිය ආයුෂ්මත් කොට්ඨිතයෙනි, 'අවිද්‍යාව, අවිද්‍යාව' කියල කියනවා. ප්‍රිය ආයුෂ්මත් කොට්ඨිතයෙනි, අවිද්‍යාව කියල කියන්නේ මොකක්ද? කෙනෙක් අවිද්‍යාව තුළට පැමිණෙන්නේ කවර කරුණු මතද?"

"ප්‍රිය ආයුෂ්මතුනි, මෙකරුණෙහිලා අශ්‍රැතවත් පෘථග්ජනයා රූපයේ ආශ්වාදයත්, ආදීනවයත්, නිස්සරණයත්, ගැන ඒ වූ ආකාරයෙන් ම දන්නේ නෑ. වේදනාවේ ....(පෙ).... සඤ්ඤාවේ ....(පෙ).... සංස්කාරවල ....(පෙ).... විඤ්ඤාණයේ ආශ්වාදයත්, ආදීනවයත්, නිස්සරණයත්, ගැන ඒ වූ ආකාරයෙන් ම දන්නේ නෑ. ප්‍රිය ආයුෂ්මතුනි, මේක තමයි අවිද්‍යාව කියල කියන්නේ. අවිද්‍යාව තුළට එන්නෙත් ඔච්චරකින් ම තමයි."

මෙසේ වදාළ විට ආයුෂ්මත් සාරිපුත්තයන් වහන්සේ ආයුෂ්මත් මහාකොට්ඨිතයන්ගෙන් මෙකරුණ විමසුවා. "ප්‍රිය ආයුෂ්මත් කොට්ඨිතයෙනි, 'විද්‍යාව, විද්‍යාව' කියල කියනවා. ප්‍රිය ආයුෂ්මත් කොට්ඨිතයෙනි, විද්‍යාව කියල කියන්නේ මොකක්ද? කෙනෙක් විද්‍යාව තුළට පැමිණෙන්නේ කවර කරුණු මතද?"

"ප්‍රිය ආයුෂ්මතුනි, මෙකරුණෙහිලා ශ්‍රැතවත් ආර්ය ශ්‍රාවකයා රූපයේ ආශ්වාදයත්, ආදීනවයත්, නිස්සරණයත්, ගැන ඒ වූ ආකාරයෙන් ම දන්නවා. වේදනාවේ ....(පෙ).... සඤ්ඤාවේ ....(පෙ).... සංස්කාරවල ....(පෙ).... විඤ්ඤාණයේ ආශ්වාදයත්, ආදීනවයත්, නිස්සරණයත්, ගැන ඒ වූ ආකාරයෙන්

ම දන්නවා. ප්‍රිය ආයුෂ්මතුනි, මේක තමයි විද්‍යාව කියල කියන්නේ. විද්‍යාව තුළට එන්නෙත් ඔච්චරකින් ම තමයි."

සාදු! සාදු!! සාදු!!!

කොට්ඨිත සූත්‍රය නිමා විය.

1.3.3.9.
දුතිය කොට්ඨිත සූත්‍රය
කොට්ඨිත තෙරුන් වදාළ දෙවෙනි දෙසුම

134. බරණැස් නුවර දී ....

එකත්පස්ව වැඩසිටිය ආයුෂ්මත් සාරිපුත්තයන් වහන්සේ, ආයුෂ්මත් මහාකොට්ඨිතයන් වහන්සේගෙන් මෙකරුණ විමසුවා. "ප්‍රිය ආයුෂ්මත් කොට්ඨිතයෙනි, 'අවිද්‍යාව, අවිද්‍යාව' කියල කියනවා. ප්‍රිය ආයුෂ්මත් කොට්ඨිතයෙනි, අවිද්‍යාව කියල කියන්නේ මොකක්ද? කෙනෙක් අවිද්‍යාව තුළට පැමිණෙන්නේ කවර කරුණු මතද?"

"ප්‍රිය ආයුෂ්මතුනි, මෙකරුණෙහිලා අශ්‍රුතවත් පෘථග්ජනයා රූපයේ හටගැනීමත්, නැති වී යෑමත්, ආශ්වාදයත්, ආදීනවයත්, නිස්සරණයත්, ගැන ඒ වූ ආකාරයෙන් ම දන්නේ නෑ. වේදනාවේ ....(පෙ).... සඤ්ඤාවේ ....(පෙ).... සංස්කාරවල ....(පෙ).... විඤ්ඤාණයේ හටගැනීමත්, නැති වී යෑමත්, ආශ්වාදයත්, ආදීනවයත්, නිස්සරණයත්, ගැන ඒ වූ ආකාරයෙන් ම දන්නේ නෑ. ප්‍රිය ආයුෂ්මතුනි, මේක තමයි අවිද්‍යාව කියල කියන්නේ. අවිද්‍යාව තුළට එන්නෙත් ඔච්චරකින් ම තමයි."

මෙසේ වදාළ විට ආයුෂ්මත් සාරිපුත්තයන් වහන්සේ ආයුෂ්මත් මහාකොට්ඨිතයන්ගෙන් මෙකරුණ විමසුවා. "ප්‍රිය ආයුෂ්මත් කොට්ඨිතයෙනි, 'විද්‍යාව, විද්‍යාව' කියල කියනවා. ප්‍රිය ආයුෂ්මත් කොට්ඨිතයෙනි, විද්‍යාව කියල කියන්නේ මොකක්ද? කෙනෙක් විද්‍යාව තුළට පැමිණෙන්නේ කවර කරුණු මතද?"

"ප්‍රිය ආයුෂ්මතුනි, මෙකරුණෙහිලා ශ්‍රැතවත් ආර්ය ශ්‍රාවකයා රූපයේ හටගැනීමත්, නැති වී යෑමත්, ආශ්වාදයත්, ආදීනවයත්, නිස්සරණයත්, ගැන

ඒ වූ ආකාරයෙන් ම දන්නවා. වේදනාවේ ....(පෙ).... සඤ්ඤාවේ ....(පෙ).... සංස්කාරවල ....(පෙ).... විඤ්ඤාණයේ හටගැනීමත්, නැති වී යෑමත්, ආශ්වාදයත්, ආදීනවයත්, නිස්සරණයත්, ගැන ඒ වූ ආකාරයෙන් ම දන්නවා. ප්‍රිය ආයුෂ්මතුනි, මේක තමයි විද්‍යාව කියල කියන්නේ. විද්‍යාව තුළට එන්නෙත් ඔච්චරකින් ම තමයි.

සාදු! සාදු!! සාදු!!!

දුතිය කොට්ඨිත සූත්‍රය නිමා විය.

1.3.3.10.
තතිය කොට්ඨිත සූත්‍රය
කොට්ඨිත තෙරුන් වදාළ තෙවෙනි දෙසුම

135. බරණැස් නුවර දී ....

එකත්පස්ව වැඩසිටිය ආයුෂ්මත් සාරිපුත්තයන් වහන්සේ, ආයුෂ්මත් කොට්ඨිතයන් වහන්සේගෙන් මෙකරුණ විමසුවා. "ප්‍රිය ආයුෂ්මත් කොට්ඨිතයෙනි, 'අවිද්‍යාව, අවිද්‍යාව' කියල කියනවා. ප්‍රිය ආයුෂ්මත් මහාකොට්ඨිතයෙනි, අවිද්‍යාව කියල කියන්නේ මොකක්ද? කෙනෙක් අවිද්‍යාව තුළට පැමිණෙන්නේ කවර කරුණු මතද?"

"ප්‍රිය ආයුෂ්මතුනි, මෙකරුණෙහිලා අශ්‍රැතවත් පෘථග්ජනයා රූපය ගැන දන්නේ නෑ. රූපය හටගන්නා හැටි ගැන දන්නේ නෑ. රූපයේ නිරුද්ධ වීම ගැන දන්නේ නෑ. රූපය නිරුද්ධ වීම පිණිස පවතින ප්‍රතිපදාව ගැන දන්නේ නෑ.

විඳීම ගැන දන්නේ නෑ ....(පෙ).... සඤ්ඤාව ....(පෙ).... සංස්කාර ....(පෙ).... විඤ්ඤාණය ගැන දන්නේ නෑ. විඤ්ඤාණය හටගන්නා හැටි ගැන දන්නේ නෑ. විඤ්ඤාණය නිරුද්ධ වීම ගැන දන්නේ නෑ. විඤ්ඤාණය නිරුද්ධ වීම පිණිස පවතින ප්‍රතිපදාව ගැන දන්නේ නෑ. ප්‍රිය ආයුෂ්මතුනි, මේක තමයි අවිද්‍යාව කියල කියන්නේ. අවිද්‍යාව තුළට එන්නෙත් ඔච්චරකින් ම තමයි."

මෙසේ වදාළ විට ආයුෂ්මත් සාරිපුත්තයන් වහන්සේ ආයුෂ්මත් මහාකොට්ඨිතයන්ගෙන් මෙකරුණ විමසුවා. "ප්‍රිය ආයුෂ්මත් කොට්ඨිතයෙනි,

'විද්‍යාව, විද්‍යාව' කියල කියනවා. ප්‍රිය ආයුෂ්මත් කොට්ඨිතයෙනි, විද්‍යාව කියල කියන්නේ මොකක්ද? කෙනෙක් විද්‍යාව තුළට පැමිණෙන්නේ කවර කරුණු මතද?"

ප්‍රිය ආයුෂ්මතුනි, මෙකරුණෙහිලා ශ්‍රැතවත් ආර්ය ශ්‍රාවකයා රූපය ගැන අවබෝධයෙන් දන්නවා. රූපය හටගන්නා හැටි ගැන අවබෝධයෙන් දන්නවා. රූපයේ නිරුද්ධ වීම ගැන අවබෝධයෙන් දන්නවා. රූපය නිරුද්ධ වීම පිණිස පවතින ප්‍රතිපදාව ගැන අවබෝධයෙන් දන්නවා. විඳීම ගැන අවබෝධයෙන් දන්නවා ....(පෙ).... සඤ්ඤාව ....(පෙ).... සංස්කාර ....(පෙ).... විඤ්ඤාණය ගැන අවබෝධයෙන් දන්නවා. විඤ්ඤාණය හටගන්නා හැටි ගැන අවබෝධයෙන් දන්නවා. විඤ්ඤාණය නිරුද්ධ වීම ගැන අවබෝධයෙන් දන්නවා. විඤ්ඤාණය නිරුද්ධ වීම පිණිස පවතින ප්‍රතිපදාව ගැන අවබෝධයෙන් දන්නවා. ප්‍රිය ආයුෂ්මතුනි, මේක තමයි විද්‍යාව කියල කියන්නේ. විද්‍යාව තුළට එන්නෙත් ඔච්චරකින් ම තමයි."

සාදු! සාදු!! සාදු!!!

තතිය කොට්ඨිත සූත්‍රය නිමා විය.

තුන්වෙනි අවිජ්ජා වර්ගය අවසන් විය.

- **එහි පිළිවෙල උද්දානයයි :**

සමුදයධම්ම සූත්‍ර තුනකි. අස්සාද සූත්‍ර දෙකකි. යළිත් සමුදය සූත්‍ර දෙකකි. කොට්ඨිත සූත්‍ර තුනකින්ද යුතුව මෙම වර්ගය පවතියි.

4. කුක්කුළ වර්ගය

1.3.4.1.
කුක්කුළ සූත්‍රය
ඇවිලගත් උණු අළු ගැන වදාළ දෙසුම

136. සැවැත් නුවර දී ....

පින්වත් මහණෙනි, රූපය යනු ඇවිලගත් උණු අළු ගොඩක්. විඳීම යනු ඇවිලගත් උණු අළු ගොඩක්. සඤ්ඤාව යනු ඇවිලගත් උණු අළු ගොඩක්. සංස්කාර යනු ඇවිලගත් උණු අළු ගොඩක්. විඤ්ඤාණය යනු ඇවිලගත් උණු අළු ගොඩක්. පින්වත් මහණෙනි, ශ්‍රැතවත් ආර්ය ශ්‍රාවකයා ඔය විදිහට දියුණු කරපු ප්‍රඥාවෙන් දකින කොට රූපය ගැනත් අවබෝධයෙන් ම කළකිරෙනවා. වේදනාව ගැනත් අවබෝධයෙන් ම කළකිරෙනවා. සඤ්ඤාව ගැනත් අවබෝධයෙන් ම කළකිරෙනවා. සංස්කාර ගැනත් අවබෝධයෙන් ම කළකිරෙනවා. විඤ්ඤාණය ගැනත් අවබෝධයෙන් ම කළකිරෙනවා. අවබෝධයෙන් ම කළකිරුණු විට සිත ඇලෙන්නෙ නැතුව යනවා ....(පෙ).... ආයෙත් නම් සංසාරයේ වෙන උපතක් නැතැ'යි අවබෝධය ඇතිවෙනවා.

සාදු! සාදු!! සාදු!!!

කුක්කුළ සූත්‍රය නිමා විය.

1.3.4.2.
පඨම අනිච්ච සූත්‍රය
අනිත්‍යය ගැන වදාළ පළමු දෙසුම

137. සැවැත් නුවර දී ....

පින්වත් මහණෙනි, යමක් වනාහී අනිත්‍ය නම් ඒ කෙරෙහි ඇති කැමැත්තයි ඔබ ප්‍රහාණය කළ යුත්තේ. පින්වත් මහණෙනි, කවර අනිත්‍ය දෙයක්ද යත්;

පින්වත් මහණෙනි, රූපය අනිත්‍යයි. ඒ රූපය ගැන ඇති කැමැත්ත තමයි ඔබ ප්‍රහාණය කළ යුත්තේ. විඳීම අනිත්‍යයි ....(පෙ).... සඤ්ඤාව අනිත්‍යයි ....(පෙ).... සංස්කාර අනිත්‍යයි ....(පෙ).... විඤ්ඤාණය අනිත්‍යයි. විඤ්ඤාණය ගැන ඇති කැමැත්ත තමයි ඔබ ප්‍රහාණය කළ යුත්තේ. පින්වත් මහණෙනි, යමක් වනාහී අනිත්‍ය නම් ඒ කෙරෙහි ඇති කැමැත්තයි ඔබ ප්‍රහාණය කළ යුත්තේ.

සාදු! සාදු!! සාදු!!!

පඨම අනිච්ච සූත්‍රය නිමා විය.

1.3.4.3.
දුතිය අනිච්ච සූත්‍රය
අනිත්‍යය ගැන වදාළ දෙවෙනි දෙසුම

138. සැවැත් නුවර දී ....

පින්වත් මහණෙනි, යමක් වනාහී අනිත්‍ය නම් ඒ කෙරෙහි ඇති රාගයයි ඔබ ප්‍රහාණය කළ යුත්තේ. පින්වත් මහණෙනි, කවර අනිත්‍ය දෙයක්ද යත්;

පින්වත් මහණෙනි, රූපය අනිත්‍යයි. ඒ රූපය ගැන ඇති රාගය තමයි ඔබ ප්‍රහාණය කළ යුත්තේ. විඳීම අනිත්‍යයි ....(පෙ).... සඤ්ඤාව අනිත්‍යයි ....(පෙ).... සංස්කාර අනිත්‍යයි ....(පෙ).... විඤ්ඤාණය අනිත්‍යයි. විඤ්ඤාණය ගැන ඇති රාගය තමයි ඔබ ප්‍රහාණය කළ යුත්තේ. පින්වත් මහණෙනි, යමක් වනාහී අනිත්‍ය නම් ඒ කෙරෙහි ඇති රාගයයි ඔබ ප්‍රහාණය කළ යුත්තේ.

සාදු! සාදු!! සාදු!!!

දුතිය අනිච්ච සූත්‍රය නිමා විය.

1.3.4.4.
තතිය අනිච්ච සූත්‍රය
අනිත්‍යය ගැන වදාළ තෙවෙනි දෙසුම

139.　　සැවැත් නුවර දී ....

පින්වත් මහණෙනි, යමක් වනාහී අනිත්‍ය නම් ඒ කෙරෙහි ඇති ඡන්ද රාගයයි ඔබ ප්‍රහාණය කළ යුත්තේ. පින්වත් මහණෙනි, කවර අනිත්‍ය දෙයක්ද යත්;

පින්වත් මහණෙනි, රූපය අනිත්‍යයි. ඒ රූපය ගැන ඇති ඡන්දරාගය තමයි ඔබ ප්‍රහාණය කළ යුත්තේ. විඳීම අනිත්‍යයි ....(පෙ).... සඤ්ඤාව අනිත්‍යයි ....(පෙ).... සංස්කාර අනිත්‍යයි ....(පෙ).... විඤ්ඤාණය අනිත්‍යයි. විඤ්ඤාණය ගැන ඇති ඡන්දරාගය තමයි ඔබ ප්‍රහාණය කළ යුත්තේ. පින්වත් මහණෙනි, යමක් වනාහී අනිත්‍ය නම් ඒ කෙරෙහි ඇති ඡන්දරාගයයි ඔබ ප්‍රහාණය කළ යුත්තේ.

සාදු! සාදු!! සාදු!!!
තතිය අනිච්ච සූත්‍රය නිමා විය.

1.3.4.5.
පඨම දුක්ඛ සූත්‍රය
දුක ගැන වදාළ පළමු දෙසුම

140.　　සැවැත් නුවර දී ....

පින්වත් මහණෙනි, යමක් වනාහී දුක නම් ඒ කෙරෙහි ඇති කැමැත්තයි ඔබ ප්‍රහාණය කළ යුත්තේ. පින්වත් මහණෙනි, කවර දුක් දෙයක්ද යත්;

පින්වත් මහණෙනි, රූපය දුකයි. ඒ රූපය ගැන ඇති කැමැත්ත තමයි ඔබ ප්‍රහාණය කළ යුත්තේ. විඳීම දුකයි ....(පෙ).... සඤ්ඤාව දුකයි ....(පෙ).... සංස්කාර දුකයි ....(පෙ).... විඤ්ඤාණය දුකයි. විඤ්ඤාණය ගැන ඇති කැමැත්ත

තමයි ඔබ ප්‍රහාණය කළ යුත්තේ. පින්වත් මහණෙනි, යමක් වනාහී අනිත්‍ය නම් ඒ කෙරෙහි ඇති කැමැත්තයි ඔබ ප්‍රහාණය කළ යුත්තේ.

සාදු! සාදු!! සාදු!!!

පඨම දුක්ඛ සූත්‍රය නිමා විය.

1.3.4.6.
දුතිය දුක්ඛ සූත්‍රය
දුක ගැන වදාළ දෙවෙනි දෙසුම

141.   සැවැත් නුවර දී ....

පින්වත් මහණෙනි, යමක් වනාහී අනිත්‍ය නම් ඒ කෙරෙහි ඇති රාගයයි ඔබ ප්‍රහාණය කළ යුත්තේ. පින්වත් මහණෙනි, කවර දුක් දෙයක්ද යත්;

පින්වත් මහණෙනි, රූපය දුකයි. ඒ රූපය ගැන ඇති රාගය තමයි ඔබ ප්‍රහාණය කළ යුත්තේ. විඳීම දුකයි ....(පෙ).... සඤ්ඤාව දුකයි ....(පෙ).... සංස්කාර දුකයි ....(පෙ).... විඤ්ඤාණය දුකයි. විඤ්ඤාණය ගැන ඇති රාගය තමයි ඔබ ප්‍රහාණය කළ යුත්තේ. පින්වත් මහණෙනි, යමක් වනාහී දුක නම් ඒ කෙරෙහි ඇති රාගයයි ඔබ ප්‍රහාණය කළ යුත්තේ.

සාදු! සාදු!! සාදු!!!

දුතිය දුක්ඛ සූත්‍රය නිමා විය.

1.3.4.7.
තතිය දුක්ඛ සූත්‍රය
දුක ගැන වදාළ තෙවෙනි දෙසුම

142.   සැවැත් නුවර දී ....

පින්වත් මහණෙනි, යමක් වනාහී දුක නම් ඒ කෙරෙහි ඇති ඡන්දරාග

යයි ඔබ ප්‍රහාණය කළ යුත්තේ. පින්වත් මහණෙනි, කවර දුක් දෙයක්ද යත්;

පින්වත් මහණෙනි, රූපය දුකයි. ඒ රූපය ගැන ඇති ඡන්දරාගය තමයි ඔබ ප්‍රහාණය කළ යුත්තේ. විඳීම ....(පෙ).... සඤ්ඤාව ....(පෙ).... සංස්කාර ....(පෙ).... විඤ්ඤාණය දුකයි. විඤ්ඤාණය ගැන ඇති ඡන්දරාගය තමයි ඔබ ප්‍රහාණය කළ යුත්තේ. පින්වත් මහණෙනි, යමක් වනාහී දුක නම් ඒ කෙරෙහි ඇති ඡන්දරාගයයි ඔබ ප්‍රහාණය කළ යුත්තේ.

සාදු! සාදු!! සාදු!!!

තතිය දුක්ඛ සූත්‍රය නිමා විය.

1.3.4.8.
අනත්ත සූත්‍රය
අනාත්මය ගැන වදාළ දෙසුම

143. සැවැත් නුවර දී ....

පින්වත් මහණෙනි, යමක් වනාහී අනාත්ම නම් ඒ කෙරෙහි ඇති කැමැත්තයි ඔබ ප්‍රහාණය කළ යුත්තේ. පින්වත් මහණෙනි, කවර අනාත්ම දෙයක්ද යත්;

පින්වත් මහණෙනි, රූපය අනාත්මයි. ඒ රූපය ගැන ඇති කැමැත්ත තමයි ඔබ ප්‍රහාණය කළ යුත්තේ. විඳීම ....(පෙ).... සඤ්ඤාව ....(පෙ).... සංස්කාර ....(පෙ).... විඤ්ඤාණය අනාත්මයි. විඤ්ඤාණය ගැන ඇති කැමැත්ත තමයි ඔබ ප්‍රහාණය කළ යුත්තේ. පින්වත් මහණෙනි, යමක් වනාහී අනාත්ම නම් ඒ කෙරෙහි ඇති කැමැත්තයි ඔබ ප්‍රහාණය කළ යුත්තේ.

සාදු! සාදු!! සාදු!!!

අනත්ත සූත්‍රය නිමා විය.

1.3.4.9.
දුතිය අනත්ත සූත්‍රය
අනාත්මය ගැන වදාළ දෙවෙනි දෙසුම

144. සැවැත් නුවර දී ....

පින්වත් මහණෙනි, යමක් වනාහී අනාත්ම නම් ඒ කෙරෙහි ඇති රාගයයි ඔබ ප්‍රහාණය කළ යුත්තේ. පින්වත් මහණෙනි, කවර අනාත්ම දෙයක්ද යත්;

පින්වත් මහණෙනි, රූපය අනාත්මයි. ඒ රූපය ගැන ඇති රාගය තමයි ඔබ ප්‍රහාණය කළ යුත්තේ. විඳීම ....(පෙ).... සඤ්ඤාව ....(පෙ).... සංස්කාර ....(පෙ).... විඤ්ඤාණය අනාත්මයි. විඤ්ඤාණය ගැන ඇති රාගය තමයි ඔබ ප්‍රහාණය කළ යුත්තේ. පින්වත් මහණෙනි, යමක් වනාහී අනාත්ම නම් ඒ කෙරෙහි ඇති රාගයයි ඔබ ප්‍රහාණය කළ යුත්තේ.

සාදු! සාදු!! සාදු!!!

දුතිය අනත්ත සූත්‍රය නිමා විය.

1.3.4.10.
තතිය අනත්ත සූත්‍රය
අනාත්මය ගැන වදාළ තෙවෙනි දෙසුම

145. සැවැත් නුවර දී ....

පින්වත් මහණෙනි, යමක් වනාහී අනාත්ම නම් ඒ කෙරෙහි ඇති ඡන්ද රාගයයි ඔබ ප්‍රහාණය කළ යුත්තේ. පින්වත් මහණෙනි, කවර අනාත්ම දෙයක්ද යත්;

පින්වත් මහණෙනි, රූපය අනාත්මයි. ඒ රූපය ගැන ඇති ඡන්දරාගය තමයි ඔබ ප්‍රහාණය කළ යුත්තේ. විඳීම ....(පෙ).... සඤ්ඤාව ....(පෙ).... සංස්කාර ....(පෙ).... විඤ්ඤාණය අනාත්මයි. විඤ්ඤාණය ගැන ඇති ඡන්ද රාගය තමයි ඔබ ප්‍රහාණය කළ යුත්තේ. පින්වත් මහණෙනි, යමක් වනාහී අනාත්ම නම් ඒ

කෙරෙහි ඇති ඡන්දරාගයයි ඔබ ප්‍රහාණය කළ යුත්තේ.

සාදු! සාදු!! සාදු!!!

තතිය අනත්ත සූත්‍රය නිමා විය.

1.3.4.11.
නිබ්බිදාබහුල සූත්‍රය
බොහෝ සේ කළකිරීම ගැන වදාළ දෙසුම

146. සැවැත් නුවර දී ....

පින්වත් මහණෙනි, ශ්‍රද්ධාවෙන් පැවිදි වූ කුලපුත්‍රයෙකුට මෙන්න මේ විදිහට හිතන එකයි ගැලපෙන්නේ. 'රූපය පිළිබඳව අවබෝධයකින් යුතුව බොහෝ සේ කළකිරීමෙන් වාසය කරන්නට ඇත්නම්' කියලා. විඳීම ....(පෙ).... සඤ්ඤාව ....(පෙ).... සංස්කාර පිළිබඳව අවබෝධයකින් යුතුව බොහෝ සේ කළකිරීමෙන් වාසය කරන්නට ඇත්නම්' කියලා. 'විඤ්ඤාණය පිළිබඳව අවබෝධයකින් යුතුව බොහෝ සේ කළකිරීමෙන් වාසය කරන්නට ඇත්නම්' කියලා.

එතකොට ඒ භික්ෂුව රූපය පිළිබඳව අවබෝධයකින් යුතුව බොහෝ සේ කළකිරීමෙන් වාසය කරද්දී, විඳීම පිළිබඳව ....(පෙ).... සඤ්ඤාව පිළිබඳව ....(පෙ).... සංස්කාර පිළිබඳව ....(පෙ).... විඤ්ඤාණය පිළිබඳව අවබෝධයකින් යුතුව බොහෝ සේ කළකිරීමෙන් වාසය කරද්දී, රූපයත් පිරිසිඳ දකිනවා. විඳීමත් පිරිසිඳ දකිනවා. සඤ්ඤාවත් පිරිසිඳ දකිනවා. සංස්කාරත් පිරිසිඳ දකිනවා. විඤ්ඤාණයත් පිරිසිඳ දකිනවා. එතකොට ඒ භික්ෂුව රූපය පිරිසිඳ දැකලා, විඳීම පිරිසිඳ දැකලා, සඤ්ඤාව පිරිසිඳ දැකලා, සංස්කාර පිරිසිඳ දැකලා, විඤ්ඤාණය පිරිසිඳ දැකලා, රූපයෙන් නිදහස් වෙනවා. විඳීමෙන් නිදහස් වෙනවා. සඤ්ඤාවෙන් නිදහස් වෙනවා. සංස්කාරවලින් නිදහස් වෙනවා. විඤ්ඤාණයෙන් නිදහස් වෙනවා. ජාති, ජරා, මරණ සෝක, වැළපීම්, දුක් දොම්නස්, සුසුම් හෙළීම්වලින් නිදහස් වෙනවා. දුකෙන් නිදහස් වෙනවා කියලයි මා කියන්නේ.

සාදු! සාදු!! සාදු!!!

නිබ්බිදාබහුල සූත්‍රය නිමා විය.

1.3.4.12.
අනිච්චානුපස්සනා සූත්‍රය
අනිත්‍යය නුවණින් දැකීම ගැන වදාළ දෙසුම

147. සැවැත් නුවර දී ....

පින්වත් මහණෙනි, ශ්‍රද්ධාවෙන් පැවිදි වුණ කුලපුත්‍රයෙකුට මෙන්න මේ විදිහට හිතන එකයි ගැලපෙන්නේ. 'රූපය පිළිබඳව අනිත්‍යය නුවණින් දකිමින් වාසය කරන්නට ඇත්නම්' කියලා. විදීම ....(පෙ).... සඤ්ඤාව ....(පෙ).... 'සංස්කාර පිළිබඳව අනිත්‍යය නුවණින් දකිමින් වාසය කරන්නට ඇත්නම්' කියලා. 'විඤ්ඤාණය පිළිබඳව අනිත්‍යය නුවණින් දකිමින් වාසය කරන්නට ඇත්නම්' කියලා.

එතකොට ඒ භික්ෂුව රූපය පිළිබඳව අනිත්‍යය නුවණින් දකිමින් වාසය කරද්දී, විදීම පිළිබඳව ....(පෙ).... සඤ්ඤාව පිළිබඳව ....(පෙ).... සංස්කාර පිළිබඳව ....(පෙ).... විඤ්ඤාණය පිළිබඳව අනිත්‍යය නුවණින් දකිමින් වාසය කරද්දී, රූපයත් පිරිසිඳ දකිනවා. විදීමත් ....(පෙ).... සඤ්ඤාවත් ....(පෙ).... සංස්කාරත් ....(පෙ).... විඤ්ඤාණයත් පිරිසිඳ දකිනවා. එතකොට ඒ භික්ෂුව රූපය පිරිසිඳ දැකලා, විදීම පිරිසිඳ දැකලා, සඤ්ඤාව පිරිසිඳ දැකලා, සංස්කාර පිරිසිඳ දැකලා, විඤ්ඤාණය පිරිසිඳ දැකලා, රූපයෙන් නිදහස් වෙනවා. විදීමෙන් නිදහස් වෙනවා. සඤ්ඤාවෙන් නිදහස් වෙනවා. සංස්කාරවලින් නිදහස් වෙනවා. විඤ්ඤාණයෙන් නිදහස් වෙනවා. ජාති, ජරා, මරණ සෝක, වැළපීම්, දුක් දොම්නස්, සුසුම් හෙළීම්වලින් නිදහස් වෙනවා. දුකෙන් නිදහස් වෙනවා කියලයි මා කියන්නේ.

සාදු! සාදු!! සාදු!!!

අනිච්චානුපස්සනා සූත්‍රය නිමා විය.

1.3.4.13.
දුක්ඛානුපස්සී සූත්‍රය
දුක නුවණින් දැකීම ගැන වදාළ දෙසුම

148. සැවැත් නුවර දී ....

පින්වත් මහණෙනි, ශ්‍රද්ධාවෙන් පැවිදි වුණ කුලපුත්‍රයෙකුට මෙන්න මේ විදිහට හිතන එකයි ගැලපෙන්නේ. 'රූපය පිළිබඳ වූ දුක නුවණින් දකිමින් වාසය කරන්නට ඇත්නම්' කියලා. විඳීම ....(පෙ).... සඤ්ඤාව ....(පෙ).... සංස්කාර ....(පෙ).... 'විඤ්ඤාණය පිළිබඳ වූ දුක නුවණින් දකිමින් වාසය කරන්නට ඇත්නම්' කියලා.

එතකොට ඒ භික්ෂුව රූපය පිළිබඳ වූ දුක නුවණින් දකිමින් වාසය කරද්දී, විඳීම පිළිබඳ වූ ....(පෙ).... සඤ්ඤාව පිළිබඳ වූ ....(පෙ).... සංස්කාර පිළිබඳ වූ ....(පෙ).... විඤ්ඤාණය පිළිබඳ වූ දුක නුවණින් දකිමින් වාසය කරද්දී, රූපයත් පිරිසිඳ දකිනවා. විඳීමත් පිරිසිඳ දකිනවා. සඤ්ඤාවත් පිරිසිඳ දකිනවා. සංස්කාරත් පිරිසිඳ දකිනවා. විඤ්ඤාණයත් පිරිසිඳ දකිනවා.

එතකොට ඒ භික්ෂුව රූපය පිරිසිඳ දැකලා, විඳීම පිරිසිඳ දැකලා, සඤ්ඤාව පිරිසිඳ දැකලා, සංස්කාර පිරිසිඳ දැකලා, විඤ්ඤාණය පිරිසිඳ දැකලා, රූපයෙන් නිදහස් වෙනවා. විඳීමෙන් නිදහස් වෙනවා. සඤ්ඤාවෙන් නිදහස් වෙනවා. සංස්කාරවලින් නිදහස් වෙනවා. විඤ්ඤාණයෙන් නිදහස් වෙනවා. ජාති, ජරා, මරණ සෝක, වැළපීම්, දුක් දොම්නස්, සුසුම් හෙළීම් වලින් නිදහස් වෙනවා. දුකෙන් නිදහස් වෙනවා කියලයි මා කියන්නේ.

සාදු! සාදු!! සාදු!!!

දුක්ඛානුපස්සී සූත්‍රය නිමා විය.

1.3.4.14.
අනත්තානුපස්සනා සූත්‍රය
අනාත්මය නුවණින් දැකීම ගැන වදාළ දෙසුම

149. සැවැත් නුවර දී ....

පින්වත් මහණෙනි, ශ්‍රද්ධාවෙන් පැවිදි වුණ කුලපුත්‍රයෙකුට මෙන්න මේ විදිහට හිතන එකයි ගැලපෙන්නේ. 'රූපය පිළිබඳ වූ අනාත්මය නුවණින් දකිමින් වාසය කරන්නට ඇත්නම්' කියලා. විඳීම ....(පෙ).... සඤ්ඤාව ....(පෙ).... සංස්කාර ....(පෙ).... 'විඤ්ඤාණය පිළිබඳ වූ අනාත්මය නුවණින් දකිමින් වාසය කරන්නට ඇත්නම්' කියලා.

එතකොට ඒ භික්ෂුව රූපය පිළිබඳ වූ අනාත්මය නුවණින් දකිමින් වාසය කරද්දී, විඳීම පිළිබඳ වූ ....(පෙ).... සඤ්ඤාව පිළිබඳ වූ ....(පෙ).... සංස්කාර පිළිබඳ වූ ....(පෙ).... විඤ්ඤාණය පිළිබඳ වූ අනාත්මය නුවණින් දකිමින් වාසය කරද්දී, රූපයත් පිරිසිඳ දකිනවා. විඳීමත් පිරිසිඳ දකිනවා. සඤ්ඤාවත් පිරිසිඳ දකිනවා. සංස්කාරත් පිරිසිඳ දකිනවා. විඤ්ඤාණයත් පිරිසිඳ දකිනවා.

එතකොට ඒ භික්ෂුව රූපය පිරිසිඳ දැකලා, විඳීම පිරිසිඳ දැකලා, සඤ්ඤාව පිරිසිඳ දැකලා, සංස්කාර පිරිසිඳ දැකලා, විඤ්ඤාණය පිරිසිඳ දැකලා, රූපයෙන් නිදහස් වෙනවා. විඳීමෙන් නිදහස් වෙනවා. සඤ්ඤාවෙන් නිදහස් වෙනවා. සංස්කාරවලින් නිදහස් වෙනවා. විඤ්ඤාණයෙන් නිදහස් වෙනවා. ජාති, ජරා, මරණ සෝක, වැළපීම්, දුක් දොම්නස්, සුසුම් හෙළීම් වලින් නිදහස් වෙනවා. දුකෙන් නිදහස් වෙනවා කියලයි මා කියන්නේ.

සාදු! සාදු!! සාදු!!!

අනත්තානුපස්සනා සූත්‍රය නිමා විය.

හතරවෙනි කුක්කුළ වර්ගය අවසන් විය.

- එහි පිළිවෙල උද්දානයයි :

කුක්කුල සූත්‍රය, අනිච්ච සූත්‍ර තුන, අනික් දුක්ඛ සූත්‍ර තුන, අනත්ත සූත්‍ර තුන, කුලපුත්ත සූත්‍ර සතර යන සූත්‍ර දාහතරෙන් මේ වර්ගය සමන්විත වේ.

5. දිට්ඨි වර්ගය

1.3.5.1.
අජ්ඣත්ත සූත්‍රය
තමා පිළිබඳ වදාළ දෙසුම

150. සැවැත් නුවර දී ....

"පින්වත් මහණෙනි, කුමක් ඇති කල්හිද, කුමක් උපකාරයෙන්ද තමා තුළ සැප දුක් උපදින්නේ?"

"ස්වාමීනි, අපගේ මේ ධර්මය භාග්‍යවතුන් වහන්සේ මුල් කොට ඇති සේක ....(පෙ)...."

"පින්වත් මහණෙනි, රූපයක් තිබුණොත් තමයි, රූපය උපකාරයෙන් ම තමයි තමන් තුළ සැප දුක් උපදින්නේ. විඳීමක් තිබුණොත් තමයි. විඳීම උපකාරයෙන් ම තමයි තමන් තුළ සැප දුක් උපදින්නේ. සඤ්ඤාවක් තිබුණොත් තමයි ....(පෙ).... සංස්කාර තිබුණොත් තමයි ....(පෙ).... විඤ්ඤාණයක් තිබුණොත් තමයි, විඤ්ඤාණය උපකාරයෙන් ම තමයි තමන් තුළ සැප දුක් උපදින්නේ. පින්වත් මහණෙනි, මේ ගැන ඔබ කුමක්ද සිතන්නේ? රූපය යනු නිත්‍ය දෙයක්ද? අනිත්‍ය දෙයක්ද?" "ස්වාමීනි, අනිත්‍යයි."

"යමක් වනාහී අනිත්‍ය නම් එය දුක් දෙයක්ද? සැප දෙයක්ද?" "ස්වාමීනි, දුකයි."

"යමක් වනාහී අනිත්‍ය නම්, දුක නම්, වෙනස්වන ධර්මතාවයට අයත් දෙයක් නම් එය උපකාර කර නොගෙන තමා තුළ සැප දුක් උපදීවිද?" "ස්වාමීනි, එය නොවේ ම ය."

වේදනාව ....(පෙ).... සඤ්ඤාව ....(පෙ).... සංස්කාර ....(පෙ).... විඤ්ඤාණය යනු නිත්‍ය දෙයක්ද? අනිත්‍ය දෙයක්ද?" "ස්වාමීනි, අනිත්‍යයි."

"යමක් වනාහී අනිත්‍ය නම් එය දුක් දෙයක්ද? සැප දෙයක්ද?" "ස්වාමීනි, දුකයි."

"යමක් වනාහී අනිත්‍ය නම්, දුක නම්, වෙනස්වන ධර්මතාවයට අයත් දෙයක් නම් එය උපකාර කර නොගෙන තමා තුළ සැප දුක් උපදීවිද?" "ස්වාමීනි, එය නොවේ ම ය."

පින්වත් මහණෙනි, ශ්‍රැතවත් ආර්ය ශ්‍රාවකයා ඔය විදිහට දියුණු කරපු ප්‍රඥාවෙන් දකින කොට රූපය ගැනත් අවබෝධයෙන් ම කළකිරෙනවා ....(පෙ).... විඤ්ඤාණය ගැනත් අවබෝධයෙන් ම කළකිරෙනවා. අවබෝධයෙන් ම කළකිරුණු විට සිත ඇලෙන්නෙ නැතුව යනවා ....(පෙ).... ආයෙත් නම් සංසාරයේ උපතක් නැතැයි අවබෝධය ඇතිවෙනවා.

සාදු! සාදු!! සාදු!!!

අජ්ඣත්ත සූත්‍රය නිමා විය.

1.3.5.2.
ඒතං මම සූත්‍රය
'මෙය මාගේ ය' යන කරුණ ගැන වදාළ දෙසුම

151. සැවැත් නුවර දී ....

"පින්වත් මහණෙනි, කුමක් ඇති කල්හිද, කුමක් උපකාරයෙන්ද, කුමකට බැසගෙනද, 'මෙය මාගේ ය, මෙය මම වෙමි, මේ මාගේ ආත්මය ය' යන වැරදි දැක්ම ඇතිවන්නේ?"

"ස්වාමීනි, අපගේ මේ ධර්මය භාග්‍යවතුන් වහන්සේ මුල් කොට ඇති සේක ....(පෙ)...."

පින්වත් මහණෙනි, රූපයක් තිබුණොත් තමයි, රූපය උපකාරයෙන් ම තමයි, රූපයෙහි බැසගෙන තමයි 'මෙය මාගේ ය, මෙය මම වෙමි, මේ මාගේ ආත්මය ය' යන වැරදි දැක්ම ඇතිවන්නේ. වේදනාවක් තිබුණොත් තමයි ....(පෙ).... සඤ්ඤාවක් තිබුණොත් තමයි ....(පෙ).... සංස්කාර තිබුණොත් තමයි ....(පෙ).... විඤ්ඤාණයක් තිබුණොත් තමයි, විඤ්ඤාණය උපකාරයෙන් ම තමයි, විඤ්ඤාණයෙහි බැසගෙන තමයි 'මෙය මාගේ ය, මෙය මම වෙමි, මේ මාගේ ආත්මය ය' යන වැරදි දැක්ම ඇතිවන්නේ.

"පින්වත් මහණෙනි, මේ ගැන ඔබ කුමක්ද සිතන්නේ? රූපය යනු නිත්‍ය දෙයක්ද? අනිත්‍ය දෙයක්ද?" "ස්වාමීනි, අනිත්‍යයි."

"යමක් වනාහී අනිත්‍ය නම් ....(පෙ).... වෙනස්වන ධර්මතාවයට අයත් දෙයක් නම් ඒ දෙය ඇසුරු නොකොට 'මගේ කියා හෝ එය මෙම වෙමි කියා හෝ එය මගේ ආත්මය' කියා හෝ මුලාවෙන් දකින්නට පුළුවන්ද?" "ස්වාමීනි, එය නොවේ ම ය."

"වේදනාව ....(පෙ).... සඤ්ඤාව ....(පෙ).... සංස්කාර ....(පෙ).... විඤ්ඤාණය යනු නිත්‍ය දෙයක්ද? අනිත්‍ය දෙයක්ද?" "ස්වාමීනි, අනිත්‍යයි."

"යමක් වනාහී අනිත්‍ය නම් ....(පෙ).... වෙනස්වන ධර්මතාවයට අයත් දෙයක් නම් ඒ දෙය ඇසුරු නොකොට 'මගේ කියා හෝ එය මෙම වෙමි කියා හෝ එය මගේ ආත්මය' කියා හෝ මුලාවෙන් දකින්නට පුළුවන්ද?" "ස්වාමීනි, එය නොවේ ම ය."

"පින්වත් මහණෙනි, ශ්‍රැතවත් ආර්ය ශ්‍රාවකයා ඔය විදිහට දියුණු කරපු ප්‍රඥාවෙන් දකින කොට ....(පෙ).... ආයෙත් නම් සංසාරයේ වෙන උපතක් නැතැයි අවබෝධය ඇතිවෙනවා."

සාදු! සාදු!! සාදු!!!

ඒතං මම සූත්‍රය නිමා විය.

1.3.5.3.
සෝ අත්තා සූත්‍රය
'එයයි ආත්මය' යන කරුණ ගැන වදාළ දෙසුම

152. සැවැත් නුවර දී ....

"පින්වත් මහණෙනි, කුමක් ඇති කල්හිද, කුමක් උපකාරයෙන්ද, කුමකට බැසගෙනද, 'එයයි ආත්මය, එයයි ලෝකය, ඒ ආත්මය වන මම නිත්‍යව, ස්ථිරව, නොවෙනස්ව, නොවෙනස්වන ස්වභාවයෙන් යුක්තවයි පරලොව පවතින්නේ ය' කියන ඔය වැරදි දෑක්ම ඇතිවන්නේ?"

"ස්වාමීනි, අපගේ මේ ධර්මය භාග්‍යවතුන් වහන්සේ මුල් කොට ඇති

සේක ....(පෙ)...."

පින්වත් මහණෙනි, රූපයක් තිබුණොත් තමයි, රූපය උපකාරයෙන් ම තමයි, රූපයෙහි බැසගෙන තමයි 'එයයි ආත්මය, එයයි ලෝකය, ඒ ආත්මය වන මම නිත්‍යව, ස්ථිරව, නොවෙනස්ව, නොවෙනස් වන ස්වභාවයෙන් යුක්තවයි පරලොව පවතින්නේ ය' කියන ඔය වැරදි දෘෂ්ටිය ඇතිවන්නේ. විඳීමක් තිබුණොත් තමයි ....(පෙ).... සඤ්ඤාවක් තිබුණොත් තමයි ....(පෙ).... සංස්කාර තිබුණොත් තමයි ....(පෙ).... විඤ්ඤාණයක් තිබුණොත් තමයි, විඤ්ඤාණය උපකාරයෙන් ම තමයි, විඤ්ඤාණයෙහි බැසගෙන තමයි 'එයයි ආත්මය, එයයි ලෝකය, ඒ ආත්මය වන මම නිත්‍යව, ස්ථිරව, නොවෙනස්ව, නොවෙනස්වන ස්වභාවයෙන් යුක්තවයි පරලොව පවතින්නේ ය' කියන ඔය වැරදි දෘෂ්ටිය ඇතිවන්නේ.

පින්වත් මහණෙනි, මේ ගැන ඔබ කුමක්ද සිතන්නේ? රූපය යනු නිත්‍ය දෙයක්ද? අනිත්‍ය දෙයක්ද?" "ස්වාමීනි, අනිත්‍යයි." "යමක් වනාහී අනිත්‍ය නම් එය දුක් දෙයක්ද? සැප දෙයක්ද?" "ස්වාමීනි, දුකයි." "යමක් වනාහී අනිත්‍ය නම් ....(පෙ).... වෙනස්වන ධර්මතාවයට අයත් දෙයක් නම් ඒ දෙය ඇසුරු නොකොට 'එයයි ආත්මය, එයයි ලෝකය, ඒ ආත්මය වන මම නිත්‍යව, ස්ථිරව, නොවෙනස්ව, නොවෙනස්වන ස්වභාවයෙන් යුක්තවයි පරලොව පවතින්නේ ය' කියන ඔය වැරදි දෘෂ්ටිය ඇතිවේවිද?" "ස්වාමීනි, එය නොවන්නේ ම ය."

"වේදනාව ....(පෙ).... සඤ්ඤාව ....(පෙ).... සංස්කාර ....(පෙ).... විඤ්ඤාණය යනු නිත්‍ය දෙයක්ද? අනිත්‍ය දෙයක්ද?" "ස්වාමීනි, අනිත්‍යයි."

"යමක් වනාහී අනිත්‍ය නම් එය දුක් දෙයක්ද? සැප දෙයක්ද?" "ස්වාමීනි, දුකයි."

යමක් වනාහී අනිත්‍ය නම්, දුක නම්, වෙනස්වන ධර්මතාවයට අයත් දෙයක් නම් ඒ දෙය ඇසුරු නොකොට 'එයයි ආත්මය, එයයි ලෝකය, ඒ ආත්මය වන මම නිත්‍යව, ස්ථිරව, නොවෙනස්ව, නොවෙනස්වන ස්වභාවයෙන් යුක්තවයි පරලොව පවතින්නේ ය' කියන ඔය වැරදි දෘෂ්ටිය ඇතිවේවිද?" "ස්වාමීනි, එය නොවන්නේ ම ය." "පින්වත් මහණෙනි, ශ්‍රැතවත් ආර්ය ශ්‍රාවකයා ඔය විදිහට දියුණු කරපු ප්‍රඥාවෙන් දකින කොට ....(පෙ).... ආයෙත් නම් සංසාරයේ වෙන උපතක් නැතැ'යි අවබෝධය ඇතිවෙනවා."

සාදු! සාදු!! සාදු!!!

සෝ අත්තා සූත්‍රය නිමා විය.

1.3.5.4.
නෝ ච මේ සියා සූත්‍රය
'මට නොවන්නේ ය' යන කරුණ ගැන වදාළ දෙසුම

153. සැවැත් නුවර දී ....

"පින්වත් මහණෙනි, කුමක් ඇති කල්හිද, කුමක් උපකාරයෙන්ද, කුමකට බැසගෙනද, 'මං සිටියේ නැත්නම්, මට මේ ජීවිතය නොවන්නේ ය, මං අනාගතයේ නැත්නම්, අනාගතයේත් මං මෙවැනි ජීවිතයක් නොවන්නේ ය' යන ඔය වැරදි දැක්ම ඇතිවන්නේ?"

"ස්වාමීනි, අපගේ මේ ධර්මය භාග්‍යවතුන් වහන්සේ මුල් කොට ඇති සේක ....(පෙ)...."

පින්වත් මහණෙනි, රූපයක් තිබුණොත් තමයි, රූපය උපකාරයෙන් ම තමයි, රූපයෙහි බැසගෙන තමයි 'මං සිටියේ නැත්නම්, මට මේ ජීවිතය නොවන්නේ, මං අනාගතයේ නැත්නම්, අනාගතයේත් මං මෙවැනි ජීවිතයක් නොවන්නේය' කියන ඔය වැරදි දැක්ම ඇතිවන්නේ. විඳීමක් තිබුණොත් තමයි ....(පෙ).... සඤ්ඤාවක් තිබුණොත් තමයි ....(පෙ).... සංස්කාර තිබුණොත් තමයි ....(පෙ).... විඤ්ඤාණයක් තිබුණොත් තමයි, විඤ්ඤාණය උපකාරයෙන් ම තමයි, විඤ්ඤාණයෙහි බැසගෙන තමයි 'මං සිටියේ නැත්නම්, මට මේ ජීවිතය නොවන්නේ ය, මං අනාගතයේ නැත්නම්, අනාගතයේත් මං මෙවැනි ජීවිතයක් නොවන්නේ ය' කියන ඔය වැරදි දැක්ම ඇතිවන්නේ.

පින්වත් මහණෙනි, මේ ගැන ඔබ කුමක් ද සිතන්නේ? රූපය යනු නිත්‍ය දෙයක්ද? අනිත්‍ය දෙයක්ද?" "ස්වාමීනි, අනිත්‍යයි. "

"යමක් වනාහී අනිත්‍ය නම් එය දුක් දෙයක්ද? සැප දෙයක්ද?" "ස්වාමීනි, දුකයි."

"යමක් වනාහී අනිත්‍ය නම්, දුක නම්, වෙනස්වන ධර්මතාවයට අයත් දෙයක් නම් ඒ දෙය ඇසුරු නොකොට 'මං සිටියේ නැත්නම්, මට මේ ජීවිතය නොවන්නේ ය, මං අනාගතයේ නැත්නම්, අනාගතයේත් මං මෙවැනි ජීවිතයක් නොවන්නේ ය' කියන ඔය වැරදි දැක්ම ඇතිවේවිද?" "ස්වාමීනි, එය නොවන්නේ ම ය."

"වේදනාව ....(පෙ).... සඤ්ඤාව ....(පෙ).... සංස්කාර ....(පෙ).... විඤ්ඤාණය යනු නිත්‍ය දෙයක්ද? අනිත්‍ය දෙයක්ද?" "ස්වාමීනි, අනිත්‍යයි."

"යමක් වනාහී අනිත්‍ය නම් එය දුක් දෙයක්ද? සැප දෙයක්ද?" "ස්වාමීනි, දුකයි."

"යමක් වනාහී අනිත්‍ය නම් ....(පෙ).... වෙනස්වන ධර්මතාවයට අයත් දෙයක් නම් ඒ දෙය ඇසුරු නොකොට 'මං සිටියේ නැත්නම්, මට මේ ජීවිතය නොවන්නේ ය, මං අනාගතයේ නැත්නම්, අනාගතයේත් මං මෙවැනි ජීවිතයක් නොවන්නේ ය' කියන ඔය වැරදි දෘෂ්ටිය ඇතිවේවිද?" "ස්වාමීනි, එය නොවන්නේ ම ය." "පින්වත් මහණෙනි, ශ්‍රැතවත් ආර්ය ශ්‍රාවකයා ඔය විදිහට දියුණු කරපු ප්‍රඥාවෙන් දකින කොට ....(පෙ).... ආයෙත් නම් සංසාරයේ වෙන උපතක් නැතැයි අවබෝධය ඇතිවෙනවා."

සාදු! සාදු!! සාදු!!!

නෝ ච මේ සියා සූත්‍රය නිමා විය.

1.3.5.5.
මිච්ඡාදිට්ඨි සූත්‍රය
මිථ්‍යා දෘෂ්ටිය ගැන වදාළ දෙසුම

154. සැවැත් නුවර දී ....

"පින්වත් මහණෙනි, කුමක් ඇති කල්හිද, කුමක් උපකාරයෙන්ද, කුමකට බැසගෙනද, මිථ්‍යා දෘෂ්ටිය උපදින්නේ?"

"ස්වාමීනි, අපගේ මේ ධර්මය භාග්‍යවතුන් වහන්සේ මුල් කොට ඇති සේක ....(පෙ)...."

"පින්වත් මහණෙනි, රූපයක් තිබුණොත් තමයි, රූපය උපකාරයෙන් ම තමයි, රූපයෙහි බැසගෙන තමයි මිථ්‍යා දෘෂ්ටිය උපදින්නේ. විඳීමක් තිබුණොත් තමයි ....(පෙ).... සඤ්ඤාවක් තිබුණොත් තමයි ....(පෙ).... සංස්කාර තිබුණොත් තමයි ....(පෙ).... විඤ්ඤාණයක් තිබුණොත් තමයි, විඤ්ඤාණය උපකාරයෙන් ම තමයි, විඤ්ඤාණයෙහි බැසගෙන තමයි මිථ්‍යා දෘෂ්ටිය උපදින්නේ.

පින්වත් මහණෙනි, මේ ගැන ඔබ කුමක්ද සිතන්නේ? රූපය යනු නිත්‍ය දෙයක්ද? අනිත්‍ය දෙයක්ද?" "ස්වාමීනි, අනිත්‍යයි."

"යමක් වනාහී අනිත්‍ය නම් එය දුක් දෙයක්ද? සැප දෙයක්ද?" "ස්වාමීනි, දුකයි."

"යමක් වනාහී අනිත්‍ය නම්, දුක නම්, වෙනස්වන ධර්මතාවයට අයත් දෙයක් නම් ඒ දෙය ඇසුරු නොකොට මිත්‍යා දෘෂ්ටිය උපදීවිද?" "ස්වාමීනි, එය නොවන්නේ ම ය."

"වේදනාව ....(පෙ).... සඤ්ඤාව ....(පෙ).... සංස්කාර ....(පෙ).... විඤ්ඤාණය යනු නිත්‍ය දෙයක්ද? අනිත්‍ය දෙයක්ද?" "ස්වාමීනි, අනිත්‍යයි."

"යමක් වනාහී අනිත්‍ය නම් එය දුක් දෙයක්ද? සැප දෙයක්ද?" "ස්වාමීනි, දුකයි."

"යමක් වනාහී අනිත්‍ය නම්, දුක නම්, වෙනස්වන ධර්මතාවයට අයත් දෙයක් නම් ඒ දෙය ඇසුරු නොකොට මිත්‍යා දෘෂ්ටිය උපදීවිද?" "ස්වාමීනි, එය නොවන්නේ ම ය."

"පින්වත් මහණෙනි, ශ්‍රැතවත් ආර්ය ශ්‍රාවකයා ඔය විදිහට දියුණු කරපු ප්‍රඥාවෙන් දකින කොට ....(පෙ).... ආයෙත් නම් සංසාරයේ වෙන උපතක් නැතැයි අවබෝධය ඇතිවෙනවා."

සාදු! සාදු!! සාදු!!!

මිච්ඡා දිට්ඨි සූත්‍රය නිමා විය.

1.3.5.6.
සක්කායදිට්ඨි සූත්‍රය
සක්කාය දිට්ඨිය ගැන වදාළ දෙසුම

155. සැවැත් නුවරදී ....

"පින්වත් මහණෙනි, කුමක් ඇති කල්හිද, කුමක් උපකාරයෙන්ද, කුමකට බැසගෙනද, සක්කාය දෘෂ්ටිය උපදින්නේ?"

"ස්වාමීනි, අපගේ මේ ධර්මය භාග්‍යවතුන් වහන්සේ මුල් කොට ඇති සේක ....(පෙ)...."

"පින්වත් මහණෙනි, රූපයක් තිබුණොත් තමයි, රූපය උපකාරයෙන් ම තමයි, රූපයෙහි බැසගෙන තමයි සක්කාය දෘෂ්ටිය උපදින්නේ. විඳීමක් තිබුණොත් තමයි ....(පෙ).... සඤ්ඤාවක් තිබුණොත් තමයි ....(පෙ).... සංස්කාර තිබුණොත් තමයි ....(පෙ).... විඤ්ඤාණයක් තිබුණොත් තමයි, විඤ්ඤාණය උපකාරයෙන් ම තමයි, විඤ්ඤාණයෙහි බැසගෙන තමයි සක්කාය දෘෂ්ටිය උපදින්නේ.

පින්වත් මහණෙනි, මේ ගැන ඔබ කුමක්ද සිතන්නේ? රූපය යනු නිත්‍ය දෙයක්ද? අනිත්‍ය දෙයක්ද?" "ස්වාමීනි, අනිත්‍යයි."

"යමක් වනාහී අනිත්‍ය නම් එය දුක් දෙයක්ද? සැප දෙයක්ද?" "ස්වාමීනි, දුකයි."

"යමක් වනාහී අනිත්‍ය නම්, දුක නම්, වෙනස්වන ධර්මතාවයට අයත් දෙයක් නම් ඒ දෙය ඇසුරු නොකොට සක්කාය දෘෂ්ටිය උපදීවිද?" "ස්වාමීනි, එය නොවන්නේ ම ය."

වේදනාව ....(පෙ).... සඤ්ඤාව ....(පෙ).... සංස්කාර ....(පෙ).... විඤ්ඤාණය යනු නිත්‍ය දෙයක්ද? අනිත්‍ය දෙයක්ද?" "ස්වාමීනි, අනිත්‍යයි."

"යමක් වනාහී අනිත්‍ය නම් එය දුක් දෙයක්ද? සැප දෙයක්ද?" "ස්වාමීනි, දුකයි."

"යමක් වනාහී අනිත්‍ය නම්, දුක නම්, වෙනස්වන ධර්මතාවයට අයත් දෙයක් නම් ඒ දෙය ඇසුරු නොකොට සක්කාය දෘෂ්ටිය උපදීවිද?" "ස්වාමීනි, එය නොවන්නේ ම ය."

"පින්වත් මහණෙනි, ශ්‍රැතවත් ආර්ය ශ්‍රාවකයා ඔය විදිහට දියුණු කරපු ප්‍රඥාවෙන් දකින කොට ....(පෙ).... ආයෙත් නම් සංසාරයේ වෙන උපතක් නැතැයි අවබෝධය ඇතිවෙනවා."

සාදු! සාදු!! සාදු!!!

සක්කාය දිට්ඨිය සූත්‍රය නිමා විය.

1.3.5.7.
අත්තානුදිට්ඨි සූත්‍රය
ආත්මීය හැඟීමෙන් යුතු දෘෂ්ටිය ගැන වදාළ දෙසුම

156. සැවැත් නුවර දී ....

"පින්වත් මහණෙනි, කුමක් ඇති කල්හිද, කුමක් උපකාරයෙන්ද, කුමකට බැසගෙනද, ආත්මීය හැඟීමෙන් යුතු දෘෂ්ටිය උපදින්නේ?"

"ස්වාමීනි, අපගේ මේ ධර්මය භාග්‍යවතුන් වහන්සේ මුල් කොට ඇති සේක ....(පෙ)...."

"පින්වත් මහණෙනි, රූපයක් තිබුණොත් තමයි, රූපය උපකාරයෙන් ම තමයි, රූපයෙහි බැසගෙන තමයි ආත්මීය හැඟීමෙන් යුතු දෘෂ්ටිය උපදින්නේ. විඳීමක් තිබුණොත් තමයි ....(පෙ).... සඤ්ඤාවක් තිබුණොත් තමයි ....(පෙ).... සංස්කාර තිබුණොත් තමයි ....(පෙ).... විඤ්ඤාණයක් තිබුණොත් තමයි, විඤ්ඤාණය උපකාරයෙන් ම තමයි, විඤ්ඤාණයෙහි බැසගෙන තමයි ආත්මීය හැඟීමෙන් යුතු දෘෂ්ටිය උපදින්නේ.

පින්වත් මහණෙනි, මේ ගැන ඔබ කුමක්ද සිතන්නේ? රූපය යනු නිත්‍ය දෙයක්ද? අනිත්‍ය දෙයක්ද?" "ස්වාමීනි, අනිත්‍යයි."

"යමක් වනාහී අනිත්‍ය නම් එය දුක් දෙයක්ද? සැප දෙයක්ද?" "ස්වාමීනි, දුකයි."

"යමක් වනාහී අනිත්‍ය නම්, දුක නම්, වෙනස්වන ධර්මතාවයට අයත් දෙයක් නම් ඒ දෙය ඇසුරු නොකොට ආත්මීය හැඟීමෙන් යුතු දෘෂ්ටිය උපදීවිද? ස්වාමීනි, එය නොවන්නේ ම ය."

"වේදනාව ....(පෙ).... සඤ්ඤාව ....(පෙ).... සංස්කාර ....(පෙ).... විඤ්ඤාණය යනු නිත්‍ය දෙයක්ද? අනිත්‍ය දෙයක්ද?" "ස්වාමීනි, අනිත්‍යයි."

"යමක් වනාහී අනිත්‍ය නම් එය දුක් දෙයක්ද? සැප දෙයක්ද?" "ස්වාමීනි, දුකයි."

"යමක් වනාහී අනිත්‍ය නම්, දුක නම්, වෙනස්වන ධර්මතාවයට අයත් දෙයක් නම් ඒ දෙය ඇසුරු නොකොට ආත්මීය හැඟීමෙන් යුතු දෘෂ්ටිය

උපදීවිද?" "ස්වාමීනි, එය නොවන්නේ ම ය."

"පින්වත් මහණෙනි, ශ්‍රැතවත් ආර්ය ශ්‍රාවකයා ඔය විදිහට දියුණු කරපු ප්‍රඥාවෙන් දකින කොට ....(පෙ).... ආයෙත් නම් සංසාරයේ වෙන උපතක් නැතැයි අවබෝධය ඇතිවෙනවා."

සාදු! සාදු!! සාදු!!!

අත්තානුදිට්ඨි සූත්‍රය නිමා විය.

1.3.5.8.
පඨම අභිනිවේස සූත්‍රය
බැසගැනීම ගැන වදාළ පළමු දෙසුම

157. සැවැත් නුවර දී ....

"පින්වත් මහණෙනි, කුමක් ඇති කල්හිද, කුමක් උපකාරයෙන්ද, කුමකට බැසගෙනද, බන්ධන, බැසගැනීම්, දරුණු ලෙස බැඳී ගැට ගැසී යෑම් ආදී කෙලෙස් උපදින්නේ?"

"ස්වාමීනි, අපගේ මේ ධර්මය භාග්‍යවතුන් වහන්සේ මුල් කොට ඇති සේක ....(පෙ)...."

"පින්වත් මහණෙනි, රූපයක් තිබුණොත් තමයි, රූපය උපකාරයෙන් ම තමයි, රූපයෙහි බැසගෙන තමයි බන්ධන, බැසගැනීම්, දරුණු ලෙස බැඳී ගැට ගැසී යෑම් ආදී කෙලෙස් උපදින්නේ. විඳීමක් තිබුණොත් තමයි. ....(පෙ).... සඤ්ඤාවක් තිබුණොත් තමයි. ....(පෙ).... සංස්කාර තිබුණොත් තමයි. ....(පෙ).... විඤ්ඤාණයක් තිබුණොත් තමයි, විඤ්ඤාණය උපකාරයෙන් ම තමයි, විඤ්ඤාණයෙහි බැසගෙන තමයි බන්ධන, බැසගැනීම්, දරුණු ලෙස බැඳී ගැට ගැසී යෑම් ආදී කෙලෙස් උපදින්නේ.

පින්වත් මහණෙනි, මේ ගැන ඔබ කුමක්ද සිතන්නේ? රූපය යනු නිත්‍ය දෙයක්ද? අනිත්‍ය දෙයක්ද?" "ස්වාමීනි, අනිත්‍යයි. "

"යමක් වනාහී අනිත්‍ය නම් එය දුක් දෙයක්ද? සැප දෙයක්ද?" "ස්වාමීනි, දුකයි."

"යමක් වනාහී අනිත්‍ය නම්, දුක නම්, වෙනස්වන ධර්මතාවයට අයත් දෙයක් නම් ඒ දෙය ඇසුරු නොකොට බන්ධන, බැසගැනීම්, දරුණු ලෙස බැඳී ගැට ගැසී යෑම් ආදී කෙලෙස් උපදීවිද?" "ස්වාමීනි, එය නොවන්නේ ම ය."

"වේදනාව ....(පෙ).... සඤ්ඤාව ....(පෙ).... සංස්කාර ....(පෙ).... විඤ්ඤාණය යනු නිත්‍ය දෙයක්ද? අනිත්‍ය දෙයක්ද?" "ස්වාමීනි, අනිත්‍යයි."

"යමක් වනාහී අනිත්‍ය නම් එය දුක් දෙයක්ද? සැප දෙයක්ද?" "ස්වාමීනි, දුකයි."

"යමක් වනාහී අනිත්‍ය නම්, දුක නම්, වෙනස්වන ධර්මතාවයට අයත් දෙයක් නම් ඒ දෙය ඇසුරු නොකොට බන්ධන, බැසගැනීම්, දරුණු ලෙස බැඳී ගැට ගැසී යෑම් ආදී කෙලෙස් උපදීවිද?" "ස්වාමීනි, එය නොවන්නේ ම ය."

"පින්වත් මහණෙනි, ශ්‍රැතවත් ආර්ය ශ්‍රාවකයා ඔය විදිහට දියුණු කරපු ප්‍රඥාවෙන් දකින කොට ....(පෙ).... ආයෙත් නම් සංසාරයේ වෙන උපතක් නැතැයි අවබෝධය ඇතිවෙනවා."

සාදු! සාදු!! සාදු!!!

පඨම අභිනිවේස සූත්‍රය නිමා විය.

1.3.5.9.

දුතිය අභිනිවේස සූත්‍රය

බැසගැනීම ගැන වදාළ දෙවෙනි දෙසුම

158. සැවැත් නුවර දී ....

"පින්වත් මහණෙනි, කුමක් ඇති කල්හිද, කුමක් උපකාරයෙන්ද, කුමකට බැසගෙනද, බන්ධන, බැසගැනීම්, දරුණු ලෙස බැඳී ගැට ගැසී යෑම, එහි ම ගැලී සිටීම ආදී කෙලෙස් උපදින්නේ?"

"ස්වාමීනි, අපගේ මේ ධර්මය භාග්‍යවතුන් වහන්සේ මුල් කොට ඇති සේක ....(පෙ)...."

පින්වත් මහණෙනි, රූපයක් තිබුණොත් තමයි, රූපය උපකාරයෙන් ම තමයි, රූපයෙහි බැසගෙන තමයි බන්ධන, බැසගැනීම්, දරුණු ලෙස බැඳී ගැට ගැසී යෑම, එහි ම ගැලී සිටීම ආදී කෙලෙස් උපදින්නේ. විඳීමක් තිබුණොත් තමයි. ....(පෙ).... සඤ්ඤාවක් තිබුණොත් තමයි. ....(පෙ).... සංස්කාර තිබුණොත් තමයි. ....(පෙ).... විඤ්ඤාණයක් තිබුණොත් තමයි, විඤ්ඤාණය උපකාරයෙන් ම තමයි, විඤ්ඤාණයෙහි බැසගෙන තමයි බන්ධන, බැසගැනීම්, දරුණු ලෙස බැඳී ගැටගැසී යෑම, එහි ම ගැලී සිටීම ආදී කෙලෙස් උපදින්නේ.

පින්වත් මහණෙනි, මේ ගැන ඔබ කුමක්ද සිතන්නේ? රූපය යනු නිත්‍ය දෙයක්ද? අනිත්‍ය දෙයක්ද?" "ස්වාමීනි, අනිත්‍යයි."

"යමක් වනාහී අනිත්‍ය නම් එය දුක් දෙයක්ද? සැප දෙයක්ද?" "ස්වාමීනි, දුකයි."

"යමක් වනාහී අනිත්‍ය නම්, දුක නම්, වෙනස්වන ධර්මතාවයට අයත් දෙයක් නම් ඒ දෙය ඇසුරු නොකොට බන්ධන, බැසගැනීම්, දරුණු ලෙස බැඳී ගැට ගැසී යෑම, එහි ම ගැලී සිටීම ආදී කෙලෙස් උපදීවිද?" ස්වාමීනි, එය නොවන්නේ ම ය."

"වේදනාව ....(පෙ).... සඤ්ඤාව ....(පෙ).... සංස්කාර ....(පෙ).... විඤ්ඤාණය යනු නිත්‍ය දෙයක්ද? අනිත්‍ය දෙයක්ද?" "ස්වාමීනි, අනිත්‍යයි."

"යමක් වනාහී අනිත්‍ය නම් එය දුක් දෙයක්ද? සැප දෙයක්ද?" "ස්වාමීනි, දුකයි."

"යමක් වනාහී අනිත්‍ය නම්, දුක නම්, වෙනස්වන ධර්මතාවයට අයත් දෙයක් නම් ඒ දෙය ඇසුරු නොකොට බන්ධන, බැසගැනීම්, දරුණු ලෙස බැඳී ගැට ගැසී යෑම, එහි ම ගැලී සිටීම ආදී කෙලෙස් උපදීවිද?" "ස්වාමීනි, එය නොවන්නේ ම ය."

"පින්වත් මහණෙනි, ශ්‍රැතවත් ආර්ය ශ්‍රාවකයා ඔය විදිහට දියුණු කරපු ප්‍රඥාවෙන් දකින කොට ....(පෙ).... ආයෙත් නම් සංසාරයේ වෙන උපතක් නැතැයි අවබෝධය ඇතිවෙනවා."

සාදු! සාදු!! සාදු!!!

දුතිය අභිනිවේස සූත්‍රය නිමා විය.

1.3.5.10.
ආනන්ද සූත්‍රය
අනඳ තෙරුන්ට වදාළ දෙසුම

159. සැවැත් නුවර දී ....

එදා ආයුෂ්මත් ආනන්දයන් වහන්සේ භාග්‍යවතුන් වහන්සේ වැඩසිටි තැනට පැමිණුනා. පැමිණිලා භාග්‍යවතුන් වහන්සේට ආදරයෙන් වන්දනා කොට එකත්පස්ව වාඩිවුණා. එකත්පස්ව වාඩිවුණ ආයුෂ්මත් ආනන්දයන් භාග්‍යවතුන් වහන්සේට මෙකරුණ සැළ කළා. "ස්වාමීනි, ඒ මං භාග්‍යවතුන් වහන්සේගෙන් ශ්‍රී සද්ධර්මය අසාගෙන, හුදෙකලා වෙලා, පිරිසෙන් වෙන් වෙලා, අප්‍රමාදීව, කෙලෙස් තවන වීරිය ඇතිව, දහමට දිවි පුදා වාසය කරනවා නම්, ඒ සඳහා භාග්‍යවතුන් වහන්සේ මට සංක්ෂේපයෙන් ධර්මය දේශනා කොට වදාරණ සේක් නම් ඉතා හොඳ ය" කියලා.

"පින්වත් ආනන්ද, මේ ගැන ඔබ කුමක්ද සිතන්නේ? රූපය යනු නිත්‍ය දෙයක්ද? අනිත්‍ය දෙයක්ද?" "ස්වාමීනි, අනිත්‍යයි."

"යමක් වනාහී අනිත්‍ය නම් එය දුක් දෙයක්ද? සැප දෙයක්ද?" "ස්වාමීනි, දුකයි."

"යමක් වනාහී අනිත්‍ය නම්, දුක නම්, වෙනස්වන ධර්මතාවයට අයත් දෙයක් නම් එය 'මගේ' කියා හෝ එය 'මම වෙමි' කියා හෝ එය 'මගේ ආත්මය' කියා හෝ මුලාවෙන් දකින එක සුදුසුද?" "ස්වාමීනි, එය සුදුසු නෑ ම යි."

"වේදනාව ....(පෙ).... සඤ්ඤාව ....(පෙ).... සංස්කාර ....(පෙ).... විඤ්ඤාණය යනු නිත්‍ය දෙයක්ද? අනිත්‍ය දෙයක්ද?" "ස්වාමීනි, අනිත්‍යයි."

"යමක් වනාහී අනිත්‍ය නම් එය දුක් දෙයක්ද? සැප දෙයක්ද?" "ස්වාමීනි, දුකයි."

"යමක් වනාහී අනිත්‍ය නම්, දුක නම්, වෙනස්වන ධර්මතාවයට අයත් දෙයක් නම් එය 'මගේ' කියා හෝ එය 'මම වෙමි' කියා හෝ එය 'මගේ ආත්මය' කියා හෝ මුලාවෙන් දකින එක සුදුසුද?" "ස්වාමීනි, එය සුදුසු නෑ ම යි."

"එහෙම නම් පින්වත් ආනන්ද, අතීත, අනාගත, වර්තමාන වූ යම්කිසි

රූපයක් ඇද්ද, ආධ්‍යාත්ම (තමා යැයි සළකන) රූපයක් වෙන්න පුළුවනි, බාහිර රූපයක් වෙන්න පුළුවනි, ගොරෝසු රූපයක් වෙන්න පුළුවනි, සියුම් රූපයක් වෙන්න පුළුවනි, හීන රූපයක් වෙන්න පුළුවනි, උසස් රූපයක් වෙන්න පුළුවනි, දුර තිබෙන රූපයක් වෙන්න පුළුවනි, ළඟ තිබෙන රූපයක් වෙන්න පුළුවනි, ඒ සෑම රූපයක් ම 'මගේ නොවන බව, මම වෙමියි නොවන බව, මගේ ආත්මය නොවන බව' යන ඔය කරුණ ඒ ආකාරයෙන් ම දියුණු කළ ප්‍රඥාවෙන් දැකගන්නට ඕන. අතීත, අනාගත, වර්තමාන වූ යම්කිසි වේදනාවක් ඇද්ද ....(පෙ).... අතීත, අනාගත, වර්තමාන වූ යම්කිසි සඤ්ඤාවක් ඇද්ද ....(පෙ).... අතීත, අනාගත, වර්තමාන වූ යම්කිසි සංස්කාර ඇද්ද ....(පෙ).... ආනන්ද, අතීත, අනාගත, වර්තමාන වූ යම්කිසි විඤ්ඤාණයක් ඇද්ද, ආධ්‍යාත්ම (තමා යැයි සළකන) විඤ්ඤාණයක් වෙන්න පුළුවනි, බාහිර විඤ්ඤාණයක් වෙන්න පුළුවනි, ගොරෝසු විඤ්ඤාණයක් වෙන්න පුළුවනි, සියුම් විඤ්ඤාණයක් වෙන්න පුළුවනි, හීන විඤ්ඤාණයක් වෙන්න පුළුවනි, උසස් විඤ්ඤාණයක් වෙන්න පුළුවනි, දුර තිබෙන විඤ්ඤාණයක් වෙන්න පුළුවනි, ළඟ තිබෙන විඤ්ඤාණයක් වෙන්න පුළුවනි, ඒ සෑම විඤ්ඤාණයක් ම ....(පෙ)....

පින්වත් ආනන්ද, ශ්‍රැතවත් ආර්ය ශ්‍රාවකයා ඔය විදිහට දියුණු කරපු ප්‍රඥාවෙන් දකින කොට රූපය ගැනත් අවබෝධයෙන් ම කළකිරෙනවා. වේදනාව ගැනත් අවබෝධයෙන් ම කළකිරෙනවා. සඤ්ඤාව ගැනත් අවබෝධයෙන් ම කළකිරෙනවා. සංස්කාර ගැනත් අවබෝධයෙන් ම කළකිරෙනවා. විඤ්ඤාණය ගැනත් අවබෝධයෙන් ම කළකිරෙනවා. අවබෝධයෙන් ම කළකිරුණු විට සිත ඇලෙන්නෙ නැතුව යනවා. සිත නොඇලෙන කොට එයින් සිත නිදහස් වෙනවා. සිත් නිදහස් වෙන කොට ම 'නිදහස් වුණා' කියලා අවබෝධ ඥානය ඇති වෙනවා. 'ඉපදීම ක්ෂය වෙලා ගියා. බඹසර වාසය සම්පූර්ණ කරගත්තා. නිවන පිණිස කළ යුතු දේ කරගත්තා. ආයෙත් නම් සංසාරයේ වෙන උපතක් නැතැ'යි අවබෝධය ඇතිවෙනවා.

සාදු! සාදු!! සාදු!!!

ආනන්ද සූත්‍රය නිමා විය.

පස්වෙනි දිට්ඨි වර්ගය අවසන් විය.

- එහි පිළිවෙල උද්දානයයි:

අජ්ඣත්ත සූත්‍රය, ඒතං මම සූත්‍රය, සෝ අත්තා සූත්‍රය, නෝ ච මේ සියා සූත්‍රය,

මිච්ඡාදිට්ඨි සූත්‍රය, සක්කායදිට්ඨි සූත්‍රය, අත්තානුදිට්ඨි සූත්‍රය, අභිනිවේස සූත්‍ර දෙක, ආනන්ද සූත්‍රය යන මෙයින් මේ වර්ගය සමන්විතයි.

උපරි පණ්ණාසකය සමාප්තයි.

*   ඒ උපරි පණ්ණාසකයෙහි වර්ගයන්ගේ පිළිවෙල උද්දානයයි.

අත්ත වර්ගය, ධම්මකථික වර්ගය, අවිජ්ජා වර්ගය, කුක්කුල වර්ගය හා පස්වෙනි දිට්ඨි වර්ගය යන මෙයින් තුන්වෙනි පණ්ණාසකය කියන ලදී. එනිසා නිපාතය යයි ද කියනු ලැබේ.

ඛන්ධක වර්ගයට අයත් නිපාතයෙහි
පණ්ණාසක තුන සමාප්තයි

ඛන්ධ සංයුත්තය නිමා විය.

2. රාධ සංයුත්තය

1. පඨම මාර වර්ගය

2.1.1.
මාර සූත්‍රය
මාරයා ගැන වදාළ දෙසුම

160. සැවැත් නුවර දී ....

එදා ආයුෂ්මත් රාධයන් භාග්‍යවතුන් වහන්සේ වැඩසිටි තැනට පැමිණුනා. පැමිණිලා භාග්‍යවතුන් වහන්සේට ආදරයෙන් වන්දනා කරලා එකත්පස්ව වාඩිවුණා. එකත්පස්ව වාඩිවුණ ආයුෂ්මත් රාධයන් භාග්‍යවතුන් වහන්සේගෙන් මෙකරුණ විමසුවා. "ස්වාමීනි, 'මාරයා, මාරයා' යැයි කියනවා. ස්වාමීනි, කුමන කරුණු මතද මාරයා වෙන්නේ?"

"පින්වත් රාධ, රූපයක් තිබුණොත් මාරයා ඉන්නවා. එහෙම නැත්නම් මරවන කෙනෙක් ඉන්නවා. එක්කෝ ඔහු මිය යනවා. පින්වත් රාධය, එම නිසා ඔබ මාරයා වශයෙන් රූපය දකින්න. මරවන කෙනා වශයෙනුත් රූපය දකින්න. මිය යෑම වශයෙනුත් රූපය දකින්න. රෝගය වශයෙනුත් රූපය දකින්න. සැරව ගෙඩියක් වශයෙනුත් රූපය දකින්න. හුලක් වශයෙනුත් රූපය දකින්න. පීඩාවක් වශයෙනුත් රූපය දකින්න. පීඩාවට පත් දෙය වශයෙනුත් රූපය දකින්න. යම් කෙනෙක් ඒ රූපය ඔය ආකාරයෙන් දකිනවා නම්, ඒ උදවිය මැනැවින් ම දකිනවා.

විඳීමක් තිබුණොත් මාරයා ඉන්නවා. එහෙම නැත්නම් මරවන කෙනෙක් ඉන්නවා. එක්කෝ ඔහු මිය යනවා. පින්වත් රාධය, එම නිසා ඔබ මාරයා වශයෙන් විඳීම දකින්න. මරවන කෙනා වශයෙනුත් විඳීම දකින්න. මිය යෑම වශයෙනුත් විඳීම දකින්න ....(පෙ).... යම් කෙනෙක් ඒ විඳීම ඔය ආකාරයෙන් දකිනවා නම්, ඒ උදවිය මැනැවින් ම දකිනවා. සඤ්ඤාවක් තිබුණොත් ....(පෙ)....

සංස්කාර තිබුණොත් මාරයා ඉන්නවා. එහෙම නැත්නම් මරවන කෙනෙක් ඉන්නවා. එක්කෝ ඔහු මිය යනවා. පින්වත් රාධය, එම නිසා ඔබ මාරයා වශයෙන් සංස්කාර දකින්න. මරවන කෙනා වශයෙනුත් සංස්කාර දකින්න. මිය යෑම වශයෙනුත් සංස්කාර දකින්න ....(පෙ).... යම් කෙනෙක් ඒ සංස්කාර ඔය ආකාරයෙන් දකිනවා නම්, ඒ උදවිය මැනැවින් ම දකිනවා. විඤ්ඤාණයක් තිබුණොත් මාරයා ඉන්නවා. එහෙම නැත්නම් මරවන කෙනෙක් ඉන්නවා. එක්කෝ ඔහු මිය යනවා. පින්වත් රාධය, එම නිසා ඔබ මාරයා වශයෙන් විඤ්ඤාණය දකින්න. මරවන කෙනා වශයෙනුත් විඤ්ඤාණය දකින්න. මිය යෑම වශයෙනුත් විඤ්ඤාණය දකින්න. රෝගය වශයෙනුත් විඤ්ඤාණය දකින්න. සැරව ගෙඩියක් වශයෙනුත් විඤ්ඤාණය දකින්න. හුලක් වශයෙනුත් විඤ්ඤාණය දකින්න. පීඩාවක් වශයෙනුත් විඤ්ඤාණය දකින්න. පීඩාවට පත් දෙය වශයෙනුත් විඤ්ඤාණය දකින්න. යම් කෙනෙක් ඒ විඤ්ඤාණය ඔය ආකාරයෙන් දකිනවා නම්, ඒ උදවිය මැනැවින් ම දකිනවා."

"ස්වාමීනි, මැනැවින් ම දෑකීම තුළින් මොන වගේ අරුතක්ද සැළසෙන්නේ?"

"පින්වත් රාධ, මැනැවින් දෑකීම තුළින් අවබෝධයෙන් කළකිරීම යන අරුත ඇතිවෙනවා."

"ස්වාමීනි, අවබෝධයෙන් කළකිරීම තුළින් මොන වගේ අරුතක්ද සැළසෙන්නේ?"

"පින්වත් රාධ, අවබෝධයෙන් කළකිරීම තුළින් නොඇලීමේ අරුත ඇති වෙනවා."

"ස්වාමීනි, නොඇලීම තුළින් මොන වගේ අරුතක්ද සැළසෙන්නේ?"

"පින්වත් රාධ, නොඇලීම තුළින් නිදහස් වීම යන අරුත ඇතිවෙනවා."

"ස්වාමීනි, නිදහස් වීම තුළින් මොන වගේ අරුතක්ද සැළසෙන්නේ?"

"පින්වත් රාධ, නිදහස් වීම තුළින් ඒ අමා නිවන යන අරුත ඇතිවෙනවා."

"ස්වාමීනි, ඒ අමා නිවන තුළින් මොන වගේ අරුතක්ද සැළසෙන්නේ?"

"පින්වත් රාධයෙනි, ප්‍රශ්නය සීමාව ඉක්මවා ගියා. ප්‍රශ්නයෙහි කෙළවර අල්ල ගන්නට බැරි වුණා නේද? පින්වත් රාධයෙනි, ඒ අමා නිවනට බැසගෙන ම යි, ඒ අමා නිවන පිළිසරණ කොට ම යි, ඒ අමා නිවනින් නිමා වීම පිණිස

ම යි මේ මාර්ග බ්‍රහ්මචරියාව තිබෙන්නේ."

සාදු! සාදු!! සාදු!!!

මාර සූත්‍රය නිමා විය.

2.1.2.
සත්ත සූත්‍රය
සත්වයා ගැන වදාළ දෙසුම

161. සැවැත් නුවර දී ....

එකත්පස්ව වාඩිවුණ ආයුෂ්මත් රාධයන් භාග්‍යවතුන් වහන්සේගෙන් මෙකරුණ විමසුවා. "ස්වාමීනි, 'සත්වයා, සත්වයා' යැයි කියනවා. ස්වාමීනි, කුමන කරුණු මතද සත්වයායි කියන්නේ?"

"පින්වත් රාධ, රූපය පිළිබඳව යම් කැමැත්තක් තියෙනවා නම්, යම් රාගයක් තියෙනවා නම්, යම් සතුටින් පිළිගැනීමක් තියෙනවා නම්, යම් තණ්හාවක් තියෙනවා නම් ඒ රූපයෙහි ඇලී සිටිනවා නම්, ඒ රූපයෙහි දැඩි ලෙස ඇලී සිටිනවා නම් අන්න ඒ නිසා තමයි 'සත්වයා' කියන්නේ. විඳීම පිළිබඳව යම් කැමැත්තක් තියෙනවා නම්, යම් රාගයක් තියෙනවා නම් ....(පෙ).... සඤ්ඤාව පිළිබඳව ....(පෙ).... සංස්කාර පිළිබඳව ....(පෙ).... විඤ්ඤාණය පිළිබඳව යම් කැමැත්තක් තියෙනවා නම්, යම් රාගයක් තියෙනවා නම්, යම් සතුටින් පිළිග ැනීමක් තියෙනවා නම්, යම් තණ්හාවක් තියෙනවා නම් ඒ විඤ්ඤාණයෙහි ඇලී සිටිනවා නම්, ඒ විඤ්ඤාණයෙහි දැඩි ලෙස ඇලී සිටිනවා නම් අන්න ඒ නිසා තමයි 'සත්වයා' කියන්නේ.

පින්වත් රාධ, එය මෙවැනි දෙයක්. කුඩා දරුවන් හෝ කුඩා දැරියන් ඉන්නවා. ඔවුන් වැලිගෙවල්වලින් සෙල්ලම් කරනවා. යම්තාක්කල් වැලි ගෙවල් කෙරෙහි ඇති ඔවුන්ගේ රාගය දුරුවෙලා නැත්නම්, ඔවුන්ගේ කැමැත්ත දුරුවෙලා නැත්නම්, ඔවුන්ගේ ප්‍රේමය දුරුවෙලා නැත්නම්, ඔවුන්ගේ පිපාසය දුරුවෙලා නැත්නම්, ඔවුන්ගේ දැවිල්ල දුරුවෙලා නැත්නම්, ඔවුන්ගේ තණ්හාව දුරුවෙලා නැත්නම්, ඒතාක්කල් ම ඔවුන් ඒ වැලිගෙවල්වලට ආශා කරනවා. ලොල් වෙනවා. තමන්ගේ වස්තුවක් හැටියට සළකනවා. මගේ ය කියලා අයිතිය කියනවා.

නමුත් පින්වත් රාධයෙනි, යම් කලෙක ඒ කුඩා දරුවන් වේවා, ඒ කුඩා දියණිවරුන් වේවා ඒ වැලිගෙවල් කෙරෙහි ඔවුන් තුළ තිබුණ රාගය දුරුවුණා නම්, කැමැත්ත දුරුවුණා නම්, ප්‍රේමය දුරුවුණා නම්, පිපාසය දුරුවුණා නම්, දැවිල්ල දුරුවුණා නම්, තණ්හාව දුරුවුණා නම් එතකොට ඔවුන් අත්වලිනුත්, පාවලිනුත් ඒ වැලි ගෙවල් විසුරුවලා දානවා. බිඳලා දානවා. සුනුවිසුණු කරනවා. ආයෙමත් සෙල්ලම් කරන්න බැරි විදිහට පත්කරනවා.

පින්වත් රාධයෙනි, ඔන්න ඔය විදිහට ම ඔබත් රූපය විසුරුවලා දාන්න. බිඳලා දාන්න. සුනුවිසුණු කරන්න. ආයෙමත් සෙල්ලම් කරන්න බැරි විදිහට පත්කරන්න. තණ්හාව ක්ෂය වීම පිණිස පිළිපදින්න. විඳීම විසුරුවලා දාන්න ....(පෙ).... සඤ්ඤාව විසුරුවලා දාන්න ....(පෙ).... සංස්කාර විසුරුවලා දාන්න ....(පෙ).... විඤ්ඤාණය විසුරුවලා දාන්න. බිඳලා දාන්න. සුනුවිසුණු කරන්න. ආයෙමත් සෙල්ලම් කරන්න බැරි විදිහට පත්කරන්න. තණ්හාව ක්ෂය වීම පිණිස පිළිපදින්න. පින්වත් රාධ, තණ්හාය ක්ෂය වීම ම යි ඒ අමා නිවන් කියන්නේ."

සාදු! සාදු!! සාදු!!!

සත්ත සූත්‍රය නිමා විය.

2.1.3.
භවනෙත්ති සූත්‍රය
භව රැහැන ගැන වදාළ දෙසුම

162. සැවැත් නුවර දී ....

එකත්පස්ව වාඩිවුණ ආයුෂ්මත් රාධයන් භාග්‍යවතුන් වහන්සේගෙන් මෙකරුණ විමසුවා. "ස්වාමීනි, 'භව රැහැන, භව රැහැන' යැයි කියනවා. ස්වාමීනි, භව රැහැන කියන්නේ කුමක්ද? භව රැහැන නිරුද්ධ වෙනවා කියන්නේ කුමක්ද?"

"පින්වත් රාධ, රූපය පිළිබඳව යම් කැමැත්තක් තියෙනවා නම්, යම් රාගයක් තියෙනවා නම්, යම් සතුටින් පිළිගැනීමක් තියෙනවා නම්, යම් තණ්හාවක් තියෙනවා නම්, යම් බැසගැනීමක්, බැඳීමක්, සිතින් අදිටන් කරගැනීමක්, එහි ගැලී සිටීමක්, චිත්තාභ්‍යන්තරයෙහි පැවැත්වීමක් ඇද්ද භව රැහැන කියන්නේ

මෙයටයි. ඔය දේවල්වල නිරුද්ධවීමෙන් භව රැහැන නිරුද්ධ වෙනවා. විඳීම පිළිබඳව යම් කැමැත්තක් තියෙනවා නම් ....(පෙ).... සඤ්ඤාව පිළිබඳව යම් කැමැත්තක් තියෙනවා නම් ....(පෙ).... සංස්කාර පිළිබඳව යම් කැමැත්තක් තියෙනවා නම් ....(පෙ).... විඤ්ඤාණය පිළිබඳව යම් කැමැත්තක් තියෙනවා නම්, යම් රාගයක් තියෙනවා නම්, යම් සතුටින් පිළිගැනීමක් තියෙනවා නම්, යම් තණ්හාවක් තියෙනවා නම්, යම් බැසගැනීමක්, බැඳීමක්, සිතින් අදිටන් කරගැනීමක්, එහි ගැලී සිටීමක්, චිත්තාභ්‍යන්තරයෙහි පැවැත්වීමක් ඇද්ද භව රැහැන කියන්නේ මෙයටයි. ඔය දේවල්වල නිරුද්ධවීමෙන් භව රැහැන නිරුද්ධ වෙනවා.

(මෙහි භවනෙත්ති යන පදයෙහි ඇති නෙත්ති යන වචනයට දිය හැකි තේරුම නම් නැඹුරු වී, යොමු වී තිබෙන යන අර්ථයයි. එවිට භවනෙත්ති යනු භවයට නැඹුරු වී, යොමු වී තිබෙන දෙය යන අර්ථය ලැබේ. නමුත් සිංහලෙන් කියවන ඔබට තේරුම් ගැනීමේ පහසුව සළකා ඔබට හුරු පුරුදු භව රැහැන යන වචන භවනෙත්ති යන්නට යෙදූ බව කරුණාවෙන් සළකන්න.)

සාදු! සාදු!! සාදු!!!

භවනෙත්ති සූත්‍රය නිමා විය.

2.1.4.
පරිඤ්ඤෙය්‍ය සූත්‍රය
පිරිසිඳ දැකිය යුතු දේ ගැන වදාළ දෙසුම

163. සැවැත් නුවර දී ....

එකත්පස්ව වාඩි වී සිටි ආයුෂ්මත් රාධ තෙරුන් හට භාග්‍යවතුන් වහන්සේ මෙකරුණ වදාළා. "පින්වත් රාධ, පිරිසිඳ දත යුතු දේ ගැනත්, පිරිසිඳ දැන ගැනීමත්, පිරිසිඳ දැනගන්නා වූ පුද්ගලයා ගැනත් මා ඔබට දේශනා කරන්නම්. එය අසාගෙන ඉන්න ....(පෙ).... භාග්‍යවතුන් වහන්සේ මෙම දෙසුම වදාළා.

පින්වත් රාධ, පිරිසිඳ දත යුතු දේ යනු කුමක්ද? පින්වත් රාධ, රූපය වනාහී පිරිසිඳ දත යුතු දෙයකි. විඳීම පිරිසිඳ දත යුතු දෙයකි. සඤ්ඤාව

....(පෙ).... සංස්කාර ....(පෙ).... විඤ්ඤාණය පිරිසිඳ දත යුතු දෙයකි. පින්වත් රාධ, මේවාට කියන්නේ පිරිසිඳ දත යුතු දෙය කියා ය.

පින්වත් රාධ, පිරිසිඳ දැනගැනීම යනු කුමක්ද? පින්වත් රාධ, රාගයේ යම් ක්ෂය වීමක් ඇද්ද, ද්වේෂයේ යම් ක්ෂය වීමක් ඇද්ද, මෝහයේ යම් ක්ෂය වීමක් ඇද්ද, පින්වත් රාධ, පිරිසිඳ දැනීම යැයි කියනු ලබන්නේ මෙයයි.

පින්වත් රාධ, පිරිසිඳ දැනගත් පුද්ගලයා යනු කවරෙක්ද?

මෙබඳු නම් ඇති, මෙබඳු ගෝත්‍ර ඇති යම් ඒ ආයුෂ්මතුන් වහන්සේ නමක් ඇද්ද, උන්වහන්සේට කිව යුත්තේ රහතන් වහන්සේ කියා ය. පින්වත් රාධ පිරිසිඳ දැනගත් පුද්ගලයා කියන්නේ මොහුටයි.

සාදු! සාදු!! සාදු!!!

පරිඤ්ඤෙය්‍ය සූත්‍රය නිමා විය.

2.1.5.
සමණ සූත්‍රය
ශ්‍රමණයා ගැන වදාළ දෙසුම

164. සැවැත් නුවර දී ....

එකත්පස්ව වාඩි වී සිටි ආයුෂ්මත් රාධ තෙරුන් හට භාග්‍යවතුන් වහන්සේ මෙකරුණ වදාළා. "පින්වත් රාධ, මේ උපාදානස්කන්ධ පහක් තියෙනවා. මොනවාද ඒ පහ? ඒ කියන්නේ රූප උපාදානස්කන්ධයයි ....(පෙ).... විඤ්ඤාණ උපාදානස්කන්ධයයි. පින්වත් රාධ, යම්කිසි ශ්‍රමණයන් වේවා, බ්‍රාහ්මණයන් වේවා, ඔය පංච උපාදානස්කන්ධයන් පිළිබඳව ආශ්වාදයත්, ආදීනවයත්, නිස්සරණයත් ඒ වූ ආකාරයෙන් ම අවබෝධ කරලා නැත්නම්, පින්වත් රාධ, ඒ ශ්‍රමණ බ්‍රාහ්මණයින් ශ්‍රමණයින් අතර සැබෑ ශ්‍රමණයින් බවට පත්වන්නේ නෑ. බ්‍රාහ්මණයින් අතර සැබෑ බ්‍රාහ්මණයින් බවට පත්වන්නේ නෑ. ඒ ආයුෂ්මත්වරු මේ ජීවිතය තුළදී පැවිදි ජීවිතයේ උතුම් ඵලයක් හෝ බ්‍රාහ්මණ ජීවිතයේ උතුම් ඵලයක් හෝ නුවණින් දැන අවබෝධ කරගෙන එයට පැමිණ වාසය කරන්නේ නෑ.

නමුත් පින්වත් රාධ, යම් කිසි ශ්‍රමණයන් වේවා, බ්‍රාහ්මණයන් වේවා, ඔය පංච උපාදානස්කන්ධයන් පිළිබඳව ආශ්වාදයත්, ආදීනවයත්, නිස්සරණයත් ඒ වූ ආකාරයෙන් ම අවබෝධ කරනවා නම්, පින්වත් රාධ, ඒ ශ්‍රමණ බ්‍රාහ්මණයින් ශ්‍රමණයින් අතර සැබෑ ශ්‍රමණයින් බවට පත්වෙනවා. බ්‍රාහ්මණයින් අතර සැබෑ බ්‍රාහ්මණයින් බවට පත්වෙනවා. ඒ ආයුෂ්මත්වරු මේ ජීවිතය තුළදී පැවිදි ජීවිතයේ උතුම් ඵලයක් හෝ බ්‍රාහ්මණ ජීවිතයේ උතුම් ඵලයක් හෝ නුවණින් දැන අවබෝධ කරගෙන එයට පැමිණ වාසය කරනවා."

සාදු! සාදු!! සාදු!!!

සමණ සූත්‍රය නිමා විය.

2.1.6.
දුතිය සමණ සූත්‍රය
ශ්‍රමණයා ගැන වදාළ දෙවෙනි දෙසුම

165. සැවැත් නුවර දී ....

එකත්පස්ව වාඩි වී සිටි ආයුෂ්මත් රාධ තෙරුන් හට භාග්‍යවතුන් වහන්සේ මෙකරුණ වදාළා. "පින්වත් රාධ, මේ උපාදානස්කන්ධ පහක් තියෙනවා. මොනවාද ඒ පහ? ඒ කියන්නේ රූප උපාදානස්කන්ධයයි ....(පෙ).... විඤ්ඤාණ උපාදානස්කන්ධයයි. පින්වත් රාධ, යම්කිසි ශ්‍රමණයන් වේවා, බ්‍රාහ්මණයන් වේවා, ඔය පංච උපාදානස්කන්ධයන් පිළිබඳව හටගැනීමත්, නැති වී යෑමත්, ආශ්වාදයත්, ආදීනවයත්, නිස්සරණයත් ඒ වූ ආකාරයෙන් ම අවබෝධ කරලා නැත්නම් ....(පෙ).... නුවණින් දැන අවබෝධ කරගෙන එයට පැමිණ වාසය කරනවා."

සාදු! සාදු!! සාදු!!!

දුතිය සමණ සූත්‍රය නිමා විය.

2.1.7.
සෝතාපන්න සූත්‍රය
සෝවාන් ශ්‍රාවකයා ගැන වදාළ දෙසුම

166.   සැවැත් නුවර දී ....

එකත්පස්ව වාඩි වී සිටි ආයුෂ්මත් රාධ තෙරුන් හට භාග්‍යවතුන් වහන්සේ මෙකරුණ වදාළා. "පින්වත් රාධ, මේ උපාදානස්කන්ධ පහක් තියෙනවා. මොනවාද ඒ පහ? ඒ කියන්නේ රූප උපාදානස්කන්ධයයි ....(පෙ).... විඤ්ඤාණ උපාදානස්කන්ධයයි."

"පින්වත් රාධ, යම් කලෙක ආර්ය ශ්‍රාවකයා ඔය පංච උපාදානස්කන්ධයන් පිළිබඳව හටගැනීමත්, නැති වී යෑමත්, ආශ්වාදයත්, ආදීනවයත්, නිස්සරණයත් ඒ වූ ආකාරයෙන් ම අවබෝධ කරනවා නම්, පින්වත් රාධ, මොහුට කියන්නේ සෝවාන් වූ ආර්ය ශ්‍රාවකයා කියලයි. අපායට නොවැටෙන ස්වභාවයෙන් යුතුව, නියත වශයෙන් ම නිවන පිහිට කොට සිටින කෙනා කියලයි."

සාදු! සාදු!! සාදු!!!
සෝතාපන්න සූත්‍රය නිමා විය.

2.1.8.
අරහන්ත සූත්‍රය
රහතන් වහන්සේ ගැන වදාළ දෙසුම

167.   සැවැත් නුවර දී ....

එකත්පස්ව වාඩි වී සිටි ආයුෂ්මත් රාධ තෙරුන් හට භාග්‍යවතුන් වහන්සේ මෙකරුණ වදාළා. "පින්වත් රාධ, මේ උපාදානස්කන්ධ පහක් තියෙනවා. මොනවාද ඒ පහ? ඒ කියන්නේ රූප උපාදානස්කන්ධයයි ....(පෙ).... විඤ්ඤාණ උපාදානස්කන්ධයයි."

"පින්වත් රාධ, යම් කලෙක භික්ෂුව ඔය පංච උපාදානස්කන්ධයන්

පිළිබඳව හටගැනීමත්, නැති වී යෑමත්, ආශ්වාදයත්, ආදීනවයත්, නිස්සරණයත් ඒ වූ ආකාරයෙන් ම අවබෝධ කරගෙන උපාදාන රහිතව එයින් නිදහස් වෙනවා නම්, පින්වත් රාධ, මේ භික්ෂුවට කියන්නේ ක්ෂීණාශ්‍රව වූ, බඹසර වාසය නිම කළා වූ, කළ යුතු දෙය කරන ලද්දා වූ, කෙලෙස් බර බැහැර කළා වූ, පිළිවෙළින් සාක්ෂාත් කරන ලද උතුම් අරුතට පත්වුණා වූ, භව බන්ධනයන් නසන ලද්දා වූ, මනා වූ අවබෝධයෙන් ම දුකෙන් නිදහස් වූ රහතන් වහන්සේ කියලයි.”

සාදු! සාදු!! සාදු!!!

අරහන්ත සූත්‍රය නිමා විය.

2.1.9.
ඡන්දරාග සූත්‍රය
ඡන්දරාගය ගැන වදාළ දෙසුම

168. සැවැත් නුවර දී ....

එකත්පස්ව වාඩි වී සිටි ආයුෂ්මත් රාධ තෙරුන් හට භාග්‍යවතුන් වහන්සේ මෙකරුණ වදාළා. “පින්වත් රාධ, රූපය පිළිබඳව යම් කැමැත්තක් ඇද්ද, යම් රාගයක් ඇද්ද, යම් සතුටින් පිළිගැනීමක් ඇද්ද, යම් තණ්හාවක් ඇද්ද, අන්න එය දුරු කර දමන්න. ඒ විදිහට තමයි ඒ රූපය ප්‍රහාණය වෙලා යන්නේ. මුලින් ම සිඳිලා යන්නේ. කරටිය කැඩුණු තල් ගසක් වගේ වෙන්නේ. අභාවයට පත් වෙන්නේ. ආයේ කවදාවත් හට නොගන්නේ.

විඳීම පිළිබඳව යම් කැමැත්තක් ඇද්ද, යම් රාගයක් ඇද්ද, යම් සතුටින් පිළිගැනීමක් ඇද්ද, යම් තණ්හාවක් ඇද්ද, අන්න එය දුරු කර දමන්න. ඒ විදිහට තමයි ඒ විඳීම ප්‍රහාණය වෙලා යන්නේ. මුලින් ම සිඳිලා යන්නේ. කරටිය කැඩුණු තල් ගසක් වගේ වෙන්නේ. අභාවයට පත්වෙන්නේ. ආයේ කවදාවත් හට නොගන්නේ. සඤ්ඤාව පිළිබඳව ....(පෙ).... සංස්කාර පිළිබඳව යම් කැමැත්තක් ඇද්ද, යම් රාගයක් ඇද්ද, යම් සතුටින් පිළිගැනීමක් ඇද්ද, යම් තණ්හාවක් ඇද්ද, අන්න එය දුරු කර දමන්න. ඒ විදිහට තමයි ඒ සංස්කාර ප්‍රහාණය වෙලා යන්නේ. මුලින් ම සිඳිලා යන්නේ. කරටිය කැඩුණු තල් ගසක් වගේ වෙන්නේ. අභාවයට පත්වෙන්නේ. ආයේ කවදාවත් හට නොගන්නේ. විඤ්ඤාණය පිළිබඳව යම් කැමැත්තක් ඇද්ද, යම් රාගයක් ඇද්ද, යම් සතුටින්

පිළිගැනීමක් ඇද්ද, යම් තණ්හාවක් ඇද්ද, අන්න එය දුරු කර දමන්න. ඒ විදිහට තමයි ඒ විඤ්ඤාණය ප්‍රහාණය වෙලා යන්නේ. මුලින් ම සිඳිලා යන්නේ. කරටිය කැඩුණු තල් ගසක් වගේ වෙන්නේ. අභාවයට පත්වෙන්නේ. ආයේ කවදාවත් හට නොගන්නේ."

සාදු! සාදු!! සාදු!!!

ඡන්දරාග සූත්‍රය නිමා විය.

<h2 align="center">2.1.10.</h2>

<h2 align="center">දුතිය ඡන්දරාග සූත්‍රය</h2>

ඡන්දරාගය ගැන වදාළ දෙවෙනි දෙසුම

169.　　සැවැත් නුවර දී ....

එකත්පස්ව වාඩි වී සිටි ආයුෂ්මත් රාධ තෙරුන් හට භාග්‍යවතුන් වහන්සේ මෙකරුණ වදාළා.

"පින්වත් රාධ, රූපය පිළිබඳව යම් කැමැත්තක් ඇද්ද, යම් රාගයක් ඇද්ද, යම් සතුටින් පිළිගැනීමක් ඇද්ද, යම් තණ්හාවක් ඇද්ද, යම් බැසගැනීමක්, බැඳීමක්, සිතින් අදිටන් කර ගැනීමක්, එහි ගැලී සිටීමක්, චිත්තාභ්‍යන්තරයෙහි පැවැත්වීමක් ඇද්ද අන්න එය දුරු කර දමන්න. ඒ විදිහට තමයි ඒ රූපය ප්‍රහාණය වෙලා යන්නේ. මුලින් ම සිඳිලා යන්නේ. කරටිය කැඩුණු තල් ගසක් වගේ වෙන්නේ. අභාවයට පත්වෙන්නේ. ආයේ කවදාවත් හට නොගන්නේ.

විඳීම පිළිබඳව යම් කැමැත්තක් ඇද්ද, යම් රාගයක් ඇද්ද, යම් සතුටින් පිළිගැනීමක් ඇද්ද, යම් තණ්හාවක් ඇද්ද, යම් බැසගැනීමක්, බැඳීමක්, සිතින් අදිටන් කරගැනීමක්, එහි ගැලී සිටීමක්, චිත්තාභ්‍යන්තරයෙහි පැවැත්වීමක් ඇද්ද අන්න එය දුරු කර දමන්න. ඒ විදිහට තමයි ඒ විඳීම ප්‍රහාණය වෙලා යන්නේ. මුලින් ම සිඳිලා යන්නේ. කරටිය කැඩුණු තල් ගසක් වගේ වෙන්නේ. අභාවයට පත්වෙන්නේ. ආයේ කවදාවත් හට නොගන්නේ. සඤ්ඤාව පිළිබඳව ....(පෙ)..... සංස්කාර පිළිබඳව යම් කැමැත්තක් ඇද්ද, යම් රාගයක් ඇද්ද, යම් සතුටින් පිළිගැනීමක් ඇද්ද, යම් තණ්හාවක් ඇද්ද, යම් බැසගැනීමක්, බැඳීමක්, සිතින් අදිටන් කරගැනීමක්, එහි ගැලී සිටීමක්, චිත්තාභ්‍යන්තරයෙහි පැවැත්වීමක් ඇද්ද අන්න

එය දුරු කර දමන්න. ඒ විදිහට තමයි ඒ සංස්කාර ප්‍රහාණය වෙලා යන්නේ. මුලින් ම සිඳිලා යන්නේ. කරටිය කැඩුණු තල් ගසක් වගේ වෙන්නේ. අභාවයට පත්වෙන්නේ. ආයේ කවදාවත් හට නොගන්නේ. විඤ්ඤාණය පිළිබඳව යම් කැමැත්තක් ඇද්ද, යම් රාගයක් ඇද්ද, යම් සතුටින් පිළිගැනීමක් ඇද්ද, යම් තණ්හාවක් ඇද්ද, යම් බැසගැනීමක්, බැඳීමක්, සිතින් අදිටන් කරගැනීමක්, එහි ගැලී සිටීමක්, චිත්තාභ්‍යන්තරයෙහි පැවැත්වීමක් ඇද්ද අන්න එය දුරු කර දමන්න. ඒ විදිහට තමයි ඒ විඳීම ප්‍රහාණය වෙලා යන්නේ. මුලින් ම සිඳිලා යන්නේ. කරටිය කැඩුණු තල් ගසක් වගේ වෙන්නේ. අභාවයට පත්වෙන්නේ. ආයේ කවදාවත් හට නොගන්නේ."

සාදු! සාදු!! සාදු!!!

දුතිය ඡන්දරාග සූත්‍රය නිමා විය.

පළමුවෙනි මාර වර්ගය අවසන් විය.

●   එහි පිළිවෙල උද්දානයයි :

මාර සූත්‍රය, සත්ත සූත්‍රය, භවනෙත්ති සූත්‍රය, පරිඤ්ඤෙය්‍ය සූත්‍රය, සමණ සූත්‍ර දෙක, සෝතාපන්න සූත්‍රය, අරහන්ත සූත්‍රය, ඡන්දරාග සූත්‍ර දෙක යන මෙයින් මේ වර්ගය සමන්විත වේ.

2. දුතිය මාර වර්ගය

2.2.1.
මාර සූත්‍රය
මාරයා ගැන වදාළ දෙසුම

170. සැවැත් නුවර දී ....

එකත්පස්ව වාඩිවුණ ආයුෂ්මත් රාධයන් භාග්‍යවතුන් වහන්සේගෙන් මෙකරුණ විමසුවා. "ස්වාමීනි, 'මාරයා, මාරයා' යැයි කියනවා. ස්වාමීනි, මාරයා කියන්නේ කවුද?"

"පින්වත් රාධ, රූපය යනු මාරයා ය. විඳීම යනු මාරයා ය. සඤ්ඤාව යනු මාරයා ය. සංස්කාර යනු මාරයා ය. විඤ්ඤාණය යනු මාරයා ය. පින්වත් රාධ, ශ්‍රැතවත් ආර්ය ශ්‍රාවකයා ඔය විදිහට දියුණු කරපු ප්‍රඥාවෙන් දකින කොට රූපය ගැනත් අවබෝධයෙන් ම කළකිරෙනවා. වේදනාව ගැනත් අවබෝධයෙන් ම කළකිරෙනවා. සඤ්ඤාව ගැනත් අවබෝධයෙන් ම කළකිරෙනවා. සංස්කාර ගැනත් අවබෝධයෙන් ම කළකිරෙනවා. විඤ්ඤාණය ගැනත් අවබෝධයෙන් ම කළකිරෙනවා. අවබෝධයෙන් ම කළකිරුණු විට සිත ඇලෙන්නෙ නැතුව යනවා. සිත නොඇලෙන කොට එයින් සිත නිදහස් වෙනවා. සිත් නිදහස් වෙන කොට ම 'නිදහස් වුණා' කියල අවබෝධ ඤාණය ඇතිවෙනවා. 'ඉපදීම ක්ෂය වෙලා ගියා. බඹසරවාසය සම්පූර්ණ කරගත්තා. නිවන පිණිස කළ යුතු දේ කරගත්තා. ආයෙත් නම් සංසාරයේ වෙන උපතක් නැතැ'යි අවබෝධය ඇතිවෙනවා.

සාදු! සාදු!! සාදු!!!

මාර සූත්‍රය නිමා විය.

- **විශේෂ විස්තරයඃ**

පින්වත් රාධ තෙරුන් භාග්‍යවතුන් වහන්සේගෙන් මාරයා ගැන විමසද්දී

අනාවරණ ප්‍රඥා ඇති භාග්‍යවතුන් වහන්සේ විසින් මේ දෙසුම වදාළේ අවබෝධ කළ යුතු දෙය කෙරෙහි ම ශ්‍රාවක ජනයාගේ අවධානය යොමු කරවීම පිණිස ම ය. පවිටු මාරයා නමින් පුද්ගලයෙක් පිළිබඳව සූත්‍ර පිටකය පුරාම සඳහන් වන්නේ ආර්ය සත්‍යය අවබෝධයට බාධා කරන ප්‍රධාන පුද්ගලයා ලෙස පෙන්වා දෙමින් ය. නමුත් එවැනි කරුණු ඔස්සේ නිවන් මග ගමන් කරන ශ්‍රාවකයා කල්පනාව මෙහෙයවීම වෙනුවට අවබෝධ කළ යුතු පංච උපාදානස්කන්ධය ම අවබෝධ කිරීම පිණිස භාග්‍යවතුන් වහන්සේ මාර්ගය පෙන්වන අයුරු මොනතරම් අසිරිමත්ද!

2.2.2.
මාරධම්ම සූත්‍රය
මාරයාට අයත් දෙය ගැන වදාළ දෙසුම

171. සැවැත් නුවර දී ....

එකත්පස්ව වාඩිවුණ ආයුෂ්මත් රාධයන් භාග්‍යවතුන් වහන්සේගෙන් මෙකරුණ විමසුවා. "ස්වාමීනි, 'මාරයාට අයත් දෙය, මාරයාට අයත් දෙය' යැයි කියනවා. ස්වාමීනි, මාරයාට අයත් දෙය කියන්නේ කවර දෙයකටද?"

"පින්වත් රාධ, රූපය යනු මාරයාට අයත් දෙයයි. විඳීම යනු මාරයාට අයත් දෙයයි. සඤ්ඤාව යනු මාරයාට අයත් දෙයයි. සංස්කාර යනු මාරයාට අයත් දෙයයි. විඤ්ඤාණය යනු මාරයාට අයත් දෙයයි. පින්වත් රාධ, ශ්‍රැතවත් ආර්ය ශ්‍රාවකයා ඔය විදිහට දියුණු කරපු ප්‍රඥාවෙන් දකින කොට ....(පෙ).... ආයෙත් නම් සංසාරයේ වෙන උපතක් නැතැ'යි අවබෝධය ඇතිවෙනවා."

සාදු! සාදු!! සාදු!!!

මාරධම්ම සූත්‍රය නිමා විය.

2.2.3.
අනිච්ච සූත්‍රය
අනිත්‍යය ගැන වදාළ දෙසුම

172. සැවැත් නුවර දී ....

එකත්පස්ව වාඩිවුණ ආයුෂ්මත් රාධයන් භාග්‍යවතුන් වහන්සේගෙන් මෙකරුණ විමසුවා. "ස්වාමීනි, 'අනිත්‍යයි, අනිත්‍යයි' කියලා කියනවා. ස්වාමීනි, අනිත්‍යය කියන්නේ කවර දෙයකටද?"

"පින්වත් රාධ, රූපය අනිත්‍යයි. විඳීම අනිත්‍යයි. සඤ්ඤාව අනිත්‍යයි. සංස්කාර අනිත්‍යයි. විඤ්ඤාණය අනිත්‍යයි. පින්වත් රාධ, ශ්‍රැතවත් ආර්ය ශ්‍රාවකයා ඔය විදිහට දියුණු කරපු ප්‍රඥාවෙන් දකින කොට ....(පෙ).... ආයෙත් නම් සංසාරයේ වෙන උපතක් නැතැ'යි අවබෝධය ඇතිවෙනවා."

සාදු! සාදු!! සාදු!!!

අනිච්ච සූත්‍රය නිමා විය.

2.2.4.
අනිච්චධම්ම සූත්‍රය
අනිත්‍යයට අයත් දෙය ගැන වදාළ දෙසුම

173. සැවැත් නුවර දී ....

එකත්පස්ව වාඩිවුණ ආයුෂ්මත් රාධයන් භාග්‍යවතුන් වහන්සේගෙන් මෙකරුණ විමසුවා. "ස්වාමීනි, 'අනිත්‍යයට අයත් දෙය, අනිත්‍යයට අයත් දෙය' කියලා කියනවා. ස්වාමීනි, අනිත්‍යයට අයත් දෙය කියලා කියන්නේ කවර දෙයකටද?"

"පින්වත් රාධ, රූපයයි අනිත්‍යට අයත් දෙය. විඳීමයි අනිත්‍යට අයත් දෙය. සඤ්ඤාවයි අනිත්‍යට අයත් දෙය. සංස්කාරයි අනිත්‍යට අයත් දෙය. විඤ්ඤාණයයි අනිත්‍යට අයත් දෙය. පින්වත් රාධ, ශ්‍රැතවත් ආර්ය ශ්‍රාවකයා

ඔය විදිහට දියුණු කරපු ප්‍රඥාවෙන් දකින කොට ....(පෙ).... ආයෙත් නම් සංසාරයේ වෙන උපතක් නැතැ'යි අවබෝධය ඇතිවෙනවා."

සාදු! සාදු!! සාදු!!!

අනිච්චධම්ම සූත්‍රය නිමා විය.

2.2.5.
දුක්ඛ සූත්‍රය
දුක ගැන වදාළ දෙසුම

174. සැවැත් නුවර දී ....

එකත්පස්ව වාඩිවුණ ආයුෂ්මත් රාධයන් භාග්‍යවතුන් වහන්සේගෙන් මෙකරුණ විමසුවා. "ස්වාමීනි, 'දුක, දුක' කියලා කියනවා. ස්වාමීනි, දුක කියලා කියන්නේ කවර දෙයකටද?"

"පින්වත් රාධ, රූපයයි දුක. විඳීමයි දුක. සඤ්ඤාවයි දුක. සංස්කාරයි දුක. විඤ්ඤාණයයි දුක. පින්වත් රාධ, ශ්‍රැතවත් ආර්ය ශ්‍රාවකයා ඔය විදිහට දියුණු කරපු ප්‍රඥාවෙන් දකින කොට ....(පෙ).... ආයෙත් නම් සංසාරයේ වෙන උපතක් නැතැ'යි අවබෝධය ඇතිවෙනවා."

සාදු! සාදු!! සාදු!!!

දුක්ඛ සූත්‍රය නිමා විය.

2.2.6.
දුක්ඛධම්ම සූත්‍රය
දුකට අයත් දෙය ගැන වදාළ දෙසුම

175. සැවැත් නුවර දී ....

එකත්පස්ව වාඩිවුණ ආයුෂ්මත් රාධයන් භාග්‍යවතුන් වහන්සේගෙන් මෙකරුණ විමසුවා. "ස්වාමීනි, 'දුකට අයත් දෙය, දුකට අයත් දෙය' කියලා කියනවා. ස්වාමීනි, දුකට අයත් දෙය කියලා කියන්නේ කවර දෙයකටද?"

"පින්වත් රාධ, රූපයයි දුකට අයත් දෙය. විඳීමයි දුකට අයත් දෙය. සඤ්ඤාවයි දුකට අයත් දෙය. සංස්කාරයි දුකට අයත් දෙය. විඤ්ඤාණයයි දුකට අයත් දෙය. පින්වත් රාධ, ශ්‍රැතවත් ආර්ය ශ්‍රාවකයා ඔය විදිහට දියුණු කරපු ප්‍රඥාවෙන් දකින කොට ....(පෙ).... ආයෙත් නම් සංසාරයේ වෙන උපතක් නැතැ'යි අවබෝධය ඇතිවෙනවා."

සාදු! සාදු!! සාදු!!!

දුක්ඛධම්ම සූත්‍රය නිමා විය.

2.2.7.
අනත්ත සූත්‍රය
අනාත්මය ගැන වදාළ දෙසුම

176.   සැවැත් නුවර දී ....

එකත්පස්ව වාඩිවුණ ආයුෂ්මත් රාධයන් භාග්‍යවතුන් වහන්සේගෙන් මෙකරුණ විමසුවා. "ස්වාමීනි, 'අනාත්මයි, අනාත්මයි' කියලා කියනවා. ස්වාමීනි, අනාත්මයි කියන්නේ කවර දෙයකටද?"

"පින්වත් රාධ, රූපයයි අනාත්ම. විඳීමයි අනාත්ම. සඤ්ඤාවයි අනාත්ම. සංස්කාරයි අනාත්ම. විඤ්ඤාණයයි අනාත්ම. පින්වත් රාධ, ශ්‍රැතවත් ආර්ය ශ්‍රාවකයා ඔය විදිහට දියුණු කරපු ප්‍රඥාවෙන් දකින කොට ....(පෙ).... ආයෙත් නම් සංසාරයේ වෙන උපතක් නැතැ'යි අවබෝධය ඇතිවෙනවා."

සාදු! සාදු!! සාදු!!!

අනත්ත සූත්‍රය නිමා විය.

2.2.8.
අනත්තධම්ම සූත්‍රය
අනාත්මයට අයත් දෙය ගැන වදාළ දෙසුම

177.   සැවැත් නුවර දී ....

එකත්පස්ව වාඩිවුණ ආයුෂ්මත් රාධයන් භාග්‍යවතුන් වහන්සේගෙන් මෙකරුණ විමසුවා. "ස්වාමීනි, 'අනාත්මයට අයත් දෙය, අනාත්මයට අයත් දෙය' කියලා කියනවා. ස්වාමීනි, අනාත්මයට අයත් දෙය කියලා කියන්නේ කවර දෙයකටද?"

"පින්වත් රාධ, රූපයයි අනාත්මයට අයත් දෙය. විඳීමයි අනාත්මයට අයත් දෙය. සඤ්ඤාවයි අනාත්මයට අයත් දෙය. සංස්කාරයි අනාත්මයට අයත් දෙය. විඤ්ඤාණයයි අනාත්මයට අයත් දෙය. පින්වත් රාධ, ශ්‍රැතවත් ආර්ය ශ්‍රාවකයා ඔය විදිහට දියුණු කරපු ප්‍රඥාවෙන් දකින කොට ....(පෙ).... ආයෙත් නම් සංසාරයේ වෙන උපතක් නැතැ'යි අවබෝධය ඇතිවෙනවා."

සාදු! සාදු!! සාදු!!!

අනත්තධම්ම සූත්‍රය නිමා විය.

2.2.9.
භයධම්ම සූත්‍රය
ගෙවී යන ස්වභාවයට අයත් දෙය ගැන වදාළ දෙසුම

178. සැවැත් නුවර දී ....

එකත්පස්ව වාඩිවුණ ආයුෂ්මත් රාධයන් භාග්‍යවතුන් වහන්සේගෙන් මෙකරුණ විමසුවා. "ස්වාමීනි, 'ගෙවීයන ස්වභාවයට අයත් දෙය, ගෙවීයන ස්වභාවයට අයත් දෙය' කියලා කියනවා. ස්වාමීනි, ගෙවීයන ස්වභාවයට අයත් දෙය කියලා කියන්නේ කවර දෙයකටද?"

"පින්වත් රාධ, රූපයයි ගෙවීයන ස්වභාවයට අයත් දෙය. විඳීමයි ගෙවීයන ස්වභාවයට අයත් දෙය. සඤ්ඤාවයි ගෙවීයන ස්වභාවය අයත් දෙය. සංස්කාරයි ගෙවීයන ස්වභාවයට අයත් දෙය. විඤ්ඤාණයයි ගෙවීයන ස්වභාවයට අයත් දෙය. පින්වත් රාධ, ශ්‍රැතවත් ආර්ය ශ්‍රාවකයා ඔය විදිහට දියුණු කරපු ප්‍රඥාවෙන් දකින කොට ....(පෙ).... ආයෙත් නම් සංසාරයේ වෙන උපතක් නැතැ'යි අවබෝධය ඇතිවෙනවා."

සාදු! සාදු!! සාදු!!!

භයධම්ම සූත්‍රය නිමා විය.

2.2.10.
වයධම්ම සූත්‍රය
නැසී යන ස්වභාවයට අයත් දෙය ගැන වදාළ දෙසුම

179. සැවැත් නුවර දී ....

එකත්පස්ව වාඩිවුණ ආයුෂ්මත් රාධයන් භාග්‍යවතුන් වහන්සේගෙන් මෙකරුණ විමසුවා. "ස්වාමීනි, 'නැසී යන ස්වභාවයට අයත් දෙය, නැසී යන ස්වභාවයට අයත් දෙය' කියලා කියනවා. ස්වාමීනි, නැසී යන ස්වභාවයට අයත් දෙය කියලා කියන්නේ කවර දෙයකටද?"

පින්වත් රාධ, රූපයයි නැසී යන ස්වභාවයට අයත් දෙය. විඳීමයි නැසී යන ස්වභාවයට අයත් දෙය. සඤ්ඤාවයි නැසී යන ස්වභාවයට අයත් දෙය. සංස්කාරයි නැසී යන ස්වභාවයට අයත් දෙය. විඤ්ඤාණයයි නැසී යන ස්වභාවයට අයත් දෙය. පින්වත් රාධ, ශ්‍රැතවත් ආර්ය ශ්‍රාවකයා ඔය විදිහට දියුණු කරපු ප්‍රඥාවෙන් දකින කොට ....(පෙ).... ආයෙත් නම් සංසාරයේ වෙන උපතක් නැතැ'යි අවබෝධය ඇතිවෙනවා."

සාදු! සාදු!! සාදු!!!

වයධම්ම සූත්‍රය නිමා විය.

2.2.11.
සමුදයධම්ම සූත්‍රය
හටගන්නා ස්වභාවයට අයත් දෙය ගැන වදාළ දෙසුම

180. සැවැත් නුවර දී ....

එකත්පස්ව වාඩිවුණ ආයුෂ්මත් රාධයන් භාග්‍යවතුන් වහන්සේගෙන් මෙකරුණ විමසුවා. "ස්වාමීනි, 'හටගන්නා ස්වභාවයට අයත් දෙය, හට ගන්නා ස්වභාවයට අයත් දෙය' කියලා කියනවා. ස්වාමීනි, හටගන්නා ස්වභාවයට අයත් දෙය කියලා කියන්නේ කවර දෙයකටද?"

"පින්වත් රාධ, රූපයයි හටගන්නා ස්වභාවයට අයත් දෙය. විඳීමයි හටගන්නා ස්වභාවයට අයත් දෙය. සඤ්ඤාවයි හටගන්නා ස්වභාවයට අයත්

දෙය. සංස්කාරයි හටගන්නා ස්වභාවයට අයත් දෙය. විඤ්ඤාණයයි හටගන්නා ස්වභාවයට අයත් දෙය. පින්වත් රාධ, ශ්‍රැතවත් ආර්ය ශ්‍රාවකයා ඔය විදිහට දියුණු කරපු ප්‍රඥාවෙන් දකින කොට ....(පෙ).... ආයෙත් නම් සංසාරයේ වෙන උපතක් නැතැ'යි අවබෝධය ඇතිවෙනවා."

සාදු! සාදු!! සාදු!!!

වයධම්ම සූත්‍රය නිමා විය.

2.2.12.
නිරෝධධම්ම සූත්‍රය
නිරුද්ධවන ස්වභාවයට අයත් දෙය ගැන වදාළ දෙසුම

181. සැවැත් නුවර දී ....

එකත්පස්ව වාඩිවුණ ආයුෂ්මත් රාධයන් භාග්‍යවතුන් වහන්සේගෙන් මෙකරුණ විමසුවා. "ස්වාමීනි, 'නිරුද්ධ වන ස්වභාවයට අයත් දෙය, නිරුද්ධ වන ස්වභාවයට අයත් දෙය' කියලා කියනවා. ස්වාමීනි, නිරුද්ධ වන ස්වභාවයට අයත් දෙය කියලා කියන්නේ කවර දෙයකටද?"

"පින්වත් රාධ, රූපයයි නිරුද්ධ වන ස්වභාවයට අයත් දෙය. විඳීමයි නිරුද්ධ වන ස්වභාවයට අයත් දෙය. සඤ්ඤාවයි නිරුද්ධ වන ස්වභාවයට අයත් දෙය. සංස්කාරයි නිරුද්ධ වන ස්වභාවයට අයත් දෙය. විඤ්ඤාණයයි නිරුද්ධ වන ස්වභාවයට අයත් දෙය. පින්වත් රාධ, ශ්‍රැතවත් ආර්ය ශ්‍රාවකයා ඔය විදිහට දියුණු කරපු ප්‍රඥාවෙන් දකින කොට ....(පෙ).... ආයෙත් නම් සංසාරයේ වෙන උපතක් නැතැ'යි අවබෝධය ඇතිවෙනවා."

සාදු! සාදු!! සාදු!!!

නිරෝධධම්ම සූත්‍රය නිමා විය.

දෙවෙනි මාර වර්ගය අවසන් විය.

- **එහි පිළිවෙල උද්දානයයි :**

මාර සූත්‍රය, මාරධම්ම සූත්‍රය, අනිච්ච සූත්‍ර දෙක, දුක්ඛ සූත්‍ර දෙක, එමෙන් ම අනත්ත සූත්‍ර දෙක, ඛයධම්ම සූත්‍රය, වයධම්ම සූත්‍රය, සමුදයධම්ම සූත්‍රය, නිරෝධධම්ම සූත්‍රය, යන දෙසුම් දොළොසකින් මේ වර්ගය සමන්විත වේ.

3. ආයාචනා වර්ගය

2.3.1.
මාර සූත්‍රය
මාරයා ගැන වදාළ දෙසුම

182. සැවැත් නුවර දී ....

එකත්පස්ව වාඩිවුණ ආයුෂ්මත් රාධයන් භාග්‍යවතුන් වහන්සේගෙන් මෙකරුණ විමසුවා. "ස්වාමීනි, භාග්‍යවතුන් වහන්ස, ඒ මං භාග්‍යවතුන් වහන්සේගේ ධර්මය අසා දැනගෙන හුදෙකලා වෙලා, පිරිසෙන් වෙන් වෙලා, අප්‍රමාදීව, කෙලෙස් තවන වීරිය ඇතිව, දහමට දිවි පුදා වාසය කරනවා නම් එබඳු වූ ධර්මයක් මා හට සංක්ෂේපයෙන් වදාරණ සේක්වා!"

"පින්වත් රාධ, මාරයා යනු යමෙක්ද, ඒ කෙරෙහි ඔබ තුළ පවතින කැමැත්ත දුරු කළ යුතුයි. රාගය දුරු කළ යුතුයි. ඡන්දරාගය දුරු කළ යුතුයි. පින්වත් රාධ, මාරයා යනු කවුද?

පින්වත් රාධ, මාරයා යනු රූපයයි. ඒ කෙරෙහි ඔබ තුළ පවතින කැමැත්ත දුරු කළ යුතුයි. රාගය දුරු කළ යුතුයි. ඡන්දරාගය දුරු කළ යුතුයි. විඳීම ....(පෙ).... සඤ්ඤාව ....(පෙ).... සංස්කාර ....(පෙ).... මාරයා යනු විඤ්ඤාණයයි. ඒ කෙරෙහි ඔබ තුළ පවතින කැමැත්ත දුරු කළ යුතුයි. රාගය දුරු කළ යුතුයි. ඡන්දරාගය දුරු කළ යුතුයි. පින්වත් රාධ, මාරයා යනු යමෙක්ද, ඒ කෙරෙහි ඔබ තුළ පවතින කැමැත්ත දුරු කළ යුතුයි. රාගය දුරු කළ යුතුයි. ඡන්දරාගය දුරු කළ යුතුයි."

සාදු! සාදු!! සාදු!!!

මාර සූත්‍රය නිමා විය.

2.3.2.
මාරධම්ම සූත්‍රය
මාරයාට අයත් දෙය ගැන වදාළ දෙසුම

183.　　සැවැත් නුවර දී ....

එකත්පස්ව වාඩිවුණ ආයුෂ්මත් රාධයන් භාග්‍යවතුන් වහන්සේගෙන් මෙකරුණ විමසුවා. "ස්වාමීනි, භාග්‍යවතුන් වහන්ස, ...(පෙ).... කෙලෙස් තවන වීරිය ඇතිව, දහමට දිවි පුදා වාසය කරනවා නම් එබඳු වූ ධර්මයක් මා හට සංක්ෂේපයෙන් වදාරණ සේක්වා!"

"පින්වත් රාධ, මාරයාට අයත් දෙය යනු යමක්ද, ඒ කෙරෙහි ඔබ තුළ පවතින කැමැත්ත දුරු කළ යුතුයි. රාගය දුරු කළ යුතුයි. ඡන්දරාගය දුරු කළ යුතුයි. පින්වත් රාධ, මාරයාට අයත් දෙය යනු කුමක්ද?

පින්වත් රාධ, මාරයාට අයත් දෙය යනු රූපයයි. ඒ කෙරෙහි ඔබ තුළ පවතින කැමැත්ත දුරු කළ යුතුයි. රාගය දුරු කළ යුතුයි. ඡන්දරාගය දුරු කළ යුතුයි. විඳීම ....(පෙ).... සඤ්ඤාව ....(පෙ).... සංස්කාර ....(පෙ).... මාරයාට අයත් දෙය යනු විඤ්ඤාණයයි. ඒ කෙරෙහි ඔබ තුළ පවතින කැමැත්ත දුරු කළ යුතුයි. රාගය දුරු කළ යුතුයි. ඡන්දරාගය දුරු කළ යුතුයි. පින්වත් රාධ, මාරයට අයත් දෙය යනු යමෙක්ද, ඒ කෙරෙහි ඔබ තුළ පවතින කැමැත්ත දුරු කළ යුතුයි. රාගය දුරු කළ යුතුයි. ඡන්දරාගය දුරු කළ යුතුයි."

සාදු! සාදු!! සාදු!!!

මාරධම්ම සූත්‍රය නිමා විය.

2.3.3.
අනිච්ච සූත්‍රය
අනිත්‍යය ගැන වදාළ දෙසුම

184.　　සැවැත් නුවර දී ....

එකත්පස්ව වාඩිවුණ ආයුෂ්මත් රාධයන් භාග්‍යවතුන් වහන්සේගෙන් මෙකරුණ විමසුවා. "ස්වාමීනි, භාග්‍යවතුන් වහන්ස, ...(පෙ).... කෙලෙස් තවන වීරිය ඇතිව, දහමට දිවි පුදා වාසය කරනවා නම් එබඳු වූ ධර්මයක් මා හට සංක්ෂේපයෙන් වදාරණ සේක්වා!"

"පින්වත් රාධ, අනිත්‍යය වූ යමක් ඇද්ද, ඒ කෙරෙහි ඔබ තුළ පවතින කැමැත්ත දුරු කළ යුතුයි. රාගය දුරු කළ යුතුයි. ඡන්දරාගය දුරු කළ යුතුයි. පින්වත් රාධ, අනිත්‍යය වූ දෙය යනු කුමක්ද?

පින්වත් රාධ, අනිත්‍යය වූ දෙය යනු රූපයයි. ඒ කෙරෙහි ඔබ තුළ පවතින කැමැත්ත දුරු කළ යුතුයි. රාගය දුරු කළ යුතුයි. ඡන්දරාගය දුරු කළ යුතුයි. විඳීම ....(පෙ).... සඤ්ඤාව ....(පෙ).... සංස්කාර ....(පෙ).... අනිත්‍යය වූ දෙය යනු විඤ්ඤාණයයි. ඒ කෙරෙහි ඔබ තුළ පවතින කැමැත්ත දුරු කළ යුතුයි. රාගය දුරු කළ යුතුයි. ඡන්දරාගය දුරු කළ යුතුයි. පින්වත් රාධ, අනිත්‍ය වූ යමක් ඇද්ද, ඒ කෙරෙහි ඔබ තුළ පවතින කැමැත්ත දුරු කළ යුතුයි. රාගය දුරු කළ යුතුයි. ඡන්දරාගය දුරු කළ යුතුයි."

සාදු! සාදු!! සාදු!!!

අනිච්ච සූත්‍රය නිමා විය.

2.3.4.
අනිච්චධම්ම සූත්‍රය
අනිත්‍යය ස්වභාවයට අයත් දේ ගැන වදාළ දෙසුම

185. සැවැත් නුවර දී ....

එකත්පස්ව වාඩිවුණ ආයුෂ්මත් රාධයන් භාග්‍යවතුන් වහන්සේගෙන් මෙකරුණ විමසුවා. "ස්වාමීනි, භාග්‍යවතුන් වහන්ස, ...(පෙ).... කෙලෙස් තවන වීරිය ඇතිව, දහමට දිවි පුදා වාසය කරනවා නම් එබඳු වූ ධර්මයක් මා හට සංක්ෂේපයෙන් වදාරණ සේක්වා!"

පින්වත් රාධ, අනිත්‍ය ස්වභාවයට අයත් දෙය යනු යමක්ද, ඒ කෙරෙහි ඔබ තුළ පවතින කැමැත්ත දුරු කළ යුතුයි. රාගය දුරු කළ යුතුයි. ඡන්දරාගය දුරු කළ යුතුයි. පින්වත් රාධ, අනිත්‍ය ස්වභාවයට අයත් දෙය යනු කුමක්ද?

පින්වත් රාධ, අනිත්‍ය ස්වභාවයට අයත් දෙය යනු රූපයයි. ඒ කෙරෙහි ඔබ තුළ පවතින කැමැත්ත දුරු කළ යුතුයි. රාගය දුරු කළ යුතුයි. ඡන්දරාගය දුරු කළ යුතුයි. විඳීම ....(පෙ).... සඤ්ඤාව ....(පෙ).... සංස්කාර ....(පෙ).... අනිත්‍ය ස්වභාවයට අයත් දෙය යනු විඤ්ඤාණයයි. ඒ කෙරෙහි ඔබ තුළ පවතින කැමැත්ත දුරු කළ යුතුයි. රාගය දුරු කළ යුතුයි. ඡන්දරාගය දුරු කළ යුතුයි. පින්වත් රාධ, අනිත්‍ය ස්වභාවයට අයත් දෙය යනු යමක්ද, ඒ කෙරෙහි ඔබ තුළ පවතින කැමැත්ත දුරු කළ යුතුයි. රාගය දුරු කළ යුතුයි. ඡන්දරාගය දුරු කළ යුතුයි."

සාදු! සාදු!! සාදු!!!

අනිච්චධම්ම සූත්‍රය නිමා විය.

2.3.5.
දුක්ඛ සූත්‍රය
දුක ගැන වදාළ දෙසුම

186. සැවැත් නුවර දී ....

එකත්පස්ව වාඩිවුණ ආයුෂ්මත් රාධයන් භාග්‍යවතුන් වහන්සේගෙන් මෙකරුණ විමසුවා. "ස්වාමීනි, භාග්‍යවතුන් වහන්ස, ...(පෙ).... කෙලෙස් තවන වීරිය ඇතිව, දහමට දිවි පුදා වාසය කරනවා නම් එබඳු වූ ධර්මයක් මා හට සංක්ෂේපයෙන් වදාරණ සේක්වා!"

"පින්වත් රාධ, දුක් වූ යමක් ඇද්ද, ඒ කෙරෙහි ඔබ තුළ පවතින කැමැත්ත දුරු කළ යුතුයි. රාගය දුරු කළ යුතුයි. ඡන්දරාගය දුරු කළ යුතුයි. පින්වත් රාධ, දුක් වූ දෙය කුමක්ද?

පින්වත් රාධ, දුක් වූ දෙය යනු රූපයයි. ඒ කෙරෙහි ඔබ තුළ පවතින කැමැත්ත දුරු කළ යුතුයි. රාගය දුරු කළ යුතුයි. ඡන්දරාගය දුරු කළ යුතුයි. විඳීම ....(පෙ).... සඤ්ඤාව ....(පෙ).... සංස්කාර ....(පෙ).... දුක් වූ දෙය යනු විඤ්ඤාණයයි. ඒ කෙරෙහි ඔබ තුළ පවතින කැමැත්ත දුරු කළ යුතුයි. රාගය දුරු කළ යුතුයි. ඡන්දරාගය දුරු කළ යුතුයි. පින්වත් රාධ, දුක් වූ යමක් ඇද්ද, ඒ කෙරෙහි ඔබ තුළ පවතින කැමැත්ත දුරු කළ යුතුයි. රාගය දුරු කළ යුතුයි.

ඡන්දරාගය දුරු කළ යුතුයි.”

සාදු! සාදු!! සාදු!!!

දුක්ඛ සූත්‍රය නිමා විය.

2.3.6.
දුක්ඛධම්ම සූත්‍රය
දුකට අයත් දේ ගැන වදාළ දෙසුම

187. සැවැත් නුවර දී ....

එකත්පස්ව වාඩිවුණ ආයුෂ්මත් රාධයන් භාග්‍යවතුන් වහන්සේගෙන් මෙකරුණ විමසුවා. "ස්වාමීනි, භාග්‍යවතුන් වහන්ස, ...(පෙ).... කෙලෙස් තවන වීරිය ඇතිව, දහමට දිවි පුදා වාසය කරනවා නම් එබඳු වූ ධර්මයක් මා හට සංක්ෂේපයෙන් වදාරණ සේක්වා!”

“පින්වත් රාධ, දුක් ස්වභාවයට අයත් දෙය යනු යමක්ද, ඒ කෙරෙහි ඔබ තුළ පවතින කැමැත්ත දුරු කළ යුතුයි. රාගය දුරු කළ යුතුයි. ඡන්දරාගය දුරු කළ යුතුයි. පින්වත් රාධ, දුක් ස්වභාවයට අයත් දෙය යනු කුමක්ද?

පින්වත් රාධ, දුක් ස්වභාවයට අයත් දෙය යනු රූපයයි. ඒ කෙරෙහි ඔබ තුළ පවතින කැමැත්ත දුරු කළ යුතුයි. රාගය දුරු කළ යුතුයි. ඡන්දරාගය දුරු කළ යුතුයි. විඳීම ....(පෙ).... සඤ්ඤාව ....(පෙ).... සංස්කාර ....(පෙ).... දුක් ස්වභාවයට අයත් දෙය යනු විඤ්ඤාණයයි. ඒ කෙරෙහි ඔබ තුළ පවතින කැමැත්ත දුරු කළ යුතුයි. රාගය දුරු කළ යුතුයි. ඡන්දරාගය දුරු කළ යුතුයි. පින්වත් රාධ, දුක් වූ ස්වභාවයට අයත් දෙය යනු යමක්ද, ඒ කෙරෙහි ඔබ තුළ පවතින කැමැත්ත දුරු කළ යුතුයි. රාගය දුරු කළ යුතුයි. ඡන්දරාගය දුරු කළ යුතුයි.”

සාදු! සාදු!! සාදු!!!

දුක්ඛධම්ම සූත්‍රය නිමා විය.

2.3.7.
අනත්ත සූත්‍රය
අනාත්මය ගැන වදාළ දෙසුම

188. සැවැත් නුවර දී ....

එකත්පස්ව වැඩිවුණ ආයුෂ්මත් රාධයන් භාග්‍යවතුන් වහන්සේගෙන් මෙකරුණ විමසුවා. "ස්වාමීනි, භාග්‍යවතුන් වහන්ස, ...(පෙ).... කෙලෙස් තවන වීරිය ඇතිව, දහමට දිවි පුදා වාසය කරනවා නම් එබඳු වූ ධර්මයක් මා හට සංක්ෂේපයෙන් වදාරණ සේක්වා!"

"පින්වත් රාධ, අනාත්ම වූ යමක් ඇද්ද, ඒ කෙරෙහි ඔබ තුළ පවතින කැමැත්ත දුරු කළ යුතුයි. රාගය දුරු කළ යුතුයි. ඡන්දරාගය දුරු කළ යුතුයි. පින්වත් රාධ, අනාත්ම වූ දෙය යනු කුමක්ද?"

පින්වත් රාධ, අනාත්ම වූ දෙය යනු රූපයයි. ඒ කෙරෙහි ඔබ තුළ පවතින කැමැත්ත දුරු කළ යුතුයි. රාගය දුරු කළ යුතුයි. ඡන්දරාගය දුරු කළ යුතුයි. විඳීම ....(පෙ).... සඤ්ඤාව ....(පෙ).... සංස්කාර ....(පෙ).... අනාත්ම වූ දෙය යනු විඤ්ඤාණයයි. ඒ කෙරෙහි ඔබ තුළ පවතින කැමැත්ත දුරු කළ යුතුයි. රාගය දුරු කළ යුතුයි. ඡන්දරාගය දුරු කළ යුතුයි. පින්වත් රාධ, අනාත්ම වූ යමක් ඇද්ද, ඒ කෙරෙහි ඔබ තුළ පවතින කැමැත්ත දුරු කළ යුතුයි. රාගය දුරු කළ යුතුයි. ඡන්දරාගය දුරු කළ යුතුයි."

සාදු! සාදු!! සාදු!!!

අනත්ත සූත්‍රය නිමා විය.

2.3.8.
අනත්තධම්ම සූත්‍රය
අනාත්මයට අයත් දේ ගැන වදාළ දෙසුම

189. සැවැත් නුවර දී ....

එකත්පස්ව වැඩිවුණ ආයුෂ්මත් රාධයන් භාග්‍යවතුන් වහන්සේගෙන්

මෙකරුණ විමසුවා. "ස්වාමීනි, භාග්‍යවතුන් වහන්ස, ...(පෙ).... කෙලෙස් තවන වීරිය ඇතිව, දහමට දිවි පුදා වාසය කරනවා නම් එබඳු වූ ධර්මයක් මා හට සංක්ෂේපයෙන් වදාරණ සේක්වා!"

"පින්වත් රාධ, අනාත්ම ස්වභාවයට අයත් දෙය යනු යමක්ද, ඒ කෙරෙහි ඔබ තුළ පවතින කැමැත්ත දුරු කළ යුතුයි. රාගය දුරු කළ යුතුයි. ඡන්දරාගය දුරු කළ යුතුයි. පින්වත් රාධ, අනාත්ම ස්වභාවයට අයත් දෙය යනු කුමක්ද?

පින්වත් රාධ, අනාත්ම ස්වභාවයට අයත් දෙය යනු රූපයයි. ඒ කෙරෙහි ඔබ තුළ පවතින කැමැත්ත දුරු කළ යුතුයි. රාගය දුරු කළ යුතුයි. ඡන්දරාගය දුරු කළ යුතුයි. විඳීම ....(පෙ).... සඤ්ඤාව ....(පෙ).... සංස්කාර ....(පෙ).... අනාත්ම ස්වභාවයට අයත් දෙය යනු විඤ්ඤාණයයි. ඒ කෙරෙහි ඔබ තුළ පවතින කැමැත්ත දුරු කළ යුතුයි. රාගය දුරු කළ යුතුයි. ඡන්දරාගය දුරු කළ යුතුයි. පින්වත් රාධ, අනාත්ම ස්වභාවයට අයත් දෙය යනු යමක්ද, ඒ කෙරෙහි ඔබ තුළ පවතින කැමැත්ත දුරු කළ යුතුයි. රාගය දුරු කළ යුතුයි. ඡන්දරාගය දුරු කළ යුතුයි."

සාදු! සාදු!! සාදු!!!

අනත්තධම්ම සූත්‍රය නිමා විය.

2.3.9.
ඛයධම්ම සූත්‍රය
ගෙවී යන ස්වභාවයට අයත් දේ ගැන වදාළ දෙසුම

190. සැවැත් නුවර දී ....

එකත්පස්ව වාඩිවුණ ආයුෂ්මත් රාධයන් භාග්‍යවතුන් වහන්සේගෙන් මෙකරුණ විමසුවා. "ස්වාමීනි, භාග්‍යවතුන් වහන්ස, ...(පෙ).... කෙලෙස් තවන වීරිය ඇතිව, දහමට දිවි පුදා වාසය කරනවා නම් එබඳු වූ ධර්මයක් මා හට සංක්ෂේපයෙන් වදාරණ සේක්වා!"

"පින්වත් රාධ, ගෙවී යන ස්වභාවයට අයත් දෙය යනු යමක්ද, ඒ කෙරෙහි ඔබ තුළ පවතින කැමැත්ත දුරු කළ යුතුයි. රාගය දුරු කළ යුතුයි. ඡන්දරාගය

දුරු කළ යුතුයි. පින්වත් රාධ, ගෙවී යන ස්වභාවයට අයත් දෙය යනු කුමක්ද?

පින්වත් රාධ, ගෙවී යන ස්වභාවයට අයත් දෙය යනු රූපයයි. ඒ කෙරෙහි ඔබ තුළ පවතින කැමැත්ත දුරු කළ යුතුයි. රාගය දුරු කළ යුතුයි. ඡන්දරාගය දුරු කළ යුතුයි. විඳීම ....(පෙ).... සඤ්ඤාව ....(පෙ).... සංස්කාර ....(පෙ).... ගෙවී යන ස්වභාවයට අයත් දෙය යනු විඤ්ඤාණයයි. ඒ කෙරෙහි ඔබ තුළ පවතින කැමැත්ත දුරු කළ යුතුයි. රාගය දුරු කළ යුතුයි. ඡන්දරාගය දුරු කළ යුතුයි. පින්වත් රාධ, ගෙවී යන ස්වභාවයට අයත් දෙය යනු යමක්ද, ඒ කෙරෙහි ඔබ තුළ පවතින කැමැත්ත දුරු කළ යුතුයි. රාගය දුරු කළ යුතුයි. ඡන්දරාගය දුරු කළ යුතුයි."

සාදු! සාදු!! සාදු!!!

ඛයධම්ම සූත්‍රය නිමා විය.

2.3.10.
වයධම්ම සූත්‍රය
නැසී යන ස්වභාවයට අයත් දේ ගැන වදාළ දෙසුම

191. සැවැත් නුවර දී ....

එකත්පස්ව වාඩිවුණ ආයුෂ්මත් රාධයන් භාග්‍යවතුන් වහන්සේගෙන් මෙකරුණ විමසුවා. "ස්වාමීනි, භාග්‍යවතුන් වහන්ස, ...(පෙ).... කෙලෙස් තවන වීරිය ඇතිව, දහමට දිවි පුදා වාසය කරනවා නම් එබඳු වූ ධර්මයක් මා හට සංක්ෂේපයෙන් වදාරණ සේක්වා!"

"පින්වත් රාධ, නැසී යන ස්වභාවයට අයත් දෙය යනු යමක්ද, ඒ කෙරෙහි ඔබ තුළ පවතින කැමැත්ත දුරු කළ යුතුයි. රාගය දුරු කළ යුතුයි. ඡන්දරාගය දුරු කළ යුතුයි. පින්වත් රාධ, නැසී යන ස්වභාවයට අයත් දෙය යනු කුමක්ද?

පින්වත් රාධ, නැසී යන ස්වභාවයට අයත් දෙය යනු රූපයයි. ඒ කෙරෙහි ඔබ තුළ පවතින කැමැත්ත දුරු කළ යුතුයි. රාගය දුරු කළ යුතුයි. ඡන්දරාගය දුරු කළ යුතුයි. විඳීම ....(පෙ).... සඤ්ඤාව ....(පෙ).... සංස්කාර ....(පෙ).... නැසී යන ස්වභාවයට අයත් දෙය යනු විඤ්ඤාණයයි. ඒ කෙරෙහි ඔබ තුළ පවතින කැමැත්ත දුරු කළ යුතුයි. රාගය දුරු කළ යුතුයි. ඡන්දරාගය දුරු කළ යුතුයි.

පින්වත් රාධ, නැසී යන ස්වභාවයට අයත් දෙය යනු යමක්ද, ඒ කෙරෙහි ඔබ තුළ පවතින කැමැත්ත දුරු කළ යුතුයි. රාගය දුරු කළ යුතුයි. ඡන්දරාගය දුරු කළ යුතුයි."

සාදු! සාදු!! සාදු!!!

වයධම්ම සූත්‍රය නිමා විය.

2.3.11.
සමුදයධම්ම සූත්‍රය
හටගන්නා ස්වභාවයට අයත් දේ ගැන වදාළ දෙසුම

192. සැවැත් නුවර දී ....

එකත්පස්ව වාඩිවුණ ආයුෂ්මත් රාධයන් භාග්‍යවතුන් වහන්සේගෙන් මෙකරුණ විමසුවා. "ස්වාමීනි, භාග්‍යවතුන් වහන්ස, ...(පෙ).... කෙලෙස් තවන වීරිය ඇතිව, දහමට දිවි පුදා වාසය කරනවා නම් එබඳු වූ ධර්මයක් මා හට සංක්ෂේපයෙන් වදාරණ සේක්වා!"

පින්වත් රාධ, හටගන්නා ස්වභාවයට අයත් දෙය යනු යමක්ද, ඒ කෙරෙහි ඔබ තුළ පවතින කැමැත්ත දුරු කළ යුතුයි. රාගය දුරු කළ යුතුයි. ඡන්දරාගය දුරු කළ යුතුයි. පින්වත් රාධ, හටගන්නා ස්වභාවයට අයත් දෙය යනු කුමක්ද?

පින්වත් රාධ, හට ගන්නා ස්වභාවයට අයත් දෙය යනු රූපයයි. ඒ කෙරෙහි ඔබ තුළ පවතින කැමැත්ත දුරු කළ යුතුයි. රාගය දුරු කළ යුතුයි. ඡන්දරාගය දුරු කළ යුතුයි. විඳීම ....(පෙ).... සඤ්ඤාව ....(පෙ).... සංස්කාර ....(පෙ).... හටගන්නා ස්වභාවයට අයත් දෙය යනු විඤ්ඤාණයයි. ඒ කෙරෙහි ඔබ තුළ පවතින කැමැත්ත දුරු කළ යුතුයි. රාගය දුරු කළ යුතුයි. ඡන්දරාගය දුරු කළ යුතුයි. පින්වත් රාධ, හටගන්නා ස්වභාවයට අයත් දෙය යනු යමක්ද, ඒ කෙරෙහි ඔබ තුළ පවතින කැමැත්ත දුරු කළ යුතුයි. රාගය දුරු කළ යුතුයි. ඡන්දරාගය දුරු කළ යුතුයි."

සාදු! සාදු!! සාදු!!!

සමුදයධම්ම සූත්‍රය නිමා විය.

2.3.12.
නිරෝධධම්ම සූත්‍රය
නිරුද්ධවන ස්වභාවයට අයත් දේ ගැන වදාළ දෙසුම

192. සැවැත් නුවර දී ....

එකත්පස්ව වාඩිවුණ ආයුෂ්මත් රාධයන් භාග්‍යවතුන් වහන්සේගෙන් මෙකරුණ විමසුවා. "ස්වාමීනි, භාග්‍යවතුන් වහන්ස, ...(පෙ).... කෙලෙස් තවන වීරිය ඇතිව, දහමට දිවි පුදා වාසය කරනවා නම් එබඳු වූ ධර්මයක් මා හට සංක්ෂේපයෙන් වදාරණ සේක්වා!"

"පින්වත් රාධ, නිරුද්ධ වන ස්වභාවයට අයත් දෙය යනු යමක්ද, ඒ කෙරෙහි ඔබ තුළ පවතින කැමැත්ත දුරු කළ යුතුයි. රාගය දුරු කළ යුතුයි. ඡන්දරාගය දුරු කළ යුතුයි. පින්වත් රාධ, නිරුද්ධ වන ස්වභාවයට අයත් දෙය යනු කුමක්ද?

පින්වත් රාධ, නිරුද්ධ වන ස්වභාවයට අයත් දෙය යනු රූපයයි. ඒ කෙරෙහි ඔබ තුළ පවතින කැමැත්ත දුරු කළ යුතුයි. රාගය දුරු කළ යුතුයි. ඡන්දරාගය දුරු කළ යුතුයි. විඳීම ....(පෙ).... සඤ්ඤාව ....(පෙ).... සංස්කාර ....(පෙ).... නිරුද්ධ වන ස්වභාවයට අයත් දෙය යනු විඤ්ඤාණයයි. ඒ කෙරෙහි ඔබ තුළ පවතින කැමැත්ත දුරු කළ යුතුයි. රාගය දුරු කළ යුතුයි. ඡන්දරාගය දුරු කළ යුතුයි. පින්වත් රාධ, නිරුද්ධ වන ස්වභාවයට අයත් දෙය යනු යමක්ද, ඒ කෙරෙහි ඔබ තුළ පවතින කැමැත්ත දුරු කළ යුතුයි. රාගය දුරු කළ යුතුයි. ඡන්දරාගය දුරු කළ යුතුයි."

සාදු! සාදු!! සාදු!!!

නිරෝධධම්ම සූත්‍රය නිමා විය.

තුන්වෙනි ආයාචනා වර්ගය අවසන් විය.

- එහි පිළිවෙල උද්දානයයි :

මාර සූත්‍රය, මාරධම්ම සූත්‍රය, අනිච්ච සූත්‍ර දෙක, දුක්ඛ සූත්‍ර දෙක, එමෙන් ම අනත්ත සූත්‍ර දෙක, ඛයධම්ම සූත්‍රය, වයධම්ම සූත්‍රය, සමුදයධම්ම සූත්‍රය, නිරෝධධම්ම සූත්‍රය, යන දෙසුම් දොළොසකින් මේ වර්ගය සමන්විත වේ.

4. උපනිසින්න වර්ගය

2.4.1.
මාර සූත්‍රය
මාරයා ගැන වදාළ දෙසුම

194. සැවැත් නුවර දී ....

එදා ආයුෂ්මත් රාධයන් භාග්‍යවතුන් වහන්සේ වැඩසිටි තැනට පැමිණුනා. පැමිණිලා භාග්‍යවතුන් වහන්සේට ආදරයෙන් වන්දනා කරලා එකත්පස්ව වාඩිවුණා. එකත්පස්ව වාඩිවුණ ආයුෂ්මත් රාධයන් හට භාග්‍යවතුන් වහන්සේ මෙකරුණ වදාළා. පින්වත් රාධ, මාරයා යනු යමෙක්ද, ඒ කෙරෙහි ඔබ තුළ පවතින කැමැත්ත දුරු කළ යුතුයි. රාගය දුරු කළ යුතුයි. ඡන්දරාගය දුරු කළ යුතුයි. පින්වත් රාධ, මාරයා යනු කවුද?

පින්වත් රාධ, මාරයා යනු රූපයයි. ඒ කෙරෙහි ඔබ තුළ පවතින කැමැත්ත දුරු කළ යුතුයි. රාගය දුරු කළ යුතුයි. ඡන්දරාගය දුරු කළ යුතුයි. විඳීම ....(පෙ).... සඤ්ඤාව ....(පෙ).... සංස්කාර ....(පෙ).... මාරයා යනු විඤ්ඤාණයයි. ඒ කෙරෙහි ඔබ තුළ පවතින කැමැත්ත දුරු කළ යුතුයි. රාගය දුරු කළ යුතුයි. ඡන්දරාගය දුරු කළ යුතුයි. පින්වත් රාධ, මාරයා යනු යමෙක්ද, ඒ කෙරෙහි ඔබ තුළ පවතින කැමැත්ත දුරු කළ යුතුයි. රාගය දුරු කළ යුතුයි. ඡන්දරාගය දුරු කළ යුතුයි.

සාදු! සාදු!! සාදු!!!

මාර සූත්‍රය නිමා විය.

2.4.2.
මාරධම්ම සූත්‍රය
මාරයාට අයත් දෙය ගැන වදාළ දෙසුම

195. සැවැත් නුවර දී ....

එකත්පස්ව වාඩිවුණ ආයුෂ්මත් රාධයන් හට භාග්‍යවතුන් වහන්සේ මෙකරුණ වදාළා. පින්වත් රාධ, මාරයාට අයත් දෙය යනු යමක්ද, ඒ කෙරෙහි ඔබ තුළ පවතින කැමැත්ත දුරු කළ යුතුයි. රාගය දුරු කළ යුතුයි. ඡන්දරාගය දුරු කළ යුතුයි. පින්වත් රාධ, මාරයාට අයත් දෙය යනු කුමක්ද?

පින්වත් රාධ, මාරයාට අයත් දෙය යනු රූපයයි. ඒ කෙරෙහි ඔබ තුළ පවතින කැමැත්ත දුරු කළ යුතුයි. රාගය දුරු කළ යුතුයි. ඡන්දරාගය දුරු කළ යුතුයි. විඳීම ....(පෙ).... සඤ්ඤාව ....(පෙ).... සංස්කාර ....(පෙ).... මාරයාට අයත් දෙය යනු විඤ්ඤාණයයි. ඒ කෙරෙහි ඔබ තුළ පවතින කැමැත්ත දුරු කළ යුතුයි. රාගය දුරු කළ යුතුයි. ඡන්දරාගය දුරු කළ යුතුයි. පින්වත් රාධ, මාරයාට අයත් දෙය යනු යමක්ද, ඒ කෙරෙහි ඔබ තුළ පවතින කැමැත්ත දුරු කළ යුතුයි. රාගය දුරු කළ යුතුයි. ඡන්දරාගය දුරු කළ යුතුයි.

සාදු! සාදු!! සාදු!!!

මාරධම්ම සූත්‍රය නිමා විය.

2.4.3.
අනිච්ච සූත්‍රය
අනිත්‍යය ගැන වදාළ දෙසුම

196. සැවැත් නුවර දී ....

එකත්පස්ව වාඩිවුණ ආයුෂ්මත් රාධයන් හට භාග්‍යවතුන් වහන්සේ මෙකරුණ වදාළා. පින්වත් රාධ, අනිත්‍ය වූ යමක් ඇද්ද, ඒ කෙරෙහි ....(පෙ).... ඡන්දරාගය දුරු කළ යුතුයි.

සාදු! සාදු!! සාදු!!!

අනිච්ච සූත්‍රය නිමා විය.

2.4.4.
අනිච්චධම්ම සූත්‍රය
අනිත්‍යය ස්වභාවයට අයත් දේ ගැන වදාළ දෙසුම

197. සැවැත් නුවර දී ....

එකත්පස්ව වාඩිවුණ ආයුෂ්මත් රාධයන් හට භාග්‍යවතුන් වහන්සේ මෙකරුණ වදාළා. පින්වත් රාධ, අනිත්‍ය ස්වභාවයට අයත් වූ යමක් ඇද්ද, ඒ කෙරෙහි ....(පෙ).... ඡන්දරාගය දුරු කළ යුතුයි.

සාදු! සාදු!! සාදු!!!

අනිච්චධම්ම සූත්‍රය නිමා විය.

2.4.5.
දුක්ඛ සූත්‍රය
දුක ගැන වදාළ දෙසුම

198. සැවැත් නුවර දී ....

එකත්පස්ව වාඩිවුණ ආයුෂ්මත් රාධයන් හට භාග්‍යවතුන් වහන්සේ මෙකරුණ වදාළා. පින්වත් රාධ, දුක් වූ යමක් ඇද්ද, ඒ කෙරෙහි ....(පෙ).... ඡන්දරාගය දුරු කළ යුතුයි.

සාදු! සාදු!! සාදු!!!

දුක්ඛ සූත්‍රය නිමා විය.

2.4.6.
දුක්ඛධම්ම සූත්‍රය
දුකට අයත් දේ ගැන වදාළ දෙසුම

199. සැවැත් නුවර දී ....

එකත්පස්ව වාඩිවුණ ආයුෂ්මත් රාධයන් හට භාග්‍යවතුන් වහන්සේ මෙකරුණ වදාළා. පින්වත් රාධ, දුක් ස්වභාවයට අයත් වූ යමක් ඇද්ද, ඒ කෙරෙහි ....(පෙ).... ඡන්දරාගය දුරු කළ යුතුයි.

සාදු! සාදු!! සාදු!!!

දුක්ඛධම්ම සූත්‍රය නිමා විය.

2.4.7.
අනත්ත සූත්‍රය
අනාත්මය ගැන වදාළ දෙසුම

200. සැවැත් නුවර දී ....

එකත්පස්ව වාඩිවුණ ආයුෂ්මත් රාධයන් හට භාග්‍යවතුන් වහන්සේ මෙකරුණ වදාළා. පින්වත් රාධ, අනාත්ම වූ යමක් ඇද්ද, ඒ කෙරෙහි ....(පෙ).... ඡන්දරාගය දුරු කළ යුතුයි.

සාදු! සාදු!! සාදු!!!

අනත්ත සූත්‍රය නිමා විය.

2.4.8.
අනත්තධම්ම සූත්‍රය
අනාත්මයට අයත් දේ ගැන වදාළ දෙසුම

201. සැවැත් නුවර දී ....

එකත්පස්ව වාඩිවුණ ආයුෂ්මත් රාධයන් හට භාග්‍යවතුන් වහන්සේ මෙකරුණ වදාළා. පින්වත් රාධ, අනාත්ම ස්වභාවයට අයත් වූ යමක් ඇද්ද, ඒ කෙරෙහි ....(පෙ).... ඡන්දරාගය දුරු කළ යුතුයි.

සාදු! සාදු!! සාදු!!!

අනත්තධම්ම සූත්‍රය නිමා විය.

2.4.9.
බයධම්ම සූත්‍රය
ගෙවී යන ස්වභාවයට අයත් දේ ගැන වදාළ දෙසුම

202. සැවැත් නුවර දී ....

එකත්පස්ව වාඩිවුණ ආයුෂ්මත් රාධයන් හට භාග්‍යවතුන් වහන්සේ මෙකරුණ වදාළා. පින්වත් රාධ, ගෙවී යන ස්වභාවයට අයත් වූ යමක් ඇද්ද, ඒ කෙරෙහි ....(පෙ).... ඡන්දරාගය දුරු කළ යුතුයි.

සාදු! සාදු!! සාදු!!!

බයධම්ම සූත්‍රය නිමා විය.

2.4.10.
වයධම්ම සූත්‍රය
නැසී යන ස්වභාවයට අයත් දේ ගැන වදාළ දෙසුම

203. සැවැත් නුවර දී ....

එකත්පස්ව වාඩිවුණ ආයුෂ්මත් රාධයන් හට භාග්‍යවතුන් වහන්සේ මෙකරුණ වදාළා. පින්වත් රාධ, නැසී යන ස්වභාවයට අයත් වූ යමක් ඇද්ද, ඒ කෙරෙහි ....(පෙ).... ඡන්දරාගය දුරු කළ යුතුයි.

සාදු! සාදු!! සාදු!!!

වයධම්ම සූත්‍රය නිමා විය.

2.4.11.
සමුදයධම්ම සූත්‍රය
හටගන්නා ස්වභාවයට අයත් දේ ගැන වදාළ දෙසුම

204. සැවැත් නුවර දී ....

එකත්පස්ව වාඩිවුණ ආයුෂ්මත් රාධයන් හට භාග්‍යවතුන් වහන්සේ මෙකරුණ වදාළා. පින්වත් රාධ, හටගන්නා ස්වභාවයට අයත් වූ යමක් ඇද්ද,

ඒ කෙරෙහි ....(පෙ).... ඡන්දරාගය දුරු කළ යුතුයි.

සාදු! සාදු!! සාදු!!!

සමුදයධම්ම සූත්‍රය නිමා විය.

2.4.12.
නිරෝධධම්ම සූත්‍රය
නිරුද්ධවන ස්වභාවයට අයත් දේ ගැන වදාළ දෙසුම

205. සැවැත් නුවර දී ....

පින්වත් රාධ, නිරුද්ධ වන ස්වභාවයට අයත් දෙය යනු යමක්ද, ඒ කෙරෙහි ඔබ තුළ පවතින කැමැත්ත දුරු කළ යුතුයි. රාගය දුරු කළ යුතුයි. ඡන්දරාගය දුරු කළ යුතුයි. පින්වත් රාධ, නිරුද්ධ වන ස්වභාවයට අයත් දෙය යනු කුමක්ද?

පින්වත් රාධ, නිරුද්ධ වන ස්වභාවයට අයත් දෙය යනු රූපයයි. ඒ කෙරෙහි ඔබ තුළ පවතින කැමැත්ත දුරු කළ යුතුයි. රාගය දුරු කළ යුතුයි. ඡන්දරාගය දුරු කළ යුතුයි. විඳීම ....(පෙ).... සඤ්ඤාව ....(පෙ).... සංස්කාර ....(පෙ).... නිරුද්ධ වන ස්වභාවයට අයත් දෙය යනු විඤ්ඤාණයයි. ඒ කෙරෙහි ඔබ තුළ පවතින කැමැත්ත දුරු කළ යුතුයි. රාගය දුරු කළ යුතුයි. ඡන්දරාගය දුරු කළ යුතුයි. පින්වත් රාධ, නිරුද්ධ වන ස්වභාවයට අයත් දෙය යනු යමක්ද, ඒ කෙරෙහි ඔබ තුළ පවතින කැමැත්ත දුරු කළ යුතුයි. රාගය දුරු කළ යුතුයි. ඡන්දරාගය දුරු කළ යුතුයි.

සාදු! සාදු!! සාදු!!!

නිරෝධධම්ම සූත්‍රය නිමා විය.

හතරවෙනි උපනිසින්න වර්ගය අවසන් විය.

- **එහි පිළිවෙල උද්දානයයි :**

මාර සූත්‍රය, මාරධම්ම සූත්‍රය, අනිච්ච සූත්‍ර දෙක, දුක්ඛ සූත්‍ර දෙක, එමෙන් ම අනත්ත සූත්‍ර දෙක, ඛයධම්ම සූත්‍රය, වයධම්ම සූත්‍රය, සමුදයධම්ම සූත්‍රය, නිරෝධධම්ම සූත්‍රය, යන දෙසුම් දොළොසකින් මේ වර්ගය සමන්විත වේ.

(ඔය අයුරින් මාර සූත්‍ර විස්තර කළ යුතුය. එසේම නිරෝධධම්ම සූත්‍රයෙන් සූත්‍ර තිස් හයක් විස්තර කළ යුතුය. එසේම රාධ සංයුත්තය පිඬු කළ විට සූත්‍ර අනූහතරක් ලැබෙයි.)

රාධ සංයුත්තය නිමා විය.

3. දිට්ඨි සංයුත්තය

1. සෝතාපත්ති වර්ගය

3.1.1.
වාත සූත්‍රය
සුළඟ ගැන වදාළ දෙසුම

206. සැවැත් නුවර දී ....

"පින්වත් මහණෙනි, කුමක් තිබුණොත්ද, කුමකට බැඳීමෙන් ද, කවර දෙයක බැස ගැනීමෙන්ද මේ විදිහේ දෘෂ්ටියක් උපදින්නේ? '(එහි) සුළං හමන්නේ නෑ. ගංගාවන් ගලා බසින්නේ නෑ. ගර්භණීන් දරුවන් වදන්නේ නෑ. හිරු සඳු උදා වෙන්නේ නෑ. බැසයන්නෙත් නෑ. ඒ හැම දෙයක් ම නොසෙල්වෙන ඒසිකා ස්ථම්භයක් වගේ තියෙනවා' කියලා."

"ස්වාමීනි, අපගේ මේ ධර්මය තියෙන්නේ භාග්‍යවතුන් වහන්සේ මුල් කර ගෙනයි. ....(පෙ).... භාග්‍යවතුන් වහන්සේගෙන් අසාගෙන තමයි භික්ෂූන් මතකයේ රඳවා ගන්නේ."

"පින්වත් මහණෙනි, රූපය තිබුණොත් තමයි, රූපයට බැඳුණොත් තමයි, රූපයෙහි බැසගත්තොත් තමයි ඔය වගේ දෘෂ්ටියක් උපදින්නේ. '(එහි) සුළං හමන්නේ නෑ. ගංගාවන් ගලා බසින්නේ නෑ. ගර්භණීන් දරුවන් වදන්නේ නෑ. හිරු සඳු උදාවෙන්නේ නෑ. බැස යන්නෙත් නෑ. ඒ හැමදෙයක් ම නොසෙල්වෙන ඒසිකා ස්ථම්භයක් වගේ තියෙනවා' කියලා. විඳීම තිබුණොත් තමයි. ....(පෙ).... සඤ්ඤාව තිබුණොත් තමයි. ....(පෙ).... සංස්කාර තිබුණොත් තමයි. ....(පෙ).... විඤ්ඤාණය තිබුණොත් තමයි, විඤ්ඤාණයට බැඳුණොත් තමයි, විඤ්ඤාණයෙහි බැසගත්තොත් තමයි ඔය වගේ දෘෂ්ටියක් උපදින්නේ. '(එහි) සුළං හමන්නේ නෑ. ගංගාවන් ගලා බසින්නේ නෑ. ගර්භණීන් දරුවන් වදන්නේ නෑ. හිරු සඳු උදාවෙන්නේ නෑ. බැසයන්නෙත් නෑ. ඒ හැමදෙයක් ම නොසෙල්වෙන ඒසිකා ස්ථම්භයක් වගේ තියෙනවා.' කියලා.

පින්වත් මහණෙනි, මේ ගැන ඔබ කුමක්ද හිතන්නේ? රූපය නිත්‍ය දෙයක්ද? අනිත්‍ය දෙයක්ද?" "ස්වාමීනි, අනිත්‍යයි."

"යමක් වනාහී අනිත්‍ය නම් එය දුක් දෙයක්ද? සැප දෙයක්ද?" "ස්වාමීනි, දුකයි."

"යමක් වනාහී අනිත්‍ය නම්, දුක නම්, වෙනස්වන ධර්මතාවයට අයත් දෙයක් නම් එයට බැඳීමක් නැතුව, ඔය විදිහේ දෘෂ්ටියක් උපදීවිද? '(එහි) සුළං හමන්නේ නෑ. ගංගාවන් ගලා බසින්නේ නෑ. ගර්භණීන් දරුවන් වදන්නේ නෑ. හිරු සඳු උදාවෙන්නේ නෑ. බැස යන්නෙත් නෑ. ඒ හැමදෙයක් ම නොසෙල්වෙන ඒසිකා ස්ථම්භයක් වගේ තියෙනවා' කියලා." "ස්වාමීනි, එය නොවේ ම යි."

"වේදනාව ....(පෙ).... සඤ්ඤාව ....(පෙ).... සංස්කාර ....(පෙ).... විඤ්ඤාණය යනු නිත්‍ය දෙයක්ද? අනිත්‍ය දෙයක්ද?" "ස්වාමීනි, අනිත්‍යයි"

"යමක් වනාහී අනිත්‍ය නම් එය දුක් දෙයක්ද? සැප දෙයක්ද?" "ස්වාමීනි, දුකයි."

"යමක් වනාහී අනිත්‍ය නම්, දුක නම්, වෙනස්වන ධර්මතාවයට අයත් දෙයක් නම් එයට බැඳීමක් නැතුව, ඔය විදිහේ දෘෂ්ටියක් උපදීවිද? '(එහි) සුළං හමන්නේ නෑ. ගංගාවන් ගලා බසින්නේ නෑ. ගර්භණීන් දරුවන් වදන්නේ නෑ. හිරු සඳු උදාවෙන්නේ නෑ. බැස යන්නෙත් නෑ. ඒ හැමදෙයක් ම නොසෙල්වෙන ඒසිකා ස්ථම්භයක් වගේ තියෙනවා' කියලා." "ස්වාමීනි, එය නොවේ ම යි."

"යම් මේ දැකගන්නා ලද දෙයක් ඇද්ද, අසනා ලද දෙයක් ඇද්ද, දැනගත් ගඳ සුවඳක් ඇද්ද, විඳින ලද රසයක් ඇද්ද, දැනගත් පහසක් ඇද්ද, සිතන ලද යමක් ඇද්ද, පතන ලද දෙයක් ඇද්ද, සොයන ලද දෙයක් ඇද්ද, මනසින් හසුරුවන ලද යමක් ඇද්ද, එය පවා නිත්‍යයිද? අනිත්‍යයිද?" "ස්වාමීනි, අනිත්‍යයි."

"යමක් වනාහී අනිත්‍ය නම් එය දුක් දෙයක්ද? සැප දෙයක්ද?" "ස්වාමීනි, දුකයි."

"යමක් වනාහී අනිත්‍ය නම්, දුක නම්, වෙනස්වන ධර්මතාවයට අයත් දෙයක් නම් එයට බැඳීමක් නැතුව, ඔය විදිහේ දෘෂ්ටියක් උපදීවිද? '(එහි) සුළං හමන්නේ නෑ. ගංගාවන් ගලා බසින්නේ නෑ. ගර්භණීන් දරුවන් වදන්නේ නෑ. හිරු සඳු උදාවෙන්නේ නෑ. බැස යන්නෙත් නෑ. ඒ හැමදෙයක් ම නොසෙල්වෙන ඒසිකා ස්ථම්භයක් වගේ තියෙනවා' කියලා." "ස්වාමීනි, එය නොවේ ම යි."

"පින්වත් මහණෙනි, යම් දවසක ආර්ය ශ්‍රාවකයා තුළ මේ (දිට්ඨ, සුත, මුත, විඤ්ඤාත, පත්තපරියේසිත, අනුවිචරිත යන) සය තැන පිළිබඳව ම සැකය ප්‍රහීණ වෙලා ගියා නම් ඔහුට ප්‍රහීණ වෙලා ගියේ දුක ගැන ඇති සැකයයි. ඔහුට ප්‍රහීණ වෙලා ගියේ දුකේ හටගැනීම ගැන ඇති සැකයයි. ඔහුට ප්‍රහීණ වෙලා ගියේ දුක නිරුද්ධ වීම ගැන ඇති සැකයයි. ඔහුට ප්‍රහීණ වෙලා ගියේ දුක නිරුද්ධ වීම පිණිස පවතින ප්‍රතිපදාව ගැන ඇති සැකයයි. පින්වත් මහණෙනි, මොහුට කියන්නේ සතර අපායෙහි නොවැටෙන ස්වභාවයෙන් යුතු, නියත වශයෙන් ම නිවන අවබෝධ කරගන්නා වූ, සෝතාපන්න ආර්ය ශ්‍රාවකයා කියලයි."

සාදු! සාදු!! සාදු!!!

වාත සූත්‍රය නිමා විය.

3.1.2.
ඒතං මම සූත්‍රය
'මේක මගේ' යන්න ගැන වදාළ දෙසුම

207. සැවැත් නුවර දී ....

"පින්වත් මහණෙනි, කුමක් තිබුණොත්ද, කුමකට බැඳීමෙන්ද, කවර දෙයක බැසගැනීමෙන්ද මේ විදිහේ දෘෂ්ටියක් උපදින්නේ? 'මේක මගේ, මේක තමයි මම, මේක මගේ ආත්මය' කියලා."

"ස්වාමීනි, අපගේ මේ ධර්මය තියෙන්නේ භාග්‍යවතුන් වහන්සේ මුල් කර ගෙනයි ....(පෙ).... භාග්‍යවතුන් වහන්සේගෙන් අසාගෙන තමයි භික්ෂූන් මතකයේ රඳවා ගන්නේ."

"පින්වත් මහණෙනි, රූපය තිබුණොත් තමයි, රූපයට බැඳුණොත් තමයි, රූපයෙහි බැස ගත්තොත් තමයි ඔය වගේ දෘෂ්ටියක් උපදින්නේ. 'මේක මගේ, මේක තමයි මම, මේක මගේ ආත්මය' කියලා. විඳීම තිබුණොත් තමයි ....(පෙ).... සඤ්ඤාව තිබුණොත් තමයි ....(පෙ).... සංස්කාර තිබුණොත් තමයි ....(පෙ).... විඤ්ඤාණය තිබුණොත් තමයි, විඤ්ඤාණයට බැඳුණොත් තමයි, විඤ්ඤාණයෙහි බැසගත්තොත් තමයි ඔය වගේ දෘෂ්ටියක් උපදින්නේ. 'මේක මගේ, මේක තමයි මම, මේක මගේ ආත්මය' කියලා.

පින්වත් මහණෙනි, මේ ගැන ඔබ කුමක්ද හිතන්නේ? රූපය නිත්‍ය දෙයක්ද? අනිත්‍ය දෙයක්ද?" "ස්වාමීනි, අනිත්‍යයි."

"යමක් වනාහී අනිත්‍ය නම් එය දුක් දෙයක්ද? සැප දෙයක්ද?" "ස්වාමීනි, දුකයි."

"යමක් වනාහී අනිත්‍ය නම්, දුක නම්, වෙනස්වන ධර්මතාවයට අයත් දෙයක් නම් එයට බැඳීමක් නැතුව, ඔය විදිහේ දෘෂ්ටියක් උපදීවිද? 'මේක මගේ, මේක තමයි මම, මේක මගේ ආත්මය' කියලා." "ස්වාමීනි, එය නොවේ ම යි."

"වේදනාව ....(පෙ).... සඤ්ඤාව ....(පෙ).... සංස්කාර ....(පෙ).... විඤ්ඤාණය යනු නිත්‍ය දෙයක්ද? අනිත්‍ය දෙයක්ද?" "ස්වාමීනි, අනිත්‍යයි."

"යමක් වනාහී අනිත්‍ය නම් එය දුක් දෙයක්ද? සැප දෙයක්ද?" "ස්වාමීනි, දුකයි."

"යමක් වනාහී අනිත්‍ය නම්, දුක නම්, වෙනස්වන ධර්මතාවයට අයත් දෙයක් නම් එයට බැඳීමක් නැතුව, ඔය විදිහේ දෘෂ්ටියක් උපදීවිද? 'මේක මගේ, මේක තමයි මම, මේක මගේ ආත්මය' කියලා." "ස්වාමීනි, එය නොවේ ම යි."

යම් මේ දැකගන්නා ලද දෙයක් ඇද්ද, අසනා ලද දෙයක් ඇද්ද, දැනගත් ගඳ සුවඳක් ඇද්ද, විඳින ලද රසයක් ඇද්ද, දැනගත් පහසක් ඇද්ද, සිතන ලද යමක් ඇද්ද, පතන ලද දෙයක් ඇද්ද, සොයන ලද දෙයක් ඇද්ද, මනසින් හසුරුවන ලද යමක් ඇද්ද, එය පවා නිත්‍යයිද? අනිත්‍යයිද?" "ස්වාමීනි, අනිත්‍යයි."

"යමක් වනාහී අනිත්‍ය නම් එය දුක් දෙයක්ද? සැප දෙයක්ද? ස්වාමීනි, දුකයි."

"යමක් වනාහී අනිත්‍ය නම්, දුක නම්, වෙනස්වන ධර්මතාවයට අයත් දෙයක් නම් එයට බැඳීමක් නැතුව, ඔය විදිහේ දෘෂ්ටියක් උපදීවිද? 'මේක මගේ, මේක තමයි මම, මේක මගේ ආත්මය' කියලා." "ස්වාමීනි, එය නොවේ ම යි."

"පින්වත් මහණෙනි, යම් දවසක ආර්ය ශ්‍රාවකයා තුළ මේ (දිට්ඨ, සුත, මුත, විඤ්ඤාත, පත්තපරියේසිත, අනුවිචරිත යන) සය තැන පිළිබඳව ම සැකය ප්‍රහීණ වෙලා ගියා නම් ඔහුට ප්‍රහීණ වෙලා ගියේ දුක ගැන ඇති සැකයයි. ඔහුට ප්‍රහීණ වෙලා ගියේ දුකේ හටගැනීම ගැන ඇති සැකයයි. ඔහුට ප්‍රහීණ වෙලා ගියේ දුක නිරුද්ධ වීම ගැන ඇති සැකයයි. ඔහුට ප්‍රහීණ වෙලා ගියේ දුක නිරුද්ධ වීම පිණිස පවතින ප්‍රතිපදාව ගැන ඇති සැකයයි. පින්වත් මහණෙනි,

මොහුට කියන්නේ සතර අපායෙහි නොවැටෙන ස්වභාවයෙන් යුතු, නියත වශයෙන් ම නිවන අවබෝධ කරගන්නා වූ, සෝතාපන්න ආර්ය ශ්‍රාවකයා කියලයි."

සාදු! සාදු!! සාදු!!!

ඒතං මම සූත්‍රය නිමා විය.

3.1.3.
සෝ අත්තා සූත්‍රය
'ආත්මය එයයි' යන්න ගැන වදාළ දෙසුම

208. සැවැත් නුවර දී ....

"පින්වත් මහණෙනි, කුමක් තිබුණොත්ද, කුමකට බැඳීමෙන්ද, කවර දෙයක බැසගැනීමෙන්ද මේ විදිහේ දෘෂ්ටියක් උපදින්නේ? 'ආත්මය එයයි. ලෝකය එයයි. ඒ මම පරලොවදී නිත්‍ය වූ, ස්ථිර වූ, සනාතන වූ, නොවෙනස් වන ස්වභාවයට පත්වන කෙනෙක් වෙනවා' කියලා."

"ස්වාමීනි, අපගේ මේ ධර්මය තියෙන්නේ භාග්‍යවතුන් වහන්සේ මුල් කරගෙනයි. ....(පෙ).... භාග්‍යවතුන් වහන්සේගෙන් අසාගෙන තමයි භික්ෂූන් මතකයේ රඳවා ගන්නේ."

"පින්වත් මහණෙනි, රූපය තිබුණොත් තමයි, රූපයට බැඳුණොත් තමයි, රූපයෙහි බැස ගත්තොත් තමයි ඔය වගේ දෘෂ්ටියක් උපදින්නේ. 'ආත්මය එයයි. ලෝකය එයයි. ඒ මම පරලොවදී නිත්‍ය වූ, ස්ථිර වූ, සනාතන වූ, නොවෙනස් වන ස්වභාවයට පත්වන කෙනෙක් වෙනවා, කියලා. විඳීම තිබුණොත් තමයි ....(පෙ).... සඤ්ඤාව තිබුණොත් තමයි ....(පෙ).... සංස්කාර තිබුණොත් තමයි ....(පෙ).... විඤ්ඤාණය තිබුණොත් තමයි, විඤ්ඤාණයට බැඳුණොත් තමයි, විඤ්ඤාණයෙහි බැසගත්තොත් තමයි ඔය වගේ දෘෂ්ටියක් උපදින්නේ. 'ආත්මය එයයි. ලෝකය එයයි. ඒ මම පරලොවදී නිත්‍ය වූ, ස්ථිර වූ, සනාතන වූ, නොවෙනස් වන ස්වභාවයට පත්වන කෙනෙක් වෙනවා' කියලා.

පින්වත් මහණෙනි, මේ ගැන ඔබ කුමක්ද හිතන්නේ? රූපය නිත්‍ය දෙයක්ද? අනිත්‍ය දෙයක්ද?" "ස්වාමීනි, අනිත්‍යයි."

"යමක් වනාහී අනිත්‍ය නම් එය දුක් දෙයක්ද? සැප දෙයක්ද?" "ස්වාමීනි, දුකයි."

"යමක් වනාහී අනිත්‍ය නම්, දුක නම්, වෙනස්වන ධර්මතාවයට අයත් දෙයක් නම් එයට බැඳීමක් නැතුව, ඔය විදිහේ දෘෂ්ටියක් උපදීවිද? 'ආත්මය එයයි. ලෝකය එයයි. ඒ මම පරලොවදී නිත්‍ය වූ, ස්ථිර වූ, සනාතන වූ, නොවෙනස් වන ස්වභාවයට පත්වන කෙනෙක් වෙනවා' කියලා." "ස්වාමීනි, එය නොවේ ම යි."

"වේදනාව ....(පෙ).... සඤ්ඤාව ....(පෙ).... සංස්කාර ....(පෙ).... විඤ්ඤාණය යනු නිත්‍ය දෙයක්ද? අනිත්‍ය දෙයක්ද?" ස්වාමීනි, අනිත්‍යයි"

"යමක් වනාහී අනිත්‍ය නම් එය දුක් දෙයක්ද? සැප දෙයක්ද?" "ස්වාමීනි, දුකයි."

"යමක් වනාහී අනිත්‍ය නම්, දුක නම්, වෙනස්වන ධර්මතාවයට අයත් දෙයක් නම් එයට බැඳීමක් නැතුව, ඔය විදිහේ දෘෂ්ටියක් උපදීවිද? 'ආත්මය එයයි. ලෝකය එයයි. ඒ මම පරලොවදී නිත්‍ය වූ, ස්ථිර වූ, සනාතන වූ, නොවෙනස් වන ස්වභාවයට පත්වන කෙනෙක් වෙනවා' කියලා." "ස්වාමීනි, එය නොවේ ම යි."

"යම් මේ දැකගන්නා ලද දෙයක් ඇද්ද, අසනා ලද දෙයක් ඇද්ද, දැනගත් ගඳ සුවඳක් ඇද්ද, විඳින ලද රසයක් ඇද්ද, දැනගත් පහසක් ඇද්ද, සිතන ලද යමක් ඇද්ද, පතන ලද දෙයක් ඇද්ද, සොයන ලද දෙයක් ඇද්ද, මනසින් හසුරුවන ලද යමක් ඇද්ද, එය පවා නිත්‍යයිද? අනිත්‍යයිද?" "ස්වාමීනි, අනිත්‍යයි."

"යමක් වනාහී අනිත්‍ය නම් එය දුක් දෙයක්ද? සැප දෙයක්ද?" "ස්වාමීනි, දුකයි."

"යමක් වනාහී අනිත්‍ය නම්, දුක නම්, වෙනස්වන ධර්මතාවයට අයත් දෙයක් නම් එයට බැඳීමක් නැතුව, ඔය විදිහේ දෘෂ්ටියක් උපදීවිද? 'ආත්මය එයයි. ලෝකය එයයි. ඒ මම පරලොවදී නිත්‍ය වූ, ස්ථිර වූ, සනාතන වූ, නොවෙනස් වන ස්වභාවයට පත්වන කෙනෙක් වෙනවා' කියලා." "ස්වාමීනි, එය නොවේ ම යි."

"පින්වත් මහණෙනි, යම් දවසක ආර්ය ශ්‍රාවකයා තුළ මේ (දිට්ඨ, සුත, මුත, විඤ්ඤාත, පත්තපරියේසිත, අනුවිචරිත යන) සය තැන පිළිබඳව ම සැකය

ප්‍රහීණ වෙලා ගියා නම් ඔහුට ප්‍රහීණ වෙලා ගියේ දුක ගැන ඇති සැකයයි. ....(පෙ).... ඔහුට ප්‍රහීණ වෙලා ගියේ දුක නිරුද්ධ වීම පිණිස පවතින ප්‍රතිපදාව ගැන ඇති සැකයයි. පින්වත් මහණෙනි, මොහුට කියන්නේ සතර අපායෙහි නොවැටෙන ස්වභාවයෙන් යුතු, නියත වශයෙන් ම නිවන අවබෝධ කරගන්නා වූ, සෝතාපන්න ආර්ය ශ්‍රාවකයා කියලයි."

සාදු! සාදු!! සාදු!!!

සෝ අත්තා සූත්‍රය නිමා විය.

3.1.4.
නෝ ච මේ සියා සූත්‍රය
'මා හට නොවන්නේ ය' යන්න ගැන වදාළ දෙසුම

209. සැවැත් නුවර දී ....

"පින්වත් මහණෙනි, කුමක් තිබුණොත්ද, කුමකට බැඳීමෙන්ද, කවර දෙයක බැසගැනීමෙන්ද මේ විදිහේ දෘෂ්ටියක් උපදින්නේ? 'ඉදින් මං හිටියේ නැත්නම්, මා හට නොවන්නේ ය. මං අනාගතයේ නැත්නම්, අනාගතයේද මට නොවන්නේ ය' කියලා."

"ස්වාමීනි, අපගේ මේ ධර්මය තියෙන්නේ භාග්‍යවතුන් වහන්සේ මුල් කර ගෙනයි. ....(පෙ)...."

"පින්වත් මහණෙනි, රූපය තිබුණොත් තමයි, රූපයට බැඳුණොත් තමයි, රූපයෙහි බැසගත්තොත් තමයි ඔය වගේ දෘෂ්ටියක් උපදින්නේ. 'ඉදින් මං හිටියේ නැත්නම්, මා හට නොවන්නේ ය. මං අනාගතයේ නැත්නම්, අනාගතයේ ද මට නොවන්නේ ය' කියලා. විඳීම තිබුණොත් තමයි ....(පෙ).... සඤ්ඤාව තිබුණොත් තමයි ....(පෙ).... සංස්කාර තිබුණොත් තමයි ....(පෙ).... විඤ්ඤාණය තිබුණොත් තමයි, විඤ්ඤාණයට බැඳුණොත් තමයි, විඤ්ඤාණයෙහි බැසගත්තොත් තමයි ඔය වගේ දෘෂ්ටියක් උපදින්නේ. 'ඉදින් මං හිටියේ නැත්නම්, මා හට නොවන්නේ ය. මං අනාගතයේ නැත්නම්, අනාගතයේද මට නොවන්නේ ය' කියලා.

පින්වත් මහණෙනි, මේ ගැන ඔබ කුමක්ද හිතන්නේ? රූපය නිත්‍ය දෙයක්ද? අනිත්‍ය දෙයක්ද?" "ස්වාමීනි, අනිත්‍යයි."

"යමක් වනාහී අනිත්‍ය නම් එය දුක් දෙයක්ද? සැප දෙයක්ද?" "ස්වාමීනි, දුකයි."

"යමක් වනාහී අනිත්‍ය නම්, දුක නම්, වෙනස්වන ධර්මතාවයට අයත් දෙයක් නම් එයට බැඳීමක් නැතුව, ඔය විදිහේ දෘෂ්ටියක් උපදීවිද? 'ඉදින් මං හිටියේ නැත්නම්, මා හට නොවන්නේ ය. මං අනාගතයේ නැත්නම්, අනාගතයේද මට නො වන්නේ ය' කියලා." "ස්වාමීනි, එය නොවේ ම යි."

"වේදනාව ....(පෙ).... සඤ්ඤාව ....(පෙ).... සංස්කාර ....(පෙ).... විඤ්ඤාණය ....(පෙ).... යම් මේ දැකගන්නා ලද දෙයක් ඇද්ද, අසනා ලද දෙයක් ඇද්ද, දැනගත් ගඳ සුවඳක් ඇද්ද, විඳින ලද රසයක් ඇද්ද, දැනගත් පහසක් ඇද්ද, සිතන ලද යමක් ඇද්ද, පතන ලද දෙයක් ඇද්ද, සොයන ලද දෙයක් ඇද්ද, මනසින් හසුරුවන ලද යමක් ඇද්ද, එය පවා නිත්‍යයිද? අනිත්‍යයිද?" "ස්වාමීනි, අනිත්‍යයි."

"යමක් වනාහී අනිත්‍ය නම් එය දුක් දෙයක්ද? සැප දෙයක්ද?" "ස්වාමීනි, දුකයි."

"යමක් වනාහී අනිත්‍ය නම්, දුක නම්, වෙනස්වන ධර්මතාවයට අයත් දෙයක් නම් එයට බැඳීමක් නැතුව, ඔය විදිහේ දෘෂ්ටියක් උපදීවිද? 'ඉදින් මං හිටියේ නැත්නම්, මා හට නොවන්නේ ය. මං අනාගතයේ නැත්නම්, අනාගතයේද මට නොවන්නේ ය' කියලා." "ස්වාමීනි, එය නොවේ ම යි."

"පින්වත් මහණෙනි, යම් දවසක ආර්ය ශ්‍රාවකයා තුළ මේ (දිට්ඨ, සුත, මුත, විඤ්ඤාත, පත්තපරියේසිත, අනුවිචරිත යන) සය තැන පිළිබඳව ම සැකය ප්‍රහීණ වෙලා ගියා නම් ඔහුට ප්‍රහීණ වෙලා ගියේ දුක ගැන ඇති සැකයයි. ....(පෙ).... ඔහුට ප්‍රහීණ වෙලා ගියේ දුක නිරුද්ධ වීම පිණිස පවතින ප්‍රතිපදාව ගැන ඇති සැකයයි. පින්වත් මහණෙනි, මොහුට කියන්නේ සතර අපායෙහි නොවැටෙන ස්වභාවයෙන් යුතු, නියත වශයෙන් ම නිවන අවබෝධ කරගන්නා වූ, සෝතාපන්න ආර්ය ශ්‍රාවකයා කියලයි."

සාදු! සාදු!! සාදු!!!

නෝ ච මේ සියා සූත්‍රය නිමා විය.

3.1.5.
නත්ථි දින්න සූත්‍රය
'දීමෙහි විපාක නැත' යන්න ගැන වදාළ දෙසුම

210. සැවැත් නුවර දී ....

"පින්වත් මහණෙනි, කුමක් තිබුණොත්ද, කුමකට බැඳීමෙන්ද, කවර දෙයක බැසගැනීමෙන්ද මේ විදිහේ දෘෂ්ටියක් උපදින්නේ? 'දීමෙහි විපාක නැත. පුදපූජාවන්වල විපාක නැත. ඇප උපස්ථාන සේවා ආදියෙහි විපාක නැත. කුසල අකුසල කර්මයන්ගේ විපාක නැත. මෙලොව නැත. පරලොවක් නැත. (විශේෂයෙන් සැළකිය යුතු) මවක් නැත. (විශේෂයෙන් සැළකිය යුතු) පියෙක් නැත. ඕපපාතික සත්වයන් නැත. ලෝකයෙහි යහපත් මගෙහි ගමන් කළ, යහපත් ප්‍රතිපදාවෙන් යුතුව මේ ලෝකයත්, පරලොවත් ස්වකීය ප්‍රඥාවෙන් ම අවබෝධ කොට ප්‍රකාශ කරන්නා වූ යම් ශ්‍රමණ බමුණන්ද නැත. සතර මහා ධාතුන්ගෙන් හටගත් මේ පුරුෂයා යම් දවසක කළුරිය කළෝතින් පඨවි ධාතුව, පඨවි ධාතුවට එකතු වෙනවා. අපෝ ධාතුව, ආපෝ ධාතුවට එකතු වෙනවා. තේජෝ ධාතුව, තේජෝ ධාතුවට එකතු වෙනවා. වායෝ ධාතුව, වායෝ ධාතුවට එකතු වෙනවා. ඉන්ද්‍රියයන් අහස කරා යනවා. මිනී ඇඳ පස් වෙනුවට තබා ගත් පුරුෂයන් මළ සිරුර රැගෙන යනවා. ගුණ ගායනය තියෙන්නේ ආදාහනය දක්වා විතරයි. ඇට ටික පරවිපැහැ ගැන්වෙනවා. හෝම පූජාවන් අළු වලින් අවසන් වෙනවා. දානය කියා කියන්නේ අඥානයින් පණවා ගත්තු දෙයක්. යම් කිසි කෙනෙක් ඕවා තියෙනවා කියලා කියනවා නම්, ඒවා ඔවුන්ගේ තුච්ඡ වූ බොරු ප්‍රලාප විතරයි. අඥාන උදවියත්, නුවණැති උදවියත් කය බිඳුණට පස්සේ උච්ඡේදයට පත්වෙනවා. වැනසිලා යනවා. මරණින් මතු පැවැත්මක් නෑ' කියලා."

"ස්වාමීනි, අපගේ මේ ධර්මය තියෙන්නේ භාග්‍යවතුන් වහන්සේ මුල් කරගෙනයි ....(පෙ)...."

"පින්වත් මහණෙනි, රූපය තිබුණොත් තමයි, රූපයට බැඳුණොත් තමයි, රූපයෙහි බැසගත්තොත් තමයි ඔය වගේ දෘෂ්ටියක් උපදින්නේ. 'දීමෙහි විපාක නැත. පුදපූජාවන්වල විපාක නැත ....(පෙ).... කය බිඳුණට පස්සේ උච්ඡේදයට පත්වෙනවා. වැනසිලා යනවා. මරණින් මතු පැවැත්මක් නෑ' කියලා. විඳීම තිබුණොත් තමයි ....(පෙ).... සඤ්ඤාව තිබුණොත් තමයි ....(පෙ).... සංස්කාර

තිබුණොත් තමයි ....(පෙ).... විඤ්ඤාණය තිබුණොත් තමයි, විඤ්ඤාණයට බැඳුණොත් තමයි, විඤ්ඤාණයෙහි බැසගත්තොත් තමයි ඔය වගේ දෘෂ්ටියක් උපදින්නේ. 'දීමෙහි විපාක නැත. පුදපූජාවන්වල විපාක නැත ....(පෙ).... කය බිඳුණට පස්සේ උච්ඡේදයට පත්වෙනවා. වැනසිලා යනවා. මරණින් මතු පැවැත්මක් නෑ' කියලා.

පින්වත් මහණෙනි, මේ ගැන ඔබ කුමක්ද හිතන්නේ? රූපය නිත්‍ය දෙයක්ද? අනිත්‍ය දෙයක්ද?" "ස්වාමීනි, අනිත්‍යයි."

"යමක් වනාහී අනිත්‍ය නම් එය දුක් දෙයක්ද? සැප දෙයක්ද?" "ස්වාමීනි, දුකයි."

"යමක් වනාහී අනිත්‍ය නම්, දුක නම්, වෙනස්වන ධර්මතාවයට අයත් දෙයක් නම් එයට බැඳීමක් නැතුව, ඔය විදිහේ දෘෂ්ටියක් උපදීවිද? 'දීමෙහි විපාක නැත. පුදපූජාවන්වල විපාක නැත ....(පෙ).... කය බිඳුණට පස්සේ උච්ඡේදයට පත්වෙනවා. වැනසිලා යනවා. මරණින් මතු පැවැත්මක් නෑ' කියලා." "ස්වාමීනි, එය නොවේ ම යි."

"වේදනාව ....(පෙ).... සඤ්ඤාව ....(පෙ).... සංස්කාර ....(පෙ).... විඤ්ඤාණය යනු නිත්‍ය දෙයක්ද? අනිත්‍ය දෙයක්ද?" "ස්වාමීනි, අනිත්‍යයි ....(පෙ)...."

"යමක් වනාහී අනිත්‍ය නම් එය දුක් දෙයක්ද? සැප දෙයක්ද?" "ස්වාමීනි, දුකයි."

"යමක් වනාහී අනිත්‍ය නම්, දුක නම්, වෙනස්වන ධර්මතාවයට අයත් දෙයක් නම් එයට බැඳීමක් නැතුව, ඔය විදිහේ දෘෂ්ටියක් උපදීවිද? 'දීමෙහි විපාක නැත. පුදපූජාවන්වල විපාක නැත ....(පෙ)..... කය බිඳුණට පස්සේ උච්ඡේදයට පත්වෙනවා. වැනසිලා යනවා. මරණින් මතු පැවැත්මක් නෑ' කියලා. ස්වාමීනි, එය නොවේ ම යි."

"යම් මේ දැකගන්නා ලද දෙයක් ඇද්ද, අසනා ලද දෙයක් ඇද්ද, දැනගත් ගඳ සුවඳක් ඇද්ද, විඳින ලද රසයක් ඇද්ද, දැනගත් පහසක් ඇද්ද, සිතන ලද යමක් ඇද්ද, පතන ලද දෙයක් ඇද්ද, සොයන ලද දෙයක් ඇද්ද, මනසින් හසුරුවන ලද යමක් ඇද්ද, එය පවා නිත්‍යයිද? අනිත්‍යයිද?" "ස්වාමීනි, අනිත්‍යයි."

"යමක් වනාහී අනිත්‍ය නම් එය දුක් දෙයක්ද? සැප දෙයක්ද?" "ස්වාමීනි, දුකයි."

"යමක් වනාහී අනිත්‍ය නම්, දුක නම්, වෙනස්වන ධර්මතාවයට අයත් දෙයක් නම් එයට බැඳීමක් නැතුව, ඔය විදිහේ දෘෂ්ටියක් උපදීවිද? 'දීමෙහි විපාක නැත. පුදපූජාවන්වල විපාක නැත. ඇප උපස්ථාන සේවා ආදියෙහි විපාක නැත. කුසල අකුසල කර්මයන්ගේ විපාක නැත. මෙලොව නැත. පරලොවක් නැත. (විශේෂයෙන් සැළකිය යුතු) මවක් නැත. (විශේෂයෙන් සැළකිය යුතු) පියෙක් නැත. ඕපපාතික සත්වයන් නැත. ලෝකයෙහි යහපත් මගෙහි ගමන් කළ, යහපත් ප්‍රතිපදාවෙන් යුතුව මේ ලෝකයත්, පරලොවත් ස්වකීය ප්‍රඥාවෙන් ම අවබෝධ කොට ප්‍රකාශ කරන්නා වූ යම් ශ්‍රමණ බමුණන්ද නැත. සතර මහා ධාතුන්ගෙන් හටගත් මේ පුරුෂයා යම් දවසක කළුරිය කළෝතින් පඨවි ධාතුව, පඨවි ධාතුවට එකතු වෙනවා. අපෝ ධාතුව, ආපෝ ධාතුවට එකතු වෙනවා. තේජෝ ධාතුව, තේජෝ ධාතුවට එකතු වෙනවා. වායෝ ධාතුව, වායෝ ධාතුවට එකතු වෙනවා. ඉන්ද්‍රියයන් අහස කරා යනවා. මිනී ඇඳ පස් වෙනුවට තබා ගත් පුරුෂයන් මළ සිරුර රැගෙන යනවා. ගුණ ගායනය තියෙන්නේ ආදාහනය දක්වා විතරයි. ඇට ටික පරවිපැහැ ගැන්වෙනවා. හෝම පූජාවන් අළු වලින් අවසන් වෙනවා. දානය කියා කියන්නේ අඥානයින් පණවා ගත්තු දෙයක්. යම්කිසි කෙනෙක් ඕවා තියෙනවා කියලා කියනවා නම්, ඒවා ඔවුන්ගේ තුච්ඡ වූ බොරු ප්‍රලාප විතරයි. අඥාන උදවියත්, නුවණැති උදවියත් කය බිඳුණට පස්සේ උච්ඡේදයට පත්වෙනවා. වැනසිලා යනවා. මරණින් මතු පැවැත්මක් නෑ, කියලා." "ස්වාමීනි, එය නොවේ ම යි."

"පින්වත් මහණෙනි, යම් දවසක ආර්ය ශ්‍රාවකයා තුළ මේ (දිට්ඨ, සුත, මුත, විඤ්ඤාත, පත්තපරියේසිත, අනුවිචරිත යන) සය තැන පිළිබඳව ම සැකය ප්‍රහීණ වෙලා ගියා නම් ඔහුට ප්‍රහීණ වෙලා ගියේ දුක ගැන ඇති සැකයයි. ....(පෙ).... ඔහුට ප්‍රහීණ වෙලා ගියේ දුක නිරුද්ධ වීම පිණිස පවතින ප්‍රතිපදාව ගැන ඇති සැකයයි. පින්වත් මහණෙනි, මොහුට කියන්නේ සතර අපායෙහි නොවැටෙන ස්වභාවයෙන් යුතු, නියත වශයෙන් ම නිවන අවබෝධ කරගන්නා වූ, සෝතාපන්න ආර්ය ශ්‍රාවකයා කියලයි."

සාදු! සාදු!! සාදු!!!

නත්ථි දින්න සූත්‍රය නිමා විය.

3.1.6.
කරතෝ සූත්‍රය
'කරන කොට' යන්න ගැන වදාළ දෙසුම

211. සැවැත් නුවර දී ....

"පින්වත් මහණෙනි, කුමක් තිබුණොත්ද, කුමකට බැඳීමෙන්ද, කවර දෙයක බැසගැනීමෙන්ද මේ විදිහේ දෘෂ්ටියක් උපදින්නේ? 'කරන කෙනාට, අනුන් ලවා කරවන කෙනාට, අනුන්ගේ අත්පා සිඳින කෙනාට, අනුන්ගේ අත්පා සිඳවන කෙනාට, අනුන්ව පෙළන කෙනාටත්, පෙළවන කෙනාටත්, අනුන්ව සෝකයට පත්කරන කෙනාටත්, කරවන කෙනාටත්, අනුන්ව වෙහෙසන කෙනාටත්, වෙහෙසවන කෙනාටත්, අනුන්ව කම්පා කරන කෙනාටත්, කම්පා කරවන කෙනාටත්, සතුන් මරණ කෙනාටත්, මරවන කෙනාටත්, නොදුන් දෙය සොරකම් කරන කෙනාටත්, සොරකම් කරවන කෙනාටත්, ගෙවල් බිඳින කෙනාටත්, බිඳවන කෙනාටත්, මං පහරන කෙනාටත්, මං පහරවන කෙනාටත්, එක් ගෙයක් වට කොට කොල්ලකන කෙනාටත්, මඟ රැක සිට කොල්ලකන කෙනාටත්, පරස්ත්‍රීන් කරා යන කෙනාටත්, බොරු කියන කෙනාටත්, ඒවා කරවන කෙනාටත්, එයින් පවක් නොකෙරෙයි. ඉතා තියුණු මුවහත් ඇති ආයුධයක් ගෙන මේ පොළොවෙහි සියලු සතුන් එකම මස්ගොඩක් බවට, එකම මස් පිණ්ඩයක් බවට පත් කෙරුවත්, ඒ හේතුවෙන් සිදුවෙන පවක් නෑ. පාපයෙහි නැවත පැමිණීමක් නෑ. ඉදින් වනසමින්, ඝාතනය කරවමින්, සිඳිමින්, සිඳවමින්, පෙළමින්, පෙළවමින් දකුණු ගං තෙර දක්වා ගියත් ඒ හේතුවෙන් සිදුවෙන පවක් නෑ. පාපයෙහි නැවත පැමිණීමක් නෑ. ඉදින් දන් දෙමින්, දෙවමින් යාග කරමින්, යාග කරවමින් උතුරු ගං තෙර දක්වා ගියත්, ඒ හේතුවෙන් සිදුවෙන පිනක් නෑ. පිනෙහි නැවත පැමිණීමක් නෑ. දානයෙන්, ඉන්ද්‍රිය දමනයෙන්, සීලසංවරයෙන්, සත්‍ය වචනයෙන් පිනක් ලැබෙන්නේ නෑ. පිනක ආපසු පැමිණීමක් නෑ' කියලා."

"ස්වාමීනි, අපගේ මේ ධර්මය තියෙන්නේ භාග්‍යවතුන් වහන්සේ මුල් කරගෙනයි ....(පෙ)...."

"පින්වත් මහණෙනි, රූපය තිබුණොත් තමයි, රූපයට බැඳුණොත් තමයි, රූපයෙහි බැසගත්තොත් තමයි ඔය වගේ දෘෂ්ටියක් උපදින්නේ. 'කරන කෙනාට, අනුන් ලවා කරවන කෙනාට ....(පෙ).... දානයෙන්, ඉන්ද්‍රිය දමනයෙන්,

සීලසංවරයෙන්, සත්‍ය වචනයෙන් පිනක් ලැබෙන්නේ නෑ. පිනක ආපසු පැමිණීමක් නෑ' කියලා. විඳීම තිබුණොත් තමයි ....(පෙ).... සඤ්ඤාව තිබුණොත් තමයි ....(පෙ).... සංස්කාර තිබුණොත් තමයි ....(පෙ).... විඤ්ඤාණය තිබුණොත් තමයි, විඤ්ඤාණයට බැඳුණොත් තමයි, විඤ්ඤාණයෙහි බැසගත්තොත් තමයි ඔය වගේ දෘෂ්ටියක් උපදින්නේ. 'කරන කෙනාට, අනුන් ලවා කරවන කෙනාට ....(පෙ).... සත්‍ය වචනයෙන් පිනක් ලැබෙන්නේ නෑ. පිනක ආපසු පැමිණීමක් නෑ' කියලා.

පින්වත් මහණෙනි, මේ ගැන ඔබ කුමක්ද හිතන්නේ? රූපය නිත්‍ය දෙයක්ද? අනිත්‍ය දෙයක්ද?" "ස්වාමීනි, අනිත්‍යයි. ....(පෙ)...."

"එයට බැඳීමක් නැතුව, ඔය විදිහේ දෘෂ්ටියක් උපදීවිද? 'කරන කෙනාට, අනුන් ලවා කරවන කෙනාට ....(පෙ).... පිනක ආපසු පැමිණීමක් නෑ' කියලා." "ස්වාමීනි, එය නොවේ ම යි."

"වේදනාව ....(පෙ).... සඤ්ඤාව ....(පෙ).... සංස්කාර ....(පෙ).... විඤ්ඤාණය ....(පෙ).... යම් මේ දැකගන්නා ලද දෙයක් ඇද්ද, අසනා ලද දෙයක් ඇද්ද, දැනගත් ගඳ සුවඳක් ඇද්ද, විඳින ලද රසයක් ඇද්ද, දැනගත් පහසක් ඇද්ද, සිතන ලද යමක් ඇද්ද, පතන ලද දෙයක් ඇද්ද, සොයන ලද දෙයක් ඇද්ද, මනසින් හසුරුවන ලද යමක් ඇද්ද, එය පවා නිත්‍යයිද? අනිත්‍යයිද?" "ස්වාමීනි, අනිත්‍යයි."

"යමක් වනාහී අනිත්‍ය නම් එය දුක් දෙයක්ද? සැප දෙයක්ද?" "ස්වාමීනි, දුකයි."

"යමක් වනාහී අනිත්‍ය නම්, දුක නම්, වෙනස්වන ධර්මතාවයට අයත් දෙයක් නම් එයට බැඳීමක් නැතුව, ඔය විදිහේ දෘෂ්ටියක් උපදීවිද? 'කරන කෙනාට, අනුන් ලවා කරවන කෙනාට, අනුන්ගේ අත්පා සිඳින කෙනාට, අනුන්ගේ අත්පා සිඳවන කෙනාට, අනුන්ව පෙළන කෙනාටත්, පෙළවන කෙනාටත්, අනුන්ව සෝකයට පත්කරන කෙනාටත්, කරවන කෙනාටත්, අනුන්ව වෙහෙසන කෙනාටත්, වෙහෙසවන කෙනාටත්, අනුන්ව කම්පා කරන කෙනාටත්, කම්පා කරවන කෙනාටත්, සතුන් මරණ කෙනාටත්, මරවන කෙනාටත්, නොදුන් දෙය සොරකම් කරන කෙනාටත්, සොරකම් කරවන කෙනාටත්, ගෙවල් බිඳින කෙනාටත්, බිඳවන කෙනාටත්, මං පහරන කෙනාටත්, මං පහරවන කෙනාටත්, එක් ගෙයක් වට කොට කොල්ලකන කෙනාටත්, මඟරැක සිට කොල්ලකන කෙනාටත්, පරස්ත්‍රීන් කරා යන කෙනාටත්, බොරු කියන කෙනාටත්, ඒවා කරවන කෙනාටත්, එයින් පවක් නොකෙරෙයි. ඉතා

තියුණු මුවහත් ඇති ආයුධයක් ගෙන මේ පොළොවෙහි සියලු සතුන් එකම මස්ගොඩක් බවට, එකම මස් පිණ්ඩයක් බවට පත් කෙරුවත්, ඒ හේතුවෙන් සිදුවෙන පවක් නෑ. පාපයෙහි නැවත පැමිණීමක් නෑ. ඉදින් වනසමින්, ඝාතනය කරවමින්, සිඳිමින්, සිඳවමින්, පෙළමින්, පෙළවමින් දකුණු ගං තෙර දක්වා ගියත් ඒ හේතුවෙන් සිදුවෙන පවක් නෑ. පාපයෙහි නැවත පැමිණීමක් නෑ. ඉදින් දන් දෙමින්, දෙවමින් යාග කරමින්, යාග කරවමින් උතුරු ගං තෙර දක්වා ගියත්, ඒ හේතුවෙන් සිදුවෙන පිනක් නෑ. පිනෙහි නැවත පැමිණීමක් නෑ. දානයෙන්, ඉන්ද්‍රිය දමනයෙන්, සීලසංවරයෙන්, සත්‍ය වචනයෙන් පිනක් ලැබෙන්නේ නෑ. පිනක ආපසු පැමිණීමක් නෑ' කියලා." "ස්වාමීනි, එය නොවේ ම යි."

"පින්වත් මහණෙනි, යම් දවසක ආර්ය ශ්‍රාවකයා තුළ මේ (දිට්ඨ, සුත, මුත, විඤ්ඤාත, පත්තපරියේසිත, අනුවිචරිත යන) සය තැන පිළිබඳව ම සැකය ප්‍රහීණ වෙලා ගියා නම් ඔහුට ප්‍රහීණ වෙලා ගියේ දුක ගැන ඇති සැකයයි. ඔහුට ප්‍රහීණ වෙලා ගියේ දුකේ හටගැනීම ගැන ඇති සැකයයි. ඔහුට ප්‍රහීණ වෙලා ගියේ දුක නිරුද්ධ වීම ගැන ඇති සැකයයි. ඔහුට ප්‍රහීණ වෙලා ගියේ දුක නිරුද්ධ වීම පිණිස පවතින ප්‍රතිපදාව ගැන ඇති සැකයයි. පින්වත් මහණෙනි, මොහුට කියන්නේ සතර අපායෙහි නොවැටෙන ස්වභාවයෙන් යුතු, නියත වශයෙන් ම නිවන අවබෝධ කරගන්නා වූ, සෝතාපන්න ආර්ය ශ්‍රාවකයා කියලයි."

සාදු! සාදු!! සාදු!!!

කරතෝ සූත්‍රය නිමා විය.

3.1.7.
හේතු සූත්‍රය
'හේතු නැත' යන්න ගැන වදාළ දෙසුම

212. සැවැත් නුවර දී ....

"පින්වත් මහණෙනි, කුමක් තිබුණොත්ද, කුමකට බැඳීමෙන්ද, කවර දෙයක බැසගැනීමෙන්ද මේ විදිහේ දෘෂ්ටියක් උපදින්නේ? 'සත්වයන්ගේ කිළුටු වීමට හේතුවන දේවල් නැත. උපකාර වන දේවල් නැත. හේතු රහිතව ම, ප්‍රත්‍ය රහිතව ම සත්වයන් කෙලෙසී යනවා. සත්වයන්ගේ පිරිසිදු වීමට

හේතු වන දේවල් නැත. උපකාර වන දේවල් නැත. හේතු රහිතව ම, ප්‍රත්‍ය රහිතව ම සත්වයන් පිරිසිදු වෙනවා. කායික මානසිකව පවතින බලයක් නැත. වීරියක් නැත. පුරුෂ වීරිය කියා දෙයක් නැත. පුරුෂ පරාක්‍රමය කියා දෙයක් නැත. සියලු සත්වයන්, සියලු ප්‍රාණීන්, සියලු භූතයින්, සියලු ජීවීන්, ඉන්නේ තමන්ගේ පාලනයෙන් තොරවයි. බල රහිතවයි. වීරිය රහිතවයි. නියත වශයෙන් ම සසර සැරිසැරීමෙන් මෝරලා යනවා. අභිජාති හය තුළ තමයි ඔවුන් සැප දුක් විඳින්නේ' කියලා."

"ස්වාමීනි, අපගේ මේ ධර්මය තියෙන්නේ භාග්‍යවතුන් වහන්සේ මුල් කර ගෙනයි ....(පෙ)...."

"පින්වත් මහණෙනි, රූපය තිබුණොත් තමයි, රූපයට බැඳුණොත් තමයි, රූපයෙහි බැසගත්තොත් තමයි ඔය වගේ දෘෂ්ටියක් උපදින්නේ. 'සත්වයන්ගේ කිළුටු වීමට හේතුවන දේවල් නැත. උපකාර වන දේවල් නැත ....(පෙ).... අභිජාති හය තුළ තමයි ඔවුන් සැප දුක් විඳින්නේ, කියලා. විඳීම තිබුණොත් තමයි ....(පෙ).... සඤ්ඤාව තිබුණොත් තමයි ....(පෙ).... සංස්කාර තිබුණොත් තමයි ....(පෙ).... විඤ්ඤාණය තිබුණොත් තමයි, විඤ්ඤාණයට බැඳුණොත් තමයි, විඤ්ඤාණයෙහි බැසගත්තොත් තමයි ඔය වගේ දෘෂ්ටියක් උපදින්නේ. 'සත්වයන්ගේ කිළුටු වීමට හේතුවන දේවල් නැත. උපකාර වන දේවල් නැත ....(පෙ).... අභිජාති හය තුළ තමයි ඔවුන් සැප දුක් විඳින්නේ' කියලා.

පින්වත් මහණෙනි, මේ ගැන ඔබ කුමක්ද හිතන්නේ? රූපය නිත්‍ය දෙයක්ද? අනිත්‍ය දෙයක්ද?" "ස්වාමීනි, අනිත්‍යයි."

"යමක් වනාහී අනිත්‍ය නම්, දුක නම්, වෙනස්වන ධර්මතාවයට අයත් දෙයක් නම් එයට බැඳීමක් නැතුව, ඔය විදිහේ දෘෂ්ටියක් උපදීවිද? 'සත්වයන්ගේ කිළුටු වීමට හේතුවන දේවල් නැත. උපකාර වන දේවල් නැත ....(පෙ).... අභිජාති හය තුළ තමයි ඔවුන් සැප දුක් විඳින්නේ' කියලා." "ස්වාමීනි, එය නොවේ ම යි."

"වේදනාව ....(පෙ).... සඤ්ඤාව ....(පෙ).... සංස්කාර ....(පෙ).... විඤ්ඤාණය ....(පෙ).... යම් මේ දැකගන්නා ලද දෙයක් ඇද්ද, අසනා ලද දෙයක් ඇද්ද, දැනගත් ගඳ සුවඳක් ඇද්ද, විඳින ලද රසයක් ඇද්ද, දැනගත් පහසක් ඇද්ද, සිතන ලද යමක් ඇද්ද, පතන ලද දෙයක් ඇද්ද, සොයන ලද දෙයක් ඇද්ද, මනසින් හසුරුවන ලද යමක් ඇද්ද, එය පවා නිත්‍යයිද? අනිත්‍යයිද?" "ස්වාමීනි, අනිත්‍යයි."

"යමක් වනාහී අනිත්‍ය නම් එය දුක් දෙයක්ද? සැප දෙයක්ද?" "ස්වාමීනි, දුකයි."

"යමක් වනාහී අනිත්‍ය නම්, දුක නම්, වෙනස්වන ධර්මතාවයට අයත් දෙයක් නම් එයට බැඳීමක් නැතුව, ඔය විදිහේ දෘෂ්ටියක් උපදීවිද? 'සත්වයන්ගේ කිළුටු වීමට හේතු වන දේවල් නැත. උපකාර වන දේවල් නැත. හේතු රහිතව ම, ප්‍රත්‍ය රහිතව ම සත්වයන් කෙලෙසී යනවා. සත්වයන්ගේ පිරිසිදු වීමට හේතු වන දේවල් නැත. උපකාර වන දේවල් නැත. හේතු රහිතව ම, ප්‍රත්‍ය රහිතව ම සත්වයන් පිරිසිදු වෙනවා. කායික මානසිකව පවතින බලයක් නැත. වීරියක් නැත. පුරුෂ වීරිය කියා දෙයක් නැත. පුරුෂ පරාක්‍රමය කියා දෙයක් නැත. සියලු සත්වයන්, සියලු ප්‍රාණීන්, සියලු භූතයින්, සියලු ජීවීන්, ඉන්නේ තමන්ගේ පාලනයෙන් තොරවයි. බල රහිතවයි. වීරිය රහිතවයි. නියත වශයෙන් ම සසර සැරිසැරීමෙන් මෝරලා යනවා. අභිජාති හය තුළ තමයි ඔවුන් සැප දුක් විඳින්නේ' කියලා." "ස්වාමීනි, එය නොවේ ම යි."

"පින්වත් මහණෙනි, යම් දවසක ආර්ය ශ්‍රාවකයා තුළ මේ (දිට්ඨ, සුත, මුත, විඤ්ඤාත, පත්තපරියේසිත, අනුවිචරිත යන) සය තැන පිළිබඳව ම සැකය ප්‍රහීණ වෙලා ගියා නම් ඔහුට ප්‍රහීණ වෙලා ගියේ දුක ගැන ඇති සැකයයි. ....(පෙ).... ඔහුට ප්‍රහීණ වෙලා ගියේ දුක නිරුද්ධ වීම පිණිස පවතින ප්‍රතිපදාව ගැන ඇති සැකයයි. පින්වත් මහණෙනි, මොහුට කියන්නේ සතර අපායෙහි නොවැටෙන ස්වභාවයෙන් යුතු, නියත වශයෙන් ම නිවන අවබෝධ කරගන්නා වූ, සෝතාපන්න ආර්ය ශ්‍රාවකයා කියලයි."

සාදු! සාදු!! සාදු!!!

හේතු සූත්‍රය නිමා විය.

3.1.8.
මහා දිට්ඨි සූත්‍රය
මහා දෘෂ්ටිය ගැන වදාළ දෙසුම

213. සැවැත් නුවර දී ....

"පින්වත් මහණෙනි, කුමක් තිබුණොත්ද, කුමකට බැඳීමෙන්ද, කවර

දෙයක බැසගැනීමෙන්ද මේ විදිහේ දෘෂ්ටියක් උපදින්නේ? 'මේ කාය හතක් තියෙනවා. ඒව කවුරුත් කළ දේවල් නොවෙයි. විධානය කරලා නොවෙයි. දේව මැවිල්ලක් නොවෙයි. වෙන මැවිල්ලකුත් නොවෙයි. වඳ බැහැලයි තියෙන්නේ. පර්වත කූටයක් වගේ ස්ථිරවයි තියෙන්නේ. ඒෂිකාස්ථම්භයක් වගේ ස්ථිරවයි තියෙන්නේ. ඒවායේ වෙනස්කම් ඇතිවන්නේ නෑ. පරිණාමයක් වෙන්නේ නෑ. එකිනෙකට බාධා ඇතිවෙන්නේ නෑ. එකිනෙකට සැප පිණිස හෝ දුක් පිණිස හෝ සැපදුක් පිණිස හෝ පවතින්නේ නෑ.

ඒ සප්ත කාය කුමක්ද? පඨවිකාය, ආපෝකාය, තේජෝකාය, වායෝකාය, සැප, දුක හා ජීව යන හතයි. මේ තමයි සප්ත කාය. මේවා කවුරුත් කළ දේවල් නොවෙයි. විධානය කරලා නොවෙයි. දේව මැවිල්ලක් නොවෙයි. වෙන මැවිල්ලකුත් නොවෙයි. වඳ බැහැලයි තියෙන්නේ. පර්වත කූටයක් වගේ ස්ථිරවයි තියෙන්නේ. ඒෂිකාස්ථම්භයක් වගේ ස්ථිරවයි තියෙන්නේ. ඒවායේ වෙනස්කම් ඇතිවන්නේ නෑ. පරිණාමයක් වෙන්නේ නෑ. එකිනෙකට බාධා ඇතිවෙන්නේ නෑ. එකිනෙකට සැප පිණිස හෝ දුක් පිණිස හෝ සැපදුක් පිණිස හෝ පවතින්නේ නෑ. යම් කෙනෙක් තියුණු ආයුධයක් ගෙන තව කෙනෙකුගේ හිස සින්දොත්, කවුරුවත්, කාගෙවත් ජීවිතය තොර කළේ නෑ. අර සප්තකාය අතරින් ආයුධය සිදුරු කරගෙන ගියා විතරයි.

මේ ප්‍රධාන යෝනි (උප්පත්ති ස්ථාන) දාහතරලක්ෂයක් තියෙනවා. තවත් යෝනි හයදාහක් තියෙනවා. තව හයසියයකුත් තියෙනවා. කර්ම පන්සියයක් තියෙනවා. තව කර්ම පහක් තියෙනවා. තව කර්ම තුනකුත් තියෙනවා. සම්පූර්ණ කර්මත්, අර්ධ කර්මත් තියෙනවා. ප්‍රතිපදා හැට දෙකක් තියෙනවා. අන්තර කල්ප හැට දෙකක් තියෙනවා. අභිජාති හයක් තියෙනවා. පුරුෂ භූමි අටක් තියෙනවා. ආජීවයන් එකසිය හතළිස් නවයක් තියෙනවා. පරිබ්‍රාජක පැවිදිකම් එකසිය හතළිස් නවයක් තියෙනවා. නාගයන්ගේ වාසස්ථාන එකසිය හතළිස් නවයක් තියෙනවා. ඉන්ද්‍රියයන් එකසිය විස්සක් තියෙනවා. නිරය එකසිය තිහක් තියෙනවා. රජෝධාතු තිස්හයක් තියෙනවා. සඤ්ඤී ගර්භ හතක් තියෙනවා. අසඤ්ඤී ගර්භ හතක් තියෙනවා. නිගණ්ඨ ගර්භ හතක් තියෙනවා. දේව ගර්භ හතක් තියෙනවා. මිනිස් ගර්භ හතක් තියෙනවා. පිසාච ගර්භ හතක් තියෙනවා. මහාවිල් හතක් තියෙනවා. මහා ගැට හතක් තියෙනවා. කුඩා ගැට හත් සියයක් තියෙනවා. ප්‍රපාත සියයක් තියෙනවා. කුඩා ප්‍රපාත හත්සියයක් තියෙනවා. මහා සිහින හතක් තියෙනවා. කුඩා සිහින හත්සියයක් තියෙනවා. අඥාන උදවියත් නුවණැති උදවියත් යන කවුරුත් කල්ප අසූහතර ලක්ෂයක් සංසාරේ සැරිසරලයි දුක් කෙලවර කරන්නේ.

එහි මේවා නෑ. 'මං මේ සීලයෙන් හරි, ව්‍රතයෙන් හරි, තපසෙන් හරි, බ්‍රහ්මචාරී ජීවිතයෙන් හරි, නොමේරූ කර්මයන් මුහුකුරුවන්නෙමියි කියලා හෝ මේරූ කර්මයන් විඳව විඳවා කෙලවර කරන්නෙමියි කියලා කියනවා නම් එහෙම දෙයක් නෑ. ඔය සැප දුක් කියන්නේ ද්‍රෝණයකින් මැනලා තියෙන දෙයක් වගේ. සංසාරය කෙලවර වෙන්නේ ඒ විදිහටයි. සසරේ පිරිහීමකුත් නෑ. වැඩීමකුත් නෑ. නැගීමකුත් නෑ. බැසීමකුත් නෑ. ඒක හරියට ඈතට වීසි කරපු නූල් බෝලයක් වගේ. ඒ නූල එතිලා තියෙන ප්‍රමාණයටයි ලෙහි ලෙහී යන්නේ. අන්න ඒ වගේ තමයි අඥාන උදවියත්, පණ්ඩිත උදවියත් ලෙහි ලෙහී යමින් සැප දුක් විඳනවා' කියලා."

"ස්වාමීනි, අපගේ මේ ධර්මය තියෙන්නේ භාග්‍යවතුන් වහන්සේ මුල් කර ගෙනයි ....(පෙ)...."

"පින්වත් මහණෙනි, රූපය තිබුණොත් තමයි, රූපයට බැඳුණොත් තමයි, රූපයෙහි බැසගත්තොත් තමයි ඔය වගේ දෘෂ්ටියක් උපදින්නේ. 'මේ කාය හතක් තියෙනවා. ඒවා කවුරුවත් කළ දේවල් නොවෙයි. විධානය කරලා නොවෙයි ....(පෙ).... සැප දුක් විඳිනවා, කියලා. විඳීම තිබුණොත් තමයි ....(පෙ).... සඤ්ඤාව තිබුණොත් තමයි ....(පෙ).... සංස්කාර තිබුණොත් තමයි ....(පෙ).... විඤ්ඤාණය තිබුණොත් තමයි, විඤ්ඤාණයට බැඳුණොත් තමයි, විඤ්ඤාණයෙහි බැසගත්තොත් තමයි ඔය වගේ දෘෂ්ටියක් උපදින්නේ. 'මේ කාය හතක් තියෙනවා. ඒවා කවුරුවත් කළ දේවල් නොවෙයි. විධානය කරලා නොවෙයි ....(පෙ).... සැප දුක් විඳිනවා' කියලා.

පින්වත් මහණෙනි, මේ ගැන ඔබ කුමක්ද හිතන්නේ? රූපය නිත්‍ය දෙයක්ද? අනිත්‍ය දෙයක්ද?" "ස්වාමීනි, අනිත්‍යයි ....(පෙ)...."

"යමක් වනාහී අනිත්‍ය නම්, දුක නම්, වෙනස්වන ධර්මතාවයට අයත් දෙයක් නම් එයට බැඳීමක් නැතුව, ඔය විදිහේ දෘෂ්ටියක් උපදීවිද? 'මේ කාය හතක් තියෙනවා. ඒව කවුරුත් කළ දේවල් නොවෙයි. විධානය කරලා නොවෙයි. දේව මැවිල්ලක් නොවෙයි. වෙන මැවිල්ලකුත් නොවෙයි. වඳ බැහැලයි තියෙන්නේ. පර්වත කූටයක් වගේ ස්ථිරවයි තියෙන්නේ. ඒෂිකාස්ථම්භයක් වගේ ස්ථිරවයි තියෙන්නේ. ඒවායේ වෙනස්කම් ඇතිවන්නේ නෑ. පරිණාමයක් වෙන්නේ නෑ. එකිනෙකට බාධා ඇතිවෙන්නේ නෑ. එකිනෙකට සැප පිණිස හෝ දුක් පිණිස හෝ සැපදුක් පිණිස හෝ පවතින්නේ නෑ.

ඒ සප්ත කාය කුමක්ද? පඨවිකාය, ආපෝකාය, තේජෝකාය, වායෝකාය, සැප, දුක හා ජීව යන හතයි. මේ තමයි සප්ත කාය. මේවා කවුරුත් කළ

දේවල් නොවෙයි. විධානය කරලා නොවෙයි. දේව මැවිල්ලක් නොවෙයි. වෙන මැවිල්ලකුත් නොවෙයි. වඳ බැහැලයි තියෙන්නේ. පර්වත කූටයක් වගේ ස්ථිරවයි තියෙන්නේ. ඒෂිකාස්ථම්භයක් වගේ ස්ථිරවයි තියෙන්නේ. ඒවායේ වෙනස්කම් ඇතිවන්නේ නෑ. පරිණාමයක් වෙන්නේ නෑ. එකිනෙකට බාධා ඇතිවෙන්නේ නෑ. එකිනෙකට සැප පිණිස හෝ දුක් පිණිස හෝ සැපදුක් පිණිස හෝ පවතින්නේ නෑ. යම් කෙනෙක් තියුණු ආයුධයක් ගෙන තව කෙනෙකු ගේ හිස සින්දොත්, කවුරුවත්, කාගෙවත් ජීවිතය තොර කළේ නෑ. අර සප්තකාය අතරින් ආයුධය සිදුරු කරගෙන ගියා විතරයි.

මේ ප්‍රධාන යෝනි (උප්පත්ති ස්ථාන) දාහතරලක්ෂයක් තියෙනවා. තවත් යෝනි හයදාහක් තියෙනවා. තව හයසියයකුත් තියෙනවා. කර්ම පන්සියයක් තියෙනවා. තව කර්ම පහක් තියෙනවා. තව කර්ම තුනකුත් තියෙනවා. සම්පූර්ණ කර්මත්, අර්ධ කර්මත් තියෙනවා. ප්‍රතිපදා හැට දෙකක් තියෙනවා. අන්තර කල්ප හැට දෙකක් තියෙනවා. අභිජාති හයක් තියෙනවා. පුරුෂ භූමි අටක් තියෙනවා. ආජීවයන් එකසිය හතළිස් නවයක් තියෙනවා. පරිබ්‍රාජක පැවිදිකම් එකසිය හතළිස් නවයක් තියෙනවා. නාගයන්ගේ වාසස්ථාන එකසිය හතළිස් නවයක් තියෙනවා. ඉන්ද්‍රියයන් එකසිය විස්සක් තියෙනවා. නිරය එකසිය තිහක් තියෙනවා. රජෝධාතු තිස්හයක් තියෙනවා. සඤ්ඤී ගර්භ හතක් තියෙනවා. අසඤ්ඤී ගර්භ හතක් තියෙනවා. නිගණ්ඨ ගර්භ හතක් තියෙනවා. දේව ගර්භ හතක් තියෙනවා. මිනිස් ගර්භ හතක් තියෙනවා. පිසාච ගර්භ හතක් තියෙනවා. මහාවිල් හතක් තියෙනවා. මහා ගැට හතක් තියෙනවා. කුඩා ගැට හත් සියයක් තියෙනවා. ප්‍රපාත සියයක් තියෙනවා. කුඩා ප්‍රපාත හත්සියයක් තියෙනවා. මහා සිහින හතක් තියෙනවා. කුඩා සිහින හත්සියයක් තියෙනවා. අඥාන උදවියත් නුවණැති උදවියත් යන කවුරුත් කල්ප අසූහතර ලක්ෂයක් සංසාරේ සැරිසරලයි දුක් කෙලවර කරන්නේ.

එහි මේවා නෑ. 'මං මේ සීලයෙන් හරි, ව්‍රතයෙන් හරි, තපසෙන් හරි, බ්‍රහ්මචාරී ජීවිතයෙන් හරි, නොමේරූ කර්මයන් මුහුකුරුවන්නෙමියි කියලා හෝ මේරූ කර්මයන් විඳව විඳවා කෙලවර කරන්නෙමියි කියලා කියනවා නම් එහෙම දෙයක් නෑ. ඔය සැප දුක් කියන්නේ ද්‍රෝණයකින් මැනලා තියෙන දෙයක් වගේ. සංසාරය කෙලවර වෙන්නේ ඒ විදිහටයි. සසරේ පිරිහීමකුත් නෑ. වැඩීමකුත් නෑ. නැගීමකුත් නෑ. බැසීමකුත් නෑ. ඒක හරියට ඈතට වීසි කරපු නූල් බෝලයක් වගේ. ඒ නූල එතිලා තියෙන ප්‍රමාණයටයි ලෙහි ලෙහී යන්නේ. අන්න ඒ වගේ තමයි අඥාන උදවියත්, පණ්ඩිත උදවියත් ලෙහි ලෙහී යමින් සැප දුක් විඳනවා' කියලා." "ස්වාමීනි, එය නොවේ ම යි."

"වේදනාව ....(පෙ).... සඤ්ඤාව ....(පෙ).... සංස්කාර ....(පෙ).... විඤ්ඤාණය ....(පෙ).... යම් මේ දැකගන්නා ලද දෙයක් ඇද්ද, අසනා ලද දෙයක් ඇද්ද, දැනගත් ගඳ සුවඳක් ඇද්ද, විඳින ලද රසයක් ඇද්ද, දැනගත් පහසක් ඇද්ද, සිතන ලද යමක් ඇද්ද, පතන ලද දෙයක් ඇද්ද, සොයන ලද දෙයක් ඇද්ද, මනසින් හසුරුවන ලද යමක් ඇද්ද, එය පවා නිත්‍යයිද? අනිත්‍යයිද?" "ස්වාමීනි, අනිත්‍යයි."

"යමක් වනාහී අනිත්‍ය නම් එය දුක් දෙයක්ද? සැප දෙයක්ද?" "ස්වාමීනි, දුකයි."

"යමක් වනාහී අනිත්‍ය නම්, දුක නම්, වෙනස්වන ධර්මතාවයට අයත් දෙයක් නම් එයට බැඳීමක් නැතුව, ඔය විදිහේ දෘෂ්ටියක් උපදීවිද? 'මේ කාය හතක් තියෙනවා. ඒව කවුරුත් කළ දේවල් නොවෙයි. විධානය කරලා නොවෙයි. දේව මැවිල්ලක් නොවෙයි. වෙන මැවිල්ලකුත් නොවෙයි. වඳ බැහැලයි තියෙන්නේ. පර්වත කූටයක් වගේ ස්ථිරවයි තියෙන්නේ. ඒෂිකාස්ථම්භයක් වගේ ස්ථිරවයි තියෙන්නේ. ඒවායේ වෙනස්කම් ඇතිවන්නේ නෑ. පරිණාමයක් වෙන්නේ නෑ. එකිනෙකට බාධා ඇතිවෙන්නේ නෑ. එකිනෙකට සැප පිණිස හෝ දුක් පිණිස හෝ සැපදුක් පිණිස හෝ පවතින්නේ නෑ.

ඒ සප්ත කාය කුමක්ද? පඨවිකාය, ආපෝකාය, තේජෝකාය, වායෝකාය, සැප, දුක හා ජීව යන හතයි. මේ තමයි සප්ත කාය. මේවා කවුරුත් කළ දේවල් නොවෙයි. විධානය කරලා නොවෙයි. දේව මැවිල්ලක් නොවෙයි. වෙන මැවිල්ලකුත් නොවෙයි. වඳ බැහැලයි තියෙන්නේ. පර්වත කූටයක් වගේ ස්ථිරවයි තියෙන්නේ. ඒෂිකාස්ථම්භයක් වගේ ස්ථිරවයි තියෙන්නේ. ඒවායේ වෙනස්කම් ඇතිවන්නේ නෑ. පරිණාමයක් වෙන්නේ නෑ. එකිනෙකට බාධා ඇතිවෙන්නේ නෑ. එකිනෙකට සැප පිණිස හෝ දුක් පිණිස හෝ සැපදුක් පිණිස හෝ පවතින්නේ නෑ. යම් කෙනෙක් තියුණු ආයුධයක් ගෙන තව කෙනෙකුගේ හිස සින්දොත්, කවුරුවත්, කාගෙවත් ජීවිතය තොර කළේ නෑ. අර සප්තකාය අතරින් ආයුධය සිදුරු කරගෙන ගියා විතරයි.

මේ ප්‍රධාන යෝනි (උප්පත්ති ස්ථාන) දාහතරලක්ෂයක් තියෙනවා. තවත් යෝනි හයදාහක් තියෙනවා. තව හයසියයකුත් තියෙනවා. කර්ම පන්සියයක් තියෙනවා. තව කර්ම පහක් තියෙනවා. තව කර්ම තුනකුත් තියෙනවා. සම්පූර්ණ කර්මත්, අර්ධ කර්මත් තියෙනවා. ප්‍රතිපදා හැට දෙකක් තියෙනවා. අන්තර කල්ප හැට දෙකක් තියෙනවා. අභිජාති හයක් තියෙනවා. පුරුෂ භූමි අටක් තියෙනවා. ආජීවයන් එකසිය හතළිස් නවයක් තියෙනවා. පරිබ්‍රාජක පැවිදිකම්

එකසිය හතළිස් නවයක් තියෙනවා. නාගයන්ගේ වාසස්ථාන එකසිය හතළිස් නවයක් තියෙනවා. ඉන්ද්‍රියයන් එකසිය විස්සක් තියෙනවා. නිරය එකසිය තිහක් තියෙනවා. රජෝධාතු තිස්හයක් තියෙනවා. සඤ්ඤී ගර්භ හතක් තියෙනවා. අසඤ්ඤී ගර්භ හතක් තියෙනවා. නිගණ්ඨ ගර්භ හතක් තියෙනවා. දේව ගර්භ හතක් තියෙනවා. මිනිස් ගර්භ හතක් තියෙනවා. පිසාච ගර්භ හතක් තියෙනවා. මහාවිල් හතක් තියෙනවා. මහා ගැට හතක් තියෙනවා. කුඩා ගැට හත් සියයක් තියෙනවා. ප්‍රපාත සියයක් තියෙනවා. කුඩා ප්‍රපාත හත්සියයක් තියෙනවා. මහා සිහින හතක් තියෙනවා. කුඩා සිහින හත්සියයක් තියෙනවා. අඥාන උදවියත් නුවණැති උදවියත් යන කවුරුත් කල්ප අසූහතර ලක්ෂයක් සංසාරේ සැරිසරලයි දුක් කෙලවර කරන්නේ.

එහි මේවා නෑ. 'මං මේ සීලයෙන් හරි, ව්‍රතයෙන් හරි, තපසෙන් හරි, බ්‍රහ්මචාරී ජීවිතයෙන් හරි, නොමේරූ කර්මයන් මුහුකුරුවන්නෙමියි කියලා හෝ මේරූ කර්මයන් විඳව විඳවා කෙලවර කරන්නෙමියි කියලා කියනවා නම් එහෙම දෙයක් නෑ. ඔය සැප දුක් කියන්නේ ද්‍රෝණයකින් මැනලා තියෙන දෙයක් වගේ. සංසාරය කෙලවර වෙන්නේ ඒ විදිහටයි. සසරේ පිරිහීමකුත් නෑ. වැඩීමකුත් නෑ. නැගීමකුත් නෑ. බැසීමකුත් නෑ. ඒක හරියට ඈතට වීසි කරපු නූල් බෝලයක් වගේ. ඒ නූල එතිලා තියෙන ප්‍රමාණයටයි ලෙහි ලෙහී යන්නේ. අන්න ඒ වගේ තමයි අඥාන උදවියත්, පණ්ඩිත උදවියත් ලෙහි ලෙහී යමින් සැප දුක් විඳනවා' කියලා." "ස්වාමීනි, එය නොවේ ම යි."

"පින්වත් මහණෙනි, යම් දවසක ආර්ය ශ්‍රාවකයා තුළ මේ (දිට්ඨ, සුත, මුත, විඤ්ඤාත, පත්තපරියේසිත, අනුවිචරිත යන) සය තැන පිළිබඳව ම සැකය ප්‍රහීණ වෙලා ගියා නම් ඔහුට ප්‍රහීණ වෙලා ගියේ දුක ගැන ඇති සැකයයි. ....(පෙ).... ඔහුට ප්‍රහීණ වෙලා ගියේ දුක නිරුද්ධ වීම පිණිස පවතින ප්‍රතිපදාව ගැන ඇති සැකයයි. පින්වත් මහණෙනි, මොහුට කියන්නේ සතර අපායෙහි නොවැටෙන ස්වභාවයෙන් යුතු, නියත වශයෙන් ම නිවන අවබෝධ කරගන්නා වූ, සෝතාපන්න ආර්ය ශ්‍රාවකයා කියලයි."

සාදු! සාදු!! සාදු!!!

මහා දිට්ඨි සූත්‍රය නිමා විය.

3.1.9.
සස්සතලෝක සූත්‍රය
ශාස්වත ලෝකය ගැන වදාළ දෙසුම

214. සැවැත් නුවර දී ....

"පින්වත් මහණෙනි, කුමක් තිබුණොත්ද, කුමකට බැඳීමෙන්ද, කවර දෙයක බැසගැනීමෙන්ද මේ විදිහේ දෘෂ්ටියක් උපදින්නේ? 'ලෝකය සදාකාලික දෙයකි' කියලා."

"ස්වාමීනි, අපගේ මේ ධර්මය තියෙන්නේ භාග්‍යවතුන් වහන්සේ මුල් කර ගෙනයි ....(පෙ)...."

"පින්වත් මහණෙනි, රූපය තිබුණොත් තමයි, රූපයට බැඳුණොත් තමයි, රූපයෙහි බැසගත්තොත් තමයි ඔය වගේ දෘෂ්ටියක් උපදින්නේ. 'ලෝකය සදාකාලික දෙයකි' කියලා. විඳීම තිබුණොත් තමයි ....(පෙ).... සඤ්ඤාව තිබුණොත් තමයි ....(පෙ).... සංස්කාර තිබුණොත් තමයි ....(පෙ).... විඤ්ඤාණය තිබුණොත් තමයි, විඤ්ඤාණයට බැඳුණොත් තමයි, විඤ්ඤාණයෙහි බැසගත්තොත් තමයි ඔය වගේ දෘෂ්ටියක් උපදින්නේ. 'ලෝකය සදාකාලික දෙයකි' කියලා."

"පින්වත් මහණෙනි, මේ ගැන ඔබ කුමක්ද හිතන්නේ? රූපය නිත්‍ය දෙයක්ද? අනිත්‍ය දෙයක්ද?" "ස්වාමීනි, අනිත්‍යයි."

"යමක් වනාහී අනිත්‍ය නම්, දුක නම්, වෙනස්වන ධර්මතාවයට අයත් දෙයක් නම් එයට බැඳීමක් නැතුව, ඔය විදිහේ දෘෂ්ටියක් උපදීවිද? 'ලෝකය සදාකාලික දෙයකි' කියලා." "ස්වාමීනි, එය නොවේ ම යි."

"වේදනාව ....(පෙ).... සඤ්ඤාව ....(පෙ).... සංස්කාර ....(පෙ).... විඤ්ඤාණය ....(පෙ).... යම් මේ දැකගන්නා ලද දෙයක් ඇද්ද, අසනා ලද දෙයක් ඇද්ද, දැනගත් ගඳ සුවඳක් ඇද්ද, විඳින ලද රසයක් ඇද්ද, දැනගත් පහසක් ඇද්ද, සිතන ලද යමක් ඇද්ද, පතන ලද දෙයක් ඇද්ද, සොයන ලද දෙයක් ඇද්ද, මනසින් හසුරුවන ලද යමක් ඇද්ද, එය පවා නිත්‍යයිද? අනිත්‍යයිද?" "ස්වාමීනි, අනිත්‍යයි ....(පෙ)...."

"යමක් වනාහී අනිත්‍ය නම්, දුක නම්, වෙනස්වන ධර්මතාවයට අයත්

දෙයක් නම් එයට බැඳීමක් නැතුව, ඔය විදිහේ දෘෂ්ටියක් උපදීවිද? 'ලෝකය සදාකාලික දෙයකි' කියලා." "ස්වාමීනි, එය නොවේ ම යි."

"පින්වත් මහණෙනි, යම් දවසක ආර්ය ශ්‍රාවකයා තුළ මේ (දිට්ඨ, සුත, මුත, විඤ්ඤාත, පත්තපරියේසිත, අනුවිචරිත යන) සය තැන පිළිබඳව ම සැකය ප්‍රහීණ වෙලා ගියා නම් ඔහුට ප්‍රහීණ වෙලා ගියේ දුක ගැන ඇති සැකයයි. ඔහුට ප්‍රහීණ වෙලා ගියේ දුකේ හටගැනීම ගැන ඇති සැකයයි. ඔහුට ප්‍රහීණ වෙලා ගියේ දුක නිරුද්ධ වීම ගැන ඇති සැකයයි. ඔහුට ප්‍රහීණ වෙලා ගියේ දුක නිරුද්ධ වීම පිණිස පවතින ප්‍රතිපදාව ගැන ඇති සැකයයි. පින්වත් මහණෙනි, මොහුට කියන්නේ සතර අපායෙහි නොවැටෙන ස්වභාවයෙන් යුතු, නියත වශයෙන් ම නිවන අවබෝධ කරගන්නා වූ, සෝතාපන්න ආර්ය ශ්‍රාවකයා කියලයි."

සාදු! සාදු!! සාදු!!!

සස්සතලෝක සූත්‍රය නිමා විය.

3.1.10.
අසස්සතලෝක සූත්‍රය
අශාස්වත ලෝකය ගැන වදාළ දෙසුම

215. සැවැත් නුවර දී ....

"පින්වත් මහණෙනි, කුමක් තිබුණොත්ද, කුමකට බැඳීමෙන්ද, කවර දෙයක බැසගැනීමෙන්ද මේ විදිහේ දෘෂ්ටියක් උපදින්නේ? 'ලෝකය සදාකාලික නොවන දෙයකි' කියලා."

"ස්වාමීනි, අපගේ මේ ධර්මය තියෙන්නේ භාග්‍යවතුන් වහන්සේ මුල් කරගෙනයි ....(පෙ)...."

"පින්වත් මහණෙනි, රූපය තිබුණොත් තමයි, රූපයට බැඳුණොත් තමයි, රූපයෙහි බැසගත්තොත් තමයි ඔය වගේ දෘෂ්ටියක් උපදින්නේ. 'ලෝකය සදාකාලික නොවන දෙයකි' කියලා. විඳීම තිබුණොත් තමයි. ....(පෙ).... සඤ්ඤාව තිබුණොත් තමයි. ....(පෙ).... සංස්කාර තිබුණොත් තමයි. ....(පෙ).... විඤ්ඤාණය තිබුණොත් තමයි, විඤ්ඤාණයට බැඳුණොත් තමයි,

විඤ්ඤාණයෙහි බැසගත්තොත් තමයි ඔය වගේ දෘෂ්ටියක් උපදින්නේ. 'ලෝකය සදාකාලික නොවන දෙයකි' කියලා.

පින්වත් මහණෙනි, මේ ගැන ඔබ කුමක්ද හිතන්නේ? රූපය නිත්‍ය දෙයක්ද? අනිත්‍ය දෙයක්ද?" "ස්වාමීනි, අනිත්‍යයි. ....(පෙ)...."

"යමක් වනාහී අනිත්‍ය නම්, දුක නම්, වෙනස්වන ධර්මතාවයට අයත් දෙයක් නම් එයට බැඳීමක් නැතුව, ඔය විදිහේ දෘෂ්ටියක් උපදීවිද? 'ලෝකය සදාකාලික නොවන දෙයකි' කියලා." "ස්වාමීනි, එය නොවේ ම යි."

"වේදනාව ....(පෙ).... සඤ්ඤාව ....(පෙ).... සංස්කාර ....(පෙ).... විඤ්ඤාණය ....(පෙ).... යම් මේ දැකගන්නා ලද දෙයක් ඇද්ද, අසනා ලද දෙයක් ඇද්ද, දැනගත් ගඳ සුවඳක් ඇද්ද, විඳින ලද රසයක් ඇද්ද, දැනගත් පහසක් ඇද්ද, සිතන ලද යමක් ඇද්ද, පතන ලද දෙයක් ඇද්ද, සොයන ලද දෙයක් ඇද්ද, මනසින් හසුරුවන ලද යමක් ඇද්ද, එය පවා නිත්‍යයිද? අනිත්‍යයිද?" "ස්වාමීනි, අනිත්‍යයි. ....(පෙ)...."

"යමක් වනාහී අනිත්‍ය නම්, දුක නම්, වෙනස්වන ධර්මතාවයට අයත් දෙයක් නම් එයට බැඳීමක් නැතුව, ඔය විදිහේ දෘෂ්ටියක් උපදීවිද? 'ලෝකය සදාකාලික නොවන දෙයකි' කියලා." "ස්වාමීනි, එය නොවේ ම යි."

"පින්වත් මහණෙනි, යම් දවසක ආර්ය ශ්‍රාවකයා තුළ ....(පෙ).... පින්වත් මහණෙනි, මොහුට කියන්නේ සතර අපායෙහි නොවැටෙන ස්වභාවයෙන් යුතු, නියත වශයෙන් ම නිවන අවබෝධ කරගන්නා වූ, සෝතාපන්න ආර්ය ශ්‍රාවකයා කියලයි."

සාදු! සාදු!! සාදු!!!

අසස්සතලෝක සූත්‍රය නිමා විය.

3.1.11.
අන්තවා සූත්‍රය
'ලෝකය කෙළවර සහිතයි' යන්න ගැන වදාළ දෙසුම

216. සැවැත් නුවර දී ....

"පින්වත් මහණෙනි, කුමක් තිබුණොත්ද, කුමකට බැඳීමෙන්ද, කවර දෙයක බැසගැනීමෙන්ද මේ විදිහේ දෘෂ්ටියක් උපදින්නේ? 'ලෝකය කෙළවර සහිතයි' කියලා."

"ස්වාමීනි, අපගේ මේ ධර්මය තියෙන්නේ භාග්‍යවතුන් වහන්සේ මුල් කරගෙනයි. ....(පෙ)...."

"පින්වත් මහණෙනි, රූපය තිබුණොත් තමයි, රූපයට බැඳුණොත් තමයි, රූපයෙහි බැසගත්තොත් තමයි ඔය වගේ දෘෂ්ටියක් උපදින්නේ. 'ලෝකය කෙළවර සහිතයි, කියලා. විඳීම තිබුණොත් තමයි. ....(පෙ).... සඤ්ඤාව තිබුණොත් තමයි. ....(පෙ).... සංස්කාර තිබුණොත් තමයි. ....(පෙ).... විඤ්ඤාණය තිබුණොත් තමයි, විඤ්ඤාණයට බැඳුණොත් තමයි, විඤ්ඤාණයෙහි බැසගත්තොත් තමයි ඔය වගේ දෘෂ්ටියක් උපදින්නේ. 'ලෝකය කෙළවර සහිතයි' කියලා.

පින්වත් මහණෙනි, මේ ගැන ඔබ කුමක්ද හිතන්නේ? රූපය නිත්‍ය දෙයක්ද? අනිත්‍ය දෙයක්ද?" "ස්වාමීනි, අනිත්‍යයි. ....(පෙ)...."

"යමක් වනාහී අනිත්‍ය නම්, දුක නම්, වෙනස්වන ධර්මතාවයට අයත් දෙයක් නම් එයට බැඳීමක් නැතුව, ඔය විදිහේ දෘෂ්ටියක් උපදීවිද? 'ලෝකය කෙළවර සහිතයි' කියලා." "ස්වාමීනි, එය නොවේ ම යි."

"වේදනාව ....(පෙ).... සඤ්ඤාව ....(පෙ).... සංස්කාර ....(පෙ).... විඤ්ඤාණය ....(පෙ).... යම් මේ දැකගන්නා ලද දෙයක් ඇද්ද, අසනා ලද දෙයක් ඇද්ද, දැනගත් ගඳ සුවඳක් ඇද්ද, විඳින ලද රසයක් ඇද්ද, දැනගත් පහසක් ඇද්ද, සිතන ලද යමක් ඇද්ද, පතන ලද දෙයක් ඇද්ද, සොයන ලද දෙයක් ඇද්ද, මනසින් හසුරුවන ලද යමක් ඇද්ද, එය පවා නිත්‍යයිද? අනිත්‍යයිද? ....(පෙ).... යමක් වනාහී අනිත්‍ය නම්, දුක නම්, වෙනස්වන ධර්මතාවයට අයත් දෙයක් නම් එයට බැඳීමක් නැතුව, ඔය විදිහේ දෘෂ්ටියක් උපදීවිද? 'ලෝකය කෙළවර සහිතයි' කියලා." "ස්වාමීනි, එය නොවේ ම යි."

"පින්වත් මහණෙනි, යම් දවසක ආර්ය ශ්‍රාවකයා තුළ ....(පෙ).... පින්වත් මහණෙනි, මොහුට කියන්නේ සතර අපායෙහි නොවැටෙන ස්වභාවයෙන් යුතු, නියත වශයෙන් ම නිවන අවබෝධ කරගන්නා වූ, සෝතාපන්න ආර්ය ශ්‍රාවකයා කියලයි."

සාදු! සාදු!! සාදු!!!

අන්තවා සූත්‍රය නිමා විය.

3.1.12.
අනන්තවා සූත්‍රය
'ලෝකය කෙළවර රහිතයි' යන්න ගැන වදාළ දෙසුම

217. සැවැත් නුවර දී ....

"පින්වත් මහණෙනි, කුමක් තිබුණොත්ද, කුමකට බැඳීමෙන්ද, කවර දෙයක බැසගැනීමෙන්ද මේ විදිහේ දෘෂ්ටියක් උපදින්නේ? 'ලෝකය කෙළවර රහිතයි' කියලා."

"ස්වාමීනි, අපගේ මේ ධර්මය තියෙන්නේ භාග්‍යවතුන් වහන්සේ මුල් කරගෙනයි. ....(පෙ)...."

"පින්වත් මහණෙනි, රූපය තිබුණොත් තමයි, රූපයට බැඳුණොත් තමයි, රූපයෙහි බැසගත්තොත් තමයි ඔය වගේ දෘෂ්ටියක් උපදින්නේ. 'ලෝකය කෙළවර රහිතයි' කියලා. විඳීම තිබුණොත් තමයි. ....(පෙ).... සඤ්ඤාව තිබුණොත් තමයි. ....(පෙ).... සංස්කාර තිබුණොත් තමයි. ....(පෙ).... විඤ්ඤාණය තිබුණොත් තමයි, විඤ්ඤාණයට බැඳුණොත් තමයි, විඤ්ඤාණයෙහි බැසගත්තොත් තමයි ඔය වගේ දෘෂ්ටියක් උපදින්නේ. 'ලෝකය කෙළවර රහිතයි' කියලා.

පින්වත් මහණෙනි, මේ ගැන ඔබ කුමක්ද හිතන්නේ? රූපය නිත්‍ය දෙයක්ද? අනිත්‍ය දෙයක්ද?" "ස්වාමීනි, අනිත්‍යයි. ....(පෙ)...."

"යමක් වනාහී අනිත්‍ය නම්, දුක නම්, වෙනස්වන ධර්මතාවයට අයත් දෙයක් නම් එයට බැඳීමක් නැතුව, ඔය විදිහේ දෘෂ්ටියක් උපදීවිද? 'ලෝකය කෙළවර රහිතයි' කියලා." "ස්වාමීනි, එය නොවේ ම යි."

"වේදනාව ....(පෙ).... සඤ්ඤාව ....(පෙ).... සංස්කාර ....(පෙ).... විඤ්ඤාණය ....(පෙ).... යම් මේ දැකගන්නා ලද දෙයක් ඇද්ද, අසනා ලද දෙයක් ඇද්ද, දැනගත් ගඳ සුවඳක් ඇද්ද, විඳින ලද රසයක් ඇද්ද, දැනගත් පහසක් ඇද්ද, සිතන ලද යමක් ඇද්ද, පතන ලද දෙයක් ඇද්ද, සොයන ලද දෙයක් ඇද්ද, මනසින් හසුරුවන ලද යමක් ඇද්ද, එය පවා නිත්‍යයිද? අනිත්‍යයිද?"....(පෙ).... යමක් වනාහී අනිත්‍ය නම්, දුක නම්, වෙනස්වන ධර්මතාවයට අයත් දෙයක් නම් එයට බැඳීමක් නැතුව, ඔය විදිහේ දෘෂ්ටියක් උපදීවිද? 'ලෝකය කෙළවර රහිතයි' කියලා." "ස්වාමීනි, එය නොවේ ම යි."

"පින්වත් මහණෙනි, යම් දවසක ආර්ය ශ්‍රාවකයා තුළ ....(පෙ).... නියත වශයෙන් ම නිවන අවබෝධ කරගන්නා වූ, සෝතාපන්න ආර්ය ශ්‍රාවකයා කියලයි."

සාදු! සාදු!! සාදු!!!

අනන්තවා සූත්‍රය නිමා විය.

3.1.13.
තං ජීවං තං සරීරං සූත්‍රය
'එය ම යි ජීවය, එය ම යි ශරීරයත්' යන්න ගැන වදාළ දෙසුම

218. සැවැත් නුවර දී ....

"පින්වත් මහණෙනි, කුමක් තිබුණොත්ද, කුමකට බැඳීමෙන්ද, කවර දෙයක බැසගැනීමෙන්ද මේ විදිහේ දෘෂ්ටියක් උපදින්නේ? 'එයමයි ජීවය, එය ම යි ශරීරයත්' කියලා."

"ස්වාමීනි, අපගේ මේ ධර්මය තියෙන්නේ භාග්‍යවතුන් වහන්සේ මුල් කරගෙනයි ....(පෙ)...."

"පින්වත් මහණෙනි, රූපය තිබුණොත් තමයි, රූපයට බැඳුණොත් තමයි, රූපයෙහි බැසගත්තොත් තමයි ඔය වගේ දෘෂ්ටියක් උපදින්නේ. 'එය ම යි ජීවය, එය ම යි ශරීරයත්' කියලා. විඳීම තිබුණොත් තමයි. ....(පෙ).... සඤ්ඤාව තිබුණොත් තමයි. ....(පෙ).... සංස්කාර තිබුණොත් තමයි. ....(පෙ).... විඤ්ඤාණය තිබුණොත් තමයි, විඤ්ඤාණයට බැඳුණොත් තමයි, විඤ්ඤාණයෙහි බැසගත්තොත් තමයි ඔය වගේ දෘෂ්ටියක් උපදින්නේ. 'එය ම යි ජීවය, එය ම යි ශරීරයත්' කියලා.

පින්වත් මහණෙනි, මේ ගැන ඔබ කුමක්ද හිතන්නේ? රූපය නිත්‍ය දෙයක්ද? අනිත්‍ය දෙයක්ද? ....(පෙ).... ඔය විදිහේ දෘෂ්ටියක් උපදීවිද? 'එය ම යි ජීවය, එය ම යි ශරීරයත්' කියලා." "ස්වාමීනි, එය නොවේ ම යි."

"වේදනාව ....(පෙ).... සඤ්ඤාව ....(පෙ).... සංස්කාර ....(පෙ)....

විඤ්ඤාණය ....(පෙ).... යම් මේ දැකගන්නා ලද දෙයක් ඇද්ද, අසනා ලද දෙයක් ඇද්ද, දැනගත් ගඳ සුවඳක් ඇද්ද, විඳින ලද රසයක් ඇද්ද, දැනගත් පහසක් ඇද්ද, සිතන ලද යමක් ඇද්ද, පතන ලද දෙයක් ඇද්ද, සොයන ලද දෙයක් ඇද්ද, මනසින් හසුරුවන ලද යමක් ඇද්ද, එය පවා නිත්‍යයිද? අනිත්‍යයිද?" ....(පෙ).... ඔය විදිහේ දෘෂ්ටියක් උපදීවිද? 'එය ම යි ජීවය, එය ම යි ශරීරයත්' කියලා." "ස්වාමීනි, එය නොවේ ම යි."

"පින්වත් මහණෙනි, යම් දවසක ආර්ය ශ්‍රාවකයා තුළ ....(පෙ).... නියත වශයෙන් ම නිවන අවබෝධ කරගන්නා වූ, සෝතාපන්න ආර්ය ශ්‍රාවකයා කියලයි."

සාදු! සාදු!! සාදු!!!

තං ජීවං තං සරීරං සූත්‍රය නිමා විය.

3.1.14.
අඤ්ඤං ජීවං අඤ්ඤං සරීරං සූත්‍රය
'ජීවය අනෙකකි, ශරීරය අනෙකකි' යන්න ගැන වදාළ දෙසුම

219. සැවැත් නුවර දී ....

"පින්වත් මහණෙනි, කුමක් තිබුණොත්ද, කුමකට බැඳීමෙන්ද, කවර දෙයක බැසගැනීමෙන්ද මේ විදිහේ දෘෂ්ටියක් උපදින්නේ? 'ජීවය අනෙකකි, ශරීරය අනෙකකි' කියලා."

"ස්වාමීනි, අපගේ මේ ධර්මය තියෙන්නේ භාග්‍යවතුන් වහන්සේ මුල් කරගෙනයි. ....(පෙ)...."

"පින්වත් මහණෙනි, රූපය තිබුණොත් තමයි. ....(පෙ).... විඳීම තිබුණොත් තමයි. ....(පෙ).... සඤ්ඤාව තිබුණොත් තමයි. ....(පෙ).... සංස්කාර තිබුණොත් තමයි. ....(පෙ).... විඤ්ඤාණය තිබුණොත් තමයි, විඤ්ඤාණයට බැඳුණොත් තමයි, විඤ්ඤාණයෙහි බැසගත්තොත් තමයි ඔය වගේ දෘෂ්ටියක් උපදින්නේ. 'ජීවය අනෙකකි, ශරීරය අනෙකකි' කියලා.

පින්වත් මහණෙනි, මේ ගැන ඔබ කුමක් ද හිතන්නේ? රූපය නිත්‍ය දෙයක්ද? අනිත්‍ය දෙයක්ද? ....(පෙ).... ඔය විදිහේ දෘෂ්ටියක් උපදීවිද? 'ජීවය අනෙකකි, ශරීරය අනෙකකි' කියලා." "ස්වාමීනි, එය නොවේ ම යි."

"වේදනාව ....(පෙ).... සඤ්ඤාව ....(පෙ).... සංස්කාර ....(පෙ).... විඤ්ඤාණය ....(පෙ).... යම් මේ දැකගන්නා ලද දෙයක් ඇද්ද, අසනා ලද දෙයක් ඇද්ද, දැනගත් ගඳ සුවඳක් ඇද්ද, විඳින ලද රසයක් ඇද්ද, දැනගත් පහසක් ඇද්ද, සිතන ලද යමක් ඇද්ද, පතන ලද දෙයක් ඇද්ද, සොයන ලද දෙයක් ඇද්ද, මනසින් හසුරුවන ලද යමක් ඇද්ද, එය පවා නිත්‍යයිද? අනිත්‍යයිද? ....(පෙ).... ඔය විදිහේ දෘෂ්ටියක් උපදීවිද 'ජීවය අනෙකකි, ශරීරය අනෙකකි' කියලා." "ස්වාමීනි, එය නොවේ ම යි."

"පින්වත් මහණෙනි, යම් දවසක ආර්ය ශ්‍රාවකයා තුළ ....(පෙ).... නියත වශයෙන් ම නිවන අවබෝධ කරගන්නා වූ, සෝතාපන්න ආර්ය ශ්‍රාවකයා කියලයි."

සාදු! සාදු!! සාදු!!!

අඤ්ඤං ජීවං අඤ්ඤං සරීරං සූත්‍රය නිමා විය.

3.1.15.
හෝති තථාගත සූත්‍රය
'රහතන් වහන්සේ මරණින් මතු සිටිති' යන්න ගැන වදාළ දෙසුම

220. සැවැත් නුවර දී ....

"පින්වත් මහණෙනි, කුමක් තිබුණොත්ද, කුමකට බැඳීමෙන්ද, කවර දෙයක බැසගැනීමෙන්ද මේ විදිහේ දෘෂ්ටියක් උපදින්නේ? 'රහතන් වහන්සේ මරණින් මතු සිටිති' කියලා."

"ස්වාමීනි, අපගේ මේ ධර්මය තියෙන්නේ භාග්‍යවතුන් වහන්සේ මුල් කරගෙනයි ....(පෙ)....

පින්වත් මහණෙනි, රූපය තිබුණොත් තමයි, රූපයට බැඳුණොත්

තමයි, රූපයෙහි බැසගත්තොත් තමයි ඔය වගේ දෘෂ්ටියක් උපදින්නේ. 'රහතන් වහන්සේ මරණින් මතු සිටිති' කියලා. විඳීම තිබුණොත් තමයි. ....(පෙ).... සඤ්ඤාව තිබුණොත් තමයි ....(පෙ).... සංස්කාර තිබුණොත් තමයි. ....(පෙ).... විඤ්ඤාණය තිබුණොත් තමයි, විඤ්ඤාණයට බැඳුණොත් තමයි, විඤ්ඤාණයෙහි බැසගත්තොත් තමයි ඔය වගේ දෘෂ්ටියක් උපදින්නේ. 'රහතන් වහන්සේ මරණින් මතු සිටිති' කියලා.

පින්වත් මහණෙනි, මේ ගැන ඔබ කුමක්ද හිතන්නේ? රූපය නිත්‍ය දෙයක්ද? අනිත්‍ය දෙයක්ද? ....(පෙ).... යමක් වනාහී අනිත්‍ය නම්, දුක් නම්, වෙනස්වන ධර්මතාවයට අයත් දෙයක් නම් එයට බැඳීමක් නැතුව, ඔය විදිහේ දෘෂ්ටියක් උපදීවිද? 'රහතන් වහන්සේ මරණින් මතු සිටිති' කියලා." "ස්වාමීනි, එය නොවේ ම යි."

"වේදනාව ....(පෙ).... සඤ්ඤාව ....(පෙ).... සංස්කාර ....(පෙ).... විඤ්ඤාණය ....(පෙ).... යම් මේ දැකගන්නා ලද දෙයක් ඇද්ද, අසනා ලද දෙයක් ඇද්ද, දැනගත් ගඳ සුවඳක් ඇද්ද, විඳින ලද රසයක් ඇද්ද, දැනගත් පහසක් ඇද්ද, සිතන ලද යමක් ඇද්ද, පතන ලද දෙයක් ඇද්ද, සොයන ලද දෙයක් ඇද්ද, මනසින් හසුරුවන ලද යමක් ඇද්ද, එය පවා නිත්‍යයිද? අනිත්‍යයිද? ....(පෙ).... ඔය විදිහේ දෘෂ්ටියක් උපදීවිද? 'රහතන් වහන්සේ මරණින් මතු සිටිති' කියලා." "ස්වාමීනි, එය නොවේ ම යි."

"පින්වත් මහණෙනි, යම් දවසක ආර්ය ශ්‍රාවකයා තුළ ....(පෙ).... නියත වශයෙන් ම නිවන අවබෝධ කරගන්නා වූ, සෝතාපන්න ආර්ය ශ්‍රාවකයා කියලයි."

සාදු! සාදු!! සාදු!!!

හෝති තථාගත සූත්‍රය නිමා විය.

3.1.16.
න හෝති තථාගත සූත්‍රය
'රහතන් වහන්සේ මරණින් මතු නොසිටිති' යන්න ගැන වදාළ දෙසුම

221. සැවැත් නුවර දී ....

"පින්වත් මහණෙනි, කුමක් තිබුණොත්ද, කුමකට බැඳීමෙන්ද, කවර දෙයක බැසගැනීමෙන්ද මේ විදිහේ දෘෂ්ටියක් උපදින්නේ? 'රහතන් වහන්සේ මරණින් මතු නොසිටිති' කියලා."

"ස්වාමීනි, අපගේ මේ ධර්මය තියෙන්නේ භාග්‍යවතුන් වහන්සේ මුල් කරගෙනයි. ....(පෙ)...."

"පින්වත් මහණෙනි, රූපය තිබුණොත් තමයි, රූපයට බැඳුණොත් තමයි, රූපයෙහි බැස ගත්තොත් තමයි ඔය වගේ දෘෂ්ටියක් උපදින්නේ. 'රහතන් වහන්සේ මරණින් මතු නොසිටිති' කියලා. විඳීම තිබුණොත් තමයි ....(පෙ).... සඤ්ඤාව තිබුණොත් තමයි ....(පෙ).... සංස්කාර තිබුණොත් තමයි ....(පෙ).... විඤ්ඤාණය තිබුණොත් තමයි, විඤ්ඤාණයට බැඳුණොත් තමයි, විඤ්ඤාණයෙහි බැසගත්තොත් තමයි ඔය වගේ දෘෂ්ටියක් උපදින්නේ. 'රහතන් වහන්සේ මරණින් මතු නොසිටිති' කියලා.

පින්වත් මහණෙනි, මේ ගැන ඔබ කුමක්ද හිතන්නේ? රූපය නිත්‍ය දෙයක්ද? අනිත්‍ය දෙයක්ද?" ....(පෙ).... යමක් වනාහී අනිත්‍ය නම්, දුක නම්, වෙනස්වන ධර්මතාවයට අයත් දෙයක් නම් එයට බැඳීමක් නැතුව, ඔය විදිහේ දෘෂ්ටියක් උපදීවිද? 'රහතන් වහන්සේ මරණින් මතු නොසිටිති' කියලා." " ස්වාමීනි, එය නොවේ ම යි."

"වේදනාව ....(පෙ).... සඤ්ඤාව ....(පෙ).... සංස්කාර ....(පෙ).... විඤ්ඤාණය ....(පෙ).... යම් මේ දැකගන්නා ලද දෙයක් ඇද්ද, අසනා ලද දෙයක් ඇද්ද, දැනගත් ගඳ සුවඳක් ඇද්ද, විඳින ලද රසයක් ඇද්ද, දැනගත් පහසක් ඇද්ද, සිතන ලද යමක් ඇද්ද, පතන ලද දෙයක් ඇද්ද, සොයන ලද දෙයක් ඇද්ද, මනසින් හසුරුවන ලද යමක් ඇද්ද, එය පවා නිත්‍යයිද? අනිත්‍යයිද? ....(පෙ).... ඔය විදිහේ දෘෂ්ටියක් උපදීවිද? 'රහතන් වහන්සේ මරණින් මතු නොසිටිති' කියලා." "ස්වාමීනි, එය නොවේ ම යි."

"පින්වත් මහණෙනි, යම් දවසක ආර්ය ශ්‍රාවකයා තුළ ....(පෙ).... නියත වශයෙන් ම නිවන අවබෝධ කරගන්නා වූ, සෝතාපන්න ආර්ය ශ්‍රාවකයා කියලයි."

සාදු! සාදු!! සාදු!!!

න හෝති තථාගත සූත්‍රය නිමා විය.

3.1.17.
හෝති ච න ච හෝති තථාගත සූත්‍රය
'රහතන් වහන්සේ මරණින් මතු සිටිති, නොසිටිති' යන්න ගැන වදාළ දෙසුම

222. සැවැත් නුවර දී ....

"පින්වත් මහණෙනි, කුමක් තිබුණොත්ද, කුමකට බැඳීමෙන්ද, කවර දෙයක බැසගැනීමෙන්ද මේ විදිහේ දෘෂ්ටියක් උපදින්නේ? 'රහතන් වහන්සේ මරණින් මතු සිටිති, නොසිටිති' කියලා."

"ස්වාමීනි, අපගේ මේ ධර්මය තියෙන්නේ භාග්‍යවතුන් වහන්සේ මුල් කරගෙනයි ....(පෙ)...."

"පින්වත් මහණෙනි, රූපය තිබුණොත් තමයි, රූපයට බැඳුණොත් තමයි, රූපයෙහි බැසගත්තොත් තමයි ඔය වගේ දෘෂ්ටියක් උපදින්නේ. 'රහතන් වහන්සේ මරණින් මතු සිටිති, නොසිටිති' කියලා. විඳීම තිබුණොත් තමයි ....(පෙ).... සඤ්ඤාව තිබුණොත් තමයි ....(පෙ).... සංස්කාර තිබුණොත් තමයි ....(පෙ).... විඤ්ඤාණය තිබුණොත් තමයි, විඤ්ඤාණයට බැඳුණොත් තමයි, විඤ්ඤාණයෙහි බැසගත්තොත් තමයි ඔය වගේ දෘෂ්ටියක් උපදින්නේ. 'රහතන් වහන්සේ මරණින් මතු සිටිති, නොසිටිති' කියලා.

පින්වත් මහණෙනි, මේ ගැන ඔබ කුමක්ද හිතන්නේ? රූපය නිත්‍ය දෙයක්ද? අනිත්‍ය දෙයක්ද? ....(පෙ).... යමක් වනාහී අනිත්‍ය නම්, දුක් නම්, වෙනස්වන ධර්මතාවයට අයත් දෙයක් නම් එයට බැඳීමක් නැතුව, ඔය විදිහේ දෘෂ්ටියක් උපදීවිද 'රහතන් වහන්සේ මරණින් මතු සිටිති, නොසිටිති' කියලා."
"ස්වාමීනි, එය නොවේ ම යි."

"වේදනාව ....(පෙ).... සඤ්ඤාව ....(පෙ).... සංස්කාර ....(පෙ).... විඤ්ඤාණය ....(පෙ).... යම් මේ දැකගන්නා ලද දෙයක් ඇද්ද, අසනා ලද දෙයක් ඇද්ද, දැනගත් ගඳ සුවඳක් ඇද්ද, විඳින ලද රසයක් ඇද්ද, දැනගත් පහසක් ඇද්ද, සිතන ලද යමක් ඇද්ද, පතන ලද දෙයක් ඇද්ද, සොයන ලද දෙයක් ඇද්ද, මනසින් හසුරුවන ලද යමක් ඇද්ද, එය පවා නිත්‍යයිද? අනිත්‍යයිද?" ....(පෙ).... ඔය විදිහේ දෘෂ්ටියක් උපදීවිද? 'රහතන් වහන්සේ මරණින් මතු සිටිති, නොසිටිති' කියලා." "ස්වාමීනි, එය නොවේ ම යි."

"පින්වත් මහණෙනි, යම් දවසක ආර්ය ශ්‍රාවකයා තුළ ....(පෙ).... නියත වශයෙන් ම නිවන අවබෝධ කරගන්නා වූ, සෝතාපන්න ආර්ය ශ්‍රාවකයා කියලයි."

සාදු! සාදු!! සාදු!!!

හෝති ච න ච හෝති තථාගත සූත්‍රය නිමා විය.

3.1.18.
නේව හෝති න න හෝති තථාගත සූත්‍රය
'රහතන් වහන්සේ මරණින් මතු නොසිටිති, නොම නොසිටිති' යන්න ගැන වදාළ දෙසුම

223. සැවැත් නුවර දී ....

"පින්වත් මහණෙනි, කුමක් තිබුණොත්ද, කුමකට බැඳීමෙන්ද, කවර දෙයක බැසගැනීමෙන්ද මේ විදිහේ දෘෂ්ටියක් උපදින්නේ? 'රහතන් වහන්සේ මරණින් මතු නොසිටිති, නොම නොසිටිති' කියලා."

"ස්වාමීනි, අපගේ මේ ධර්මය තියෙන්නේ භාග්‍යවතුන් වහන්සේ මුල් කරගෙනයි. ....(පෙ)...."

"පින්වත් මහණෙනි, රූපය තිබුණොත් තමයි, රූපයට බැඳුණොත් තමයි, රූපයෙහි බැසගත්තොත් තමයි ඔය වගේ දෘෂ්ටියක් උපදින්නේ. 'රහතන් වහන්සේ මරණින් මතු නොසිටිති, නොම නොසිටිති' කියලා. විඳීම තිබුණොත් තමයි ....(පෙ).... සඤ්ඤාව තිබුණොත් තමයි ....(පෙ).... සංස්කාර තිබුණොත් තමයි ....(පෙ).... විඤ්ඤාණය තිබුණොත් තමයි, විඤ්ඤාණයට බැඳුණොත් තමයි, විඤ්ඤාණයෙහි බැසගත්තොත් තමයි ඔය වගේ දෘෂ්ටියක් උපදින්නේ. 'රහතන් වහන්සේ මරණින් මතු නොසිටිති, නොම නොසිටිති' කියලා."

"පින්වත් මහණෙනි, මේ ගැන ඔබ කුමක්ද හිතන්නේ? රූපය නිත්‍ය දෙයක්ද? අනිත්‍ය දෙයක්ද? ....(පෙ).... යමක් වනාහී අනිත්‍ය නම්, දුක් නම්, වෙනස්වන ධර්මතාවයට අයත් දෙයක් නම් එයට බැඳීමක් නැතුව, ඔය විදිහේ දෘෂ්ටියක් උපදීවිද? 'රහතන් වහන්සේ මරණින් මතු නොසිටිති, නොම නොසිටිති' කියලා." "ස්වාමීනි, එය නොවේ ම යි."

"වේදනාව ....(පෙ).... සඤ්ඤාව ....(පෙ).... සංස්කාර ....(පෙ).... විඤ්ඤාණය ....(පෙ).... යම් මේ දැකගන්නා ලද දෙයක් ඇද්ද, අසනා ලද දෙයක් ඇද්ද, දැනගත් ගඳ සුවඳක් ඇද්ද, විඳින ලද රසයක් ඇද්ද, දැනගත් පහසක් ඇද්ද, සිතන ලද යමක් ඇද්ද, පතන ලද දෙයක් ඇද්ද, සොයන ලද දෙයක් ඇද්ද, මනසින් හසුරුවන ලද යමක් ඇද්ද, එය පවා නිත්‍යයිද? අනිත්‍යයිද?" ....(පෙ).... ඔය විදිහේ දෘෂ්ටියක් උපදීවිද 'රහතන් වහන්සේ මරණින් මතු නොසිටිති, නොම නොසිටිති' කියලා." "ස්වාමීනි, එය නොවේ ම යි."

"පින්වත් මහණෙනි, යම් දවසක ආර්ය ශ්‍රාවකයා තුළ මේ (දිට්ඨ, සුත, මුත, විඤ්ඤාත, පත්තපරියේසිත, අනුවිචරිත යන) සය තැන පිළිබඳව ම සැකය ප්‍රහීණ වෙලා ගියා නම් ඔහුට ප්‍රහීණ වෙලා ගියේ දුක ගැන ඇති සැකයයි. ඔහුට ප්‍රහීණ වෙලා ගියේ දුකේ හටගැනීම ගැන ඇති සැකයයි. ඔහුට ප්‍රහීණ වෙලා ගියේ දුක නිරුද්ධ වීම ගැන ඇති සැකයයි. ඔහුට ප්‍රහීණ වෙලා ගියේ දුක නිරුද්ධ වීම පිණිස පවතින ප්‍රතිපදාව ගැන ඇති සැකයයි. පින්වත් මහණෙනි, මොහුට කියන්නේ සතර අපායෙහි නොවැටෙන ස්වභාවයෙන් යුතු, නියත වශයෙන් ම නිවන අවබෝධ කරගන්නා වූ, සෝතාපන්න ආර්ය ශ්‍රාවකයා කියලයි."

සාදු! සාදු!! සාදු!!!

නේව හෝති න හෝති තථාගත සූත්‍රය නිමා විය.

පළවෙනි සෝතාපත්ති වර්ගය අවසන් විය.

- එහි පිළිවෙල උද්දානයයි :

වාත සූත්‍රය, ඒතංමම සූත්‍රය, සෝඅත්තා සූත්‍රය, නෝ ච මේසියා සූත්‍රය, නත්ථිදින්නං සූත්‍රය, කරතෝ සූත්‍රය, හේතු සූත්‍රය, මහාදිට්ඨි සූත්‍රය, අටවැන්නයි. සස්සතෝ ලෝකෝ සූත්‍රය, අසස්සතෝ ලෝකෝ සූත්‍රය, අන්තවා ලෝකෝ සූත්‍රය, අනන්තවා ලෝකෝ සූත්‍රය, තං ජීවං තං සරීරං සූත්‍රය, අඤ්ඤං ජීවං අඤ්ඤං සරීරං සූත්‍රය, හෝති තථාගත සූත්‍රය, න හෝති තථාගත සූත්‍රය, හෝති ච න ච හෝති තථාගත සූත්‍රය, නේව හෝති න න හෝති තථාගත සූත්‍රය යන මේ දෙසුම්වලින් මේ වර්ගය සමන්විතයි.

2. ගමන වර්ගය

3.2.1.
වාත සූත්‍රය
සුළඟ ගැන වදාළ දෙසුම

224. සැවැත් නුවර දී ....

පින්වත් මහණෙනි, කුමක් තිබුණොත්ද, කුමකට බැඳීමෙන්ද, කවර දෙයක බැසගැනීමෙන්ද මේ විදිහේ දෘෂ්ටියක් උපදින්නේ? '(එහි) සුළං හමන්නේ නෑ. ගංගාවන් ගලා බසින්නේ නෑ. ගර්භණීන් දරුවන් වදන්නේ නෑ. හිරු සඳු උදා වෙන්නේ නෑ. බැසයන්නෙත් නෑ. ඒ හැමදෙයක් ම නොසෙල්වෙන ඒසිකා ස්ථම්භයක් වගේ තියෙනවා' කියලා."

"ස්වාමීනි, අපගේ මේ ධර්මය තියෙන්නේ භාග්‍යවතුන් වහන්සේ මුල් කර ගෙනයි ....(පෙ).... භාග්‍යවතුන් වහන්සේගෙන් අසාගෙන තමයි භික්ෂූන් මතකයේ රඳවා ගන්නේ." "එසේ නම් පින්වත් මහණෙනි, සවන් යොමා අසන්න ....(පෙ)....

පින්වත් මහණෙනි, රූපය තිබුණොත් තමයි, රූපයට බැඳුණොත් තමයි, රූපයෙහි බැසගත්තොත් තමයි ඔය වගේ දෘෂ්ටියක් උපදින්නේ. '(එහි) සුළං හමන්නේ නෑ ....(පෙ).... ඒසිකා ස්ථම්භයක් වගේ තියෙනවා' කියලා. විදීම තිබුණොත් තමයි ....(පෙ).... සඤ්ඤාව තිබුණොත් තමයි ....(පෙ).... සංස්කාර තිබුණොත් තමයි ....(පෙ).... විඤ්ඤාණය තිබුණොත් තමයි, විඤ්ඤාණයට බැඳුණොත් තමයි, විඤ්ඤාණයෙහි බැසගත්තොත් තමයි ඔය වගේ දෘෂ්ටියක් උපදින්නේ. '(එහි) සුළං හමන්නේ නෑ ....(පෙ).... ඒසිකා ස්ථම්භයක් වගේ තියෙනවා' කියලා.

පින්වත් මහණෙනි, මේ ගැන ඔබ කුමක්ද හිතන්නේ? රූපය නිත්‍ය දෙයක්ද? අනිත්‍ය දෙයක්ද?" "ස්වාමීනි, අනිත්‍යයි."

"යමක් වනාහී අනිත්‍ය නම් එය දුක් දෙයක්ද? සැප දෙයක්ද?" "ස්වාමීනි, දුකයි."

"යමක් වනාහී අනිත්‍ය නම්, දුක නම්, වෙනස්වන ධර්මතාවයට අයත් දෙයක් නම් එයට බැඳීමක් නැතුව, ඔය විදිහේ දෘෂ්ටියක් උපදීවිද? '(එහි) සුළං හමන්නේ නෑ ....(පෙ).... ඒසිකා ස්ථම්භයක් වගේ තියෙනවා' කියලා." "ස්වාමීනි, එය නොවේ ම යි."

"ඉතින් පින්වත් මහණෙනි, දුක තිබුණොත් තමයි, දුකට බැඳුණොත් තමයි, දුකෙහි බැසගත්තොත් තමයි ඔය වගේ දෘෂ්ටියක් උපදින්නේ. '(එහි) සුළං හමන්නේ නෑ ....(පෙ).... ඒසිකා ස්ථම්භයක් වගේ තියෙනවා., කියලා. විඳීම ....(පෙ).... සඤ්ඤාව ....(පෙ).... සංස්කාර ....(පෙ).... විඤ්ඤාණය නිත්‍ය දෙයක්ද? අනිත්‍ය දෙයක්ද?" "ස්වාමීනි, අනිත්‍යයි ....(පෙ)....

වෙනස්වන ධර්මතාවයට අයත් දෙයක් නම් එයට බැඳීමක් නැතුව, ඔය විදිහේ දෘෂ්ටියක් උපදීවිද '(එහි) සුළං හමන්නේ නෑ ....(පෙ).... ඒසිකා ස්ථම්භයක් වගේ තියෙනවා' කියලා." "ස්වාමීනි, එය නොවේ ම යි."

"ඔය විදිහට පින්වත් මහණෙනි, දුක තිබුණොත් තමයි, දුකට බැඳුණොත් තමයි, දුකෙහි බැස ගත්තොත් තමයි ඔය වගේ දෘෂ්ටියක් උපදින්නේ. '(එහි) සුළං හමන්නේ නෑ. ගංගාවන් ගලා බසින්නේ නෑ. ගර්භණීන් දරුවන් වදන්නේ නෑ. හිරු සඳු උදාවෙන්නේ නෑ. බැසයන්නෙත් නෑ. ඒ හැමදෙයක් ම නොසෙල්වෙන ඒසිකා ස්ථම්භයක් වගේ තියෙනවා' කියලා."

සාදු! සාදු!! සාදු!!!

වාත සූත්‍රය නිමා විය.

3.2.2.
ඒතං මම සූත්‍රය
'මේක මගේ' යන්න ගැන වදාළ දෙසුම

225. සැවැත් නුවර දී ....

පින්වත් මහණෙනි, කුමක් තිබුණොත්ද, කුමකට බැඳීමෙන්ද, කවර දෙයක බැස ගැනීමෙන්ද මේ විදිහේ දෘෂ්ටියක් උපදින්නේ 'මේක මගේ, මේක තමයි

මම, මේක මගේ ආත්මය' කියලා.

ස්වාමීනි, අපගේ මේ ධර්මය තියෙන්නේ භාග්‍යවතුන් වහන්සේ මුල් කර ගෙනයි ....(පෙ).... මේක මගේ ආත්මය' කියලා.

(කලින් සූත්‍ර විස්තර කළ විලසින් ම මේ දෙසුම්ද විස්තර කළ යුතු ය.)

සාදු! සාදු!! සාදු!!!

ඒතං මම සූත්‍රය නිමා විය.

3.2.3.
සෝ අත්තා සූත්‍රය
'ආත්මය එයයි' යන්න ගැන වදාළ දෙසුම

226. සැවැත් නුවර දී ....

....(පෙ).... 'ආත්මය එයයි. ලෝකය එයයි. ඒ මම පරලොවදී නිත්‍ය වූ, ස්ථිර වූ, සනාතන වූ, නොවෙනස් වන ස්වභාවයට පත්වන කෙනෙක් වෙනවා' කියලා.

ස්වාමීනි, අපගේ මේ ධර්මය තියෙන්නේ භාග්‍යවතුන් වහන්සේ මුල් කරගෙනයි ....(පෙ).... නොවෙනස් වන ස්වභාවයට පත්වන කෙනෙක් වෙනවා, කියලා.

සාදු! සාදු!! සාදු!!!

සෝ අත්තා සූත්‍රය නිමා විය.

3.2.4.
නෝ ච මේ සියා සූත්‍රය
'මා හට නොවන්නේ ය' යන්න ගැන වදාළ දෙසුම

227. සැවැත් නුවර දී ....

....(පෙ).... 'මා නොසිටියා නම්, මා හට නොවන්නේ ය. අනාගතයේ

මා නොසිටින්නේ නම්, එවිටද මා හට නොවන්නේ ය' කියලා ....(පෙ).... මා හට නොවන්නේ ය'

සාදු! සාදු!! සාදු!!!

නෝ ච මේ සියා සූත්‍රය නිමා විය.

3.2.5.
නත්ථි දින්න සූත්‍රය
'දීමෙහි විපාක නැත' යන්න ගැන වදාළ දෙසුම

228. සැවැත් නුවර දී ....

....(පෙ).... 'දීමෙහි විපාක නැත, පුද පූජාවන්හි විපාක නැත ....(පෙ).... කය බිඳී යෑමෙන් පසු උච්ඡේදයට පත්වෙනවා. විනාශ වී යනවා. මරණින් මතු උපතක් නෑ' කියලා ....(පෙ)....

ස්වාමීනි, අපගේ මේ ධර්මය තියෙන්නේ භාග්‍යවතුන් වහන්සේ මුල් කරගෙනයි ....(පෙ).... මරණින් මතු උපතක් නෑ' කියලා.

සාදු! සාදු!! සාදු!!!

නත්ථි දින්න සූත්‍රය නිමා විය.

3.2.6.
කරතෝ සූත්‍රය
'කරන කොට' යන්න ගැන වදාළ දෙසුම

229. සැවැත් නුවර දී ....

....(පෙ).... 'සිදුවෙන පිනක් නෑ. පිනේ ආපසු ඒමක් නෑ' කියලා ....(පෙ).... ස්වාමීනි, අපගේ මේ ධර්මය තියෙන්නේ භාග්‍යවතුන් වහන්සේ මුල් කරගෙනයි ....(පෙ).... පිනේ ආපසු ඒමක් නෑ' කියලා.

සාදු! සාදු!! සාදු!!!

කරතෝ සූත්‍රය නිමා විය.

3.2.7.
නත්ථි හේතු සූත්‍රය
'හේතු නැත' යන්න ගැන වදාළ දෙසුම

230. සැවැත් නුවර දී ....

....(පෙ).... 'සත්වයන්ගේ කිළුටු වීමට හේතුවක් නෑ. ප්‍රත්‍යයක් නෑ. හේතු රහිතව, ප්‍රත්‍ය රහිතව සත්වයන් කිළුටු වෙනවා ....(පෙ).... අභිජාති හයක් තුළ විතරයි සැප දුක් විඳින්නේ' කියලා ....(පෙ).... විඳින්නේ' කියලා.

සාදු! සාදු!! සාදු!!!

නත්ථි හේතු සූත්‍රය නිමා විය.

3.2.8.
මහා දිට්ඨි සූත්‍රය
මහා දෘෂ්ටිය ගැන වදාළ දෙසුම

231. සැවැත් නුවර දී ....

....(පෙ).... 'මෙහි ධාතු හතක් තියෙනවා. කවුරුවත් කරපු දෙයක් නොවෙයි. විධානයකින් හැදුණු දෙයකුත් නොවෙයි ....(පෙ).... ලෙහි ලෙහී යමින් තමයි සැපදුක් ගෙවන්නේ' කියලා. ස්වාමීනි, භාග්‍යවතුන් වහන්සේ මුල් කරගෙනයි ....(පෙ).... සැපදුක් ගෙවන්නේ' කියලා.

සාදු! සාදු!! සාදු!!!

මහා දිට්ඨි සූත්‍රය නිමා විය.

3.2.9.
සස්සතලෝක සූත්‍රය
ශාස්වත ලෝකය ගැන වදාළ දෙසුම

232. සැවැත් නුවර දී ....

....(පෙ).... 'ලෝකය සදාකාලිකයි' කියලා. ස්වාමීනි, භාග්‍යවතුන් වහන්සේ මුල් කරගෙනයි ....(පෙ).... ලෝකය සදාකාලිකයි' කියලා.

සාදු! සාදු!! සාදු!!!

සස්සතලෝක සූත්‍රය නිමා විය.

3.2.10.
අසස්සතලෝක සූත්‍රය
අශාස්වත ලෝකය ගැන වදාළ දෙසුම

233. සැවැත් නුවර දී ....

....(පෙ).... 'ලෝකය සදාකාලික නැත' කියලා. ස්වාමීනි, භාග්‍යවතුන් වහන්සේ මුල් කරගෙනයි ....(පෙ).... ලෝකය සදාකාලික නැත' කියලා.

සාදු! සාදු!! සාදු!!!

අසස්සතලෝක සූත්‍රය නිමා විය.

3.2.11.
අන්තවා සූත්‍රය
'ලෝකය කෙළවර සහිතයි' යන්න ගැන වදාළ දෙසුම

234. සැවැත් නුවර දී ....

....(පෙ).... 'ලෝකය කෙලවර සහිතයි' කියලා. ස්වාමීනි, භාග්‍යවතුන් වහන්සේ මුල් කරගෙනයි ....(පෙ).... ලෝකය කෙලවර සහිතයි' කියලා.

සාදු! සාදු!! සාදු!!!

අන්තවා සූත්‍රය නිමා විය.

3.2.12.
අනන්තවා සූත්‍රය
'ලෝකය කෙළවර රහිතයි' යන්න ගැන වදාළ දෙසුම

235. සැවැත් නුවර දී ....

....(පෙ).... 'ලෝකය කෙලවර රහිතයි' කියලා. ස්වාමීනි, භාග්‍යවතුන් වහන්සේ මුල් කරගෙනයි ....(පෙ).... ලෝකය කෙලවර රහිතයි' කියලා.

සාදු! සාදු!! සාදු!!!

අනන්තවා සූත්‍රය නිමා විය.

3.2.13.
තං ජීවං තං සරීරං සූත්‍රය
'එය ම යි ජීවය, එය ම යි ශරීරයත්' යන්න ගැන වදාළ දෙසුම

236. සැවැත් නුවර දී ....

....(පෙ).... 'එයයි ජීවය එයයි ශරීරය' කියලා. ස්වාමීනි, භාග්‍යවතුන් වහන්සේ මුල් කරගෙනයි ....(පෙ).... එයයි ජීවය එයයි ශරීරය' කියලා.

සාදු! සාදු!! සාදු!!!

තං ජීවං තං සරීරං සූත්‍රය නිමා විය.

3.2.14.
අඤ්ඤං ජීවං අඤ්ඤං සරීරං සූත්‍රය
'ජීවය අනෙකකි, ශරීරය අනෙකකි' යන්න ගැන වදාළ දෙසුම

237. සැවැත් නුවර දී ....

.....(පෙ)..... 'ජීවය අනෙකකි, ශරීරය අනෙකකි' කියලා. ස්වාමීනි, භාග්‍යවතුන් වහන්සේ මුල් කරගෙනයි. ....(පෙ).... ජීවය අනෙකකි, ශරීරය අනෙකකි' කියලා.

සාදු! සාදු!! සාදු!!!
අඤ්ඤං ජීවං අඤ්ඤං සරීරං සූත්‍රය නිමා විය.

3.2.15.
හෝති තථාගත සූත්‍රය
'රහතන් වහන්සේ මරණින් මතු සිටිති' යන්න ගැන
වදාළ දෙසුම

238.   සැවැත් නුවර දී ....

....(පෙ).... 'රහතන් වහන්සේ මරණින් මතු සිටිති' කියලා. ස්වාමීනි, භාග්‍යවතුන් වහන්සේ මුල් කරගෙනයි ....(පෙ).... රහතන් වහන්සේ මරණින් මතු සිටිති' කියලා.

සාදු! සාදු!! සාදු!!!
හෝති තථාගත සූත්‍රය නිමා විය.

3.2.16.
න හෝති තථාගත සූත්‍රය
'රහතන් වහන්සේ මරණින් මතු නොසිටිති' යන්න ගැන
වදාළ දෙසුම

239.   සැවැත් නුවර දී ....

....(පෙ).... 'රහතන් වහන්සේ මරණින් මතු නොසිටිති' කියලා. ස්වාමීනි, භාග්‍යවතුන් වහන්සේ මුල් කරගෙනයි ....(පෙ).... රහතන් වහන්සේ මරණින් මතු නොසිටිති' කියලා.

සාදු! සාදු!! සාදු!!!
න හෝති තථාගත සූත්‍රය නිමා විය.

3.2.17.
හෝති ච න ච හෝති තථාගත සූත්‍රය
'රහතන් වහන්සේ මරණින් මතු සිටිති, නොසිටිති' යන්න ගැන වදාළ දෙසුම

240. සැවැත් නුවර දී ....

....(පෙ).... 'රහතන් වහන්සේ මරණින් මතු සිටිති, නොසිටිති' කියලා. ස්වාමීනි, භාග්‍යවතුන් වහන්සේ මුල් කරගෙනයි ....(පෙ).... රහතන් වහන්සේ මරණින් මතු සිටිති, නොසිටිති' කියලා.

සාදු! සාදු!! සාදු!!!

හෝති ච න ච හෝති තථාගත සූත්‍රය නිමා විය.

3.2.18.
නේව හෝති න න හෝති තථාගත සූත්‍රය
'රහතන් වහන්සේ මරණින් මතු නොසිටිති, නොම නොසිටිති' යන්න ගැන වදාළ දෙසුම

241. සැවැත් නුවර දී ....

"පින්වත් මහණෙනි, කුමක් තිබුණොත්ද, කුමකට බැඳීමෙන්ද, කවර දෙයක බැසගැනීමෙන්ද මේ විදිහේ දෘෂ්ටියක් උපදින්නේ 'රහතන් වහන්සේ මරණින් මතු නොසිටිති, නොම නොසිටිති' කියලා." "ස්වාමීනි, භාග්‍යවතුන් වහන්සේ මුල් කරගෙනයි අපගේ මේ ධර්මය තිබෙන්නේ ....(පෙ).... රහතන් වහන්සේ මරණින් මතු නොසිටිති, නොම නොසිටිති' කියලා.

පින්වත් මහණෙනි, රූපය තිබුණොත් තමයි, රූපයට බැඳුණොත් තමයි, රූපයෙහි බැසගත්තොත් තමයි ඔය වගේ දෘෂ්ටියක් උපදින්නේ. 'රහතන් වහන්සේ මරණින් මතු නොසිටිති, නොම නොසිටිති' කියලා. විඳීම තිබුණොත් තමයි ....(පෙ).... සඤ්ඤාව තිබුණොත් තමයි ....(පෙ).... සංස්කාර තිබුණොත් තමයි ....(පෙ).... විඤ්ඤාණය තිබුණොත් තමයි, විඤ්ඤාණයට බැඳුණොත්

තමයි, විඤ්ඤාණයෙහි බැසගත්තොත් තමයි ඔය වගේ දෘෂ්ටියක් උපදින්නේ. 'රහතන් වහන්සේ මරණින් මතු නොසිටිති, නොම නොසිටිති' කියලා.

පින්වත් මහණෙනි, මේ ගැන ඔබ කුමක්ද සිතන්නේ? ....(පෙ).... 'රහතන් වහන්සේ මරණින් මතු නොසිටිති, නොම නොසිටිති' කියලා.

සාදු! සාදු!! සාදු!!!

නේව හෝති න න හෝති තථාගත සූත්‍රය නිමා විය.

3.2.19.
රූපී අත්තා සූත්‍රය
රූපමය ආත්මය ගැන වදාළ දෙසුම

242. සැවැත් නුවර දී ....

"පින්වත් මහණෙනි, කුමක් තිබුණොත්ද, කුමකට බැඳීමෙන් ද, කවර දෙයක බැසගැනීමෙන්ද මේ විදිහේ දෘෂ්ටියක් උපදින්නේ? 'මරණින් මතු ආරෝග්‍ය වූ රූපමය ආත්මයක් තියෙනවා' කියලා."

"ස්වාමීනි, භාග්‍යවතුන් වහන්සේ මුල් කරගෙනයි අපගේ මේ ධර්මය තිබෙන්නේ. ....(පෙ)....

පින්වත් මහණෙනි, රූපය තිබුණොත් තමයි, රූපයට බැඳුණොත් තමයි, රූපයෙහි බැසගත්තොත් තමයි ඔය වගේ දෘෂ්ටියක් උපදින්නේ. 'මරණින් මතු ආරෝග්‍ය වූ රූපමය ආත්මයක් තියෙනවා' කියලා. විඳීම තිබුණොත් තමයි ....(පෙ).... සඤ්ඤාව තිබුණොත් තමයි ....(පෙ).... සංස්කාර තිබුණොත් තමයි ....(පෙ).... විඤ්ඤාණය තිබුණොත් තමයි, විඤ්ඤාණයට බැඳුණොත් තමයි, විඤ්ඤාණයෙහි බැසගත්තොත් තමයි ඔය වගේ දෘෂ්ටියක් උපදින්නේ. 'මරණින් මතු ආරෝග්‍ය වූ රූපමය ආත්මයක් තියෙනවා' කියලා.

පින්වත් මහණෙනි, මේ ගැන ඔබ කුමක්ද සිතන්නේ? රූපය නිත්‍ය දෙයක්ද? අනිත්‍ය දෙයක්ද? ....(පෙ).... යමක් වනාහී අනිත්‍ය නම්, දුක නම්, වෙනස්වන ධර්මතාවයට අයත් දෙයක් නම් එයට බැඳීමක් නැතුව, ඔය විදිහේ දෘෂ්ටියක් උපදීවිද? 'මරණින් මතු ආරෝග්‍ය වූ රූපමය ආත්මයක් තියෙනවා' කියලා." "ස්වාමීනි, මෙය නොවේ ම ය."

"විඳීම ....(පෙ).... සඤ්ඤාව ....(පෙ).... සංස්කාර ....(පෙ).... විඤ්ඤාණය නිත්‍ය දෙයක්ද? අනිත්‍ය දෙයක්ද? ....(පෙ).... යමක් වනාහී අනිත්‍ය නම්, දුක නම්, වෙනස්වන ධර්මතාවයට අයත් දෙයක් නම් එයට බැඳීමක් නැතුව, ඔය විදිහේ දෘෂ්ටියක් උපදීවිද 'මරණින් මතු ආරෝග්‍ය වූ රූපමය ආත්මයක් තියෙනවා' කියලා." "ස්වාමීනි, මෙය නොවේ ම ය."

"පින්වත් මහණෙනි, ඔය විදිහට දුක තිබුණොත් තමයි, දුකට බැඳුණොත් තමයි, දුකෙහි බැසගත්තොත් තමයි ඔය වගේ දෘෂ්ටියක් උපදින්නේ. 'මරණින් මතු ආරෝග්‍ය වූ රූපමය ආත්මයක් තියෙනවා' කියලා."

සාදු! සාදු!! සාදු!!!

රූපී අත්තා සූත්‍රය නිමා විය.

3.2.20.
අරූපී අත්තා සූත්‍රය
අරූපමය ආත්මය ගැන වදාළ දෙසුම

243. සැවැත් නුවර දී ....

පින්වත් මහණෙනි, කුමක් තිබුණොත්ද, කුමකට බැඳීමෙන්ද, කවර දෙයක බැස ගැනීමෙන්ද මේ විදිහේ දෘෂ්ටියක් උපදින්නේ? 'මරණින් මතු ආරෝග්‍ය වූ අරූපමය ආත්මයක් තියෙනවා' කියලා.

(එම පෙයයාලයම විස්තර කළ යුතුය)

සාදු! සාදු!! සාදු!!!

අරූපී අත්තා සූත්‍රය නිමා විය.

3.2.21.
රූපී ච අරූපී ච අත්තා සූත්‍රය
රූපමය වූත් අරූපමය වූත් ආත්මය ගැන වදාළ දෙසුම

244. සැවැත් නුවර දී ....

....(පෙ).... 'මරණින් මතු ආරෝග්‍ය වූ රූපමය වූත් අරූපමය වූත් ආත්මයක් තියෙනවා' කියලා.

සාදු! සාදු!! සාදු!!!

රූපී ච අරූපී ච අත්තා සූත්‍රය නිමා විය.

3.2.22.
නේව රූපී ච නාරූපී ච අත්තා සූත්‍රය
රූපමය නොවූත් අරූපමය නොවූත් ආත්මය ගැන වදාළ දෙසුම

245. සැවැත් නුවර දී ....

....(පෙ).... 'මරණින් මතු ආරෝග්‍ය වූ රූපමය නොවූත්, අරූපමය නොවූත් ආත්මයක් තියෙනවා' කියලා.

සාදු! සාදු!! සාදු!!!

නේව රූපී නාරූපී ච අත්තා සූත්‍රය නිමා විය.

3.2.23.
ඒකන්තසුඛී අත්තා සූත්‍රය
ඒකාන්ත සුවපත් වූ ආත්මය ගැන වදාළ දෙසුම

246. සැවැත් නුවර දී ....

....(පෙ).... 'මරණින් මතු ආරෝග්‍ය වූ ඒකාන්ත සැපවත් වූ ආත්මයක් තියෙනවා' කියලා.

සාදු! සාදු!! සාදු!!!

ඒකන්තසුඛී අත්තා සූත්‍රය නිමා විය.

3.2.24.
ඒකන්තදුක්ඛී අත්තා සූත්‍රය
ඒකාන්ත දුක් වූ ආත්මය ගැන වදාළ දෙසුම

247. සැවැත් නුවර දී ....

....(පෙ).... 'මරණින් මතු ආරෝග්‍ය වූ ඒකාන්ත දුක් වූ ආත්මයක් තියෙනවා' කියලා.

සාදු! සාදු!! සාදු!!!

ඒකන්තදුක්ඛී අත්තා සූත්‍රය නිමා විය.

3.2.25.
සුඛදුක්ඛී අත්තා සූත්‍රය
සැපදුක් සහිත ආත්මය ගැන වදාළ දෙසුම

248. සැවැත් නුවර දී ....

....(පෙ).... 'මරණින් මතු ආරෝග්‍ය වූ සැපදුක් සහිත වූ ආත්මයක් තියෙනවා' කියලා.

සාදු! සාදු!! සාදු!!!

සුඛදුක්ඛී අත්තා සූත්‍රය නිමා විය.

3.2.26.
අදුක්ඛමසුඛී අත්තා සූත්‍රය
සැපදුක් රහිත ආත්මය ගැන වදාළ දෙසුම

249. සැවැත් නුවර දී ....

....(පෙ).... 'මරණින් මතු ආරෝග්‍ය වූ සැපදුක් රහිත වූ ආත්මයක් තියෙනවා' කියලා." "ස්වාමීනි, භාග්‍යවතුන් වහන්සේ මුල් කරගෙනයි අපගේ මේ ධර්මය තිබෙන්නේ ....(පෙ)....

පින්වත් මහණෙනි, රූපය තිබුණොත් තමයි, රූපයට බැඳුණොත් තමයි, රූපයෙහි බැසගත්තොත් තමයි ඔය වගේ දෘෂ්ටියක් උපදින්නේ. 'මරණින් මතු ආරෝග්‍ය වූ සැපදුක් රහිත වූ ආත්මයක් තියෙනවා' කියලා. විඳීම තිබුණොත් තමයි ....(පෙ).... සඤ්ඤාව තිබුණොත් තමයි ....(පෙ).... සංස්කාර තිබුණොත් තමයි ....(පෙ).... විඤ්ඤාණය තිබුණොත් තමයි, විඤ්ඤාණයට බැඳුණොත් තමයි, විඤ්ඤාණයෙහි බැසගත්තොත් තමයි ඔය වගේ දෘෂ්ටියක් උපදින්නේ. 'මරණින් මතු ආරෝග්‍ය වූ සැපදුක් රහිත වූ ආත්මයක් තියෙනවා' කියලා.

පින්වත් මහණෙනි, මේ ගැන ඔබ කුමක්ද සිතන්නේ? රූපය නිත්‍ය දෙයක්ද? අනිත්‍ය දෙයක්ද? ....(පෙ).... යමක් වනාහී අනිත්‍ය නම්, දුක නම්, වෙනස්වන ධර්මතාවයට අයත් දෙයක් නම් එයට බැඳීමක් නැතුව, ඔය විදිහේ දෘෂ්ටියක් උපදීවිද 'මරණින් මතු ආරෝග්‍ය වූ සැපදුක් රහිත වූ ආත්මයක් තියෙනවා' කියලා." "ස්වාමීනි, මෙය නොවේ ම ය."

"විඳීම ....(පෙ).... සඤ්ඤාව ....(පෙ).... සංස්කාර ....(පෙ).... විඤ්ඤාණය නිත්‍ය දෙයක්ද? අනිත්‍ය දෙයක්ද? ....(පෙ).... යමක් වනාහී අනිත්‍ය නම්, දුක නම්, වෙනස්වන ධර්මතාවයට අයත් දෙයක් නම් එයට බැඳීමක් නැතුව, ඔය විදිහේ දෘෂ්ටියක් උපදීවිද 'මරණින් මතු ආරෝග්‍ය වූ සැපදුක් රහිත වූ ආත්මයක් තියෙනවා' කියලා." "ස්වාමීනි, මෙය නොවේ ම ය."

"පින්වත් මහණෙනි, ඔය විදිහට දුක තිබුණොත් තමයි, දුකට බැඳුණොත් තමයි, දුකෙහි බැස ගත්තොත් තමයි ඔය වගේ දෘෂ්ටියක් උපදින්නේ. 'මරණින් මතු ආරෝග්‍ය වූ සැපදුක් රහිත වූ ආත්මයක් තියෙනවා' කියලා ....(පෙ)....

සාදු! සාදු!! සාදු!!!

අදුක්ඛමසුඛී අත්තා සූත්‍රය නිමා විය.

දෙවෙනි ගමන වර්ගය අවසන් විය.

- **එහි පිළිවෙල උද්දානයයි :**

වාත සූත්‍රය, ඒතංමම සූත්‍රය, සෝඅත්තා සූත්‍රය, නෝ ච මේසියා සූත්‍රය, නත්ථිදින්නං සූත්‍රය, කරතෝ සූත්‍රය, හේතු සූත්‍රය, මහාදිට්ඨි සූත්‍රය, අටවැන්නයි. සස්සතෝ ලෝකෝ සූත්‍රය, අසස්සතෝ ලෝකෝ සූත්‍රය, අන්තවා ලෝකෝ සූත්‍රය, අනන්තවා ලෝකෝ සූත්‍රය, තං ජීවං තං සරීරං සූත්‍රය, අඤ්ඤං ජීවං අඤ්ඤං සරීරං සූත්‍රය, හෝති තථාගත සූත්‍රය, න හෝති තථාගත සූත්‍රය, හෝති ච න ච හෝති තථාගත සූත්‍රය, නේව හෝති න න හෝති තථාගත සූත්‍රය, රූපී අත්තා සූත්‍රය, අරූපී අත්තා සූත්‍රය, රූපී ච අරූපී ච අත්තා සූත්‍රය, නේව රූපී නා රූපී අත්තා සූත්‍රය, ඒකන්තසුඛී අත්තා සූත්‍රය, ඒකන්තදුක්ඛී අත්තා සූත්‍රය, සුඛදුක්ඛී අත්තා සූත්‍රය, අදුක්ඛමසුඛී අත්තා සූත්‍රය යන මේ දෙසුම් විසිහයෙන් දෙවෙනි වර්ගය සමන්විතයි.

3. තුන්වෙනි ගමන වර්ගය

3.3.1.-25.
වාත සූත්‍රය
සුළඟ ගැන වදාළ දෙසුම

250-274. සැවැත් නුවර දී ....

"පින්වත් මහණෙනි, කුමක් තිබුණොත්ද, කුමකට බැඳීමෙන්ද, කවර දෙයක බැසගැනීමෙන්ද මේ විදිහේ දෘෂ්ටියක් උපදින්නේ? '(එහි) සුළං හමන්නේ නෑ. ගංගාවන් ගලා බසින්නේ නෑ. ගර්භණීන් දරුවන් වදන්නේ නෑ. හිරු සඳු උදා වෙන්නේ නෑ. බැසයන්නෙත් නෑ. ඒ හැමදෙයක් ම නොසෙල්වෙන ඒසිකා ස්ථම්භයක් වගේ තියෙනවා' කියලා."

"ස්වාමීනි, භාග්‍යවතුන් වහන්සේ මුල් කරගෙනයි අපගේ මේ ධර්මය තිබෙන්නේ ....(පෙ)....

පින්වත් මහණෙනි, රූපය තිබුණොත් තමයි, රූපයට බැඳුණොත් තමයි, රූපයෙහි බැසගත්තොත් තමයි ඔය වගේ දෘෂ්ටියක් උපදින්නේ. '(එහි) සුළං හමන්නේ නෑ ....(පෙ).... ඒසිකා ස්ථම්භයක් වගේ තියෙනවා' කියලා. විඳීම තිබුණොත් තමයි ....(පෙ).... සඤ්ඤාව තිබුණොත් තමයි ....(පෙ).... සංස්කාර තිබුණොත් තමයි ....(පෙ).... විඤ්ඤාණය තිබුණොත් තමයි, විඤ්ඤාණයට බැඳුණොත් තමයි, විඤ්ඤාණයෙහි බැසගත්තොත් තමයි ඔය වගේ දෘෂ්ටියක් උපදින්නේ. '(එහි) සුළං හමන්නේ නෑ ....(පෙ).... ඒසිකා ස්ථම්භයක් වගේ තියෙනවා' කියලා.

පින්වත් මහණෙනි, මේ ගැන ඔබ කුමක්ද හිතන්නේ? රූපය නිත්‍ය දෙයක්ද? අනිත්‍ය දෙයක්ද? ....(පෙ).... වෙනස්වන ධර්මතාවයට අයත් දෙයක් නම් එයට බැඳීමක් නැතුව, ඔය විදිහේ දෘෂ්ටියක් උපදීවිද? '(එහි) සුළං හමන්නේ නෑ ....(පෙ).... ඒසිකා ස්ථම්භයක් වගේ තියෙනවා' කියලා." "ස්වාමීනි, එය නොවේ ම යි."

"ඉතින් පින්වත් මහණෙනි, යමක් අනිත්‍ය නම් ඒක දුකයි. ඒ දුක තිබුණොත් තමයි, දුකට බැඳුණොත් තමයි ඔය වගේ දෘෂ්ටියක් උපදින්නේ. (එහි) සුළං හමන්නේ නෑ ....(පෙ).... ඒසිකා ස්ථම්භයක් වගේ තියෙනවා' කියලා."

(සූත්‍ර විසිපහම විස්තර කළ යුත්තේ ඔය ආකාරයෙනි)

සාදු! සාදු!! සාදු!!!

3.3.26.
අදුක්ඛමසුඛී අත්තා සූත්‍රය
සැපදුක් රහිත ආත්මය ගැන වදාළ දෙසුම

275.   සැවැත් නුවර දී ....

පින්වත් මහණෙනි, කුමක් තිබුණොත්ද, කුමකට බැඳීමෙන්ද, කවර දෙයක බැසගැනීමෙන්ද මේ විදිහේ දෘෂ්ටියක් උපදින්නේ? 'මරණින් මතු ආරෝග්‍ය වූ සැපදුක් රහිත වූ ආත්මයක් තියෙනවා' කියලා. ස්වාමීනි, භාග්‍යවතුන් වහන්සේ මුල් කරගෙනයි අපගේ මේ ධර්මය තිබෙන්නේ ....(පෙ)....

පින්වත් මහණෙනි, රූපය තිබුණොත් තමයි, රූපයට බැඳුණොත් තමයි, රූපයෙහි බැසගත්තොත් තමයි ඔය වගේ දෘෂ්ටියක් උපදින්නේ, 'මරණින් මතු ආරෝග්‍ය වූ සැපදුක් රහිත වූ ආත්මයක් තියෙනවා' කියලා. විඳීම තිබුණොත් තමයි ....(පෙ).... සඤ්ඤාව තිබුණොත් තමයි ....(පෙ).... සංස්කාර තිබුණොත් තමයි ....(පෙ).... විඤ්ඤාණය තිබුණොත් තමයි, විඤ්ඤාණයට බැඳුණොත් තමයි, විඤ්ඤාණයෙහි බැසගත්තොත් තමයි ඔය වගේ දෘෂ්ටියක් උපදින්නේ. 'මරණින් මතු ආරෝග්‍ය වූ සැපදුක් රහිත වූ ආත්මයක් තියෙනවා' කියලා.

පින්වත් මහණෙනි, මේ ගැන ඔබ කුමක්ද හිතන්නේ? රූපය නිත්‍ය දෙයක්ද? අනිත්‍ය දෙයක්ද? ....(පෙ).... වෙනස්වන ධර්මතාවයට අයත් දෙයක් නම් එයට බැඳීමක් නැතුව, ඔය විදිහේ දෘෂ්ටියක් උපදීවිද? 'මරණින් මතු ආරෝග්‍ය වූ සැපදුක් රහිත වූ ආත්මයක් තියෙනවා' කියලා." "ස්වාමීනි, එය නොවේ ම යි."

"විඳීම ....(පෙ).... සඤ්ඤාව ....(පෙ).... සංස්කාර ....(පෙ).... විඤ්ඤාණය නිත්‍ය දෙයක්ද? අනිත්‍ය දෙයක්ද? ....(පෙ).... යමක් වනාහී අනිත්‍ය නම්, දුක

නම්, වෙනස්වන ධර්මතාවයට අයත් දෙයක් නම් එයට බැඳීමක් නැතුව, ඔය විදිහේ දෘෂ්ටියක් උපදීවිද? 'මරණින් මතු ආරෝග්‍ය වූ සැපදුක් රහිත වූ ආත්මයක් තියෙනවා' කියලා." "ස්වාමීනි, එය නොවේ ම යි."

"ඉතින් පින්වත් මහණෙනි, යමක් අනිත්‍ය නම් ඒක දුකයි. ඒ දුක තිබුණොත් තමයි, දුකට බැඳුණොත් තමයි ඔය වගේ දෘෂ්ටියක් උපදින්නේ. 'මරණින් මතු ආරෝග්‍ය වූ සැපදුක් රහිත වූ ආත්මයක් තියෙනවා' කියලා."

සාදු! සාදු!! සාදු!!!

අදුක්ඛමසුඛී අත්තා සූත්‍රය නිමා විය.

තුන්වෙනි තතිය ගමන වර්ගය අවසන් විය.

- එහි පිළිවෙල උද්දානයයි :

වාත සූත්‍රය, ඒතංමම සූත්‍රය, සෝඅත්තා සූත්‍රය, නෝ ච මේසියා සූත්‍රය, නත්ථිදින්නං සූත්‍රය, කරතෝ සූත්‍රය, හේතු සූත්‍රය, මහාදිට්ඨි සූත්‍රය, අටවැන්නයි. සස්සතෝ ලෝකෝ සූත්‍රය, අසස්සතෝ ලෝකෝ සූත්‍රය, අන්තවා ලෝකෝ සූත්‍රය, අනන්තවා ලෝකෝ සූත්‍රය, තං ජීවං තං සරීරං සූත්‍රය, අඤ්ඤං ජීවං අඤ්ඤං සරීරං සූත්‍රය, හෝති තථාගත සූත්‍රය, න හෝති තථාගත සූත්‍රය, හෝති ච න ච හෝති තථාගත සූත්‍රය, නේව හෝති න න හෝති තථාගත සූත්‍රය, රූපී අත්තා සූත්‍රය, අරූපී අත්තා සූත්‍රය, රූපී ච අරූපී ච අත්තා සූත්‍රය, නේව රූපී නා රූපී අත්තා සූත්‍රය, ඒකන්තසුඛී අත්තා සූත්‍රය, ඒකන්තදුක්ඛී අත්තා සූත්‍රය, සුඛදුක්ඛී අත්තා සූත්‍රය, අදුක්ඛමසුඛී අත්තා සූත්‍රය යන මේ දෙසුම් විසිහයෙන් දෙවෙනි වර්ගය සමන්විතයි.

4. හතරවෙනි ගමන වර්ගය

3.4.1.-25.
වාත සූත්‍රය
සුළඟ ගැන වදාළ දෙසුම

276-300. සැවැත් නුවර දී ....

"පින්වත් මහණෙනි, කුමක් තිබුණොත්ද, කුමකට බැඳීමෙන්ද, කවර දෙයක බැසගැනීමෙන්ද මේ විදිහේ දෘෂ්ටියක් උපදින්නේ '(එහි) සුළං හමන්නේ නෑ. ගංගාවන් ගලා බසින්නේ නෑ. ගර්භණීන් දරුවන් වදන්නේ නෑ. හිරු සඳු උදාවෙන්නේ නෑ. බැසයන්නෙත් නෑ. ඒ හැමදෙයක් ම නොසෙල්වෙන ඒසිකා ස්ථම්භයක් වගේ තියෙනවා' කියලා."

"ස්වාමීනි, භාග්‍යවතුන් වහන්සේ මුල් කරගෙනයි අපගේ මේ ධර්මය තිබෙන්නේ ....(පෙ)....

"පින්වත් මහණෙනි, රූපය තිබුණොත් තමයි, රූපයට බැඳුණොත් තමයි, රූපයෙහි බැසගත්තොත් තමයි ඔය වගේ දෘෂ්ටියක් උපදින්නේ. '(එහි) සුළං හමන්නේ නෑ ....(පෙ).... ඒසිකා ස්ථම්භයක් වගේ තියෙනවා' කියලා. විඳීම තිබුණොත් තමයි ....(පෙ).... සඤ්ඤාව තිබුණොත් තමයි ....(පෙ).... සංස්කාර තිබුණොත් තමයි ....(පෙ).... විඤ්ඤාණය තිබුණොත් තමයි, විඤ්ඤාණයට බැඳුනොත් තමයි, විඤ්ඤාණයෙහි බැසගත්තොත් තමයි ඔය වගේ දෘෂ්ටියක් උපදින්නේ. '(එහි) සුළං හමන්නේ නෑ ....(පෙ).... ඒසිකා ස්ථම්භයක් වගේ තියෙනවා' කියලා.

පින්වත් මහණෙනි, මේ ගැන ඔබ කුමක්ද හිතන්නේ? රූපය නිත්‍ය දෙයක්ද? අනිත්‍ය දෙයක්ද? ....(පෙ).... යමක් වනාහී අනිත්‍ය නම්, දුක නම්, වෙනස්වන ධර්මතාවයට අයත් දෙයක් නම් එය 'මගේ කියා හෝ එය මම වෙමි කියා හෝ එය මගේ ආත්මය' කියා හෝ මුලාවෙන් දකින එක සුදුසුද?"
"ස්වාමීනි, එය සුදුසු නෑ ම යි."

"වේදනාව ....(පෙ).... සඤ්ඤාව ....(පෙ).... සංස්කාර ....(පෙ).... විඤ්ඤාණය යනු නිත්‍ය දෙයක්ද? අනිත්‍ය දෙයක්ද? ....(පෙ).... යමක් වනාහී අනිත්‍ය නම්, දුක නම්, වෙනස්වන ධර්මතාවයට අයත් දෙයක් නම්, එය 'මගේ කියා හෝ එය මම වෙමි කියා හෝ එය මගේ ආත්මය' කියා හෝ මුලාවෙන් දකින එක සුදුසුද?" "ස්වාමීනී, එය සුදුසු නෑ ම යි."

"එනිසා පින්වත් මහණෙනි, යම්කිසි රූපයක් අතීත, අනාගත වර්තමාන ....(පෙ).... දියුණු කළ ප්‍රඥාවෙන් දැක්ක යුතුයි. යම්කිසි විඳීමක් ....(පෙ).... යම්කිසි සඤ්ඤාවක් ....(පෙ).... යම්කිසි සංස්කාරයක් ....(පෙ).... යම්කිසි විඤ්ඤාණයක් අතීත අනාගත වර්තමාන ....(පෙ).... දියුණු කළ ප්‍රඥාවෙන් දැක්ක යුතුයි.

පින්වත් මහණෙනි, ඔය විදිහට දකින විට ....(පෙ).... ආයෙත් නම් උපතක් නැතැයි අවබෝධ කරගන්නවා."

(සූත්‍ර විසිපහම විස්තර කළ යුත්තේ ඔය ආකාරයටයි)

සාදු! සාදු!! සාදු!!!

3.4.26.
අදුක්ඛමසුඛී අත්තා සූත්‍රය
සැපදුක් රහිත ආත්මය ගැන වදාළ දෙසුම

301. සැවැත් නුවර දී ....

පින්වත් මහණෙනි, කුමක් තිබුණොත්ද, කුමකට බැඳීමෙන්ද, කවර දෙයක බැසගැනීමෙන්ද මේ විදිහේ දෘෂ්ටියක් උපදින්නේ 'මරණින් මතු ආරෝග්‍ය වූ සැපදුක් රහිත වූ ආත්මයක් තියෙනවා' කියලා." "ස්වාමීනි, භාග්‍යවතුන් වහන්සේ මුල් කරගෙනයි අපගේ මේ ධර්මය තිබෙන්නේ ....(පෙ)....

පින්වත් මහණෙනි, රූපය තිබුණොත් තමයි, රූපයට බැඳුණොත් තමයි, රූපයෙහි බැසගත්තොත් තමයි ඔය වගේ දෘෂ්ටියක් උපදින්නේ. 'මරණින් මතු ආරෝග්‍ය වූ සැපදුක් රහිත වූ ආත්මයක් තියෙනවා' කියලා. විඳීම තිබුණොත් තමයි ....(පෙ).... සඤ්ඤාව තිබුණොත් තමයි ....(පෙ).... සංස්කාර තිබුණොත් තමයි ....(පෙ).... විඤ්ඤාණය තිබුණොත් තමයි, විඤ්ඤාණයට බැඳුණොත් තමයි, විඤ්ඤාණයෙහි බැසගත්තොත් තමයි ඔය වගේ දෘෂ්ටියක් උපදින්නේ.

'මරණින් මතු ආරෝග්‍ය වූ සැපදුක් රහිත වූ ආත්මයක් තියෙනවා' කියලා. ....(පෙ).... පින්වත් මහණෙනි, මේ ගැන ඔබ කුමක්ද හිතන්නේ? රූපය නිත්‍ය දෙයක්ද? අනිත්‍ය දෙයක්ද?" "ස්වාමීනී, අනිත්‍යයි. ....(පෙ).... යමක් වනාහී අනිත්‍ය නම්, දුක නම්, වෙනස්වන ධර්මතාවයට අයත් දෙයක් නම් 'එය මගේ කියා හෝ එය මම වෙමි කියා හෝ එය මගේ ආත්මය' කියා හෝ මුලාවෙන් දකින එක සුදුසුද?" "ස්වාමීනි, එය සුදුසු නෑ ම යි."

"වේදනාව ....(පෙ).... සඤ්ඤාව ....(පෙ).... සංස්කාර ....(පෙ).... විඤ්ඤාණය යනු නිත්‍ය දෙයක්ද? අනිත්‍ය දෙයක්ද? ....(පෙ).... යමක් වනාහී අනිත්‍ය නම්, දුක නම්, වෙනස්වන ධර්මතාවයට අයත් දෙයක් නම්, 'එය මගේ කියා හෝ එය මම වෙමි කියා හෝ එය මගේ ආත්මය' කියා හෝ මුලාවෙන් දකින එක සුදුසුද?" "ස්වාමීනී, එය සුදුසු නෑ ම යි."

"එනිසා පින්වත් මහණෙනි, යම්කිසි රූපයක් අතීත, අනාගත, වර්තමාන ....(පෙ).... දියුණු කළ ප්‍රඥාවෙන් දැක්ක යුතුයි. යම්කිසි විඳීමක් ....(පෙ).... යම්කිසි සඤ්ඤාවක් ....(පෙ).... යම්කිසි සංස්කාරයක් ....(පෙ).... යම්කිසි විඤ්ඤාණයක් අතීත, අනාගත, වර්තමාන ....(පෙ).... දියුණු කළ ප්‍රඥාවෙන් දැක්ක යුතුයි.

පින්වත් මහණෙනි, ශ්‍රැතවත් ආර්ය ශ්‍රාවකයා ඔය විදිහට දියුණු කරපු ප්‍රඥාවෙන් දකින කොට රූපය ගැනත් අවබෝධයෙන් ම කළකිරෙනවා. වේදනාව ගැනත් අවබෝධයෙන් ම කළකිරෙනවා. සඤ්ඤාව ගැනත් අවබෝධයෙන් ම කළකිරෙනවා. සංස්කාර ගැනත් අවබෝධයෙන් ම කළකිරෙනවා. විඤ්ඤාණය ගැනත් අවබෝධයෙන් ම කළකිරෙනවා. අවබෝධයෙන් ම කළකිරුණු විට සිත ඇලෙන්නෙ නැතුව යනවා. සිත නොඇලෙන කොට එයින් සිත නිදහස් වෙනවා. සිත් නිදහස් වෙන කොට ම 'නිදහස් වුණා' කියල අවබෝධ ඥානය ඇතිවෙනවා. 'ඉපදීම ක්ෂය වෙලා ගියා. බඹසර වාසය සම්පූර්ණ කරගත්තා. නිවන පිණිස කළ යුතු දේ කරගත්තා. ආයෙත් නම් සංසාරයේ වෙන උපතක් නැතැ'යි අවබෝධය ඇතිවෙනවා."

සාදු! සාදු!! සාදු!!!

අදුක්ඛමසුඛී අත්තා සූත්‍රය නිමා විය.

හතරවෙනි චතුත්ථගමන වර්ගය අවසන් විය.

- **එහි පිළිවෙල උද්දානයයි :**

වාත සූත්‍රය, ඒතං මම සූත්‍රය, සෝ අත්තා සූත්‍රය, නෝ ච මේසියා සූත්‍රය, නත්ථිදින්නං සූත්‍රය, කරතෝ සූත්‍රය, හේතු සූත්‍රය, මහාදිට්ඨි සූත්‍රය, අටවැන්නයි. සස්සතෝ ලෝකෝ සූත්‍රය, අසස්සතෝ ලෝකෝ සූත්‍රය, අන්තවා ලෝකෝ සූත්‍රය, අනන්තවා ලෝකෝ සූත්‍රය, තං ජීවං තං සරීරං සූත්‍රය, අඤ්ඤං ජීවං අඤ්ඤං සරීරං සූත්‍රය, හෝති තථාගත සූත්‍රය, න හෝති තථාගත සූත්‍රය, හෝති ච න ච හෝති තථාගත සූත්‍රය, නේව හෝති න න හෝති තථාගත සූත්‍රය, රූපී අත්තා සූත්‍රය, අරූපී අත්තා සූත්‍රය, රූපී ච අරූපී ච අත්තා සූත්‍රය, නේව රූපී නා රූපී අත්තා සූත්‍රය, ඒකන්තසුඛී අත්තා සූත්‍රය, ඒකන්තදුක්ඛී අත්තා සූත්‍රය, සුඛදුක්ඛී අත්තා සූත්‍රය, අදුක්ඛමසුඛී අත්තා සූත්‍රය යන මේ දෙසුම් විසිහයෙන් දෙවෙනි වර්ගය සමන්විතයි.

දිට්ඨි සංයුත්තය නිමා විය.

4. ඔක්කන්ති සංයුත්තය

1. චක්ඛු වර්ගය

4.1.1.
චක්ඛු සූත්‍රය
ඇස ගැන වදාළ දෙසුම

302. සැවැත් නුවර දී ....

පින්වත් මහණෙනි, ඇස යනු අනිත්‍ය දෙයක්. වෙනස් වන දෙයක්. අන්‍ය ස්වභාවයකට පත්වෙන දෙයක්. කණ යනු අනිත්‍ය දෙයක්. වෙනස් වන දෙයක්. අන්‍ය ස්වභාවයකට පත්වෙන දෙයක්. නාසය යනු අනිත්‍ය දෙයක්. වෙනස් වන දෙයක්. අන්‍ය ස්වභාවයකට පත්වෙන දෙයක්. දිව යනු අනිත්‍ය දෙයක්. වෙනස් වන දෙයක්. අන්‍ය ස්වභාවයකට පත්වෙන දෙයක්. කය යනු අනිත්‍ය දෙයක්. වෙනස් වන දෙයක්. අන්‍ය ස්වභාවයකට පත්වෙන දෙයක්. මනස යනු අනිත්‍ය දෙයක්. වෙනස් වන දෙයක්. අන්‍ය ස්වභාවයකට පත්වෙන දෙයක්.

පින්වත් මහණෙනි, යම් කෙනෙක් මේ ධර්මයන් ඔය ආකාරයෙන් අදහා ගනී නම්, ශ්‍රද්ධාවෙහි බැසගනී නම්, මොහුට කියන්නේ සද්ධානුසාරී කෙනා කියලයි. නිවන් මගට බැසගත් කෙනා කියලයි. සත්පුරුෂ භූමියට බැසගත් කෙනා කියලයි. පෘථග්ජන භූමිය ඉක්මවා ගිය කෙනා කියලයි. යම් කර්මයක් කරලා නිරයේ හෝ තිරිසන් යෝනියේ හෝ ප්‍රේතලෝකයේ හෝ උපදිනවා නම් එබඳු කර්මයක් කරන්නට ඔහුට පුළුවන්කමක් නෑ. යම්තාක් සෝවාන් ඵලය සාක්ෂාත් කරන්නේ නැත්නම් ඒතාක් ම (සෝවාන් වන තුරු) ඔහුට කළුරිය කරන්නට පුළුවන්කමකුත් නෑ.

පින්වත් මහණෙනි, යමෙකුට මේ ධර්මයන් ඔය ආකාරයෙන් ප්‍රඥාව

තුළින් ප්‍රමාණවත් පරිදි අවබෝධයක් තිබෙනවා නම්, මොහුට කියන්නේ ධම්මානුසාරී කෙනා කියලයි. නිවන් මගට බැසගත් කෙනා කියලයි. සත්පුරුෂ භූමියට බැසගත් කෙනා කියලයි. පෘථග්ජන භූමිය ඉක්මවා ගිය කෙනා කියලයි. යම් කර්මයක් කරලා නිරයේ හෝ තිරිසන් යෝනියේ හෝ ප්‍රේත ලෝකයේ හෝ උපදිනවා නම් එබඳු කර්මයක් කරන්නට ඔහුට පුළුවන්කමක් නෑ. යම්තාක් සෝවාන් ඵලය සාක්ෂාත් කරන්නේ නැත්නම් ඒතාක් ම (සෝවාන් වන තුරු) ඔහුට කළුරිය කරන්නට පුළුවන්කමකුත් නෑ.

පින්වත් මහණෙනි, යම් කෙනෙක් මේ ධර්මයන් ඔය ආකාරයෙන් අවබෝධ කරනවා නම්, ඔය ආකාරයෙන් දකිනවා නම්, මොහුට කියන්නේ සෝවාන් කෙනා කියලයි. අපායෙහි නොවැටෙන ස්වභාවයෙන් යුතු නියත වශයෙන් ම ඒ අමා නිවන පිහිට කොට සිටින කෙනා කියලයි.

සාදු! සාදු!! සාදු!!!

චක්ඛු සූත්‍රය නිමා විය.

4.1.2.
රූප සූත්‍රය
රූප ගැන වදාළ දෙසුම

303. සැවැත් නුවර දී ....

පින්වත් මහණෙනි, රූප යනු අනිත්‍ය දෙයක්. වෙනස් වන දෙයක්. අන්‍ය ස්වභාවයකට පත්වෙන දෙයක්. ශබ්ද යනු අනිත්‍ය දෙයක්. වෙනස් වන දෙයක්. අන්‍ය ස්වභාවයකට පත්වෙන දෙයක්. ගඳ සුවඳ යනු අනිත්‍ය දෙයක්. වෙනස් වන දෙයක්. අන්‍ය ස්වභාවයකට පත්වෙන දෙයක්. රස යනු අනිත්‍ය දෙයක්. වෙනස් වන දෙයක්. අන්‍ය ස්වභාවයකට පත්වෙන දෙයක්. පහස යනු අනිත්‍ය දෙයක්. වෙනස් වන දෙයක්. අන්‍ය ස්වභාවයකට පත්වෙන දෙයක්. සිතෙන අරමුණු යනු අනිත්‍ය දෙයක්. වෙනස් වන දෙයක්. අන්‍ය ස්වභාවයකට පත්වෙන දෙයක්.

පින්වත් මහණෙනි, යම් කෙනෙක් මේ ධර්මයන් ඔය ආකාරයෙන් අදහා ගනී නම්, ශ්‍රද්ධාවෙහි බැසගනී නම්, මොහුට කියන්නේ සද්ධානුසාරී කෙනා කියලයි ....(පෙ).... මොහුට කියන්නේ ධම්මානුසාරී කෙනා කියලයි. නිවන් මගට බැසගත් කෙනා කියලයි. සත්පුරුෂ භූමියට බැසගත් කෙනා කියලයි. පෘථග්ජන

භූමිය ඉක්මවා ගිය කෙනා කියලයි. යම් කර්මයක් කරලා නිරයේ හෝ තිරිසන් යෝනියේ හෝ ප්‍රේතලෝකයේ හෝ උපදිනවා නම් එබඳු කර්මයක් කරන්නට ඔහුට පුළුවන්කමක් නෑ. යම්තාක් සෝවාන් ඵලය සාක්ෂාත් කරන්නේ නැත්නම් ඒතාක් ම (සෝවාන් වන තුරු) ඔහුට කළුරිය කරන්ට පුළුවන්කමකුත් නෑ.

පින්වත් මහණෙනි, යම් කෙනෙක් මේ ධර්මයන් ඔය ආකාරයෙන් අවබෝධ කරනවා නම්, ඔය ආකාරයෙන් දකිනවා නම්, මොහුට කියන්නේ සෝවාන් කෙනා කියලයි. අපායෙහි නොවැටෙන ස්වභාවයෙන් යුතු නියත වශයෙන් ම ඒ අමා නිවන පිහිට කොට සිටින කෙනා කියලයි.

සාදු! සාදු!! සාදු!!!

රූප සූත්‍රය නිමා විය.

4.1.3.
විඤ්ඤාණ සූත්‍රය
විඤ්ඤාණය ගැන වදාළ දෙසුම

304.   සැවැත් නුවර දී ....

පින්වත් මහණෙනි, ඇසේ විඤ්ඤාණය යනු අනිත්‍ය දෙයක්. වෙනස් වන දෙයක්. අන්‍ය ස්වභාවයකට පත්වෙන දෙයක්. කණේ විඤ්ඤාණය යනු අනිත්‍ය දෙයක්. වෙනස් වන දෙයක්. අන්‍ය ස්වභාවයකට පත්වෙන දෙයක්. නාසයේ විඤ්ඤාණය යනු අනිත්‍ය දෙයක්. වෙනස් වන දෙයක්. අන්‍ය ස්වභාවයකට පත්වෙන දෙයක්. දිවේ විඤ්ඤාණය යනු අනිත්‍ය දෙයක්. වෙනස් වන දෙයක්. අන්‍ය ස්වභාවයකට පත්වෙන දෙයක්. කයේ විඤ්ඤාණය යනු අනිත්‍ය දෙයක්. වෙනස් වන දෙයක්. අන්‍ය ස්වභාවයකට පත්වෙන දෙයක්. මනසේ විඤ්ඤාණය යනු අනිත්‍ය දෙයක්. වෙනස් වන දෙයක්. අන්‍ය ස්වභාවයකට පත්වෙන දෙයක්.

පින්වත් මහණෙනි, යම් කෙනෙක් මේ ධර්මයන් ඔය ආකාරයෙන් අදහා ගනී නම්, ශ්‍රද්ධාවෙහි බැසගනී නම්, මොහුට කියන්නේ සද්ධානුසාරී කෙනා කියලයි ....(පෙ).... ඒ අමා නිවන පිහිට කොට සිටින කෙනා කියලයි.

සාදු! සාදු!! සාදු!!!

විඤ්ඤාණ සූත්‍රය නිමා විය.

4.1.4.
ඵස්ස සූත්‍රය
ස්පර්ශය ගැන වදාළ දෙසුම

305. සැවැත් නුවර දී ....

පින්වත් මහණෙනි, ඇසේ ස්පර්ශය යනු අනිත්‍ය දෙයක්. වෙනස් වන දෙයක්. අන්‍ය ස්වභාවයකට පත්වෙන දෙයක්. කණේ ස්පර්ශය ....(පෙ).... නාසයේ ස්පර්ශය ....(පෙ).... දිවේ ස්පර්ශය ....(පෙ).... කයේ ස්පර්ශය ....(පෙ).... මනසේ ස්පර්ශය යනු අනිත්‍ය දෙයක්. වෙනස් වන දෙයක්. අන්‍ය ස්වභාවයකට පත්වෙන දෙයක්. පින්වත් මහණෙනි, යම් කෙනෙක් මේ ධර්මයන් ඔය ආකාරයෙන් අදහා ගනී නම් ....(පෙ).... ඒ අමා නිවන පිහිට කොට සිටින කෙනා කියලයි.

සාදු! සාදු!! සාදු!!!

ඵස්ස සූත්‍රය නිමා විය.

4.1.5.
වේදනා සූත්‍රය
විඳීම් ගැන වදාළ දෙසුම

306. සැවැත් නුවර දී ....

පින්වත් මහණෙනි, ඇසේ ස්පර්ශයෙන් හටගන්නා විඳීම යනු අනිත්‍ය දෙයක්. වෙනස් වන දෙයක්. අන්‍ය ස්වභාවයකට පත්වෙන දෙයක්. කණේ ස්පර්ශයෙන් හටගන්නා විඳීම ....(පෙ).... නාසයේ ස්පර්ශයෙන් හටගන්නා විඳීම ....(පෙ).... දිවේ ස්පර්ශයෙන් හටගන්නා විඳීම ....(පෙ).... කයේ ස්පර්ශයෙන් හටගන්නා විඳීම ....(පෙ).... මනසේ ස්පර්ශයෙන් හටගන්නා විඳීම යනු අනිත්‍ය දෙයක්. වෙනස් වන දෙයක්. අන්‍ය ස්වභාවයකට පත්වෙන දෙයක්. පින්වත් මහණෙනි, යම් කෙනෙක් මේ ධර්මයන් ඔය ආකාරයෙන් අදහා ගනී නම් ....(පෙ).... ඒ අමා නිවන පිහිට කොට සිටින කෙනා කියලයි.

සාදු! සාදු!! සාදු!!!

වේදනා සූත්‍රය නිමා විය.

4.1.6.
සඤ්චේතනා සූත්‍රය
සඤ්ඤාව ගැන වදාළ දෙසුම

307. සැවැත් නුවර දී ....

පින්වත් මහණෙනි, රූප සඤ්ඤාව යනු අනිත්‍ය දෙයක්. වෙනස් වන දෙයක්. අන්‍ය ස්වභාවයකට පත්වෙන දෙයක්. ශබ්ද සඤ්ඤාව ....(පෙ).... ගන්ධ සඤ්ඤාව ....(පෙ).... රස සඤ්ඤාව ....(පෙ).... පහස සඤ්ඤාව ....(පෙ).... සිතෙන අරමුණු සඤ්ඤාව යනු අනිත්‍ය දෙයක්. වෙනස් වන දෙයක්. අන්‍ය ස්වභාවයකට පත්වෙන දෙයක්. පින්වත් මහණෙනි, යම් කෙනෙක් මේ ධර්මයන් ඔය ආකාරයෙන් අදහා ගනී නම් ....(පෙ).... ඒ අමා නිවන පිහිට කොට සිටින කෙනා කියලයි.

සාදු! සාදු!! සාදු!!!

සඤ්ඤා සූත්‍රය නිමා විය.

4.1.7.
චේතනා සූත්‍රය
චේතනාව ගැන වදාළ දෙසුම

308. සැවැත් නුවර දී ....

පින්වත් මහණෙනි, රූප මුල් කොට චේතනා ඇතිවීම යනු අනිත්‍ය දෙයක්. වෙනස් වන දෙයක්. අන්‍ය ස්වභාවයකට පත්වෙන දෙයක්. ශබ්ද මුල් කොට චේතනා ඇතිවීම ....(පෙ).... ගන්ධ මුල් කොට චේතනා ඇතිවීම ....(පෙ).... රස මුල් කොට චේතනා ඇතිවීම ....(පෙ).... පහස මුල් කොට චේතනා ඇතිවීම ....(පෙ).... සිතෙන අරමුණු මුල් කොට චේතනා ඇතිවීම යනු අනිත්‍ය දෙයක්. වෙනස් වන දෙයක්. අන්‍ය ස්වභාවයකට පත්වෙන දෙයක්. පින්වත් මහණෙනි, යම් කෙනෙක් මේ ධර්මයන් ඔය ආකාරයෙන් අදහා ගනී නම් ....(පෙ).... ඒ අමා නිවන පිහිට කොට සිටින කෙනා කියලයි.

සාදු! සාදු!! සාදු!!!

චේතනා සූත්‍රය නිමා විය.

4.1.8.
තණ්හා සූත්‍රය
තණ්හාව ගැන වදාළ දෙසුම

309.   සැවැත් නුවර දී ....

පින්වත් මහණෙනි, රූප කෙරෙහි ආශා ඇතිවීම යනු අනිත්‍ය දෙයක්. වෙනස් වන දෙයක්. අන්‍ය ස්වභාවයකට පත්වෙන දෙයක්. ශබ්ද කෙරෙහි ආශා ඇතිවීම ....(පෙ).... ගන්ධ කෙරෙහි ආශා ඇතිවීම ....(පෙ).... රස කෙරෙහි ආශා ඇතිවීම ....(පෙ).... පහස කෙරෙහි ආශා ඇතිවීම ....(පෙ).... සිතෙන අරමුණු කෙරෙහි ආශා ඇතිවීම යනු අනිත්‍ය දෙයක්. වෙනස් වන දෙයක්. අන්‍ය ස්වභාවයකට පත්වෙන දෙයක්. පින්වත් මහණෙනි, යම් කෙනෙක් මේ ධර්මයන් ඔය ආකාරයෙන් අදහා ගනී නම් ....(පෙ).... ඒ අමා නිවන පිහිට කොට සිටින කෙනා කියලයි.

සාදු! සාදු!! සාදු!!!

තණ්හා සූත්‍රය නිමා විය.

4.1.9.
ධාතු සූත්‍රය
ධාතු ගැන වදාළ දෙසුම

310.   සැවැත් නුවර දී ....

පින්වත් මහණෙනි, පඨවි ධාතුව යනු අනිත්‍ය දෙයක්. වෙනස් වන දෙයක්. අන්‍ය ස්වභාවයකට පත්වෙන දෙයක්. ආපෝ ධාතුව ....(පෙ).... තේජෝ ධාතුව ....(පෙ).... වායෝ ධාතුව....(පෙ).... ආකාස ධාතුව ....(පෙ).... විඤ්ඤාණ ධාතුව යනු අනිත්‍ය දෙයක්. වෙනස් වන දෙයක්. අන්‍ය ස්වභාවයකට පත්වෙන දෙයක්. පින්වත් මහණෙනි, යම් කෙනෙක් මේ ධර්මයන් ඔය ආකාරයෙන් අදහා ගනී නම් ....(පෙ).... ඒ අමා නිවන පිහිට කොට සිටින කෙනා කියලයි.

සාදු! සාදු!! සාදු!!!

ධාතු සූත්‍රය නිමා විය.

4.1.10.
බන්ධ සූත්‍රය
ස්කන්ධ ගැන වදාළ දෙසුම

311. සැවැත් නුවර දී ....

පින්වත් මහණෙනි, රූපය යනු අනිත්‍ය දෙයක්. වෙනස් වන දෙයක්. අන්‍ය ස්වභාවයකට පත්වෙන දෙයක්. විඳීම යනු අනිත්‍ය දෙයක්. වෙනස් වන දෙයක්. අන්‍ය ස්වභාවයකට පත්වෙන දෙයක්. සඤ්ඤාව යනු අනිත්‍ය දෙයක්. වෙනස් වන දෙයක්. අන්‍ය ස්වභාවයකට පත්වෙන දෙයක්. සංස්කාර යනු අනිත්‍ය දෙයක්. වෙනස් වන දෙයක්. අන්‍ය ස්වභාවයකට පත්වෙන දෙයක්. විඤ්ඤාණය යනු අනිත්‍ය දෙයක්. වෙනස් වන දෙයක්. අන්‍ය ස්වභාවයකට පත්වෙන දෙයක්.

පින්වත් මහණෙනි, යම් කෙනෙක් මේ ධර්මයන් ඔය ආකාරයෙන් අදහා ගනී නම්, ශ්‍රද්ධාවෙහි බැසගනී නම්, මොහුට කියන්නේ සද්ධානුසාරී කෙනා කියලයි. නිවන් මගට බැසගත් කෙනා කියලයි. සත්පුරුෂ භූමියට බැසගත් කෙනා කියලයි. පෘථග්ජන භූමිය ඉක්මවා ගිය කෙනා කියලයි. යම් කර්මයක් කරලා නිරයේ හෝ තිරිසන් යෝනියේ හෝ ප්‍රේතලෝකයේ හෝ උපදිනවා නම් එබඳු කර්මයක් කරන්නට ඔහුට පුළුවන්කමක් නෑ. යම්තාක් සෝවාන් ඵලය සාක්ෂාත් කරන්නේ නැත්නම් ඒතාක් ම (සෝවාන් වන තුරු) ඔහුට කළුරිය කරන්නට පුළුවන්කමකුත් නෑ.

පින්වත් මහණෙනි, යමෙකුට මේ ධර්මයන් ඔය ආකාරයෙන් ප්‍රඥාව තුළින් ප්‍රමාණවත් පරිදි අවබෝධයක් තිබෙනවා නම්, මොහුට කියන්නේ ධම්මානුසාරී කෙනා කියලයි. නිවන් මගට බැසගත් කෙනා කියලයි. සත්පුරුෂ භූමියට බැසගත් කෙනා කියලයි. පෘථග්ජන භූමිය ඉක්මවා ගිය කෙනා කියලයි. යම් කර්මයක් කරලා නිරයේ හෝ තිරිසන් යෝනියේ හෝ ප්‍රේතලෝකයේ හෝ උපදිනවා නම් එබඳු කර්මයක් කරන්නට ඔහුට පුළුවන්කමක් නෑ. යම්තාක් සෝවාන් ඵලය සාක්ෂාත් කරන්නේ නැත්නම් ඒතාක් ම (සෝවාන් වන තුරු) ඔහුට කළුරිය කරන්නට පුළුවන්කමකුත් නෑ.

පින්වත් මහණෙනි, යම් කෙනෙක් මේ ධර්මයන් ඔය ආකාරයෙන් අවබෝධ කරනවා නම්, ඔය ආකාරයෙන් දකිනවා නම්, මොහුට කියන්නේ

සෝවාන් කෙනා කියලයි. අපායෙහි නො වැටෙන ස්වභාවයෙන් යුතු නියත වශයෙන් ම ඒ අමා නිවන පිහිට කොට සිටින කෙනා කියලයි.

සාදු! සාදු!! සාදු!!!

බන්ධ සූත්‍රය නිමා විය.

පළමු වෙනි චක්ඛු වර්ගය අවසන් විය.

● එහි පිළිවෙල උද්දානයයි :

චක්ඛු සූත්‍රය, රූප සූත්‍රය, විඤ්ඤාණ සූත්‍රය, ඵස්ස සූත්‍රය, වේදනා සූත්‍රය, සඤ්ඤා සූත්‍රය, චේතනා සූත්‍රය, තණ්හා සූත්‍රය, ධාතු සූත්‍රය, බන්ධ සූත්‍රය යන දෙසුම් දහයෙන් මෙම වර්ගය සමන්විතයි.

ඔක්කන්ති සංයුත්තය නිමා විය.

5. උප්පාද සංයුත්තය

1. උප්පාද වර්ගය

5.1.1.
චක්ඛු සූත්‍රය
ඇස ගැන වදාළ දෙසුම

312. සැවැත් නුවර දී ....

පින්වත් මහණෙනි, ඇසක යම් උපතක් තියෙනවාද, යම් පැවැත්මක් තියෙනවාද, යම් විශේෂ උපතක් තියෙනවාද, යම් පහළ වීමක් තියෙනවාද මේක තමයි දුකෙහි උපත. රෝගයන්ගේ පැවැත්ම. ජරා මරණයෙහි පහළ වීම. කණක යම් ....(පෙ).... නාසයක යම් ....(පෙ).... දිවක යම් ....(පෙ).... කයක යම් ....(පෙ).... මනසක යම් උපතක් තියෙනවාද, යම් පැවැත්මක් තියෙනවාද, යම් විශේෂ උපතක් තියෙනවාද, යම් පහළ වීමක් තියෙනවාද මේක තමයි දුකෙහි උපත. රෝගයන්ගේ පැවැත්ම. ජරා මරණයෙහි පහළ වීම.

පින්වත් මහණෙනි, ඇසක යම් නිරුද්ධ වීමක් තියෙනවාද, යම් සංසිඳීමක් තියෙනවාද, යම් නැතිවීමක් තියෙනවාද මේක තමයි දුකෙහි නිරෝධය, රෝග යන්ගේ සංසිඳීම. ජරා මරණයෙහි නැති වී යෑම. කණක යම් ....(පෙ).... නාසයක යම් ....(පෙ).... දිවක යම් ....(පෙ).... කයක යම් ....(පෙ).... මනසක යම් නිරුද්ධ වීමක් තියෙනවාද, යම් සංසිඳීමක් තියෙනවාද, යම් නැතිවීමක් තියෙනවාද මේක තමයි දුකෙහි නිරෝධය, රෝගයන්ගේ සංසිඳීම. ජරා මරණයෙහි නැති වී යෑම.

සාදු! සාදු!! සාදු!!!

චක්ඛු සූත්‍රය නිමා විය.

5.1.2.
රූප සූත්‍රය
රූප ගැන වදාළ දෙසුම

313. සැවැත් නුවර දී ....

පින්වත් මහණෙනි, රූපයක යම් උපතක් තියෙනවාද, යම් පැවැත්මක් තියෙනවාද, යම් විශේෂ උපතක් තියෙනවාද, යම් පහළ වීමක් තියෙනවාද මේක තමයි දුකෙහි උපත. රෝගයන්ගේ පැවැත්ම. ජරා මරණයෙහි පහළ වීම. ශබ්දයක යම් ....(පෙ).... ගඳ සුවඳක යම් ....(පෙ).... රසක යම් ....(පෙ).... පහසක යම් ....(පෙ).... සිතෙන අරමුණක යම් උපතක් තියෙනවාද, යම් පැවැත්මක් තියෙනවාද, යම් විශේෂ උපතක් තියෙනවාද, යම් පහළ වීමක් තියෙනවාද මේක තමයි දුකෙහි උපත. රෝගයන්ගේ පැවැත්ම. ජරා මරණයෙහි පහළ වීම.

පින්වත් මහණෙනි, රූපයක යම් නිරුද්ධ වීමක් තියෙනවාද, යම් සංසිඳීමක් තියෙනවාද, යම් නැතිවීමක් තියෙනවාද මේක තමයි දුකෙහි නිරෝධය, රෝගයන්ගේ සංසිඳීම. ජරා මරණයෙහි නැති වී යෑම. ශබ්දයක යම් ....(පෙ).... ගඳ සුවඳක යම් ....(පෙ).... රසක යම් ....(පෙ).... පහසක යම් ....(පෙ).... සිතෙන අරමුණක යම් නිරුද්ධ වීමක් තියෙනවාද, යම් සංසිඳීමක් තියෙනවාද, යම් නැතිවීමක් තියෙනවාද මේක තමයි දුකෙහි නිරෝධය, රෝග යන්ගේ සංසිඳීම. ජරා මරණයෙහි නැති වී යෑම.

සාදු! සාදු!! සාදු!!!

රූප සූත්‍රය නිමා විය.

5.1.3.
විඤ්ඤාණ සූත්‍රය
විඤ්ඤාණය ගැන වදාළ දෙසුම

314. සැවැත් නුවර දී ....

පින්වත් මහණෙනි, ඇසේ විඤ්ඤාණයක යම් උපතක් තියෙනවාද

....(පෙ).... මනසේ විඤ්ඤාණයක යම් උපතක් තියෙනවාද ....(පෙ).... ජරා මරණයෙහි පහළ වීම.

පින්වත් මහණෙනි, ඇසේ විඤ්ඤාණයක යම් නිරුද්ධ වීමක් තියෙනවාද ....(පෙ).... මනසේ විඤ්ඤාණයක යම් නිරුද්ධ වීමක් තියෙනවාද ....(පෙ).... ජරා මරණයෙහි නැති වී යෑම.

සාදු! සාදු!! සාදු!!!

විඤ්ඤාණ සූත්‍රය නිමා විය.

5.1.4.
ඵස්ස සූත්‍රය
ස්පර්ශය ගැන වදාළ දෙසුම

315. සැවැත් නුවර දී ....

පින්වත් මහණෙනි, ඇසේ ස්පර්ශයක යම් උපතක් තියෙනවාද ....(පෙ).... මනසේ ස්පර්ශයක යම් උපතක් තියෙනවාද ....(පෙ)..... ජරා මරණයෙහි පහළ වීම.

පින්වත් මහණෙනි, ඇසේ ස්පර්ශයක යම් නිරුද්ධ වීමක් තියෙනවාද ....(පෙ).... මනසේ ස්පර්ශයක යම් නිරුද්ධ වීමක් තියෙනවාද ....(පෙ).... ජරා මරණයෙහි නැති වී යෑම.

සාදු! සාදු!! සාදු!!!

ඵස්ස සූත්‍රය නිමා විය.

5.1.5.
වේදනා සූත්‍රය
විඳීම් ගැන වදාළ දෙසුම

316. සැවැත් නුවර දී ....

පින්වත් මහණෙනි, ඇසේ ස්පර්ශයෙන් හටගන්නා විඳීමක යම් උපතක් තියෙනවාද ....(පෙ).... මනසේ ස්පර්ශයෙන් හටගන්නා විඳීමක යම් උපතක් තියෙනවාද ....(පෙ).... ජරා මරණයෙහි පහළ වීම.

පින්වත් මහණෙනි, ඇසේ ස්පර්ශයේ හටගන්නා විඳීමක යම් නිරුද්ධ වීමක් තියෙනවාද ....(පෙ).... මනසේ ස්පර්ශයේ හටගන්නා විඳීමක යම් නිරුද්ධ වීමක් තියෙනවාද ....(පෙ).... ජරා මරණයෙහි නැති වී යෑම.

සාදු! සාදු!! සාදු!!!

වේදනා සූත්‍රය නිමා විය.

5.1.6.
සඤ්ඤා සූත්‍රය
සඤ්ඤාව ගැන වදාළ දෙසුම

317. සැවැත් නුවර දී ....

පින්වත් මහණෙනි, රූප සඤ්ඤාවක යම් උපතක් තියෙනවාද ....(පෙ).... සිතෙන අරමුණු සඤ්ඤාවක යම් උපතක් තියෙනවාද ....(පෙ).... ජරා මරණයෙහි පහළ වීම.

පින්වත් මහණෙනි, රූප සඤ්ඤාවක යම් නිරුද්ධ වීමක් තියෙනවාද ....(පෙ).... සිතෙන අරමුණු සඤ්ඤාවක යම් නිරුද්ධ වීමක් තියෙනවාද ....(පෙ).... ජරා මරණයෙහි නැති වී යෑම.

සාදු! සාදු!! සාදු!!!

සඤ්ඤා සූත්‍රය නිමා විය.

5.1.7.
චේතනා සූත්‍රය
චේතනාව ගැන වදාළ දෙසුම

318. සැවැත් නුවර දී ....

පින්වත් මහණෙනි, රූප මුල් කොට ඇතිවන චේතනාවක යම් උපතක් තියෙනවාද ....(පෙ).... සිතෙන අරමුණු මුල් කොට ඇතිවන චේතනාවක යම් උපතක් තියෙනවාද ....(පෙ).... ජරා මරණයෙහි පහළ වීම.

පින්වත් මහණෙනි, රූප මුල් කොට ඇතිවන චේතනාවක යම් නිරුද්ධ වීමක් තියෙනවාද ....(පෙ).... සිතෙන අරමුණු මුල් කොට ඇතිවන චේතනාවක යම් නිරුද්ධ වීමක් තියෙනවාද ....(පෙ).... ජරා මරණයෙහි නැති වී යෑම.

සාදු! සාදු!! සාදු!!!

චේතනා සූත්‍රය නිමා විය.

5.1.8.
තණ්හා සූත්‍රය
තණ්හාව ගැන වදාළ දෙසුම

319.   සැවැත් නුවර දී ....

පින්වත් මහණෙනි, රූප කෙරෙහි ඇතිවන ආශාවක යම් උපතක් තියෙනවාද ....(පෙ).... සිතෙන අරමුණු කෙරෙහි ඇතිවන ආශාවක යම් උපතක් තියෙනවාද ....(පෙ).... ජරා මරණයෙහි පහළ වීම.

පින්වත් මහණෙනි, රූප කෙරෙහි ඇතිවන ආශාවක යම් නිරුද්ධ වීමක් තියෙනවාද ....(පෙ).... සිතෙන අරමුණු කෙරෙහි ඇතිවන ආශාවක යම් නිරුද්ධ වීමක් තියෙනවාද ....(පෙ).... ජරා මරණයෙහි නැති වී යෑම.

සාදු! සාදු!! සාදු!!!

තණ්හා සූත්‍රය නිමා විය.

5.1.9.
ධාතු සූත්‍රය
ධාතු ගැන වදාළ දෙසුම

320.   සැවැත් නුවර දී ....

පින්වත් මහණෙනි, පඨවි ධාතුවක යම් උපතක් තියෙනවාද ....(පෙ).... විඤ්ඤාණ ධාතුවක යම් උපතක් තියෙනවාද ....(පෙ).... ජරා මරණයෙහි පහළ වීම.

පින්වත් මහණෙනි, පඨවි ධාතුවක යම් නිරුද්ධ වීමක් තියෙනවාද ....(පෙ).... විඤ්ඤාණ ධාතුවක යම් නිරුද්ධ වීමක් තියෙනවාද ....(පෙ).... ජරා මරණයෙහි නැති වී යෑම.

සාදු! සාදු!! සාදු!!!

ධාතු සූත්‍රය නිමා විය.

5.1.10.
ඛන්ධ සූත්‍රය
ස්කන්ධ ගැන වදාළ දෙසුම

321. සැවැත් නුවර දී ....

පින්වත් මහණෙනි, රූපයක යම් උපතක් තියෙනවාද, යම් පැවැත්මක් තියෙනවාද, යම් විශේෂ උපතක් තියෙනවාද, යම් පහළ වීමක් තියෙනවාද මේක තමයි දුකෙහි උපත. රෝගයන්ගේ පැවැත්ම. ජරා මරණයෙහි පහළ වීම. විඳීමක යම් ....(පෙ).... සඤ්ඤාවක යම් ....(පෙ).... සංස්කාරවල යම් ....(පෙ).... විඤ්ඤාණයක යම් උපතක් තියෙනවාද, යම් පැවැත්මක් තියෙනවාද, යම් විශේෂ උපතක් තියෙනවාද, යම් පහළ වීමක් තියෙනවාද මේක තමයි දුකෙහි උපත. රෝගයන්ගේ පැවැත්ම. ජරා මරණයෙහි පහළ වීම.

පින්වත් මහණෙනි, රූපයක යම් නිරුද්ධ වීමක් තියෙනවාද, යම් සංසිඳීමක් තියෙනවාද, යම් නැතිවීමක් තියෙනවා මේක තමයි දුකෙහි නිරෝධය. රෝගයන්ගේ සංසිඳීම. ජරා මරණයෙහි නැති වී යෑම. විඳීමක යම් ....(පෙ).... සඤ්ඤාවක යම් ....(පෙ).... සංස්කාරවල යම් ....(පෙ).... විඤ්ඤාණයක යම් නිරුද්ධ වීමක් තියෙනවාද, යම් සංසිඳීමක් තියෙනවාද, යම් නැතිවීමක් තියෙනවාද මේක තමයි දුකෙහි නිරෝධය. රෝගයන්ගේ සංසිඳීම. ජරා මරණයෙහි නැති වී යෑම.

සාදු! සාදු!! සාදු!!!

ඛන්ධ සූත්‍රය නිමා විය.

පළමු වෙනි උප්පාද වර්ගය අවසන් විය.

- එහි පිළිවෙල උද්දානයයි :

චක්ඛු සූත්‍රය, රූප සූත්‍රය, විඤ්ඤාණ සූත්‍රය, ඵස්ස සූත්‍රය, වේදනා සූත්‍රය, සඤ්ඤා සූත්‍රය, චේතනා සූත්‍රය, තණ්හා සූත්‍රය, ධාතු සූත්‍රය, ඛන්ධ සූත්‍රය යන දෙසුම් දහයෙන් මෙම වර්ගය සමන්විතයි.

උප්පාද සංයුත්තය නිමා විය.

6. කිලේස සංයුත්තය

1. කිලේස වර්ගය

6.1.1.
චක්ඛු සූත්‍රය
ඇස ගැන වදාළ දෙසුම

322. සැවැත් නුවර දී ....

පින්වත් මහණෙනි, ඇස කෙරෙහි යම් ඡන්දරාගයක් තියෙනවා නම්, මේක තමයි සිතේ උපක්ලේශය. කණ කෙරෙහි යම් ඡන්දරාගයක් තියෙනවා නම් ....(පෙ).... නාසය කෙරෙහි යම් ඡන්දරාගයක් තියෙනවා නම් ....(පෙ).... දිව කෙරෙහි යම් ඡන්දරාගයක් තියෙනවා නම් ....(පෙ).... කය කෙරෙහි යම් ඡන්දරාගයක් තියෙනවා නම් ....(පෙ).... මනස කෙරෙහි යම් ඡන්දරාගයක් තියෙනවා නම් මේක තමයි සිතේ උපක්ලේශය.

පින්වත් මහණෙනි, යම් දවසක භික්ෂුව හට ඔය තැන් හය කෙරෙහි ඇති (ඡන්දරාගය නම් වූ) සිතෙහි උපක්ලේශය ප්‍රහීණ වෙලා ගියොත් ඔහුගේ සිත තියෙන්නේ අමා නිවන නම් වූ නෙක්ඛම්මයට ම නැඹුරු වෙලයි. නෙක්ඛම්මයෙන් ප්‍රගුණ කරන ලද සිත අවබෝධ ඥානයෙන් සාක්ෂාත් කළ යුතු චතුරාර්ය සත්‍ය ධර්මය විෂයෙහි ඉතා හොඳින් ක්‍රියාත්මක වෙනවා.

සාදු! සාදු!! සාදු!!!

චක්ඛු සූත්‍රය නිමා විය.

6.1.2.
රූප සූත්‍රය
රූප ගැන වදාළ දෙසුම

323. සැවැත් නුවර දී ....

පින්වත් මහණෙනි, රූප කෙරෙහි යම් ඡන්දරාගයක් තියෙනවා නම්, මේක තමයි සිතේ උපක්ලේශය. ශබ්ද කෙරෙහි යම් ඡන්දරාගයක් තියෙනවා නම් ....(පෙ).... ගඳසුවඳ කෙරෙහි යම් ඡන්දරාගයක් තියෙනවා නම් ....(පෙ).... රස කෙරෙහි යම් ඡන්දරාගයක් තියෙනවා නම් ....(පෙ).... පහස කෙරෙහි යම් ඡන්දරාගයක් තියෙනවා නම් ....(පෙ).... සිතෙන අරමුණු කෙරෙහි යම් ඡන්දරාග යක් තියෙනවා නම් මේක තමයි සිතේ උපක්ලේශය.

පින්වත් මහණෙනි, යම් දවසක භික්ෂුව හට ඔය තැන් හය කෙරෙහි ඇති (ඡන්දරාගය නම් වූ) සිතෙහි උපක්ලේශය ප්‍රහීණ වෙලා ගියොත් ඔහුගේ සිත තියෙන්නේ අමා නිවන නම් වූ නෙක්ඛම්මයට ම නැඹුරු වෙලයි. නෙක්ඛම්මයෙන් ප්‍රගුණ කරන ලද සිත අවබෝධ ඥානයෙන් සාක්ෂාත් කළ යුතු චතුරාර්ය සත්‍ය ධර්මය විෂයෙහි ඉතා හොඳින් ක්‍රියාත්මක වෙනවා.

සාදු! සාදු!! සාදු!!!

රූප සූත්‍රය නිමා විය.

6.1.3.
විඤ්ඤාණ සූත්‍රය
විඤ්ඤාණය ගැන වදාළ දෙසුම

324. සැවැත් නුවර දී ....

පින්වත් මහණෙනි, ඇසේ විඤ්ඤාණය කෙරෙහි යම් ඡන්දරාගයක් තියෙනවා නම්, මේක තමයි සිතේ උපක්ලේශය. කණේ විඤ්ඤාණය කෙරෙහි යම් ඡන්දරාගයක් තියෙනවා නම් ....(පෙ).... නාසයේ විඤ්ඤාණය කෙරෙහි යම් ඡන්දරාගයක් තියෙනවා නම් ....(පෙ).... දිවේ විඤ්ඤාණය කෙරෙහි යම් ඡන්දරාගයක් තියෙනවා නම් ....(පෙ).... කයේ විඤ්ඤාණය කෙරෙහි යම්

ඡන්දරාගයක් තියෙනවා නම් ....(පෙ).... මනසේ විඤ්ඤාණය කෙරෙහි යම් ඡන්දරාගයක් තියෙනවා නම් මේක තමයි සිතේ උපක්ලේශය.

පින්වත් මහණෙනි, යම් දවසක භික්ෂුව හට ඔය තැන් හය කෙරෙහි ඇති (ඡන්දරාගය නම් වූ) සිතෙහි උපක්ලේශය ප්‍රහීණ වෙලා ගියොත් ඔහුගේ සිත තියෙන්නේ අමා නිවන නම් වූ නෙක්ඛම්මයට ම නැඹුරු වෙලයි. නෙක්ඛම්මයෙන් ප්‍රගුණ කරන ලද සිත අවබෝධ ඥානයෙන් සාක්ෂාත් කළ යුතු චතුරාර්ය සත්‍ය ධර්මය විෂයෙහි ඉතා හොඳින් ක්‍රියාත්මක වෙනවා.

සාදු! සාදු!! සාදු!!!

විඤ්ඤාණ සූත්‍රය නිමා විය.

6.1.4.
ඵස්ස සූත්‍රය
ස්පර්ශය ගැන වදාළ දෙසුම

625. සැවැත් නුවර දී ....

පින්වත් මහණෙනි, ඇසේ ස්පර්ශය කෙරෙහි යම් ඡන්දරාගයක් තියෙනවා නම්, මේක තමයි සිතේ උපක්ලේශය. කණේ ස්පර්ශය කෙරෙහි යම් ඡන්දරාග යක් තියෙනවා නම් ....(පෙ).... නාසයේ ස්පර්ශය කෙරෙහි යම් ඡන්දරාග යක් තියෙනවා නම් ....(පෙ).... දිවේ ස්පර්ශය කෙරෙහි යම් ඡන්දරාගයක් තියෙනවා නම් ....(පෙ).... කයේ ස්පර්ශය කෙරෙහි යම් ඡන්දරාගයක් තියෙනවා නම් ....(පෙ).... මනසේ ස්පර්ශය කෙරෙහි යම් ඡන්දරාගයක් තියෙනවා නම් මේක තමයි සිතේ උපක්ලේශය. පින්වත් මහණෙනි, යම් දවසක භික්ෂුව හට ....(පෙ).... අවබෝධ ඥානයෙන් සාක්ෂාත් කළ යුතු චතුරාර්ය සත්‍ය ධර්මය විෂයෙහි ඉතා හොඳින් ක්‍රියාත්මක වෙනවා.

සාදු! සාදු!! සාදු!!!

ඵස්ස සූත්‍රය නිමා විය.

6.1.5.
වේදනා සූත්‍රය
විඳීම් ගැන වදාළ දෙසුම

326. සැවැත් නුවර දී ....

පින්වත් මහණෙනි, ඇසේ ස්පර්ශයෙන් හටගන්නා විඳීම කෙරෙහි යම් ඡන්දරාගයක් තියෙනවා නම්, මේක තමයි සිතේ උපක්ලේශය. කණේ ස්පර්ශයෙන් හටගන්නා විඳීම කෙරෙහි යම් ඡන්දරාගයක් තියෙනවා නම් ....(පෙ).... නාසයේ ස්පර්ශයෙන් හටගන්නා විඳීම කෙරෙහි යම් ඡන්දරාගයක් තියෙනවා නම් ....(පෙ).... දිවේ ස්පර්ශයෙන් හටගන්නා විඳීම කෙරෙහි යම් ඡන්දරාගයක් තියෙනවා නම් ....(පෙ).... කයේ ස්පර්ශයෙන් හටගන්නා විඳීම කෙරෙහි යම් ඡන්දරාගයක් තියෙනවා නම් ....(පෙ).... මනසේ ස්පර්ශයෙන් හටගන්නා විඳීම කෙරෙහි යම් ඡන්දරාගයක් තියෙනවා නම් මේක තමයි සිතේ උපක්ලේශය.

පින්වත් මහණෙනි, යම් දවසක භික්ෂුව හට ....(පෙ).... අවබෝධ ඥානයෙන් සාක්ෂාත් කළ යුතු චතුරාර්ය සත්‍ය ධර්මය විෂයෙහි ඉතා හොඳින් ක්‍රියාත්මක වෙනවා.

සාදු! සාදු!! සාදු!!!

වේදනා සූත්‍රය නිමා විය.

6.1.6.
සඤ්ඤා සූත්‍රය
සඤ්ඤාව ගැන වදාළ දෙසුම

327. සැවැත් නුවර දී ....

පින්වත් මහණෙනි, රූප සඤ්ඤාව කෙරෙහි යම් ඡන්දරාගයක් තියෙනවා නම්, මේක තමයි සිතේ උපක්ලේශය. ශබ්ද සඤ්ඤාව කෙරෙහි යම් ඡන්දරාග යක් තියෙනවා නම් ....(පෙ).... ගඳසුවඳ සඤ්ඤාව කෙරෙහි යම් ඡන්දරාගයක්

තියෙනවා නම් ....(පෙ).... රස සඤ්ඤාව කෙරෙහි යම් ඡන්දරාගයක් තියෙනවා නම් ....(පෙ).... පහස සඤ්ඤාව කෙරෙහි යම් ඡන්දරාගයක් තියෙනවා නම් ....(පෙ).... සිතේ ඇතිවන අරමුණු සඤ්ඤාව කෙරෙහි යම් ඡන්දරාගයක් තියෙනවා නම් මේක තමයි සිතේ උපක්ලේශය.

පින්වත් මහණෙනි, යම් දවසක භික්ෂුව හට ....(පෙ).... අවබෝධ ඥානයෙන් සාක්ෂාත් කළ යුතු චතුරාර්ය සත්‍ය ධර්මය විෂයෙහි ඉතා හොඳින් ක්‍රියාත්මක වෙනවා.

සාදු! සාදු!! සාදු!!!

සඤ්ඤා සූත්‍රය නිමා විය.

6.1.7.
චේතනා සූත්‍රය
චේතනාව ගැන වදාළ දෙසුම

328. සැවැත් නුවර දී ....

පින්වත් මහණෙනි, රූප මුල් කොට ඇතිවන චේතනාව කෙරෙහි යම් ඡන්දරාගයක් තියෙනවා නම්, මේක තමයි සිතේ උපක්ලේශය. ශබ්ද මුල් කොට ඇතිවන චේතනාව කෙරෙහි යම් ඡන්දරාගයක් තියෙනවා නම් ....(පෙ).... ගඳසුවඳ මුල් කොට ඇතිවන චේතනාව කෙරෙහි යම් ඡන්දරාගයක් තියෙනවා නම් ....(පෙ).... රස මුල් කොට ඇතිවන චේතනාව කෙරෙහි යම් ඡන්දරාගයක් තියෙනවා නම් ....(පෙ).... පහස මුල් කොට ඇතිවන චේතනාව කෙරෙහි යම් ඡන්දරාගයක් තියෙනවා නම් ....(පෙ).... සිතෙන අරමුණු මුල් කොට ඇතිවන චේතනාව කෙරෙහි යම් ඡන්දරාගයක් තියෙනවා නම් මේක තමයි සිතේ උපක්ලේශය.

පින්වත් මහණෙනි, යම් දවසක භික්ෂුව හට ....(පෙ).... අවබෝධ ඥානයෙන් සාක්ෂාත් කළ යුතු චතුරාර්ය සත්‍ය ධර්මය විෂයෙහි ඉතා හොඳින් ක්‍රියාත්මක වෙනවා.

සාදු! සාදු!! සාදු!!!

චේතනා සූත්‍රය නිමා විය.

6.1.8.
තණ්හා සූත්‍රය
තණ්හාව ගැන වදාළ දෙසුම

329. සැවැත් නුවර දී ....

පින්වත් මහණෙනි, රූප මුල් කොට ඇතිවන ආශාව කෙරෙහි යම් ඡන්දරාගයක් තියෙනවා නම්, මේක තමයි සිතේ උපක්ලේශය. ශබ්ද මුල් කොට ඇතිවන ආශාව කෙරෙහි යම් ඡන්දරාගයක් තියෙනවා නම් ....(පෙ).... ගඳසුවඳ මුල් කොට ඇතිවන ආශාව කෙරෙහි යම් ඡන්දරාගයක් තියෙනවා නම් ....(පෙ).... රස මුල් කොට ඇතිවන ආශාව කෙරෙහි යම් ඡන්දරාගයක් තියෙනවා නම් ....(පෙ).... පහස මුල් කොට ඇතිවන ආශාව කෙරෙහි යම් ඡන්දරාග යක් තියෙනවා නම් ....(පෙ).... සිතෙන අරමුණු මුල් කොට ඇතිවන ආශාව කෙරෙහි යම් ඡන්දරාගයක් තියෙනවා නම් මේක තමයි සිතේ උපක්ලේශය.

පින්වත් මහණෙනි, යම් දවසක භික්ෂුව හට ....(පෙ).... අවබෝධ ඥානයෙන් සාක්ෂාත් කළ යුතු චතුරාර්ය සත්‍ය ධර්මය විෂයෙහි ඉතා හොඳින් ක්‍රියාත්මක වෙනවා.

සාදු! සාදු!! සාදු!!!

තණ්හා සූත්‍රය නිමා විය.

6.1.9.
ධාතු සූත්‍රය
ධාතු ගැන වදාළ දෙසුම

330. සැවැත් නුවර දී ....

පින්වත් මහණෙනි, පඨවි ධාතුව කෙරෙහි යම් ඡන්දරාගයක් තියෙනවා නම්, මේක තමයි සිතේ උපක්ලේශය. ආපෝ ධාතුව කෙරෙහි යම් ඡන්දරාග යක් තියෙනවා නම් ....(පෙ).... තේජෝ ධාතුව කෙරෙහි යම් ඡන්දරාගයක් තියෙනවා නම් ....(පෙ).... වායෝ ධාතුව කෙරෙහි යම් ඡන්දරාගයක් තියෙනවා

නම් ....(පෙ).... ආකාශ ධාතුව කෙරෙහි යම් ඡන්දරාගයක් තියෙනවා නම් ....(පෙ).... විඤ්ඤාණ ධාතුව කෙරෙහි යම් ඡන්දරාගයක් තියෙනවා නම් මේක තමයි සිතේ උපක්ලේශය.

පින්වත් මහණෙනි, යම් දවසක භික්ෂුව හට ඔය තැන් හය කෙරෙහි ඇති (ඡන්දරාගය නම් වූ) සිතෙහි උපක්ලේශය ප්‍රහීණ වෙලා ගියොත් ඔහුගේ සිත තියෙන්නේ අමා නිවන නම් වූ නෙක්ඛම්මයට ම නැඹුරු වෙලයි. නෙක්ඛම්මයෙන් ප්‍රගුණ කරන ලද සිත අවබෝධ ඥානයෙන් සාක්ෂාත් කළ යුතු චතුරාර්ය සත්‍ය ධර්මය විෂයෙහි ඉතා හොඳින් ක්‍රියාත්මක වෙනවා.

සාදු! සාදු!! සාදු!!!

ධාතු සූත්‍රය නිමා විය.

6.1.10.
ඛන්ධ සූත්‍රය
ස්කන්ධ ගැන වදාළ දෙසුම

331. සැවැත් නුවර දී ....

පින්වත් මහණෙනි, රූපය කෙරෙහි යම් ඡන්දරාගයක් තියෙනවා නම්, මේක තමයි සිතේ උපක්ලේශය. විඳීම කෙරෙහි යම් ඡන්දරාගයක් තියෙනවා නම් ....(පෙ).... සඤ්ඤාව කෙරෙහි යම් ඡන්දරාගයක් තියෙනවා නම් ....(පෙ).... සංස්කාර කෙරෙහි යම් ඡන්දරාගයක් තියෙනවා නම් ....(පෙ).... විඤ්ඤාණය කෙරෙහි යම් ඡන්දරාගයක් තියෙනවා නම් මේක තමයි සිතේ උපක්ලේශය.

පින්වත් මහණෙනි, යම් දවසක භික්ෂුව හට ඔය තැන් හය කෙරෙහි ඇති (ඡන්දරාගය නම් වූ) සිතෙහි උපක්ලේශය ප්‍රහීණ වෙලා ගියොත් ඔහුගේ සිත තියෙන්නේ අමා නිවන නම් වූ නෙක්ඛම්මයට ම නැඹුරු වෙලයි. නෙක්ඛම්මයෙන් ප්‍රගුණ කරන ලද සිත අවබෝධ ඥානයෙන් සාක්ෂාත් කළ යුතු චතුරාර්ය සත්‍ය ධර්මය විෂයෙහි ඉතා හොඳින් ක්‍රියාත්මක වෙනවා.

සාදු! සාදු!! සාදු!!!

ඛන්ධ සූත්‍රය නිමා විය.

පළමු වෙනි කිලේස වර්ගය අවසන් විය.

- එහි පිළිවෙල උද්දානයයි :

චක්ඛු සූත්‍රය, රූප සූත්‍රය, විඤ්ඤාණ සූත්‍රය, ඵස්ස සූත්‍රය, වේදනා සූත්‍රය, සඤ්ඤා සූත්‍රය, චේතනා සූත්‍රය, තණ්හා සූත්‍රය, ධාතු සූත්‍රය, ඛන්ධ සූත්‍රය යන දෙසුම් දහයෙන් මෙම වර්ගය සමන්විතයි.

කිලේස සංයුත්තය නිමා විය.

7. සාරිපුත්ත සංයුත්තය

1. සාරිපුත්ත වර්ගය

7.1.1.
විවේකජ සූත්‍රය
'විවේකයෙන් හටගත්' යන්න ගැන වදාළ දෙසුම

332. සැවැත් නුවර දී ....

එක් කලෙක ආයුෂ්මත් සාරිපුත්තයන් වහන්සේ වැඩසිටියේ සැවැත් නුවර ජේතවන නම් වූ අනේපිඬු සිටුතුමාගේ ආරාමයේ. එදා ආයුෂ්මත් සාරිපුත්තයන් වහන්සේ පෙරවරුවෙහි සිවුරු හැඳ පොරවා ගෙන පා සිවුරු ගෙන සැවැත් නුවරට පිණ්ඩපාතේ වැඩම කළා. සැවැත් නුවර පිඬු සිඟා වැඩම කොට දන් වැළඳීමෙන් පසු දිවා විහරණය පිණිස අන්ධවනයට වැඩම කළා. අන්ධවනයේ ඇතුළට ම වැඩලා එක්තරා රුක් සෙවණක දිවා විහරණය පිණිස වැඩසිටියා. ඊට පස්සේ ආයුෂ්මත් සාරිපුත්තයන් වහන්සේ සවස් වරුවෙහි භාවනාවෙන් නැගිට අනේපිඬු සිටුහුගේ ආරාමය වන ජේතවනයට වැඩම කළා.

ආයුෂ්මත් ආනන්දයන් වහන්සේ දුරින් ම වඩින්නා වූ ආයුෂ්මත් සාරිපුත්තයන් වහන්සේව දැකලා ආයුෂ්මත් සාරිපුත්තයන් වහන්සේට මෙකරුණ පැවසුවා. "ප්‍රිය ආයුෂ්මත් සාරිපුත්තයන් වහන්ස, ඔබේ ඉඳුරන් හරිම ප්‍රසන්නයි. මුහුණේ පැහැය පිරිසිදුයි. බබලනවා. අද ප්‍රිය ආයුෂ්මත් සාරිපුත්තයන් වහන්සේ ගත කළේ මොන වගේ විහරණයකින්ද?"

"ප්‍රිය ආයුෂ්මත, මෙහි මා කාමයන්ගෙන් වෙන්ව, අකුසල්වලින් වෙන්ව, විතර්ක සහිතව, විචාර සහිතව, විවේකයෙන් හටගත් ප්‍රීති සුඛය ඇති පළමුවෙනි ධ්‍යානයට පැමිණ වාසය කළා. එතකොට ප්‍රිය ආයුෂ්මත, මා හට 'මං පළමු ධ්‍යානයට සමවදිනවා, මං පළමු ධ්‍යානයට සමවැදුණා, මං පළමු ධ්‍යානයෙන් නැගිට්ටා' කියන මෙවැනි අදහසක් ඇතිවුණේ නෑ"

"ඒක එහෙමම නේ. ප්‍රිය ආයුෂ්මත් සාරිපුත්තයන් වහන්සේ බොහෝ කලක් මුළුල්ලෙහි 'මම වෙමි' ය, 'මාගේ වේ' ය යන ආදී මාන අනුසය මුලින් ම සිඳලා නෙව වැඩසිටින්නේ. ඒ නිසා ආයුෂ්මත් සාරිපුත්තයන් වහන්සේ හට 'මං පළමු ධ්‍යානයට සමවදිනවා, මං පළමු ධ්‍යානයට සමවැදුණා, මං පළමු ධ්‍යානයෙන් නැගිට්ටා' කියන මෙවැනි අදහසක් ඇතිවෙන්නෙ නෑ නෙව."

සාදු! සාදු!! සාදු!!!

විවේකජ සූත්‍රය නිමා විය.

7.1.2.
අවිතක්ක සූත්‍රය
'විතර්ක රහිත' යන්න ගැන වදාළ දෙසුම

333. සැවැත් නුවර දී ....

ආයුෂ්මත් ආනන්දයන් වහන්සේ දුරින් ම වඩින්නා වූ ආයුෂ්මත් සාරිපුත්තයන් වහන්සේව දැකලා ආයුෂ්මත් සාරිපුත්තයන් වහන්සේට මෙකරුණ පැවසුවා. "ප්‍රිය ආයුෂ්මත් සාරිපුත්තයන් වහන්ස, ඔබේ ඉඳුරන් හරිම ප්‍රසන්නයි. මුහුණේ පැහැය පිරිසිදුයි. බබලනවා. අද ප්‍රිය ආයුෂ්මත් සාරිපුත්තයන් වහන්සේ ගත කළේ මොන වගේ විහරණයකින්ද?"

"ප්‍රිය ආයුෂ්මත, මෙහි මා විතක්ක විචාරයන් සංසිඳවීමෙන් හිත ඇතුළේ ම බලවත් ප්‍රසාදයකින් යුතු සිතින් වඩාත් ඒකාග්‍ර සිතින් යුතුව, විතර්ක රහිතව, විචාර රහිතව, සමාධියෙන් හටගත් ප්‍රීති සුඛ ඇති දෙවෙනි ධ්‍යානයට පැමිණිලයි වාසය කළේ.

නමුත් ප්‍රිය ආයුෂ්මත, මා හට 'මං දෙවෙනි ධ්‍යානයට සමවදිනවා, මං දෙවෙනි ධ්‍යානයට සමවැදුණා, මං දෙවෙනි ධ්‍යානයෙන් නැගිට්ටා' කියන මෙවැනි අදහසක් ඇති වුණේ නෑ."

"ඒක එහෙමම නේ. ප්‍රිය ආයුෂ්මත් සාරිපුත්තයන් වහන්සේ බොහෝ කලක් මුළුල්ලෙහි 'මම වෙමි' ය, 'මාගේ වේ' ය යන ආදී මාන අනුසය මුලින් ම සිඳලා නෙව වැඩසිටින්නේ. ඒ නිසා ආයුෂ්මත් සාරිපුත්තයන් වහන්සේ හට 'මං දෙවෙනි ධ්‍යානයට සමවදිනවා, මං දෙවෙනි ධ්‍යානයට සමවැදුණා, මං දෙවෙනි ධ්‍යානයෙන් නැගිට්ටා' කියන මෙවැනි අදහසක් ඇතිවෙන්නෙ නෑ

නෙව."

සාදු! සාදු!! සාදු!!!

අවිතක්ක සූත්‍රය නිමා විය.

7.1.3.
පීති සූත්‍රය
ප්‍රීතිය ගැන වදාළ දෙසුම

334. සැවැත් නුවර දී ....

ආයුෂ්මත් ආනන්දයන් වහන්සේ දුරින් ම වඩින්නා වූ ....(පෙ).... "ප්‍රිය ආයුෂ්මත් සාරිපුත්තයන් වහන්ස, ඔබේ ඉඳුරන් හරිම ප්‍රසන්නයි. මුහුණේ පැහැය පිරිසිදුයි. බබලනවා. අද ප්‍රිය ආයුෂ්මත් සාරිපුත්තයන් වහන්සේ ගත කළේ මොන වගේ විහරණයකින්ද?"

"ප්‍රිය ආයුෂ්මත, මෙහි මා ප්‍රීතියට නොඇලිලා, උපේක්ෂාවෙන් ම යි වාසය කළේ. සිහියෙන් නුවණින් යුක්තවයි ධ්‍යාන සැපය කයින් වින්දේ. ආර්යයන් වහන්සේලා උපේක්ෂා සහගතව සිහි ඇතිව සැප සේ වාසය කරනවා කියා යම් ධ්‍යානයක් ගැන පවසනවා නම්, අන්න ඒ තුන්වෙනි ධ්‍යානයට පැමිණ වාසය කළා ....(පෙ).... නැගිට්ටා කියලා හරි."

සාදු! සාදු!! සාදු!!!

පීති සූත්‍රය නිමා විය.

7.1.4.
උපෙක්ඛා සූත්‍රය
උපේක්ෂාව ගැන වදාළ දෙසුම

335. සැවැත් නුවර දී ....

ආයුෂ්මත් ආනන්දයන් වහන්සේ දුරින් ම වඩින්නා වූ ....(පෙ).... "ප්‍රිය ආයුෂ්මත් සාරිපුත්තයන් වහන්ස, ඔබේ ඉඳුරන් හරිම ප්‍රසන්නයි. මුහුණේ

පැහැය පිරිසිදුයි. බබලනවා. අද ප්‍රිය ආයුෂ්මත් සාරිපුත්තයන් වහන්සේ ගත කළේ මොන වගේ විහරණයකින්ද?"

"ප්‍රිය ආයුෂ්මත, මෙහි මා සැපයේ ද ප්‍රහාණයෙන්, දුකේ ද ප්‍රහාණයෙන්, කලින් ම සොම්නස් දොම්නස් දෙක නැතිකරලා, දුක් සැප රහිතව උපේක්ෂාවෙන් යුතු පාරිශුද්ධ සිහිය ඇති හතර වෙනි ධ්‍යානයට පැමිණ වාසය කළා ....(පෙ).... නැගිට්ටා කියලා හරි."

සාදු! සාදු!! සාදු!!!

උපෙක්ඛා සූත්‍රය නිමා විය.

7.1.5.
ආකාසානඤ්චායතන සූත්‍රය
ආකාසානඤ්චායතනය ගැන වදාළ දෙසුම

336. සැවැත් නුවර දී ....

ආයුෂ්මත් ආනන්දයන් වහන්සේ දුරින් ම වඩින්නා වූ ....(පෙ).... ආයුෂ්මත් සාරිපුත්තයන් වහන්සේට මෙහෙම කිව්වා ....(පෙ).... ප්‍රිය ආයුෂ්මත, මෙහි මා සෑම අයුරින් ම රූප සඤ්ඤාවන් ඉක්මවා ගිහින්, ගොරෝසු සඤ්ඤාවන් නැති වීමෙන් නොයෙක් සඤ්ඤාවන් මෙනෙහි නොකිරීමෙන් 'අනන්ත වූ අහස' යයි ආකාසානඤ්චායතනට පැමිණ වාසය කළා ....(පෙ).... නැගිට්ටා කියලා හරි.

සාදු! සාදු!! සාදු!!!

ආකාසානඤ්චායතන සූත්‍රය නිමා විය.

7.1.6.
විඤ්ඤාණඤ්චායතන සූත්‍රය
විඤ්ඤාණඤ්චායතනය ගැන වදාළ දෙසුම

337. සැවැත් නුවර දී ....

ආයුෂ්මත් ආනන්දයන් වහන්සේ දුරින් ම වඩින්නා වූ ....(පෙ).... ආයුෂ්මත් සාරිපුත්තයන් වහන්සේට මෙහෙම කිව්වා ....(පෙ).... ප්‍රිය ආයුෂ්මත, මෙහි මා සෑම අයුරින් ම ආකාසානඤ්චායතනය ඉක්මවා ගිහින්, 'අනන්ත වූ විඤ්ඤාණය' යයි විඤ්ඤාණඤ්චායතනයට පැමිණ වාසය කළා ....(පෙ).... නැගිට්ටා කියලා හරි.

සාදු! සාදු!! සාදු!!!

විඤ්ඤාණඤ්චායතන සූත්‍රය නිමා විය.

7.1.7.
ආකිඤ්චඤ්ඤායතන සූත්‍රය
ආකිඤ්චඤ්ඤායතනය ගැන වදාළ දෙසුම

338. සැවැත් නුවර දී ....

ආයුෂ්මත් ආනන්දයන් වහන්සේ දුරින් ම වඩින්නා වූ ....(පෙ).... ප්‍රිය ආයුෂ්මත, මෙහි මා සෑම අයුරින් ම විඤ්ඤාණඤ්චායතනය ඉක්මවා ගිහින්, 'කිසිවක් නැත' යයි ආකිඤ්චඤ්ඤායතනයට පැමිණ වාසය කළා ....(පෙ).... නැගිට්ටා කියලා හරි.

සාදු! සාදු!! සාදු!!!

ආකිඤ්චඤ්ඤායතන සූත්‍රය නිමා විය.

7.1.8.
නේවසඤ්ඤානාසඤ්ඤායතන සූත්‍රය
නේවසඤ්ඤානාසඤ්ඤායතනය ගැන වදාළ දෙසුම

339. සැවැත් නුවර දී ....

ආයුෂ්මත් ආනන්දයන් වහන්සේ ....(පෙ).... ප්‍රිය ආයුෂ්මත, මෙහි මා සෑම අයුරින් ම ආකිඤ්චඤ්චායතනය ඉක්මවා ගිහින්, නේවසඤ්ඤානාසඤ්ඤායතනයට පැමිණ වාසය කළා ....(පෙ).... නැගිට්ටා කියලා හරි.

සාදු! සාදු!! සාදු!!!

නේවසඤ්ඤානාසඤ්ඤායතන සූත්‍රය නිමා විය.

7.1.9.
නිරෝධසමාපත්ති සූත්‍රය
නිරෝධ සමාපත්තිය ගැන වදාළ දෙසුම

340. එක් කලෙක ආයුෂ්මත් සාරිපුත්තයන් වහන්සේ වැඩසිටියේ සැවැත් නුවර ජේතවන නම් වූ අනේපිඬු සිටුතුමාගේ ආරාමයේ. එදා ආයුෂ්මත් සාරිපුත්තයන් වහන්සේ පෙරවරුවෙහි සිවුරු හැඳ පොරවා ගෙන පා සිවුරු ගෙන සැවැත් නුවරට පිණ්ඩපාතේ වැඩම කළා. සැවැත් නුවර පිඬු සිඟා වැඩම කොට දන් වැළඳීමෙන් පසු දිවා විහරණය පිණිස අන්ධවනයට වැඩම කළා. අන්ධවනයේ ඇතුළට ම වැඩලා එක්තරා රුක් සෙවණක දිවා විහරණය පිණිස වැඩසිටියා. ඊට පස්සේ ආයුෂ්මත් සාරිපුත්තයන් වහන්සේ සවස් වරුවෙහි භාවනාවෙන් නැගිට අනේපිඬු සිටුහුගේ ආරාමය වන ජේතවනයට වැඩම කළා.

ආයුෂ්මත් ආනන්දයන් වහන්සේ දුරින් ම වඩින්නා වූ ආයුෂ්මත් සාරිපුත්තයන් වහන්සේව දැකලා ආයුෂ්මත් සාරිපුත්තයන් වහන්සේට මෙකරුණ පැවසුවා. "ප්‍රිය ආයුෂ්මත් සාරිපුත්තයන් වහන්ස, ඔබේ ඉඳුරන් හරිම ප්‍රසන්නයි. මුහුණේ පැහැය පිරිසිදුයි. බබලනවා. අද ප්‍රිය ආයුෂ්මත් සාරිපුත්තයන් වහන්සේ ගත කළේ මොන වගේ විහරණයකින්ද?"

"ප්‍රිය ආයුෂ්මත, මෙහි මා සෑම අයුරින් ම නේවසඤ්ඤානාසඤ්ඤායතනය ඉක්මවා ගිහින් සඤ්ඤා විඳීම්වල නිරෝධයට පැමිණිලා වාසය කළා. එතකොට ප්‍රිය ආයුෂ්මත, මා හට 'මං සඤ්ඤා විඳීම්වල නිරෝධයට සමවදිනවා. සඤ්ඤා විඳීම්වල නිරෝධයට සමවැදුණා, මං සඤ්ඤා විඳීම්වල නිරෝධයෙන් නැගිට්ටා' කියන මෙවැනි අදහසක් ඇතිවුණේ නෑ."

"ඒක එහෙමම නේ. ප්‍රිය ආයුෂ්මත් සාරිපුත්තයන් වහන්සේ බොහෝ කලක් මුළුල්ලෙහි 'මම වෙමි' ය, 'මාගේ වේ' ය යන ආදී මාන අනුසය මුලින් ම සිඳලා නෙව වැඩසිටින්නේ. ඒ නිසා ආයුෂ්මත් සාරිපුත්තයන් වහන්සේ හට 'මං සඤ්ඤා විඳීම්වල නිරෝධයට සමවදිනවා, මං සඤ්ඤා විඳීම්වල නිරෝධයට සමවැදුණා, මං සඤ්ඤා විඳීම්වල නිරෝධයෙන් නැගිට්ටා' කියන මෙවැනි අදහසක් ඇතිවෙන්නෙ නෑ නෙව."

සාදු! සාදු!! සාදු!!!

නිරෝධ සමාපත්ති සූත්‍රය නිමා විය.

7.1.10.
සුචිමුඛී සූත්‍රය
සුචිමුඛී තාපසිය අරහයා වදාළ දෙසුම

341. එක් කලෙක ආයුෂ්මත් සාරිපුත්තයන් වහන්සේ වැඩසිටියේ රජගහ නුවර කලන්දක නිවාප නම් වූ වේළුවනාරාමයේ. එදා ආයුෂ්මත් සාරිපුත්තයන් වහන්සේ පෙරවරුවෙහි සිවුරු හැඳ පොරවා ගෙන, පා සිවුරු ගෙන පිණ්ඩපාතේ වැඩියා. රජගහ නුවර ගෙපිළිවෙළින් පිණ්ඩපාතයේ වැඩම කරලා ඒ පිණ්ඩපාතය එක්තරා බිත්තියක් අසල වාඩිවෙලා වළඳනවා. එතකොට සුචිමුඛී තවුසිය ආයුෂ්මත් සාරිපුත්තයන් වහන්සේ වැඩසිටිය තැනට ආවා. ඇවිදින් ආයුෂ්මත් සාරිපුත්තයන් වහන්සේගෙන් මෙහෙම ඇසුවා. "එම්බා ශ්‍රමණය, මොකද ඔය යට මුඛය ඇතිව නේද වළඳන්නේ?"

"නැඟණියෙනි, මං යටිමුඛය ඇතිව වළඳන කෙනෙක් නොවෙයි."

"එසේ නම් එම්බා ශ්‍රමණය, උඩුමුඛය ඇතිව වෙන්න ඇති වළඳන්නේ?"

"නැඟණියෙනි, මං උඩු මුඛය ඇතිව වළඳන කෙනෙක් නොවෙයි."

"එසේ නම් එම්බා ශ්‍රමණය, දිශාවන් නමැති මුඛය ඇතිව වෙන්න ඇති වළඳන්නේ."

"නැඟණියෙනි, මං දිශාවන් නමැති මුඛය ඇතිව වළඳන කෙනෙකුත් නොවෙයි."

"එසේ නම් එම්බා ශ්‍රමණය, අනු දිශාවන් නමැති මුඛය ඇතිව වෙන්න ඇති වළඳන්නේ."

"නැඟණියෙනි, මං අනු දිශාවන් නමැති මුඛය ඇතිව වළඳන කෙනෙකුත් නොවෙයි."

"ඇයි ශ්‍රමණයෙනි, 'එම්බා ශ්‍රමණය, මොකද ඔය යට මුඛය ඇතිව නේද වළඳන්නේ?' කියා ඇසූ විට 'නැඟණියෙනි, මං යටිමුඛය ඇතිව වළඳන කෙනෙක් නොවෙයි' කියලා කියනවා. 'එසේ නම් එම්බා ශ්‍රමණය, උඩුමුඛය ඇතිව වෙන්න ඇති නේද වළඳන්නේ?' කියා ඇසූ විට 'නැඟණියෙනි, මං උඩුමුඛය ඇතිව වළඳන කෙනෙකුත් නොවෙයි' කියලා කියනවා. 'එසේ නම් එම්බා ශ්‍රමණය,

දිශාවන් නමැති මුඛය ඇතිව වෙන්න ඇති නේද වළඳන්නේ?' කියා ඇසූ විට 'නැගණියෙනි, මං දිශාවන් නමැති මුඛය ඇතිව වළඳන කෙනෙකුත් නොවෙයි' කියලා කියනවා. 'එසේ නම් එම්බා ශ්‍රමණය, අනු දිශාවන් නමැති මුඛය ඇතිව වෙන්න ඇති නේද වළඳන්නේ?' කියා ඇසූ විට 'නැගණියෙනි, මං අනුදිශාවන් නමැති මුඛය ඇතිව වළඳන කෙනෙකුත් නොවෙයි' කියලා කියනවා. එසේ වී නම්, එම්බා ශ්‍රමණය ඔබ වළඳන්නේ කොහොමද?"

"නැගණියෙනි, යම්කිසි ශ්‍රමණ බමුණන් ඉන්නවා. ඔවුන් ජීවත් වෙන්නේ ගෙවල්දොරවල් තැනීම්වලදී කරන වාස්තු විද්‍යාව නම් වූ තිරිසන් විද්‍යාවෙන් යුතු මිත්‍යා ආජීවයෙනුයි. නැගණියෙනි, මෙන්න මේ මහණ බමුණන් තමයි 'අධෝමුඛය ඇතිව අනුභව කරනවා' කියලා කියන්නේ.

නැගණියෙනි, යම්කිසි ශ්‍රමණ බමුණන් ඉන්නවා. ඔවුන් ජීවත් වෙන්නේ කේන්දර, නැකැත්, නිමිති බැලීම් ආදී නක්ෂත්‍ර විද්‍යාව නම් වූ තිරිසන් විද්‍යාවෙන් යුතු මිත්‍යා ආජීවයෙනුයි. නැගණියෙනි, මෙන්න මේ මහණ බමුණන් තමයි 'උඩුමුඛය ඇතිව අනුභව කරනවා' කියලා කියන්නේ.

නැගණියෙනි, යම්කිසි ශ්‍රමණ බමුණන් ඉන්නවා. ඔවුන් ජීවත් වෙන්නේ නියෝජිතකම් කරමින් ගිහියන්ගේ නොයෙක් පණිවිඩ පණත් ගෙනයමින් කල් ගෙවීම නම් මිත්‍යා ආජීවයෙනුයි. නැගණියෙනි, මෙන්න මේ මහණ බමුණන් තමයි 'දිශාවන් නැමැති මුඛය ඇතිව අනුභව කරනවා' කියලා කියන්නේ.

නැගණියෙනි, යම්කිසි ශ්‍රමණ බමුණන් ඉන්නවා. ඔවුන් ජීවත් වෙන්නේ අත් බැලීම්, ඉරියව් බැලීම් ආදී අංග විද්‍යාව නම් වූ තිරිසන් විද්‍යාවෙන් යුතු මිත්‍යා ආජීවයෙනුයි. නැගණියෙනි, මෙන්න මේ මහණ බමුණන් තමයි 'අනුදිශාවන් නැමැති මුඛය ඇතිව අනුභව කරනවා' කියලා කියන්නේ.

නමුත් නැගණියෙනි, ඒ මා නම් ගෙවල්දොරවල් තැනීම්වලදී කරන වාස්තු විද්‍යාව නම් වූ තිරිසන් විද්‍යාවෙන් යුතු මිත්‍යා ආජීවයෙන් ජීවිතය ගෙවන කෙනෙක් නොවෙයි. කේන්දර, නැකැත්, නිමිති බැලීම් ආදී නක්ෂත්‍ර විද්‍යාව නම් වූ තිරිසන් විද්‍යාවෙන් යුතු මිත්‍යා ආජීවයෙන් ජීවිතය ගෙවන කෙනෙක් නොවෙයි. නියෝජිතකම් කරමින් ගිහියන්ගේ නොයෙක් පණිවිඩ පණත් ගෙන යමන් කල් ගෙවීම නම් මිත්‍යා ආජීවයෙන් ජීවිතය ගෙවන කෙනෙකුත් නොවෙයි. අත්බැලීම්, ඉරියව් බැලීම් ආදී අංග විද්‍යාව නම් වූ තිරිසන් විද්‍යාවෙන් යුතු මිත්‍යා ආජීවයෙන් ජීවිතය ගෙවන කෙනෙකුත් නොවෙයි. මා භික්ෂාව (දානය) සොයාගන්නේ ධාර්මිකවයි. ධාර්මිකව ම භික්ෂාව සොයාගෙන තමයි මා වළඳන්නේ."

එතකොට සුචිමුඛී තවුසිය රජගහ නුවර වීදියෙන් වීදියට හතරමං හන්දියෙන් හතරමං හන්දියට ගිහින් මේ විදිහට කියා හිටියා. "ශාක්‍යපුත්‍ර ශ්‍රමණයන් වහන්සේලා ධාර්මික ආහාරයයි වළඳන්නේ. ශාක්‍යපුත්‍ර ශ්‍රමණයන් වහන්සේලා නිවැරදි ලෙස ලද ආහාරයයි වළඳන්නේ. ශාක්‍යපුත්‍ර ශ්‍රමණයන් වහන්සේලාට දන් දීපල්ලා" කියලා.

සාදු! සාදු!! සාදු!!!

සුචිමුඛී සූත්‍රය නිමා විය.

පළමු වෙනි සාරිපුත්ත වර්ගය අවසන් විය.

- එහි පිළිවෙල උද්දානයයි :

විවේකජ සූත්‍රය, අවිතක්ක සූත්‍රය, පීති සූත්‍රය, උපෙක්ඛා සූත්‍රය, ආකාසානඤ්චායතන සූත්‍රය, විඤ්ඤාණඤ්චායතන සූත්‍රය, ආකිඤ්චඤ්ඤායතන සූත්‍රය, නේවසඤ්ඤානාසඤ්ඤායතන සූත්‍රය, නිරෝධ සමාපත්ති සූත්‍රය, සුචිමුඛී සූත්‍රය යන දෙසුම් දහයෙන් සමන්විත වර්ගයයි.

සාරිපුත්ත සංයුත්තය නිමා විය.

8. නාග සංයුත්තය

1. නාග වර්ගය

8.1.1.
සුද්ධික සූත්‍රය
සුද්ධික ගැන වදාළ දෙසුම

342. සැවැත් නුවර දී ....

පින්වත් මහණෙනි, මේ නාග යෝනි හතරක් තියෙනවා. ඒ හතර මොනවාද? බිත්තරයෙන් උපන් නාගයන් ඉන්නවා. මව්කුසින් උපන් නාගයන් ඉන්නවා. තෙත් පරිසරයෙන් උපන් නාගයන් ඉන්නවා. ඕපපාතිකව උපන් නාගයන් ඉන්නවා. පින්වත් මහණෙනි, මේක තමයි නාග යෝනි හතර.

සාදු! සාදු!! සාදු!!!

සුද්ධික සූත්‍රය නිමා විය.

8.1.2.
පණීතතර සූත්‍රය
'වඩාත් උසස්' යන කරුණ ගැන වදාළ දෙසුම

343. සැවැත් නුවර දී ....

පින්වත් මහණෙනි, මේ නාග යෝනි හතරක් තියෙනවා. ඒ හතර මොනවාද? බිත්තරයෙන් උපන් නාගයන් ඉන්නවා. මව්කුසින් උපන් නාගයන් ඉන්නවා. තෙත් පරිසරයෙන් උපන් නාගයන් ඉන්නවා. ඕපපාතිකව උපන් නාගයන් ඉන්නවා. පින්වත් මහණෙනි, ඔය අණ්ඩජ නාගයින්ටත් වඩා, ජලාබුජ නාගයනුත්, සංසේදජ නාගයනුත්, ඕපපාතික නාගයනුත් තමයි උසස් වන්නේ.

ඒ වගේ ම පින්වත් මහණෙනි, ඔය අණ්ඩජ නාගයින්ටත් වඩා, ජලාබුජ නාගයින්ටත් වඩා, සංසේදජ නාගයිනුත්, ඕපපාතික නාගයිනුත් තමයි උසස් වන්නේ.

ඒ වගේ ම පින්වත් මහණෙනි, ඔය අණ්ඩජ නාගයින්ටත් වඩා, ජලාබුජ නාගයින්ටත් වඩා, සංසේදජ නාගයින්ටත් වඩා, ඕපපාතික නාගයින් තමයි උසස් වන්නේ.

සාදු! සාදු!! සාදු!!!

පණීතතර සූත්‍රය නිමා විය.

8.1.3.
උපෝසථ සූත්‍රය
උපෝසථ සිල් රැකීම ගැන වදාළ දෙසුම

344. සැවැත් නුවර දී ....

එකල්හී එක්තරා භික්ෂුවක්, භාග්‍යවතුන් වහන්සේ වැඩසිටි තැනට පැමිණුනා. පැමිණිලා භාග්‍යවතුන් වහන්සේට ආදරයෙන් වන්දනා කොට එකත්පස්ව වාඩිවුණා. එකත්පස්ව වාඩිවුණ ඒ භික්ෂුව භාග්‍යවතුන් වහන්සේට මෙකරුණ පැවසුවා. "ස්වාමීනි, මෙහි ඇතැම් අණ්ඩජ නාගයින්, උපෝසථ සිල් රකින්නටත්, නාග සිරුරු අත්හැර සිටින්නටත් හේතුව කුමක්ද? කාරණාව කුමක්ද?"

"පින්වත් භික්ෂුව, මෙහි ඇතැම් අණ්ඩජ නාගයින් හට මේ විදිහට හිතෙනවා. 'අනේ අප ඉස්සර කයින් දෙවිදිහකට (හොඳ නරක) කටයුතු කළ අය වුණා. වචනයෙනුත් දෙවිදිහකට (හොඳ නරක) කටයුතු කළ අය වුණා. මනසිනුත් දෙවිදිහකට (හොඳ නරක) කටයුතු කළ අය වුණා. ඉතින් ඒ අප කයින් දෙකක් කරලා, වචනයන් දෙකක් කරලා, මනසින් දෙකක් කරලා කය බිඳී මරණින් මතු අණ්ඩජ නාගයන් හා එක්වීමට උපන්නා නෙව.

ඉදින් අද අප කයින් සුසිරිත් කරන අය වෙලා, වචනයෙන් සුසිරිත් කරන අය වෙලා, මනසින් සුසිරිත කරන අය වෙලා ඉන්නවා. එතකොට අප කය බිඳී මරණින් මතු සුගති ස්වර්ග ලෝකයෙහි උපදීවි. ඒ නිසා දැන් අප

කයින් සුසිරිතෙහි යෙදී ඉන්නේ. වචනයෙන් සුසිරිතෙහි යෙදී ඉන්නේ. මනසින් සුසිරිතෙහි යෙදී ඉන්නේ.'

පින්වත් භික්ෂුව, මෙහි ඇතැම් අණ්ඩජ නාගයින්, උපෝසථ සිල් රකින්නටත්, නාග සිරුරු අත්හැර සිටින්නටත් හේතුව මේකයි. කාරණාව මේකයි."

සාදු! සාදු!! සාදු!!!

උපෝසථ සූත්‍රය නිමා විය.

8.1.4.
දුතිය උපෝසථ සූත්‍රය
උපෝසථ සිල් රැකීම ගැන වදාළ දෙවෙනි දෙසුම

345. සැවැත් නුවර දී ....

එකත්පස්ව වාඩිවුණ ඒ භික්ෂුව භාග්‍යවතුන් වහන්සේට මෙකරුණ පැවසුවා. "ස්වාමීනි, මෙහි ඇතැම් ජලාබුජ නාගයින්, උපෝසථ සිල් රකින්නටත්, නාග සිරුරු අත්හැර සිටින්නටත් හේතුව කුමක්ද? කාරණාව කුමක්ද? ....(පෙ)....

පින්වත් භික්ෂුව, මෙහි ඇතැම් ජලාබුජ නාගයින්, උපෝසථ සිල් රකින්නටත්, නාග සිරුරු අත්හැර සිටින්නටත් හේතුව මේකයි. කාරණාව මේකයි.

සාදු! සාදු!! සාදු!!!

දුතිය උපෝසථ සූත්‍රය නිමා විය.

8.1.5.
තතිය උපෝසථ සූත්‍රය
උපෝසථ සිල් රැකීම ගැන වදාළ තෙවෙනි දෙසුම

346. සැවැත් නුවර දී ....

එකත්පස්ව වාඩිවුණ ඒ භික්ෂුව භාග්‍යවතුන් වහන්සේට මෙකරුණ පැවසුවා. "ස්වාමීනි, මෙහි ඇතැම් සංසේදජ නාගයින්, උපෝසථ සිල් රකින්නටත්, නාග සිරුරු අත්හැර සිටින්නටත් හේතුව කුමක්ද? කාරණාව කුමක්ද? ....(පෙ)....

පින්වත් භික්ෂුව, මෙහි ඇතැම් සංසේදජ නාගයින්, උපෝසථ සිල් රකින්නටත්, නාග සිරුරු අත්හැර සිටින්නටත් හේතුව මේකයි. කාරණාව මේකයි.

සාදු! සාදු!! සාදු!!!

තතිය උපෝසථ සූත්‍රය නිමා විය.

8.1.6.
චතුත්ථ උපෝසථ සූත්‍රය
උපෝසථ සිල් රැකීම ගැන වදාළ හතරවෙනි දෙසුම

347. සැවැත් නුවර දී ....

එකල්හී එක්තරා භික්ෂුවක්, භාග්‍යවතුන් වහන්සේ වැඩසිටි තැනට පැමිණුනා. පැමිණිලා භාග්‍යවතුන් වහන්සේට ආදරයෙන් වන්දනා කොට එකත්පස්ව වාඩිවුණා. එකත්පස්ව වාඩිවුණ ඒ භික්ෂුව භාග්‍යවතුන් වහන්සේට මෙකරුණ පැවසුවා. "ස්වාමීනි, මෙහි ඇතැම් ඕපපාතික නාගයින්, උපෝසථ සිල් රකින්නටත්, නාග සිරුරු අත්හැර සිටින්නටත් හේතුව කුමක්ද? කාරණාව කුමක්ද?"

"පින්වත් භික්ෂුව, මෙහි ඇතැම් ඕපපාතික නාගයින් හට මේ විදිහට හිතෙනවා. 'අනේ අප ඉස්සර කයින් දෙවිදිහකට (හොඳ නරක) කටයුතු කළ අය වුණා. වචනයෙනුත් දෙවිදිහකට (හොඳ නරක) කටයුතු කළ අය වුණා. මනසිනුත් දෙවිදිහකට (හොඳ නරක) කටයුතු කළ අය වුණා. ඉතින් ඒ අප කයින් දෙකක් කරලා, වචනයන් දෙකක් කරලා, මනසින් දෙකක් කරලා කය බිඳී මරණින් මතු ඕපපාතික නාගයන් හා එක්වීමට උපන්නා නෙව,

ඉදින් අද අප කයින් සුසිරිත් කරන අය වෙලා, වචනයෙන් සුසිරිත් කරන අය වෙලා, මනසින් සුසිරිත් කරන අය වෙලා ඉන්නවා. එතකොට අප කය බිඳී මරණින් මතු සුගති ස්වර්ග ලෝකයෙහි උපදීවි. ඒ නිසා දැන් අප

කයින් සුසිරිතෙහි යෙදී ඉන්නේ. වචනයෙන් සුසිරිතෙහි යෙදී ඉන්නේ. මනසින් සුසිරිතෙහි යෙදී ඉන්නේ.'

පින්වත් භික්ෂුව, මෙහි ඇතැම් ඕපපාතික නාගයින්, උපෝසථ සිල් රකින්නටත්, නාග සිරුරු අත්හැර සිටින්නටත් හේතුව මේකයි. කාරණාව මේකයි."

සාදු! සාදු!! සාදු!!!

චතුත්ථ උපෝසථ සූත්‍රය නිමා විය.

8.1.7.
සුත සූත්‍රය
'අසා තිබෙනවා' යන්න ගැන වදාළ දෙසුම

348. සැවැත් නුවර දී ....

එකත්පස්ව වාඩිවුණ ඒ භික්ෂුව භාග්‍යවතුන් වහන්සේට මෙකරුණ පැවසුවා. "ස්වාමීනි, මෙහි ඇතැම් උදවිය යම් කරුණක් නිසා කය බිඳී මරණින් මතු අණ්ඩජ නාගයින් හා එක් වීමකට උපදිනවා නම්, එයට හේතුව කුමක්ද? කාරණාව කුමක්ද?"

පින්වත් භික්ෂුව, මෙහි ඇතැම් උදවිය කයින් කටයුතු කරන්නේ දෙවිදිහකින්. වචනයෙන් කටයුතු කරන්නේ දෙවිධිහකින්. මනසින් කටයුතු කරන්නේ දෙවිදිහකින්. ඔහුට අසන්ට ලැබෙනවා අණ්ඩජ නාගයන් දීර්ඝායුෂයෙන් යුක්තයි. වර්ණවත්. සැප බහුලයි කියලා. එතකොට ඔහුට මෙහෙම හිතෙනවා. 'අනේ, ඇත්තෙන් ම මාත් කය බිඳී මැරුණට පස්සේ අණ්ඩජ නාගයින් හා එකතු වීමකට උපදිනවා නම්' කියලා. ඉතින් ඔහු කය බිඳී මරණින් මතු අණ්ඩජ නාගයින් හා එක්වීමකට උපදිනවා.

පින්වත් භික්ෂුව, මෙහි ඇතැම් උදවිය යම් කරුණක් නිසා කය බිඳී මරණින් මතු අණ්ඩජ නාගයින් හා එක් වීමකට උපදිනවා නම්, එයට හේතුව මේකයි. කාරණාව මේකයි."

සාදු! සාදු!! සාදු!!!

සුත සූත්‍රය නිමා විය.

8.1.8.
දුතිය සුත සූත්‍රය
'අසා තිබෙනවා' යන්න ගැන වදාළ දෙවෙනි දෙසුම

349. සැවැත් නුවර දී ....

එකත්පස්ව වාඩිවුණ ඒ භික්ෂුව භාග්‍යවතුන් වහන්සේට මෙකරුණ පැවසුවා. "ස්වාමීනි, මෙහි ඇතැම් උදවිය යම් කරුණක් නිසා කය බිඳී මරණින් මතු ජලාබුජ නාගයින් හා එක් වීමකට උපදිනවා නම්, එයට හේතුව කුමක්ද? කාරණාව කුමක්ද? පින්වත් භික්ෂුව, මෙහි ඇතැම් උදවිය කයින් කටයුතු කරන්නේ දෙවිදිහකින් ....(පෙ).... පින්වත් භික්ෂුව, මෙහි ඇතැම් උදවිය යම් කරුණක් නිසා කය බිඳී මරණින් මතු ජලාබුජ නාගයින් හා එක් වීමකට උපදිනවා නම්, එයට හේතුව මේකයි. කාරණාව මේකයි.

සාදු! සාදු!! සාදු!!!

දුතිය සුත සූත්‍රය නිමා විය.

8.1.9.
තතිය සුත සූත්‍රය
'අසා තිබෙනවා' යන්න ගැන වදාළ තෙවෙනි දෙසුම

350. සැවැත් නුවර දී ....

එකත්පස්ව වාඩිවුණ ඒ භික්ෂුව භාග්‍යවතුන් වහන්සේට මෙකරුණ පැවසුවා. "ස්වාමීනි, මෙහි ඇතැම් උදවිය යම් කරුණක් නිසා කය බිඳී මරණින් මතු සංසේදජ නාගයින් හා එක් වීමකට උපදිනවා නම්, එයට හේතුව කුමක්ද? කාරණාව කුමක්ද? පින්වත් භික්ෂුව, මෙහි ඇතැම් උදවිය කයින් කටයුතු කරන්නේ දෙවිදිහකින් ....(පෙ).... පින්වත් භික්ෂුව, මෙහි ඇතැම් උදවිය යම් කරුණක් නිසා කය බිඳී මරණින් මතු සංසේදජ නාගයින් හා එක් වීමකට උපදිනවා නම්, එයට හේතුව මේකයි. කාරණාව මේකයි.

සාදු! සාදු!! සාදු!!!

තතිය සුත සූත්‍රය නිමා විය.

8.1.10.
චතුත්ථ සුත සූත්‍රය
'අසා තිබෙනවා' යන්න ගැන වදාළ හතරවෙනි දෙසුම

351. සැවැත් නුවර දී ....

එකත්පස්ව වාඩිවුණ ඒ භික්ෂුව භාග්‍යවතුන් වහන්සේට මෙකරුණ පැවසුවා. "ස්වාමීනි, මෙහි ඇතැම් උදවිය යම් කරුණක් නිසා කය බිඳී මරණින් මතු ඕපපාතික නාගයින් හා එක් වීමකට උපදිනවා නම්, එයට හේතුව කුමක්ද? කාරණාව කුමක්ද?"

"පින්වත් භික්ෂුව, මෙහි ඇතැම් උදවිය කයින් කටයුතු කරන්නේ දෙවිදිහකින්. වචනයෙන් කටයුතු කරන්නේ දෙවිදිහකින්. මනසින් කටයුතු කරන්නේ දෙවිදිහකින්. ඔහුට අසන්නට ලැබෙනවා ඕපපාතික නාගයන් දීර්ඝායුෂයෙන් යුක්තයි. වර්ණවත්. සැප බහුලයි කියලා. එතකොට ඔහුට මෙහෙම හිතෙනවා. 'අනේ, ඇත්තෙන් ම මාත් කය බිඳී මැරුණට පස්සේ ඕපපාතික නාගයින් හා එකතු වීමකට උපදිනවා නම්' කියලා. ඉතින් ඔහු කය බිඳී මරණින් මතු ඕපපාතික නාගයින් හා එක්වීමකට උපදිනවා.

පින්වත් භික්ෂුව, මෙහි ඇතැම් උදවිය යම් කරුණක් නිසා කය බිඳී මරණින් මතු ඕපපාතික නාගයින් හා එක් වීමකට උපදිනවා නම්, එයට හේතුව මේකයි. කාරණාව මේකයි."

සාදු! සාදු!! සාදු!!!

චතුත්ථ සුත සූත්‍රය නිමා විය.

8.1.11.
අන්නදායක අණ්ඩජ සූත්‍රය
ආහාර දෙන අයගේ අණ්ඩජ උපත ගැන වදාළ දෙසුම

352. සැවැත් නුවර දී ....

එකත්පස්ව වාඩිවුණ ඒ භික්ෂුව භාග්‍යවතුන් වහන්සේට මෙකරුණ

පැවසුවා. "ස්වාමීනි, මෙහි ඇතැම් උදවිය යම් කරුණක් නිසා කයබිඳී මරණින් මතු අණ්ඩජ නාගයින් හා එක්වීමකට උපදිනවා නම්, එයට හේතුව කුමක්ද? කාරණාව කුමක්ද?"

"පින්වත් භික්ෂුව, මෙහි ඇතැම් උදවිය කයින් කටයුතු කරන්නේ දෙවිදිහකින්. වචනයෙන් කටයුතු කරන්නේ දෙවිදිහකින්. මනසින් කටයුතු කරන්නේ දෙවිදිහකින්. ඔහුට අසන්නට ලැබෙනවා අණ්ඩජ නාගයන් දීර්ඝායුෂයෙන් යුක්තයි. වර්ණවත්. සැප බහුලයි කියලා. එතකොට ඔහුට මෙහෙම හිතෙනවා. 'අනේ, ඇත්තෙන් ම මාත් කය බිඳී මැරුණට පස්සේ අණ්ඩජ නාගයින් හා එකතු වීමකට උපදිනවා නම්' කියලා. ඉතින් ඔහු ආහාර දන් දෙනවා ....(පෙ).... උපදිනවා.

සාදු! සාදු!! සාදු!!!

අන්නදායක අණ්ඩජ සූත්‍රය නිමා විය.

8.1.12.
පානදායක අණ්ඩජ සූත්‍රය
පානය කරන ජාති දෙන අයගේ අණ්ඩජ උපත ගැන වදාළ දෙසුම

353. සැවැත් නුවර දී ....

පානය කරන ජාති දන් දෙනවා ....(පෙ).... උපදිනවා.

සාදු! සාදු!! සාදු!!!

පානදායක අණ්ඩජ සූත්‍රය නිමා විය.

8.1.13.
වත්ථදායක අණ්ඩජ සූත්‍රය
වස්ත්‍ර දෙන අයගේ අණ්ඩජ උපත ගැන වදාළ දෙසුම

354. සැවැත් නුවර දී ....

වස්ත්‍ර දන් දෙනවා ....(පෙ).... උපදිනවා.

සාදු! සාදු!! සාදු!!!

වත්ථදායක අණ්ඩජ සූත්‍රය නිමා විය.

8.1.14.
යානදායක අණ්ඩජ සූත්‍රය
පාවහන් දෙන අයගේ අණ්ඩජ උපත ගැන වදාළ දෙසුම

355. සැවැත් නුවර දී ....

පාවහන් දන් දෙනවා ....(පෙ).... උපදිනවා.

සාදු! සාදු!! සාදු!!!

යානදායක අණ්ඩජ සූත්‍රය නිමා විය.

8.1.15.
මාලාදායක අණ්ඩජ සූත්‍රය
මල් දෙන අයගේ අණ්ඩජ උපත ගැන වදාළ දෙසුම

356. සැවැත් නුවර දී ....

මල් දන් දෙනවා ....(පෙ).... උපදිනවා.

සාදු! සාදු!! සාදු!!!

මාලාදායක අණ්ඩජ සූත්‍රය නිමා විය.

8.1.16.
ගන්ධදායක අණ්ඩජ සූත්‍රය
සුවඳ දෙන අයගේ අණ්ඩජ උපත ගැන වදාළ දෙසුම

357. සැවැත් නුවර දී ....

සුවඳ දන් දෙනවා ....(පෙ).... උපදිනවා.

සාදු! සාදු!! සාදු!!!

ගන්ධදායක අණ්ඩජ සූත්‍රය නිමා විය.

8.1.17.

විලේපනදායක අණ්ඩජ සූත්‍රය

විලවුන් දෙන අයගේ අණ්ඩජ උපත ගැන වදාළ දෙසුම

358. සැවැත් නුවර දී ....

විලවුන් දන් දෙනවා ....(පෙ).... උපදිනවා.

සාදු! සාදු!! සාදු!!!

විලේපනදායක අණ්ඩජ සූත්‍රය නිමා විය.

8.1.18.

සෙය්‍යදායක අණ්ඩජ සූත්‍රය

සේනාසන දෙන අයගේ අණ්ඩජ උපත ගැන වදාළ දෙසුම

359. සැවැත් නුවර දී ....

සේනාසන දන් දෙනවා ....(පෙ).... උපදිනවා.

සාදු! සාදු!! සාදු!!!

සෙය්‍යදායක අණ්ඩජ සූත්‍රය නිමා විය.

8.1.19.

ආවසථ අණ්ඩජ සූත්‍රය

ආවාස දෙන අයගේ අණ්ඩජ උපත ගැන වදාළ දෙසුම

360. සැවැත් නුවර දී ....

ආවාස දන් දෙනවා ....(පෙ).... උපදිනවා.

සාදු! සාදු!! සාදු!!!

ආවසථදායක අණ්ඩජ සූත්‍රය නිමා විය.

8.1.20.
පදීපෙය්‍යදායක අණ්ඩජ සූත්‍රය
පහන් දල්වන උපකරණ දෙන අයගේ අණ්ඩජ උපත ගැන වදාළ දෙසුම

361. සැවැත් නුවර දී ....

පහන් දල්වන උපකරණ දන් දෙනවා එතකොට ඔහු කය බිඳී මරණින් මතු අණ්ඩජ නාගයින් හා එක්වීමට උපදිනවා.

පින්වත් භික්ෂුව, මෙහි ඇතැම් උදවිය යම් කරුණක් නිසා කය බිඳී මරණින් මතු අණ්ඩජ නාගයින් හා එක් වීමකට උපදිනවා නම්, එයට හේතුව මේකයි. කාරණාව මේකයි.

සාදු! සාදු!! සාදු!!!

පදීපෙය්‍යදායක අණ්ඩජ සූත්‍රය නිමා විය.

8.1.21. - 40
අන්නදායකාදී ජලාබුජ සංසේදජ සූත්‍ර
ආහාර දන් දීම් ආදියෙන් ලබන ජලාබුජ සංසේදජ උපත් ගැන වදාළ දෙසුම්

362.-381 සැවැත් නුවර දී ....

එකත්පස්ව වාඩිවුණ ඒ භික්ෂුව භාග්‍යවතුන් වහන්සේට මෙකරුණ පැවසුවා. "ස්වාමීනි, මෙහි ඇතැම් උදවිය යම් කරුණක් නිසා කය බිඳී මරණින් මතු ජලාබුජ නාගයින් හා එක්වීමකට උපදිනවා නම්, එයට හේතුව කුමක්ද? කාරණාව කුමක්ද?"

පින්වත් භික්ෂුව, මෙහි ඇතැම් උදවිය ....(පෙ).... සංසේදජ නාගයින් හා ....(පෙ).... එක්වීමකට උපදිනවා.

සාදු! සාදු!! සාදු!!!

8.1.41.
අන්නදායක ඕපපාතික සූත්‍රය
ආහාර දන් දී ලබන ඕපපාතික උපත ගැන වදාළ දෙසුම

382. සැවැත් නුවර දී ....

ඕපපාතික නාගයින් හා එක්වීමකට උපදිනවා කියලා, පින්වත් භික්ෂුව, මෙහි ඇතැම් උදවිය කයින් කටයුතු කරන්නේ දෙවිදිහකින්. වචනයෙන් කටයුතු කරන්නේ දෙවිදිහකින්. මනසින් කටයුතු කරන්නේ දෙවිදිහකින්. ඔහුට අසන්නට ලැබෙනවා ඕපපාතික නාගයින් දීර්ඝායුෂයෙන් යුක්තයි. වර්ණවත්. සැප බහුලයි කියලා. එතකොට ඔහුට මෙහෙම හිතෙනවා. 'අනේ, ඇත්තෙන් ම මාත් කය බිඳී මැරුණට පස්සේ ඕපපාතික නාගයින් හා එකතු වීමකට උපදිනවා නම්, කියලා. ඉතින් ඔහු ආහාර දන් දෙනවා ....(පෙ).... උපදිනවා.

සාදු! සාදු!! සාදු!!!

අන්නදායක ඕපපාතික සූත්‍රය නිමා විය.

8.1.42.
පානදායක ඕපපාතික සූත්‍රය
පානය කරන ජාති දන් දී ලබන ඕපපාතික උපත ගැන වදාළ දෙසුම

383. සැවැත් නුවර දී ....

පානය කරන ජාති දන් දෙනවා ....(පෙ).... උපදිනවා.

සාදු! සාදු!! සාදු!!!

පානදායක ඕපපාතික සූත්‍රය නිමා විය.

8.1.43.
වත්ථදායක ඕපපාතික සූත්‍රය
වස්ත්‍ර දන් දී ලබන ඕපපාතික උපත ගැන වදාළ දෙසුම

384. සැවැත් නුවර දී ....

වස්ත්‍ර දන් දෙනවා ....(පෙ).... උපදිනවා.

සාදු! සාදු!! සාදු!!!

වත්ථදායක ඕපපාතික සූත්‍රය නිමා විය.

8.1.44.
යානදායක ඕපපාතික සූත්‍රය
පාවහන් දන් දී ලබන අයගේ ඕපපාතික උපත ගැන වදාළ දෙසුම

385. සැවැත් නුවර දී ....

පාවහන් දන් දෙනවා ....(පෙ).... උපදිනවා.

සාදු! සාදු!! සාදු!!!

යානදායක ඕපපාතික සූත්‍රය නිමා විය.

8.1.45.
මාලාදායක ඕපපාතික සූත්‍රය
මල් දන් දී ලබන ඕපපාතික උපත ගැන වදාළ දෙසුම

386. සැවැත් නුවර දී ....

මල් දන් දෙනවා ....(පෙ).... උපදිනවා.

සාදු! සාදු!! සාදු!!!

මාලාදායක ඕපපාතික සූත්‍රය නිමා විය.

8.1.46.
ගන්ධදායක ඕපපාතික සූත්‍රය
සුවඳ දන් දී ලබන ඕපපාතික උපත ගැන වදාළ දෙසුම

387. සැවැත් නුවර දී ....

සුවඳ දන් දෙනවා ....(පෙ).... උපදිනවා.

සාදු! සාදු!! සාදු!!!

ගන්ධදායක ඕපපාතික සූත්‍රය නිමා විය.

8.1.47.
විලේපනදායක ඕපපාතික සූත්‍රය
විලවුන් දන් දී ලබන ඕපපාතික උපත ගැන වදාළ දෙසුම

388. සැවැත් නුවර දී ....

විලවුන් දන් දෙනවා ....(පෙ).... උපදිනවා.

සාදු! සාදු!! සාදු!!!

විලේපනදායක ඕපපාතික සූත්‍රය නිමා විය.

8.1.48.
සෙය්‍යදායක ඕපපාතික සූත්‍රය
සේනාසන දන් දී ලබන ඕපපාතික උපත ගැන වදාළ දෙසුම

389. සැවැත් නුවර දී ....

සේනාසන දන් දෙනවා ....(පෙ).... උපදිනවා.

සාදු! සාදු!! සාදු!!!

සෙය්‍යදායක ඕපපාතික සූත්‍රය නිමා විය.

8.1.49.
ආවසථදායක ඕපපාතික සූත්‍රය
ආවාස දන් දී ලබන ඕපපාතික උපත ගැන වදාළ දෙසුම

390. සැවැත් නුවර දී ....

ආවාස දන් දෙනවා ....(පෙ).... උපදිනවා.

සාදු! සාදු!! සාදු!!!

ආවසථදායක ඕපපාතික සූත්‍රය නිමා විය.

8.1.50.
පදීපෙය්‍යදායක ඕපපාතික සූත්‍රය
පහන් දල්වන උපකරණ දන් දී ලබන ඕපපාතික උපත ගැන වදාළ දෙසුම

391. සැවැත් නුවර දී ....

පහන් දල්වන උපකරණ දන් දෙනවා. එතකොට ඔහු කය බිඳී මරණින් මතු ඕපපාතික නාගයින් හා එක්වීමට උපදිනවා.

පින්වත් භික්ෂුව, මෙහි ඇතැම් උදවිය යම් කරුණක් නිසා කය බිඳී මරණින් මතු ඕපපාතික නාගයින් හා එක් වීමකට උපදිනවා නම්, එයට හේතුව මේකයි. කාරණාව මේකයි.

සාදු! සාදු!! සාදු!!!

පදීපෙය්‍යදායක ඕපපාතික සූත්‍රය නිමා විය.

(මේ පෙය්‍යාලයත් සමග විස්තර වශයෙන් ඇති සූත්‍ර දහයකි. යෝනි හතර තුළ සූත්‍ර හතළිහක් විස්තර කළ යුතුයි. සුද්ධික සූත්‍ර දහයකි. සියලුම සූත්‍ර ගණන පනහකි.)

පළමු වෙනි නාග වර්ගය අවසන් විය.

- එහි පිළිවෙල උද්දානයයි :

සුද්ධික සූත්‍රය, පණීතතර සූත්‍රය, උපෝසථ සූත්‍ර හතර, සුචරිතයෙන් යුතු සුත සූත්‍ර හතර, දානූපකාර සූත්‍ර දහය බැගින් හතරකි. නාග වර්ගයෙහි සූත්‍ර පනහක් ඇත.

නාග සංයුත්තය නිමා විය.

9. සුපණ්ණ සංයුත්තය

1. සුපණ්ණ වර්ගය

9.1.1.
සුද්ධික සූත්‍රය
සුද්ධික ගැන වදාළ දෙසුම

392.   සැවැත් නුවර දී ....

පින්වත් මහණෙනි, මේ ගුරුළු යෝනි හතරක් තියෙනවා. ඒ හතර මොනවාද? බිත්තරයෙන් උපන් ගුරුළන් ඉන්නවා. මව්කුසින් උපන් ගුරුළන් ඉන්නවා. තෙත් පරිසරයෙන් උපන් ගුරුළන් ඉන්නවා. ඕපපාතිකව උපන් ගුරුළන් ඉන්නවා. පින්වත් මහණෙනි, මේක තමයි ගුරුළු යෝනි හතර.

සාදු! සාදු!! සාදු!!!

සුද්ධික සූත්‍රය නිමා විය.

9.1.2.
හරන්ති සූත්‍රය
'අරගෙන යති' යන්න ගැන වදාළ දෙසුම

393.   සැවැත් නුවර දී ....

පින්වත් මහණෙනි, මේ ගුරුළු යෝනි හතරක් තියෙනවා. ඒ හතර මොනවාද? බිත්තරයෙන් උපන් ගුරුළන් ඉන්නවා. මව්කුසින් උපන් ගුරුළන් ඉන්නවා. තෙත් පරිසරයෙන් උපන් ගුරුළන් ඉන්නවා. ඕපපාතිකව උපන් ගුරුළන් ඉන්නවා.

පින්වත් මහණෙනි, එහිලා අණ්ඩජ ගුරුළන් අණ්ඩජ නාගයන්ව අරගෙන යනවා. නමුත් ජලාබුජ නාගයන්ව, සංසේදජ නාගයන්ව, ඕපපාතික නාගයන්ව අරගෙන යන්නේ නෑ.

පින්වත් මහණෙනි, එහිලා ජලාබුජ ගුරුළන් අණ්ඩජ නාගයන්වත්, ජලාබුජ නාගයන්වත් අරගෙන යනවා. නමුත් සංසේදජ නාගයන්ව, ඕපපාතික නාගයන්ව අරගෙන යන්නේ නෑ.

පින්වත් මහණෙනි, එහිලා සංසේදජ ගුරුළන් අණ්ඩජ නාගයන්වත්, ජලාබුජ නාගයන්වත්, සංසේදජ නාගයන්වත් අරගෙන යනවා. නමුත් ඕපපාතික නාගයන්ව අරගෙන යන්නේ නෑ.

පින්වත් මහණෙනි, එහිලා ඕපපාතික ගුරුළන් අණ්ඩජ නාගයන්වත්, ජලාබුජ නාගයන්වත්, සංසේදජ නාගයන්වත්, ඕපපාතික නාගයන්වත් අරගෙන යනවා. පින්වත් මහණෙනි, මේ තමයි ගුරුළු යෝනි හතර.

සාදු! සාදු!! සාදු!!!

හරන්ති සූත්‍රය නිමා විය.

9.1.3.
ද්වයකාරී සූත්‍රය
දෙවිදිහකට කටයුතු කරන අය ගැන වදාළ දෙසුම

394. සැවැත් නුවර දී ....

එකල්හී එක්තරා භික්ෂුවක්, භාග්‍යවතුන් වහන්සේ වැඩසිටින තැනට පැමිණුනා. පැමිණිලා භාග්‍යවතුන් වහන්සේට ආදරයෙන් වන්දනා කොට එකත්පස්ව වාඩිවුණා. එකත්පස්ව වාඩිවුණ ඒ භික්ෂුව භාග්‍යවතුන් වහන්සේට මෙකරුණ පැවසුවා. "ස්වාමීනි, මෙහි ඇතැම් උදවිය යම් කරුණක් නිසා කය බිඳී මරණින් මතු අණ්ඩජ ගුරුළන් හා එක් වීමකට උපදිනවා නම්, එයට හේතුව කුමක්ද? කාරණාව කුමක්ද?"

"පින්වත් භික්ෂුව, මෙහි ඇතැම් උදවිය කයින් කටයුතු කරන්නේ දෙවිදිහකින්. වචනයෙන් කටයුතු කරන්නේ දෙවිදිහකින්. මනසින් කටයුතු කරන්නේ දෙවිදිහකින්. ඔහුට අසන්ට ලැබෙනවා අණ්ඩජ ගුරුළන් දීර්ඝායුෂයෙන්

යුක්තයි. වර්ණවත්. සැප බහුලයි කියලා. එතකොට ඔහුට මෙහෙම හිතෙනවා. 'අනේ, ඇත්තෙන් ම මාත් කය බිඳී මැරුණට පස්සේ අණ්ඩජ ගුරුළන් හා එකතු වීමකට උපදිනවා නම්' කියලා. ඉතින් ඔහු කය බිඳී මරණින් මතු අණ්ඩජ ගුරුළන් හා එක්වීමකට උපදිනවා.

පින්වත් භික්ෂුව, මෙහි ඇතැම් උදවිය යම් කරුණක් නිසා කය බිඳී මරණින් මතු අණ්ඩජ ගුරුළන් හා එක්වීමකට උපදිනවා නම්, එයට හේතුව මේකයි. කාරණාව මේකයි."

සාදු! සාදු!! සාදු!!!

ද්වයකාරී සූත්‍රය නිමා විය.

9.1.4.-6.

දුතිය, තතිය, චතුත්ථ ද්වයකාරී සූත්‍ර

දෙවිදිහකට කටයුතු කිරීම ගැන වදාළ දෙවෙනි, තුන්වෙනි, හතරවෙනි දෙසුම්

395.-397 සැවැත් නුවර දී ....

එකත්පස්ව වාඩිවුණ ඒ භික්ෂුව භාග්‍යවතුන් වහන්සේට මෙකරුණ පැවසුවා. "ස්වාමීනි, මෙහි ඇතැම් උදවිය යම් කරුණක් නිසා කය බිඳී මරණින් මතු ජලාබුජ ගුරුළන් හා එක්වීමකට උපදිනවා නම් ....(පෙ).... සංසේදජ ගුරුළන් ....(පෙ).... ඕපපාතික ගුරුළන් හා එක්වීමකට උපදිනවා නම් එයට හේතුව කුමක්ද? කාරණාව කුමක්ද?"

"පින්වත් භික්ෂුව, මෙහි ඇතැම් උදවිය කයින් කටයුතු කරන්නේ දෙවිදිහකින්. වචනයෙන් කටයුතු කරන්නේ දෙවිදිහකින්. මනසින් කටයුතු කරන්නේ දෙවිදිහකින්. ඔහුට අසන්නට ලැබෙනවා ඕපපාතික ගුරුළන් දීර්ඝායුෂයෙන් යුක්තයි. වර්ණවත්. සැප බහුලයි කියලා. එතකොට ඔහුට මෙහෙම හිතෙනවා. 'අනේ, ඇත්තෙන් ම මාත් කය බිඳී මැරුණට පස්සේ ඕපපාතික ගුරුළන් හා එකතුවීමකට උපදිනවා නම්' කියලා. ඉතින් ඔහු කය බිඳී මරණින් මතු ඕපපාතික ගුරුළන් හා එක්වීමකට උපදිනවා.

පින්වත් භික්ෂුව, මෙහි ඇතැම් උදවිය යම් කරුණක් නිසා කය බිඳී මරණින් මතු ඕපපාතික ගුරුළන් හා එක්වීමකට උපදිනවා නම්, එයට හේතුව

මේකයි. කාරණාව මේකයි."

සාදු! සාදු!! සාදු!!!

දුතිය, තතිය, චතුත්ථ ද්වයකාරී සූත්‍ර නිමා විය

9.1.7.
අන්නදායක අණ්ඩජ සූත්‍රය
ආහාර දන් දෙන අයගේ අණ්ඩජ උපත ගැන වදාළ දෙසුම

398. සැවැත් නුවර දී ....

එකත්පස්ව වාඩිවුණ ඒ භික්ෂුව භාග්‍යවතුන් වහන්සේට මෙකරුණ පැවසුවා. "ස්වාමීනි, මෙහි ඇතැම් උදවිය යම් කරුණක් නිසා කය බිඳී මරණින් මතු අණ්ඩජ ගුරුළන් හා එක්වීමකට උපදිනවා නම්, එයට හේතුව කුමක්ද? කාරණාව කුමක්ද?"

"පින්වත් භික්ෂුව, මෙහි ඇතැම් උදවිය කයින් කටයුතු කරන්නේ දෙවිදිහකින්. වචනයෙන් කටයුතු කරන්නේ දෙවිදිහකින්. මනසින් කටයුතු කරන්නේ දෙවිදිහකින්. ඔහුට අසන්නට ලැබෙනවා අණ්ඩජ ගුරුළන් දීර්ඝායුෂයෙන් යුක්තයි. වර්ණවත්. සැප බහුලයි කියලා. එතකොට ඔහුට මෙහෙම හිතෙනවා. 'අනේ, ඇත්තෙන් ම මාත් කය බිඳී මැරුණට පස්සේ අණ්ඩජ ගුරුළන් හා එකතු වීමකට උපදිනවා නම්, කියලා. ඉතින් ඔහු ආහාර දන් දෙනවා ....(පෙ).... උපදිනවා."

සාදු! සාදු!! සාදු!!!

අන්නදායක අණ්ඩජ සූත්‍රය නිමා විය.

9.1.8.
පානදායක අණ්ඩජ සූත්‍රය
පානය කරන ජාති දන් දෙන අයගේ අණ්ඩජ උපත ගැන වදාළ දෙසුම

399. සැවැත් නුවර දී ....

පානය කරන ජාති දන් දෙනවා ....(පෙ).... උපදිනවා.

සාදු! සාදු!! සාදු!!!

පානදායක අණ්ඩජ සූත්‍රය නිමා විය.

9.1.9.
වත්ථදායක අණ්ඩජ සූත්‍රය
වස්ත්‍ර දන් දෙන අයගේ අණ්ඩජ උපත ගැන වදාළ දෙසුම

400. සැවැත් නුවර දී ....

වස්ත්‍ර දන් දෙනවා ....(පෙ).... උපදිනවා.

සාදු! සාදු!! සාදු!!!

වත්ථදායක අණ්ඩජ සූත්‍රය නිමා විය.

9.1.10.
යානදායක අණ්ඩජ සූත්‍රය
පාවහන් දන් දෙන අයගේ අණ්ඩජ උපත ගැන වදාළ දෙසුම

401. සැවැත් නුවර දී ....

පාවහන් දන් දෙනවා ....(පෙ).... උපදිනවා.

සාදු! සාදු!! සාදු!!!

යානදායක අණ්ඩජ සූත්‍රය නිමා විය.

9.1.11.
මාලාදායක අණ්ඩජ සූත්‍රය
මල් දන් දෙන අයගේ අණ්ඩජ උපත ගැන වදාළ දෙසුම

402. සැවැත් නුවර දී ....

මල් දන් දෙනවා ....(පෙ).... උපදිනවා.

සාදු! සාදු!! සාදු!!!

මාලාදායක අණ්ඩජ සූත්‍රය නිමා විය.

9.1.12.
ගන්ධදායක අණ්ඩජ සූත්‍රය
සුවඳ දන් දෙන අයගේ අණ්ඩජ උපත ගැන වදාළ දෙසුම

403.   සැවැත් නුවර දී ....

සුවඳ දන් දෙනවා ....(පෙ).... උපදිනවා.

සාදු! සාදු!! සාදු!!!

ගන්ධදායක අණ්ඩජ සූත්‍රය නිමා විය.

9.1.13.
විලේපනදායක අණ්ඩජ සූත්‍රය
විලවුන් දන් දෙන අයගේ අණ්ඩජ උපත ගැන වදාළ දෙසුම

404.   සැවැත් නුවර දී ....

විලවුන් දන් දෙනවා ....(පෙ).... උපදිනවා.

සාදු! සාදු!! සාදු!!!

විලේපනදායක අණ්ඩජ සූත්‍රය නිමා විය.

9.1.14.
සෙය්‍යදායක අණ්ඩජ සූත්‍රය
සේනාසන දන් දෙන අයගේ අණ්ඩජ උපත ගැන වදාළ දෙසුම

405. සැවැත් නුවර දී ....

සේනාසන දන් දෙනවා ....(පෙ).... උපදිනවා.

සාදු! සාදු!! සාදු!!!

සෙය්‍යදායක අණ්ඩජ සූත්‍රය නිමා විය.

9.1.15.
ආවසථදායක අණ්ඩජ සූත්‍රය
ආවාස දන් දෙන අයගේ අණ්ඩජ උපත ගැන වදාළ දෙසුම

406. සැවැත් නුවර දී ....

ආවාස දන් දෙනවා ....(පෙ).... උපදිනවා.

සාදු! සාදු!! සාදු!!!

ආවසථදායක අණ්ඩජ සූත්‍රය නිමා විය.

9.1.16.
පදීපෙය්‍යදායක අණ්ඩජ සූත්‍රය
පහන් දල්වන උපකරණ දන් දෙන අයගේ අණ්ඩජ උපත ගැන වදාළ දෙසුම

407. සැවැත් නුවර දී ....

....(පෙ).... පහන් දල්වන උපකරණ දන් දෙනවා. එතකොට ඔහු කය බිඳී මරණින් මතු අණ්ඩජ ගුරුළන් හා එක්වීමකට උපදිනවා.

පින්වත් භික්ෂුව, මෙහි ඇතැම් උදවිය යම් කරුණක් නිසා කය බිඳී මරණින් මතු අණ්ඩජ ගුරුළන් හා එක් වීමකට උපදිනවා නම්, එයට හේතුව මේකයි. කාරණාව මේකයි.

සාදු! සාදු!! සාදු!!!

පදීපෙය්‍යදායක අණ්ඩජ සූත්‍රය නිමා විය.

9.1.17. - 36
අන්නදායකාදී ජලාබුජ සංසේදජ සූත්‍ර
ආහාර දන් දීම් ආදියෙන් ලබන ජලාබුජ සංසේදජ උපත් ගැන වදාළ දෙසුම්

408.-427 සැවැත් නුවර දී ....

එකත්පස්ව වාඩිවුණ ඒ භික්ෂුව භාග්‍යවතුන් වහන්සේට මෙකරුණ පැවසුවා. "ස්වාමීනි, මෙහි ඇතැම් උදවිය යම් කරුණක් නිසා කය බිඳී මරණින් මතු ජලාබුජ ගුරුළන් හා එක් වීමකට උපදිනවා නම් ....(පෙ).... සංසේදජ ගුරුළන් හා ....(පෙ).... එක් වීමකට උපදිනවා.

සාදු! සාදු!! සාදු!!!

9.1.37.
අන්නදායක ඕපපාතික සූත්‍රය
ආහාර දන් දී ලබන ඕපපාතික උපත ගැන වදාළ දෙසුම

428. සැවැත් නුවර දී ....

ඕපපාතික ගුරුළන් හා එක්වීමකට උපදිනවා කියලා. පින්වත් භික්ෂුව, මෙහි ඇතැම් උදවිය කයින් කටයුතු කරන්නේ දෙව්දිහකින්. වචනයෙන් කටයුතු කරන්නේ දෙව්දිහකින්. මනසින් කටයුතු කරන්නේ දෙව්දිහකින්. ඔහුට අසන්නට

ලැබෙනවා ඕපපාතික ගුරුළන් දීර්ඝායුෂයෙන් යුක්තයි. වර්ණවත්. සැප බහුලයි කියලා. එතකොට ඔහුට මෙහෙම හිතෙනවා. 'අනේ, ඇත්තෙන් ම මාත් කය බිඳී මැරුණට පස්සේ ඕපපාතික ගුරුළන් හා එකතු වීමකට උපදිනවා නම්, කියලා. ඉතින් ඔහු ආහාර දන් දෙනවා ....(පෙ).... උපදිනවා.

සාදු! සාදු!! සාදු!!!

අන්නදායක ඕපපාතික සූත්‍රය නිමා විය.

9.1.38.
පානදායක ඕපපාතික සූත්‍රය
පානය කරන ජාති දන් දී ලබන ඕපපාතික උපත ගැන වදාළ දෙසුම

429. සැවැත් නුවර දී ....

පානය කරන ජාති දන් දෙනවා ....(පෙ).... උපදිනවා.

සාදු! සාදු!! සාදු!!!

පානදායක ඕපපාතික සූත්‍රය නිමා විය.

9.1.39.
වත්ථදායක ඕපපාතික සූත්‍රය
වස්ත්‍ර දන් දී ලබන ඕපපාතික උපත ගැන වදාළ දෙසුම

430. සැවැත් නුවර දී ....

වස්ත්‍ර දන් දෙනවා ....(පෙ).... උපදිනවා.

සාදු! සාදු!! සාදු!!!

වත්ථදායක ඕපපාතික සූත්‍රය නිමා විය.

9.1.40.
යානදායක ඕපපාතික සූත්‍රය
පාවහන් දන් දී ලබන ඕපපාතික උපත ගැන වදාළ දෙසුම

431.　සැවැත් නුවර දී ....

පාවහන් දන් දෙනවා ....(පෙ).... උපදිනවා.

සාදු! සාදු!! සාදු!!!

යානදායක ඕපපාතික සූත්‍රය නිමා විය.

9.1.41.
මාලාදායක ඕපපාතික සූත්‍රය
මල් දන් දී ලබන ඕපපාතික උපත ගැන වදාළ දෙසුම

432.　සැවැත් නුවර දී ....

මල් දන් දෙනවා ....(පෙ).... උපදිනවා.

සාදු! සාදු!! සාදු!!!

මාලාදායක ඕපපාතික සූත්‍රය නිමා විය.

9.1.42.
ගන්ධදායක ඕපපාතික සූත්‍රය
සුවඳ දන් දී ලබන ඕපපාතික උපත ගැන වදාළ දෙසුම

433.　සැවැත් නුවර දී ....

සුවඳ දන් දෙනවා ....(පෙ).... උපදිනවා.

සාදු! සාදු!! සාදු!!!

ගන්ධදායක ඕපපාතික සූත්‍රය නිමා විය.

9.1.43.
විලේපනදායක ඕපපාතික සූත්‍රය
විලවුන් දන් දී ලබන ඕපපාතික උපත ගැන වදාළ දෙසුම

434. සැවැත් නුවර දී ....

විලවුන් දන් දෙනවා ....(පෙ).... උපදිනවා.

සාදු! සාදු!! සාදු!!!

විලේපනදායක ඕපපාතික සූත්‍රය නිමා විය.

9.1.44.
සෙය්‍යදායක ඕපපාතික සූත්‍රය
සේනාසන දන් දී ලබන ඕපපාතික උපත ගැන වදාළ දෙසුම

435. සැවැත් නුවර දී ....

සේනාසන දන් දෙනවා ....(පෙ).... උපදිනවා.

සාදු! සාදු!! සාදු!!!

සෙය්‍යදායක ඕපපාතික සූත්‍රය නිමා විය.

9.1.45.
ආවසථදායක ඕපපාතික සූත්‍රය
ආවාස දන් දී ලබන ඕපපාතික උපත ගැන වදාළ දෙසුම

436. සැවැත් නුවර දී ....

ආවාස දන් දෙනවා ....(පෙ).... උපදිනවා.

සාදු! සාදු!! සාදු!!!

ආවසථදායක ඕපපාතික සූත්‍රය නිමා විය.

9.1.46.
පදීපෙය්‍යදායක ඕපපාතික සූත්‍රය
පහන් දල්වන උපකරණ දන් දී ලබන ඕපපාතික උපත ගැන වදාළ දෙසුම

437. සැවැත් නුවර දී ....

පහන් දල්වන උපකරණ දන් දෙනවා. එතකොට ඔහු කය බිඳී මරණින් මතු ඕපපාතික ගුරුළන් හා එක්වීමකට උපදිනවා.

පින්වත් භික්ෂුව, මෙහි ඇතැම් උදවිය යම් කරුණක් නිසා කය බිඳී මරණින් මතු ඕපපාතික ගුරුළන් හා එක්වීමකට උපදිනවා නම්, එයට හේතුව මේකයි. කාරණාව මේකයි.

සාදු! සාදු!! සාදු!!!

පදීපෙය්‍යදායක ඕපපාතික සූත්‍රය නිමා විය.

(මෙසේ කැටි කොට තිබෙන සූත්‍ර හතළිහකි.)

පළමු වෙනි සුපණ්ණ වර්ගය අවසන් විය.

- එහි පිළිවෙල උද්දානයයි :

සුද්ධික සූත්‍රය, හරන්ති සූත්‍රය, ද්වකාරී සූත්‍ර හතර, දානූපකාර සූත්‍ර දහය බැගින් හතරකි. මෙසේ සූත්‍ර හතළිස් හයකි.

සුපණ්ණ සංයුත්තය නිමා විය.

10. ගන්ධබ්බකාය සංයුත්තය

1. ගන්ධබ්බ වර්ගය

10.1.1.
සුද්ධික සූත්‍රය
සුද්ධික ගැන වදාළ දෙසුම

438. සැවැත් නුවර දී ....

පින්වත් මහණෙනි, මා ඔබට දේශනා කරන්නට යන්නේ ගන්ධබ්බ කායික දෙවියන් ගැනයි. එය සවන් යොමා අසන්න.

පින්වත් මහණෙනි, ගන්ධබ්බ කායික දෙවියන් කවුද? පින්වත් මහණෙනි, මුල් සුවඳට අරක්ගත් දෙවිවරු ඉන්නවා. අරටු සුවඳට අරක්ගත් දෙවිවරු ඉන්නවා. එල සුවඳට අරක්ගත් දෙවිවරු ඉන්නවා. සිවි සුවඳට අරක්ගත් දෙවිවරු ඉන්නවා. පොතු සුවඳට අරක්ගත් දෙවිවරු ඉන්නවා. පත්‍ර සුවඳට අරක්ගත් දෙවිවරු ඉන්නවා. මල් සුවඳට අරක්ගත් දෙවිවරු ඉන්නවා. පළතුරු සුවඳට අරක්ගත් දෙවිවරු ඉන්නවා. රස සුවඳට අරක්ගත් දෙවිවරු ඉන්නවා. සුවඳ සුවඳට අරක්ගත් දෙවිවරු ඉන්නවා. පින්වත් මහණෙනි, මේ ඇත්තන්ට කියන්නේ ගන්ධබ්බකායික දෙවියන් කියලයි.

සාදු! සාදු!! සාදු!!!

සුද්ධික සූත්‍රය නිමා විය.

10.1.2.
සුචරිත සූත්‍රය
සුචරිතය ගැන වදාළ දෙසුම

439. සැවැත් නුවර දී ....

එකත්පස්ව වාඩිවුණ ඒ භික්ෂුව භාග්‍යවතුන් වහන්සේට මෙකරුණ පැවසුවා. "ස්වාමීනි, මෙහි ඇතැම් උදවිය යම් කරුණක් නිසා කය බිඳී මරණින් මතු ගන්ධබ්බකායික දෙවියන් හා එක්වීමකට උපදිනවා නම්, එයට හේතුව කුමක්ද? කාරණාව කුමක්ද?"

"පින්වත් භික්ෂුව, මෙහි ඇතැම් කෙනෙක් කයින් සුචරිතයෙහි යෙදෙනවා. වචනයෙන් සුචරිතයෙහි යෙදෙනවා. මනසින් සුචරිතයෙහි යෙදෙනවා. ඔහුට මෙහෙම අහන්ට ලැබෙනවා. 'ගන්ධබ්බකායික දෙවියන් දීර්ඝායුෂයෙන් යුක්තයි. වර්ණවත්. සැප බහුලයි' කියලා. එතකොට ඔහුට මෙහෙම හිතෙනවා. 'අනේ, ඇත්තෙන් ම මාත් කය බිඳී මැරුණට පස්සේ ගන්ධබ්බකායික දෙවියන් හා එකතුවීමකට උපදිනවා නම්' කියලා. ඉතින් ඔහු කය බිඳී මරණින් මතු ගන්ධබ්බකායික දෙවියන් හා එක්වීමකට උපදිනවා.

පින්වත් භික්ෂුව, මෙහි ඇතැම් උදවිය යම් කරුණක් නිසා කය බිඳී මරණින් මතු ගන්ධබ්බකායික දෙවියන් හා එක්වීමකට උපදිනවා නම්, එයට හේතුව මේකයි. කාරණාව මේකයි."

සාදු! සාදු!! සාදු!!!

සුචරිත සූත්‍රය නිමා විය.

10.1.3.
මූලගන්ධ සූත්‍රය
මුල් සුවඳ ගැන වදාළ දෙසුම

440. සැවැත් නුවර දී ....

එකත්පස්ව වාඩිවුණ ඒ භික්ෂුව භාග්‍යවතුන් වහන්සේට මෙකරුණ

පැවසුවා. "ස්වාමීනි, මෙහි ඇතැම් උදවිය යම් කරුණක් නිසා කය බිඳී මරණින් මතු මුල් සුවඳට අරක් ගත් දෙවියන් හා එක්වීමකට උපදිනවා නම්, එයට හේතුව කුමක්ද? කාරණාව කුමක්ද?"

"පින්වත් භික්ෂුව, මෙහි ඇතැම් කෙනෙක් කයින් සුචරිතයෙහි යෙදෙනවා. වචනයෙන් සුචරිතයෙහි යෙදෙනවා. මනසින් සුචරිතයෙහි යෙදෙනවා. ඔහුට මෙහෙම අසන්නට ලැබෙනවා. 'මුල් සුවඳට අරක් ගත් දෙවියන් දීර්ඝායුෂයෙන් යුක්තයි. වර්ණවත්. සැප බහුලයි' කියලා. එතකොට ඔහුට මෙහෙම හිතෙනවා. 'අනේ, ඇත්තෙන් ම මාත් කය බිඳී මැරුණට පස්සේ මුල් සුවඳට අරක් ගත් දෙවියන් හා එකතු වීමකට උපදිනවා නම්' කියලා. ඔහු මුල් සුවඳ දන් දෙනවා. ඉතින් ඔහු කය බිඳී මරණින් මතු මුල් සුවඳට අරක්ගත් දෙවියන් හා එක්වීමකට උපදිනවා.

පින්වත් භික්ෂුව, මෙහි ඇතැම් උදවිය යම් කරුණක් නිසා කය බිඳී මරණින් මතු මුල් සුවඳට අරක් ගත් දෙවියන් හා එක් වීමකට උපදිනවා නම්, එයට හේතුව මේකයි. කාරණාව මේකයි."

සාදු! සාදු!! සාදු!!!

මූලගන්ධ සූත්‍රය නිමා විය.

10.1.4.-12
සාරගන්ධාදී සූත්‍ර
අරටු සුවඳ ආදිය ගැන වදාළ දෙසුම්

441.-449 සැවැත් නුවර දී ....

එකත්පස්ව වාඩිවුණ ඒ භික්ෂුව භාග්‍යවතුන් වහන්සේට මෙකරුණ පැවසුවා. "ස්වාමීනි, මෙහි ඇතැම් උදවිය යම් කරුණක් නිසා කය බිඳී මරණින් මතු අරටු සුවඳට අරක් ගත් දෙවියන් හා එක්වීමකට උපදිනවා නම්, එයට හේතුව කුමක්ද? කාරණාව කුමක්ද?"

"පින්වත් භික්ෂුව, මෙහි ඇතැම් කෙනෙක් කයින් සුචරිතයෙහි යෙදෙනවා. වචනයෙන් සුචරිතයෙහි යෙදෙනවා. මනසින් සුචරිතයෙහි යෙදෙනවා. ඔහුට මෙහෙම අසන්නට ලැබෙනවා. 'අරටු සුවඳට අරක් ගත් දෙවියන් දීර්ඝායුෂයෙන් යුක්තයි. වර්ණවත්. සැප බහුලයි' කියලා. එතකොට ඔහුට මෙහෙම හිතෙනවා.

'අනේ, ඇත්තෙන් ම මාත් කය බිඳී මැරුණට පස්සේ අරටු සුවඳට අරක් ගත් දෙවියන් හා එකතු වීමකට උපදිනවා නම්' කියලා. ඔහු අරටු සුවඳ දන් දෙනවා ....(පෙ).... ඔහු එල සුවඳ දන් දෙනවා ....(පෙ).... ඔහු සිවි සුවඳ දන් දෙනවා ....(පෙ).... ඔහු පොතු සුවඳ දන් දෙනවා ....(පෙ).... ඔහු පත්‍ර සුවඳ දන් දෙනවා ....(පෙ).... ඔහු මල් සුවඳ දන් දෙනවා ....(පෙ).... ඔහු පළතුරු සුවඳ දන් දෙනවා ....(පෙ).... ඔහු රස සුවඳ දන් දෙනවා ....(පෙ).... ඔහු සුවඳ සුවඳ දන් දෙනවා. ඉතින් ඔහු කය බිඳී මරණින් මතු සුවඳ සුවඳට අරක්ගත් දෙවියන් හා එක්වීමකට උපදිනවා.

පින්වත් භික්ෂුව, මෙහි ඇතැම් උදවිය යම් කරුණක් නිසා කය බිඳී මරණින් මතු සුවඳ සුවඳට අරක් ගත් දෙවියන් හා එක් වීමකට උපදිනවා නම්, එයට හේතුව මේකයි. කාරණාව මේකයි."

සාදු! සාදු!! සාදු!!!

සාරගන්ධාදී සූත්‍ර නිමා විය.

10.1.13.-22
අන්නදානාදී මූලගන්ධ සූත්‍ර
ආහාර දන් දීම් ආදියෙන් ලබන මුල් සුවඳට අරක් ගත් දෙවියන් ගැන වදාළ දෙසුම්

450.-459 සැවැත් නුවර දී ....

එකත්පස්ව වාඩි වුණ ඒ භික්ෂුව භාග්‍යවතුන් වහන්සේට මෙකරුණ පැවසුවා. "ස්වාමීනි, මෙහි ඇතැම් උදවිය යම් කරුණක් නිසා කය බිඳී මරණින් මතු මුල් සුවඳට අරක් ගත් දෙවියන් හා එක්වීමකට උපදිනවා නම්, එයට හේතුව කුමක්ද? කාරණාව කුමක්ද?"

"පින්වත් භික්ෂුව, මෙහි ඇතැම් කෙනෙක් කයින් සුචරිතයෙහි යෙදෙනවා. වචනයෙන් සුචරිතයෙහි යෙදෙනවා. මනසින් සුචරිතයෙහි යෙදෙනවා. ඔහුට මෙහෙම අසන්නට ලැබෙනවා. 'මුල් සුවඳට අරක් ගත් දෙවියන් දීර්ඝායුෂයෙන් යුක්තයි. වර්ණවත්. සැප බහුලයි' කියලා. එතකොට ඔහුට මෙහෙම හිතෙනවා. 'අනේ, ඇත්තෙන් ම මාත් කය බිඳී මැරුණට පස්සේ මුල් සුවඳට අරක් ගත් දෙවියන් හා එකතු වීමකට උපදිනවා නම්' කියලා. ඔහු ආහාර දන් දෙනවා

....(පෙ).... පානය කරන ජාති දන් දෙනවා ....(පෙ).... වස්ත්‍ර දන් දෙනවා ....(පෙ).... පාවහන් දන් දෙනවා ....(පෙ).... මල් දන් දෙනවා ....(පෙ).... සුවඳ දන් දෙනවා ....(පෙ).... විලවුන් දන් දෙනවා ....(පෙ).... සේනාසන දන් දෙනවා ....(පෙ).... ආවාස දන් දෙනවා ....(පෙ).... පහන් දල්වන උපකරණ දන් දෙනවා. ඉතින් ඔහු කය බිඳී මරණින් මතු මුල් සුවඳට අරක්ගත් දෙවියන් හා එක්වීමකට උපදිනවා.

පින්වත් භික්ෂුව, මෙහි ඇතැම් උදවිය යම් කරුණක් නිසා කය බිඳී මරණින් මතු මුල් සුවඳට අරක් ගත් දෙවියන් හා එක්වීමකට උපදිනවා නම්, එයට හේතුව මේකයි. කාරණාව මේකයි."

සාදු! සාදු!! සාදු!!!

අන්නදානාදී මූලගන්ධ සූත්‍ර නිමා විය.

10.1.23.-122
අන්නදානාදී සාරගන්ධාදී සූත්‍ර
ආහාර දන් දීම් ආදියෙන් ලබන අරටු සුවඳට අරක් ගත් දෙවියන් ආදීන් ගැන වදාළ දෙසුම්

460.-549 සැවැත් නුවර දී ....

එකත්පස්ව වාඩිවුණ ඒ භික්ෂුව භාග්‍යවතුන් වහන්සේට මෙකරුණ පැවසුවා. "ස්වාමීනි, මෙහි ඇතැම් උදවිය යම් කරුණක් නිසා කය බිඳී මරණින් මතු අරටු සුවඳට අරක් ගත් දෙවියන් හා එක් වීමකට උපදිනවා නම්, එයට හේතුව කුමක්ද? කාරණාව කුමක්ද? ....(පෙ).... එල සුවඳට අරක් ගත් දෙවියන් ....(පෙ).... සිවි සුවඳට අරක් ගත් දෙවියන් ....(පෙ).... පොතු සුවඳට අරක් ගත් දෙවියන් ....(පෙ).... පත්‍ර සුවඳට අරක් ගත් දෙවියන් ....(පෙ).... මල් සුවඳට අරක් ගත් දෙවියන් ....(පෙ).... පළතුරු සුවඳට අරක් ගත් දෙවියන් ....(පෙ).... රස සුවඳට අරක් ගත් දෙවියන් ....(පෙ).... සුවඳ සුවඳට අරක් ගත් දෙවියන් හා එක් වීමකට උපදිනවා නම්, එයට හේතුව කුමක්ද? කාරණාව කුමක්ද?"

"පින්වත් භික්ෂුව, මෙහි ඇතැම් කෙනෙක් කයින් සුචරිතයෙහි යෙදෙනවා. වචනයෙන් සුචරිතයෙහි යෙදෙනවා. මනසින් සුචරිතයෙහි යෙදෙනවා. ඔහුට මෙහෙම අසන්නට ලැබෙනවා. 'සුවඳ සුවඳට අරක් ගත් දෙවියන් දීර්ඝායුෂයෙන්

යුක්තයි. වර්ණවත්. සැප බහුලයි' කියලා. එතකොට ඔහුට මෙහෙම හිතෙනවා. 'අනේ, ඇත්තෙන් ම මාත් කය බිඳී මැරුණට පස්සේ සුවඳ සුවඳට අරක් ගත් දෙවියන් හා එකතු වීමකට උපදිනවා නම්' කියලා. ඔහු ආහාර දන් දෙනවා ....(පෙ).... පානය කරන ජාති දන් දෙනවා ....(පෙ).... වස්ත්‍ර දන් දෙනවා ....(පෙ).... පාවහන් දන් දෙනවා ....(පෙ).... මල් දන් දෙනවා ....(පෙ).... සුවඳ දන් දෙනවා ....(පෙ).... විලවුන් දන් දෙනවා ....(පෙ).... සේනාසන දන් දෙනවා ....(පෙ).... ආවාස දන් දෙනවා ....(පෙ).... පහන් දල්වන උපකරණ දන් දෙනවා. ඉතින් ඔහු කය බිඳී මරණින් මතු සුවඳ සුවඳට අරක්ගත් දෙවියන් හා එක්වීමකට උපදිනවා.

පින්වත් භික්ෂුව, මෙහි ඇතැම් උදවිය යම් කරුණක් නිසා කය බිඳී මරණින් මතු සුවඳ සුවඳට අරක් ගත් දෙවියන් හා එක්වීමකට උපදිනවා නම්, එයට හේතුව මේකයි. කාරණාව මේකයි."

සාදු! සාදු!! සාදු!!!

අන්නදානාදී සාරගන්ධාදී සූත්‍ර නිමා විය.

(මෙසේ කැටිකොට එකසිය දොළහක් සූත්‍රයන් වෙයි.)

පළමු වෙනි ගන්ධබ්බ වර්ගය අවසන් විය.

- එහි පිළිවෙල උද්දානයයි :

සුද්ධික සූත්‍රය, සුචරිත සූත්‍රය, දන් දීම ගැන සූත්‍ර දහය, දානූපකාර සූත්‍ර දහය බැගින් දහයයි යන සූත්‍ර එකසිය දොළහ ගන්ධබ්බ වර්ගයට අයත් වේ.

ගන්ධබ්බකාය සංයුත්තය නිමා විය.

11. වලාහක සංයුත්තය

1. වලාහක වර්ගය

11.1.1.
සුද්ධික සූත්‍රය
සුද්ධික ගැන වදාළ දෙසුම

550. සැවැත් නුවර දී ....

පින්වත් මහණෙනි, මා ඔබට දේශනා කරන්නට යන්නේ වළාහකකායික දෙවියන් ගැනයි. එය සවන් යොමා අසන්න.

පින්වත් මහණෙනි, වලාහක දෙව්වරු යනු කවුරුද? පින්වත් මහණෙනි, සීත වළාවන්ට අරක්ගත් දෙව්වරු ඉන්නවා. උණුසුම් වළාවන්ට අරක්ගත් දෙව්වරු ඉන්නවා. අනියම් වළාවන්ට අරක්ගත් දෙව්වරු ඉන්නවා. සුළඟ සහිත වළාවන්ට අරක්ගත් දෙව්වරු ඉන්නවා. වැසි සහිත වළාවන්ට අරක්ගත් දෙව්වරු ඉන්නවා. පින්වත් මහණෙනි, මේ ඇත්තන්ට තමයි වළාහක කායික දෙව්වරුන් කියලා කියන්නේ.

සාදු! සාදු!! සාදු!!!

සුද්ධික සූත්‍රය නිමා විය.

11.1.2.
සුචරිත සූත්‍රය
සුචරිතය ගැන වදාළ දෙසුම

551. සැවැත් නුවර දී ....

එකල්හී එක්තරා භික්ෂුවක් භාග්‍යවතුන් වහන්සේ වැඩසිටි තැනට පැමිණුනා ....(පෙ).... එකත්පස්ව වාඩිවුණ ඒ භික්ෂුව භාග්‍යවතුන් වහන්සේට මෙකරුණ පැවසුවා. "ස්වාමීනි, මෙහි ඇතැම් උදවිය යම් කරුණක් නිසා කය බිඳී මරණින් මතු වළාහක කායික දෙවියන් හා එක්වීමකට උපදිනවා නම්, එයට හේතුව කුමක්ද? කාරණාව කුමක්ද?"

"පින්වත් භික්ෂුව, මෙහි ඇතැම් කෙනෙක් කයින් සුචරිතයෙහි යෙදෙනවා. වචනයෙන් සුචරිතයෙහි යෙදෙනවා. මනසින් සුචරිතයෙහි යෙදෙනවා. ඔහුට මෙහෙම අසන්නට ලැබෙනවා. 'වළාහක කායික දෙවියන් දීර්ඝායුෂයෙන් යුක්තයි. වර්ණවත්. සැප බහුලයි' කියලා. එතකොට ඔහුට මෙහෙම හිතෙනවා. 'අනේ, ඇත්තෙන් ම මාත් කය බිඳී මැරුණට පස්සේ වළාහක කායික දෙවියන් හා එකතු වීමකට උපදිනවා නම්' කියලා. ඉතින් ඔහු කය බිඳී මරණින් මතු වළාහක කායික දෙවියන් හා එක්වීමකට උපදිනවා.

පින්වත් භික්ෂුව, මෙහි ඇතැම් උදවිය යම් කරුණක් නිසා කය බිඳී මරණින් මතු වළාහක කායික දෙවියන් හා එක්වීමකට උපදිනවා නම්, එයට හේතුව මේකයි. කාරණාව මේකයි."

සාදු! සාදු!! සාදු!!!

සුචරිත සූත්‍රය නිමා විය.

11.1.3.-12.
අන්නදායකාදී සීතවලාහක සූත්‍ර
ආහාර දන්දීම් ආදියෙන් ලබන සීතවලාහක ආදී උපත් ගැන වදාළ දෙසුම්

552.-561. සැවැත් නුවර දී ....

එකත්පස්ව වාඩිවුණ ඒ භික්ෂුව භාග්‍යවතුන් වහන්සේට මෙකරුණ පැවසුවා. "ස්වාමීනි, මෙහි ඇතැම් උදවිය යම් කරුණක් නිසා කය බිඳී මරණින් මතු සීත වළාවන්ට අරක් ගත් දෙවියන් හා එක්වීමකට උපදිනවා නම්, එයට හේතුව කුමක්ද? කාරණාව කුමක්ද?"

"පින්වත් භික්ෂුව, මෙහි ඇතැම් කෙනෙක් කයින් සුචරිතයෙහි යෙදෙනවා. වචනයෙන් සුචරිතයෙහි යෙදෙනවා. මනසින් සුචරිතයෙහි

යෙදෙනවා. ඔහුට මෙහෙම අසන්නට ලැබෙනවා. 'සීත වළාවන්ට අරක් ගත් දෙවියන් දීර්ඝායුෂයෙන් යුක්තයි. වර්ණවත්. සැප බහුලයි' කියලා. එතකොට ඔහුට මෙහෙම හිතෙනවා. 'අනේ, ඇත්තෙන් ම මාත් කය බිඳී මැරුණට පස්සේ සීත වළාවන්ට අරක් ගත් දෙවියන් හා එකතු වීමකට උපදිනවා නම්, කියලා. ඔහු ආහාර දන් දෙනවා ....(පෙ).... පානය කරන ජාති දන් දෙනවා ....(පෙ).... වස්ත්‍ර දන් දෙනවා ....(පෙ).... පාවහන් දන් දෙනවා ....(පෙ).... මල් දන් දෙනවා ....(පෙ).... සුවඳ දන් දෙනවා ....(පෙ).... විලවුන් දන් දෙනවා ....(පෙ).... සේනාසන දන් දෙනවා ....(පෙ).... ආවාස දන් දෙනවා ....(පෙ).... පහන් දල්වන උපකරණ දන් දෙනවා. ඉතින් ඔහු කය බිඳී මරණින් මතු සීත වළාවන්ට අරක්ගත් දෙවියන් හා එක්වීමකට උපදිනවා.

පින්වත් භික්ෂුව, මෙහි ඇතැම් උදවිය යම් කරුණක් නිසා කය බිඳී මරණින් මතු සීත වළාවන්ට අරක් ගත් දෙවියන් හා එක්වීමකට උපදිනවා නම්, එයට හේතුව මේකයි. කාරණාව මේකයි."

සාදු! සාදු!! සාදු!!!

අන්නදායකාදී සීතවලාහක සූත්‍ර නිමා විය.

11.1.13.-52.
අන්නදායකාදී උණ්හවලාහකාදී සූත්‍ර
ආහාර දන්දීම් ආදියෙන් ලබන උණුසුම් වලාහක ආදී උපත් ගැන වදාළ දෙසුම්

562.-601. සැවැත් නුවර දී ....

එකත්පස්ව වාඩි වුණ ඒ භික්ෂුව භාග්‍යවතුන් වහන්සේට මෙකරුණ පැවසුවා. 'ස්වාමීනි, මෙහි ඇතැම් උදවිය යම් කරුණක් නිසා කය බිඳී මරණින් මතු උණුසුම් වළාවන්ට අරක් ගත් දෙවියන් ....(පෙ).... සුළං සහිත වළාවන්ට අරක් ගත් දෙවියන් ....(පෙ).... වැසි සහිත වළාවන්ට අරක්ගත් දෙවියන් හා එක් වීමකට උපදිනවා නම්, එයට හේතුව කුමක්ද? කාරණාව කුමක්ද?"

"පින්වත් භික්ෂුව, මෙහි ඇතැම් කෙනෙක් කයින් සුචරිතයෙහි යෙදෙනවා. වචනයෙන් සුචරිතයෙහි යෙදෙනවා. මනසින් සුචරිතයෙහි යෙදෙනවා. ඔහුට මෙහෙම අසන්නට ලැබෙනවා. 'වැස්ස වළාවන්ට අරක් ගත්

දෙවියන් දීර්ඝායුෂයෙන් යුක්තයි. වර්ණවත්. සැප බහුලයි' කියලා. එතකොට ඔහුට මෙහෙම හිතෙනවා. 'අනේ, ඇත්තෙන් ම මාත් කය බිඳී මැරුණට පස්සේ වැස්ස වළාවන්ට අරක් ගත් දෙවියන් හා එකතු වීමකට උපදිනවා නම්' කියලා. ඔහු ආහාර දන් දෙනවා ....(පෙ).... පානය කරන ජාති දන් දෙනවා ....(පෙ).... වස්ත්‍ර දන් දෙනවා ....(පෙ).... පාවහන් දන් දෙනවා ....(පෙ).... මල් දන් දෙනවා ....(පෙ).... සුවඳ දන් දෙනවා ....(පෙ).... විලවුන් දන් දෙනවා ....(පෙ).... සේනාසන දන් දෙනවා ....(පෙ).... ආවාස දන් දෙනවා ....(පෙ).... පහන් දල්වන උපකරණ දන් දෙනවා. ඉතින් ඔහු කය බිඳී මරණින් මතු වැස්ස වළාවන්ට අරක්ගත් දෙවියන් හා එක්වීමකට උපදිනවා.

පින්වත් භික්ෂුව, මෙහි ඇතැම් උදවිය යම් කරුණක් නිසා කය බිඳී මරණින් මතු වැස්ස වළාවන්ට අරක් ගත් දෙවියන් හා එක් වීමකට උපදිනවා නම්, එයට හේතුව මේකයි. කාරණාව මේකයි.

සාදු! සාදු!! සාදු!!!

අන්නාදායකාදී උණ්හවලාහකාදී සූත්‍ර නිමා විය.

11.1.53.
සීතවලාහක සූත්‍රය
සීත වලාහක දෙවියන් ගැන වදාළ දෙසුම

602. සැවැත් නුවර දී ....

එකත්පස්ව වාඩිවුණ ඒ භික්ෂුව භාග්‍යවතුන් වහන්සේට මෙකරුණ පැවසුවා. "ස්වාමීනි, ඇතැම් දවස්වලට සීතල ඇති වෙනවා නම් ඒකට හේතුව කුමක්ද? කාරණාව කුමක්ද?"

"පින්වත් භික්ෂුව, සීත වළාහක නමින් දෙවිවරු ඉන්නවා. ඒ ඇත්තන්ට ඇතැම් දිනෙක මෙහෙම හිතෙනවා. 'අපි ස්වකීය පංච කාම සැපයෙන් ප්‍රීතිමත්ව ඉන්නවා නම් හොඳයි' කියලා. ඉතින් ඒ ඇත්තන්ගේ ඒ සිත පිහිටුවා ගැනීමට අනුව සීතල ඇතිවෙනවා. පින්වත් භික්ෂුව, ඇතැම් දවස්වලට සීතල ඇති වෙන්ට හේතුව මේකයි. කාරණාව මේකයි."

සාදු! සාදු!! සාදු!!!

සීතවලාහක සූත්‍රය නිමා විය.

11.1.54.
උණ්හවලාහක සූත්‍රය
උණුසුම් වලාහක දෙවියන් ගැන වදාළ දෙසුම

603. සැවැත් නුවර දී ....

එකත්පස්ව වාඩිවුණ ඒ භික්ෂුව භාග්‍යවතුන් වහන්සේට මෙකරුණ පැවසුවා. "ස්වාමීනි, ඇතැම් දවස්වලට උණුසුම ඇතිවෙනවා නම් ඒකට හේතුව කුමක්ද? කාරණාව කුමක්ද?"

"පින්වත් භික්ෂුව, උණුසුම් වලාහක නමින් දෙවිවරු ඉන්නවා. ඒ ඇත්තන්ට ඇතැම් දිනෙක මෙහෙම හිතෙනවා. 'අපි ස්වකීය පංච කාම සැපයෙන් ප්‍රීතිමත්ව ඉන්නවා නම් හොඳයි' කියලා. ඉතින් ඒ ඇත්තන්ගේ ඒ සිත පිහිටුවා ගැනීමට අනුව උණුසුම ඇතිවෙනවා. පින්වත් භික්ෂුව, ඇතැම් දවස්වලට උණුසුම ඇති වෙන්න හේතුව මේකයි. කාරණාව මේකයි."

සාදු! සාදු!! සාදු!!!

උණ්හවලාහක සූත්‍රය නිමා විය.

11.1.55.
අබ්භවලාහක සූත්‍රය
අනියම් ලෙස ඇතිවන වලාහක දෙවියන් ගැන වදාළ දෙසුම

604. සැවැත් නුවර දී ....

එකත්පස්ව වාඩිවුණ ඒ භික්ෂුව භාග්‍යවතුන් වහන්සේට මෙකරුණ පැවසුවා. "ස්වාමීනි, ඇතැම් දවස්වලට අනියම් ලෙස වළාකුළු ඇතිවෙනවා නම් ඒකට හේතුව කුමක්ද? කාරණාව කුමක්ද?"

"පින්වත් භික්ෂුව, අනියම් වලාහක නමින් දෙවිවරු ඉන්නවා. ඒ ඇත්තන්ට ඇතැම් දිනෙක මෙහෙම හිතෙනවා. 'අපි ස්වකීය පංච කාම සැපයෙන් ප්‍රීතිමත්ව

ඉන්නවා නම් හොඳයි' කියලා. ඉතින් ඒ ඇත්තන්ගේ ඒ සිත පිහිටුවා ගැනීමට අනුව අනියම් ලෙස වළාකුළු ඇතිවෙනවා. පින්වත් භික්ෂුව, ඇතැම් දවස්වලට අනියම් ලෙස වළාකුළු ඇතිවෙන්න හේතුව මේකයි. කාරණාව මේකයි."

සාදු! සාදු!! සාදු!!!

අබ්භවලාහක සූත්‍රය නිමා විය.

11.1.56.
වාතවලාහක සූත්‍රය
සුළඟ සහිත වලාහක දෙවියන් ගැන වදාළ දෙසුම

605. සැවැත් නුවර දී ....

එකත්පස්ව වාඩිවුණ ඒ භික්ෂුව භාග්‍යවතුන් වහන්සේට මෙකරුණ පැවසුවා. "ස්වාමීනි, ඇතැම් දවස්වලට සුළඟ ඇතිවෙනවා නම් ඒකට හේතුව කුමක්ද? කාරණාව කුමක්ද?"

"පින්වත් භික්ෂුව, වාත වලාහක නමින් දෙවිවරු ඉන්නවා. ඒ ඇත්තන්ට ඇතැම් දිනෙක මෙහෙම හිතෙනවා. 'අපි ස්වකීය පංච කාම සැපයෙන් ප්‍රීතිමත්ව ඉන්නවා නම් හොඳයි' කියලා. ඉතින් ඒ ඇත්තන්ගේ ඒ සිත පිහිටුවා ගැනීමට අනුව සුළං ඇතිවෙනවා. පින්වත් භික්ෂුව, ඇතැම් දවස්වලට සුළං ඇතිවෙන්න හේතුව මේකයි. කාරණාව මේකයි."

සාදු! සාදු!! සාදු!!!

වාතවලාහක සූත්‍රය නිමා විය.

11.1.57.
වස්සවලාහක සූත්‍රය
වැස්ස වලාහක දෙවියන් ගැන වදාළ දෙසුම

606. සැවැත් නුවර දී ....

එකත්පස්ව වාඩිවුණ ඒ භික්ෂුව භාග්‍යවතුන් වහන්සේට මෙකරුණ

පැවසුවා. "ස්වාමීනි, ඇතැම් දවස්වලට වැස්ස ඇතිවෙනවා නම් ඒකට හේතුව කුමක්ද? කාරණාව කුමක්ද?"

"පින්වත් භික්ෂුව, වැස්ස වළාහක නමින් දෙව්වරු ඉන්නවා. ඒ ඇත්තන්ට ඇතැම් දිනෙක මෙහෙම හිතෙනවා. 'අපි ස්වකීය පංච කාම සැපයෙන් ප්‍රීතිමත්ව ඉන්නවා නම් හොඳයි' කියලා. ඉතින් ඒ ඇත්තන්ගේ ඒ සිත පිහිටුවා ගැනීමට අනුව වැස්ස ඇතිවෙනවා. පින්වත් භික්ෂුව, ඇතැම් දවස්වලට වැස්ස ඇතිවෙන්න හේතුව මේකයි. කාරණාව මේකයි."

සාදු! සාදු!! සාදු!!!

වස්සවලාහක සූත්‍රය නිමා විය.

(විස්තර වශයෙන් සූත්‍ර පනස් හතක් තිබේ.)

පළමු වෙනි වලාහක වර්ගය අවසන් විය.

- එහි පිළිවෙල උද්දානයයි :

සුද්ධික සූත්‍රය, සුචරිත සූත්‍රය, දානය ගැන සූත්‍ර දහය බැගින් පහකි, සීතවළාහක සූත්‍රය, උණ්හවළාහක සූත්‍රය, අබ්භවළාහක සූත්‍රය, වාතවළාහක සූත්‍රය, වස්සවළාහක සූත්‍රය වශයෙන් මේ වර්ගයට සූත්‍රයන් ඇතුළත් ය.

වලාහක සංයුත්තය නිමා විය.

12. වච්ඡගොත්ත සංයුත්තය

1. වච්ඡගොත්ත වර්ගය

12.1.1.
රූප අඤ්ඤාණ සූත්‍රය
රූපය අවබෝධ නොවීම ගැන වදාළ දෙසුම

607. සැවැත් නුවර දී ....

එකල්හී වච්ඡගොත්ත පිරිවැජියා භාග්‍යවතුන් වහන්සේ වැඩසිටි තැනට පැමිණුනා. පැමිණ භාග්‍යවතුන් වහන්සේ සමග සතුටු වුණා. පිළිසඳර කතාබහේ යෙදුනා. එකත්පස්ව වාඩිවුණා. එකත්පස්ව වාඩිවුණ වච්ඡගොත්ත පිරිවැජියා භාග්‍යවතුන් වහන්සේට මෙකරුණ සැළ කළා.

"භවත් ගෞතමයන් වහන්ස, යම් මේ අනේකප්‍රකාර වූ දෘෂ්ටීන් ලෝකයෙහි හටගන්නවා නම් ඒකට හේතුව මොකක්ද? කාරණාව මොකක්ද? ඒ කියන්නේ ලෝකය ශාශ්වතයි කියලා. ලෝකය අශාශ්වතයි කියලා. ලෝකය කෙළවර සහිතයි කියලා. ලෝකය කෙළවර රහිතයි කියලා. ජීවයත් එයයි, ශරීරයත් එයයි කියලා. ජීවය අනෙකක්, ශරීරය අනෙකක් කියලා. රහතන් වහන්සේලා මරණින් මතු ඇත කියලා. රහතන් වහන්සේලා මරණින් මතු නැත කියලා. රහතන් වහන්සේලා මරණින් මතු ඇත නැත කියලා. රහතන් වහන්සේ මරණින් මතු ඇත්තෙත් නැත, නැත්තෙත් නැත කියලා."

"පින්වත් වච්ඡ, රූපය පිළිබඳව අවබෝධයක් නැතිකමින්, රූපයේ හටගැනීම පිළිබඳව අවබෝධයක් නැතිකමින්, රූපය නිරුද්ධ වීම පිළිබඳව අවබෝධයක් නැතිකමින්, රූපය නිරුද්ධවීම පිණිස පවතින ප්‍රතිපදාව පිළිබඳව අවබෝධයක් නැතිකමින් තමයි ඔය මේ අනේකප්‍රකාර වූ දෘෂ්ටීන් ලෝකයෙහි හටගන්නේ. ඒ කියන්නේ, ලෝකය ශාශ්වතයි කියලා. ලෝකය අශාශ්වතයි කියලා ....(පෙ).... රහතන් වහන්සේ මරණින් මතු ඇත්තෙත් නැත, නැත්තෙත්

නැත කියලා, පින්වත් වච්ඡ, මේකයි හේතුව, මේකයි කාරණාව යම් මේ අනේකප්‍රකාර වූ දෘෂ්ටීන් ලෝකයෙහි හටගන්නේ. ඒ කියන්නේ, ලෝකය ශාශ්වතයි කියලා. ලෝකය අශාශ්වතයි කියලා ....(පෙ).... රහතන් වහන්සේ මරණින් මතු ඇත්තෙත් නැත, නැත්තෙත් නැත කියලා."

සාදු! සාදු!! සාදු!!!

රූපඅඤ්ඤාණ සූත්‍රය නිමා විය.

12.1.2.
වේදනා අඤ්ඤාණ සූත්‍රය
විඳීම අවබෝධ නොවීම ගැන වදාළ දෙසුම

608. සැවැත් නුවර දී ....

එකත්පස්ව වාඩිවුණා. එකත්පස්ව වාඩිවුණ වච්ඡගොත්ත පිරිවැජියා භාග්‍යවතුන් වහන්සේට මෙකරුණ සැළ කළා. "භවත් ගෞතමයන් වහන්ස, යම් මේ අනේකප්‍රකාර වූ දෘෂ්ටීන් ලෝකයෙහි හටගන්නවා නම් ඒකට හේතුව මොකක්ද? කාරණාව මොකක්ද? ඒ කියන්නේ 'ලෝකය ශාශ්වතයි කියලා. ලෝකය අශාශ්වතයි කියලා ....(පෙ).... රහතන් වහන්සේ මරණින් මතු ඇත්තෙත් නැත, නැත්තෙත් නැත' කියලා."

"පින්වත් වච්ඡ, විඳීම පිළිබඳව අවබෝධයක් නැතිකමින්, විඳීමේ හටගැනීම පිළිබඳව අවබෝධයක් නැතිකමින්, විඳීම නිරුද්ධ වීම පිළිබඳව අවබෝධයක් නැතිකමින්, විඳීම නිරුද්ධවීම පිණිස පවතින ප්‍රතිපදාව පිළිබඳව අවබෝධයක් නැතිකමින් තමයි ඔය මේ අනේකප්‍රකාර වූ දෘෂ්ටීන් ලෝකයෙහි හටගන්නේ. ඒ කියන්නේ, 'ලෝකය ශාශ්වතයි කියලා. ලෝකය අශාශ්වතයි කියලා ....(පෙ).... රහතන් වහන්සේ මරණින් මතු ඇත්තෙත් නැත, නැත්තෙත් නැත' කියලා. පින්වත් වච්ඡ, මේකයි හේතුව, මේකයි කාරණාව යම් මේ අනේකප්‍රකාර වූ දෘෂ්ටීන් ලෝකයෙහි හටගන්නේ. ඒ කියන්නේ 'ලෝකය ශාශ්වතයි කියලා. ලෝකය අශාශ්වතයි කියලා ....(පෙ).... රහතන් වහන්සේ මරණින් මතු ඇත්තේත් නැත, නැත්තේත් නැත' කියලා."

සාදු! සාදු!! සාදු!!!

වේදනාඅඤ්ඤාණ සූත්‍රය නිමා විය.

12.1.3.
සඞ්ඛා අඤ්ඤාණ සූත්‍රය
සඞ්ඛාව අවබෝධ නොවීම ගැන වදාළ දෙසුම

609. සැවැත් නුවර දී ....

එකත්පස්ව වාඩිවුණා. එකත්පස්ව වාඩිවුණ වච්ඡගොත්ත පිරිවැජියා භාග්‍යවතුන් වහන්සේට මෙකරුණ සැළ කළා. "භවත් ගෞතමයන් වහන්ස, යම් මේ අනේකප්‍රකාර වූ දෘෂ්ටීන් ලෝකයෙහි හටගන්නවා නම් ඒකට හේතුව මොකක්ද? කාරණාව මොකක්ද? ඒ කියන්නේ 'ලෝකය ශාශ්වතයි කියලා. ලෝකය අශාශ්වතයි කියලා ....(පෙ).... රහතන් වහන්සේ මරණින් මතු ඇත්තේත් නැත, නැත්තේත් නැත කියලා."

"පින්වත් වච්ඡ, සඞ්ඛාව පිළිබඳව අවබෝධයක් නැතිකමින්, සඞ්ඛාවේ හටගැනීම පිළිබඳව අවබෝධයක් නැතිකමින්, සඞ්ඛාව නිරුද්ධ වීම පිළිබඳව අවබෝධයක් නැතිකමින්, සඞ්ඛාව නිරුද්ධවීම පිණිස පවතින ප්‍රතිපදාව පිළිබඳව අවබෝධයක් නැතිකමින් තමයි ඔය මේ අනේකප්‍රකාර වූ දෘෂ්ටීන් ලෝකයෙහි හටගන්නේ. ඒ කියන්නේ ලෝකය ශාශ්වතයි කියලා. ලෝකය අශාශ්වතයි කියලා ....(පෙ).... රහතන් වහන්සේ මරණින් මතු ඇත්තෙත් නැත, නැත්තෙත් නැත කියලා, පින්වත් වච්ඡ, මේකයි හේතුව, මේකයි කාරණාව යම් මේ අනේකප්‍රකාර වූ දෘෂ්ටීන් ලෝකයෙහි හටගන්නේ. ඒ කියන්නේ ලෝකය ශාශ්වතයි කියලා. ලෝකය අශාශ්වතයි කියලා ....(පෙ).... රහතන් වහන්සේ මරණින් මතු ඇත්තෙත් නැත, නැත්තෙත් නැත කියලා."

සාදු! සාදු!! සාදු!!!

සඞ්ඛාඅඤ්ඤාණ සූත්‍රය නිමා විය.

12.1.4.
සංඛාර අඤ්ඤාණ සූත්‍රය
සංස්කාර අවබෝධ නොවීම ගැන වදාළ දෙසුම

610. සැවැත් නුවර දී ....

එකත්පස්ව වාඩිවුණා. එකත්පස්ව වාඩිවුණ වච්ඡගොත්ත පිරිවැජියා භාග්‍යවතුන් වහන්සේට මෙකරුණ සැළ කළා. "භවත් ගෞතමයන් වහන්ස, යම් මේ අනේකප්‍රකාර වූ දෘෂ්ටීන් ලෝකයෙහි හටගන්නවා නම් ඒකට හේතුව මොකක්ද? කාරණාව මොකක්ද? ඒ කියන්නේ ලෝකය ශාශ්වතයි කියලා. ලෝකය අශාශ්වතයි කියලා ....(පෙ).... රහතන් වහන්සේ මරණින් මතු ඇත්තෙත් නැත, නැත්තෙත් නැත කියලා."

"පින්වත් වච්ඡ, සංස්කාර පිළිබඳව අවබෝධයක් නැතිකමින්, සංස්කාරවල හටගැනීම පිළිබඳව අවබෝධයක් නැතිකමින්, සංස්කාර නිරුද්ධ වීම පිළිබඳව අවබෝධයක් නැතිකමින්, සංස්කාර නිරුද්ධවීම පිණිස පවතින ප්‍රතිපදාව පිළිබඳව අවබෝධයක් නැතිකමින් තමයි ඔය මේ අනේකප්‍රකාර වූ දෘෂ්ටීන් ලෝකයෙහි හටගන්නේ. ඒ කියන්නේ ලෝකය ශාශ්වතයි කියලා. ලෝකය අශාශ්වතයි කියලා ....(පෙ).... රහතන් වහන්සේ මරණින් මතු ඇත්තේත් නැත, නැත්තේත් නැත කියලා, පින්වත් වච්ඡ, මේකයි හේතුව, මේකයි කාරණාව යම් මේ අනේකප්‍රකාර වූ දෘෂ්ටීන් ලෝකයෙහි හටගන්නේ. ඒ කියන්නේ ලෝකය ශාශ්වතයි කියලා. ලෝකය අශාශ්වතයි කියලා ....(පෙ).... රහතන් වහන්සේ මරණින් මතු ඇත්තේත් නැත, නැත්තේත් නැත කියලා."

සාදු! සාදු!! සාදු!!!

සංඛාරඅඤ්ඤාණ සූත්‍රය නිමා විය.

12.1.5.
විඤ්ඤාණ අඤ්ඤාණ සූත්‍රය
විඤ්ඤාණය අවබෝධ නොවීම ගැන වදාළ දෙසුම

611. සැවැත් නුවර දී ....

එකත්පස්ව වාඩිවුණා. එකත්පස්ව වාඩිවුණ වච්ඡගොත්ත පිරිවැජියා භාග්‍යවතුන් වහන්සේට මෙකරුණ සැළ කළා. "භවත් ගෞතමයන් වහන්ස, යම් මේ අනේකප්‍රකාර වූ දෘෂ්ටීන් ලෝකයෙහි හටගන්නවා නම් ඒකට හේතුව මොකක්ද? කාරණාව මොකක්ද? ඒ කියන්නේ ලෝකය ශාශ්වතයි කියලා. ලෝකය අශාශ්වතයි කියලා ....(පෙ).... රහතන් වහන්සේ මරණින් මතු ඇත්තෙත් නැත, නැත්තෙත් නැත කියලා."

"පින්වත් වච්ඡ, විඤ්ඤාණය පිළිබඳව අවබෝධයක් නැතිකමින්, විඤ්ඤාණයේ හටගැනීම පිළිබඳව අවබෝධයක් නැතිකමින්, විඤ්ඤාණය නිරුද්ධ වීම පිළිබඳව අවබෝධයක් නැතිකමින්, විඤ්ඤාණය නිරුද්ධවීම පිණිස පවතින ප්‍රතිපදාව පිළිබඳව අවබෝධයක් නැතිකමින් තමයි ඔය මේ අනේකප්‍රකාර වූ දෘෂ්ටීන් ලෝකයෙහි හටගන්නේ. ඒ කියන්නේ ලෝකය ශාශ්වතයි කියලා. ලෝකය අශාශ්වතයි කියලා ....(පෙ).... රහතන් වහන්සේ මරණින් මතු ඇත්තේත් නැත, නැත්තේත් නැත කියලා, පින්වත් වච්ඡ, මේකයි හේතුව, මේකයි කාරණාව යම් මේ අනේකප්‍රකාර වූ දෘෂ්ටීන් ලෝකයෙහි හටගන්නේ. ඒ කියන්නේ ලෝකය ශාශ්වතයි කියලා. ලෝකය අශාශ්වතයි කියලා ....(පෙ).... රහතන් වහන්සේ මරණින් මතු ඇත්තේත් නැත, නැත්තේත් නැත කියලා."

සාදු! සාදු!! සාදු!!!

විඤ්ඤාණඅඤ්ඤාණ සූත්‍රය නිමා විය.

12.1.6.
රූප අදස්සන සූත්‍රය
රූපය නුවණින් නොදැකීම ගැන වදාළ දෙසුම

612. සැවැත් නුවර දී ....

එකත්පස්ව වාඩිවුණා. එකත්පස්ව වාඩිවුණ වච්ඡගොත්ත පිරිවැජියා භාග්‍යවතුන් වහන්සේට මෙකරුණ සැළ කළා. භවත් ගෞතමයන් වහන්ස, යම් මේ අනේකප්‍රකාර වූ දෘෂ්ටීන් ලෝකයෙහි හටගන්නවා නම් ඒකට හේතුව මොකක්ද? කාරණාව මොකක්ද? ඒ කියන්නේ ලෝකය ශාශ්වතයි කියලා. ලෝකය අශාශ්වතයි කියලා ....(පෙ).... රහතන් වහන්සේ මරණින් මතු ඇත්තේත් නැත, නැත්තේත් නැත කියලා.

පින්වත් වච්ඡ, රූපය නුවණින් නොදැකීම ....(පෙ).... රහතන් වහන්සේ මරණින් මතු ඇත්තෙත් නැත, නැත්තෙත් නැත කියලා.

සාදු! සාදු!! සාදු!!!

රූප අදස්සන සූත්‍රය නිමා විය.

12.1.7.
වේදනා අදස්සන සූත්‍රය
විඳීම නුවණින් නොදැකීම ගැන වදාළ දෙසුම

613.   සැවැත් නුවර දී ....

....(පෙ).... පින්වත් වච්ඡ, විඳීම නුවණින් නොදැකීම ....(පෙ).... රහතන් වහන්සේ මරණින් මතු ඇත්තේත් නැත, නැත්තේත් නැත කියලා.

සාදු! සාදු!! සාදු!!!

වේදනා අදස්සන සූත්‍රය නිමා විය.

12.1.8.
සඤ්ඤා අදස්සන සූත්‍රය
සඤ්ඤාව නුවණින් නොදැකීම ගැන වදාළ දෙසුම

614.   සැවැත් නුවර දී ....

....(පෙ).... පින්වත් වච්ඡ, සඤ්ඤාව නුවණින් නොදැකීම ....(පෙ).... රහතන් වහන්සේ මරණින් මතු ඇත්තේත් නැත, නැත්තේත් නැත කියලා.

සාදු! සාදු!! සාදු!!!

සඤ්ඤා අදස්සන සූත්‍රය නිමා විය.

12.1.9.
සංඛාර අදස්සන සූත්‍රය
සංස්කාර නුවණින් නොදැකීම ගැන වදාළ දෙසුම

615.   සැවැත් නුවර දී ....

....(පෙ).... පින්වත් වච්ඡ, සංස්කාර නුවණින් නොදැකීම ....(පෙ)....

රහතන් වහන්සේ මරණින් මතු ඇත්තේත් නැත, නැත්තේත් නැත කියලා.

සාදු! සාදු!! සාදු!!!

සංඛාර අදස්සන සූත්‍රය නිමා විය.

12.1.10.
විඤ්ඤාණ අදස්සන සූත්‍රය
විඤ්ඤාණය නුවණින් නොදැකීම ගැන වදාළ දෙසුම

616. සැවැත් නුවර දී ....

....(පෙ).... පින්වත් වච්ඡ, විඤ්ඤාණය නුවණින් නොදැකීම, විඤ්ඤාණයේ හටගැනීම නුවණින් නොදැකීම, විඤ්ඤාණය නිරුද්ධ වීම නුවණින් නොදැකීම, විඤ්ඤාණය නිරුද්ධ වීම පිණිස පවතින ප්‍රතිපදාව නුවණින් නොදැකීම ....(පෙ).... රහතන් වහන්සේ මරණින් මතු ඇත්තේත් නැත, නැත්තේත් නැත කියලා. ....(පෙ).... (කලින් පංච උපාදානස්කන්ධය විස්තර කළ පරිද්දෙන් මෙම පහත් විස්තර කළ යුතුයි.)

සාදු! සාදු!! සාදු!!!

විඤ්ඤාණ අදස්සන සූත්‍රය නිමා විය.

12.1.11.
රූප අනභිසමය සූත්‍රය
රූපය නුවණින් අවබෝධ නොකිරීම ගැන වදාළ දෙසුම

617. සැවැත් නුවර දී ....

එකත්පස්ව වාඩිවුණා. එකත්පස්ව වාඩිවුණ වච්ඡගොත්ත පිරිවැජියා භාග්‍යවතුන් වහන්සේට මෙකරුණ සැළ කළා. භවත් ගෞතමයන් වහන්ස, යම් මේ අනේකප්‍රකාර වූ දෘෂ්ටීන් ලෝකයෙහි හටගන්නවා නම් ඒකට හේතුව මොකක්ද? කාරණාව මොකක්ද? ඒ කියන්නේ ලෝකය ශාශ්වතයි කියලා. ලෝකය අශාශ්වතයි කියලා ....(පෙ).... රහතන් වහන්සේ මරණින් මතු

ඇත්තේත් නැත, නැත්තේත් නැත කියලා.

පින්වත් වච්ඡ, රූපය නුවණින් අවබෝධ නොකිරීමෙන් ....(පෙ)....

සාදු! සාදු!! සාදු!!!

රූප අනභිසමය සූත්‍රය නිමා විය.

12.1.12.
වේදනා අනභිසමය සූත්‍රය
විඳීම නුවණින් අවබෝධ නොකිරීම ගැන වදාළ දෙසුම

618.   සැවැත් නුවර දී ....

.... (පෙ).... පින්වත් වච්ඡ, විඳීම නුවණින් අවබෝධ නොකිරීමෙන් ....(පෙ).... රහතන් වහන්සේ මරණින් මතු ඇත්තේත් නැත, නැත්තේත් නැත කියලා.

සාදු! සාදු!! සාදු!!!

වේදනා අනභිසමය සූත්‍රය නිමා විය.

12.1.13.
සඤ්ඤා අනභිසමය සූත්‍රය
සඤ්ඤාව නුවණින් අවබෝධ නොකිරීම ගැන වදාළ දෙසුම

619.   සැවැත් නුවර දී ....

.... (පෙ).... පින්වත් වච්ඡ, සඤ්ඤාව නුවණින් අවබෝධ නොකිරීමෙන් ....(පෙ).... රහතන් වහන්සේ මරණින් මතු ඇත්තේත් නැත, නැත්තේත් නැත කියලා.

සාදු! සාදු!! සාදු!!!

සඤ්ඤා අනභිසමය සූත්‍රය නිමා විය.

12.1.14.
සංඛාර අනභිසමය සූත්‍රය
සංස්කාර නුවණින් අවබෝධ නොකිරීම ගැන වදාළ දෙසුම

620. සැවැත් නුවර දී ....

....(පෙ).... පින්වත් වච්ඡ, සංස්කාර නුවණින් අවබෝධ නොකිරීමෙන් ....(පෙ).... රහතන් වහන්සේ මරණින් මතු ඇත්තේත් නැත, නැත්තේත් නැත කියලා.

සාදු! සාදු!! සාදු!!!

සංඛාර අනභිසමය සූත්‍රය නිමා විය.

12.1.15.
විඤ්ඤාණ අනභිසමය සූත්‍රය
විඤ්ඤාණය නුවණින් අවබෝධ නොකිරීම ගැන වදාළ දෙසුම

621. සැවැත් නුවර දී ....

....(පෙ).... පින්වත් වච්ඡ, විඤ්ඤාණය නුවණින් අවබෝධ නොකිරීමෙන් ....(පෙ).... රහතන් වහන්සේ මරණින් මතු ඇත්තේත් නැත, නැත්තේත් නැත කියලා.

සාදු! සාදු!! සාදු!!!

විඤ්ඤාණ අනභිසමය සූත්‍රය නිමා විය.

12.1.16.
රූප අනනුබෝධ සූත්‍රය
රූපය පිළිබඳව ඇති අනවබෝධය ගැන වදාළ දෙසුම

622. සැවැත් නුවර දී ....

....(පෙ).... පින්වත් වච්ඡ, රූපය පිළිබඳව ඇති අනවබෝධයෙන් ....(පෙ).... රහතන් වහන්සේ මරණින් මතු ඇත්තේත් නැත, නැත්තේත් නැත කියලා.

සාදු! සාදු!! සාදු!!!

රූප අනනුබෝධ සූත්‍රය නිමා විය.

12.1.17.
වේදනා අනනුබෝධ සූත්‍රය
විඳීම පිළිබඳව ඇති අනවබෝධය ගැන වදාළ දෙසුම

623. සැවැත් නුවර දී ....

....(පෙ).... පින්වත් වච්ඡ, විඳීම පිළිබඳව ඇති අනවබෝධයෙන් ....(පෙ).... රහතන් වහන්සේ මරණින් මතු ඇත්තේත් නැත, නැත්තේත් නැත කියලා.

සාදු! සාදු!! සාදු!!!

වේදනා අනනුබෝධ සූත්‍රය නිමා විය.

12.1.18.
සඤ්ඤා අනනුබෝධ සූත්‍රය
සඤ්ඤාව පිළිබඳව ඇති අනවබෝධය ගැන වදාළ දෙසුම

624. සැවැත් නුවර දී ....

....(පෙ).... පින්වත් වච්ඡ, සඤ්ඤාව පිළිබඳව ඇති අනවබෝධයෙන් ....(පෙ).... රහතන් වහන්සේ මරණින් මතු ඇත්තේත් නැත, නැත්තේත් නැත කියලා.

සාදු! සාදු!! සාදු!!!

සඤ්ඤා අනනුබෝධ සූත්‍රය නිමා විය.

12.1.19.
සංඛාර අනනුබෝධ සූත්‍රය
සංස්කාර පිළිබඳව ඇති අනවබෝධය ගැන වදාළ දෙසුම

625. සැවැත් නුවර දී ....

....(පෙ).... පින්වත් වච්ඡ, සංස්කාර පිළිබඳව ඇති අනවබෝධයෙන් ....(පෙ).... රහතන් වහන්සේ මරණින් මතු ඇත්තේත් නැත, නැත්තේත් නැත කියලා.

සාදු! සාදු!! සාදු!!!

සංඛාර අනනුබෝධ සූත්‍රය නිමා විය.

12.1.20.
විඤ්ඤාණ අනනුබෝධ සූත්‍රය
විඤ්ඤාණය පිළිබඳව ඇති අනවබෝධය ගැන වදාළ දෙසුම

626. සැවැත් නුවර දී ....

....(පෙ).... පින්වත් වච්ඡ, විඤ්ඤාණය පිළිබඳව ඇති අනවබෝධයෙන් ....(පෙ).... රහතන් වහන්සේ මරණින් මතු ඇත්තේත් නැත, නැත්තේත් නැත කියලා.

සාදු! සාදු!! සාදු!!!

විඤ්ඤාණ අනනුබෝධ සූත්‍රය නිමා විය.

12.1.21.
රූප අප්පටිවේධ සූත්‍රය
රූපය ප්‍රතිවේධ නොවීම ගැන වදාළ දෙසුම

627. සැවැත් නුවර දී ....

....(පෙ).... පින්වත් වච්ඡ, රූපය ප්‍රතිවේධ නොවීම ....(පෙ)....

සාදු! සාදු!! සාදු!!!

රූප අප්පටිවේධ සූත්‍රය නිමා විය.

12.1.22.
වේදනා අප්පටිවේධ සූත්‍රය
විඳීම ප්‍රතිවේධ නොවීම ගැන වදාළ දෙසුම

628.   සැවැත් නුවර දී ....

....(පෙ).... පින්වත් වච්ඡ, විඳීම ප්‍රතිවේධ නොවීම ....(පෙ)....

සාදු! සාදු!! සාදු!!!

වේදනා අප්පටිවේධ සූත්‍රය නිමා විය.

12.1.23.
සඤ්ඤා අප්පටිවේධ සූත්‍රය
සඤ්ඤාව ප්‍රතිවේධ නොවීම ගැන වදාළ දෙසුම

629.   සැවැත් නුවර දී ....

....(පෙ).... පින්වත් වච්ඡ, සඤ්ඤාව ප්‍රතිවේධ නොවීම ....(පෙ)....

සාදු! සාදු!! සාදු!!!

සඤ්ඤා අප්පටිවේධ සූත්‍රය නිමා විය.

12.1.24.
සංඛාර අප්පටිවේධ සූත්‍රය
සංස්කාර ප්‍රතිවේධ නොවීම ගැන වදාළ දෙසුම

630.   සැවැත් නුවර දී ....

....(පෙ).... පින්වත් වච්ඡ, සංස්කාර ප්‍රතිවේධ නොවීම ....(පෙ)....

සාදු! සාදු!! සාදු!!!

සංඛාර අප්පටිවේධ සූත්‍රය නිමා විය.

12.1.25.
විඤ්ඤාණ අප්පටිවේධ සූත්‍රය
විඤ්ඤාණය ප්‍රතිවේධ නොවීම ගැන වදාළ දෙසුම

631. සැවැත් නුවර දී ....

....(පෙ).... පින්වත් වච්ඡ, විඤ්ඤාණය ප්‍රතිවේධ නොවීම ....(පෙ)....

සාදු! සාදු!! සාදු!!!

විඤ්ඤාණ අප්පටිවේධ සූත්‍රය නිමා විය.

12.1.26.-29.
රූපාදී අසල්ලක්ඛණ සූත්‍ර
රූපාදිය ගැන නුවණින් නොසැළකීම අරභයා වදාළ දෙසුම්

632.-635. සැවැත් නුවර දී ....

....(පෙ).... පින්වත් වච්ඡ, රූපය ගැන නුවණින් නොසැළකීම ....(පෙ)....

සාදු! සාදු!! සාදු!!!

රූපාදී අසල්ලක්ඛණ සූත්‍ර නිමා විය.

12.1.30.
විඤ්ඤාණ අසල්ලක්ඛණ සූත්‍රය
විඤ්ඤාණය ගැන නුවණින් නොසැළකීම අරභයා වදාළ දෙසුම

636. සැවැත් නුවර දී ....

....(පෙ).... පින්වත් වච්ඡ, විඤ්ඤාණය ගැන නුවණින් නොසැළකීම ....(පෙ)....

සාදු! සාදු!! සාදු!!!

විඤ්ඤාණ අසල්ලක්ඛණ සූත්‍ර නිමා විය.

12.1.31.-34
රූපාදී අනුපලක්ඛණ සූත්‍ර
රූපාදිය ගැන යළි යළිත් නුවණින් නොසැළකීම අරහයා වදාළ දෙසුම්

637.-640. සැවැත් නුවර දී ....

....(පෙ).... පින්වත් වච්ඡ, රූපය ගැන යළි යළිත් නුවණින් නොසැළකීම ....(පෙ)....

සාදු! සාදු!! සාදු!!!

රූපාදී අනුපලක්ඛණ සූත්‍ර නිමා විය.

12.1.35.
විඤ්ඤාණ අනුපලක්ඛණ සූත්‍රය
විඤ්ඤාණය ගැන යළි යළිත් නුවණින් නොසැළකීම අරහයා වදාළ දෙසුම

641. සැවැත් නුවර දී ....

....(පෙ).... පින්වත් වච්ඡ, විඤ්ඤාණය ගැන යළි යළිත් නුවණින් නොසැළකීම ....(පෙ)....

සාදු! සාදු!! සාදු!!!

විඤ්ඤාණ අනුපලක්ඛණ සූත්‍රය නිමා විය.

12.1.36.-40
රූපාදී අපච්චුපලක්ඛණ සූත්‍ර
රූපාදියෙහි ඇති ස්වභාවය නුවණින් නොබැලීම අරහයා වදාළ දෙසුම්

642.-646. සැවැත් නුවර දී ....

....(පෙ).... පින්වත් වච්ඡ, රූපයෙහි ඇති ස්වභාවය නුවණින් නොබැලීම ....(පෙ)....

සාදු! සාදු!! සාදු!!!

රූපාදී අපච්චුපලක්ඛණ සූත්‍ර නිමා විය.

12.1.41.-45
රූපාදී අසමපෙක්ඛණ සූත්‍ර
රූපාදියෙහි ඇති ස්වභාවය නුවණින් මනාකොට නොබැලීම අරහයා වදාළ දෙසුම්

647.-651. සැවැත් නුවර දී ....

....(පෙ).... පින්වත් වච්ඡ, රූපයෙහි ඇති ස්වභාවය නුවණින් මනා කොට නොබැලීම ....(පෙ)....

සාදු! සාදු!! සාදු!!!

රූපාදී අසමපෙක්ඛණ සූත්‍ර නිමා විය.

12.1.46.-50
රූපාදී අපච්චුපෙක්ඛණ සූත්‍ර
රූපාදියෙහි ඇති ස්වභාවය නුවණින් පුන පුනා නොබැලීම අරහයා වදාළ දෙසුම්

652.-656. සැවැත් නුවර දී ....

....(පෙ).... පින්වත් වච්ඡ, රූපයෙහි ඇති ස්වභාවය නුවණින් පුන පුනා නොබැලීම ....(පෙ)....

සාදු! සාදු!! සාදු!!!

රූපාදී අපච්චුපෙක්ඛණ සූත්‍ර නිමා විය.

12.1.51
රූප අපච්චක්ඛකම්ම සූත්‍රය
රූපයෙහි ඇති ස්වභාවය නුවණින් ප්‍රත්‍යවෙක්ෂා නොකිරීම අරභයා වදාළ දෙසුම

657. සැවැත් නුවර දී ....

....(පෙ).... පින්වත් වච්ඡ, රූපයෙහි ඇති ස්වභාවය නුවණින් ප්‍රත්‍යවේක්ෂා නොකිරීම, රූපයෙහි හටගැනීමෙහි ඇති ස්වභාවය නුවණින් ප්‍රත්‍යවේක්ෂා නොකිරීම, රූපය නිරුද්ධ වීමෙහි ඇති ස්වභාවය නුවණින් ප්‍රත්‍යවේක්ෂා නොකිරීම, රූපය නිරුද්ධ වන ප්‍රතිපදාවෙහි ඇති ස්වභාවය නුවණින් ප්‍රත්‍යවේක්ෂා නොකිරීම ....(පෙ)....

සාදු! සාදු!! සාදු!!!

රූපාදී අපච්චක්ඛකම්ම සූත්‍රය නිමා විය.

12.1.52
වේදනා අපච්චක්ඛකම්ම සූත්‍රය
විඳීමෙහි ඇති ස්වභාවය නුවණින් ප්‍රත්‍යවෙක්ෂා නොකිරීම අරභයා වදාළ දෙසුම

658. සැවැත් නුවර දී ....

එකත්පස්ව වාඩිවුණ වච්ඡගොත්ත පිරිවැජියා භාග්‍යවතුන් වහන්සේට මෙකරුණ සැළ කළා. භවත් ගෞතමයන් වහන්ස, යම් මේ අනේකප්‍රකාර වූ දෘෂ්ටීන් ලෝකයෙහි හටගන්නවා නම් ඒකට හේතුව මොකක්ද? කාරණාව

මොකක්ද? ඒ කියන්නේ ලෝකය ශාශ්වතයි කියලා. ලෝකය අශාශ්වතයි කියලා ....(පෙ).... රහතන් වහන්සේ මරණින් මතු ඇත්තේත් නැත, නැත්තේත් නැත කියලා.

පින්වත් වච්ඡ, විඳීමෙහි ඇති ස්වභාවය නුවණින් ප්‍රත්‍යවේක්ෂා නොකිරීම ....(පෙ)....

සාදු! සාදු!! සාදු!!!

වේදනා අපච්චක්ඛකම්ම සූත්‍රය නිමා විය.

12.1.53
සඤ්ඤා අපච්චක්ඛකම්ම සූත්‍රය
සඤ්ඤාවෙහි ඇති ස්වභාවය නුවණින් ප්‍රත්‍යවෙක්ෂා නොකිරීම අරහයා වදාළ දෙසුම

659. සැවැත් නුවර දී ....

....(පෙ).... පින්වත් වච්ඡ, සඤ්ඤාවෙහි ඇති ස්වභාවය නුවණින් ප්‍රත්‍යවේක්ෂා නොකිරීම ....(පෙ)....

සාදු! සාදු!! සාදු!!!

සඤ්ඤා අපච්චක්ඛකම්ම සූත්‍රය නිමා විය.

12.1.54
සංඛාර අපච්චක්ඛකම්ම සූත්‍රය
සංස්කාරවල ඇති ස්වභාවය නුවණින් ප්‍රත්‍යවෙක්ෂා නොකිරීම අරහයා වදාළ දෙසුම

660. සැවැත් නුවර දී ....

....(පෙ).... පින්වත් වච්ඡ, සංස්කාරවල ඇති ස්වභාවය නුවණින් ප්‍රත්‍යවේක්ෂා නොකිරීම ....(පෙ)....

සාදු! සාදු!! සාදු!!!

සඤ්ඤා අපච්චක්ඛකම්ම සූත්‍රය නිමා විය.

12.1.55
විඤ්ඤාණ අපච්චක්ඛකම්ම සූත්‍රය
විඤ්ඤාණයෙහි ඇති ස්වභාවය නුවණින් ප්‍රත්‍යවෙක්ෂා නොකිරීම අරභයා වදාළ දෙසුම

661. සැවැත් නුවර දී ....

....(පෙ).... පින්වත් වච්ඡ, විඤ්ඤාණයෙහි ඇති ස්වභාවය නුවණින් ප්‍රත්‍යවේක්ෂා නොකිරීම, විඤ්ඤාණය හටගැනීමෙහි ඇති ස්වභාවය නුවණින් ප්‍රත්‍යවේක්ෂා නොකිරීම, විඤ්ඤාණය නිරුද්ධ වීමෙහි ඇති ස්වභාවය නුවණින් ප්‍රත්‍යවේක්ෂා නොකිරීම, විඤ්ඤාණය නිරුද්ධ වන ප්‍රතිපදාවෙහි ඇති ස්වභාවය නුවණින් ප්‍රත්‍යවේක්ෂා නොකිරීම නිසා තමයි ඔය මේ අනේකප්‍රකාර වූ දෘෂ්ටීන් ලෝකයෙහි හටගන්නේ. ඒ කියන්නේ ලෝකය ශාශ්වතයි කියලා. ලෝකය අශාශ්වතයි කියලා ....(පෙ).... රහතන් වහන්සේ මරණින් මතු ඇත්තේත් නැත, නැත්තේත් නැත කියලා.

පින්වත් වච්ඡ, මේකයි හේතුව, මේකයි කාරණාව යම් මේ අනේකප්‍රකාර වූ දෘෂ්ටීන් ලෝකයෙහි හටගන්නේ. ඒ කියන්නේ ලෝකය ශාශ්වතයි කියලා. ලෝකය අශාශ්වතයි කියලා. ලෝකය කෙළවර සහිතයි කියලා. ලෝකය කෙළවර රහිතයි කියලා. ජීවයත් එයයි, ශරීරයත් එයයි කියලා. ජීවය අනෙකක්, ශරීරය අනෙකක් කියලා. රහතන් වහන්සේ මරණින් මතු ඇත කියලා. රහතන් වහන්සේ මරණින් මතු නැත කියලා. රහතන් වහන්සේ මරණින් මතු ඇත නැත කියලා. රහතන් වහන්සේ මරණින් මතු ඇත්තේත් නැත, නැත්තේත් නැත කියලා.

සාදු! සාදු!! සාදු!!!

විඤ්ඤාණඅපච්චක්ඛකම්ම සූත්‍රය නිමා විය.

(එකට කැටිකොට සූත්‍ර පනස් පහක් තිබේ.)

පළමු වෙනි වච්ඡගොත්ත වර්ගය අවසන් විය.

- එහි පිළිවෙල උද්දානයයි :

අඤ්ඤාණ සූත්‍ර පහකි, අදස්සන සූත්‍ර පහකි, අනභිසමය සූත්‍ර පහකි, අනනුබෝධ සූත්‍ර පහකි, අප්පටිවේධ සූත්‍ර පහකි, අසල්ලක්ඛණ සූත්‍ර පහකි, අනුපලක්ඛණ සූත්‍ර පහකි, අපච්චුපලක්ඛණ සූත්‍ර පහකි, අසමපෙක්ඛණ සූත්‍ර පහකි, අපච්චුපෙක්ඛණ සූත්‍ර පහකි, අපච්චක්ඛකම්ම සූත්‍ර පහක් වශයෙන් සූත්‍ර පනස් පහකි.

වච්ඡගොත්ත සංයුත්තය නිමා විය.

13. ඣාන සංයුත්තය

1. ඣාන වර්ගය

13.1.1.
සමාපත්තිකුසල සූත්‍රය
සමාපත්තියෙහි දක්ෂතාවය ගැන වදාළ දෙසුම

662.   සැවැත් නුවර දී ....

    ....(පෙ).... පින්වත් මහණෙනි, ධ්‍යාන වඩන පුද්ගලයන් හතර දෙනෙක් ඉන්නවා. කවර හතර දෙනෙක්ද යත්;

    පින්වත් මහණෙනි, මෙහි ධ්‍යාන වඩන ඇතැම් කෙනෙක් සමාධිය තුළ සමාධිය පවත්වන්නට දක්ෂ වෙනවා. නමුත් සමාධිය තුළ සමාපත්ති වශයෙන් දියුණු කරගන්නට දක්ෂ නෑ.

    පින්වත් මහණෙනි, මෙහි ධ්‍යාන වඩන ඇතැම් කෙනෙක් සමාධිය තුළ සමාපත්ති වශයෙන් දියුණු කරගන්නට දක්ෂ වෙනවා. නමුත් සමාධිය තුළ සමාධිය පවත්වන්නට දක්ෂ නෑ.

    පින්වත් මහණෙනි, මෙහි ධ්‍යාන වඩන ඇතැම් කෙනෙක් සමාධිය තුළ සමාධිය පවත්වන්නට දක්ෂ නෑ. සමාධිය තුළ සමාපත්ති වශයෙන් දියුණු කරගන්නටත් දක්ෂ නෑ.

    පින්වත් මහණෙනි, මෙහි ධ්‍යාන වඩන ඇතැම් කෙනෙක් සමාධිය තුළ සමාධිය පවත්වන්නට දක්ෂ වෙනවා සමාධිය තුළ සමාපත්ති වශයෙන් දියුණු කරගන්නටත් දක්ෂයි නම් පින්වත් මහණෙනි, මෙහිලා යම් යම් ධ්‍යාන වඩන පුද්ගලයෙක් සමාධිය තුළ සමාධිය පවත්වන්නට දක්ෂ වෙනවා නම්, සමාධිය තුළ සමාපත්ති වශයෙන් දියුණු කරන්නටත් දක්ෂ නම්, මොහු මේ ධ්‍යාන වඩන

පුද්ගලයන් හතර දෙනාගෙන් අග්‍රවූත්, ශ්‍රේෂ්ඨ වූත්, ප්‍රධාන වූත්, උත්තම වූත් වඩාත් උතුම් වූත් කෙනා වෙනවා.

පින්වත් මහණෙනි, එය මෙවැනි දෙයක්. ගව දෙනට වඩා කිරි තමයි අග්‍ර. කිරට වඩා දී තමයි අග්‍ර. දීවලට වඩා වෙඬරු තමයි අග්‍ර. වෙඬරුවලට වඩා ගිතෙල් තමයි අග්‍ර. ගිතෙලට වඩා ගීමන්ද තමයි අග්‍රයි කියලා කියන්නේ. ඒ වගේම පින්වත් මහණෙනි, යම් මේ ධ්‍යාන වඩන පුද්ගලයෙක් සමාධිය තුළ සමාධිය පවත්වන්නට දක්ෂ වෙනවා නම්, සමාධිය තුළ සමාපත්ති වශයෙන් දියුණු කරගන්නටත් දක්ෂ නම්, මොහු මේ ධ්‍යාන වඩන පුද්ගලයන් හතර දෙනාගෙන් අග්‍රවූත්, ශ්‍රේෂ්ඨ වූත්, ප්‍රධාන වූත්, උත්තම වූත්, වඩාත් උතුම් වූත් කෙනා වෙනවා.

සාදු! සාදු!! සාදු!!!

සමාපත්තිකුසල සූත්‍රය නිමා විය.

13.1.2
ඨිතිකුසල සූත්‍රය
සමාධිය පවත්වා ගැනීමෙහි දක්ෂකම ගැන වදාළ දෙසුම

663. සැවැත් නුවර දී ....

පින්වත් මහණෙනි, ධ්‍යාන වඩන පුද්ගලයන් හතර දෙනෙක් ඉන්නවා. කවර හතර දෙනෙක්ද යත්;

පින්වත් මහණෙනි, මෙහි ධ්‍යාන වඩන ඇතැම් කෙනෙක් සමාධිය තුළ සමාධිය පවත්වන්නට දක්ෂ වෙනවා. නමුත් සමාධිය තුළ සමාධිය දිගට ම පවත්වා ගන්නට දක්ෂ නෑ. පින්වත් මහණෙනි, මෙහි ධ්‍යාන වඩන ඇතැම් කෙනෙක් සමාධිය තුළ සමාධිය දිගට ම පවත්වා ගන්නට දක්ෂ වෙනවා. නමුත් සමාධිය තුළ සමාධිය පවත්වන්නට දක්ෂ නෑ. පින්වත් මහණෙනි, මෙහි ධ්‍යාන වඩන ඇතැම් කෙනෙක් සමාධිය තුළ සමාධිය පවත්වන්නට දක්ෂ නෑ. සමාධිය තුළ සමාධිය දිගට ම පවත්වා ගන්නටත් දක්ෂ නෑ. පින්වත් මහණෙනි, මෙහි ධ්‍යාන වඩන ඇතැම් කෙනෙක් සමාධිය තුළ සමාධිය පවත්වන්නට දක්ෂ වෙනවා. සමාධිය තුළ සමාධිය දිගට ම පවත්වා ගන්නටත් දක්ෂයි.

පින්වත් මහණෙනි, මෙහිලා යම් මේ ධ්‍යාන වඩන පුද්ගලයෙක් සමාධිය

තුළ සමාධිය පවත්වන්නට දක්ෂ වෙනවා නම්, සමාධිය තුළ සමාධිය දිගට ම පවත්වා ගන්නටත් දක්ෂ නම්, මොහු මේ ධ්‍යාන වඩන පුද්ගලයන් හතර දෙනාගෙන් අග්‍රවූත්, ශ්‍රේෂ්ඨ වූත්, ප්‍රධාන වූත්, උත්තම වූත් වඩාත් උතුම් වූත් කෙනා වෙනවා.

පින්වත් මහණෙනි, එය මෙවැනි දෙයක්. ගව දෙනට වඩා කිරි තමයි අග්‍ර. කිරට වඩා දී තමයි අග්‍ර. දීවලට වඩා වෙඬරු තමයි අග්‍ර. වෙඬරුවලට වඩා ගිතෙල් තමයි අග්‍ර. ගිතෙලට වඩා ගීමන්ද තමයි අග්‍රයි කියලා කියන්නේ. ඒ වගේම පින්වත් මහණෙනි, යම් මේ ධ්‍යාන වඩන පුද්ගලයෙක් සමාධිය තුළ සමාධිය පවත්වන්නට දක්ෂ වෙනවා නම් ....(පෙ).... වඩාත් උතුම් වූත් කෙනා වෙනවා.

සාදු! සාදු!! සාදු!!!

ඨිතිකුසල සූත්‍රය නිමා විය.

13.1.3
වුට්ඨානකුසල සූත්‍රය
සමාධියෙන් නැගී සිටීමේ කුසලතාවය ගැන වදාළ දෙසුම

664. සැවැත් නුවර දී ....

පින්වත් මහණෙනි, ධ්‍යාන වඩන පුද්ගලයන් හතර දෙනෙක් ඉන්නවා. කවර හතර දෙනෙක්ද යත්;

පින්වත් මහණෙනි, මෙහි ධ්‍යාන වඩන ඇතැම් කෙනෙක් සමාධිය තුළ සමාධිය පවත්වන්නට දක්ෂ වෙනවා. නමුත් සමාධිය තුළ සමාධියෙන් නැගී සිටීමට දක්ෂ නෑ. පින්වත් මහණෙනි, මෙහි ධ්‍යාන වඩන ඇතැම් කෙනෙක් සමාධිය තුළ සමාධියෙන් නැගී සිටීමට දක්ෂ වෙනවා. නමුත් සමාධිය තුළ සමාධිය පවත්වන්නට දක්ෂ නෑ. පින්වත් මහණෙනි, මෙහි ධ්‍යාන වඩන ඇතැම් කෙනෙක් සමාධිය තුළ සමාධිය පවත්වන්නට දක්ෂ නෑ. සමාධිය තුළ සමාධියෙන් නැගී සිටීමට දක්ෂත් නෑ. පින්වත් මහණෙනි, මෙහි ධ්‍යාන වඩන ඇතැම් කෙනෙක් සමාධිය තුළ සමාධිය පවත්වන්නට දක්ෂ වෙනවා. සමාධිය තුළ සමාධියෙන් නැගී සිටීමටත් දක්ෂයි.

පින්වත් මහණෙනි, මෙහිලා යම් මේ ධ්‍යාන වඩන පුද්ගලයෙක් සමාධිය

තුළ සමාධිය පවත්වන්නට දක්ෂ වෙනවා නම්, සමාධිය තුළ සමාධියෙන් නැගී සිටීමටත් දක්ෂ නම්, මොහු මේ ධ්‍යාන වඩන පුද්ගලයන් හතර දෙනාගෙන් අග්‍රවූත්, ශ්‍රේෂ්ඨ වූත්, ප්‍රධාන වූත්, උත්තම වූත් වඩාත් උතුම් වූත් කෙනා වෙනවා. පින්වත් මහණෙනි, එය මෙවැනි දෙයක්. ගව දෙනට වඩා කිරි තමයි අග්‍ර ....(පෙ).... වඩාත් උතුම් වූත් කෙනා වෙනවා.

සාදු! සාදු!! සාදු!!!

වුට්ඨානකුසල සූත්‍රය නිමා විය.

13.1.4
කල්ලිතකුසල සූත්‍රය
ධ්‍යානාංග වෙන් කොට බැලීමේ දක්ෂකම ගැන වදාළ දෙසුම

665. සැවැත් නුවර දී ....

පින්වත් මහණෙනි, ධ්‍යාන වඩන පුද්ගලයන් හතර දෙනෙක් ඉන්නවා. කවර හතර දෙනෙක්ද යත්;

පින්වත් මහණෙනි, මෙහි ධ්‍යාන වඩන ඇතැම් කෙනෙක් සමාධිය තුළ සමාධිය පවත්වන්නට දක්ෂ වෙනවා. නමුත් සමාධිය තුළ ධ්‍යානාංග වෙන් කොට බැලීමට දක්ෂ නෑ. පින්වත් මහණෙනි, මෙහි ධ්‍යාන වඩන ඇතැම් කෙනෙක් සමාධිය තුළ ධ්‍යානාංග වෙන් කොට බැලීමට දක්ෂ වෙනවා. නමුත් සමාධිය තුළ සමාධිය පවත්වන්නට දක්ෂ නෑ. පින්වත් මහණෙනි, මෙහි ධ්‍යාන වඩන ඇතැම් කෙනෙක් සමාධිය තුළ සමාධිය පවත්වන්නට දක්ෂ නෑ. සමාධිය තුළ ධ්‍යානාංග වෙන් කොට බැලීමට දක්ෂත් නෑ. පින්වත් මහණෙනි, මෙහි ධ්‍යාන වඩන ඇතැම් කෙනෙක් සමාධිය තුළ සමාධිය පවත්වන්නට දක්ෂ වෙනවා. සමාධිය තුළ ධ්‍යානාංග වෙන් කොට බැලීමට දක්ෂයි.

පින්වත් මහණෙනි, මෙහිලා යම් මේ ධ්‍යාන වඩන පුද්ගලයෙක් සමාධිය තුළ සමාධිය පවත්වන්නට දක්ෂ වෙනවා නම්, සමාධිය තුළ ධ්‍යානාංග වෙන් කොට බැලීමටත් දක්ෂ නම්, මොහු මේ ධ්‍යාන වඩන පුද්ගලයන් හතර දෙනාගෙන් අග්‍රවූත්, ශ්‍රේෂ්ඨ වූත්, ප්‍රධාන වූත්, උත්තම වූත් වඩාත් උතුම් වූත් කෙනා වෙනවා. පින්වත් මහණෙනි, එය මෙවැනි දෙයක්. ගව දෙනට වඩා කිරි තමයි

අග්‍ර ....(පෙ).... වඩාත් උතුම් වූත් කෙනා වෙනවා.

සාදු! සාදු!! සාදු!!!

කල්ලිතකුසල සූත්‍රය නිමා විය.

13.1.5
ආරම්මණකුසල සූත්‍රය
භාවනා අරමුණ පැවැත්වීමෙහි දක්ෂකම ගැන වදාළ දෙසුම

666. සැවැත් නුවර දී ....

පින්වත් මහණෙනි, ධ්‍යාන වඩන පුද්ගලයන් හතර දෙනෙක් ඉන්නවා. කවර හතර දෙනෙක්ද යත්;

පින්වත් මහණෙනි, මෙහි ධ්‍යාන වඩන ඇතැම් කෙනෙක් සමාධිය තුළ සමාධිය පවත්වන්නට දක්ෂ වෙනවා. නමුත් සමාධිය තුළ භාවනා අරමුණ පැවැත්වීමෙහි දක්ෂ නෑ. පින්වත් මහණෙනි, මෙහි ධ්‍යාන වඩන ඇතැම් කෙනෙක් සමාධිය තුළ භාවනා අරමුණ පැවැත්වීමෙහි දක්ෂ වෙනවා. නමුත් සමාධිය තුළ සමාධිය පවත්වන්නට දක්ෂ නෑ. පින්වත් මහණෙනි, මෙහි ධ්‍යාන වඩන ඇතැම් කෙනෙක් සමාධිය තුළ සමාධිය පවත්වන්නට දක්ෂ නෑ. සමාධිය තුළ භාවනා අරමුණ පැවැත්වීමෙහි දක්ෂත් නෑ. පින්වත් මහණෙනි, මෙහි ධ්‍යාන වඩන ඇතැම් කෙනෙක් සමාධිය තුළ සමාධිය පවත්වන්නට දක්ෂ වෙනවා. සමාධිය තුළ භාවනා අරමුණ පැවැත්වීමෙහිත් දක්ෂයි.

පින්වත් මහණෙනි, මෙහිලා යම් මේ ධ්‍යාන වඩන පුද්ගලයෙක් සමාධිය තුළ සමාධිය පවත්වන්නට දක්ෂ වෙනවා නම්, සමාධිය තුළ භාවනා අරමුණ පැවැත්වීමෙහි දක්ෂ නම්, මොහු මේ ධ්‍යාන වඩන පුද්ගලයන් හතර දෙනාගෙන් අග්‍රවූත්, ශ්‍රේෂ්ඨ වූත්, ප්‍රධාන වූත්, උත්තම වූත් වඩාත් උතුම් වූත් කෙනා වෙනවා. පින්වත් මහණෙනි, එය මෙවැනි දෙයක්. ගව දෙනට වඩා කිරි තමයි අග්‍ර ....(පෙ).... වඩාත් උතුම් වූත් කෙනා වෙනවා.

සාදු! සාදු!! සාදු!!!

ආරම්මණකුසල සූත්‍රය නිමා විය.

13.1.6
ගෝචරකුසල සූත්‍රය
භාවනා අරමුණට සමාධිය යොමු කරගැනීමේ දක්ෂතාව ගැන වදාළ දෙසුම

667. සැවැත් නුවර දී ....

පින්වත් මහණෙනි, ධ්‍යාන වඩන පුද්ගලයන් හතර දෙනෙක් ඉන්නවා. කවර හතර දෙනෙක්ද යත්;

පින්වත් මහණෙනි, මෙහි ධ්‍යාන වඩන ඇතැම් කෙනෙක් සමාධිය තුළ සමාධිය පවත්වන්නට දක්ෂ වෙනවා. නමුත් සමාධිය තුළ භාවනා අරමුණට සමාධිය යොමු කරගැනීමෙහි දක්ෂ නෑ. පින්වත් මහණෙනි, මෙහි ධ්‍යාන වඩන ඇතැම් කෙනෙක් සමාධිය තුළ භාවනා අරමුණට සමාධිය යොමු කරගැනීමෙහි දක්ෂ වෙනවා. නමුත් සමාධිය තුළ සමාධිය පවත්වන්නට දක්ෂ නෑ. පින්වත් මහණෙනි, මෙහි ධ්‍යාන වඩන ඇතැම් කෙනෙක් සමාධිය තුළ සමාධිය පවත්වන්නට දක්ෂ නෑ. සමාධිය තුළ භාවනා අරමුණට සමාධිය යොමු කරගැනීමෙහි දක්ෂත් නෑ. පින්වත් මහණෙනි, මෙහි ධ්‍යාන වඩන ඇතැම් කෙනෙක් සමාධිය තුළ සමාධිය පවත්වන්නට දක්ෂ වෙනවා. සමාධිය තුළ භාවනා අරමුණට සමාධිය යොමු කරගැනීමෙහිත් දක්ෂයි.

පින්වත් මහණෙනි, මෙහිලා යම් මේ ධ්‍යාන වඩන පුද්ගලයෙක් සමාධිය තුළ සමාධිය පවත්වන්නට දක්ෂ වෙනවා නම්, සමාධිය තුළ භාවනා අරමුණට සමාධිය යොමු කරගැනීමෙහිත් දක්ෂ නම්, මොහු මේ ධ්‍යාන වඩන පුද්ගලයන් හතර දෙනාගෙන් අග්‍රවූත්, ශ්‍රේෂ්ඨ වූත්, ප්‍රධාන වූත්, උත්තම වූත් වඩාත් උතුම් වූත් කෙනා වෙනවා. පින්වත් මහණෙනි, එය මෙවැනි දෙයක්. ගව දෙනට වඩා කිරි තමයි අග්‍ර ....(පෙ).... වඩාත් උතුම් වූත් කෙනා වෙනවා.

සාදු! සාදු!! සාදු!!!

ගෝචරකුසල සූත්‍රය නිමා විය.

13.1.7
අභිනීහාරකුසල සූත්‍රය
භාවනා අරමුණට සමාධිය මැනැවින් යොමු කරගැනීමේ දක්ෂතාව ගැන වදාළ දෙසුම

668.   සැවැත් නුවර දී ....

පින්වත් මහණෙනි, ධ්‍යාන වඩන පුද්ගලයන් හතර දෙනෙක් ඉන්නවා. කවර හතර දෙනෙක්ද යත්;

පින්වත් මහණෙනි, මෙහි ධ්‍යාන වඩන ඇතැම් කෙනෙක් සමාධිය තුළ සමාධිය පවත්වන්නට දක්ෂ වෙනවා. නමුත් සමාධිය තුළ භාවනා අරමුණට සමාධිය මැනැවින් යොමු කරගැනීමෙහි දක්ෂ නෑ. පින්වත් මහණෙනි, මෙහි ධ්‍යාන වඩන ඇතැම් කෙනෙක් සමාධිය තුළ භාවනා අරමුණට සමාධිය මැනැවින් යොමු කරගැනීමෙහි දක්ෂ වෙනවා. නමුත් සමාධිය තුළ සමාධිය පවත්වන්ට දක්ෂ නෑ. පින්වත් මහණෙනි, මෙහි ධ්‍යාන වඩන ඇතැම් කෙනෙක් සමාධිය තුළ සමාධිය පවත්වන්නට දක්ෂ නෑ. සමාධිය තුළ භාවනා අරමුණට සමාධිය මැනැවින් යොමු කරගැනීමෙහි දක්ෂත් නෑ. පින්වත් මහණෙනි, මෙහි ධ්‍යාන වඩන ඇතැම් කෙනෙක් සමාධිය තුළ සමාධිය පවත්වන්නට දක්ෂ වෙනවා. සමාධිය තුළ භාවනා අරමුණට සමාධිය මැනැවින් යොමු කරගැනීමෙහිත් දක්ෂයි.

පින්වත් මහණෙනි, මෙහිලා යම් මේ ධ්‍යාන වඩන පුද්ගලයෙක් සමාධිය තුළ සමාධිය පවත්වන්නට දක්ෂ වෙනවා නම්, සමාධිය තුළ භාවනා අරමුණට සමාධිය මැනැවින් යොමු කරගැනීමෙහිත් දක්ෂ නම්, මොහු මේ ධ්‍යාන වඩන පුද්ගලයන් හතර දෙනාගෙන් අග්‍රවූත්, ශ්‍රේෂ්ඨ වූත්, ප්‍රධාන වූත්, උත්තම වූත් වඩාත් උතුම් වූත් කෙනා වෙනවා. පින්වත් මහණෙනි, එය මෙවැනි දෙයක්. ගව දෙනට වඩා කිරි තමයි අග්‍ර ....(පෙ).... වඩාත් උතුම් වූත් කෙනා වෙනවා.

සාදු! සාදු!! සාදු!!!

අභිනීහාරකුසල සූත්‍රය නිමා විය.

13.1.8
සක්කච්චකාරී සූත්‍රය
ඉතා ක්‍රමවත් ලෙස භාවනා වැඩීම ගැන වදාළ දෙසුම

669. සැවැත් නුවර දී ....

පින්වත් මහණෙනි, ධ්‍යාන වඩන පුද්ගලයන් හතර දෙනෙක් ඉන්නවා. කවර හතර දෙනෙක්ද යත්;

පින්වත් මහණෙනි, මෙහි ධ්‍යාන වඩන ඇතැම් කෙනෙක් සමාධිය තුළ සමාධිය පවත්වන්නට දක්ෂ වෙනවා. නමුත් සමාධිය තුළ ඉතා ක්‍රමවත් ලෙස භාවනා වැඩීමෙහි දක්ෂ නෑ. පින්වත් මහණෙනි, මෙහි ධ්‍යාන වඩන ඇතැම් කෙනෙක් සමාධිය තුළ ඉතා ක්‍රමවත් ලෙස භාවනා වැඩීමෙහි දක්ෂ වෙනවා. නමුත් සමාධිය තුළ සමාධිය පවත්වන්නට දක්ෂ නෑ. පින්වත් මහණෙනි, මෙහි ධ්‍යාන වඩන ඇතැම් කෙනෙක් සමාධිය තුළ සමාධිය පවත්වන්නට දක්ෂ නෑ. සමාධිය තුළ ඉතා ක්‍රමවත් ලෙස භාවනා වැඩීමෙහි දක්ෂත් නෑ. පින්වත් මහණෙනි, මෙහි ධ්‍යාන වඩන ඇතැම් කෙනෙක් සමාධිය තුළ සමාධිය පවත්වන්නට දක්ෂ වෙනවා. සමාධිය තුළ ඉතා ක්‍රමවත් ලෙස භාවනා වැඩීමෙහිත් දක්ෂයි.

පින්වත් මහණෙනි, මෙහිලා යම් මේ ධ්‍යාන වඩන පුද්ගලයෙක් සමාධිය තුළ සමාධිය පවත්වන්නට දක්ෂ වෙනවා නම්, සමාධිය තුළ ඉතා ක්‍රමවත් ලෙස භාවනා වැඩීමෙහිත් දක්ෂ නම්, මොහු මේ ධ්‍යාන වඩන පුද්ගලයන් හතර දෙනාගෙන් අග්‍රවූත්, ශ්‍රේෂ්ඨ වූත්, ප්‍රධාන වූත්, උත්තම වූත් වඩාත් උතුම් වූත් කෙනා වෙනවා. පින්වත් මහණෙනි, එය මෙවැනි දෙයක්. ගව දෙනට වඩා කිරි තමයි අග්‍ර ....(පෙ).... වඩාත් උතුම් වූත් කෙනා වෙනවා.

සාදු! සාදු!! සාදු!!!

සක්කච්චකාරී සූත්‍රය නිමා විය.

13.1.9
සාතච්චකාරී සූත්‍රය
නිතර නිතර භාවනා වැඩීම ගැන වදාළ දෙසුම

670. සැවැත් නුවර දී ....

පින්වත් මහණෙනි, ධ්‍යාන වඩන පුද්ගලයන් හතර දෙනෙක් ඉන්නවා. කවර හතර දෙනෙක්ද යත්;

පින්වත් මහණෙනි, මෙහි ධ්‍යාන වඩන ඇතැම් කෙනෙක් සමාධිය තුළ සමාධිය පවත්වන්නට දක්ෂ වෙනවා. නමුත් සමාධිය තුළ නිතර නිතර භාවනා වැඩීමෙහි දක්ෂ නෑ. පින්වත් මහණෙනි, මෙහි ධ්‍යාන වඩන ඇතැම් කෙනෙක් සමාධිය තුළ නිතර නිතර භාවනා වැඩීමෙහි දක්ෂ වෙනවා. නමුත් සමාධිය තුළ සමාධිය පවත්වන්නට දක්ෂ නෑ. පින්වත් මහණෙනි, මෙහි ධ්‍යාන වඩන ඇතැම් කෙනෙක් සමාධිය තුළ සමාධිය පවත්වන්නට දක්ෂ නෑ. සමාධිය තුළ නිතර නිතර භාවනා වැඩීමෙහි දක්ෂත් නෑ. පින්වත් මහණෙනි, මෙහි ධ්‍යාන වඩන ඇතැම් කෙනෙක් සමාධිය තුළ සමාධිය පවත්වන්නට දක්ෂ වෙනවා. සමාධිය තුළ නිතර නිතර භාවනා වැඩීමෙහිත් දක්ෂයි.

පින්වත් මහණෙනි, මෙහිලා යම් මේ ධ්‍යාන වඩන පුද්ගලයෙක් සමාධිය තුළ සමාධිය පවත්වන්නට දක්ෂ වෙනවා නම්, සමාධිය තුළ නිතර නිතර භාවනා වැඩීමෙහිත් දක්ෂ නම්, මොහු මේ ධ්‍යාන වඩන පුද්ගලයන් හතර දෙනාගෙන් අග්‍රවූත්, ශ්‍රේෂ්ඨ වූත්, ප්‍රධාන වූත්, උත්තම වූත් වඩාත් උතුම් වූත් කෙනා වෙනවා. පින්වත් මහණෙනි, එය මෙවැනි දෙයක්. ගව දෙනට වඩා කිරි තමයි අග්‍ර ....(පෙ).... වඩාත් උතුම් වූත් කෙනා වෙනවා.

සාදු! සාදු!! සාදු!!!

සාතච්චකාරී සූත්‍රය නිමා විය.

13.1.10
සප්පායකාරී සූත්‍රය
සමාධියට උදව් ලැබෙන දේ කිරීම ගැන වදාළ දෙසුම

671. සැවැත් නුවර දී ....

පින්වත් මහණෙනි, ධ්‍යාන වඩන පුද්ගලයන් හතර දෙනෙක් ඉන්නවා. කවර හතර දෙනෙක්ද යත්;

පින්වත් මහණෙනි, මෙහි ධ්‍යාන වඩන ඇතැම් කෙනෙක් සමාධිය තුළ සමාධිය පවත්වන්නට දක්ෂ වෙනවා. නමුත් සමාධිය තුළ සමාධියට උදව් ලැබෙන දෙය කිරීමෙහි දක්ෂ නෑ. පින්වත් මහණෙනි, මෙහි ධ්‍යාන වඩන ඇතැම් කෙනෙක් සමාධිය තුළ සමාධියට උදව් ලැබෙන දෙය කිරීමෙහි දක්ෂ වෙනවා. නමුත් සමාධිය තුළ සමාධිය පවත්වන්නට දක්ෂ නෑ. පින්වත් මහණෙනි, මෙහි ධ්‍යාන වඩන ඇතැම් කෙනෙක් සමාධිය තුළ සමාධිය පවත්වන්නට දක්ෂ නෑ. සමාධිය තුළ සමාධියට උදව් ලැබෙන දෙය කිරීමෙහි දක්ෂත් නෑ. පින්වත් මහණෙනි, මෙහි ධ්‍යාන වඩන ඇතැම් කෙනෙක් සමාධිය තුළ සමාධිය පවත්වන්නට දක්ෂ වෙනවා. සමාධිය තුළ සමාධියට උදව් ලැබෙන දෙය කිරීමෙහිත් දක්ෂයි.

පින්වත් මහණෙනි, මෙහිලා යම් මේ ධ්‍යාන වඩන පුද්ගලයෙක් සමාධිය තුළ සමාධිය පවත්වන්නට දක්ෂ වෙනවා නම්, සමාධිය තුළ සමාධියට උදව් ලැබෙන දෙය කිරීමෙහිත් දක්ෂ නම්, මොහු මේ ධ්‍යාන වඩන පුද්ගලයන් හතර දෙනාගෙන් අග්‍රවූත්, ශ්‍රේෂ්ඨ වූත්, ප්‍රධාන වූත්, උත්තම වූත් වඩාත් උතුම් වූත් කෙනා වෙනවා. පින්වත් මහණෙනි, එය මෙවැනි දෙයක්. ගව දෙනට වඩා කිරි තමයි අග්‍ර ....(පෙ).... වඩාත් උතුම් වූත් කෙනා වෙනවා.

සාදු! සාදු!! සාදු!!!

සප්පායකාරී සූත්‍රය නිමා විය.

13.1.11
සමාපත්තිඨිති කුසල සූත්‍රය
සමාපත්තිය පවත්වා ගැනීමෙහි දක්ෂ වීම ගැන වදාළ දෙසුම

672. සැවැත් නුවර දී ....

පින්වත් මහණෙනි, ධ්‍යාන වඩන පුද්ගලයන් හතර දෙනෙක් ඉන්නවා. කවර හතර දෙනෙක්ද යත්;

පින්වත් මහණෙනි, මෙහි ධ්‍යාන වඩන ඇතැම් කෙනෙක් සමාධිය

තුළ සමවැදීමෙහි දක්ෂ වෙනවා. නමුත් සමාධිය තුළ සමාපත්තිය පවත්වා ගැනීමෙහි දක්ෂ නෑ. පින්වත් මහණෙනි, මෙහි ධ්‍යාන වඩන ඇතැම් කෙනෙක් සමාධිය තුළ සමාපත්තිය පවත්වා ගැනීමෙහි දක්ෂ වෙනවා. නමුත් සමාධිය තුළ සමාපත්තියට සමවැදීමෙහි දක්ෂ නෑ. පින්වත් මහණෙනි, මෙහි ධ්‍යාන වඩන ඇතැම් කෙනෙක් සමාධිය තුළ සමාපත්තියට සමවැදීමෙහි දක්ෂ නෑ. සමාධිය තුළ සමාපත්තිය පවත්වා ගැනීමෙහි දක්ෂත් නෑ. පින්වත් මහණෙනි, මෙහි ධ්‍යාන වඩන ඇතැම් කෙනෙක් සමාධිය තුළ සමාපත්තියට සමවැදීමෙහි දක්ෂ වෙනවා. සමාධිය තුළ සමාපත්තිය පවත්වා ගැනීමෙහිත් දක්ෂයි.

පින්වත් මහණෙනි, මෙහිලා යම් මේ ධ්‍යාන වඩන පුද්ගලයෙක් සමාධිය තුළ සමාපත්තියට සමවැදීමෙහි දක්ෂ වෙනවා නම්, සමාධිය තුළ සමාපත්තිය පවත්වා ගැනීමෙහිත් දක්ෂ නම්, මොහු මේ ධ්‍යාන වඩන පුද්ගලයන් හතර දෙනාගෙන් අග්‍රවූත්, ශ්‍රේෂ්ඨ වූත්, ප්‍රධාන වූත්, උත්තම වූත් වඩාත් උතුම් වූත් කෙනා වෙනවා. පින්වත් මහණෙනි, එය මෙවැනි දෙයක්. ගව දෙනට වඩා කිරි තමයි අග්‍ර ....(පෙ).... වඩාත් උතුම් වූත් කෙනා වෙනවා.

සාදු! සාදු!! සාදු!!!

සමාපත්තිඨිති කුසල සූත්‍රය නිමා විය.

13.1.12
සමාපත්තිවුට්ඨාන කුසල සූත්‍රය
සමවතින් නැගී සිටීමෙහි දක්ෂකම ගැන වදාළ දෙසුම

673. සැවැත් නුවර දී ....

පින්වත් මහණෙනි, ධ්‍යාන වඩන පුද්ගලයන් හතර දෙනෙක් ඉන්නවා. කවර හතර දෙනෙක්ද යත්;

පින්වත් මහණෙනි, මෙහි ධ්‍යාන වඩන ඇතැම් කෙනෙක් සමාධිය තුළ සමාපත්තියට සමවැදීමෙහි දක්ෂ වෙනවා. නමුත් සමාධිය තුළ සමවතින් නැගී සිටීමෙහි දක්ෂ නෑ. පින්වත් මහණෙනි, මෙහි ධ්‍යාන වඩන ඇතැම් කෙනෙක් සමාධිය තුළ සමවතින් නැගී සිටීමෙහි දක්ෂ වෙනවා. නමුත් සමාධිය තුළ සමාපත්තියට සමවැදීමෙහි දක්ෂ නෑ. පින්වත් මහණෙනි, මෙහි ධ්‍යාන වඩන ඇතැම් කෙනෙක් සමාධිය තුළ සමාපත්තියට සමවැදීමෙහි දක්ෂ නෑ. සමාධිය

තුළ සමවතින් නැගී සිටීමෙහි දක්ෂත් නෑ. පින්වත් මහණෙනි, මෙහි ධ්‍යාන වඩන ඇතැම් කෙනෙක් සමාධිය තුළ සමාපත්තියට සමවැදීමෙහි දක්ෂ වෙනවා. සමාධිය තුළ සමවතින් නැගී සිටීමෙහිත් දක්ෂයි.

පින්වත් මහණෙනි, මෙහිලා යම් මේ ධ්‍යාන වඩන පුද්ගලයෙක් සමාධිය තුළ සමාපත්තියට සමවැදීමෙහි දක්ෂ වෙනවා නම්, සමාධිය තුළ සමවතින් නැගී සිටීමෙහිත් දක්ෂ නම්, මොහු මේ ධ්‍යාන වඩන පුද්ගලයන් හතර දෙනාගෙන් අග්‍රවූත් ....(පෙ).... වඩාත් උතුම් වූත් කෙනා වෙනවා.

සාදු! සාදු!! සාදු!!!

සමාපත්තිවුට්ඨාන කුසල සූත්‍රය නිමා විය.

13.1.13
සමාපත්තිකල්ලිත කුසල සූත්‍රය
සමවත හැසිරවීමෙහි දක්ෂකම ගැන වදාළ දෙසුම

674. සැවැත් නුවර දී ....

පින්වත් මහණෙනි, ධ්‍යාන වඩන පුද්ගලයන් හතර දෙනෙක් ඉන්නවා. කවර හතර දෙනෙක්ද යත්;

පින්වත් මහණෙනි, මෙහි ධ්‍යාන වඩන ඇතැම් කෙනෙක් සමාධිය තුළ සමාපත්තියට සමවැදීමෙහි දක්ෂ වෙනවා. නමුත් සමාධිය තුළ සමවත හැසිරවීමෙහි දක්ෂ නෑ. පින්වත් මහණෙනි, මෙහි ධ්‍යාන වඩන ඇතැම් කෙනෙක් සමාධිය තුළ සමවත හැසිරවීමෙහි දක්ෂ වෙනවා. නමුත් සමාධිය තුළ සමාපත්තියට සමවැදීමෙහි දක්ෂ නෑ. පින්වත් මහණෙනි, මෙහි ධ්‍යාන වඩන ඇතැම් කෙනෙක් සමාධිය තුළ සමාපත්තියට සමවැදීමෙහි දක්ෂ නෑ. සමාධිය තුළ සමවත හැසිරවීමෙහි දක්ෂත් නෑ. පින්වත් මහණෙනි, මෙහි ධ්‍යාන වඩන ඇතැම් කෙනෙක් සමාධිය තුළ සමාධිය පවත්වන්නට දක්ෂ වෙනවා. සමාධිය තුළ සමවත හැසිරවීමෙහිත් දක්ෂයි.

පින්වත් මහණෙනි, මෙහිලා යම් මේ ධ්‍යාන වඩන පුද්ගලයෙක් සමාධිය තුළ සමාපත්තියට සමවැදීමෙහි දක්ෂ වෙනවා නම්, සමාධිය තුළ සමවත

හැසිරවීමෙහිත් දක්ෂ නම්, මොහු මේ ධ්‍යාන වඩන පුද්ගලයන් හතර දෙනාගෙන් අග්‍රවූත් ....(පෙ).... වඩාත් උතුම් වූත් කෙනා වෙනවා.

සාදු! සාදු!! සාදු!!!

සමාපත්තිකල්ලිත කුසල සූත්‍රය නිමා විය.

<h1 style="text-align:center">13.1.14</h1>

<h2 style="text-align:center">සමාපත්තිආරම්මණ කුසල සූත්‍රය</h2>

සමවත තුළ භාවනා අරමුණ පැවැත්වීමෙහි දක්ෂකම ගැන වදාළ දෙසුම

675.   සැවැත් නුවර දී ....

පින්වත් මහණෙනි, ධ්‍යාන වඩන පුද්ගලයන් හතර දෙනෙක් ඉන්නවා. කවර හතර දෙනෙක්ද යත්;

පින්වත් මහණෙනි, මෙහි ධ්‍යාන වඩන ඇතැම් කෙනෙක් සමාධිය තුළ සමාපත්තියට සමවැදීමෙහි දක්ෂ වෙනවා. නමුත් සමාධිය තුළ සමවත තුළ භාවනා අරමුණ පැවැත්වීමෙහි දක්ෂ නෑ. පින්වත් මහණෙනි, මෙහි ධ්‍යාන වඩන ඇතැම් කෙනෙක් සමාධිය තුළ සමවත තුළ භාවනා අරමුණ පැවැත්වීමෙහි දක්ෂ වෙනවා. නමුත් සමාධිය තුළ සමාපත්තියට සමවැදීමෙහි දක්ෂ නෑ. පින්වත් මහණෙනි, මෙහි ධ්‍යාන වඩන ඇතැම් කෙනෙක් සමාධිය තුළ සමාපත්තියට සමවැදීමෙහි දක්ෂ නෑ. සමාධිය තුළ සමවත තුළ භාවනා අරමුණ පැවැත්වීමෙහි දක්ෂත් නෑ. පින්වත් මහණෙනි, මෙහි ධ්‍යාන වඩන ඇතැම් කෙනෙක් සමාධිය තුළ සමාපත්තියට සමවැදීමෙහි දක්ෂ වෙනවා. සමාධිය තුළ සමවත තුළ භාවනා අරමුණ පැවැත්වීමෙහිත් දක්ෂයි.

පින්වත් මහණෙනි, මෙහිලා යම් මේ ධ්‍යාන වඩන පුද්ගලයෙක් සමාධිය තුළ සමාපත්තියට සමවැදීමෙහි දක්ෂ වෙනවා නම්, සමාධිය තුළ සමවත තුළ භාවනා අරමුණ පැවැත්වීමෙහිත් දක්ෂ නම්, මොහු මේ ධ්‍යාන වඩන පුද්ගලයන් හතර දෙනාගෙන් අග්‍රවූත් ....(පෙ).... වඩාත් උතුම් වූත් කෙනා වෙනවා.

සාදු! සාදු!! සාදු!!!

සමාපත්තිආරම්මණ කුසල සූත්‍රය නිමා විය.

13.1.15
සමාපත්තිගෝචර කුසල සූත්‍රය
භාවනා අරමුණට සමවත යොමුකර ගැනීමෙහි දක්ෂකම ගැන වදාළ දෙසුම

676. සැවැත් නුවර දී ....

පින්වත් මහණෙනි, ධ්‍යාන වඩන පුද්ගලයන් හතර දෙනෙක් ඉන්නවා. කවර හතර දෙනෙක්ද යත්;

පින්වත් මහණෙනි, මෙහි ධ්‍යාන වඩන ඇතැම් කෙනෙක් සමාධිය තුළ සමාපත්තියට සමවැදීමෙහි දක්ෂ වෙනවා. නමුත් සමාධිය තුළ භාවනා අරමුණට සමවත යොමු කරගැනීමෙහි දක්ෂ නෑ ....(පෙ).... වඩාත් උතුම් වූත් කෙනා වෙනවා.

(සතර ආකාරයෙන් ම විස්තර කළ යුතුය.)

සාදු! සාදු!! සාදු!!!

සමාපත්තිගෝචර කුසල සූත්‍රය නිමා විය.

13.1.16
සමාපත්තිඅභිනීහාර කුසල සූත්‍රය
භාවනා අරමුණට සමවත මැනැවින් යොමුකර ගැනීමෙහි දක්ෂකම ගැන වදාළ දෙසුම

677. සැවැත් නුවර දී ....

....(පෙ).... සමාධිය තුළ සමාපත්තියට සමවැදීමෙහි දක්ෂ වෙනවා. නමුත් සමාධිය තුළ භාවනා අරමුණට සමවත මැනැවින් යොමු කරගැනීමෙහි දක්ෂ නෑ ....(පෙ)....

සාදු! සාදු!! සාදු!!!

සමාපත්තිඅභිනීහාර කුසල සූත්‍රය නිමා විය.

13.1.17
සමාපත්තිසක්කච්චකාරී සූත්‍රය
සමවත තුළ ඉතා ක්‍රමවත් ලෙස භාවනා වැඩීම ගැන වදාළ දෙසුම

678.   සැවැත් නුවර දී ....

....(පෙ).... සමාධිය තුළ සමාපත්තියට සමවැදීමෙහි දක්ෂ වෙනවා. නමුත් සමාධිය තුළ සමවතෙහි ඉතා ක්‍රමවත් ලෙස භාවනා වැඩීමට දක්ෂ නෑ ....(පෙ)....

සාදු! සාදු!! සාදු!!!
සමාපත්තිසක්කච්චකාරී සූත්‍රය නිමා විය.

13.1.18
සමාපත්තිසාතච්චකාරී සූත්‍රය
සමවත තුළ නිතර නිතර භාවනා වැඩීම ගැන වදාළ දෙසුම

679.   සැවැත් නුවර දී ....

....(පෙ).... සමාධිය තුළ සමාපත්තියට සමවැදීමෙහි දක්ෂ වෙනවා. නමුත් සමාධිය තුළ සමවතෙහි නිතර නිතර භාවනා වැඩීමෙහි දක්ෂ නෑ ....(පෙ)....

සාදු! සාදු!! සාදු!!!
සමාපත්තිසාතච්චකාරී සූත්‍රය නිමා විය.

13.1.19
සමාපත්තිසප්පායකාරී සූත්‍රය
සමවතට උදව් ලැබෙන දේ කිරීම ගැන වදාළ දෙසුම

680.   සැවැත් නුවර දී ....

පින්වත් මහණෙනි, ධ්‍යාන වඩන පුද්ගලයන් හතර දෙනෙක් ඉන්නවා. කවර හතර දෙනෙක්ද යත්;

පින්වත් මහණෙනි, මෙහි ධ්‍යාන වඩන ඇතැම් කෙනෙක් සමාධිය තුළ සමාපත්තියට සමවැදීමෙහි දක්ෂ වෙනවා. නමුත් සමාධිය තුළ සමවතට උදව් ලැබෙන දේ කිරීමෙහි දක්ෂ නෑ. පින්වත් මහණෙනි, මෙහි ධ්‍යාන වඩන ඇතැම් කෙනෙක් සමාධිය තුළ සමවතට උදව් ලැබෙන දේ කිරීමෙහි දක්ෂ වෙනවා. නමුත් සමාධිය තුළ සමාපත්තියට සමවැදීමෙහි දක්ෂ නෑ. පින්වත් මහණෙනි, මෙහි ධ්‍යාන වඩන ඇතැම් කෙනෙක් සමාධිය තුළ සමාපත්තියට සමවැදීමෙහි දක්ෂ නෑ. සමාධිය තුළ සමවතට උදව් ලැබෙන දේ කිරීමෙහි දක්ෂත් නෑ. පින්වත් මහණෙනි, මෙහි ධ්‍යාන වඩන ඇතැම් කෙනෙක් සමාධිය තුළ සමාපත්තියට සමවැදීමෙහි දක්ෂ වෙනවා. සමාධිය තුළ සමවතට උදව් ලැබෙන දේ කිරීමෙහිත් දක්ෂයි.

පින්වත් මහණෙනි, මෙහිලා යම් මේ ධ්‍යාන වඩන පුද්ගලයෙක් සමාධිය තුළ සමාපත්තියට සමවැදීමෙහි දක්ෂ වෙනවා නම්, සමාධිය තුළ සමවතට උදව් ලැබෙන දේ කිරීමෙහිත් දක්ෂ නම්, මොහු මේ ධ්‍යාන වඩන පුද්ගලයන් හතර දෙනාගෙන් ....(පෙ).... වඩාත් උතුම් වූත් කෙනා වෙනවා.

සාදු! සාදු!! සාදු!!!

සමාපත්තිසප්පායකාරී සූත්‍රය නිමා විය.

13.1.20
ඨිතිවුට්ඨාන සූත්‍රය
සමාධිය පැවැත්වීමත් නැගී සිටීමත් ගැන වදාළ දෙසුම

681. සැවැත් නුවර දී ....

පින්වත් මහණෙනි, ධ්‍යාන වඩන පුද්ගලයන් හතර දෙනෙක් ඉන්නවා. කවර හතර දෙනෙක්ද යත්;

පින්වත් මහණෙනි, මෙහි ධ්‍යාන වඩන ඇතැම් කෙනෙක් සමාධිය තුළ සමාධිය පවත්වා ගැනීමට දක්ෂ වෙනවා. නමුත් සමාධිය තුළින් නැගී සිටීමට දක්ෂ නෑ. පින්වත් මහණෙනි, මෙහි ධ්‍යාන වඩන ඇතැම් කෙනෙක් සමාධිය තුළින් නැගී සිටීමට දක්ෂ වෙනවා. නමුත් සමාධිය තුළ සමාධිය පවත්වා

ගැනීමට දක්ෂ නෑ. පින්වත් මහණෙනි, මෙහි ධ්‍යාන වඩන ඇතැම් කෙනෙක් සමාධිය තුළ සමාධිය පවත්වා ගැනීමට දක්ෂ නෑ. සමාධිය තුළින් නැගී සිටීමට දක්ෂත් නෑ. පින්වත් මහණෙනි, මෙහි ධ්‍යාන වඩන ඇතැම් කෙනෙක් සමාධිය තුළ සමාධිය පවත්වා ගැනීමට දක්ෂ වෙනවා. සමාධිය තුළින් නැගී සිටීමටත් දක්ෂයි.

පින්වත් මහණෙනි, මෙහිලා යම් මේ ධ්‍යාන වඩන පුද්ගලයෙක් සමාධිය තුළ සමාධිය පවත්වා ගැනීමට දක්ෂ වෙනවා නම්, සමාධිය තුළින් නැගී සිටීමටත් දක්ෂ නම්, මොහු මේ ධ්‍යාන වඩන පුද්ගලයන් හතර දෙනාගෙන් ....(පෙ).... වඩාත් උතුම් වූත් කෙනා වෙනවා.

සාදු! සාදු!! සාදු!!!

ඨිතිවුට්ඨාන සූත්‍රය නිමා විය.

13.1.21
ඨිතිකල්ලිත සූත්‍රය
සමාධිය පවත්වාගැනීමත් ධ්‍යානාංග වෙන් කොට බැලීමත් ගැන වදාළ දෙසුම

682. සැවැත් නුවර දී ....

පින්වත් මහණෙනි, ධ්‍යාන වඩන පුද්ගලයන් හතර දෙනෙක් ඉන්නවා. කවර හතර දෙනෙක්ද යත්;

පින්වත් මහණෙනි, මෙහි ධ්‍යාන වඩන ඇතැම් කෙනෙක් සමාධිය තුළ සමාධිය පවත්වා ගැනීමට දක්ෂ වෙනවා. නමුත් සමාධිය තුළ ධ්‍යානාංග වෙන් කොට දැකීමට දක්ෂ නෑ ....(පෙ).... වඩාත් උතුම් වූත් කෙනා වෙනවා.

සාදු! සාදු!! සාදු!!!

ඨිතිකල්ලිත සූත්‍රය නිමා විය.

13.1.22
ඨිතිආරම්මණ සූත්‍රය
සමාධිය පවත්වාගැනීමත් භාවනා අරමුණ පැවැත්වීමත් ගැන වදාළ දෙසුම

683.	සැවැත් නුවර දී ....

....(පෙ).... සමාධිය තුළ සමාධිය පවත්වන්නට දක්ෂ වෙනවා. නමුත් සමාධිය තුළ භාවනා අරමුණ පැවැත්වීමට දක්ෂ නෑ ....(පෙ)....

සාදු! සාදු!! සාදු!!!

ඨිතිආරම්මණ සූත්‍රය නිමා විය.

13.1.23
ඨිතිගෝචර සූත්‍රය
සමාධිය පවත්වාගැනීමත් භාවනා අරමුණට යොමු වීමත් ගැන වදාළ දෙසුම

684.	සැවැත් නුවර දී ....

....(පෙ).... සමාධිය තුළ සමාධිය පවත්වා ගැනීමට දක්ෂ වෙනවා. නමුත් සමාධිය තුළ භාවනා අරමුණට යොමුවීමට දක්ෂ නෑ ....(පෙ)....

සාදු! සාදු!! සාදු!!!

ඨිතිගෝචර සූත්‍රය නිමා විය.

13.1.24
ඨිතිඅභිනීහාර සූත්‍රය
සමාධිය පවත්වාගැනීමත් භාවනා අරමුණට මැනැවින් යොමු වීමත් ගැන වදාළ දෙසුම

685. සැවැත් නුවර දී ....

....(පෙ).... සමාධිය තුළ සමාධිය පවත්වා ගැනීමට දක්ෂ වෙනවා. නමුත් සමාධිය තුළ භාවනා අරමුණට මැනැවින් යොමුවීමට දක්ෂ නෑ ....(පෙ)....

සාදු! සාදු!! සාදු!!!

ඨිතිඅභිනීහාර සූත්‍රය නිමා විය.

13.1.25
ඨිතිසක්කච්චකාරී සූත්‍රය
සමාධිය පවත්වාගැනීමත් ඉතා ක්‍රමාණුකූල ලෙස භාවනා කිරීමත් ගැන වදාළ දෙසුම

686. සැවැත් නුවර දී ....

....(පෙ).... සමාධිය තුළ සමාධිය පවත්වා ගැනීමට දක්ෂ වෙනවා. නමුත් සමාධිය තුළ ඉතා ක්‍රමාණුකූලව භාවනා කිරීමට දක්ෂ නෑ ....(පෙ)....

සාදු! සාදු!! සාදු!!!

ඨිතිසක්කච්චකාරී සූත්‍රය නිමා විය.

13.1.26
ඨිතිසාතච්චකාරී සූත්‍රය
සමාධිය පවත්වාගැනීමත් නිතර නිතර භාවනා කිරීමත් ගැන වදාළ දෙසුම

687. සැවැත් නුවර දී ....

....(පෙ).... සමාධිය තුළ සමාධිය පවත්වා ගැනීමට දක්ෂ වෙනවා. නමුත් සමාධිය තුළ නිතර නිතර භාවනා කිරීමට දක්ෂ නෑ ....(පෙ)....

සාදු! සාදු!! සාදු!!!

ඨිතිසාතච්චකාරී සූත්‍රය නිමා විය.

13.1.27
ඨිතිසප්පායකාරී සූත්‍රය
සමාධිය පවත්වාගැනීමත් භවනාවට උදව් ලැබෙන දේ කිරීමත් ගැන වදාළ දෙසුම

688. සැවැත් නුවර දී ....

පින්වත් මහණෙනි, මෙහි ධ්‍යාන වඩන ඇතැම් කෙනෙක් සමාධිය තුළ සමාධිය පවත්වා ගැනීමට දක්ෂ වෙනවා. නමුත් සමාධිය තුළ භාවනාවට උදව් ලැබෙන දේ කිරීමට දක්ෂ නෑ. පින්වත් මහණෙනි, මෙහි ධ්‍යාන වඩන ඇතැම් කෙනෙක් සමාධිය තුළ භාවනාවට උදව් ලැබෙන දේ කිරීමට දක්ෂ වෙනවා. නමුත් සමාධිය තුළ සමාධිය පවත්වා ගැනීමට දක්ෂ නෑ. පින්වත් මහණෙනි, මෙහි ධ්‍යාන වඩන ඇතැම් කෙනෙක් සමාධිය තුළ සමාධිය පවත්වා ගැනීමට දක්ෂ නෑ. සමාධිය තුළ භාවනාවට උදව් ලැබෙන දේ කිරීමට දක්ෂත් නෑ. පින්වත් මහණෙනි, මෙහි ධ්‍යාන වඩන ඇතැම් කෙනෙක් සමාධිය තුළ සමාධිය පවත්වා ගැනීමට දක්ෂ වෙනවා. සමාධිය තුළ භාවනාවට උදව් ලැබෙන දේ කිරීමටත් දක්ෂයි.

පින්වත් මහණෙනි, මෙහිලා යම් මේ ධ්‍යාන වඩන පුද්ගලයෙක් සමාධිය

තුළ සමාධිය පවත්වා ගැනීමට දක්ෂ වෙනවා නම්, සමාධිය තුළ භාවනාවට උදව් ලැබෙන දේ කිරීමටත් දක්ෂ නම්, මොහු මේ ධ්‍යාන වඩන පුද්ගලයන් හතර දෙනාගෙන් ....(පෙ).... වඩාත් උතුම් වූත් කෙනා වෙනවා.

සාදු! සාදු!! සාදු!!!

ධීතිසප්පායකාරී සූත්‍රය නිමා විය.

13.1.28
වුට්ඨානකල්ලිත සූත්‍රය
සමාධියෙන් නැගී සිටීමත් ධ්‍යානාංග වෙන් කොට බැලීමත් ගැන වදාළ දෙසුම

689. සැවැත් නුවර දී ....

පින්වත් මහණෙනි, ධ්‍යාන වඩන පුද්ගලයන් හතර දෙනෙක් ඉන්නවා. කවර හතර දෙනෙක්ද යත්;

පින්වත් මහණෙනි, මෙහි ධ්‍යාන වඩන ඇතැම් කෙනෙක් සමාධියෙන් නැගීසිටීමට දක්ෂ වෙනවා. නමුත් සමාධිය තුළ ධ්‍යානාංග වෙන් කොට බැලීමට දක්ෂ නෑ. පින්වත් මහණෙනි, මෙහි ධ්‍යාන වඩන ඇතැම් කෙනෙක් සමාධිය තුළ ධ්‍යානාංග වෙන් කොට බැලීමට දක්ෂ වෙනවා. නමුත් සමාධියෙන් නැගී සිටීමට දක්ෂ නෑ. පින්වත් මහණෙනි, මෙහි ධ්‍යාන වඩන ඇතැම් කෙනෙක් සමාධියෙන් නැගීසිටීමට දක්ෂ නෑ. සමාධිය තුළ ධ්‍යානාංග වෙන් කොට බැලීමට දක්ෂත් නෑ. පින්වත් මහණෙනි, මෙහි ධ්‍යාන වඩන ඇතැම් කෙනෙක් සමාධියෙන් නැගීසිටීමට දක්ෂ වෙනවා. සමාධිය තුළ ධ්‍යානාංග වෙන් කොට බැලීමටත් දක්ෂයි.

පින්වත් මහණෙනි, මෙහිලා යම් මේ ධ්‍යාන වඩන පුද්ගලයෙක් සමාධියෙන් නැගී සිටීමට දක්ෂ වෙනවා නම්, සමාධිය තුළ ධ්‍යානාංග වෙන් කොට බැලීමටත් දක්ෂ නම්, මොහු මේ ධ්‍යාන වඩන පුද්ගලයන් හතර දෙනාගෙන් ....(පෙ).... වඩාත් උතුම් වූත් කෙනා වෙනවා.

සාදු! සාදු!! සාදු!!!

වුට්ඨානකල්ලිත සූත්‍රය නිමා විය.

13.1.29
වුට්ඨානආරම්මණ සූත්‍රය
සමාධියෙන් නැගී සිටීමත් සමාධිය තුළ භාවනා අරමුණ පැවැත්වීමත් ගැන වදාළ දෙසුම

690. සැවැත් නුවර දී ....

පින්වත් මහණෙනි, ධ්‍යාන වඩන පුද්ගලයන් හතර දෙනෙක් ඉන්නවා. කවර හතර දෙනෙක්ද යත්;

පින්වත් මහණෙනි, මෙහි ධ්‍යාන වඩන ඇතැම් කෙනෙක් සමාධියෙන් නැගී සිටීමට දක්ෂ වෙනවා. නමුත් සමාධිය තුළ භාවනා අරමුණ පැවැත්වීමට දක්ෂ නෑ. ....(පෙ).... වඩාත් උතුම් වූත් කෙනා වෙනවා.

සාදු! සාදු!! සාදු!!!

වුට්ඨානආරම්මණ සූත්‍රය නිමා විය.

13.1.30
වුට්ඨානගෝචර සූත්‍රය
සමාධියෙන් නැගී සිටීමත් සමාධිය තුළ භාවනා අරමුණ යොමුකිරීමත් ගැන වදාළ දෙසුම

691. සැවැත් නුවර දී ....

....(පෙ).... සමාධියෙන් නැගී සිටීමට දක්ෂ වෙනවා. නමුත් සමාධිය තුළ භාවනා අරමුණ යොමු කිරීමට දක්ෂ නෑ ....(පෙ)....

සාදු! සාදු!! සාදු!!!

වුට්ඨානගෝචර සූත්‍රය නිමා විය.

13.1.31
වුට්ඨානඅභිනීහාර සූත්‍රය
සමාධියෙන් නැගී සිටීමත් සමාධිය තුළ භාවනා අරමුණ මැනැවින් යොමුකිරීමත් ගැන වදාළ දෙසුම

692. සැවැත් නුවර දී ....

....(පෙ).... සමාධියෙන් නැගී සිටීමට දක්ෂ වෙනවා. නමුත් සමාධිය තුළ භාවනා අරමුණ මැනැවින් යොමු කිරීමට දක්ෂ නෑ ....(පෙ)....

සාදු! සාදු!! සාදු!!!

වුට්ඨානඅභිනීහාර සූත්‍රය නිමා විය.

13.1.32
වුට්ඨානසක්කච්චකාරී සූත්‍රය
සමාධියෙන් නැගී සිටීමත් සමාධිය තුළ ඉතා ක්‍රමානුකූලව භාවනා වැඩීමත් ගැන වදාළ දෙසුම

693. සැවැත් නුවර දී ....

....(පෙ).... සමාධියෙන් නැගී සිටීමට දක්ෂ වෙනවා. නමුත් සමාධිය තුළ ඉතා ක්‍රමානුකූලව භාවනා වැඩීමට දක්ෂ නෑ ....(පෙ)....

සාදු! සාදු!! සාදු!!!

වුට්ඨානසක්කච්චකාරී සූත්‍රය නිමා විය.

13.1.33
වුට්ඨානසාතච්චකාරී සූත්‍රය
සමාධියෙන් නැගී සිටීමත් සමාධිය තුළ නිතර නිතර භාවනා වැඩීමත් ගැන වදාළ දෙසුම

694. සැවැත් නුවර දී ....

....(පෙ).... සමාධියෙන් නැගී සිටීමට දක්ෂ වෙනවා. නමුත් සමාධිය තුළ නිතර නිතර භාවනා වැඩීමට දක්ෂ නෑ ....(පෙ)....

සාදු! සාදු!! සාදු!!!

වුට්ඨානසාතච්චකාරී සූත්‍රය නිමා විය.

13.1.34
වුට්ඨානසප්පායකාරී සූත්‍රය
සමාධියෙන් නැගී සිටීමත් සමාධිය තුළ භාවනාවට උදව් ලැබෙන දේ කිරීමත් ගැන වදාළ දෙසුම

695. සැවැත් නුවර දී ....

පින්වත් මහණෙනි, මෙහි ධ්‍යාන වඩන ඇතැම් කෙනෙක් සමාධියෙන් නැගීසිටීමට දක්ෂ වෙනවා. නමුත් සමාධිය තුළ භාවනාවට උදව් ලැබෙන දේ කිරීමට දක්ෂ නෑ. පින්වත් මහණෙනි, මෙහි ධ්‍යාන වඩන ඇතැම් කෙනෙක් සමාධිය තුළ භාවනාවට උදව් ලැබෙන දේ කිරීමට දක්ෂ වෙනවා. නමුත් සමාධියෙන් නැගීසිටීමට දක්ෂ නෑ. පින්වත් මහණෙනි, මෙහි ධ්‍යාන වඩන ඇතැම් කෙනෙක් සමාධියෙන් නැගීසිටීමට දක්ෂ නෑ. සමාධිය තුළ භාවනාවට උදව් ලැබෙන දේ කිරීමට දක්ෂත් නෑ. පින්වත් මහණෙනි, මෙහි ධ්‍යාන වඩන ඇතැම් කෙනෙක් සමාධියෙන් නැගීසිටීමට දක්ෂ වෙනවා. සමාධිය තුළ භාවනාවට උදව් ලැබෙන දේ කිරීමටත් දක්ෂයි.

පින්වත් මහණෙනි, මෙහිලා යම් මේ ධ්‍යාන වඩන පුද්ගලයෙක් සමාධියෙන් නැගී සිටීමට දක්ෂ වෙනවා නම්, සමාධිය තුළ භාවනාවට උදව්

ලැබෙන දේ කිරීමටත් දක්ෂ නම්, මොහු මේ ධ්‍යාන වඩන පුද්ගලයන් හතර දෙනාගෙන් ....(පෙ).... වඩාත් උතුම් වූත් කෙනා වෙනවා.

සාදු! සාදු!! සාදු!!!

වුට්ඨානසප්පායකාරී සූත්‍රය නිමා විය.

13.1.35
කල්ලිත ආරම්මණ සූත්‍රය
ධ්‍යානාංග වෙන් කොට බැලීමත් භාවනා අරමුණ පැවැත්වීමත් ගැන වදාළ දෙසුම

696. සැවැත් නුවර දී ....

පින්වත් මහණෙනි, ධ්‍යාන වඩන පුද්ගලයන් හතර දෙනෙක් ඉන්නවා. කවර හතර දෙනෙක්ද යත්;

පින්වත් මහණෙනි, මෙහි ධ්‍යාන වඩන ඇතැම් කෙනෙක් සමාධිය තුළ ධ්‍යානාංග වෙන් කොට බැලීමට දක්ෂ වෙනවා. නමුත් සමාධිය තුළ භාවනා අරමුණ පැවැත්වීමට දක්ෂ නෑ. පින්වත් මහණෙනි, මෙහි ධ්‍යාන වඩන ඇතැම් කෙනෙක් සමාධිය තුළ භාවනා අරමුණ පැවැත්වීමට දක්ෂ වෙනවා. නමුත් සමාධිය තුළ ධ්‍යානාංග වෙන් කොට බැලීමට දක්ෂ නෑ. පින්වත් මහණෙනි, මෙහි ධ්‍යාන වඩන ඇතැම් කෙනෙක් සමාධිය තුළ ධ්‍යානාංග වෙන් කොට බැලීමට දක්ෂ නෑ. සමාධිය තුළ භාවනා අරමුණ පැවැත්වීමට දක්ෂත් නෑ. පින්වත් මහණෙනි, මෙහි ධ්‍යාන වඩන ඇතැම් කෙනෙක් සමාධිය තුළ ධ්‍යානාංග වෙන් කොට බැලීමට දක්ෂ වෙනවා. සමාධිය තුළ භාවනා අරමුණ පැවැත්වීමටත් දක්ෂයි.

පින්වත් මහණෙනි, මෙහිලා යම් මේ ධ්‍යාන වඩන පුද්ගලයෙක් සමාධිය තුළ ධ්‍යානාංග වෙන් කොට බැලීමට දක්ෂ වෙනවා නම්, සමාධිය තුළ භාවනා අරමුණ පැවැත්වීමටත් දක්ෂ නම්, මොහු මේ ධ්‍යාන වඩන පුද්ගලයන් හතර දෙනාගෙන් ....(පෙ).... වඩාත් උතුම් වූත් කෙනා වෙනවා.

සාදු! සාදු!! සාදු!!!

කල්ලිතආරම්මණ සූත්‍රය නිමා විය.

13.1.36
කල්ලිත ගෝචර සූත්‍රය
ධ්‍යානාංග වෙන් කොට බැලීමත් භාවනා අරමුණට යොමු කිරීමත් ගැන වදාළ දෙසුම

697. සැවැත් නුවර දී ....

පින්වත් මහණෙනි, ධ්‍යාන වඩන පුද්ගලයන් හතර දෙනෙක් ඉන්නවා. කවර හතර දෙනෙක්ද යත්; පින්වත් මහණෙනි, මෙහි ධ්‍යාන වඩන ඇතැම් කෙනෙක් සමාධිය තුළ ධ්‍යානාංග වෙන් කොට බැලීමට දක්ෂ වෙනවා. නමුත් සමාධිය තුළ භාවනා අරමුණට යොමු කිරීමෙහි දක්ෂ නෑ ....(පෙ).... වඩාත් උතුම් වූත් කෙනා වෙනවා.

සාදු! සාදු!! සාදු!!!

කල්ලිතගෝචර සූත්‍රය නිමා විය.

13.1.37
කල්ලිත අභිනීහාර සූත්‍රය
ධ්‍යානාංග වෙන් කොට බැලීමත් භාවනා අරමුණට මැනැවින් යොමු කිරීමත් ගැන වදාළ දෙසුම

698. සැවැත් නුවර දී ....

....(පෙ).... සමාධිය තුළ ධ්‍යානාංග වෙන් කොට බැලීමට දක්ෂ වෙනවා. නමුත් සමාධිය තුළ භාවනා අරමුණට මැනැවින් යොමු කිරීමෙහි දක්ෂ නෑ ....(පෙ)....

සාදු! සාදු!! සාදු!!!

කල්ලිතඅභිනීහාර සූත්‍රය නිමා විය.

13.1.38
කල්ලිත සක්කච්චකාරී සූත්‍රය
ධ්‍යානාංග වෙන් කොට බැලීමත් ඉතා ක්‍රමාණුකූලව භාවනා කිරීමත් ගැන වදාළ දෙසුම

699.   සැවැත් නුවර දී ....

   ....(පෙ).... සමාධිය තුළ ධ්‍යානාංග වෙන් කොට බැලීමට දක්ෂ වෙනවා. නමුත් සමාධිය තුළ ඉතා ක්‍රමානුකූලව භාවනා කිරීමෙහි දක්ෂ නෑ ....(පෙ)....

සාදු! සාදු!! සාදු!!!

කල්ලිතසක්කච්චකාරී සූත්‍රය නිමා විය.

13.1.39
කල්ලිත සාතච්චකාරී සූත්‍රය
ධ්‍යානාංග වෙන් කොට බැලීමත් නිතර නිතර භාවනා කිරීමත් ගැන වදාළ දෙසුම

700.   සැවැත් නුවර දී ....

   ....(පෙ).... සමාධිය තුළ ධ්‍යානාංග වෙන් කොට බැලීමට දක්ෂ වෙනවා. නමුත් සමාධිය තුළ නිතර නිතර භාවනා කිරීමෙහි දක්ෂ නෑ ....(පෙ)....

සාදු! සාදු!! සාදු!!!

කල්ලිතසාතච්චකාරී සූත්‍රය නිමා විය.

13.1.40
කල්ලිත සප්පායකාරී සූත්‍රය
ධ්‍යානාංග වෙන් කොට බැලීමත් භාවනාවට උදව් ලැබෙන දේ කිරීමත් ගැන වදාළ දෙසුම

701.   සැවැත් නුවර දී ....

....(පෙ).... සමාධිය තුළ ධ්‍යානාංග වෙන් කොට බැලීමට දක්ෂ වෙනවා. නමුත් සමාධිය තුළ භාවනාවට උදව් ලැබෙන දේ කිරීමෙහි දක්ෂ නෑ ....(පෙ)....

සාදු! සාදු!! සාදු!!!

කල්ලිතසප්පායකාරි සූත්‍රය නිමා විය.

13.1.41
ආරම්මණගෝචර සූත්‍රය
භාවනා අරමුණ පැවැත්වීමටත් භාවනා අරමුණට යොමු කිරීමත් ගැන වදාළ දෙසුම

702. සැවැත් නුවර දී ....

පින්වත් මහණෙනි, ධ්‍යාන වඩන පුද්ගලයන් හතර දෙනෙක් ඉන්නවා. කවර හතර දෙනෙක්ද යත්;

පින්වත් මහණෙනි, මෙහි ධ්‍යාන වඩන ඇතැම් කෙනෙක් සමාධිය තුළ භාවනා අරමුණ පැවැත්වීමට දක්ෂ වෙනවා. නමුත් සමාධිය තුළ භාවනා අරමුණට යොමුකිරීමට දක්ෂ නෑ. පින්වත් මහණෙනි, මෙහි ධ්‍යාන වඩන ඇතැම් කෙනෙක් සමාධිය තුළ භාවනා අරමුණට යොමුකිරීමට දක්ෂ වෙනවා. නමුත් සමාධිය තුළ භාවනා අරමුණ පැවැත්වීමට දක්ෂ නෑ. පින්වත් මහණෙනි, මෙහි ධ්‍යාන වඩන ඇතැම් කෙනෙක් සමාධිය තුළ භාවනා අරමුණ පැවැත්වීමට දක්ෂ නෑ. සමාධිය තුළ භාවනා අරමුණට යොමුකිරීමට දක්ෂත් නෑ. පින්වත් මහණෙනි, මෙහි ධ්‍යාන වඩන ඇතැම් කෙනෙක් සමාධිය තුළ භාවනා අරමුණ පැවැත්වීමට දක්ෂ වෙනවා. සමාධිය තුළ භාවනා අරමුණට යොමු කිරීමටත් දක්ෂයි.

පින්වත් මහණෙනි, මෙහිලා යම් මේ ධ්‍යාන වඩන පුද්ගලයෙක් ....(පෙ).... වඩාත් උතුම් වූත් කෙනා වෙනවා.

සාදු! සාදු!! සාදු!!!

ආරම්මණගෝචර සූත්‍රය නිමා විය.

13.1.42
ආරම්මණඅභිනීහාර සූත්‍රය
භාවනා අරමුණ පැවැත්වීමත් භාවනා අරමුණට මැනැවින් යොමු කිරීමත් ගැන වදාළ දෙසුම

703.   සැවැත් නුවර දී ....

පින්වත් මහණෙනි, ධ්‍යාන වඩන පුද්ගලයන් හතර දෙනෙක් ඉන්නවා. කවර හතර දෙනෙක්ද යත්; ....(පෙ).... සමාධිය තුළ භාවනා අරමුණ පැවැත්වීමට දක්ෂ වෙනවා. නමුත් සමාධිය තුළ භාවනා අරමුණට මැනැවින් යොමු කිරීමට දක්ෂ නෑ ....(පෙ).... වඩාත් උතුම් වූත් කෙනා වෙනවා.

සාදු! සාදු!! සාදු!!!

ආරම්මණඅභිනීහාර සූත්‍රය නිමා විය.

13.1.43
ආරම්මණසක්කච්චකාරී සූත්‍රය
භාවනා අරමුණ පැවැත්වීමත් ඉතා ක්‍රමාණුකූලව භාවනා කිරීමත් ගැන වදාළ දෙසුම

704.   සැවැත් නුවර දී ....

....(පෙ).... සමාධිය තුළ භාවනා අරමුණ පැවැත්වීමට දක්ෂ වෙනවා. නමුත් සමාධිය තුළ ඉතා ක්‍රමානුකූලව භාවනා කිරීමට දක්ෂ නෑ ....(පෙ)....

සාදු! සාදු!! සාදු!!!

ආරම්මණසක්කච්චකාරී සූත්‍රය නිමා විය.

13.1.44
ආරම්මණසාතච්චකාරී සූත්‍රය
භාවනා අරමුණ පැවැත්වීමත් නැවත නැවත භාවනා කිරීමත් ගැන වදාළ දෙසුම

705. සැවැත් නුවර දී ....

....(පෙ).... සමාධිය තුළ භාවනා අරමුණ පැවැත්වීමට දක්ෂ වෙනවා. නමුත් සමාධිය තුළ නැවත නැවත භාවනා කිරීමට දක්ෂ නෑ ....(පෙ)....

සාදු! සාදු!! සාදු!!!
ආරම්මණසාතච්චකාරී සූත්‍රය නිමා විය.

13.1.45
ආරම්මණසප්පායකාරී සූත්‍රය
භාවනා අරමුණ පැවැත්වීමත් භාවනාවට උදව් ලැබෙන දේ කිරීමත් ගැන වදාළ දෙසුම

706. සැවැත් නුවර දී ....

....(පෙ).... සමාධිය තුළ භාවනා අරමුණ පැවැත්වීමට දක්ෂ වෙනවා. නමුත් සමාධිය තුළ භාවනාවට උදව් ලැබෙන දේ කිරීමට දක්ෂ නෑ ....(පෙ)....

සාදු! සාදු!! සාදු!!!
ආරම්මණසප්පායකාරී සූත්‍රය නිමා විය.

13.1.46
ගෝචරඅභිනීහාර සූත්‍රය
භාවනා අරමුණට යොමු කිරීමත් භාවනා අරමුණට මැනැවින් යොමු කිරීමත් ගැන වදාළ දෙසුම

707. සැවැත් නුවර දී ....

....(පෙ).... සමාධිය තුළ භාවනා අරමුණට යොමු කිරීමට දක්ෂ වෙනවා. නමුත් සමාධිය තුළ භාවනා අරමුණට මැනැවින් යොමු කිරීමට දක්ෂ නෑ ....(පෙ).... සමාධිය තුළ භාවනා අරමුණට මැනැවින් යොමු කිරීමට දක්ෂ වෙනවා. නමුත් සමාධිය තුළ භාවනා අරමුණට යොමු කිරීමට දක්ෂ නෑ ....(පෙ).... සමාධිය තුළ භාවනා අරමුණට යොමු කිරීමට දක්ෂ නෑ. සමාධිය තුළ භාවනා අරමුණට මැනැවින් යොමු කිරීමටත් දක්ෂ නෑ ....(පෙ).... සමාධිය තුළ භාවනා අරමුණට යොමු කිරීමට දක්ෂ වෙනවා. සමාධිය තුළ භාවනා අරමුණට මැනැවින් යොමු කිරීමටත් දක්ෂයි ....(පෙ).... වඩාත් උතුම් වූත් කෙනා වෙනවා.

සාදු! සාදු!! සාදු!!!

ගෝචර අභිනීහාර සූත්‍රය නිමා විය.

13.1.47

ගෝචරසක්කච්චකාරී සූත්‍රය

භාවනා අරමුණට යොමු කිරීමත් ඉතා ක්‍රමානුකූලව භාවනා කිරීමත් ගැන වදාළ දෙසුම

708. සැවැත් නුවර දී ....

....(පෙ).... සමාධිය තුළ භාවනා අරමුණට යොමු කිරීමට දක්ෂ වෙනවා. නමුත් සමාධිය තුළ ඉතා ක්‍රමානුකූලව භාවනා කිරීමට දක්ෂ නෑ ....(පෙ)....

සාදු! සාදු!! සාදු!!!

ගෝචර සක්කච්චකාරී සූත්‍රය නිමා විය.

13.1.48

ගෝචරසාතච්චකාරී සූත්‍රය

භාවනා අරමුණට යොමු කිරීමත් නැවත නැවත භාවනා කිරීමත් ගැන වදාළ දෙසුම

709. සැවැත් නුවර දී ....

....(පෙ).... සමාධිය තුළ භාවනා අරමුණට යොමු කිරීමට දක්ෂ වෙනවා. නමුත් සමාධිය තුළ නැවත නැවත භාවනා කිරීමට දක්ෂ නෑ ....(පෙ)....

සාදු! සාදු!! සාදු!!!

ගෝචර සාතච්චකාරී සූත්‍රය නිමා විය.

13.1.49
ගෝචරසප්පායකාරී සූත්‍රය
භාවනා අරමුණට යොමු කිරීමත් භාවනාවට උදව් ලැබෙන දේ කිරීමත් ගැන වදාළ දෙසුම

710. සැවැත් නුවර දී ....

....(පෙ).... සමාධිය තුළ භාවනා අරමුණට යොමු කිරීමට දක්ෂ වෙනවා. නමුත් සමාධිය තුළ භාවනාවට උදව් ලැබෙන දේ කිරීමට දක්ෂ නෑ ....(පෙ)....

සාදු! සාදු!! සාදු!!!

ගෝචර සප්පායකාරී සූත්‍රය නිමා විය.

13.1.50
අභිනීහාරසක්කච්චකාරී සූත්‍රය
භාවනා අරමුණට මැනැවින් යොමු කිරීමත් ඉතා ක්‍රමානුකූලව භාවනා කිරීමත් ගැන වදාළ දෙසුම

711. සැවැත් නුවර දී ....

....(පෙ).... සමාධිය තුළ භාවනා අරමුණට මැනැවින් යොමු කිරීමට දක්ෂ වෙනවා. නමුත් සමාධිය තුළ ඉතා ක්‍රමානුකූලව භාවනා කිරීමට දක්ෂ නෑ ....(පෙ)....

සාදු! සාදු!! සාදු!!!

අභිනීහාරසක්කච්චකාරී සූත්‍රය නිමා විය.

13.1.51
අභිනීහාරසාතච්චකාරී සූත්‍රය
භාවනා අරමුණට මැනැවින් යොමු කිරීමත් නැවත නැවත භාවනා කිරීමත් ගැන වදාළ දෙසුම

712.   සැවැත් නුවර දී ....

පින්වත් මහණෙනි, ධ්‍යාන වඩන පුද්ගලයන් හතර දෙනෙක් ඉන්නවා. කවර හතර දෙනෙක්ද යත්; පින්වත් මහණෙනි, මෙහි ධ්‍යාන වඩන ඇතැම් කෙනෙක් සමාධිය තුළ භාවනා අරමුණට මැනැවින් යොමු කිරීමට දක්ෂ වෙනවා. නමුත් සමාධිය තුළ නැවත නැවත භාවනා කිරීමට දක්ෂ නෑ ....(පෙ).... වඩාත් උතුම් වූත් කෙනා වෙනවා.

සාදු! සාදු!! සාදු!!!

අභිනීහාරසාතච්චකාරී සූත්‍රය නිමා විය.

13.1.52
අභිනීහාරසප්පායකාරී සූත්‍රය
භාවනා අරමුණට මැනැවින් යොමු කිරීමත් භාවනාවට උදව් ලැබෙන දේ කිරීමත් ගැන වදාළ දෙසුම

713.   සැවැත් නුවර දී ....

....(පෙ).... පින්වත් මහණෙනි, මෙහි ධ්‍යාන වඩන ඇතැම් කෙනෙක් සමාධිය තුළ භාවනා අරමුණට මැනැවින් යොමු කිරීමට දක්ෂ වෙනවා. නමුත් සමාධිය තුළ භාවනාවට උදව් ලැබෙන දේ කිරීමට දක්ෂ නෑ ....(පෙ)....

සාදු! සාදු!! සාදු!!!

අභිනීහාරසප්පායකාරී සූත්‍රය නිමා විය.

13.1.53
සක්කච්චසාතච්චකාරී සූත්‍රය
ඉතා ක්‍රමාණුකූලව භාවනා කිරීමත් නිතර නිතර භාවනා කිරීමත් ගැන වදාළ දෙසුම

714. සැවැත් නුවර දී ....

....(පෙ).... පින්වත් මහණෙනි, මෙහි ධ්‍යාන වඩන ඇතැම් කෙනෙක් සමාධිය තුළ ඉතා ක්‍රමානුකූලව භාවනා කරනවා. නමුත් සමාධිය තුළ නිතර නිතර භාවනා කරන්නේ නෑ ....(පෙ).... සමාධිය තුළ නිතර නිතර භාවනා කරනවා. නමුත් සමාධිය තුළ ඉතා ක්‍රමානුකූලව භාවනා කරන්නේ නෑ ....(පෙ).... සමාධිය තුළ ඉතා ක්‍රමානුකූලව භාවනා කරන්නේ නෑ. සමාධිය තුළ නිතර නිතර භාවනා කරන්නෙත් නෑ ....(පෙ).... සමාධිය තුළ ඉතා ක්‍රමානුකූලව භාවනා කරනවා. සමාධිය තුළ නිතර නිතර භාවනා කරනවා. පින්වත් මහණෙනි, මෙහිලා ....(පෙ).... වඩාත් උතුම් වූත් කෙනා වෙනවා.

සාදු! සාදු!! සාදු!!!

සක්කච්චසාතච්චකාරී සූත්‍රය නිමා විය.

13.1.54
සක්කච්චසප්පායකාරී සූත්‍රය
ඉතා ක්‍රමානුකූලව භාවනා කිරීමත් භාවනාවට උදව් ලැබෙන දේ කිරීමත් ගැන වදාළ දෙසුම

715. සැවැත් නුවර දී ....

....(පෙ).... සමාධිය තුළ ඉතා ක්‍රමානුකූලව භාවනා කරනවා. නමුත් සමාධිය තුළ භාවනාවට උදව් ලැබෙන දේ කරන්නේ නෑ ....(පෙ)....

සාදු! සාදු!! සාදු!!!

සක්කච්චසප්පායකාරී සූත්‍රය නිමා විය.

13.1.55
සාතච්චසප්පායකාරී සූත්‍රය
නැවත නැවත භාවනා කිරීමත් භාවනාවට උදව් ලැබෙන දේ කිරීමත් ගැන වදාළ දෙසුම

716. සැවැත් නුවර දී ....

පින්වත් මහණෙනි, ධ්‍යාන වඩන පුද්ගලයන් හතර දෙනෙක් ඉන්නවා. කවර හතර දෙනෙක්ද යත්;

පින්වත් මහණෙනි, මෙහි ධ්‍යාන වඩන ඇතැම් කෙනෙක් සමාධිය තුළ නිතර නිතර භාවනා කරනවා. නමුත් සමාධිය තුළ භාවනාවට උදව් ලැබෙන දේ කරන්නේ නෑ. පින්වත් මහණෙනි, මෙහි ධ්‍යාන වඩන ඇතැම් කෙනෙක් සමාධිය තුළ භාවනාවට උදව් ලැබෙන දේ කරනවා. නමුත් සමාධිය තුළ නිතර නිතර භාවනා කරන්නේ නෑ. පින්වත් මහණෙනි, මෙහි ධ්‍යාන වඩන ඇතැම් කෙනෙක් සමාධිය තුළ නිතර නිතර භාවනා කරන්නේ නෑ. සමාධිය තුළ භාවනාවට උදව් ලැබෙන දේ කරන්නේ නෑ. පින්වත් මහණෙනි, මෙහි ධ්‍යාන වඩන ඇතැම් කෙනෙක් සමාධිය තුළ නිතර නිතර භාවනා කරනවා. සමාධිය තුළ භාවනාවට උදව් ලැබෙන දේ කරනවා.

පින්වත් මහණෙනි, මෙහිලා යම් මේ ධ්‍යාන වඩන පුද්ගලයෙක් සමාධිය තුළ නිතර නිතර භාවනා කරනවා නම්, සමාධිය තුළ භාවනාවට උදව් ලැබෙන දේ කරනවා නම්, මොහු මේ ධ්‍යාන වඩන පුද්ගලයන් හතර දෙනාගෙන් අග්‍රවූත්, ශ්‍රේෂ්ඨ වූත්, ප්‍රධාන වූත්, උත්තම වූත් වඩාත් උතුම් වූත් කෙනා වෙනවා.

පින්වත් මහණෙනි, එය මෙවැනි දෙයක්. ගව දෙනට වඩා කිරි තමයි අග්‍ර. කිරට වඩා දී තමයි අග්‍ර. දීවලට වඩා වෙඬරු තමයි අග්‍ර. වෙඬරුවලට වඩා ගිතෙල් තමයි අග්‍ර. ගිතෙලට වඩා ගීමන්ද තමයි අග්‍රයි කියලා කියන්නේ. ඒ වගේම පින්වත් මහණෙනි, යම් මේ ධ්‍යාන වඩන පුද්ගලයෙක් සමාධිය තුළ නිතර නිතර භාවනා කරනවා නම්, සමාධිය තුළ භාවනාවට උදව් ලැබෙන දේ කරනවා නම් මොහු මේ ධ්‍යාන වඩන පුද්ගලයන් හතර දෙනාගෙන් අග්‍ර වූත්, ශ්‍රේෂ්ඨ වූත්, ප්‍රධාන වූත්, උත්තම වූත්, වඩාත් උතුම් වූත් කෙනා වෙනවා.

භාග්‍යවතුන් වහන්සේ මෙය වදාළ සේක. සතුටට පත් ඒ භික්ෂූන්

වහන්සේලා භාග්‍යවතුන් වහන්සේ වදාළ ධර්මය සතුටින් පිළිගත්තා.

සාදු! සාදු!! සාදු!!!

සාතච්චසප්පායකාරී සූත්‍රය නිමා විය.

(ඔය ආකාරයෙන් ඒ පෙය්‍යාලයන්ට අනුව සූත්‍ර පනස් පහක් විස්තර කළ යුතුය.)

පළමු වෙනි ඣාන වර්ගය අවසන් විය.

- එහි පිළිවෙල උද්දානයයි :

සමාධි සූත්‍ර දහයකි, සමාපත්ති සූත්‍ර නවයකි, ඨිති සූත්‍ර අටකි, වුට්ඨාන සූත්‍ර හතකි, කල්ලිත සූත්‍ර හයකි, ආරම්මණ සූත්‍ර පසකි, ගෝචර සූත්‍ර හතරකි, අභිනීහාර සූත්‍ර තුනකි, සක්කච්ච සූත්‍ර දෙකකි, සාතච්ච සූත්‍ර එකක් වශයෙන් සූත්‍ර පනස් පහකි.

ඣාන සංයුත්තය නිමා විය.

- එහි පිළිවෙල උද්දානයයි :

නකුලපිතු වර්ගය, අනිච්ච වර්ගය, භාර වර්ගය, න තුම්හාක වර්ගය, අත්තදීප වර්ගය යන පහෙන් පළමු වෙනි පණ්ණාසකය කියනු ලැබේ.

උපය වර්ගය, අරහන්ත වර්ගය, ඛජ්ජනීය වර්ගය, ථේර වර්ගය, පුප්ඵ වර්ගය යන මෙයින් මධ්‍යම පණ්ණාසකය කියනු ලැබේ. මෙය වදාරණ ලද්දේ සම්බුදුරජාණන් වහන්සේ විසිනි.

අන්ත වර්ගය, ධම්මකථික වර්ගය, අවිජ්ජා වර්ගය, කුක්කුල වර්ගය, දිට්ඨි වර්ගය යන මෙයින් තුන්වෙනි පණ්ණාසකය කියනු ලැබේ. මෙයට නිපාතය යැයි ද කියනු ලැබේ.

පළමු වෙනි මාර වර්ගය, දෙවෙනි මාර වර්ගය, ආයාචන වර්ගය, උපනිසින්න වර්ගය, සෝතාපත්ති වර්ගය, ගමන වර්ග තුනයි. ඔක්කන්ති, උප්පාද, කිලේස, සාරිපුත්ත, නාග, සුපණ්ණ, ගන්ධබ්බ, වළාහක, වච්ඡගොත්ත, ඣාන වශයෙන් වර්ග දහ අටකින් සමන්විත ය.

සාදු! සාදු!! සාදු!!!

සංයුත්ත නිකායේ තුන්වෙනි කොටස වූ ඛන්ධක වර්ගය සමාප්තයි.

දසබලසේලප්පභවා නිබ්බානමහාසමුද්දපරියන්තා
අට්ඨංග මග්ගසලිලා ජිනවචනනදී චිරං වහතූති.

දසබලයන් වහන්සේ නමැති ශෛලමය පර්වතයෙන් පැන නැගී
අමා මහ නිවන නම් වූ මහා සාගරය අවසන් කොට ඇති
ආර්ය අෂ්ටාංගික මාර්ගය නම් වූ සිහිල් දිය දහරින් හෙබි
උතුම් ශ්‍රී මුඛ බුද්ධ වචන ගංගාව (ලෝ සතුන්ගේ සසර දුක නිවාලමින්)
බොහෝ කල් ගලාබස්නා සේක්වා !
(සළායතන සංයුත්තය - උද්දාන ගාථා)

සාදු! සාදු!! සාදු!!!

නමෝ තස්ස භගවතෝ අරහතෝ සම්මාසම්බුද්ධස්ස.
ඒ භාග්‍යවත් අරහත් සම්මා සම්බුදුරජාණන් වහන්සේට නමස්කාර වේවා!

මේ උතුම් ගෞතම බුදු සසුනේදීම මේ ආශ්චර්යවත් ශ්‍රී සද්ධර්මය මැනැවින් උගෙන තම තමන්ගේ නුවණ මෙහෙයවා ධර්මයෙහි හැසිරීමෙන් ආර්ය ශ්‍රාවකයන් බවට පත්ව සතර අපා දුකෙන් සදහටම මිදෙනු කැමැති ලංකාවාසී සැදැහැවත් නුවණැතියන් හට වඩාත් හොඳින් තේරුම් ගැනීම පිණිස මහත් ශ්‍රද්ධාවෙන් යුතුව සිංහල භාෂාවට සංයුත්ත නිකායෙහි තුන්වෙනි කොටස වූ ඛන්ධක වර්ගය පරිවර්තනය කිරීමෙන් ලත් සකල විපුල පුණ්‍ය සම්භාර ධර්මයන් පින් කැමැති සියල්ලෝම සතුටින් අනුමෝදන් වෙත්වා! අප සියලු දෙනාටම වහ වහා උතුම් චතුරාර්ය සත්‍ය ධර්මය සත්‍ය ඤාණ වශයෙන්ද, කෘත්‍ය ඤාණ වශයෙන්ද, කෘත ඤාණ වශයෙන්ද අවබෝධ වීම පිණිස ඒකාන්තයෙන්ම මේ පුණ්‍ය වාසනාව උපකාර වේවා!

සාදු! සාදු!! සාදු!!!

නමෝ තස්ස භගවතෝ අරහතෝ සම්මාසම්බුද්ධස්ස.

www.ingramcontent.com/pod-product-compliance
Lightning Source LLC
Chambersburg PA
CBHW080547090426
42735CB00016B/3179
9789556870152